COLLECTION

DES

INVENTAIRES SOMMAIRES

DES

ARCHIVES DÉPARTEMENTALES ANTÉRIEURES A 1790

Publiée sous la Direction du Ministère de l'Instruction Publique

INVENTAIRE SOMMAIRE

DES

ARCHIVES DÉPARTEMENTALES

ANTÉRIEURES A 1790

RÉDIGÉ PAR M. ALFRED LEROUX, ARCHIVISTE

HAUTE-VIENNE

SÉRIE H. SUPPLÉMENT (ARCHIVES HOSPITALIÈRES)

HOSPICES ET HOPITAUX DE LIMOGES, BELLAC, LE DORAT, MAGNAC-LAVAL ET SAINT-YRIEIX

LIMOGES

IMPRIMERIE TYPOGRAPHIQUE D. GELY, IMPRIMEUR DE LA PRÉFECTURE

10, rue des Grandes-Pousses, 10

1884-1887

VILLE DE LIMOGES

INVENTAIRE SOMMAIRE

DES

ARCHIVES HOSPITALIÈRES ANTÉRIEURES A 1790.

SÉRIE E.

(Administration de l'établissement, Délibérations, Budgets, Alimentation, Fournitures, Bâtiments, Mobilier.)

E. 1. (Registre). — In-folio, 231 feuillets, papier.

Février 1726-juin 1763. — Délibérations (1). — « Livre contenant les délibérations prises dans les assemblées de MM. les administrateurs de l'hôpital général de Saint-Alexis de Limoges, commencé le 19 février 1726, étants en charge d'administrateurs MM. Léonard Veyrier du Brueil, prêtre, docteur en théologie, chanoine de l'église collégialle de Saint-Martial de cette ville ; Joseph Reculés, docteur en médecine ; Estienne Pichon, ancien receveur des tailles ; François Ardant, bourgeois et marchand ; Raymond Garat, aussy bourgeois et marchand ; Antoine-Joseph Martin de la Bastide, président trésorier général de France au Bureau des finances ; Pierre-Joseph-Léonard de Frossanges, aussy président trésorier général de France au Bureau des finances ; Nicolas Juge de Saint-Martin, conseiller du Roy au Présidial de la présente ville ; François Moulinier de Saint-

Bonnet, aussy conseiller du Roy au Présidial de cette ville. » — F° 2. r° : Le procureur du Roi communique au Bureau un arrêt du Conseil qui nomme M. [de la Roche-Aymond], évêque de Sarepte, comme suffragant de Mgr. de Genétines et lui donne droit de présider à toutes les assemblées du Bureau de l'hôpital. Suit copie de l'arrêt du Conseil. — V° : Rôle des membres du Bureau « qui sont priés de faire la quête pour les pauvres à la porte des RR. PP. Jésuites, le dimanche 3 mars 1726 : » M. Boisse, syndic, de 7 à 8 heures du matin ; M. Veyrier, de 8 à 9 heures ; M. Ardant, de 9 à 10 heures ; M. de Saint-Bonnet, de 10 à 11 heures ; M. Pichon, de 11 à 12 heures ; M. Garat, de midi à 1 heure après-midi. — Suit l'indication de plusieurs séances pour lesquelles, ici comme en beaucoup d'endroits, on rapporte seulement la date et le nom des membres présents. — F° 3 r° : Rôle des membres du Bureau « qui sont priés pour faire la quête pour les pauvres, jeudy prochain 18 avril 1726, selon la coutume, » à Saint-Martial, à Saint-Michel, aux Jésuites, à Saint-Alexis et au Refuge. — F° 4 v° : Nomination du sr. Martial Denis comme chirurgien de l'hôpital, « lequel s'oblige de servir le dit hôpital

(1) Le premier registre, 1661-1725, existait encore en 1852 aux mains des religieuses de Saint-Alexis (Voy. Laforest, *Limoges au XVII° siècle*, p. 495 de la seconde édition). Il semble aujourd'hui perdu.

pendant l'espace de 6 ans gratuitement, comme aussy de prendre pour servir dans le dit hôpital, en qualité de chirrugien (*sic*), le nommé Martial Raymond. » Le Bureau leur assure la jouissance des privilèges attachés aux dits emplois, conformément aux lettres patentes de foundation. — F° 5 r° : « A été résolu à la ditte assemblée qu'on s'assembleroit jeudi prochain, 19° courant [1726], chez M. Garat, à 8 heures du matin, et ce pour faire la quête des pains de Noël pour les pauvres, suivant la coustume. » — F° 6 r° : Désignation des membres du Bureau chargés de faire la quête pour les pauvres à l'église Saint-Étienne, « le dimanche 16 mars 1727, jour de l'ouverture du St-Jubilé de l'année sainte. » — F° 7 r° : Nomination du sr. Baptiste Constantin à la place de précepteur des petits enfants de l'hôpital, vacante par la mort du sr. Martial Rimbef. « Lequel dit Constantin sera tenu d'instruire les jeunes garçons et leur montrer à prier Dieu, à lire et écrire, empeschera qu'ils ne sortent et fassent aucun désordre à l'hôpital, tiendra la main que leur salle soit propre et leurs lits régulièrement faits tous les matins, sans que le dit Constantin puisse vacquer à aucunes affaires de dehors ; et veillera, de concert avec le sr. Champalimaud, œconome, à la conservation et avantage de tout ce qui regarde le bien du dit hôpital. Au moyen de quoy il luy sera payé 70 ll. pour tous gages, vin et entretien de chaque année. » — V° : Élection du sr. Delagardelle, prêtre de Saint-Michel-des-Lions, comme administrateur à la place de M. Veyrier du Breuil. M. Reculés est continué dans sa charge pour quatre années. MM. de Roulhac, Farne et Rouchaud de la Boissarde sont déclarés membres du Bureau, sur la nomination de MM. les Consuls. — F° 8 v° : Distribution des charges à exercer dans l'hôpital pendant deux années par chacun des administrateurs, à savoir : la direction du spirituel, la recette générale, la recette des rentes, la boulangerie et la boucherie, la direction des gardes, les enfants exposés, la manufacture avec les vêtements et le mobilier. les affaires de justice, le Refuge des filles soumises, la boucherie avec les bâtiments, la trésorerie. — F° 9 r° et ss. : Nomination des membres chargés de faire la visite générale de l'hôpital à certains jours. — F° 11 r° : Nomination après examen du sr. Adrien Férouillac, natif de Paris, à la place de précepteur des enfants, « attendu l'incapacité du nommé Baptiste Constantin, » précepteur actuel. — F° 12 r° : Délibération du Bureau sur le legs d'une maison fait par Simon Durand, chanoine de St-Martial, à Étienne Segond, son neveu, chanoine de la même église, au préjudice des droits de l'hôpital. — F° 13 v° (16 juillet 1728) : M. Martin de la Bastide, chanoine de St-Martial, est déclaré membre du Bureau sur la nomination du chapitre, à la place de M. Laurens. — F° 14 r° : A la requête du procureur du Roi, M. Coulomb, marchand, est élu comme administrateur à la place de M. Pichon que sa charge de receveur des tailles en l'Élection de Brive a obligé de prendre domicile dans cette dernière ville. Le procureur du Roi ayant fait remarquer que la nomination de M. Martin de la Bastide, chanoine, était irrégulière, en raison de la présence de son frère, trésorier de France, dans le Bureau de l'hôpital, on décide qu'on veillera désormais à ce que semblable cas ne se renouvelle point. L'évêque demande que les ecclésiastiques nommés administrateurs ne soient jamais chargés de la recette des revenus, « estant assez occupés de l'intérieur du dit hôspital et maison du Refuge. » — F° 15 r° : Le procureur du Roi fait savoir au Bureau que Mgr. le chancelier, consulté par l'évêque, sur le cas des deux frères de la Bastide, a répondu « qu'il n'y avoit point d'incompatibilité qu'ils ne fussent administrateurs ensemble. » — F° 16 v° (15 février 1729) : Nomination de M. Joseph Garat, « controleur des finances, » à la place d'administrateur vacante par la mort de M. Juge de St-Martin. — F° 17 r° : Nomination des sieurs Chabolard, père et fils, comme chirurgiens de l'hôpital, à la place du sr. Denis décédé, sous les mêmes conditions que précédemment. — F° 18 v° : « Résolu qu'on fera la procession de l'Ostention, dimanche 24 avril 1729, qu'on commencera à 8 heures, qu'on se rendra à St-Martial, de là à St-François, à St-Michel, à St-Aurélien, à Ste-Ursule, à St-Pierre. De là, on renvoyera les pauvres à l'hôpital pour diner. et, après midy, on reprendra la procession pour aller à St-Gérald, aux Jacobins, à St-Estienne, à la Règle. à St-Domnolet, aux Carmes deschaux, aux grandes Claires, et on finira par St-Maurice. » — F° 19 r° (21 mai 1729) : M. Garat est continué dans sa charge d'administrateur pour quatre années. « Résolu qu'on s'assemblera mardy 7 juin dans la salle de l'administration, à neuf heures, pour assister à la closture de St-Martial. » — F° 20 r° : M. Peyrière de Proximard est chargé de se rendre à Bordeaux pour soutenir le procès pendant devant le Parlement contre la dame de St-Priest et autres tenanciers de l'hôpital. Plus loin : « Sur ce qu'il a esté représenté à l'assemblée qu'il se commet beaucoup d'abus par les pauvres à la faveur des grilles ou balustrades qui sont dans la chapelle de St-Charles de l'église de MM. de la Mission, du costé du dit hôspital, » on résout de faire rétablir ces grilles à frais communs avec MM. de la Mission. — V° (août 1729) : M. François Muret, sgr. d'Espagnat, est déclaré membre du Bureau sur la nomination du chapitre de St-Martial à la place de M. de la Bastide, trésorier de France. (Septembre 1729) : Nouvelle distribution des charges et emplois pour deux ans. — F° 21 r° : M. de Proximard rend compte de son voyage à Bordeaux. Ses frais de procédure et de voyages sont dits monter à 781 ll. — F° 22 r° : Nomination d'Isaac Ardant, fils d'autre Isaac Ardant, m° chirurgien, à la place de compagnon chirurgien de l'hôpital. — F° 23 r° : Acceptation d'un legs de 160 ll. fait à l'hôpital par M° Rousselle, avocat. — V° : Copie de la lettre de Mgr d'Aguesseau, chancelier, au Bureau de l'hôpital pour l'inviter à se conformer à l'arrêt du Parlement de Bordeaux, qui a ordonné la réduction du legs fait au dit hô_pital par l'oncle de M. le lieutenant général de Limoges. — F° 25 v° : Inventaire des outils et ouvrages trouvés dans la boutique de serrurier que le sieur Tindarand lègue aux pauvres de l'hôpital, les dits outils et ouvrages estimés à la somme de 1,274 ll. — F° 27 r° : Quittance délivrée par le Bureau à M. Rogier des Essarts, lieutenant général, de la somme de 7,680 ll. pour le Refuge et de celle de 3,000 ll. pour l'hôpital, provenant de la succession de Joseph Rogier, sgr du Buysson, son oncle. — F° 28 r° : Arrêté de compte avec M. Aubert Chechaud, « fermier et directeur de la manufacture de l'hôpital. »— V° : Le Bureau ayant été informé que, malgré les 400 affiches placardées en ville pour procurer un locataire à la boutique de serrurier léguée par le sieur Tindaraud, il ne s'est présenté personne, « a mandé le nommé Léonard Boutin 'garçon serrurier dénommé dans l'inventaire de la boutique, et luy a demandé s'il persistoit à ne point vouloir travailler dans la boutique nouvellement construite dans l'hôpital. Lequel a fait réponse n'être pas en état d'y travailler, attendu qu'il n'aspire point à gagner la maîtrise de serrurier. » Le Bureau décide de mettre en loterie sept tournebroches provenant de la dite boutique, moyennant 250 billets à 12 sols chacun l'argent provenant de cette loterie et de la vente de divers autres objets de la dite serrurerie, produit au total 312 ll. (1)— F° 30 r° : Procès-verbal du tènement de la Grille, appartenant à l'hôpital dans la paroisse de l'Aixzol, fait par Joubert, notaire royal. Contenance de chaque lot : 4 émines, 4 journaux, 2 sesterées. Plus loin : « A esté résolu de ne laisser sortir aucun

des pauvres du dit hospital sans le congé de l'éconosme qui ne donnera la permission qu'en connaissance de cause. » — F° 31 r° : Copie d'une lettre de Mgr le chancelier réglant les droits de préséance des membres du Bureau. — V° : « A été délibéré que la nommée Delause, sur la plainte qui a été portée contre elle par les sœurs, leur feroit excuse et demanderoit pardon au réfectoire, les pauvres de l'hôpital assemblés. » La dite Delause avait injurié une religieuse qui lui avait refusé l'autorisation de sortir. On décide, à cette occasion, que les contrevenants à la règle établie sur ce point, « seront mis au carcan. » — F° 32 r° : Destitution du sr. Chabelard, m° chirurgien, lequel « étoit devenu négligent à servir les infirmeries. » Il est remplacé par Isaac Ardant père, « m° chirurgien de la présente ville. » — F° 33 v° : Sur l'annonce de la mort de M. Isaac Ardant père, et pour permettre à son fils d'achever les six années de service qui doivent lui mériter la maîtrise, le Bureau décide d'accepter l'offre faite par François Bardet, « lieutenant du premier chirurgien du Roy, » Jean Chabelard, « doyen des chirurgiens, » J.-B. Laulon, Léonard Michel et Martial Chabelard, de servir par mois, à tour de rôle, « pendant le reste du temps que le dit sr. Izaac Ardant doit remplir pour gagner son privilège. » — F° 34 r° : Inventaire du mobilier trouvé dans la maison du Refuge. (Cf. ci-dessous E. 129). — F° 35 r° (février 1731) : Nomination du sr. J.-B. Guilhou de St-Priest, « clerc tonsuré du diocèse de Limoges, » à la place de précepteur des enfants de l'hôpital, la dite place vacante par la destitution du sr. Constantin. — V° (mars 1731) : Nomination de M. Faure de Poulouzat à la place d'administrateur vacante par le décès de M. Reculés.— F° 36 r° : « A été résolu de donner aux pauvres de la viande, sçavoir : tous les matins aux grandes portions, malades et petits enfants, et les soirs, à l'alternative, aux hommes et aux femmes, demy livre à chacun de l'hôpital général. De plus, a été résolu de s'assembler jeudy matin 29 du courant, à 7 heures du matin, pour faire la revue des pauvres. » — V° : On décide de faire imprimer, par le sr Farne, les statuts et règlements de l'hôpital, « atte ndu qu'il n'y a plus d'exemplaires » (1). — F° 37 v° (juin 1731) : Nomination de M. Malleden de Fonjaudran, « docteur en théologie, prestre, curé de St-Michel de Pistorie, » comme administrateur à la place de M. de Proximard. — F° 39 r° (septembre 1731) : Nouvelle distribution des charges et emplois pour deux ans.— V° : Délibéra-

(1) Cf. ci-dessus B. 497. p. 100.

(1) Ce règlement semble perdu. Cf. pourtant ci-dessous E. 5.

tion touchant l'offre faite par M. Dubois Delaplanche, « receveur des tailles de l'Élection de Bourganeuf, » de vendre du seigle à l'hôpital. L'offre est acceptée « sur le pied de 52 sols 6 deniers pour chacun des mille setiers cy-devant proposés. » — F° 40 v° : Nomination du sr. Dubois à la place de secrétaire. — F° 41 r° : Sur la négligence constatée des chirurgiens de la ville qui se sont chargés du service de l'hôpital, on nomme pour chirurgien de l'hôpital le sr. Pierre Héralde, *alias* Dhéralde, et pour garçon chirurgien, Jacques Héralde, son frère, à la place d'Isaac Ardant fils qui a demandé son congé « pour aller travailler à Paris. » — F° 42 v° : On décide de demander à l'intendant de la Généralité la concession des matériaux provenant de la démolition de la tour Pissevache. Plus loin : Acceptation du don de 500 ll. fait à l'hôpital par feu Pierre Thévenin du Genéty. — F° 43 r° : Nomination de M. Colomb, marchand, comme administrateur, à la place de feu sr. Colomb son père. — F° 44 r° : Pour remédier aux abus qui résultaient du grand nombre de portes sur l'extérieur, on décide de les faire toutes fermer, « à la réserve de la porte de l'entrée, de celle de la cour des manufactures et de celle par où on fait entrer le bois. » — V° : Legs d'une maison sise rue Montant-Manigne, le dit legs fait à l'hôpital par le sr. Joseph Bias de Nouastre. — F° 45 r° : On décide de payer les grandes portions en argent, « jûsques à ce que les bestiaux soient plus communs. » — F° 46 r° : « A été convenu que les nommés Lutin et Renard ayant été convaincus de libertinage et débauches dans l'hôpital, ils seroient fustigés, pendant deux jours, au réfectoire et ensuite mis, savoir : le dit Renard pendant une heure après le dîner au carcan, et le dit Lutin aussi après le souper pendant une heure, et restera dans la prison pendant trois jours et ensuite sera mis dehors. » Ensuite, on décide qu'on continuera « de payer toutes les nourrices [des enfants] dont les père et mère ne sont pas connus et dans une extrème nécessité, » pour prévenir les inconvénients qui étaient résultés de la mesure qui avait supprimé, par raison de manque de fonds, le payement des nourrices et gardiennes des enfants légitimes. — V° : Conventions avec le sr. Meynieux, tailleur, chargé de l'habillement des pauvres de l'hôpital, à raison de 6 sols par jour et promesse de lettres de maîtrise. — F° 47 v° : On décide de tenir un registre des entrées et sorties des pauvres de l'hôpital. — F° 48 v° : Le sr. Constantin ayant surpris, sous un faux prétexte, le droit de découcher pendant plusieurs nuits, le Bureau « a jugé à propos de le faire chastier de six coups de fouet au réfectoire et le congédier dehors avec deffence d'aborder l'hôpital. » — F° 48 r° : Augmentation des appointements du précepteur des enfants. Ils sont portés à 10 ll. par an. — F° 50 r° : Nouvel inventaire du mobilier trouvé dans la maison du Refuge (Cf. ci-dessous E, 129). — F° 51 r° (février 1733) : Mention d'un incendie dans les infirmeries et la chapelle du Refuge, lequel « n'a pu estre causé qu'en raison de ce qu'on a esté obligé, depuis un mois, de faire un gros feu nuit et jour dans les dittes infirmeries, pour le traitement de deux filles entachées d'un mal vénérien, envoyées au Refuge par des ordres supérieurs, pour y estre traitées par le chirurgien du dit hopital. » — F° 53 r° : En raison de cet incendie, MM. de St-Martial sont autorisés, sur leur demande, à transférer provisoirement à leur église les deux messes de fondation qu'ils étaient tenus de célébrer chaque semaine au Refuge. — F° 54 r° : Extrait du registre des actes capitulaires de St-Martial, relatif à la susdite translation. — F° 55 r° : La supérieure du Refuge informe le Bureau de l'évasion de deux filles internées par ordre de l'intendant, pour cause de mal vénérien. — F° 56 r° (juin 1733) : Nomination de M. Juge, avocat du Roi, comme administrateur à la place de M. Garat, et continuation de M. Garat dans sa charge. Démission de M. Maleden, chanoine, pour raison de santé. Il est remplacé par M. Brugère, curé de St-Michel de Pistorie. — MM. Romanet, théologal de St-Martial, et Romanet, bourgeois, sont déclarés membres du Bureau sur la nomination du chapitre de St-Martial, à la place de M. de la Bastide, chanoine, et de M. Muret, avocat du Roi. — F° 57 v° (septembre 1733) : Nouvelle distribution des charges et emplois de l'hôpital pour deux ans. — F° 59 r° : Copie d'une lettre de l'Intendant : « La circonstance des affaires présentes de l'État, Messieurs, ne permettant pas à Sa Majesté d'accorder à l'avenir, aux hôpitaux, le secours qu'elle a donné jusqu'à présent pour aider à la subsistance des pauvres qui y sont renfermés, j'ay cru devoir vous en prévenir afin que vous preniez là dessus vos mesures pour la dépense de l'hôpital dont l'administration vous est confiée. Je ne puis que vous exhorter à ménager les revenus de façon que les pauvres qui seront à votre charge n'en souffrent point.... Angoulème, 3 novembre 1733. » Le Bureau décide en conséquence de faire dresser un état des pauvres et des malades qui sont actuellement à l'hôpital, et d'adresser à l'intendant de respectueuses remontrances, en les faisant soutenir par l'évêque. — F° 61 r° : Mention du legs de 50 ll. fait en faveur des pauvres de l'hôpital par D^{lle} Marie Pouillet. Résolution prise de renvoyer un grand nombre de pauvres et de retraiter les sieurs Champalimaud, économe, et Joubert, l'un des secrétaires, par raison d'économie. — F° 62 r° : Nomination du sr. Jean Marsandou à la place d'économe, aux appointements de 200 ll. par an. — F° 63 r° : Le Bureau décide que, « sous tel prétexte que cela soit, le portier ne recevra dans l'hôpital aucune personne qui ne soit malade d'une maladie bien reconnue par billet d'un de MM. les administrateurs. » — V° (août 1734) : Le Bureau décide de faire célébrer un service pour le repos de l'âme de Mgr de Berwick, gouverneur du haut et bas Limousin, et d'écrire, à ce sujet, à Mgr de Berwick, son fils, gouverneur du haut et bas Limousin. — F° 67 r° : Mentions du legs de 400 ll. fait à l'hôpital par Me François Duteil, sr. des Salles, « vivant avocat en la Cour, » et d'un service célébré à l'église de la Mission pour dame Marie-Anne Letellier, veuve de messire Urbain Aubert, chevalier, marquis de Tourny, président en la Chambre des comptes et Cour des aides de Normandie. — V° : Le sieur Lombardie, « habitant de la présent ville, » est chargé de mettre en ordre les archives de l'hôpital, moyennant 40 sols par jour, à raison de 8 heures de travail. — F° 68 r° (juin 1735) : Nomination de M. Romanet, vicaire de St-Maurice, comme administrateur à la place de M. Bragère, et continuation de M. Faulte de Poulouzat dans sa charge. MM. Moreil, Faulte de Puydutour, procureur du Roi au Bureau des finances, et Joseph Grellet ainé, sont déclarés membres du Bureau sur la nomination des Consuls à la place de MM. Barbou, Malevergne et Renard. Copie d'une lettre adressée à l'évêque, en son château d'Isle, « pour le prier de donner son consentement aux mémoires et lettres que le Bureau veut escrire à l'Assemblée générale du clergé pour les soixante mille livres que le clergé de Limoges doit à l'hôpital. » — V° : Réponse verbale de l'évêque, rapportée par le secrétaire du Bureau : « Dites à ces Messieurs que je suis bien leur serviteur, que je suis le père du clergé, le père des pauvres, que je m'opposeray autant que je pourrai. Je ne veux pas envoyer mon clergé à l'hôpital, je l'ay bien dit à M. Romanet. » Sur ce, le Bureau décide d'envoyer sa requête à l'Assemblée du clergé et de la faire soutenir par l'Intendant. Suit copie de la dite requête et de la lettre adressée à M. de Tourny, intendant. — F° 70 r° : Mention d'un legs de 1,000 ll. fait aux pauvres de l'hôpital par François Garat, bachelier de Sorbonne et curé d'Étagnac. — V° (septembre 1735) : Nouvelle distribution des charges et emplois de l'hôpital pour

deux ans. — F° 73 v° : Itinéraire de la procession dite de l'Ostension faite le mercredi 18 avril 1736. La clôture de l'Ostension eut lieu le 22 mai. — F° 74 v° : Le Bureau décide de faire confectionner huit habillements pour les pénitentes qui entreront au Refuge, les dits habillements consistant en une robe de bure, une ceinture de cuir, une chemise de toile d'étoupe et une coiffe de même étoffe, renouvelable tous les dimanches. — F° 75 v° : Nouvel inventaire du mobilier trouvé dans la maison du Refuge (Cf. ci-dessous E. 129). — F° 76 r° : Le Bureau choisit Audoin Parot pour boucher de l'hôpital, chargé « de tuer les bestiaux dans le dit hôpital, fondre le suif, couper les dits bestiaux, vider et achepter les dits bestiaux. » — F° 79 r° (mai 1737) : Nomination de M. Romanet, marchand, comme administrateur à la place de M. Colomb, et continuation de MM. Juge et Garat dans leurs charges. M. Delaggardelle, « eslu, » et M. Romanet, théologal, sont déclarés membres du Bureau sur la nomination du chapitre de St-Martial, le premier à la place de M. Romanet, marchand ; le second en continuation de sa charge. — V° : Le Bureau décide de congédier, par mesure d'économie, tous les pauvres « qui sont en état de pourvoir, par leur travail, à leur subsistance. » — F° 80 r° (juillet 1737) : Démission de M. Romanet, nommé curé à St-Victurnien. Il est remplacé par M. Ardant, curé de Monjauvy. — F° 81 r° (septembre 1737) : Nouvelle distribution des charges et emplois de l'hôpital pour deux ans. — F° 83 r° : Le Bureau décide de faire dresser incessamment « le répertoire général de tous les papiers concernant l'hôpital, » et de tenir registre des communications demandées aux Archives. Plus loin : Certificat de présence à l'hôpital pendant 6 années, délivré à Jacques Héralde pour lui obtenir les privilèges accordés aux maîtres chirurgiens. — F° 84 r° : Le Bureau nomme Guillaume Renaudie à la place de garçon chirurgien laissée vacante par le départ de Jacques Héralde. — F° 85 v° : Legs de 300 ll. fait à l'hôpital par feu Jacques Romanet, supérieur de la Mission et vicaire général de l'évêque de Limoges. — F° 86 v° : Legs de 390 ll. fait à l'hôpital par feu Bonnet, prieur-curé de Burgnac. — F° 88 r° : Mathieu Romanet, bourgeois et marchand de cette ville, est nommé, sur sa requête, receveur du Refuge, à la place de Georges Guybert, décédé. — F° 89 v° : Copie d'un « mémoire pour purger la ville de mandians estrangers. » Il commence ainsi : « L'année [1738] étant si mauvaise qu'elle est, il n'y a pas à douter que le nombre des pauvres ne s'augmente partout et principallement dans les grandes villes. » L'intendant ayant proposé de faire arrêter tous les mendiants étrangers qui affluent à Limoges et de les mettre au pain et à l'eau pendant trois jours à l'hôpital, en les menaçant ensuite de la prison s'ils ne quittent la ville avec les 2 ll. de pain qu'on leur donnerait, le Bureau fait remarquer que les ressources de l'hôpital ne permettent pas de subvenir à une pareille dépense, au delà de celle qu'exigeraient 30 mendiants. L'intendant fait réponse que la seule menace de traiter ainsi les mendiants étrangers les empêchera de venir à Limoges, et que, par conséquent les 30 places offertes ne seront jamais remplies; qu'au contraire, il y en aura bientôt plus de cent à nourrir, si l'on ne parvient à les éloigner; auquel cas il sera nécessaire de recourir à la charité des personnes de la ville, « soit dans le clergé, soit dans les différentes juridictions, soit dans le corps des marchands, soit parmy la bourgeoisie. » Le Bureau décide en conséquence que deux gardes seront chargés d'arrêter les dits mendiants et de les conduire dans les salles qui leur seront destinées; en outre, qu'on tiendra registre de tous les pauvres étrangers qui entreront à l'hôpital, « afin de le présenter chaque lundy au sr. secrétaire de M. de Tourny, pour en retirer le payement. » — F° 92 r° (mai 1739) : Continuation de MM. Ardant, curé de Montjauvy, et Faulte de Poulouzat dans leurs charges d'administrateurs. MM. Juge de St-Martin, conseiller du Roi, Faure de Royrette, bourgeois, et Faulte de Puydutour sont déclarés membres du Bureau sur la nomination des Consuls, les deux premiers à la place de MM. Grellet et Moreil, le dernier en continuation de sa charge. — F° 85 r° : Inventaire du mobilier de la maison du Refuge. (Cf. ci-dessous E, 129). — F° 94 (septembre 1740) : Nouvelle distribution des charges et emplois de l'hôpital pour deux ans. — F° 95 v° : Le Bureau décide de prendre ses mesures pour faciliter la distribution de riz « que Sa Majesté à trouvé bon de destiner au soulagement des pauvres mendiants de la ville de Limoges. » — F° 97 v° : Donation faite à l'hôpital par M° Pierre de Galu, « prêtre, docteur en théologie, chanoine vétéran de l'église de Limoges. » d'une somme de 400 ll. à lui due par M. Romanet, curé de St-Victurnien, et d'une autre somme de 5,096 ll. à lui due par Mad. veuve Romanet, mère du dit curé, sous la seule condition d'une pension viagère de 200 ll. payable en deux termes. — F° 98 v° : Le Bureau décide d'acquérir un terrain pour agrandir le cimetière et bâtir une maison aux pauvres attaqués du mal caduc

« ou autres maux contagieux. » — F° 99 v° : Nouvelle délibération relative au projet de faire dresser l'inventaire général des titres de l'hôpital « et de faire expédier des copies collationnées de ceux qui paraîtront le plus nécessaires, afin que les originaux ne sortent point du trésor. » — F° 100 r° (juin 1741) : Continuation de MM. Juge, Garat et Romanet dans leurs charges d'administrateurs. — V° : M. Louis Texier est déclaré membre du Bureau sur la nomination du chapitre de St-Martial, à la place de M. François Thomas. — F° 101 r° (août 1741) : MM. Champeyre, chanoine, et Peyrière, sgr du Vignaud, sont déclarés membres du Bureau, sur la nomination du chapitre de St-Martial, à la place de MM. Romanet, théologal, et Peyrière de la Gardelle. — Ibid. (septembre 1741) : Nouvelle distribution des charges et emplois de l'hôpital pour deux ans. — F° 102 r° : M. Faulte de Puydutour est nommé directeur des enfants exposés à la place de M. du Vignaud chargé de la recette des revenus de l'hôpital. — F° 104 r° : M. Dubois, secrétaire de l'hôpital, est chargé en outre des fonctions d'économe à la place de M. Marsandon, décédé. On lui adjoint le sr. Tarneau pour commis. — F° 105 r° (juillet 1742) : La sœur Élisabeth David est nommée supérieure du Refuge, aux émoluments de 150 ll. par an. — V° : Le sieur Tarneau succède à M. Dubois comme secrétaire et huissier de l'hôpital. — F° 107 v° : Itinéraire de la procession dite de l'Ostension. — Ibid. (mai 1743) : Nomination de M. Garat de St-Yrieix, trésorier de France, comme administrateur à la place de feu M. Faulte de Poulouzat. Continuation de M. Ardant dans sa charge. MM. de Flottes de Fonbesse, avocat, Benoist de Blémond, bourgeois, Peyroche aîné, marchand, sont déclarés membres du Bureau sur la nomination des Consuls, à la place de MM. Faulte du Puydutour, Juge de St-Martin et Faure de Royrette. — F° 108 v° : Reddition des comptes des sœurs chargées de l'apothicairerie pour les trois années passées. — F° 103 r° (septembre 1743) : Nouvelle distribution des charges et emplois de l'hôpital pour deux ans. — F° 110 r° : Acceptation d'un legs non spécifié, fait à l'hôpital par Jean Barbou, sgr de Mounismes. — Ibid. (décembre 1743) : Nomination de M. Romanet, curé de St-Maurice en la Cité, comme administrateur dans l'ordre ecclésiastique à la place de feu M. Ardant, curé de Monjauvy. — V° : Nomination du sr. Jean Morel comme garçon chirurgien à la place de Guillaume Renaudie, après examen en présence de M. Arbonneau, médecin de l'hôpital, et malgré l'absence du sieur Michel, greffier des chirurgiens de Limoges et prévôt en charge. — Fº 112 vº et 113 vº : Délibérations relatives aux contestations mues entre l'hôpital et les religieuses de Ste-Ursule au sujet de l'eau de la fontaine des Tourandaux. — Fº 115 rº et ss. (1745) : Nomination des membres chargés des quêtes extraordinaires à faire pendant deux semaines à la porte des églises de Limoges, à l'occasion du jubilé. — Fº 117 rº (août 1745) : Continuation de MM. Garat et Romanet dans leurs charges d'administrateurs. Nomination de M. Devoyon, juge royal de Limoges, comme administrateur à la place de M. Juge, avocat du Roi. MM. Pichon, chanoine, et Constant de Beaupeyrat, conseiller du Roi, sont déclarés membres du Bureau, sur la nomination du chapitre de St-Martial, à la place de MM. Champeyre, chanoine, et Peyrière du Viguaud. — Fº 118 vº (septembre 1745) : Nouvelle distribution des charges et emplois de l'hôpital pour deux ans. — Fº 120 vº (mars 1746) : Démission de M. Romanet, grand chantre de l'église de Limoges, de sa place d'administrateur. Il est remplacé par M. Ardant, curé de Montjauvy.— Fº123 vº : Nomination du sr. Édouard Mazaureix comme garçon chirurgien, pour seconder les chirurgiens-maîtres, en raison de l'augmentation du nombre des malades. — Fº 124 rº (décembre 1746) : Nomination de M. Garat, sgr. de Nedde, écuyer, comme administrateur à la place de feu M. Garat, son père.— Fº 126 rº (mai 1747) : Nomination de M. Jacques Garat, écuyer, comme administrateur à la place de M. Garat de St-Yrieix. — Vº : Comptes divers relatifs au legs fait à l'hôpital par Mᵈ Louis-Claude du Pouget, sgr de St-Pardoux. — Fº 127 rº : Réception du sr. Léonard Boisse, « docteur en médecine, agrégé au Collège [de médecine] de Limoges, lequel a exposé que, depuis quelques années, il sert gratuitement les pauvres de l'hôpital comme médecin secondaire à M. Arbonnaud, le père, doyen des médecins, qu'il offre de continuer ses soins et ses secours sans en retirer aucun esmolument, mais seulement pour un esprit de charité, et qu'en cette considération il luy sera accordé le titre et qualité de médecin secondaire pour jouir des privilèges qui peuvent être attribués à cette qualité. » —Vº : Nomination après examen du sieur Édouard Mazaureix, comme garçon chirurgien, à la place de Jean Morel parvenu à la maîtrise. — *Ibid.* (septembre 1747) : Nouvelle distribution des charges et emplois pour deux ans. — Fº 130 rº : Nomination de Michel Arbonnaud fils comme médecin ordinaire, à la place de Maurice Arbonnaud, son père.— Fº 131 rº : Nomination du sr. Joseph Fournier, notaire royal de cette

ville, comme notaire de l'hôpital, sur le décès survenu de Mᵉ Lombardie. Il est stipulé que ses services sont gratuits, qu'il ne sera indemnisé que des déboursés par lui faits, qu'il n'aura de droits que sur les autres parties contractantes, mais qu'il jouira des privilèges attachés à sa fonction. — Fº 135 rº (mai 1749) : MM. Devoyon, Garat de Nedde et Romanet sont continués dans leurs fonctions d'administrateurs pour quatre années. — Vº (juin 1749) : MM. Roulhac du Breuil-Raynaud, chanoine, et Constant de Beaupeyrat, conseiller du Roi, sont déclarés membres du Bureau sur la nomination du chapitre de St-Martial. — Fº 136 rº : Nomination du sr. Pétiniaud, bourgeois et marchand, comme secrétaire de l'hôpital sur le décès survenu de Mathieu Lafosse. — Fº 137 rº (septembre 1749) : Nouvelle distribution des charges et emplois pour deux ans. — Fº 139 rº : Certificat de présence donné à Guillaume Renaudie, garçon chirurgien. — Vº : Procuration donnée par l'hôpital pour être représenté au procès pendant au grand Conseil entre le sr. Hennequin, chanoine régulier, prieur-curé de la paroisse de St-Gérald, et les dames hospitalières de Saint-Alexis, touchant la juridiction curiale prétendue par le dit Hennequin sur les pauvres de l'hôpital à l'encontre des privilèges d'exemption de l'hôpital (1). —Fº 140 vº (avril 1750) : Fixation de l'itinéraire des processions de l'Ostension. — Fº 141 vº : Démission du sr. Ardant, curé de Montjauvy, de sa charge de directeur des bâtiments, incompatible avec son caractère ecclésiastique.—Fº 142 rº : Nomination de M. Peyroche du Reynon à la charge susdite.— Fº 145 rº : Démission du sr. Léonard Boisse sieur de Crezen, de la charge de syndic de l'hôpital et nomination d'autre Léonard Boisse, docteur en médecine, à la dite charge. — Fº 146 rº (mai 1751) : Nomination de M. Simon, curé de St-Pierre, et de M. Jean Pétiniaud de Ferrerie, père, comme administrateurs à la place de M. Ardant, curé, et de M. Jacques Garat. — Vº : MM. Barny de Romanet, conseiller au Présidial, Arbonnaud, docteur en médecine, doyen du Collège de médecine de Limoges, et Guyonaud Dupré, marchand, sont déclarés membres du Bureau sur la nomination des Consuls. —Fº 147 rº : Nomination de J.-B. Guilleraud comme garçon chirurgien. — Vº : Constatation d'inventaire de meubles et objets sacrés. — Fº 148 rº (septembre 1751) : Nouvelle distribution des charges et emplois pour deux ans.—Fº 152 rº : Communication d'une lettre de l'Intendant de la Généralité, en date

(1) Cf. ci-dessus B, 542.

du 10 mai 1752, informant le Bureau que le Conseil a décidé « que les hôpitaux jouiront de l'exemption du vingtième pour tous leurs revenus. » — F° 153 v° : « A esté convenu, à commencer ce jour d'huy, qu'il ne sera plus reçu à l'hôpital aucun enfans.... sans, de la part de ceux qui les présenteront, reporter au Bureau de l'administration l'extrait baptistaire de celluy que l'on voudra faire recevoir au dit hôpital. Convenu également que, lorsque quelques particuliers voudront entrer à l'hôpital pour cause de maladie, ils seront tenus de représenter un certificat du sr. curé de leur paroisse. » — *Ibid.* (octobre 1752) : Nomination de M. Jacques Pétiniaud, négociant, comme administrateur, à la place de feu M. Pétiniaud, son père. — F° 155 v° (juin 1753) : Nomination de MM. Burand, trésorier de France, Roulhac du Cluseau, conseiller du Roi, et Pierre Ardant fils, négociants, comme administrateurs de l'hôpital, à la place de MM. Garat de Nedde, Devoyou et Romanet. MM. Martin, chanoine de St-Martial, et Renaudin, président trésorier de France au Bureau des finances de Limoges, sont déclarés membres du Bureau sur la nomination du chapitre de St-Martial.— F° 156 r° : Mémoire relatif aux réparations à faire aux combles des bâtiments.— F° 158 v° (septembre 1753) : Nouvelle distribution des charges et emplois pour deux années. — F° 159 r° : Délibération du Bureau concluant à ne plus affermer les rentes en argent, « attendu qu'elles étoient affermées à un prix très modique dans le temps que, pour la subsistance des pauvres, on étoit obligé d'acheter les grains à un prix très considérable.... » — F° 159 v° : Proposition faite au Bureau par M° Maledent de Bonnabry, chanoine syndic de la cathédrale, de céder à l'hôpital, pour le nouveau bâtiment projeté, « touttes les pierres provenans de la démolition des écluzes du pont St-Étienne et du pont St-Martial, » à raison de 8 ll. la toise, faisant un total de 872 ll. pour les 109 toises constatées. La proposition est acceptée. — F° 161 v° et ss. : Transcription de plusieurs actes relatifs au legs fait à l'hôpital par Joseph Duroud, prévôt de l'église St-Martial. — F° 163 r° (juin 1754) : « Le Bureau ayant reconnu les abus infinis qui résultoient des aumônes qu'il faisoit distribuer en argent chaque mois à plusieurs pauvres ou familles honteuses de cette ville, il a été délibéré et arresté que ces sortes de charités n'auroient plus lieu à l'advenir. » — *Ibid.* Réponses contradictoires des Bureaux des hôpitaux de Paris et de Lyon à la lettre par laquelle le Bureau de l'hôpital de Limoges demandait « sy les rentes qui sont dhuees à l'hôpital sur le Clergé du diocèse étoient sujettes à la prescription dans l'espace de 30 ans. » — F° 167 v° (mai 1755) : Difficultés relatives à la nomination de nouveaux administrateurs, résultant de ce que « les Consuls ont étendu le droit de nommer de leur part au préjudice du Bureau. » — F° 170 v° : Le Bureau résout de s'entendre avec les PP. Augustins de la ville pour prendre à bail les greniers de leur couvent, et y déposer les grains de l'hôpital qui ne sont plus en sûreté dans les bâtiments ruineux de l'établissement. — *Ibid.* (décembre 1755) : Nomination de MM. Louis Dupeyrat de Beauprà, official du diocèse, et Guillaume Maledent de Fonjaudran, conseiller du Roi au Présidial, comme administrateurs, à la place de MM. Simon, curé de St-Pierre, et Pétiniaud. — F° 171 r° (décembre 1755) : MM. Goudin Delaborderie, Martin du Raynaud et Texandier sont déclarés membres du Bureau sur la nomination faite par les Consuls. — *Ibid.* (septembre 1755) : Nouvelle distribution des charges et emplois de l'hôpital pour deux années, avec l'indication détaillée des fonctions afférentes à chacun. — F° 172 r° : Nomination de Baptiste Champalimaud comme garçon chirurgien.— V° : Le sr. Martin du Reynaud, chargé du soin des manufactures, ayant représenté que l'abandon de la salle où étaient auparavant les rouets destinés au filage des laines, « portait un préjudice et une diminution considérable sur le produit du travail, » le Bureau décide de faire examiner par le sieur Barbier, ingénieur, les deux pièces situées au dessus de la chapelle pour savoir si elles menaçaient ruine comme le prétendaient « les dames appotiqueresses, » qui avaient sous ce prétexte abandonné les dites pièces pour occuper la salle de filage. La solidité des murs ayant été reconnue, les dites dames sont invitées à réoccuper leur premier logement ; elles donnent leur démission, quelques jours plus tard. — F° 173 v° et 175 r° (30 mars 1756) : Nominations du sieur Pierre Avril et du sieur François Bétoulas comme garçons chirurgiens.— F° 180 r° : Certificat constatant que « depuis l'établissement de l'hôpital par lettres patentes de Sa Majesté de l'année 1660 jusques à présent, MM. Arbonnaud ont été toujours, de père en fils, médecins des pauvres, qu'ils s'y sont signalés par leur zèle en cette qualité et celle d'administrateur » — *Ibid.* Fixation de l'itinéraire des processions de l'Ostension. — *Ibid.* Réception du sr. Jean-François Sohet Thibou(°), « m° chirurgien juré de Paris, » comme chirurgien en second de l'hôpital. — F° 181 r° (juin 1757) : Nomination de MM. Maledent de Feytiat, trésorier de France, Roulhac de Thias, conseiller du Roi au Présidial et

Touzac de St-Étienne, écuyer, receveur des tailles en l'Élection de Limoges, comme administrateurs. — *Ibid :* Contestation entre le Bureau et M. Romanet de la Briderie, procureur du Roi au Présidial, qui prétendait avoir voix délibérative dans l'assemblée. — V° : MM. Tranchand, chanoine de St-Martial, et Roulhac de Traschaussade fils, « écuyer, négociant en gros, » sont déclarés membres du Bureau sur la nomination faite par le chapitre de St-Martial. — *Ibid :* Contestations avec les Consuls relatives au mode de nomination des nouveaux membres du Bureau. — F° 182 v° : Démission du sr. Boisse de la charge de syndic et nomination de M. Maledent de Fontjaudran à sa place. — F° 184 v° : Nomination du sr. Philippe Thévenin comme garçon apothicaire. — *Ibid.* (septembre 1757) : Nouvelle distribution des charges et emplois de l'hôpital. — F° 185 v° : Procès-verbal de l'inhumation de la D^lle Françoise Grelet, décédée au Refuge (1). — F° 187 r° : Le Bureau décide qu'on mettra désormais journellement 60 ll. de viande dans la marmite de l'hôpital pour obvier à l'inconvénient qui résultait de la pratique d'augmenter seulement la quantité d'eau au fur et à mesure qu'augmentait le nombre des pauvres. — F° 187 v° : Délibération concluant à prêter 10,000 ll. aux RR. PP. Bénédictins de St-Jean-d'Angély, sous la rente annuelle de 416 ll. — F° 188 r° : Nomination du sr. J.-B. Bardonneau comme garçon chirurgien. — *Ibid :* Délibération concluant à loger les enfants dans la salle St-Martial sous la surveillance de 4 gouvernantes et à faire occuper leur local actuel par les vieilles femmes recueillies à l'hôpital. — F° 189 v° 192 v° : Long mémoire et copie de lettres concernant la contestation mue entre le Bureau et les Consuls de la ville sur le droit de nomination. — F° 193 v° : Les sieurs Thévenin et Laforest ayant déclaré ne pouvoir continuer de fournir le coton à filer aux conditions ordinaires, le Bureau consent à une diminution de prix. — *Ibid :* Copie d'une lettre de l'Intendant relative aux suppléments demandés par l'hôpital pour chaque soldat reçu. — F° 194 v° : Copie de la lettre de M. l'abbé d'Argentré en réponse aux félicitations qui lui ont été adressées par le Bureau au sujet de sa nomination à l'évêché de Limoges. (Datée de Poitiers, 16 septembre 1758). — F° 195 v° : Copie d'une lettre du Bureau adressée à l'Intendant de la Généralité de Limoges pour obtenir « les réunions de certaines aumônes fondées dans plusieurs paroisses voisines de Limoges, qui sont mal servies ou qui sont

abusives. Tel seroit le brevet de réunion du prioré royal de St-Gérald (1) dont les revenus paraissent venir des aumônes faittes à l'hôpital, qui avoit déjà esté accordé par Sa Majesté à MM. les prêtres de la Mission, à la charge par eux de céder à l'hôpital tous leurs bâtiments qui sont contigus, et dont il a un besoin extrême, condition qu'ils ont refusé d'accepter et qui par conséquent devrait nous faire adjuger les revenus du dit prieuré. » Le Bureau, après avoir fait remarquer qu'on impose annuellement sur la Généralité de Limoges 26 à 27,000 ll. pour les hôpitaux de France, ajoute : « Il paraitroit naturel que cette imposition, qui n'entre nullement dans les coffres du Roy et qui est destinée pour les pauvres maisons de charité, tournât au profit de nos hôpitaux et que celuy de la capitale qui, malgré son indigence, est accablé d'une multitude incroyable d'infirmes, d'indigents, de soldats et de mendiants, reçut en dédommagement la principale portion de l'imposition pour fournir aux dépenses extraordinaires que luy occasionne l'affluence des soldats et des malades. » — *Ibid :* Réponse de l'Intendant Pajot à la lettre précédente. Il conseille de temporiser encore en ce qui touche la répartition de l'imposition et de recourir à l'évêque pour ce qui concerne la réunion des aumônes. — V° : Copie d'une lettre du chancelier de France, prescrivant qu'il ne soit rien changé aux usages anciens en ce qui touche le mode de nomination des nouveaux administrateurs et les droits des Consuls dans ces nominations. En conséquence de cette lettre, on dresse le rôle des membres actuels du Bureau, au nombre de 10, dont deux ecclésiastiques. — *Ibid.* (octobre 1758) : Nouvelle distribution des charges et emplois pour deux ans. — F° 196 v° : Délibération concluant à ne plus recevoir de pauvres valides des villes où il existe des hôpitaux. Quant à ceux des villes et campagnes où il n'y a pas d'hôpital, on décide qu'on exigera d'eux un certificat d'indigence. — V° : Mention du procès mû contre le prieuré des Arènes, au sujet de la réunion de l'hôpital St-Jacques à l'hôpital général, en vertu des lettres patentes de fondation (2). — F° 197 v° : Délibération concluant à prêter à M. Rogier des Essards, lieutenant général et secrétaire du Roi, une somme de 5,000 ll. qui venait d'être remboursée à l'hôpital, pour être par lui employée au paiement de la taxe imposée par Sa Majesté sur sa charge de secrétaire du Roi, à charge d'une rente de 10 deniers par livre constituée en

(1) Cf. ci-dessous, H 1.
(2) Cf. *ci-dessous* le fonds de l'hôpital St-Jacques des Arènes, à la suite de la série H.

(1) Cf. ci-dessus, B 542.

faveur de l'hôpital. — F° 188 r° : Le Bureau décide de transiger avec le prieuré des Arènes au sujet du procès pendant. — F° 199 r° : Nomination du sieur Martial Bourdeau jeune, bourgeois et marchand, à la charge d'économe de l'hôpital. — V° : Nomination des sieurs Léonard Ducloux et Marie Guibert comme garçons chirurgiens. — *Ibid* : Délibération concluant à ce que les membres du Bureau chargés d'une recette particulière en présentent l'état exact tous les trois mois, et soient dispensés de faire eux-mêmes les paiements en délivrant désormais des mandats sur le receveur général de l'hôpital. — F° 200 r° : Nomination de MM. Chastagnac, curé de St-Michel, et Jacques Pétiniaud, négociant, comme administrateurs à la place de MM. de Beaupré, prêtre, et Gourdon de Borderie. — *Ibid* : Copie d'une délibération des Consuls nommant MM. de Flottes, sgr de Leichoisier, Pinot, sgr de Magré, et J.-B. Baud, marchands, comme administrateurs de l'hôpital. — F° 201 v° : Nomination du sr. Jean Martial comme garçon chirurgien. — F° 203 v° (septembre 1761) : Nouvelle distribution des charges et emplois pour deux ans. — F° 205 v° et 206 v° : Délibérations relatives au procès mû contre M. Martin, curé de St-Cessateur, touchant l'inhumation de la Dlle Grelet, morte au Refuge(1). — F° 207 r° : Nomination de M. Muret comme avocat de l'hôpital à la place de feu M. Desflottes de Fonbesse. — F° 208 r° : Nomination du sieur Pierre Laplaigne comme garçon chirurgien. — *Ibid* : Copie de la quittance délivrée à Jacques Dhéralde, m° perruquier, d'une somme de 200 ll. léguée à l'hôpital par pierre Dhéralde, m° chirurgien, à charge d'un service annuel. — V° : Nomination de J.-F. Souhet-Thibeaud, m° chirurgien juré de Paris, comme chirurgien en chef de l'hôpital. — *Ibid* : Copie du brevet du Roi autorisant l'union du prieuré de St-Gérald à l'hôpital de Limoges. Vote de remerciements à l'ancien évêque de Limoges, à l'évêque actuel et à celui d'Orléans qui se sont occupés de cette affaire. — F° 212 v° : Délibération concluant à faire choix d'un nouveau portier et à élever suffisamment ses gages, « de façon à ce qu'il ne se laisse pas séduire par les petites gratifications qu'ont coutume d'offrir ou de donner ceux qui veulent introduire ou sortir quelque chose des différentes salles de l'hôpital.» Les dits gages sont réglés à 7 ll. par mois, outre la nourriture. — F° 213 v° : Copie d'une lettre du secrétaire d'État de la guerre demandant un état trimestriel des armes des soldats morts à l'hôpital, sur le rapport qu'on lui a fait « qu'il se vend souvent dans les provinces des fuzils que les soldats laissent en mourant dans les hôpitaux, à des prix extrêmement modiques, quoyque plusieurs soient comme neufs. » — F° 214 v° : M. J.-B. Deschamps, sgr de Bellegarde, est déclaré membre du Bureau sur la nomination faite par les Consuls. — *Ibid* : Nomination du sieur Jean Monneron, âgé de 16 ans, comme garçon chirurgien. — F° 215 v° : Nomination de MM. Labiche de Reignefort, Martin du Cluzeau et Romanet du Caillaud, comme administrateurs à la place de MM. Maledent de Feytiat, Touzac de St-Étienne, Roulhac de Traschaussade, Transchant et Roulhac de Thias. MM. Joubert, chanoine, et Durand, trésorier de France, sont déclarés membres du Bureau sur la nomination faite par le chapitre de St-Martial. — F° 216 et 217 r° : Nomination des sieurs Jean Cosse, âgé de 14 ans, Louis Cosse, âgé de 16 ans, et Pierre Fleurat, âgé de 16 ans, comme garçons chirurgiens. — F° 218 v° (septembre 1761) : Nouvelle distribution des charges et emplois pour deux ans. — *Ibid* : Délibération concluant à faire continuer l'inventaire commencé des archives de l'hôpital et à le perfectionner selon le plan exposé par M. Roulhac de Thias. — V° : Ratification du prêt de 2,000 ll. fait aux PP. Bénédictins de St-Augel. — F° 220 r° : Nomination des sieurs J.-B. Jahu, âgé de 16 ans, et J.-B. Laforest, âgé de 13 ans, comme garçons chirurgiens. — F° 221 v° : Nomination du sieur Fournier comme syndic de l'hôpital, « pour se conformer à l'uzage de tous les corps du royaume et ôter par là à ceux contre qui on est obligé de plaider tout prétexte d'incidenter sur le deffaut de sindic. » — F° 222 v° : Article constatant qu'on a prêté à M. David, prieur de St-Gérald, « le livre et terrier appelé le *Terrier Rouge* (1), contenant les reconnaissances du dit prieuré. » — *Ibid* : Copie de l'arrêt du Parlement de Bordeaux du 18 mars 1762, portant enregistrement des lettres patentes de Sa Majesté qui autorisent la réunion du prieuré de St-Gérald à l'hôpital. — F° 223 r° : Délibération concluant à faire dresser le plan de certains terrains pouvant servir aux agrandissements projetés de l'hôpital, pour le dit plan être remis à M. Turgot, intendant de la Généralité, sur le point de se rendre à Paris, lequel sera prié d'obtenir du Roi l'autorisation d'acquérir les dits terrains. Suit copie de la requête adressée au Roi à ce sujet. — F° 224 v° : Communication faite au Bureau de l'arrêt du Conseil des dépêches qui autorise l'acquisi-

---

(1) Cf. ci-dessus B, 542.

(1) Ce terrier ne se retrouve plus dans les archives de l'hôpital.

tion susdite. — *Ibid :* Acceptation par le Bureau de l'offre faite par le R. P. Nadaud, prieur des Jacobins de Limoges, d'entreprendre le dépouillement des titres de l'hôpital pour en dresser le répertoire (1). Il est statué que le dit Nadaud sera toujours accompagné dans le trésor de deux administrateurs chargés des clefs. — F° 225 r° : Procuration donnée à M. Roulhac. du Cluzeau, ancien administrateur de l'hôpital, sur le point de faire un voyage à Paris, pour le mettre en état de « procurer aux pauvres le plus tôt possible le remboursement des droits qu'ils ont à exercer » dans la succession de M. de l'Isle du Gast, ancien évêque de Limoges, à l'occasion de la vente de la vicomté de Turenne, de la baronnie de Malemort et autres fiefs, faite par M. le duc de Bouillon en faveur de Sa Majesté Louis XV, le 8 mai 1738 » (2). — F° 226 v° : Copie des lettres patentes qui autorisent l'hôpital à acquérir plusieurs terrains destinés à l'augmentation des bâtiments (mai, 1762). Suit l'arrêt d'enregistrement du Parlement de Bordeaux. — F° 228 r° : « Le sieur Gourseyrol fils, m° épinglier de cette ville, a remis et fait plasser dans l'ourdissoir des fabriques cinq petits métiers outils propres à frapper des épingles, afin de pouvoir former des pauvres à cet ouvrage ; lesquels cinq métiers devront être remis au dit sieur Gourseyrol lorsqu'il jugera à propos de les retirer. » — F° 228 v° : Pouvoir donné à l'un des administrateurs d'arrenter divers terrains sis à Beaubreuil et dépendant du prieuré de St-Gérald. — *Ibid :* Démission du sr. Pierre Bourdeau, écuyer, secrétaire du Roi, maison-couronne de France, de la charge de receveur général de l'hôpital, « attendu qu'il étoit obligé de vacquer à ses affaires personnelles. » Nomination de son fils Léonard à la dite charge. — F° 229 v° : Communication au Bureau du plan des terrains à acquérir par l'hôpital, le dit plan dressé par M. Barbier, « ingénieur de la province. » — F° 230 r° : Nomination des sieurs Bernard Rousset, âgé de 15 ans, et Gabriel Reculet, âgé de 14 ans, comme garçons chirurgiens. — F° 231 r° : Nomination de MM. Jean Cybot, curé de Monjauvy, et Jean Tanchon, avocat en la cour, comme administrateurs à la place de M. Chastaignac, curé de St-Michel des Lions, et de M. Jacques Pétiniaud. MM. J.-B. Lamy de la Chapelle, bourgeois, André Farne Crouzeil, négociant, et J.-B. Peyroche du Puyguichard, négociant, tous trois consuls en charge, sont déclarés membres du Bureau

(1) Voy. ce répertoire ci-dessus D, 4.

(2) Cf. ci-dessus B, 11.

sur la nomination faite par MM. les Consuls. — F° 231 v° et dernier : Nomination des sieurs Joseph Martin et Étienne Morel, âgés tous deux de 18 ans, comme garçons chirurgiens. — (On a omis de relever dans le précédent inventaire les mentions de comptes rendus, de quêtes, de services funèbres et de visites de l'hôpital lorsqu'elles reviennent d'une façon périodique. On a omis également : les mentions de rentes constituées et d'affermes, parce qu'elles se retrouvent plus au long dans les terriers ; les indications relatives aux achats d'ustensiles, aux adjudications de viande, aux constructions de l'hôpital qui se retrouvent aussi ailleurs ; enfin les nominations de secrétaires, huissiers, portiers, serruriers, tailleurs et boulangers de l'hôpital, parce qu'elles ont paru de peu d'intérêt.)

E. 2. (Registre). — In-folio, 283 feuillets, papier.

Juin 1763-messidor an IV. — Délibérations. — Suite du registre précédent. — F° 1 r° : Copie d'un mémoire rédigé par M. Pétiniaud, l'un des administrateurs de l'hôpital général, sur la nécessité de chercher à diminuer les cas de décès qui surviennent parmi les enfants de 7 à 12 ans. Il propose de laisser les enfants à la campagne jusqu'à l'âge de 12 ans pour les soustraire complètement aux influences mortelles de l'hôpital, à charge de payer à leurs nourriciers 18 ll. pour les filles et 15 ll. pour les garçons de 7 à 10 ans, 15 ll. pour les filles et 12 ll. pour les garçons de 10 à 12 ans. Suit un « État des enfans exposés ou abandonnés qui sont rentrés à l'hôpital depuis le 1er janvier 1745 jusques et compris le 31 décembre 1754, avec une exacte explication de ceux qui en sont sortis, qui y sont morts ou qui y restent.» Les conclusions du dit mémoire sont adoptées par le Bureau. — F° 4 r° : Copie d'une lettre de cachet enjoignant à la supérieure du Refuge de recevoir la D^lle Marie-Anne Laurion, « et de l'y garder jusqu'à nouvel ordre,» moyennant une pension annuelle de 150 ll. qui sera payée par son oncle. — F° 5 r° : Constatation du transfert de Marie Dulac chez la nommée Boudonne, accoucheuse, « pour y rester jusqu'après son accouchement et convalescence d'iceluy, aux frais de l'hôpital et aux conditions ordinaires. » —. F° 6 v° (septembre 1763) : Distribution des charges et emplois de l'hôpital pour deux ans. — F° 9 et 11 r° : Nomination de Bernard Rousset, âgé de 16 ans, et du sieur Sohet Thibaud fils comme garçons chirurgiens. — F° 11 r° : Le

Bureau décide de commander au sr. Noualhier, émailleur, quatre bâtons en bois peint et deux panonceaux de carton aux armes de St-Alexis, pour la procession des Ostensions. — Fº 12 rº : Fondation d'un service en faveur de M. Veyssière, écuyer, président trésorier de France au Bureau des finances de la Rochelle, lequel avait légué 10.000 ll. à l'hôpital de Limoges. — Fº 13 rº et 14 vº : Nomination de Pierre Borde et de J.-B. Raby, âgés tous deux de 17 ans, comme garçons chirurgiens. — Fº 14 rº : Copie d'une lettre de M. Turgot, intendant, qui informe le Bureau de l'augmentation de solde accordée à l'hôpital par le duc de Choiseul pour les soldats reçus. — Fº 15 rº : Démission faite par M. Cibot, curé de Montjauvy, des fonctions de receveur particulier de l'hôpital, et nomination de M. Tanchon, avocat, juge des Combes et de la Cité, à la dite charge. — *Ibid :* Délibération fixant à 6 le nombre des garçons chirurgiens, sur la représentation faite par deux religieuses que le nombre de ces apprentis « était tellement multiplié que, bien loin d'y exercer leurs fonctions pour le soulagement des pauvres, ils étaient de la plus grande dissipation, qui les dérangeoit les uns et les autres.» — Fº 16 rº : Nomination du sr. J.-F. Sohet Thibaud, mº chirurgien juré de Paris, comme premier chirurgien de l'hôpital, à la place laissée vacante par la mort de son père. — Fº 17 vº : Nomination du sr. Antoine Hardommand, âgé de 12 ans, comme garçon chirurgien. — *Ibid :* Nomination de MM. Baillot d'Estivaux, président trésorier de France, Muret, secrétaire du Roi, et Pinot de Magré, receveur général des domaines et bois, comme administrateurs de l'hôpital à la place de MM. Labiche de Reignefort, Martin de Curzac et Romanet du Caillaud. MM. Teulier, chanoine, et Brisset du Puydutour sont déclarés membres du Bureau sur la nomination faite par le chapitre de St-Martial. — Fº 18 rº : Nomination de M. Jacques Garat, écuyer, comme administrateur, sur le décès survenu de M. Pinot de Magré. — Vº : Copie d'un acte portant renonciation par M. Arbonneau, docteur en médecine de la Faculté de Montpellier et doyen du Collège de Limoges, des honoraires à lui comme médecin de l'hôpital. Suit une délibération prise trois jours plus tard, portant fondation d'un service annuel pour le dit Arbonneau, décédé, et nommant le sr. Valade à la place vacante de médecin en chef de l'hôpital. — Fº 20 vº : (septembre 1765) : Nouvelle distribution des charges et emplois pour deux ans. — Fº 21 rº et vº : Nomination

du sieur Jean Jouhaud, âgé de 17 ans, et d'Étienne Lebeau, âgé de 18 ans, comme garçons chirurgiens. — Fº 22 vº (1er février 1766) : Service funèbre célébré en l'église de la Mission par l'évêque de Limoges pour le repos de l'âme de Mgr le Dauphin. — Fº 23 rº : Nomination du sr. Léonard Dumay, âgé de 22 ans, comme garçon chirurgien. — Vº : Délibération concluant à faire exécuter le plan des bâtiments à construire, tel qu'il a été dressé par M. Trésaguet, ingénieur de la province. — Fº 24 rº : Copie de l'ordonnance des trésoriers de France du Bureau de Limoges touchant la clôture et l'alignement du chemin qui conduit de l'hôpital à Ste-Valérie. — Fº 26 vº : Transfert du bureau de l'administration dans une salle du prieuré de St-Gérald, pour cause des démolitions commencées. — *Ibid :* Convention entre le Bureau et les bouchers de l'hôpital fixant à 3 sols la livre le prix de la viande jusqu'au Carnaval. — Fº 27 rº : Copie de l'inventaire des meubles du Bureau de l'administration. Entre autres objets figurent : deux thèses en latin dédiées à MM. les administrateurs, avec cadres dorés ; un tableau représentant le sacrifice des SSts. Innocents (1) ; deux tableaux représentant l'un l'effigie de Mgr de Canisy, l'autre l'effigie de Mgr de Lafayette, anciens évêques de Limoges (2) ; trois cartons avec leurs chassis, sur l'un desquels sont inscrits les noms des administrateurs et sur les deux autres les messes de fondations et les services des bienfaiteurs. — Fº 28 rº : « MM. les administrateurs s'étant apperçus que les filles et femmes d'une conduite répréhensible, renfermées dans la maison du Refuge par authorité de justice, portoient les mêmes habillements qu'elles avoient dans leurs intrigues scandaleuses et avec lesquels on les y avoit transférées, que les unes paraissent se faire gloire des vêtements qu'on leur a laissés à l'entrée de cette maison au préjudice des autres qui y sont médiocrement habillées ; afin de réformer un abus si contraire à l'établissement d'un lieu qui a été expressément fondé pour y avoir un véritable repentir, le Bureau, se référant à la conclusion prise le 26 juin 1736, a délibéré qu'il sera fait incessamment des robbes de beurre ou serge, de même couleur, pour servir d'habillements à chacune des pénitentes qui sont ou entreront désormais au Refuge, avec une

(1) Ce tableau existe encore dans le vestiaire des médecins de l'hôpital.

(2) Ces deux tableaux se voient encore dans la salle des délibérations de la commission hospitalière.

ceinture en cuir ; il leur sera donné une chemise de toile étoupe avec une coëffe de même toile qu'on leur changera tous les dimanches. Il a été de plus arrêté que les ouvrages que les dites pénitentes feront lors de leur entrée tourneront au profit de l'hôpital pour tenir lieu d'indemnité de ce nouvel habit par nous ordonné » (1). — F° 28 r° : Procès verbal de la pose faite par M. Turgot, intendant, « de la première pierre aux fondations des nouveaux bâtiments qui doivent être commencés par le grenier (*sic*), » le 16 avril 1766. Sur la plaque de cuivre jaune « posée au pilier du milieu de la cour, entre la seconde et troisième assise de la pierre de taille, » ont été gravées à chaque face deux inscriptions (2). — F° 32 r° : Constatation de la remise d'une clef au R. P. Élie Jacquet, gardien des Récollets de Ste-Valérie, pour livrer passage dans le chemin fermé par la construction des bâtiments, aux fins des services de fondation et messes de chaque jour que célèbrent les Récollets dans la chapelle de l'hôpital. — V° : Nomination des sieurs Pierre Célérier, âgé de 18 ans, et Guillaume Lavaud, âgé de 16 ans, comme garçons chirurgiens. — F° 33 r° : Délibération concluant à réunir au cimetière de l'hôpital le jardin acquis du sr. Poulard, notaire. — V° : Démission faite par M. Joseph Pétiniaud, négociant, contrôleur contre-garde de la Monnaie de Limoges, de sa charge de secrétaire de l'hôpital à cause de la nécessité où il est de vaquer à ses affaires particulières. Nomination de J.-B. Joseph Pétiniaud son fils aîné, à la dite charge. — F° 34 v° : Délibération concluant à diminuer les portions de viande accordées jusqu'ici aux malades et infirmiers de l'hôpital. — F° 35 r° et v° : Mention d'un prêt de 6,000 ll. et d'un autre prêt de 3,000 ll. faits au Collège de Limoges pour servir à la reconstruction des bâtiments. — F° 36 r° : Nomination du sieur Thibaut comme maître chirurgien, et du sieur Dhéralde, âgé de 17 ans, comme garçon chirurgien. — F° 37 v° : Nomination de MM. Antoine de Léonard de Fressangues, docteur en Sorbonne, curé de St-Michel des Lions, et Pierre Ardant, écuyer, comme administrateurs. — *Ibid* : Copie de la délibération des Consuls nommant MM. Jean Descordes de Parpaline, « conseiller du Roy et son procureur en la police de la ville de Limoges, » Antoine Jayac, sgr. de Lagarde, et J.-B. Guérin, négociant, consuls en charge, comme administrateurs de l'hôpital. — F° 39 v° :

Nomination du sieur François Dubois, âgé de 21 ans, comme garçon chirurgien, et de J.-B. Lacombe, âgé de 15 ans, comme surnuméraire. — *Ibid :* « Catherine Couty, âgée d'environ 60 ans, native de la ville de Bergerac, diocèse de Périgueux, entrée à l'hôpital le 12 may dernier, a fait abjuration de la religion protestante, le 14 de ce mois, dans la chapelle du Rozaire. Sous cette considération le Bureau a délibéré que la dite Couty devenue catholique demeureroit au dit hôpital pour y être nourrie avec les autres pauvres qui y ont droit. » — *Ibid :* Défense faite aux sieurs Valade et Thibaud, médecin et chirurgien de l'hôpital, de délivrer des certificats aux garçons chirurgiens sous leurs ordres, et de permettre la fréquentation des salles à ceux qui ne sont pas autorisés par l'administration. — F° 41 r° (septembre 1767) : Nouvelle distribution des charges et emplois pour deux années. — V° : Pouvoir donné à M. Ardant, administrateur, aux fins de traiter avec M. Maneuf, prieur de Chamborant, au sujet des droits de lods et ventes sur la maison acquise de M. Durand, trésorier de France, place des Bancs. — F° 42, 43 et 44 v° : Nominations des sieurs J.-B. Constant, âgé de 18 ans, Joseph Nouhaud, âgé de 16 ans, et Guillaume Catinaud, âgé de 15 ans, comme garçons chirurgiens. — F° 43 r° et 46 r° : Conclusions relatives à « la conduite du superflu de la fontaine des Bancs à l'hôpital. » — F° 47 r° : Nomination de M. Fougères, docteur en médecine de la Faculté de Montpellier, comme médecin de l'hôpital à la place de M. Arbonneau que ses infirmités forcent au repos. — V° : Donation de 1,200 ll. faite à l'hôpital par M. Pichon, docteur en Sorbonne, prévôt de l'église St-Martial, et fondation de 4 messes à son intention dans la chapelle de l'hôpital. — F° 48 v° : Service célébré dans la chapelle pour le repos de l'âme de la reine de France, décédée le 24 juin 1768. — F° 50 r° : Délibération concluant à modifier la forme des comptes particuliers rendus par chaque administrateur. — F° 51 v° : Nomination du sieur Léonard Duclou, âgé de 22 ans, comme garçon chirurgien. — F° 52 r° : Transaction entre l'hôpital et les dames hospitalières de St-Alexis en vertu de laquelle on concède à celles-ci, à titre précaire, le reflux de la fontaine de l'hôpital. » — F° 53 v° : Mention d'un mémoire de l'évêque de Limoges sur les droits de lods et ventes dus par le duc de Bouillon aux pauvres de l'hôpital, comme héritiers de Mgr de l'Isle du Gast, sur la baronnie de Malemort et vicomté de Turenne, relevant en foi et hommage-lige du dit évêque (1). —

(1) Cf. E, 1, f° 74 v°.

(2) Voy. cette double inscription à l'*Introduction*, p. XXVIII.

(1) Cf. ci-dessus le tome 1, f° 225 r°.

F° 54 r°: Nomination du sieur Simon Robert, âgé de 20 ans, comme garçon chirurgien. — F° 55 r°: Nomination de MM. J.-B. Bourdeau du Mas, secrétaire du Roi, Otton-Grégoire-Benoit de Ventaux, président trésorier de France, et Joseph Pétiniaud, contrôleur et contre-garde de la Monnaie, comme administrateurs à la place de MM. Muret, Garat et Baillot d'Estivaux. MM. Roulhac de Traschaussade, chanoine, et Benoit du Buis sont déclarés membres du Bureau sur la nomination faite par le chapitre de St-Martial. — V°: Nomination du sieur Jacques de Voisin, âgé de 19 ans, comme garçon chirurgien. — *Ibid* : Délibération concluant à demander la réunion à l'hôpital des meubles, effets et argenterie de la congrégation des Artisans éteinte depuis la suppression des Jésuites (1). Suit copie de la requête adressée pour cet objet au Parlement de Bordeaux : « Supplient très humblement.... disant que, quant la cour a ordonné la destruction des soy-disant Jésuites, il y avoit dans le Collège trois congrégations, l'une appelée celle des Messieurs, une celle des Artisans et l'autre celle des Écoliers. Cette dernière étoit la mieux décorée en ornements, linge de sacristie, tapisserie, chandeliers, croix, lampes, calices, burettes, plats d'argent et argent monoyé, dont le principal du nouveau Collège n'a pas manqué de s'emparer. Ces trois congrégations ont été supprimées par les arrêts de la Cour ; néamoins celle des Écoliers a été rétablie, et, en conséquence, les administrateurs de l'hôpital ont gardé le silence sur la réclamation qu'ils devoient faire des biens de cette confrairie qui avoit été supprimée par les arrêts de la Cour. Mais comme celles des Messieurs et des Artisans restent éteintes et supprimées, les meubles, ornements et biens de ces confrairies doivent revenir à l'hôpital et y sont unies par lettres patentes de son établissement....Ces meubles, ornemens et argenterie ont toujours resté en dépôt entre les mains du sieur Ardant et du sr. Fougères, confrères des dites deux congrégations, qui nous ont continuellement sollicité de demander à la Cour qu'ils fussent déchargés de ces effets pour être remis à l'hôpital, conformément aux intentions de tous les confrères qui, ayant fait faire à leurs dépens tous les ornements et argenterie des dites congrégations, demandoient qu'ils fussent reversibles au dit hôpital à qui de droit ils appartenoient.... Le Collège ne peut avoir aucun droit sur ce bien qui appartient à l'hôpital. C'est bien assez que ce collège

(1) Voy. notre *Invent. des Arch. dép. de la Haute-Vienne*, série D. Introd. p. XXXVII.

jouisse des biens donnés aux ex-Jésuites, et même de ceux par eux acquis de leur propre deniers qui, suivant la déclaration du Roy, appartiennent à de misérables créanciers qui gémissent d'avoir prêté à la bonne foy leurs biens à un collège qui jouit tranquillement de 30,000 ll. de rente, tandis que les pauvres de l'hôpital, créanciers de ce collège, vivent dans la misère et dans l'indigence.... » — F° 58 v° (septembre 1769) : Nouvelle distribution des charges et emplois pour deux années.—*Ibid*. et f° 59 r°: Nomination des sieurs J.-B. Gaulieux, âgé de 17 ans, et Alpinien Itier, âgé de 19 ans, fils de Jacques Itier, m° chirurgien, comme garçons chirurgiens.—F° 60 v°: Protestation des Récollets de Ste-Valérie au sujet de l'acqueduc du lavoir qui a été cons'ruit sur l'aqueduc de leur fontaine. — F° 62 r°: Délibération concluant à ne plus recevoir de pauvres à l'hôpital jusqu'à nouvel ordre, leur nombre étant si grand « que plusieurs étoient obligés de coucher sur des matelats par terre, à défaut de lits qui se trouvent garnis de deux et trois personnes. » — F° 62 v°: Nomination du sieur Pierre Bignaud, âgé de 18 ans, comme garçon chirurgien. — F° 63 r°: Mention d'une quête pour les pauvres, le 28 mai 1770, « jour de l'ouverture du Jubilé. » — F° 63 v° : Nomination du sieur Léonard Jouhaud, comme procureur de l'hôpital, à la place de Louis Texier, décédé. — F° 65 r° et v°: Nomination des sieurs J.-B. Guy, âgé de 16 ans, et Jean Forest, âgé de 17 ans, comme garçons chirurgiens. — F° 67 v°: Copie d'une lettre du duc de Choiseul, « ministre de la guerre, » fixant à 8 onces la quantité de pain que doit donner l'hôpital aux soldats qui sortent. — F° 68 v°: Mention de l'Ostension de 1771. — F° 69 r°: Nomination de MM. Navières, curé de St-Pierre, Roulhac de Rouveix, conseiller du Roi au présidial et sénéchal de Limoges, comme administrateurs.— V°: Copie de la délibération des Consuls nommant MM. Jacques Garat, écuyer, Pierre Grellet, « gendre à M. le Dorat, » et J.-B. Nicolas de Beaugaillard comme administrateurs. — F° 70 et 71 v°: Nomination du sieur J.-B. Foucaud, âgé de 15 ans, comme garçon chirurgien, et du sieur Jourdan, m° chirurgien, comme premier chirurgien de l'hôpital, à la place de Joseph Sohet Thibaud, chirurgien du dit hôpital, lequel a « quitté Limoges depuis plus d'un mois pour se rendre à Paris dans la communauté des religieux de la Charité, où l'on est assuré qu'il a pris l'habit de cet ordre. » — F° 72 r°: Nomination du sieur François Basset, âgé de 16 ans, comme garçon chirurgien.—F° 73 r° (septembre 1771) : Nouvelle distribution des charges et emplois pour deux années. — F° 74 et ss.:

Nomination du sieur Fournier, m° en chirurgie, ancien chirurgien-major des armées du Roi, comme premier chirurgien de l'hôpital, à la place du sieur Jourdan, décédé ; avec le sieur Dhéralde comme adjoint, les sieurs Louis Chevalier, âgé de 14 ans ; Gérald Fournier, âgé de 15 ans; Joseph Besse, âgé de 15 ans; Léonard Cossas, âgé de 21 ans; et Jean Faucher, comme garçons chirurgiens.— F° 78 r°: Donation de 3,000 ll. faite à l'hôpital par Pierre Lacoulerie, curé de Lavignat, à charge de six messes par an. — F° 81 r°: « Nous prions MM. les prêtres de la Mission d'administrer tous les sacrements à toutes les filles détenues dans la maison du Refuge, sœurs, pensionnaires et autres, toutes fois et quantes que le cas le requerra, et promettons de les garantir de tout ce qu'on pourroit leur objecter à ce sujet. » — *Ibid :* Donation d'une somme de 10,000 ll. en rente viagère à raison de 8 %, faite à l'hôpital par Jacques Bonnaud, curé de La Nouaille en Périgord. — F° 82 v°: Signification faite à l'hôpital par M. Cœur-de-Roy, prieur claustral et curé de St-Gérald, d'un arrêt du Parlement de Paris enjoignant au dit hôpital de faire réparer la maison conventuelle de St-Gérald. Le Bureau décide d'y faire opposition. — F° 84 r° : Demande de nouvelles liéves, les anciennes étant « remplies et en mauvais état. » — F° 85 v° : Nomination du sieur Joseph Desbancaud, âgé de 15 ans, comme garçon chirurgien.— F° 86 v°: Nomination de MM. Bourdeau, fils aîné, écuyer, Bonnin du Fraisseix, conseiller du Roi au Présidial, et Devoyon de la Planche fils, avocat au Parlement, comme administrateurs à la place de MM. Bourdeau du Mas, Benoit de Venteaux et Joseph Pétiniaud. — F° 87 r°: Accord entre l'hôpital et les prêtres de la Mission touchant la mitoyenneté du mur de l'infirmerie. — F° 90 r°: (septembre 1773) : Nouvelle distribution des charges et emplois pour deux années. — F° 91 r° : Donation d'une somme de 3,000 ll. faite à l'hôpital par Jérémie Martin de la Plaigne, négociant. — F° 92 r°: Nomination du sieur Joseph Constant, âgé de 20 ans, fils de Pierre Constant, m° chirurgien de Limoges, comme garçon chirurgien.— F° 93 et 94 r°: Délibérations concluant à faire reconstruire les bâtiments voisins de la chapelle, lesquels menacent ruine. Le sieur Brousseau, architecte de l'hôpital, est chargé de dresser les plans à cet effet. — F° 95 v° (juin 1774) : Mention d'un service célébré pour le repos de l'âme du Roi. — F° 97 r° et ss.: Nomination des sieurs Honoré Raynaud et Jacques Laforest, âgés tous deux de 14 ans; François Cibot, âgé de 17 ans; Pierre Cibot, âgé de 16 ans; François

Filhoulaud, âgé de 20 ans ; François Cousin, âgé de 17 ans et Baptiste Guy, âgé de 19 ans, comme garçons chirurgiens. — F° 101 r° : MM. Joseph-Jacques Juge de Laborie, avocat du Roi au présidial et sénéchal de Limoges, Nicolas Ardant du Picq, ancien échevin, et J.-B. Pétiniaud de Beaupeyrat, négociant, sont déclarés membres du Bureau sur la nomination faite par les Consuls.— V°: Nomination de MM. Pétiniaud, curé de St-Maurice-Cité, et Grellet des Prades comme administrateurs. — F° 102 r° : Délibération fixant à 4 ll. le prix des grands cercueils et à 3 ll. celui des petits, fournis par les infirmiers de l'hôpital. — F° 103 v° (septembre 1775) : Nouvelle distribution des charges et emplois pour deux années. —F°s 104 r° et 107 v°: Nomination de François Boutillou, âgé de 16 ans, et de Jean Hugonneau, âgé de 18 ans, comme garçons chirurgiens.— F° 107 v°: Délibération concluant à demander concession de partie de la fontaine nouvellement établie à la porte Boucherie. —F° 119 r°: « Il a été délibéré que la nommée Parfaite, native de cette ville, attaquée de folie, seroit incessamment arrêtée par les archers et gardes de l'hôpital pour y être conduite et renfermée, afin d'éviter les excès de folie qu'elle commet journellement. » — F° 110 r°: Le Bureau résout de fixer au mercredi celle de ses deux assemblées hebdomadaires qu'il tenait jusque là le mardi, « jour de courrier. » — F° 111 v°: Délibération qui adjuge 5 sols à chaque garde de l'hôpital par chaque mendiant arrêté. — F° 112 v° : Mention d'un emprunt de 3,200 ll. fait par l'hôpital aux dames Carmélites de Limoges, au denier vingt-cinq. — *Ibid.* et ss : Nomination des sieurs J.-B. Moret, âgé de 22 ans; Pierre Pommier, âgé de 20 ans; J.-B. Benoit, âgé de 15 ans; Gilbert Ische, âgé de 17 ans; Étienne Leblanc, âgé de 16 ans, comme garçons chirurgiens. — F° 114 r° : Nomination de MM. Muret de Paignac, avocat du Roi au Présidial, Montaudon-Dumont, sous-ingénieur des Ponts et Chaussées de la Généralité de Limoges, et Martin de la Plaigne, négociant, comme administrateurs. MM. Marc-Antoine Rienblanc du Bost, chanoine de St-Martial et promoteur du diocèse, et Hyacinthe Beaubreuil, bourgeois, sont déclarés membres du Bureau sur la nomination faite par le chapitre de St-Martial.—F° 117 v°: Nomination du sieur Isaac-Martial Ardant comme notaire de l'hôpital, à la place de Me Fournier. — *Ibid:* Remboursement fait par le Collège d'une somme de 9,000 ll. à lui prêtée par l'hôpital. — F° 116 v° (septembre 1777) : Nouvelle distribution des charges et emplois pour deux années. — F° 118 v° : Transaction entre l'hôpital et le sieur Jean Baralier, curé de Sussac, touchant une rente constituée de 2,000 ll. léguée par feu Jean Baralier. — F° 120 r° : Mention des processions de l'Ostension de mai 1778. — F° 121 r° : Prêt de 2,000 ll. fait au sieur Guérin du Mas-Genest, négociant. — F° 121 v° : Le Bureau décide de recevoir dans l'hôpital la Dlle Chadenier, de Magnac-Laval, âgée de 70 ans, sur l'offre faite par elle de payer à l'hôpital une pension annuelle de 350 ll., sa vie durant.—F° 124 r° et v° : Nominations des sieurs J.-B. Pinchaud, âgé de 18 ans, et François Boutinaud, âgé de 15 ans, comme garçons chirurgiens. — F° 125 r° : Nomination de MM. l'abbé du Peyron, ancien chanoine de l'église de Sens, et Étienne de la Rivière, président er l'Élection, comme administrateurs. MM. François Ruben, Dumas, lieutenant particulier au Présidial de Limoges, Pierre Muret, fils aîné, écuyer, et Henri Michel, négociant, sont déclarés membres du Bureau sur la nomination faite par les Consuls. — F°s 125 v° et ss. : Nomination des sieurs Maurice Flacard, âgé de 13 ans, Jacques Baignol, âgé de 17 ans, et Jean Lombardie, âgé de 18 ans, comme garçons chirurgiens.—F° 127 v° (sept. 1779) : Nouvelle distribution des charges et emplois pour deux années. — F° 128 v° : Délibération concluant « à former incessamment un mémoire et des états relatifs à la demande de M. Necker, suivant sa lettre adressée au Bureau de l'administration, en date du 27 octobre 1779. » — *Ibid* : Réponse faite à MM. du chapitre d'Eymoutiers, « que l'hôpital recevroit, nourriroit et entretiendroit dans une des loges du dit hôpital destinées pour les foux le nommé Lionet, moyennant la somme de 100 ll. chaque année. » — F° 129 r° : Mention de la lecture faite au Bureau du mémoire demandé par M. Necker. — F° 130 v° : Délibération concluant à transformer en cimetière le jardin des Darils, contigu à l'hôpital, pour se conformer à une récente déclaration du Roi sur les cimetières. — F° 132 r° : Nomination de M. Bourdeau de la Judie fils, écuyer, comme receveur général de l'hôpital, à la place de Messire Léonard Bourdeau, écuyer, « obligé de vaquer à ses affaires personnelles. » — F° 134 r° : Mention de la bénédiction du nouveau cimetière des Barils faite par l'évêque assisté des membres du Bureau et des pauvres rangés en procession, un cierge à la main, le 13 décembre 1780.—*Ibid* : Prise en considération de la proposition faite par le sieur Matheron, fabricant de tapisseries à Aubusson, d'établir dans l'hôpital une manufacture de tapisseries dont il serait le directeur. — F°s 135 v° et 136 r° : Nomination de MM. Navières de Brégefort,

conseiller au Présidial, Fougèré, docteur en médecine, et Texandier, négociant, comme administrateurs. MM. Benoit de Lostende, chanoine, et Cognasse, docteur en médecine, sont déclarés membres du Bureau, sur la nomination faite par le chapitre de St-Martial. — F° 138 r° (septembre 1781) : Nouvelle distribution des charges et emplois pour deux années. — F° 138 r° : Mise à l'étude de la proposition de M. d'Aine, intendant, « relativement à l'entreprise de la nourriture et entretien des personnes renfermées à la Maison de force de cette ville. » — *Ibid* : Mention d'un procès mû entre l'hôpital et les chanoines réguliers de Ste-Geneviève de Limoges. — F° 130 v° : Legs d'une somme de 10,000 ll. fait à l'hôpital par M. Dupeyrat de Beaupré, grand vicaire et official général du diocèse. — F° 140 r° et v° : Mention de la lecture faite au Bureau des conditions auxquelles l'hôpital consent à accepter la proposition de M. d'Aine relative à la nourriture des pauvres renfermés à la Maison de force. — *Ibid* : Consentement donné par le Bureau à l'inhumation dans le cimetière de l'hôpital de M. de Regnaudin, ancien administrateur, « qui depuis longtemps avoit témoigné vouloir, lorsque Dieu auroit disposé de luy, être inhumé dans le cimetière des pauvres, afin d'y mêler ses cendres avec les leurs. » Consentement analogue donné pour l'avenir à Mad. de Regnaudin, veuve de M. Limousin de Neuvic et fille de M. Regnaudin susdit. — F° 141 r° : Sur la communication faite du prix offert par M. d'Aine pour la nourriture des pauvres de la Maison de force, le Bureau déclare ne pouvoir se charger de cette entreprise. — F° 141 v° : Résolution tendant à convertir en pré le grand jardin de l'hôpital. — F° 146 v° : Nomination de MM. Martin, chanoine honoraire de St-Martial et curé de St-Michel des Lions, et Martial Barbou des Courrières, greffier en chef de l'Élection, comme administrateurs. — *Ibid* : Copie de la délibération des Consuls nommant MM. Grégoire Roulhac du Cluzeau, trésorier de France, Martial Bourdeau de Razeix, écuyer, et Eusèbe Tanchou de Lage, avocat, comme administrateurs. — F° 149 r° (septembre 1783) : Nouvelle distribution des charges et emplois pour deux années. — F° 150 r° : Nomination de MM. Cognasse et Bonin, docteurs en médecine de la Faculté de Montpellier, comme médecins de l'hôpital aux appointements de 300 ll., à la place laissée vacante par le décès de M. Fougères, docteur en médecine de la Faculté de Montpellier et associé à la Société royale de médecine de Paris. — V° : Fixation des appointements de M. Fournier, chirurgien en chef, à la somme de 150 ll. et ceux de M. Dhéralde, chirurgien adjoint, à la somme de 75 ll. — *Ibid:* Extrait du règlement pour les médecins et chirurgiens : Art. I. « Il sera fait une fois chaque semaine, par le médecin et chirurgien en exercic», une visite générale de tous les malades de l'hôpital, afin de prendre les moyens les plus propres et les plus prompts pour leur soulagement. Art. II. Lorsqu'il s'agira de faire quelque opération de conséquence, ou de faire l'ouverture de quelques cadavres, les médecins et chirurgiens conviendront entre eux du jour et heure, afin que chacun puisse s'y trouver et avoir connaissance de la cause de la maladie et en prévenir les suites.... » — F° 154 r° : Nomination de Pierre Pichon, âgé d'environ 11 ans, comme garçon chirurgien. — *Ibid:* Délibération fixant à 10 le nombre des élèves en chirurgie, sur la plainte faite « que plusieurs trouvoient le moyen de s'introduire souvent sans le consentement des administrateurs. » Copie du règlement concernant les dits élèves, en sept articles, stipulant entre autres choses qu'on donnera la préférence aux candidats nés à Limoges, et que quatre ou au moins deux des dits élèves coucheront à l'hôpital pour être mieux à portée de donner leurs services pendant la nuit. Suit la liste des 10 élèves nommés, originaires du Limousin et de la Marche, sauf un qui est dit de Paris. — F° 153 r° : Nomination de M. Siméon Colomb, écuyer, comme administrateur à la place de M. Barbou des Courrières décédé. — F° 153 v° : « Ayant été représenté au Bureau que plusieurs femmes de l'hôpital demandées en qualité de garde-malades pour des particuliers de la ville, se comportoient mal dès qu'elles étoient perdues de vue des personnes chargées de veiller à leur conduite, ce qui tendoit par conséquent à la dépravation des mœurs, tant dans l'intérieur que dans l'extérieur du dit hôpital, » il est décidé qu'on interdira désormais aux femmes de l'hôpital d'aller servir en ville comme garde-malades.— F° 156 r° : Nominations de Martial Bayraud, âgé de 16 ans, de J.-B. Charles Geanty, âgé de 23 ans, et d'Étienne Rigondie de Lespinasse, âgé de 13 ans, comme garçons chirurgiens. — F° 156 v° : Exposé en 8 articles des conditions faites au six meuniers de l'hôpital pour le transport des grains dans les greniers de l'hôpital, afin de réprimer « plusieurs abus qui résultoient de la liberté qu'ont eue jusqu'ici les dits meuniers de ne porter qu'en farine le seigle et le froment qu'ils alloient chercher dans les greniers des particuliers. » Suit l'exposé en 5 articles des inconvénients qui résultaient

pour l'hôpital de l'ancien usage. — F° 158 r° : Mention des processions de l'Ostension d'avril 1785, avec l'itinéraire qu'elles devront suivre. — V° : Nominations de MM. Péconnet père, conseiller du Roi au Présidial, Navières du Treuil, négociant, et Maledent de Feytiat, écuyer, comme administrateurs. Copie de la délibération du chapitre de St-Martial, nommant MM. Tauchon et Garat de St-Priest comme administrateurs de l'hôpital dans l'ordre des notables. — F° 160 v° (septembre 1785) : Nouvelle distribution des charges et emplois pour deux années. — F° 161 r° : Règlement pour le portier de l'hôpital, en 16 articles. —V° : Extrait d'ordonnance du Roi, du 2 mai 1781, le dit extrait concernant la police de l'intérieur des hôpitaux militaires ; titre XV, comprenant 21 articles ; titre XXXVI, comprenant un seul article. — F° 164 r° : Privilège accordé aux quatre bailes des bouchers pour la fourniture de la viande pendant le carême. — F° 166 v° : Augmentation de 100 ll. accordée au sieur Avril fils, chirurgien, en récompense de ses services et de son assiduité au travail : laquelle augmentation jointe aux précédentes porte ses honoraires à 500 ll. — F° 167 v° : « Il a été délibéré qu'à l'avenir on accordera aucune pension hors de l'hôpital, ayant reconnu que ces pensions uniquement prises sur le revenu des pauvres étoient abusives et trop à charge à la maison. » — *Ibid :* Nomination de Joseph Mignon comme garçon chirurgien. — F° 168 r° : Fixation à la somme de 250 ll. des honoraires de messes accordés au sieur Thuillier, nommé aumônier du Refuge par D^{lle} (*sic*) Rogier des Essarts à la place de l'abbé Sénemaud, retraité. Fixation des mêmes honoraires pour les PP. Récollets qui disent les messes « dans la chapelle qui est entre les deux salles des malades. » — F° 169 v° : Copie de la délibération des Consuls nommant MM. Navières de la Boissière, conseiller à l'Élection, Ardent Bréjou, écuyer, et Bonnin, médecin, comme administrateurs de l'hôpital. — *Ibid :* Nomination par le Bureau de MM. Guingand de St-Mathieu, curé de St-Pierre, et Martin de la Bastide de Tranchillon, écuyer, comme administrateurs. — F° 170 v° : Nomination de Christophe Breuil, âgé de 18 ans, et de J.-B. Borde, âgé de 20 ans, comme garçons chirurgiens. — F° 171 v° (septembre 1787) : Nouvelle distribution des charges et emplois pour deux années. — F°' 172 v° et ss. : Nomination de Martial Rigaudie de Lespinasse, âgé de 14 ans ; de Martial Nanot, âgé de 15 ans; de Jean Boutineau, âgé de 20 ans; de Michel Chabrol, âgé de 16 ans (fils de Michel Chabrol, chirurgien), et de Joseph Baju, âgé de 18 ans, comme garçons chirurgiens. — Fº 179 rº : Nomination de MM. Malevergne de Freyssignat, ancien directeur des Domaines, Pétiniaud de Jourgnac, fils aîné, écuyer, et Maledent de Balezy, écuyer, comme administrateurs. — *Ibid* : Copie de la délibération du chapitre de St-Martial nommant M. Cramouzaud, théologal, et Péconnet de Chateudeau, avocat, comme administrateurs. — Vº : Nomination d'Isaac Ardant, âgé de 20 ans, comme garçon chirurgien. — Fº 180 rº : Délibération du Bureau accordant de livrer aux religieuses de St-Alexis les grains et le bois dont elles ont besoin pour leur consommation au prix coûtant pour l'hôpital. — Fº 181 rº (septembre 1789) : Nouvelle distribution des charges et emplois pour deux années. — Vº : Délibération concluant à ce que les pauvres prennent leur repas tous ensemble au réfectoire. — Fº 182 rº et ss. : Nomination de Pierre Navières, âgé de 12 ans; de Michel Aucamus, âgé de 12 ans; de Jacques Barny, âgé de 18 ans (fils de M. Barny, juge de Grandmont); de J.-B. Ruaud, âgé de 20 ans; de Léonard Deschamps, âgé de 22 ans; de J.-B. de Lassis, âgé de 20 ans; de J.-B. Sénemaud Beaufort, âgé de 17 ans; de Martial Derène, âgé de 19 ans, et des nommés Vidaud, Ische, Bounet, Lemasson, Tarnaud, Bouillière, Roubadaud et Pallier, comme élèves chirurgiens. — Fº 187 rº (23 avril 1791) : Refus opposé par quelques membres du Bureau et par les religieuses de St-Alexis d'envoyer comme d'ordinaire les pauvres de l'hôpital à la procession du mardi de Pâques dans l'église de St-Michel, sur l'invitation à eux faite par les officiers municipaux de la ville. — Vº : Requête présentée par le Bureau au Directoire du district touchant le paiement d'une somme de 61,000 ll. due à l'hôpital « par le ci-devant clergé du diocèse de cette ville, » et de diverses autres sommes dues par plusieurs communautés du diocèse. — Fº 188 rº : Nomination de J.-B. Lassaigne, âgé de 19 ans, et de François Crosat comme élèves chirurgiens. — Vº : Copie de la délibération des officiers municipaux nommant MM. J.-B. Nicaud, maire de Limoges, Léonard Barbou, colonel de la garde nationale, et Pierre Laboulinière, curé de St-Michel, comme administrateurs. — *Ibid* : Nomination par le Bureau de MM. Naurissard, directeur de la Monnaie, et Ardant du Picq, négociant, comme administrateurs. — Fº 189 vº : Nomination de J.-B. Lachassaigne, Bernard Péconnet, Pierre-Joseph Goursaud, François Crosat, Abriac et J.-B. Pigné, comme élèves chirurgiens. — *Ibid* : Copie d'un arrêté du Directoire du département portant qu'une sage-femme serait attachée à l'hôpital,

en conséquence d'un arrêté précédent du Conseil général prescrivant « que les femmes enceintes qui étaient chez Pierre Corbe seroient transférées à la maison dite du Refuge et actuellement appellée de Bienfaisance. » — Fº 191 vº (sept. 1791) : Installation des nouveaux administrateurs et nouvelle distribution des charges et emplois pour deux années. — Fº 192 rº : Délibération du Bureau autorisant le receveur général de l'hôpital à placer des fonds entre les mains de gens solvables, en assignats, seulement pour six mois. — *Ibid* : Nomination de François Chaumette et François Grenet comme élèves chirurgiens. — Fº 191 rº : Autorisation de prêter 10,000 ll. en assignats à la ville de Limoges pour l'approvisionnement des grains. — *Ibid* : Délibération concluant à demander au département « l'échange d'une certaine quantité d'assignats contre des sous de cuivre qui vont être incessamment fabriqués à la Monnoie de Limoges. » — Fº 193 vº et ss. : Nomination de J.-B. Lepage, J.-B. Pallier, Bertrand Massy, Anet Parat, Martial Devaux, Roguó, Laforest, Fizot-Lavergne et Grégoire Duteil, comme élèves chirurgiens. — Fº 197 rº : Itinéraire de la procession de l'Ostension fixée au 24 mai 1792. — Fº 193 rº : Nomination de Pierre Mourier, J.-B. Grellier et J.-B. Laplagne, comme élèves chirurgiens. — Fº 199. (septembre 1792) : Extrait d'une délibération du Conseil général de la commune renouvelant l'administration de l'hôpital, en suite « d'une pétition présentée par plusieurs citoyens, » comme suit : Administrateurs : Pierre Soulignac, Pierre Recoquillé et Léonard Bourdeau, négociants; médecins : Mathieu Doudet, et Jean Boyer; chirurgiens : Junien Périgord et J.-B. Dominique Dhéralde. — Fº 200 rº : Copie de la pétition des citoyens Cognasse, Bonin et Fray-Fournier adressée au Bureau de l'hôpital, touchant les honoraires à eux dus, et délibération du Bureau y relative. — Vº et ss. : Nomination de Jean Daucourt, J.-B. Dada, Joseph Meillac, Jean de Lisle, François Chatenet, Guy Dutour, Joseph Beaubrun, Léonard des Thèves, Martial Géraldy, comme élèves chirurgiens. — Fº 202 vº : Fixation des honoraires des officiers de santé à la somme de 500 ll. — Fº 204 rº : Nomination d'Henri Chaisemartin et Pierre Thibaud, comme élèves chirurgiens. — Fº 204 vº : Donation faite à l'hôpital par le citoyen J.-J. Ardant « d'un local spacieux attenant aux bâtiments de l'hôpital général, consistant en l'église, cour, cimetière, écurie, chantier et jardin dépendant de la ci-devant communauté de la congrégation de France, » acheté par lui pour le prix de 8,500 ll., à charge par l'hôpital de lui servir, sa vie durant, une pension de 200 ll.— F° 206 v° : Nomination des citoyens Dumas, président du tribunal criminel, Grellet-Fleurelle et Ardant Masjambaud, négociants, comme administrateurs. — F° 207 r° (septembre 1793) : Nouvelle distribution des charges et emplois. — F° 209 r° : Nomination des citoyens Garat fils et Péconnet jeune comme administrateurs à la place des citoyens Dumas et Ardant Dupicq. — *Ibid* : Copie de la pétition des citoyens Reynaud et J.-J. Cousin, aumôniers de l'hôpital, demandant le paiement du traitement de 1,200 ll. que leur accorde la loi depuis le décret qui supprime le traitement des vicaires épiscopaux ; faute de quoi ils chercheront à se pouvoir de quelque cure à la campagne. Délibération y relative. — F° 210 r° : Nomination de J. Pierre Hervy, J.-B. Dominique d'Héralde, Jérémie Nivet, Joachim Johanneau, Antoine Baudet J.-B. Jouhaud, J.-B. Chabrol, Pierre Limousin, Pierre Laboullinière, J.-B. Pailler, J -B. Raby, Jacques Bonnetaud, et Pierre Fournier, comme élèves chirurgiens. — F° 212 r° : Délibération accordant un traitement de 400 ll. au citoyen Peyrot, premier élève en chirurgie. — (A partir du f° 212 v° (février 1794), le nombre des élèves en chirurgie admis devient de plus en plus considérable.) — F° 213 v° : Nomination du sieur Sobet Thibaud comme chirurgien en second. — F° 214 v° : Nomination du citoyen Bardy comme notaire de l'hôpital. — V° : Pétition adressée aux administrateurs du département, demandant que le citoyen Périgord, officier de santé, prenne logement dans l'hôpital. — F° 217 r° (juin 1794) : Installation du comité de surveillance d'administration de l'hôpital militaire. — F° 218 r° : Il est décidé que les militaires décédés seront inhumés dans une toile et non plus dans un cercueil de bois.— F° 219 r° : Il est constaté qu'en l'espace d'un an il est entré à l'hôpital 1,100 soldats blessés. — *Ibid* : Pétition adressée à la commission provisoire de secours publics, tendant à obtenir un crédit supplémentaire pour couvrir l'arriéré de 90,000 ll. existant. — F° 220 r° : Lettre du Commissaire des guerres à l'armée de l'Ouest, résidant à Poitiers, demandant le nombre de malades que peut recevoir l'hôpital de Limoges, pour y transporter quelques-uns de ceux qui sont évacués des hôpitaux environnants. — F° 221 r° : Délibération du Bureau concluant à dresser un état de l'actif et du passif de tous les objets concernant l'hôpital pour être remis à l'administration du district. — (Nombreuses pétitions du Bureau réclamant l'aide pécuniaire des pouvoirs publics pour subvenir aux besoins de l'hôpital en détresse.) — F° 224 r° (novem-

bre 1794) : Réintégration des citoyens Fray-Fournier et Bonin dans les fonctions d'officier de santé où ils avaient été remplacés par les citoyens Périgord, Thibaud, Boudet et Boyer, la dite réintégration faite par Chauvin, représentant du peuple dans les départements de la Vienne, de la Hte-Vienne et de la Creuse. — F° 225 v° : Pétition de la citoyenne Marcelle Déchaud, sage-femme, au représentant du peuple Chauvin, pour lui demander une augmentation de 20 ll. par mois, en considération de ses services. — F° 226 v° : « Mention civique » de linges fournis à l'hôpital par les sociétés populaires de Limoges, St-Auvent, Pierrebuffière, Condat, Aixe, etc. — F° 229 v° (janvier 1795 : Procès-verbal de visite du représentant Clédel, délégué dans les départements de la Hte-Vienne et de la Creuse. — *Ibid* : Réintégration du citoyen Périgord dans sa place de chirurgien-major de l'hôpital, dont il remplira les fonctions alternativement avec le citoyen Fray-Fournier. — F° 230 v° : Copie de la lettre adressée par le Bureau aux administrateurs des différents districts du département, pour obtenir qu'ils concourent à la subsistance des 1,200 malades de l'hôpital. — (Plusieurs délibérations relatives aux indemnités et appointements à payer aux soldats et aux employés de l'hôpital.) — F° 231 r° : État des effets mobiliers retirés du ci-devant séminaire pour le service de l'hôpital : 200 matelats, 200 traversins, 600 draps de lit, 400 couvertes, 80 toiles de paillasse ; et de la ci-devant maison de la Règle : 350 draps de lit et 92 serviettes. Le tout a été réparti dans les salles appelées des officiers, des convalescents, des galeux et des vénériens. — F° 234 r° (avril 1795) : Lettre du Bureau au Directoire du district : « .... Nos alarmes chaque jour croissent au point que, sous 4 à 5 jours, nous n'avons nul espoir de pouvoir fournir une once de pain à 900 individus qui sont dans notre hospice. Nous manquons de toute espèce de denrées à la fois ; notre caisse est vide ; aucun secours n'arrive ny n'est même annoncé.... Nos demandes depuis trois mois ont été comme nulles, quoyqu'elles ayent été réitérées » à quatre reprises différentes. — (Nouvelles pétitions du Bureau réclamant l'aide pécuniaire des pouvoirs publics pour acheter des grains.) — F° 241 r° (mai 1795) : Arrêté du représentant du peuple Chernier, en mission dans le département de la Hte-Vienne, portant que le Bureau de l'hôpital est autorisé provisoirement à ne rembourser la somme de 130,000 ll. qui lui a été avancée sur les bons des administrations, qu'après qu'il aura obtenu de nouveaux secours. — V° : Délibération du Bureau portant à 1,000 ll. le traitement de la citoyenne Roger. supérieure de la Maison de bienfaisance. — F° 243 r° : Donation d'une somme de 600 ll. faite par le citoyen Rousset. — *Ibid* : Pétition du Bureau aux administrateurs du Directoire du département, tendant à obtenir les meubles et effets de l'hospice d'Aixe dont les pauvres ont été envoyés à Limoges. — F° 244 v° : Réintégration du citoyen Cognasse dans ses fonctions d'officier de santé, lequel avait été « destitué de ses fonctions par une injustice bien avérée et réparée en partie par le représentant du peuple Chauvain. » — F° 245 r° (juillet 1795) : Mention du recensement des individus logés dans l'hôpital, dans le dessein « de rendre à l'agriculture tous les bras valides qui pourraient la servir utilement. » Mais on constate que « la très grande majorité s'est trouvée atteinte de playes ou d'infirmités qui s'opposent aux intentions et aux projets bien légitimes qu'avoit conçus l'administra ion. » — F° 246 r° : « Don patriotique » de 15 chemises fait par la commune de Meillac, district du Dorat, pour l'usage des défenseurs de la patrie. — F° 246 v° : Envoi de l'exécutoire des « enfants naturels de la patrie. » montant à la somme de 122,778 ll. — (Nouvelles pétitions du Bureau réclamant des pouvoirs publics, un secours de 402,040 ll. pour faire face aux dépenses.) — F° 248 : Comptes rendus par « les citoyennes desservant l'hôpital. » — F° 249 v° (septembre 1795) : Quittance donnée par le citoyen Tourniol, « archiviste du district de Limoges, » déclarant « avoir retiré des citoyens administrateurs de l'hôpital tous les titres, terriers, lièves, plans et répertoires afférans aux revenus du susdit hôpital, en quoi qu'ils puissent consister, en ce y compris tous les titres et registres concernant les revenus du prieuré de St-Gérald réuni audit hôpital, ainsi que ceux de différentes confréries, également y réunies ; tont quoi j'ai placé aux archives dudit district. » Signé TOURNIOL. — *Ibid* : Don de 1,000 ll. fait à l'hôpital par le citoyen Garat, notaire de Limoges. — F° 250 v° (septembre 1795) : Arrêt du commissaire ordonnateur de la 21° division résidant à Limoges, portant règlement de la quantité d'aliments à fournir aux militaires. — F° 254 v° (octobre 1795) : Lettre du Bureau adressée aux commissaires des secours publics, pour leur accuser réception de leur lettre annonçant un envoi de 500,000 ll. destiné à solder les dettes de l'hôpital. — F° 257 r° (novembre 1795) : Lettre adressée aux administrateurs du département « pour leur tracer en termes énergiques le tableau affligeant de la position de cet hospice, » attendu que le secours de 500,000 ll. annoncé n'arrive

pas. — F° 259 r° : Prise de possession par l'hôpital de 60 draps de lit provenant de la maison de la Visitation de Limoges. — F° 260 r° : État comparatif détaillé des revenus de l'hôpital avant 1790 et en messidor an II. — F° 262 v° (décembre 1795) : Lettre du Bureau à l'administration municipale pour l'inviter à venir se convaincre elle-même de la misère excessive de l'hôpital. — V° : Mention d'un prêt de 400,000 ll. fait à l'hôpital par le receveur du district. — F° 266 r° : Mention d'un autre prêt de 100,000 ll. fait par le même. — V° : Annonce d'une somme de 500,000 ll. mise à la disposition de l'hôpital par la Trésorerie nationale. — F°s 268 et 270 v° : Mention d'un prêt de 400,000 ll. et d'un autre prêt de 500,000 ll. faits à l'hôpital par le receveur du district. — F° 270 r° (mars 1796) : « Un membre [du Bureau] auroit observé que l'administration du département auroit permis à plusieurs prêtres sujets à la réclusion et à la déportation, pour ne s'être point conformés aux loix de la République, de se rendre à l'hospice pour cause de maladie ; que pour se conformer autant que le pouvoit permettre le local de l'hospice aux vues de l'administration du département, les citoyens administrateurs avoient pourvu à ce qu'il fut fourni une salle servant d'infirmerie pour recevoir ces ci-devant prêtres, et leur auroient enjoint de ne faire aucune fonction de ministres du culte, qui leur étoient prohibées par les loix ; que cependant, au mépris de ces injonctions qui leur ont été réitérées plusieurs fois, on est demeuré averti que plusieurs d'entre eux faisoient dans l'hospice publiquement les fonctions de ministres du culte et attiroient auprès d'eux plusieurs personnes du dehors.... » Le Bureau résout d'interdire aux dits prêtres de sortir de la chambre qui leur est accordée et d'y accomplir aucune fonction religieuse. — F° 272 r° : Lettre du Bureau à l'administration municipale pour l'informer des mesures prises à l'égard des dits prêtres. — F° 273 v° : Pétition à l'administration départementale pour la mise en vente de la maison, jardin et « ci-devant église » de la Mission. — (Nouvelles pétitions du Bureau aux pouvoirs publics pour obtenir des secours pécuniaires.) — F° 277 r° : Lettre du Bureau à l'administration départementale pour réclamer la rentrée des titres de rentes secondes. — F° 281 v° (juin 1796) : Annonce d'une somme de 44,586 ll. mise à la disposition de l'hôpital par le payeur général du département. — F° 283 r° : « Revue générale des individus de l'hospice civil, » pour envoyer les valides travailler aux champs. Il s'en trouve 10 capables de quitter l'hôpital. — V° : Nouvelle réclamation des titres de rentes secondes dues à l'hôpital. — *Ibid* : « Fin du livre des délibérations de l'administration de l'hospice civil de la commune de Limoges.... » — (Sur les articles non mentionnés ici, voy. la remarque qui termine l'inventaire du tome premier.)

E. 3. (Liasse). — 17 pièces, papier.

XVIIe-XVIIIe siècles. — Délibérations. — Extraits, souvent sans dates, des deux registres de délibérations inventoriés ci-dessus.

E. 4. (Liasse). — 1 pièce, papier.

XVIIIe siècle. — « Additions aux règlements généraux pour MM. les administrateurs de l'hôspital de Limoges. » Sans date; écriture du XVIIIe siècle. — Ces additions ne s'occupent que de la comptabilité de l'établissement et du contrôle du receveur général de l'hôpital sur les services de la boulangerie, de la boucherie et des manufactures, des enfants exposés, etc., etc.

E. 5. (Liasse). — 2 pièces, papier.

XVIIe-XVIIIe siècles. — Règlements. — « Project pour le bon ordre et réglement de l'hospital général de Limoges. » Sans date; écriture de la fin du XVIIe siècle (1). « Pour en comprendre la nécessité et avantage (de ce projet), il faut supposer deux choses : la première, ce que c'est que cet hospital, et la seconde, ce qui s'y passe. Quant au premier chef, l'hospital de Limoges consiste en la retraite de deux sortes de pauvres, valides ou malades, de l'un et de l'autre sexe. Il n'est pas présentement question des invalides : ils sont en deux salles séparées. Les sœurs de St-Alexis font la queste pour les entretenir. MM. les prestres de la Mission les consolent, leur administrent les sacrements et font ce qu'il faut pour les ayder à bien mourir ou à souffrir leurs maladies avec la patience chrestienne. On peut dire que l'ordre et la discipline s'y gardent assez bien... Quant aux pauvres valides il ne s'agit pas

(1) **M. Laforest**, qui cite ce document dans son livre sur *Limoges au XVIIe siècle*, p. 490, le date approximativement de 1690. La conjecture est vraisemblable.

tant encore à l'heure qu'il est de la discipline et règlement du sexe que des enfants ou jeunes hommes dont il faut faire trois classes. Dans la première classe sont les plus grands qui travaillent aux métiers ou s'appliquent à d'autres offices, soit dans la manufacture à préparer les laines, ourdir et peser les chaines, soit ailleurs dans la maison à nettoyer, balayer, ranger le bois à brusler, le porter, couper le pain, etc. Je mets dans la seconde classe les médiocres qui s'occupent à filer, faire les trames et choses semblables. Dans la troisième classe sont les petits qui apprennent à prier Dieu et à lire. Les premiers sont des personnes qu'on a élevées dans la maison ou des étrangers qu'on a reçeus,.... vivant à discrétion, sans que personne ait l'œil sur leur conduite, se couchant et se levant sans qu'on s'informe s'ils ont satisfait aux devoirs et obligations d'un chrestien, faisant et disant tout ce qu'ils veulent dans le cours de la journée, suivant l'impétuosité des inclinations déréglées de gens vagabonds et de la lie du peuple, qui n'ont jamais eu d'éducation ny crainte de personne. Ces sortes de gens, quand ils veulent, ils parlent, chantent et font une espèce de sabbat une partie de la nuit, pendant laquelle encore ils sortent de la maison quand il leur plaît; et pendant le jour ils envoyent chercher du vin et ce qu'ils désirent. Les dimanches et fêtes, on ne les voit quasi point et ils reviennent yvres, font des querelles et autres désordres sans que personne entreprennent de les corriger la-dessus, etc..... » On propose comme remède de confier la surveillance des enfants à quelque personne d'expérience qui aurait rempli le même emploi à l'hôpital de Paris ou à celui de Bordeaux, ou dans tout autre bien réglé. — Fragment d'un règlement pour les pauvres de l'hôpital. Sans date; écriture du XVIIIe siècle : « ..... On ne recevra aucuns pauvres au dit hôpital sans savoir d'où ils sont et quelle est leur vie et mœurs, et à mesme temps qu'ils seront arrivés on aura soin de les faire confesser, comme c'est la coustume des autres hospitaux..... On aura soin de leur deffandre de ne se point aviner soit grands ou petits sous peine du fouet pour la première et la seconde fois; s'il ne s'en corrigent point, on les jettera dehors en leur donnant le fouet devant tous les autres et on fera la mesme défense pour ceux qui coucheront dehors sans permission de MM. les administrateurs.... On chatiera fort rudement tous ceux qui jureront le saint nom de Dieu et qui chanteront des chansons profanes, et on aura aussy soin qu'ils assistent à tous les exercices qui se pratiqueront au dit hospital, avec respect et dévotion. »

E. 6. (Liasse). — 6 pièces, papier.

1709-1787. — Arrêt du conseil d'État autorisant l'aliénation par l'hôpital général d'une rente de 745 ll. « constituée par le corps des trésoriers de France de la Généralité de Limoges au principal de 14,900 ll. provenant d'un fonds de lots non réclamés de la lotterie que sa majesté avoit permise en faveur de cet hôpital, » 1709. — Ordonnance de MM. de l'Élection, exemptant les fermiers de l'hôpital d'être cotisés au rôle des tailles pour les biens des pauvres, 1744; — avec les requêtes de l'hôpital y relatives. — Ordonnance de M. Meulan d'Ablois, intendant, ordonnant que les fermiers des biens de l'hôpital continueront de jouir de la susdite exemption, 1787.

E. 7. (Liasse). — 4 pièces, papier.

1713-1780. — Transaction fixant à 15 ll. l'indemnité annuelle due par l'hôpital au vicaire de la vicairie des Boutins en l'église St-Pierre-du-Queyroix pour raison de l'acquisition faite par le dit hôpital d'une vigne sise dans un jardin appartenant à la dite vicairie, 1713. — Rentes constituées par l'hôpital général en faveur de : Me Jacques Bonneau, curé de la paroisse de la Nouaille en Périgord, 800 ll. de rente viagère moyennant la somme de 10,000 ll. que le dit Bonneau a prêtée à l'hôpital, 1772; — de Me Étienne Martin de la Bastide de Tranchillon, écuyer, 372 ll., moyennant la somme de 3,720 ll. que le dit de la Bastide a prêtée à l'hôpital, 1779. — Acte par lequel Thérèse Delignac, veuve de Louis Fougères, docteur en médecine, déclare ne rien prétendre de ce qui est dû à la succession de son mari par l'hôpital. 1780.

E. 8. (Liasse). — 8 pièces, papier.

1716-1772. — Créances. — États des sommes dues à l'hôpital par quelques débiteurs : Étienne Chabrie, Joseph Navières, Pierre Romanet, M. de Beaupré, etc.

E. 9. (Liasse). — 8 pièces, papier (1 imprimée).

XVIIIe siècle. — Billets d'avis ou de recommandation : pour informer l'hôpital qu'une contrainte a été déposée au Bureau des insinuations de Pierrebuffière, au sujet des droits de la donation de 600 ll. faite au dit hôpital par le sieur Gaston Chaman du Perche,

1709 ; — pour faire admettre à l'hôpital un invalide qui se rendait de Bellegarde (Roussillon) à Paris, 1708; — pour faire admettre à l'hôpital un épileptique, 1759; — pour obtenir la sortie d'une fille que sa mère réclame afin de l'emmener travailler aux champs, 1759; — pour obtenir douze pauvres de l'hôpital à l'inhumation de Marie-Anne Marans, veuve de Morel Fromental, sans date, etc.

E. 10. (Liasse). — 9 pièces, papier.

1688-1783. — Brouillons, extraits et fragments des comptes-rendus par les admini 'rateurs de l'hôpital. (Voy. les art. suivants.)

E. 11. (Liasse). — 4 cahiers in-8°, 9, 7, 9 et 9 feuillets, papier.

1687-1691. — Comptabilité particulière. — Quatre états des recettes sous ce titre : « Liève pour l'hôpital général de St-Alexis faicte par moy Jacques David, bourgeois et marchand, administrateur. » — Les articles sont sous cette forme : « Le 20 septembre 1687, receu de M. Goudin, bourgeois et marchand, un sestier froment mesure de Limoges, deu de cens sur une sienne vigne au clos Touruy, le dit froment évalué à 50 sols d'argent, et donné quittance pour 1687. » — Parmi les tenanciers figurent : Jacques Nadaud, greffier à la maréchaussée ; M. Petiot, « trésorier de France en la Généralité de Poitou ; » la veuve Rousset, « femme sage ; » Léonarde Prieure, fille dévote ; M. Arbonneau, médecin ; M. de Faugères, conseiller au Parlement, et dame Decordes, sa femme ; Chapeveyre, notaire ; Me Roulhac, aumônier de la Salle épiscopale ; Me Vidaud, seigneur du Carier ; Me Chassanent, trésorier de France. Produit des recettes : en 1688, 2,533 ll.; en 1689, 2,810 ll , en 1690, 3,647 ll.; en 1691, 3,458 ll.

E. 12. (Cahier). — In-4°, 22 feuillets, papier.

1695-1697. — Comptabilité particulière. — « Estat de la recepte et despense des cens, rantes, repas, pansions, aumônes, dixmes, domaines, debtes actifs et autres droits et devoirs seigneuriaux apartenans aux pauvres de l'hospital général.... fait par moy Jean Exchanpvre, auditeur des comptes, bourgeois et marchand au dit Limoges.... » — Les articles sont sous cette forme : « Le 25 septembre 1695, receu de Jeanne Landaud, veuve de Jean Marsiquat, froment une quarte, mesure de ville, qu'elle doibt sur sa vigne au territoire de Montjovis et ce pour 1694 et 1695, évalué à 20 sols chaque année. » — Parmi les tenanciers figurent : la marquise de Sauvebœuf; Barny, avocat; Noualher, « esmalieur; » Élisabeth d'Aubusson, abbesse des Allois; etc. — (Les articles se réfèrent aux folios de la recette générale commencée par M. Maleden de Puytison, en 1679.)

E. 13. (Liasse). — 2 cahiers in-4°, 11 et 7 feuillets, papier.

1703-1707. — Comptabilité particulière. — États des recettes faites par Joseph Durand et Jean David, son suppléant. — *Même forme d'articles que précédemment.* — Parmi les débiteurs figurent : Pénicaud, curé de Rilhac-Lastours; les Pères de l'Oratoire; les Bénédictins de Mauriac; Materre, curé de St-Martin; Besse, syndic du clergé; M. Descoutures, juge d'Aixe; M. du Puytison, trésorier de France; les Bénédictins de l'abbaye de St-Savin, etc.

E. 14. (Cahier). — In-4°, 29 feuillets, papier.

1707-1711. — Comptabilité particulière. — Comptes rendus des dépenses et recettes par M. Garat. — Parmi les dépenses on peut relever les articles suivants : 1707, 12 janvier, payé 12 ll. « pour la redevance due par l'hôpital au chapitre St-Étienne, sur les dixmes de St-Simphorien; » — 26 janvier, payé 3 ll. à M. Borie, vicaire de la vicairie dès Boutins, pour la rente due à la dite vicairie sur le jardin de l'hôpital; — 1709, 16 août, payé 8 ll. au sieur Lavaud, chirurgien, « pour avoir traité d'une descente de boyaux un petit pauvre; » — 28 décembre, payé 30 sols à Gariol, archer sergent royal, « pour avoir été exécuter à Pompadour M. Donnet de Lambertie, débiteur de l'hôpital; » — 1710, 15 mars, payé 15 ll. à Ringuet, régent de l'hôpital, pour gages de trois mois; — 1711, 27 août, payé 10 ll. au sieur Renodye, agent de l'hôpital, « pour aller à Choumensouze, Rilhac-las-Tours et ailleurs, pour les affaires de l'hôpital. » Total des dépenses : 24,756 ll. = Parmi les recettes on peut relever les articles suivants : 1707, 9 octobre, reçu de M. Croizier, receveur des décimes, « à la décharge de MM. du Clergé, la somme de 400 ll. par eux due annuellement de rente constituée à l'hôpital; » — 1708, 30 mars, reçu de François Malissen, « armurier en Mamigne, 15 ll. pour deux repas fondés à l'hôpital, à 50 sols chacun, sur sa maison vis-à-vis les PP. de l'Oratoire; » — 2 juin, reçu 400 ll. de M. Silhouette, receveur des tailles,

« pour le louage de la maison de la Monnoye et Élection; » — 23 juillet, reçu de Pierre Dessou, maître tanneur, 15 sols « qu'il doit annuellement de rente aux pauvres à vêtir sur sa maison située rue de Palvézy; » — 27 août, reçu 80 ll. de M. Ceyrat, avocat de Tulle, par les mains du Père Lamy, jésuite; — 1709, 21 février, reçu 8 ll. de M. Mathieu Boileau, lieutenant de la juridiction de Verneuil, pour droits de lods et ventes; etc. — Parmi les débiteurs figurent encore : Laurent Bonnecoste, curé de Rilhac-Lastours; la marquise de Sauvebœuf; Pierre Fallot, dit Millefrancs; les Bénédictins de St-Savin et de Mauriac; Philippe Pagnon, procureur du Roi au Bureau des finances; le sieur Négrier, hôte de la Maison-Rouge à Bellac; le sieur Regnaudin, curé de St-Simphorien; le sieur Pinot, capitaine de l'hôtel-de-ville. — Total des recettes : 24,843 ll.

E. 15. (Liasse). — 2 cahiers in 4°, 16 et 6 feuillets, papier.

1725-1731. — Comptabilité particulière. — Compte rendu par M. Pabot, administrateur. *Même forme d'articles que précédemment.* Parmi les débiteurs figurent : M. de la Bastide, les dames Carmélites, Antoine Bonnet, « entrepreneur du Roy, » M. de Verthamond, trésorier de France, etc. — Autre compte rendu par M. Peyrière de Proximard, administrateur. *Même forme d'articles que précédemment.* Parmi les débiteurs figurent : l'abbesse de la Règle et le séminaire de la Mission.

E. 16. (Cahier). — in 4°, 75 feuillets, papier.

1731-1739. — Comptabilité particulière. — « Compte de la recepte des rentes et autres devoirs dhus à l'hôpital général par M. Pierre Faulte de Poulouzac. » *Même forme d'articles que précédemment.* — Parmi les débiteurs figurent : le sieur Aragon, concierge des prisons; les religieuses de Compreignac; Mad. de St-Priest, le comte du Doignon, M. Delord, chanoine de St-Étienne; M. Ruaud, chanoine de St-Junien; le colonel Texandier; Verguaud, armurier; Benoît, « procureur du Roy à la police, » etc. Il y a un premier total de 21,540 ll; un deuxième de 15,268 ll; et un troisième de 10,794 ll.

E. 17. (Cahier). — in 4°, 24 feuillets, papier.

1739-1741. — Comptabilité particulière. —

Compte rendu de M. Faulte de Poulouzac. — Même forme d'articles que précédemment. Mêmes débiteurs. Total général, 14,620 ll.

E. 18. (Liasse). — 2 cahiers in 4°, 12 et 8 feuillets, papier.

1741-1743. — Comptabilité particulière. — Compte rendu de M. Faulte de Poulouzac. — Même forme d'articles que précédemment. Mêmes débiteurs. Premier total général, 9,676 ll. Second total général, 1,956 ll.

E. 19. (Liasse). — 3 cahiers in 4°, 16, 7 et 7 feuillets, papier.

1743-1747. — Comptabilité particulière. — Comptes rendus sous la même forme que précédemment : par M. Léonard de Flotte de Fontbesse ; total général 2,807 ll. ; — par M. Peyrière du Vignaud ; total général 13,632 ll ; — par M. Peyrière du Vignaud ; total général 11,777 ll.

E. 20. (Registre). — In 8°, 31 feuillets, papier.

1745-1753. — Comptabilité particulière. — « Recette des cens, rentes, dixmes et autres devoirs dheus à l'hôpital général de St-Alexis.... faite par M. Me Joseph Constant, sgr. de Beaupeyrat, conseiller du Roy aux sièges présidial et sénéchal de Limoges, administrateur et receveur particulier du dit hôpital et chargé de la levée des susdits devoirs. » — Les articles sont au nombre d'environ 600, entre lesquels on peut relever les suivants : 1745 : « Reçu de la Delle Audebert la somme de 20 ll. pour la rente annuelle et perpétuelle qu'elle doit au dit hôpital pour l'année eschue depuis la St-Jean de l'année 1744.... Reçu de M. Hauzelle, syndic de la Mission, une quittance des messes qu'ils ont dit à l'hôpital et la somme de 74 ll. 8 sols, échue depuis le 15 août dernier.... Payé pour 2 setiers froment dus à la vicairie du patriarche Lamy à M. Romanet titulaire, 6 ll.... Payé aux ouvriers qui travaillent à la fontaine 30 journées, 24 ll. 17 sols.... Reçu de M. Pichon, receveur des tailles de l'Élection de Brive, la somme de 265 ll. pour la rente constituée qu'il doit au dit hôpital.... Reçu des PP. Feuillants pour 1743, 44 et 45 ce qu'ils doivent à l'hôpital, déduction faite de ce que l'hôpital leur doit, 70 ll. 12 sols.... Reçu de M. Dupéret, pour le légat verbal fait aux pauvres par feu sr. Muret l'aîné son beau-père, 200 ll.... Payé à M. Tixier pour frais de procédures de l'hôpital, 400 ll....—1746: Reçu

de M. des Isles, médecin, pour la rente qu'il doit sur les champs de Beynac, 9 ll. 15 sols.... Payé pour une expédition du procès-verbal de visite de l'église de Rilhac-Lastours, 30 sols.... Payé au sieur Dalesme, pour 200 exemplaires de l'ordonnance de M. de Tourny concernant la viande de Carême, 10 ll.... Payé aux PP. Carmes de Mortemart 1,000 ll. pour une rente de 50 ll. qu'ils ont consentie à l'hôpital.... Le roi de la frairie du St-Sacrement de l'église de St-Pierre a payé 12 ll.... Payé au sieur Farne pour faire relier en veau le petit terrier d'Arfeuille 12 sols.... Payé pour la balustrade, marche-pied et cadre de l'autel de Rilhac-Lastours, 67 ll.... — 1747 : Payé au sr. Bardy, notaire, une procuration pour envoyer à Paris pour le clergé de France, 40 sols....— 1748 : Payé pour 2 panéaux mis au trésor et pour envoyer visiter et marquer des planches, 4 ll. 10 sols.... Reçu de Mad. de l'Annonciation Monlinier, religieuse de St-Alexis, 200 ll. qu'elle avoit en dépôt pour Marie, norie (sic) et élevée à l'hôpital. On a dit qu'elle est morte à celui de Bordeaux. Au cas qu'elle revienne il faudra employer les 200 ll. à son usage. — 1749 : Par ordre de l'administration, donné 3 ll. pour la première communion des filles....Payé à M. le curé de Nantiat 116 ll. 4 sols pour les réparations de son église.... Payé à M. le duc de la Trimouille 183 ll. pour dépens dus à cause du prieuré de Puybrun.... — 1750 : Payé aux archers qui ont saisi six bœufs confisqués au profit de l'hôpital 24 ll.... » (Premier arrêté de compte au 11 avril 1750. Recettes : 36,273 ll. Dépenses : 36,164 ll.) « .... Payé pour le plan de l'Hôpital et de la Mission et pour faire transcrire les mémoires et placets, 32 ll.... — 1751 : M. Roulhac, avocat, a remis 300 ll. pour les pauvres.... Payé à Lanier 19 ll. pour avoir peint la chapelle de l'hôpital.... Payé pour faire relier un terrier des aumônes Ste-Croix, 4 ll.... — 1752 : Reçu de M. Beaubreuil, greffier, 81 ll. de réceptions d'officiers.... Payé au garçon chirurgien pour aller voir un malade à St-Paul, 30 sols.... Reçu de M. le président Lagorse, sgr de la Courtaudie, 18 ll. à compte du légat que Guillaume Peyrat, son domestique, avoit fait au dit hôpital....— 1753 : Reçu de M. Dalesme, médecin, 500 ll.... Payé à M. Poncet, pour cire fournie à l'hôpital, 175 ll.... Payé aux ouvriers qui ont réparé l'écluse du moulin, 33 ll.... » (Second arrêté de comptes au 20 août 1753. Recettes : 33,840 ll. Dépenses : 23,502 ll.) — (Pour les très nombreuses recettes provenant de rentes constituées en faveur de l'hôpital, voy. ci-dessus B. 13-16.)

E. 21. (Liasse). — 3 cahiers in-4°, 31, 39 et 12 feuillets, papier.

1753-1757. — Comptabilité particulière. — Comptes rendus sous la même forme que précédemment : par M. Joseph Constant de Beaupeyrat. Total général : 38.840 ll.;—par M Roulhac du Cluzaud. Total général : 12,407 ll.; — par M. Roulhac de Roulhac. Total général : 8,822 ll. — (Outre les recettes on indique également quelques menues dépenses.)

E. 22. (Liasse). — 3 cahiers in-4°, 14, 14 et 28 feuillets, papier.

1757-1761. — Comptabilité particulière. — Comptes rendus sous la même forme que précédemment : par M. Maledent de Foujaudran. Total général : 18,959 ll.; — par le même. Total général : 9,100; ll. — par M. Roulhac de Thias. Total général : 6,812 ll. + 10,377 ll. — (Outre les recettes on indique également quelques menues dépenses.)

E. 23. (Registre). — In-4°, 53 feuillets, papier.

1761-1763. — Comptabilité particulière. — « Livre de recette et dépense qu'a fait M. Pinot, administrateur et receveur particulier de l'hôpital. » — Les articles sont au nombre d'environ 600. Les recettes proviennent uniquement des rentes constituées en faveur de l'hôpital. (Voy. ci-dessus B. 13-16.) Les dépenses consistent en versements faits aux mains du receveur de l'hôpital. Parmi les débiteurs figurent : les PP. Jésuites du Collège; Nadaud, vicaire de St-Michel-des-Lions; Dorat, écuyer, secrétaire du Roi; Dechez, receveur des décimes: M. Juge, avocat du Roi ; M. Desroches, « commissaire de cette ville; » David, prieur de St-Gérald; Mad. Guingamp de Jaudignac, veuve de Maillard de la Couture; les Jacobins de Limoges, etc. — Premier arrêté de comptes au 10 juillet 1762. Recettes : 10,008 ll.; dépenses : 10,008 ll. également. Second arrêté de comptes au 23 août 1763. Recettes : 18,352 ll.; dépenses : 18,352 ll. également.

E. 24. (Cahier). — In-folio, 42 feuillets, papier.

1761-1763. — Comptabilité particulière. — « Livre de recette et dépense qu'a fait M. Pinot, receveur particulier de l'hôpital général. » Double du précédent registre.

Haute-Vienne. — Série E.

E. 25. (Registre). — In-folio, 15 feuillets, papier.

1763-1764. — Comptabilité particulière. — Compte rendu de M. Cibot, sous la même forme que précédemment. Total général des recettes : 2,097 ll. Total général des dépenses : 2,097 ll.

E. 26. (Registre). — In-folio, 38 feuillets, papier.

1764-1767. — Comptabilité particulière. — Compte rendu par M. Jean Tanchon, « avocat et juge des Combes et de la Cité de Limoges, administrateur et receveur particulier de l'hôpital. » Même forme d'articles que précédemment. Mêmes débiteurs. Totaux généraux : 17,141 ll. + 20,467 ll. + 16,792 ll.

E. 27. (Cahier). — In-4°, 40 feuillets, papier.

1771-1775. — Comptabilité particulière. — Compte rendu par M. Jacques Garat, sous la même forme que précédemment. Totaux généraux : 22,732 ll. + 34,738 ll. + 11,953 ll. + 20,761 ll.

E. 28. (Liasse). — 3 cahiers in-4°, 15, 10 et 24 feuillets, papier.

1775-1781. — Comptabilité particulière. — Comptes rendus sous la même forme que précédemment : par M. Bonnin du Freisseix. Total général : 27,802 ll. ; — par M. Juge de la Borie. Total général : 13,411 ll.; — par M. Ruben de l'Ombre. Total général : 26,423 ll. + 22,804 ll.

E. 29. (Liasse). — 2 cahiers in-folio, 28 et 35 feuillets, papier.

1781-1785. — Comptabilité particulière. — Comptes rendus sous la même forme que précédemment : par M. Ruben de l'Ombre. Total général : 41,745 ll. + 48,681 ll. ; — par le même. Total général : 42,935 ll. + 41,793 ll.

E. 30. (Registre). — In-folio, 68 feuillets, papier.

1785-1789. — Comptabilité particulière. — Compte rendu par M. Péconnet, sous la même forme que précédemment. Parmi les débiteurs figurent : l'abbé du Peyroux, Mad. Belut, supérieur du Refuge ; M. de Verdilhac, trésorier de France; Jean Bardet, muletier de M. Naurissard; Grellet des Prades, écuyer; les Carmes déchaussés ; M. de la Barolière, banquier, à Paris ; Dominique Dhérald, cirier ; Boisse, greffier de la sénéchaussée ; Martin, prieur-curé de St-Gérald ; M. Sallé, receveur des décimes ; Lebon, directeur des poudres et salpêtres ; la confrérie du St-Sacrement ; Alluaud, ingénieur-géographe ; Duverger, médecin à Aixe ; de la Châtre de Leyraud, capitaine au régiment des chasseurs de Guyenne-dragons, etc. — On peut relever les articles suivants : 1786, 1er mars : reçu des comédiens, 12 ll.; 30 juin : donné au sieur Duroux, archiviste, 240 ll. « à-compte des journées par lui employées à dépouiller les titres de l'hôpital ; » 15 octobre : payé 4 ll. 7 sols pour les réparations de l'église de Chaptelat, à laquelle somme l'hôpital a été imposé ; 1787. 24 janvier : donné pour le timbre, frappé sur 64 feuillets du terrier, 12 ll.; 9 mai : reçu du sieur Rouffie, commis-greffier de la présente sénéchaussée, la somme de 3 ll. « pour la réception du sieur Delignac en l'office de notaire royal ; » 1783, 28 janvier : reçu 3 ll. du greffier de la sénéchaussée « pour la réception du sieur Cacate en l'office de juré priseur ; » 9 février : reçu de M. Dumay, négociant de cette ville et fermier des revenus des vicairies de Meymac et de Roderie, dont feu M. l'abbé de Vincens, chanoine de St-Émilion, étoit titulaire, la somme de 45 ll. à quoi a monté, déduction faite des charges, le revenu des susdites vicairies revenant à l'hôpital, conformément aux intentions du dit feu sieur abbé de Vincens ; « 26 mars : payé au sieur Soudanas, relieur, la somme de 9 ll. « pour avoir barré au rouge douze mains de papier, pour le répertoire des titres de l'hôpital ; » 8 juillet : reçu de M. Bordes, greffier, 3 ll. « pour la réception du sieur Dupuy en l'office d'archer-garde à St-Junien ; » 1789, 2 mars : reçu de M. le comte des Roys la somme de 12 ll. pour son installation à la place de grand sénéchal de Limoges. — Totaux généraux : 55,247 ll. + 51,557 ll. + 46,239 ll. + 56,267 ll.

E. 31. (Registre). — In-folio, 45 feuillets, papier.

1789-1793. — Comptabilité particulière. — Compte rendu, sous la même forme que précédemment, par M. Péconnet de Chatendeau, avocat en Parlement. — Parmi les débiteurs figurent : MM. Juge St-Martin, conseiller au Présidial ; Garat, théologal du chapitre de Limoges ; Mathieu de Lagorce, prieur de Badeix ; Muret de Pagnac, avocat du Roi au sénéchal ; Hervy, archiprêtre de la Meyze ; la Chastre de Lairaud, capitaine au régiment des chasseurs de Guyenne-dragons ; le baron des Étangs ; Broussaud, entrepreneur, *alias* architecte ; Roumillac. maire de St-Symphorien ; Maud, curé de Rilhac-Lastours ; Malledent de Feytiat, syndic de la frairie du St-Sacrement, etc. — On peut relever les articles suivants : « 1789, 1er décembre : payé au sieur Jacques Pescher, collecteur pour la levée de l'impôt établi pour la reconstruction du presbytère de la paroisse de Veyrac, 5 ll. 3 sols ; » 1790, 15 janvier : « reçu 3 ll. pour l'installation de M. David au rang des avocats ; » 3 mars : « la quête de Pasques qui a été faitte le lundi de la semaine sainte, se trouve monter à 570 ll. ; » 15 juin : « reçu de M. Delpech, directeur général du Bureau de correspondance à Paris, en mandat du 20 mars 1790, à prendre sur sa caisse, la somme de 1,238 ll. » Le registre est clos au 2 septembre 1,793 et signé : Nicaud, Malevergne, Bourdeau, Recoquillez, Pétiniaud, Barbou, Ardant et Souligniat. — Totaux généraux : 30,038 ll. + 88,617 ll. + 32,367 ll. + 31,184 ll.

E. 32. (Cahier). — in-4°, 31 feuillets, papier.

1683-1687. — Comptabilité générale. — « Livre de la recepte et despence faicte dans l'hospital général de Limoges par Me Antoine Moulinier sieur de Puidieu, » de 1683 à 1687. — Les dépenses sont au recto des pages ; les recettes au verso. Les articles sont sous cette forme sommaire : F° 1 « Donné à M. Chambelli, chirurgien de l'hospital, suivant son receu du onze septembre 1683, 25 ll., ... Donné suivant le billet de Me Lami, patriarche, du 4 septembre 1633, 12 ll.... Donné suivant le receu de M. Brugère, juge de l'aumônerie, du 22 septembre 1683, 16 ll.... Le 28 octobre 1683, reçu de M. Duteil, provenant du droit de torche, 100 ll.... F° 5 : Donné aux pauvres qui furent aux Feuillans pour empescher que les autres n'entrassent dans le couvent, 10 sols.... Donné pour de la chandelle et pour les pauvres qui chantoient au mardi de Pasques et pour une lampe dans la salle de St-Martial, 18 sols.... F° 7 : Donné à Me Charles, chirurgien, 25 ll.... F° 8 : Donné à M. Arboneau, médecin, pour ses gages d'une année, 100 ll.... F° 13 : Donné à M. Lami, vicaire, pour sa viquairie, 8 ll. etc. » — Total des dépenses 30,201 ll. Total des recettes 29,617 ll.

E. 33. (Cahier). — in-8°, 8 feuillets, papier.

1687-1688. — Comptabilité générale. — Dépenses et recettes de M. Arlier, receveur de l'hôpital.

Même forme d'articles que précédemment. Les dépenses montent à 8,603 ll.; les recettes à 1,807 ll.

E. 34. (Registre). — in-8°, 56 feuillets, papier.

1695-1699. — Comptabilité générale. — État des recettes et dépenses faites par M. Grégoire Benoist. Même forme d'articles que précédemment. Parmi les débiteurs ou créanciers figurent : M. Delamotte, assesseur au Présidial ; M. Reculet, médecin ; Romanet, potier d'étain ; Garat, notaire ; Besse, chanoine de St-Martial ; Nicolas Brual, « m° de la manufacture des bas à l'hôpital ; » M°ᴵˡᵉ de Lhérau, « cy-devant supérieure du Refuge, » etc. — F° 1 v° : Mention d'un service pour feu l'évêque de Limoges : — F° 2 r° : Mention de la quête faite à St-Martial « au temps du Jubilé ; » — F° 7 r° : Mention de la quête faite « par les dames épouses de MM. les administrateurs ; » — F° 8 r° : « Receu de M. Garat, premier frère de la feste Dieu, un louis d'or de 14 ll. qu'on a coutume de donner aux pauvres ; » — F° 10 v° : « Receu de la vente des meubles de feu Dumas, chirurgien, 118 ll. : » — F° 12 r° : Payé à M. Brugère, juge des pauvres, 18 ll. ; — F° 18 r° : Payé 21 ll. à la sœur St-Pierre « pour des bouquets donnés à MM. les confrères de la Feste-Dieu…. ; Payé 15° ll. à M. Marginier, prestre de la Mission, faisant pour le scindic, pour une année de messes qu'ils ont célébrées pour M. Pinot, dont l'hôpital est chargé ; » — F° 41 v° : Payé 32 sols à la Daury, « pour un tapis pour couvrir l'autel de la chapelle des pauvres, » etc. — Total des recettes, 40,286 ll. Total des dépenses 40,653 ll.

E. 35. (Cahier). — In-4°, 21 feuillets, papier.

1756-1757. — Comptabilité générale. — Compte rendu des recettes et dépenses par M. P. Ardant. Les dépenses sont au recto des pages ; les recettes au verso. Les articles sont sous cette forme sommaire : 1756, 16 septembre, « receu de M. Pierre Descordes, de Meilhac, pour sa réception de notaire à Meilhac, 3 ll….; receu d'une aumosne qu'un prêtre a fait à l'hospital, 6 ll….; payé à Marie Chabrol, accoucheuse, 15 ll….; payé à St-Michel, à l'enterrement de M. l'intendant, aux loueuses de chaises, 24 sols….; donné à un oculiste pour avoir traité les yeux de deux pauvres, 3 ll….; payé 75 ll. à la sœur David, supérieure du Refuge, etc. » — Total des recettes, 51,379 ll. Total des dépenses, 51,382 ll.

E. 35. (Registre). — In-folio, 15 feuillets, papier.

1757-1758. — Comptabilité générale. — Compte rendu des recettes et dépenses par M. Goudin de la Borderie. Même forme d'articles que précédemment : point de récapitulation. (Voy. l'art. suivant.)

E. 37. (Cahier). — In-folio, 6 feuillets, papier.

1757-1758. — Comptabilité générale. — Compte rendu des recettes et dépenses par M. Goudin de la Borderie. C'est un relevé général par articles, sous forme de tableau. Les dépenses montent à 34,882 ll. ; les recettes à 41,030 ll.

E. 38. (Registre). — In-folio, 59 feuillets, papier.

1758-1761. — Comptabilité générale. — Compte rendu des recettes et dépenses par M. Maledent de Feytiat. Même forme d'articles que précédemment. Total des recettes 64,771 ll. Total des dépenses 22,981 ll. + 17,757 ll. + 21,691 ll. + 46,356 ll.

E. 39. (Liasse). — 2 cahiers in-f° et in-4°, 13 et 19 feuillets, papier.

1758-1760. — Comptabilité générale. — Compte rendu des dépenses et recettes, sans signature, pour les années 1758-1759. C'est un relevé général sous forme de tableau, comme précédemment (E. 37). Les dépenses se décomposent ainsi : Provisions de bouche : 18,753 ll. ; drogues, 1,271 ll. ; ustensiles de cuisine et de pharmacie, 172 ll. ; bois à brûler, 1,847 ll. ; chandelle, 207 ll. ; lessives, 378 ll. ; chaussures et vêtements, 8,295 ll. ; fournitures de tailleurs et livres d'école, 19 ll. ; mobilier, 1,809 ll. ; matériaux de construction, 349 ll. ; menuisiers et couvreurs, 411 ll. ; réparations au moulin, 132 ll. ; sacristies de l'hôpital, du Refuge et de Rilhac-Lastours, 534 ll. : « Cette dépense pour Rilhac-Lastours a esté faite mal à propos, le curé ayant surpris la religion de MM. les administrateurs qui pensoient que l'on faisoit l'office dans l'église paroissiale, pendant qu'il se fait dans une chapelle, et c'est le calice de cette chapelle, qui n'est nullement à la charge de l'hôpital, que le curé a envoyé et que l'on a fait accommoder et auquel on a fait mettre les armes de l'hôpital…. ; » le Refuge, 185 ll. dont 150 pour Mad. Lagarde, supérieure ; aumônes, redevances, pensions externes 4,597 ll. dont 20 ll. aux prêtres de St-Pierre, « pour la frairie des pasteurs, » et 48 ll. à Jeanne de Poutignoux « pour garder une fille défigurée de l'hôpital; » appointements de l'économe et des deux secrétaires. 90 ll.; impositions royales, 14 ll.; gages des employés subalternes, 439 ll.; manufacture, 7,174 ll.; filature, 414 ll.; enlèvement des pierres de l'écluse du pont St-Étienne, 35 ll ; cavaliers de la maréchaussée pour avoir arrêté 22 grands mendiants, à 15 sols par tête et 8 petits mendiants, à 10 sols, 20 ll. etc. Total général des dépenses : 44,260 ll. Les recettes se décomposent ainsi : Revenu fixe, 11,357 ll.; produit des manufactures, 12,533 ll.; recettes autorisées par le Roi sur les soldats, mendiants et enfants exposés, 16,577 ll.; recettes casuelles, 6,938 ll. Total général des recettes, 47.404 ll. — Compte rendu des dépenses et recettes, sans signature, pour les années 1759-1760. C'est un relevé général sous forme de tableau, comme précédemment. Les dépenses montent à 42,573 ll.; les recettes à 44,168 ll. (Voy. l'art. suivant).

E. 40. (Cahier). — In-4°, 24 feuillets, papier.

1760-1761. — Comptabilité générale. — Compte rendu des recettes et dépenses (Suite du cahier précédent). Les dépenses montent à 42,220 ll.; les recettes à 43,282 ll. Vient ensuite l'indication des frais occasionnés par la construction d'un nouveau bâtiment, montant à 13,356 ll.

E. 41. (Registre). — In-folio, 67 feuillets, papier.

1761-1765. — Comptabilité générale. — Compte rendu des recettes et dépenses par M. Joseph Durand de Salesse. On peut relever les articles suivants : F° 2 v° : Reçu 66 ll. provenant de confiscation de marchandises; — F° 3 r° : Reçu 10 ll. « d'une amende payée par M. l'abbé Duverger, curé de Jabreilles, pour n'avoir pas fait présenter et parapher ses registres pour l'année 1762, dans le courant de décembre 1761; » — F° 7 r° : Reçu 34 ll. « que Mgr l'évêque a donné pour les douze pauvres auxquels il a lavé les pieds; » — F° 9 v° : Reçu 7 ll. de M. Touzac de St-Étienne, trésorier de l'extraordinaire des guerres, pour l'exécutoire des soldats du régiment de Lorraine; — F° 14 v° : Reçu du sieur Baluze, 9 ll. « pour sa réception dans l'office d'élu en l'Élection de Tulle; » — F° 23 v° : Payé 145 ll. « pour 224 journées des arracheurs de pierre-moellou de la porte Montmailler; » — F° 25 r° : Payé 15 sols « au sieur Lapeyre, cavalier de la maréchaussée, pour trois mendiants qu'il a arrestés et

conduits à l'hôpital; » — F° 28 r° : Payé 17 ll. « pour 2,040 canolles, fournies pour les pauvres qui ont assisté à la procession du St-Sacrement; » — F° 29 r° : Payé 112 ll. à M. Roulhac de Roulhac « pour autant qu'il a déboursé à Paris, pour retirer de sceau les lettres patentes accordées par Sa Majesté à l'hôpital pour acquérir certains fonds pour agrandir le dit hôpital » (1762); — F° 40 v° : Payé 11 ll. pour les décimes de M. Malevergne, curé de Rilhac Lastours; — F° 45 r° : Payé 30 sols « pour dépense faite pour les filles du Refuge, le jour de Ste-Magdelaine, suivant l'uzage; » — F° 46 r° : Payé 75 ll. à Mad. de St-Augustin de Lagarde, supérieure du Refuge, pour six mois de sa pension; — F° 55 r° : Payé 12 ll. au sieur Nouaillier, « pour la peinture de quatre batons qui doivent être employez aux processions générales; sur laquelle somme il doit faire deux panonceaux de carton aux écussons de St-Alexis..... » etc. — Total des recettes : 95,809 ll. Total des dépenses : 35,840 ll. + 37,323 ll. + 51,151 ll.

E. 42. (Registre). — In-folio, 94 feuillets, papier.

1769-1777. — Comptabilité générale. — Compte rendu des recettes et dépenses par M. Bourdeau du Mas, sous même forme que précédemment. On peut relever les articles suivants : F° 2 v° : Reçu d'un inconnu, pour les pauvres, 72 ll.; — F° 5 v° : Reçu de Mad. Jayat, pour permission de faire gras, 3 ll.; — F° 6 v° : Reçu de M. Gourseau, prêtre de la Mission et prieur de St-Jean de Mureau, la somme de 1,000 ll. qu'il a donnée aux pauvres de l'hôpital, sous la rente viagère de 50 ll. chaque année; — F° 8 v° : Reçu 3,000 ll. de M. Pierre de la Couterie, curé de Lavignac. « pour don qu'il a fait aux pauvres, suivant la délibération de ce jour.... à la charge de luy payer, sa vie durant, la somme de 150 ll.; » — F° 16 v° : Payé à M. Tabarau, vicaire de St-Pierre, « pour les frais de l'anniversaire de M. Joseph Limousin, » 17 ll.; — F° 18 r° : Payé à M. Boutineau, titulaire de la vicairie de ce nom, pour rente due par l'hôpital, à la dite vicairie, 18 ll. *Ibid.* v° : Payé à M. Pelletier, prieur-curé de St-Gérald, pour sa portion congrue, 100 ll.; — F° 27 r° : Payé 112 ll. aux PP. Récollets de Ste-Valérie, pour l'honoraire des messes qu'ils ont célébrées à l'hôpital, etc. — Les autres dépenses concernent l'alimentation des pauvres, les constructions et réparations des bâtiments, les matières premières fournies aux manufactures de l'hôpital, les gages des domestiques.

Total des recettes : 71,769 ll. + 84,254 ll. + 121,606 ll. + 155,832 ll. + 140,585 ll. + 145,149 ll. + 202,549 ll. Total des dépenses : 49,266 ll. + 84,254 ll. + 83,903 ll. + 136,595 ll. + 100,543 ll. + 83,650 ll. + 92,644 ll. + 203,549 ll.

E. 43. (Liasse). — 2 cahiers iu-4° et in-8°, 9 et 18 feuillets, papier.

1777-1779. — Comptabilité générale. — Comptes rendus des recettes et dépenses par M. Joseph Grellet. Total des recettes : 105,229 ll. + 110,452 ll. Total des dépenses : 90,294 ll. + 88,285 ll.

E. 44. (Liasse). — 4 cahiers in-4°, 7, 7, 6 et 6 feuillets, papier.

1779-1783. — Comptabilité générale. — Comptes rendus des recettes et dépenses par M. Muret. Total des recettes : 104,700 ll. + 98,792 ll. 123,603 ll. + 146,111 ll. Total des dépenses : 84,950 ll. + 84,285 ll. + 89,491 ll. + 101,322 ll.

E. 45. (Liasse). — 4 cahiers in-4°, 4, 8, 9 et 9 feuillets, papier.

1784-1787. — Comptabilité générale. — Comptes rendus des recettes et dépenses par M. Colomb. Total des recettes : 68,606 ll. + 163,036 ll. + 165,045 ll. + 159,355 ll. Total des dépenses : 23,878 ll. + 116,030 ll. + 113,652 ll. + 138,932 ll.

E. 46. (Liasse). — 3 cahiers in-4°, 7, 7 et 12 feuillets, papier.

1787-1789. — Comptabilité générale. — Comptes rendus des recettes et dépenses par M. Ardant de Bréjou. Total des recettes : 144,431 ll. + 252,816 ll. + 392,350 ll. Total des dépenses : 78,106 ll. + 89,935 ll. + 231,405 ll.

E. 47. (Registre). — In-folio, 352 feuillets, papier.

1660-1683. — « Papier de recepte et despanse de l'hospital général de Saint-Alexis de Limoges. » — — F° 1 r° : « Recepte des libéralités quy m'ont esté confiées pour le bastiment de l'hospital.... qui fut commansé au mois de novembre 1657. Les noms desquels bienfaiteurs ne sont icy compris par consi-dération. » Le total monte à 19,313 ll. ; — F° 2 r° : Dépense faite pour la construction du dit bâtiment. Le total monte à 197,580 ll. ; — F° 12 r° : Nouveaux comptes de construction ; — F° 15 r° : Recettes prove-nant des troncs mortuaires et des tentures de deuil.

Au total : 753 ll. ; — F° 25 r° et ss. : Dépenses diverses en passades (aumônes aux étrangers passants), fourni-tures de bouches, ustensiles de ménage, etc. : — F° 29 v° : Dépenses pour la construction et l'ameuble-ment du nouveau bâtiment. Le total monte à 2,868 ll. — F° 41 r° et ss. : Recettes et dépenses faites par François de Verneuil, sieur de Lage, assesseur en l'Élection, M. Dubois. M. François Martin de la Bourgade, Maledent, trésorier de France, Martial Lapine, élu en l'Élection. Pierre Descoutures, etc., tous administrateurs de l'hôpital. Les recettes provien-nent des rentes dues par les tenanciers des domaines de l'hôpital, des dons particuliers et des quêtes faites dans les églises de la ville ; les dépenses concernent les fournitures de bouche, les gages des domesti-ques, les frais de justice, les aumônes de la porte, les réparations aux bâtiments, etc. *Passim* : Payé au sieur Chapoulaud, imprimeur, 42 ll. pour l'impres-sion des patentes ; 30 sols pour avoir imprimé les brevets des prédicateurs ; 30 sols pour avoir imprimé 300 exploits à donner aux débiteurs.... ; Payé 17 sols à Albert Flory, tambour, « pour l'esdit qu'il a faict de l'ordonnance du sénéchal touchant les blés.... ; » payé 5 sols « pour avoir fait accommoder une hallebarde d'un des gardes ».... ; payé 9 sols « pour avoir fait publier l'arrêt du Parlement de Bordeaux qui porte défense aux habitants de faire l'aumône.... ; payé 50 ll. à M. Charles [Chambelly], chirurgien, pour ses gages de deux années.... ; payé 3 ll. aux Pères de Chancelade « pour raison de la fondation d'une messe chasque semaine dans la chapelle de l'hospital général, la dite fondation faite par M. Pinot.... ; » donné 100 ll. à M. de la Bourgade, « pour partir pour Bourdeaux contre les PP. Feuillans, par l'ordre de l'assemblée.... ; » payé à M. Arbonneau, médecin, pour ses gages, 100 ll., ... ; payé 140 ll. au receveur de MM. du chapitre de St-Martial pour la pension qui leur est deue à cause de l'union de l'hôpital St-Martial.... ; payé à M. Chambelly, chirurgien, pour ses gages, 25 ll.... ; payé 10 sols « pour faire nétoyer le trésor de St-Martial.... ; » payé 15 ll. à Chapoulaud « pour avoir imprimé les titres des coffres du trésor de St-Mar-tial.... ; » payé 2 ll. au sieur Pinchaud, orfèvre, pour une lancette.... ; payé 1,000 ll. au P. Milsonneau, jésuite, pour 500 setiers de seigle à prendre à Aureil.... ; payé 20 ll. aux prêtres de St-Pierre-du-Queyroix « pour le service des pastres....; » payé 186 ll. au sieur Aymard Nicollet, marchand de Bort, pour 12 et 40 ll. de fromage de Cantal.... ; payé 14 ll. au sieur Brugère, juge des Combes, pour ses gages de juge de

l'aumônerie de St-Martial....; payé 200 ll. à M. Pénicaud, curé de Lastours, pour sa pension d'une
année....; payé 11 ll. à Me François Cluseau fils,
architecte, « pour journées employées à raccommoder
et hausser les murailles de l'hospital de St-Martial, »
(1673)....; payé 60 ll. à Bonaventure Pommier, peintre,
fils de Jeanne Laudin, pour rente constituée (1677)....;
payé 3 ll. « pour faire publier l'ordonnance de M. le
lieutenant général pour le congé des pauvres....;
donné à un pauvre malade pour aller aux eaux,
3 ll...; payé 625 ll. au sieur Tillet, orfèvre, pour
fournitures de grains.

E. 48. (Registre). — In-folio, 88 feuillets, papier.

Mai 1776-mai 1784. — Livre de dépenses intitulé : « Livre des ustensilles. » — Sans
préambule ; les premiers feuillets semblent faire
défaut. — Paraphé successivement par Devoyon,
Ardant, Montaudon, Beaubreuil, Texandier, administrateurs. — On peut relever : Fº 1 rº : « Donné 2 ll.
8 sols à Jeanne Pety, pour deux semaines, à quoy a
été réglée par le Bureau, à raison de 24 sols par
semaine, comme étant attaquée du mal vénérien et
qu'elle ne pouvoit rester à l'hôpital; » — Fº 2 rº :
Payé 4 ll. 16 sols pour quatre mains papier grand
royal pour faire les états des bâtards et mendiants; » —
Fº 8 vº : Payé aux tailleurs de pierre, pour à-compte,
41 ll. (novembre 1776). — Nombreuses dépenses
pendant les années 1776-1777 pour réparations aux
bâtiments et à la chapelle de l'hôpital. — Fº 9 rº :
« Donné aux gardes qui arrêtent les mandians, 2 ll.; »
— Fº 12 vº : « Payé à la Bardinette, pour avoir soigné
pendant 15 jours les vénériennes, 7 sols 6 deniers; »
— Fº 13 vº : « Payé aux gardes, pour 15 pauvres
qu'ils ont amenés à l'hôpital, 3 ll. 15 sols. » — Fº 15 rº :
« Payé au sr. Jeanty Piqueur, pour six mois de leçons
qu'il a données aux enfans de l'hôpital pour le
chant, 20 ll.; » — Fº 18 vº : « Donné aux pauvres de
l'hôpital qui ont aidé à descendre les tuiles de la
couverture de l'ancien grenier, 1 livre 16 sols; » —
Fº 22 rº : « Donné à la sœur Claire, par ordre de
M. Bourdeau, pour la communion des enfans de
l'hôpital, 6 ll. » — Ibid. : « Donné au sr. Lingaud,
pour deux paquets perfiles (?) pour le jardin botanique,
1 livre 4 sols; » — Ibid. vº : « Payé au maître charpeu-
tier, après vérification faite par M. Cajon, architecte,
11 ll. 5 sols ; » — Fº 28 rº : « Donné à la sœur Claire,
pour les pauvres de l'hôpital, pour le jour de St-Alexis,
suivant les anciens usages, 24 ll.; » — Ibid. vº :
« Payé aux enfans du Caton, pour avoir aidé à
monter les tuiles sur la couverture du nouveau bâtiment, 1 livre 16 sols; » — Ibid. : Payé 2 ll. 6 sols pour
louage de cheval et autres dépenses faites à la recherche de nourrices, dans les paroisses de Vigen et
Solignac, « pour allaiter les exposés à l'hôpital; » —
Fº 30 rº : « Donné 20 ll. pour acheter deux chèvres à
Neuvic, par ordre de M. Fournier, chirurgien de l'hôpital; » — Ibid. vº : « Payé 10 ll. 4 sols pour une
chèvre pour faire allaiter les enfants à la mamelle; »
— Fº 31 rº : Payé à Mlle Lagrange, par ordre de M.
Devoyon, administrateur, pour avoir guéri une fille
de la teigne, 15 ll. ; » — Ibid. vº : « Payé 10 sols pour
du parchemin pour les trousseaux des enfans exposés; » — Fº 36 rº : Donné 30 ll. à la sœur Claire,
suivant les anciens usages, pour distribuer à chacun
un sol aux pauvres de l'hôpital, pour le jour de Ste-
Catherine ; » — Fº 38 rº : « Payé aux pauvres de
l'hôpital, pour leurs étrennes, 30 ll.; » — Fº 39 rº :
« Donné à un Savoyard, pour avoir ramoné 12 cheminées, 1 livre 16 sols » (1778) ; — Fº 41 vº : « Donné au
serpent de St-Michel, 4 ll.; à celuy de St-Martial, 3 ll;
aux deux choristes, 6 ll. pour la procession de l'Ostension ; » — Fº 45 rº : Payé pour une pelle de fer pour le
cimetière, 1 livre; » — Fº 51 rº : « Payé 12 ll. à la Boudonne, pour trois mois de pension d'une femme qui
est restée chez elle, à raison de 4 ll. par mois ; » —
Fº 54 vº : Payé 8 ll. 8 sols aux infirmiers de l'hôpital
pour le transport de 14 malades qu'on est allé chercher
à la maison de force ; — Fº 55 vº : « Donné 6 ll. à la
sœur Claire et au précepteur pour avoir fait faire la
communion aux gens de l'hôpital; » — Fº 56 vº : « Payé
5 sols pour faire garnir l'aspersoir des femmes malades; » — Ibid. vº : « Donné 34 sols pour faire aiguiser
dix-sept rasoirs des garçons chirurgiens de l'hôpital; »
— Fº 57 vº : Donné 6 ll. à un tailleur de pierre « pour
aller aux eaux de Barèges; » — Fº 63 rº : « Donné
6 ll. aux pauvres qui ont égalisé l'ancien cimetière ; »
— Fº 64 rº : Donné 6 ll. « aux dames de l'hôpital pour
faire distribuer aux pauvres qui ont fait leurs Pâques; »
— Ibid. vº : Payé 21 ll. 12 sols à Malissin, graveur,
« pour avoir gravé la plaque en cuivre de M. l'abbé de
Beaupré. » (1781); — Fº 65 rº : Payé 12 ll. « pour avoir
fait passer le tableau de M. de Canisy; » — Fº 67 vº :
Payé 3 ll. « aux deux dragons qui ont assommé et
coupé un bœuf que M. de Rochebrune a donné à
l'hôpital ; » — Fº 68 vº : Payé 18 ll. au sieur Fournier « pour 18 tombereaux de remblais à la tour Pissevache; » — Fº 70 rº : « Payé 3 ll. à M. Dalesme pour
les livres de la classe des pauvres ; » — Fº 71 rº :

« Payé 1 livre 4 sols aux cuisiniers qui ont passé les nuits du carnaval; » — F° 73 r° : Payé 10 ll. à la Marcellou, femme accoucheuse du sr. Fournier, pour une femme qui a fait ses couches; » — F° 75 v° : « Payé 30 ll. à Mlle Cheyrout pour deux enfans qu'elle a traités de la teigne; » — F° 78 v° : « Payé 3 ll. 10 sols pour le repassage de 35 rasoirs pour MM. les vénérables fratels (*alias fratres*) de l'hôpital; » — *Ibid* : Payé 8 ll. « pour 20 ll. de plomb pour les plaques des tombes qui sont dans le nouveau cimetière; » — F° 80 r° : « Payé 60 ll. à M. de Varennes pour les états des soldats des six derniers mois de 1782; » — *Ibid.* v° : « Payé 3 ll. 6 sols pour avoir repassé 33 rasoirs des bouchers de l'hôpital, pour mieux dire, Mange-profits. » (Plus loin également : « Ces vilains Mange-profits de l'hôpital »); — F° 83 r° : « Payé 50 ll. au secrétaire qui a été tiré de l'économat pour aider à M. le féodiste de l'hôpital » dans la vérification de certains comptes; — F°ˢ 86 r° et 83 r° : « Payé 12 ll. pour être employées aux besoins d'une nourrice de St-Jean-Ligoure, qui a pris le mal vénérien d'un enfant de l'hôpital; » — *Ibid.* v° : « Payé 4 ll. 4 sols pour 21 pintes vin blanc, pour les messes de MM. de la Mission. »

E. 49. (Registre). — In-folio, 30 feuillets, papier.

1752-1789. — Registre des dépenses pour fournitures diverses. — F° 1 r° : Fourniture de bois pour lits et couchettes, de chaux, de fer, de tuiles, etc., pour diverses constructions; — F° 8 r° : États des ustensiles d'apothicairerie que l'hôpital de Limoges a achetés des RR. PP. Jésuites; — F° 9 r° : État du sel fourni à l'hôpital par M. Gaudon; — F° 13 r° : Fournitures de denrées et comestibles; — F° 20 r° : Fournitures de clous pris chez la veuve Martin et chez Pierre Grenier; — F° 31 r° : « Le 17 juin 1766, M. Roulhac de Thias, lieutenant général de police, a fait apporter à l'hôpital 8 pains mollets, d'une livre chacun, de confiscation, yceux donnés aux sœurs pour les malades. » — Au rebours du volume : Fournitures de vin pour les malades pendant les années 1757-1758.

E. 50. (Registre). — In-folio, 52 feuillets, papier.

1784-An IV. — Registre des dépenses pour fournitures diverses. — On peut relever : 30 mars 1785 : Donné à Mad. sœur Claire, pour distribuer aux filles qui ont fait leurs Pâques, 6 ll.; — 1ᵉʳ avril : Donné au précepteur, pour distribuer aux garçons qui ont fait leurs Pâques, 3 ll.; — 8 juin : Payé au sieur Fournier, chirurgien-major, pour sonde, 53 ll.; — 29 août : Payé aux infirmiers, pour avoir été chercher en chaise, au dépôt. 15 malades pour admettre à l'hôpital, 9 ll.; — 21 mars 1786 : Payé à Laviolette, pour un Christ, pour la salle des militaires. 1 ll. 10 sols; — 23 mars : Payé pour des bouquets artificiels, pour mettre en différentes salles, 6 ll.; — 31 mars : Pour avoir fait timbrer une main de grand papier pour le bureau de M. le féodiste, 6 ll.; — 13 mai : Payé pour 7 journées d'un cheval de louage, pour la visite des paroisses où il y a des enfants de l'hôpital. 8 ll. 15 sols, et pour dépenses faites dans les susdites paroisses, 9 sols : — 12 septembre : Payé à Mlle veuve Lagrange, pour avoir traité quatre enfants de la teigne, à 15 ll. chacun; — 5 nov. : Payé pour 14 messes aux RR. PP. Récollets, à raison de 12 sols 6 deniers la messe; — Payé à un homme envoyé pour faire tenir à M. Ducluzeau, de Feytiat, Garat, de St-Priest et Tauchou, à chacun une lettre pour affaires de l'hôpital, 6 ll.; — 25 novembre : Payé à Mad. sœur St-Charles, pour distribuer aux pauvres, le jour de Ste-Catherine, suivant les anciens usages, 30 ll.; — 18 décembre : Payé à M. Devoyon, procureur du Roi au bureau des finances, pour la plaque de marbre, 36 ll. 17 sols : — 16 juillet 1787 : Donné à Mad. sœur St-Charles, pour distribuer aux pauvres le jour de St-Alexis. 30 ll.; — 14 mars 1788 : Payé à M. Château, architecte, pour honoraires de vacations, écritures et papiers pour l'aqueduc près la Mission, 9 ll.; — 2 juin : Donné à Jacques Mazeaud, par ordre du bureau, pour aller prendre les eaux du Montdor, 3 ll.; — 2 août 1789 : Donné à Mad. sœur Léonard, pour distribuer aux pauvres qui ont assisté à la procession générale pour le beau temps, par ordre de M. Ardant, administrateur, 30 ll.; — 24 mai 1792 : Payé par ordre de M. Descourières, administrateur, aux deux serpents et aux trois choristes qui ont assisté à la procession des pauvres pour l'Ostension, 20 ll.; — 23 ventose an II. : Payé au citoyen Périgord, traiteur, pour du fumier destiné au jardin botanique, 34 ll.; — 12 vendémiaire an III : Payé à Buquet, graveur, pour le cachet du comité de surveillance de l'hôpital, 10 ll. — 6 pluviose an IV : Payé à deux tailleurs de pierre, pour 4 journées occupées à placer l'horloge, 20 ll. — Nombreuses fournitures : de pierre, tuf, sable, bois, pavés, clous, etc., dans les premières années, pour diverses constructions et réparations mal précisées; — de cire d'Espagne, limes anglaises, scies d'Allemagne, papier impérial, etc.

E. 51. (Liasse). — 4 pièces, papier (2 imprimées).

1773-1785. — Étapiers. — Arrêt du Conseil d'État portant que les étapiers continueront de jouir de la faculté de tuer ou faire tuer, même pendant le carême, les bestiaux nécessaires pour la fourniture de l'étape et de vendre aux particuliers des lieux et à ceux du voisinage ce qui n'aura pas été consommé par les troupes, 1782 ; — avec la lettre d'envoi aux administrateurs de l'hôpital général, signée : Delespine, directeur des étapes. — « Résultats » rendus au Conseil d'État, portant que le Roi a accepté les offres de Gérard Grandjean, et ordonné en conséquence « qu'il demeureroit chargé de la fourniture de l'étape aux troupes qui passeroient dans toutes les Généralités où elle se fait au compte du Roi pendant les temps portés, » 1773 ; — avec la lettre d'envoi, signée : Delespine, 1785.

E. 52. (Liasse). — 7 pièces, papier.

1757-1784. — Militaires. — Copie de deux lettres, écrites par M. de Paulmy, ministre de la guerre, à l'intendant de Limoges, touchant le prix de journée des soldats traités dans les hôpitaux. — Copie d'une lettre du duc de Choiseul à l'intendant de la Généralité de Limoges, relativement aux 6 sols accordés « aux entrepreneurs pour chaque soldat sortant de l'hôpital. » — Requête de l'hôpital général au Roi pour se faire payer d'une somme de 1,462 ll., déboursée pour secourir les soldats blessés ou passants de septembre 1771 à mai 1772. Il est dit que l'hôpital nourrit actuellement 600 pauvres, etc.

E. 53. (Liasse). — 10 pièces, papier.

1765-1784. — Militaires. — Comptes des recettes et dépenses faites pour les soldats de divers régiments entrés à l'hôpital, les dits comptes rendus successivement par les sieurs Garat, Pétiniaud, Henri Michel et Martial Bourdeau. Récapitulation : de 1765 à 1769 : 8,896 ll. ; de 1769 à 1773 : 14,273 ll. ; de 1775 à 1776 : 1,209 ll. ; de 1776 à 1777 : 310 ll. ; de 1777 à 1778 : 1,584 ll. ; de 1779 à 1780 : 243 ll. ; de 1780 à 1781 : 2,147 ll. ; de 1781 à 1782 : 4,344 ll. ; de 1782 à 1783 : 5,608 ll. ; de 1783 à 1784 : 2,922 ll. ; les recettes balancent toujours exactement les dépenses. — Les régiments mentionnés dans ces cahiers, sont : pour l'infanterie : Bourbon, Auvergne, Busset, Dauphin, Nivernais, Condé, Champagne, Barrois, Médoc, Saintonge, Berry, Aunis, Normandie, Poitou, etc. ; pour la cavalerie : Belzunce, Boufflers, Dauphin, Royal-Champagne, etc.

E. 54. (Liasse). — 3 pièces, papier.

1757-1773. — Militaires. — États des « journées des soldats, cavaliers et dragons » reçus à l'hôpital. On indique les noms des soldats reçus, leur grade, le régiment et la compagnie auxquels ils appartiennent, le genre de leur maladie (fiévreux, blessé, goutteux, vénérien ou fatigué), la date de leur entrée et de leur sortie. — Situation au 1er octobre 1781 : 19 fiévreux, 6 blessés, 6 vénériens. (Manquent les cahiers de plusieurs mois.)

E. 55. (Liasse). — 10 cahiers in-folio, chacun 4 feuillets, papier.

1781-1783. — Militaires. — États des « journées des soldats, cavaliers et dragons » reçus à l'hôpital. Suite des précédents. — Récapitulation pour le mois de mars 1782 : 59 malades. (Manquent les cahiers de plusieurs mois.)

E. 56. (Liasse). — 23 cahiers in-folio, chacun 4 feuillets, papier.

1784-1787. — Militaires. — États des journées des soldats reçus à l'hôpital. Suite des précédents. — Récapitulation pour le mois de mars 1786 : 78 malades. (Manquent les cahiers de plusieurs mois.)

E. 57. (Liasse). — 11 cahiers in-folio, chacun 4 feuillets, papier.

1788-1790. — Militaires. — États des journées des soldats reçus à l'hôpital. Suite des précédents. — Récapitulation pour le mois de janvier 1788 : 29 malades ; pour le mois d'octobre 1789 : 29 malades ; pour le mois de mai 1790 : 17 malades. (Manquent les cahiers de plusieurs mois.)

E. 58. (Liasse). — 35 pièces, papier.

1780-1785. — Marins. — États des journées des marins reçus à l'hôpital de Limoges. Les dits marins appartiennent à l'infanterie de la division de Rochefort ou à celle des colonies. On récapitule le nombre des journées, mais non celui des malades.

E. 59. (Liasse). — 35 pièces, papier.

1786-1790. — Marins. — État des « journées des malades, fiévreux et blessés attachés au service de la marine, » reçus à l'hôpital de Limoges. Les états constatent la présence à l'hôpital de 5 à 15 matelots en moyenne, venant pour la plupart de Rochefort et se rendant d'ordinaire « au pays. » Il y a quelques lacunes dans la série de ces états.

E. 60. (Liasse).— 167 pièces, papier.

1715-1717. — Mandats de paiement donnés par les administrateurs de l'hôpital au receveur général de l'établissement en faveur des fournisseurs, employés, infirmiers, etc.

E. 61. (Liasse). — 331 pièces, papier (1 imprimée).

1757-1761. — Mandats de paiement donnés par les administrateurs de l'hôpital au receveur général de l'établissement en faveur des fournisseurs, employés, infirmiers, etc. (1).

E. 62. (Liasse). — 377 pièces, papier.

1784-1788. — Mandats de paiement donnés par les administrateurs de l'hôpital au receveur général de l'établissement en faveur des fournisseurs, employés, infirmiers, etc.

E. 63. (Liasse). — 270 pièces, papier.

1789-1790. — Mandats de paiements donnés par les administrateurs de l'hôpital au receveur général de l'établissement en faveur des fournisseurs, employés, infirmiers, etc.

E. 64. (Liasse). — 62 pièces, papier.

1784-1790. — Mandats de paiement des gages dus aux ouvriers employés dans les manufactures de l'hôpital.

E. 65. (Liasse). — 34 pièces, papier.

1758-1761. — États des portions et gages

payés aux employés de l'hôpital, infirmiers, cuisiniers, tailleurs, portiers, etc.

E. 66. (Liasse). — 74 pièces, papier.

1784-1790. — États des portions et gages payés aux employés de l'hôpital, infirmiers, cuisiniers, tailleurs, portiers, etc.

E. 67. (Liasse). — 1 pièce, parchemin ; 327 pièces, papier. (16 imprimées).

1679-1767. — Quittances délivrées à l'hôpital des sommes par lui payées à ses fournisseurs, employés, etc.

E. 68. (Liasse). — 109 pièces, papier (7 imprimées).

1768-1780. — Quittances délivrées à l'hôpital des sommes par lui payées à ses fournisseurs, employés, etc.

E. 69. (Liasse). — 300 pièces, papier (10 imprimées).

1781-1790. — Quittances délivrées à l'hôpital des sommes par lui payées à ses fournisseurs, employés, etc.

E. 70. (Liasse). — 18 pièces, papier.

1674-1784. — Frais de procédures pour l'hôpital général.

E. 71. (Liasse). — 13 pièces, papier.

1758-1790. — Fournitures de paille, de savon, de suif, etc.

E. 72. (Liasse). — 77 pièces, papier.

1758-1790. — Fournitures de mobilier, de literie, d'objets de chaudronnerie, etc.

E. 73. (Liasse). — 47 pièces, papier.

1715-1761. — Factures de blanchisseur. — Fournitures d'étoffes d'habillement, de sabots et souliers pour les pauvres de l'hôpital.

(1) Les mandats de paiement des années 1762-1783 ne se retrouvent plus.

E. 74. (Liasse). — 17 pièces, papier (3 imprimées).

1746-1790. — Fournitures de papier et de plumes pour les besoins du secrétariat.

E. 75. (Liasse). — 111 pièces, papier.

1758-1790. — Fournitures de laine, fil, coton et cordes pour les besoins de la manufacture.

E. 76. (Liasse). — 28 pièces, papier.

1745-1789. — Fournitures de cierges et autres objets pour les besoins de la sacristie. — Frais d'inhumation. — Quittances des messes célébrées dans la chapelle de l'hôpital général par les Récollets.

E. 77. (Liasse). — 99 pièces, papier.

1751-1789. — Fournitures pour la construction et réfection des bâtiments : bois, pierres de taille, etc.

E. 78. (Liasse). — 96 pièces, papier.

1745-1790. — Fournitures pour la construction et la réfection des bâtiments : clous, briques, tuiles, chaux, etc.

E. 79. (Liasse). — 24 pièces, papier.

1653-1790. — Fournitures de drogues pharmaceutiques.

E. 80. (Liasse). — 200 pièces, papier.

1758-1790. — Alimentation. — Factures des fournitures d'œufs, beurre, fromage, lait, vin, vinaigre et eau-de-vie.

E. 81. (Liasse). — 35 pièces, papier.

1708-1790. — Alimentation. — Factures des fournitures de sel, sucre et huile.

E. 82. (Liasse). — 30 pièces, papier.

1758-1789. — Alimentation. — Factures des fournitures de fèves, prunes et riz.

E. 83. (Liasse). — 89 pièces, papier.

1758-1761. — Alimentation. — Factures mensuelles des bouchers de l'hôpital.

E. 84. (Liasse). — 259 pièces, papier.

1784-1790. — Alimentation. — Factures mensuelles des bouchers de l'hôpital.

E. 85. (Registre). — In-folio, 97 feuillets, papier.

1781-1837. — Registre des « fournitures de viande. » Sans préambule. Le compte de chaque boucher est enregistré sur quatre colonnes indiquant : 1° date de la fourniture; 2° quantité attribuée à l'hôpital; 3° quantité attribuée aux malades; 4° total général par mois. A chaque demi-page correspond la fourniture d'un mois, laquelle est faite par quatre bouchers différents : Jean Plainemaison dit Jambon, Aurélien Pouret, François Cibot dit le Puissant, et Jean Malinvaud dit le Jalat se succédant de père en fils jusqu'à la fin, sauf les Malinvaud et les Plainemaison. — F° 1 v° : « Les Bailes, bouchers proposés pour la vente et distribution de la viande, pendant le carême [de 1781], ont convenu de donner, pendant le dit carême, 40 quintaux de viande gratis, en considération de la permission, et le restant qui sera nécessaire au dit hôpital à raison de 11 ll. le quintal. » Même note chaque année jusqu'en 1791 inclusivement. — On peut aisément établir le total de la viande fournie chaque mois par les quatre bouchers. Janvier 1781 : 6,970 ll., à raison de 11 ll. le %. Janvier 1782 : 13,530 ll., à raison de 12 ll. le %. Janvier 1783 : 8,481 ll., à raison de 12 ll. le %. Janvier, 1784 : 7,881 ll., à raison de 12 ll. 10 sols le %. Janvier, 1785 : 8,481 ll., à raison de 12 ll. le %. Janvier, 1786 : 5,154 ll., à raison de 12 ll. 10 sols le %. Janvier, 1787 : 9,135 ll., à raison de 13 ll. 5 sols le %. Janvier, 1788 : 7,437 ll., à raison de 14 ll. le %. Janvier, 1789 : 6,054 ll., à raison de 14 ll. 15 sols le %. Février, 1790 : 6,086 ll., à raison de 15 ll. le %. Janvier, 1791 : 5,683 ll., à raison de 15 ll. le %. Janvier, 1792 : 7,559 ll., à raison de 13 ll. 15 sols le %. Janvier, 1793 : 8,085 ll., à raison de 10 ll. 19 sols le %.

E. 86. (Liasse). — 10 pièces, papier.

1740-1759. — Alimentation. — Factures mensuelles des boulangers de l'hôpital.

E. 87. (Liasse). — 3 cahiers in-4°, 5, 5 et 7 feuillets, papier.

1689-1713. — Boulangerie de l'hôpital. — États de la recette et de la dépense faites dans la dite boulangerie.

E. 88. (Registre). — In-folio, 46 feuillets, papier.

Septembre 1773-février 1789.— « Livre concernant les meuniers qui servent l'hôpital, pour la recette et dépense des grains. » — On enregistre le *doit* et *avoir* des meuniers de l'hôpital, avec la date des versements, sous la forme suivante : « Le 6 septembre 1773, doit le dit meunier 20 setiers. Le 13 septembre, reçu du dit meunier 20 setiers.» — F° 1 r° : Compte de François Delageay, meunier du Palais, jusqu'en février 1789. Point de total général. — F° 8 r° : Compte de Martial Mignot, meunier au moulin de Poulezat, jusqu'en février 1789. Point de total général. — F° 17 r° : Compte de Jean Beaulieu, meunier au moulin de Parpayat, jusqu'en janvier 1776. Total à cette date des setiers dus : 1,278.; des setiers versés : 1,277. — F° 19 r° : Compte de Joseph Thouvenin, meunier au moulin Pabot, jusqu'en janvier 1776. Total à cette date des setiers dus : 1,144 setiers ; des setiers versés : 1,144 setiers. — F° 20 v° : Compte de Jean-François Méline, meunier au moulin Pabot, de février 1785 à avril 1787. Total à cette date des setiers dus : 2,401 setiers ; des setiers versés : 2,401 setiers. — F° 22 r° : Compte de Marguerite Chabrole, meunière au moulin de l'Aiguille, jusqu'en février 1789. Point de total général. — F° 31 r° : Compte de François Lacotte, meunier à...., de janvier 1776 à avril 1781. Point de total général. — F° 34 r° : Compte de Martial Fournier, meunier à...; n'a fourni qu'une seule fois en janvier 1776. — *Ibid* : Compte de Mathieu Deschamps, meunier à...., d'octobre 1778 à février 1789. Total à cette date des setiers dus : 3,450 setiers ; des setiers versés : 3,450 setiers. — F° 40 r° : Nouveau compte de Martial Fournier, meunier à Nantiat, d'avril 1780 à février 1789. Total à cette date des setiers dus : 8,261 setiers ; des setiers versés : 8,058 setiers.

E. 89. (Registre). — In-folio, 17 feuillets, papier.

Septembre 1787-décembre 1788. — Comptes avec les meuniers de l'hôpital, au nombre de cinq ; sous forme de tableaux indiquant : le nombre de setiers, de pains d'hôtel et de tourtes fournis chaque jour. Chaque meunier a son compte particulier. — Point de récapitulation. = Au rebours du registre : Tableaux indiquant : le nombre de pains mollets et de pains d'hôtel, donnés chaque jour aux malades de l'hôpital et aux enfants des nourrices. — Point de récapitulation.

E. 90. (Registre). — In-folio, 223 feuillets, papier.

Août 1788-décembre 1829. — « Livre de compte [de la boulangerie] pour la vente du son de l'hôpital général de St-Alexis, et des dépenses attachées à la di's vente : dont la sœur [Hyacinthe Dechez], chargée de cette partie, fera compte à l'administration. » — Les comptes sont établis par mois, sous cette forme : « Donné au maître boulanger, tant. Reçu, pour 68 quartes de son, 37 ll. » Ils sont arrêtés chaque année, fin juillet, par le Bureau d'administration. Juillet 1789 : recette : 2,617 ll. 18 sols; dépense : 799 ll. 6 sols. Juillet 1790 : recette : 5,528 ll. 12 sols; dépense : 1,022 ll. 6 sols. Juillet 1791 : recette : 2,961 ll. 8 sols; dépense : 692 ll. 13 sols. Juillet 1792 : recette : 4,619 ll.; dépense : 868 ll. 12 sols. Juillet 1793 : recette : 8,181 ll. 12 sols; dépense : 1,860 ll. 6 sols. — A la fin du mois de septembre 1793, les comptes sont arrêtés de nouveau, sans intervention du bureau, et on lit en marge d'une écriture très semblable à celle des comptes eux-mêmes : « Arrêté à l'époque de notre départ et repris comme il suit. » Les recettes et dépenses sont, en effet, enregistrées sous la même forme que précédemment pendant les mois suivants. — F° 1 r° : « Il a été fondé par M. Pichon, prévôt de St-Martial, en faveur de l'hôpital, une cène d'une livre pour chaque pauvre, qui leur est distribuée le Jeudi-Saint, à 9 heures du matin, après avoir été bénite. Outre les pauvres, la sœur chargée de la boulangerie fera porter à chaque personne cy dessous nommée une cène, savoir : MM. les administrateurs en charge, la communauté de St-Alexis, les médecins et chirurgiens de l'hôpital, les commis du bureau, l'aumônier de semaine, M. Benoist du Buis; deux cènes : M. le lieutenant général, M. le procureur du Roi, M. Devoyon, procureur du Roi au bureau des finances; M. Fournier, syndic de l'hôpital; les filles du Refuge. Le 9 avril 1789, on a travaillé 12 setiers de froment pour les cènes qui ont rendu 720 ll. de pains, lesquelles ont été distribuées selon l'intention du fondateur. » Mêmes mentions pour les années 1790-1793. « Le 17 avril 1794, les administra-

jours républicains ont annullé la fondation de la cène susdite. » Cette dernière mention a été biffée postérieurement, mais peut encore se lire aisément. Nouvelle fondation de cène en mars 1796, « par une âme charitable. » — Fº 1 vº : La misère s'est faitte sentir à l'hôpital général au point de n'avoir plus de pain depuis le 16 février 1800 jusqu'au 10 avril suivant, qui fut le Jeudi-Saint, où l'on donna aux pauvres une cène d'une livre, produite par la quête que firent les sœurs dans les maisons les plus aisées de la ville, laquelle s'est montée à 300 francs. L'on a continué, depuis ce jour, à sonner le réfectoire où l'on ne donne encore qu'une livre de pain très commun à chaque malheureux de cet hospice. »

E. 91. (Cahier). — In-folio, 73 feuillets, papier.

31 décembre 1788-août 1789. — Compte des pains distribués aux pauvres de Limoges; sous cette forme : « St-Michel-de-Pistorie. Le 31 décembre 1788, le Bureau d'administration a accordé à Léonarde Just, femme Léonard Chabanier, demeurant près les Jacobins, une torte de 12 ll. tous les huit jours. *Signé :* PÉCONNET, administrateur. » Suit l'indication de la date des distributions faites. — Le nombre de livres de pain d'abord accordées est peu à peu réduit pour chacun des indigents secourus. Le registre mentionne 198 débits. Les charges de famille, les maladies, les infirmités, etc. sont souvent constatées comme justifiant le secours accordé.

E. 92. (Liasse). — 9 cahiers in-4º, 61 feuillets, papier.

1685-1713. — Alimentation. — États annuels des farines entrées à l'hôpital.

E. 93. (Liasse). — 8 pièces, papier.

1749-1789. — Alimentation. — Factures des fournitures de grains.

E. 94. (Registre). — In-folio, 50 feuillets, papier.

Septembre 1776-février 1789. — Registre des recettes et dépenses en froment, seigle et avoine. — Sans titre ni préambule. — Fº 1 rº : Froment. Les articles sont portés sous cette forme : 19 septembre 1776, « reçu de M. Dezille (*alias* des Isles, de l'Isle), juge de Veyra, , 1 setier 2 quartes froment, mezure de Limoges qu'il a dit être sa cottité de la

rente foncière et portable de 3 setiers dus à l'hôpital sur le ténement de Beaujalois en la paroisse d'Isle pour 1776. » 6 octobre, « donné à François Lacotte pour être converti en farine, 20 setiers. » 24 décembre, « reçu de M. Navières, greffier en chef de la police de Limoges, 4 setiers froment, etc. » 25 avril 1777, « reçu de M. Delajoumard, trésorier de France, un setier froment, etc. » 3 février 1778, « reçu de M. Desflottes de Fombesse, curé de Panazol, un setier froment, etc. » 23 février, « reçu de M. Pierre Bayle, fermier du sieur Gazon (*alias* Cajon), architecte, un setier froment, etc. » 23 février, « reçu de M. Lamy de La Chapelle, procureur du Roy, un setier froment, etc. » 23 avril 1780, « reçu de M. Maillard de La Couture, trésorier de France, 8 setiers froment, etc. » 4 avril 1781, « reçu de M. Thomas de Beaumie, notaire royal, un setier, une quarte, une coupe et une demi-coupe froment, à-compte de la rente qu'il doit à l'hôpital, à cause du prieuré de St-Gérald sur les ténements de Chez-Ribière, las Gabias et Poulezat. » 20 octobre 1783, « M. de Roulhac du Cluzeau, procureur du Roy au bureau des finances, administrateur chargé de la partie des grains, a acheté de M. le curé de St-Martin-le-Vieux, 300 setiers froment à 7 ll. » 23 octobre 1787, « M. Maledent, de Feytiat, écuyer, administrateur, a acheté.... 52 setiers froment. » — Fº 20 rº : Seigle. 14 septembre 1776, « reçu de M. Depéret, docteur en médecine, 4 setiers, 2 quartes, deux coupes, 3 quarts et un huitième seigle, à-compte de sa cotité de la rente due à l'hôpital sur le ténement de Leyssène, en la paroisse de Couzeix, pour 1776. » 4 février 1777, « donné à M. Disnematin des Salles, chanoine de l'église de Limoges, 4 setiers pour la redevance sur les dimes de St-Simphorien et l'église cathédrale de Limoges, suivant la quittance du 29 janvier 1777, suivant les ordres de M. Bonnin, administrateur. » 23 mai, « reçu de M. de Rochebrune, écuyer, commissaire des guerres, 10 setiers seigle, etc. » 25 mai, « reçu de Mgr l'évêque de Limoges, 73 setiers.... pour la redevance des 80 setiers dus annuellement à l'hôpital sur l'aumônerie de la Salle épiscopale pour 1776. » 2 décembre, « reçu de M. Thévenin, chanoine de l'église de Limoges, 11 setiers seigle [ce] qui a été verbalement réglé pour la rente due à l'hôpital sur le village et tenure des Genest, paroisse de St-Priest-sous-Aixe. » 23 février 1778, « reçu de M. Juge de St-Martin, conseiller du Roy, 6 setiers seigle, etc. » 15 mars 1779, « reçu de Mad. l'abbesse de la Règle, 32 setiers seigle, pour la rente annuelle et portable due à l'hôpital sur la dite abbaye, pour les années 1775-1778.... » 23 avril 1781, «M. Étienne de la Rivière, administrateur chargé de la recette des grains, a acheté de M. Cramouzaud, chanoine de St-Martial, et de M. de la Chapelle, chanoine de l'église de Limoges, 117 setiers seigle. » 10 décembre 1783, « M. Navières de Brégefort, administrateur, a acheté 500 setiers seigle, etc. » 6 octobre 1785, « M. Navières du Treuil, administrateur, a acheté 200 setiers seigle, etc. » 5 janvier 1787, « M. Roulhac de Roulhac, administrateur, a acheté de M. le chevalier de Brignac 500 setiers seigle, à prendre dans ses greniers à Brignac, à raison de 4 ll. 6 sols le setier. » 17 janvier, 1788, « reçu de M. Navières de la Boissière, conseiller du Roy en l'Élection, 3 setiers seigle, etc. » — Au rebours du volume : Avoine. Mêmes noms que précédemment.

E. 95. (Liasse). — 2 cahiers in-fo et in-4º, 30 et 9 feuillets, papier.

Septembre 1731-1735. — Grains. — « Comptes que rend le sieur Malevergne, administrateur chargé de l'achapt des grains.... », ordinairement sous cette forme : « 1731, le 4 septembre, reçu de M. le marquis du Cros la quantité de 253 setiers 2 quartes une coupe bled seigle, mesure de Limoges, conduits dans les greniers du dit hospital, que M. Roulhac de Razès, mon prédécesseur, avoit achetté du dit sr. Ducros, qu'il doit avoir payé en un mandement sur M. Garat, receveur général du dit hospital, cy : 253 setiers, 2 quartes, 1 coupe. » — Fº 13 vº : Récapitulation des grains achetés jusqu'en août 1733 ; 7,035 setiers. — Les comptes s'arrêtent en octobre 1733, mais ne sont clos qu'en septembre 1735.

E. 96. (Liasse). — 8 pièces et 1 cahier in-4º, 6 feuillets, papier.

1751-1755. — Grains. — Comptes de l'achat du blé rendus : par M. Jean Guineaud du Pré, administrateur, 1751 ; — par M. Ardant, administrateur, 1755 ; — par M. Martin du Raynaud, administrateur, 1754 ; — par M. Clément des Flottes, écuyer, sgr du Bonnat et de Leychoisier, administrateur, 1759 : « M. de Leychoisier a eu la bonté de garder dans ses greniers, durant des temps considérables, trois mille setiers de seigle sur lesquels il a éprouvé des différences de mesures et des déchets dont il n'a pas voulu consentir qu'il luy fut fait aucune compensation et dont il a voulu laisser profiter gratuitement l'hôpital. » *Signé* : JOUBERT, chanoine administrateur; Durand, administrateur; Curzac, administrateur; Deschamps, administrateur ; Romanet, administrateur; Petiniaud, administrateur ; Pinot, Leychoissier, certifiant le présent compte ; » — par M. Pinot, administrateur, 1761 ; — par M. de la Chapelle, administrateur, 1763 ; — par M. J.-B.-Nicolas de Beaugaillard, administrateur, 1771-1775..

E. 97. (Liasse). — 3 cahiers in-4º, 6, 5 et 7 feuillets, papier.

1775-1787. — Grains. — Compte de l'achat du blé rendus par MM. Ardant Dupic, — Étienne de la Rivière — et Roulhac de Roulhac, administrateurs.

E. 98. (Registre). — In-folio, 21 feuillets, papier.

Septembre 1787-septembre 1789. — Grains. — « Compte-rendu et détail de la consommation de l'hôpital en seigle. » — Fº 7 rº : Récapitulation au 1er septembre 1788 : Martial Mignot, meunier, a fait moudre : 520 setiers qui ont produit 35,036 pains d'une livre ; Martial Fournier : 900 setiers, 61,692 pains ; Delagey : 640 setiers, 42,703 pains ; Martin Deschamps : 580 setiers, 40,218 pains ; Marguerite Chabrol : 360 setiers, 25,564 pains. Total : 3,000 setiers, 205,213 pains, le setier ayant produit de 67 à 71 ll. = Au rebours du registre : Compte rendu et détail de la consommation de l'hôpital en froment. — Fº 18 rº : Récapitulation au 1er septembre 1788 : Martial Mignot, meunier, a fait moudre : 468 setiers qui ont produit 31,791 pains d'une livre; Martial Fournier : 328 setiers, 22,490 pains ; Vacquan : 184 setiers, 14,942 pains. Total : 980 setiers, 69,403 pains, le setier ayant produit de 67 à 81 ll.

E. 99. (Registre). — In-folio, 35 feuillets, papier.

Septembre 1789-septembre 1791. — Grains. — « Compte-rendu et détail de l'achapt des grains et de la consommation de l'hôpital en seigle, froment, baillarge, orge, fèves, pois, bled d'Espagne, etc. », sous forme de tableau ; chaque article comprend un numéro d'ordre (de 858 à 1,065), une date, le nom de l'expéditeur, le lieu d'expédition, le nom de la mesure, le nombre de setiers, le prix du setier, le prix total et les frais de transport : « Nº 365, du curé de Nieul, mesure de Limoges, rendu à Nieul, 40 setiers, à 10 ll., 400 ll. + 8 ll. » — Fº 18 vº : Première récapitulation à la date du 1er septembre 1790 : Recette en froment : 3,134 setiers, 4 coupes ; dépense : 1,939 setiers. Recette en seigle : 7,568 setiers, 4 coupes ;

dépense : 6,011 setiers. — F° 34 v° : Seconde récapitulation à la date du 31 août 1791. Recette en seigle : 9,337 setiers, 12 coupes ; dépense : 5,702 setiers. Recette en froment : 2,589 setiers 10 coupes ; dépense : 1,710 setiers. Recette en fèves : 1,024 setiers ; dépense : 344 setiers. — Il est expliqué que la consommation du blé d'Espagne et des fèves a été plus grande qu'à l'ordinaire, par la nécessité où s'est trouvé l'hôpital « de nourrir les malheureux qui furent incendiés. »

(E. 100. (Registre). — In-folio, 131 feuillets, papier.

Avril 1734-octobre 1739. — Registre des recettes et dépenses pour la nourriture de l'hôpital. — Sans titre ni préambule. En tête, table des matières. F° 1 r° : Tableau du nombre des pauvres, des malades et des enfants entrés par jour à l'hôpital pendant les mois de : avril 1734, de 283 à 297 ; mai, de 279 à 288 ; juin, de 283 à 289 ; juillet, de 275 à 285 ; août, de 274 à 281 ; septembre, de 274 à 281 ; octobre, de 280 à 286 ; novembre, de 284 à 293 ; décembre, de 292 à 301 ; janvier 1735, de 296 à 304 ; février, de 296 à 302 ; mars, de 296 à 304 ; avril, de 300 à 306 ; mai, de 298 à 306 ; juin, de 297 à 302 ; juillet, de 287 à 302 ; août, de 286 à 290 ; septembre, de 287 à 292 ; octobre, de 293 à 309 ; novembre, de 299 à 310 ; décembre, de 304 à 312 ; janvier 1736, de 307 à 315 ; février, de 306 à 310 ; mars, de 307 à 312 ; avril, de 289 à 310 ; mai, de 287 à 293 ; juin, de 287 à 293 ; juillet, de 290 à 298 ; août, de 281 à 291 ; septembre, de 282 à 290 ; octobre, de 286 à 321 ; novembre, de 310 à 324 ; décembre, de 303 à 319 ; janvier 1737, de 295 à 317 ; février, de 296 à 306 ; mars, de 292 à 303 ; avril, de 287 à 295 ; mai, de 288 à 300 ; juin, de 257 à 297 ; juillet, de 247 à 298 ; août, de 247 à 253. — F° 21 r° : Tableau du nombre de pains distribués chaque jour dans l'hôpital, aux petits enfants, aux infirmeries, au Refuge, aux blanchisseuses : avril 1734, 4,739 ; mai, 5,045 ; juin, 4,981 ; juillet, 5,270.... décembre 1736, 6,018. Total général des pains distribués, à la date du 31 juillet 1737, 226,966. — F° 40 r° : Produit des farines, du 1er avril 1734 au 31 juillet 1737, 6,740 setiers, ayant donné 188,674 pains. — F° 50 r° : Tableau de la quantité de viande distribuée chaque jour. Avril 1734, reçu 1,474 ll. de viande, distribué 1,153 ll. Mai, reçu 1,667 ll., distribué 1,838 ll.... Novembre 1736, reçu 2,088 ll., distribué 1,822 ll. Total général à la date du 31 juillet 1737, reçu 39,963 ll., distribué 39,961 ll. — F° 70 r° : Dépense du bois, du 5 mai 1734 au 28 juin 1738, 192 abaux de bois. — F° 72 r° : Dépense du sel, beurre, suif, etc. Point de total possible. — F° 75 r° : Recette et dépense du seigle, du 1er avril 1734 au 18 janvier 1738 : recette, 8,617 setiers ; dépense, 7,764 setiers. — F° 90 r° : Recette et dépense du froment, du 1er avril 1734 au 15 mai 1738 : recette, 57 setiers ; dépense, 58 setiers. — F° 93 r° : Recette et dépense des pois et fèves, du 1er avril 1734 au 17 avril 1737 : recette, 60 setiers ; dépense, 61 setiers. — F° 96 r° : Compte des meuniers de l'hôpital, au nombre de 12, tenant moulin à Mérignat, à La Ribière, au pont St-Étienne, au Palais, au Puymoulinier, à Cordelas, au Bosc-du-Mouly, paroisse St-Gérald, à Parpayat, à La Garde. — F° 123 r° : Recette et dépense de chaque jour. 1er avril 1734 : Acheté le présent registre, la somme de 4 ll. 12 mai : Donné à Léger, pour aller à la foire d'Ambazac, 6 sols. 15 mai : Donné à Léger pour aller à la foire de St-Priest, 5 sols. 31 mai : Donné à Léger, pour aller à Rilhac-Lastours voir un bœuf, 3 sols. 6 juin : Donné à Léger, pour aller à la foire de St-Léonard, 6 sols. 20 juin : Donné à Léger, pour aller chercher une vache à Bonnat, 2 sols, etc. 17 août : Donné une livre à un homme qui devait sortir, attaqué de la lèpre. 22 janvier 1735 : Vendu deux petits cochons provenant de confiscation, 3 ll. 18 sols. 11 juillet : Acheté une main de papier et un carton qui a été employé à la chambre du trésor du dit hôpital, 3 sols 6 deniers. 14 septembre : Donné à Léger, pour avoir battu les cuirs, 3 sols. 26 novembre : Payé 10 sols aux Auvergnats pour avoir raccommodé deux pots de fer. 28 décembre : Acheté une pelle de fer au fossoyeur, 1 ll. 8 sols. 21 mars 1736 : Reçu de M. Delaloge, directeur du tabac, la somme de 10 ll. 4 sols pour 51 jours que Jean Gatavy, de Verneuil, est resté à l'hôpital, à raison de 4 sols par jour. 11 décembre : Acheté pour la boucherie un banc à tuer les moutons, 10 sols. 28 mars 1737 : Donné 10 sols au précepteur, pour acheter un catéchisme aux enfants : 8 avril : Acheté une livre de savon pour blanchir le linge des petits [enfants], pour la procession de Pâques. 20 juin : Donné 12 sols à la Dimanche, sacristaine, pour payer les bouquets qu'elle avoit fait faire pour donner aux confrères du St-Sacrement des paroisses St-Pierre et St-Michel qui viennent à l'hôpital le jour de la Fête-Dieu. 19 août : Payé 10 sols pour 50 livres de foin que Jean Dauriat avait pris le 13 mai dernier pour faire des torchis au refuge de Martial Marquet, demeurant au faubourg Magnine. — F° 139 r° : État des bestiaux,

entrés à l'hôpital, bœufs, vaches et moutons. —
F° 140 r° : Diverses dépenses pour journées de travail.

E. 101. (Cahier). — In-4°, 46 feuillets, papier.

1723-1724. — Journal de l'alimentation de
l'hôpital. — Série de tableaux par colonnes verticales
dans lesquelles on indique en chiffres : le nombre des
pauvres, sains ou malades, hommes ou femmes ; — le
nombre des pains qui se consomment chaque jour
dans les diverses sections de l'hôpital ; — la quantité
de viande qui se consomme chaque jour ; — le produit
des farines ; — la quantité de beurre, d'huile, de
fromage, de chandelle, de sel et de bois reçue et
consommée ; — les comptes des meuniers et les
consommations de blé, paille, etc. Point de récapitulation générale.

E. 102. (Cahier). — In-4°, 39 feuillets, papier.

1724-1725. — Journal de l'alimentation de
l'hôpital. — Série de tableaux par colonnes verticales
dans lesquelles on indique en chiffres les mêmes
recettes et dépenses que dans l'article précédent. —
Point de récapitulation générale.

E. 103. (Cahier). — In-folio, 47 feuillets, papier.

1725. — Journal de l'alimentation de l'hôpital.
— Série de tableaux par colonnes verticales dans
lesquelles on indique en chiffres les mêmes
recettes et dépenses que dans l'article 101. — Point
de récapitulation générale.

E. 104. (Cahier). — In-folio, 47 feuillets, papier.

1725-1726. — Journal de l'alimentation de
l'hôpital. — Série de tableaux par colonnes verticales
dans lesquelles on indique en chiffres les mêmes
recettes et dépenses que dans l'article 101. — Point
de récapitulation générale.

E. 105. (Registre). — In-folio, 78 feuillets, papier.

1726-1727. — Journal de l'alimentation de
l'hôpital. — Série de tableaux par colonnes verticales
dans lesquelles on indique en chiffres les mêmes
recettes et dépenses que dans l'article 101. — Point
de récapitulation générale.

E. 106. (Cahier). — In-folio, 84 feuillets, papier.

1727-1728. — Journal de l'alimentation de
l'hôpital. — Série de tableaux par colonnes verticales
dans lesquelles on indique en chiffres les mêmes
recettes et dépenses que dans l'article 101. — Point
de récapitulation générale.

E. 107. (Registre). — In-folio, 89 feuillets, papier.

1729-1730. — Journal de l'alimentation de
l'hôpital. — Série de tableaux par colonnes verticales
dans lesquelles on indique en chiffres les mêmes
recettes et dépenses que dans l'article 101. — Point
de récapitulation générale.

E. 108. (Registre). — In-folio, 76 feuillets, papier.

1730-1731. — Journal de l'alimentation de
l'hôpital. — Série de tableaux par colonnes verticales
dans lesquelles on indique en chiffres les mêmes
recettes et dépenses que dans l'article 101. — Point
de récapitulation générale.

E. 109. (Registre). — In-folio, 90 feuillets, papier.

1731-1733. — Journal de l'alimentation de
l'hôpital. — Série de tableaux par colonnes verticales
dans lesquelles on indique en chiffres les mêmes
recettes et dépenses que dans l'article 101. — Point
de récapitulation générale.

E. 110. (Registre). — In-folio, 87 feuillets, papier.

1733-1734. — Journal de l'alimentation de
l'hôpital. — Série de tableaux par colonnes verticales
dans lesquelles on indique en chiffres les mêmes
recettes et dépenses que dans l'article 101. — Point
de récapitulation générale.

E. 111. (Registre). — In-folio, 235 feuillets, papier.

1746-1753. — Journal de l'alimentation de
l'hôpital. — Série de tableaux par colonnes verticales
dans lesquelles on indique en chiffres les mêmes
recettes et dépenses que dans l'article 101. -- Point
de récapitulation générale.

E. 112. (Liasse). — 4 pièces, papier.

1730-1750. — Situation économique de l'hôpital. — « État fourni à la Cour de la situation et état de l'hôpital général, » 1730. Récapitulation : Fonds accordés par le Roi, 18,000 ll ; montant des revenus de l'hôpital, 10,000 ll.; total des pauvres renfermés dans l'hôpital, 440; total général de la dépense, 35,010 ll. Observations : « Si on rapporte dans la colonne du montant du revenu de l'hôpital la somme de 10,000 ll., on ne les reçoit pas pour cela chaque année. Bien au contraire, on est obligé de faire des frais considérables en procédures si l'on veut exiger ce qui est légitimement dû de tous les revenus de l'hôpital, étant à présent quazy tous disputez, ce qui fait qu'à peine peut-on percevoir des revenus de l'hôpital la somme de 6,000 ll., et par là le revenu se trouve diminué de 4,000 ll., après quoi il reste 24,000 ll. qui, sûrement, ne sçauroient fournir aux frais qu'il convient faire dans un hôpital où sont renfermés 440 pauvres comme on peut facilement voir par le total général de dépense, qui prouve bien que les administrateurs de l'hôpital se trouvent obligés de faire des avances considérables au surplus, quoy que le tout soit dirigé par un économe avec tous les soins et précautions imaginables. » — « Mémoire sur l'état de l'hôpital de la ville de Limoges, » vers 1737 : «.... Jusques à présent et dans les temps ordinaires, l'hôpital logeoit au moins 400 pauvres et fournissoit à tous leurs besoins. Il en prenoit les fonds : 1° dans les propres revenus qui s'élevoient en fixe ou casuel à une quinzaine de mille livres ; 2° dans une largesse annuelle que Sa Majesté avoit la bonté de luy accorder d'abord de 18 et ensuite de 14,000 ll.; 3° enfin, le surplus étoit suppléé par les charités du public qui, dégagé des importunités des mendiants, concouroit de tout son pouvoir à la subsistance des pauvres renfermés. Ces ressources se sont altérées insensiblement ; quelques débiteurs sont devenus insolvables ; l'on a remboursé de petites créances qu'on s'est vu forcer de consumer dans les temps de calamité ; la mauvaise foi a fait contester des objets dont on n'a pas eu des titres suffisants ; après tout, ces objets étoient peu considérables. La principale décadence a commencé en l'année 1724. Le clergé de ce diocèse devoit à l'hôpital 61,000 ll.; il les avoit empruntés en partie pour l'acquit des subsides et en partie pour le rachapt des greffes. Mais après l'arrêt général du Conseil du 31 may 1723, il obligea l'hôpital de luy passer une réduction de l'apport de cette somme de 61,000 ll. sur le pied de 2 % qui est 1,220 ll. pour tout revenu, et, par conséquent, une perte de 1,830 ll. de rente, jusques à ce qu'on soit parvenu à obtenir le remboursement du principal. Dix ans après, cet échec fut suivi d'un plus grand encore par la révocation que les besoins de l'État obligèrent le Roy de faire de tout ce qui étoit imposé en faveur des hôpitaux. Celuy de Limoges se trouva, par cette conjoncture et par la diminution du revenu de 61,000 ll., déchu presque de toute ressource. L'administration anima tout son zèle pour y pourvoir : elle retrancha aux pauvres tout ce qui excède le nécessaire le plus indispensable pour le soutien de la vie. Après avoir modéré les portions, les administrateurs furent eux-mêmes tour à tour les faire distribuer avec le bois et les autres denrées de chaque espèce. Ils congédièrent plusieurs des personnes qui étoient gagées pour les affaires, l'œconomie ou le service de l'hôpital ; ils retranchèrent des salaires de ceux qu'on fut obligé de conserver et, pour dernier expédient, ils ont été de porte en porte ramasser quelques aumônes par les plus pressantes sollicitations. Mais les remèdes étant beaucoup au dessous du mal, il a fallu, pour obéir aux lois qu'impose la nécessité, refuser l'entrée de l'hôpital à des malheureux qui périssent sous le poids des maladies et de la pauvreté. Malgré cet expédient encore, l'on a manqué plus de 40,000 ll. de capital dans le cours de quatre années, et cette considération a déterminé les administrateurs à la rigoureuse précaution de faire sortir presque tous les pauvres valides de l'un et de l'autre sexe (1). Cette expulsion excite les murmures d'une populace qui souffre. Cependant l'hôpital demeure chargé indispensablement de 250 pauvres, la plus part infirmes et caducs. L'on ne sçauroit en diminuer le nombre et l'on sçauroit encore moins les entretenir sans des secours extraordinaires ; car, à ne compter la dépense qu'à raison de 50 ll. pour chacun, nourriture et entretien compris, cela forme un objet de 12,500 ll.; à quoy ajoutant 2,500 ll. de redevances passives, gages ou honoraires, et 5,000 ll. au moins pour l'entretien des bâtiments, des lits, des autres meubles, du linge, pour le bois, la chandelle, les remèdes et le service des deux chapelles de l'hôpital et du Refuge, le total de la dépense s'élèvera à 20,000 ll. Or, les revenus en fermes, rentes foncières, obituaires, secondes et constituées ne montent qu'à 8,294 ll.

(1) Cf. ci-dessus E, 1, fo 59 ro et 79 vo.

et les profits casuels, émolumens des fiefs, droits d'enterremens, travail des pauvres, légats et aumônes, à estimer 20 années pour en faire une commune, à 3,124 ll. qui est en tout 11,419 ll. Par conséquent, il est de la dernière évidence que la dépense excédera toujours la recette de près de 9,000 ll. par an, et cet excédant doublera s'il survient que les denrées enchérissent.... » Suivent quelques détails sur le procès intenté à l'hôpital touchant les réparations à faire à l'abbaye de Dalon, léguée par l'évêque de Limoges, F. de Lafayette (1). — Minute d'une supplique de l'hôpital adressée au cardinal de Fleury et au contrôleur général des finances pour obtenir quelque secours. (Sans date; mais on peut supposer approximativement celle de 1737, d'après la teneur des deux mémoires qui précèdent) : « .... Son épuisement est au-dessus de nos expressions. Nous avons fait les derniers efforts pour le soutenir ces deux dernières années contre la misère affreuse qui l'accabloit. Celle du temps où nous sommes est beaucoup au-dessus. Nous n'avons de ressources ny dans les facultés de l'hôpital, ny dans le zèle du public qu'arrête le poids de la calamité.... »
— Minute d'une autre supplique de l'hôpital pour obtenir en raison de la gêne où il se trouve : 1° la réunion de l'aumône que l'abbé de Solignac fait annuellement aux paroisses de Solignac et du Vigen ; 2° la réunion de l'aumône que le Collège de Limoges fait aux habitants d'Aureil et d'Éjaux. (Sans adresse et sans date ; on peut supposer celle de 1764 ou environ, d'après les faits mentionnés (2). Parlant de Solignac, les suppliants s'expriment ainsi : « Quoy qu'on qualifie Solignac de ville, il est de notoriété publique qu'à peine peut-on le regarder que comme un simple bourg ; la seule abbaye étant ce qui est de plus considérable, et le reste de cette prétendue ville étant toute en ruine, les habitants l'ont abandonnée pour venir habiter Limoges. »

E. 113. (Liasse). — 3 pièces, papier.

1775-1779. — Situation économique de l'hôpital. — Mémoire sur l'état de l'hôpital général, rédigé à la demande de l'Intendant de la Généralité en 1775. § 1. Des revenus et charges : Revenus fixes, 14,628 ll.; casuels, 6,480 ll. Charges, 9,830 ll. || Les revenus fixes se décomposent ainsi qu'il suit : Revenus provenant de l'hôpital St-Martial, 2,206 ll., de l'hôpital St-Gérald, 302 ll., des aumônes Ste-Croix, 228 ll.; du prieuré de St-Gérald, 1,054 ll.; des Pauvres à vêtir, 83 ll.; de N.-D. la Joyeuse, 5 ll.; de N.-D. de la Conception, 13 ll.; de N.-D. de la Règle, 9 ll.; de la maladrerie des Cassauds, 150 ll. || Les revenus casuels se décomposent ainsi qu'il suit : Hôpital général, 1,712 ll.; rentes sur l'état du Roi, 1,706 ll.; rentes constituées sur le Clergé et différents particuliers, 6,155 ll.; rentes dues par les cy devant Jésuites...?...; émoluments de fief, 200 ll.; enterrements et tentures, 1,200 ll.; quêtes annuelles, 1,500 ll.; amendes, installations, etc., 80 ll.; dons, aumônes particulières, etc., 2,500 ll.; produit des filatures, 1,000 ll. || Les charges comprennent : Redevances annuelles aux chapitres et communautés, 396 ll.; fondations de messes, 467 ll.; décimes, rentes, vingtièmes et pensions, 1,022 ll.; appointements, 1,944 ll.; entretien des bâtiments, 1,000 ll.; suppléments aux nourrices pour les enfants qui naissent malades ou qu'on met en condition, 4,000 ll.; supplément pour les soldats qui ne payent que 12 sols par jour, 1,000 ll. || § 2. Des pauvres : « L'hôpital a été institué dans son principe pour les seuls pauvres de la ville, cité et faubourgs, ponts de St-Étienne et de St-Martial. Selon les lettres patentes d'établissement, on ne peut recevoir ny les enfants au-dessous de trois ans, s'ils ne sont orphelins, ny les bâtards, ny les fols, ny les insensés, ainsi que ceux qui sont attaqués de maladies contagieuses, ny les femmes mariées, sans l'aveu et consentement de leurs marys. Il contient un grand nombre d'étrangers que le concours ordinaire des villes un peu considérables attire et qui, après y avoir abordé, se trouvent par accident ou par besoin nécessités d'y prendre asyle. Le passage d'une grande route de communication y en laisse également un nombre très considérable.... Le nombre des malheureux augmentant, de manière que les revenus et les secours fixes n'étoient plus suffizants, on les convertit en une rétribution déterminée par chaque tête. Depuis cette époque, il a toujours été payé à l'hôpital une solde, à raison d'un pain et un sol, pour droit de gîte par jour pour chaque mendiant, et cela par quartier sur les états du nombre des pauvres, certifié par le lieutenant général qui également règle le prix du pain sur les forléaux.... On distingue en deux classes les personnes qui sont admises à l'hôpital : celles qu'on reçoit pour cause de maladie non contagieuse ou incurable, sur un simple billet d'un des administrateurs, sont celles qui sont au pain de l'hôpital. Mais les personnes valides, qu'une extrême indigence ou quelque défaut de nature empêchent de

(1) Cf. B, 6 et 7.
(2) Cf. ci-dessous H, 6.

pourvoir à leur subsistance et à celle de leur famille, ne peuvent y être reçues que par une délibération du Bureau d'administration. Parmi cette classe, il y en a beaucoup d'étrangers à la ville et banlieue ; quelques-uns y sont adressés par MM. les intendants, leurs subdélégués et les différens curés de la province. C'est la plupart de ceux-cy qui sont au pain du Roy.... Parmi les 590 pauvres qu'on y compte présentement, il n'y en a que 369 sur l'état des mandiants ; reste 171 aux frais de l'hôpital général, qui a encore 103 enfants au-dessous de sept ans sur les 206 compris dans l'état dont le Roy ne paye que la moitié. Il est à observer que parmy les 590 logés à l'hôpital général, ceux qui sont à sa charge sont tous les malades qui sont les plus dispendieux, et les soldats pour chacun desquels il n'est payé que 12 sols par jour, quoiqu'ils en dépensent plus de 25, supplément dont le Roy ne tient aucun compte. Le nombre des enfants exposés jusqu'à l'âge de sept ans se monte en ce moment à 1,075.... » || § 5. Des fonds en caisse : « Il y a présente-ment qu'on vient de recevoir le payement du dernier quartier, environ 16,000 ll. en caisse, provenant du fonds des enfants exposés, des mendiants et des revenus de l'hôpital général qu'on amasse pour faire l'approvisionnement des grains dans le moment de la récolte où ils sont ordinairement à meilleur marché. » § 6. Des bâtiments : « Malgré les augmen-tations de bâtiments que l'on a fait à l'hôpital en différens temps, et malgré qu'il y ait près de 50 pau-vres dans la ville, on ne peut y loger tous ceux qui y sont envoyés ou qui viennent s'y reffugier qu'en les multipliant dans chaque salle et dans chaque lit en si grand nombre qu'ils se nuisent, s'incommodent beaucoup et corrompent l'air dans très peu d'espace de temps.... » Suivent divers projets d'agrandissement de l'hôpital : «.... La maison du Refuge est également d'une reconstruction urgente et indispensable. Il y a souvent, dans cet hospice, plusieurs personnes d'un état honnête qui y sont reléguées par des ordres supérieurs, pour des raisons particulières autres qu'une continuité de dérèglement de mœurs. Elles s'y trouvent confondues avec celles qu'une publicité d'inconduitte y fait détenir. Cet endroit, des plus horribles et des plus malsains, est d'une si ancienne construction, que les personnes qui y sont détenues s'en sont très souvent évadées par la facilité d'y faire des effractions. Il est si resséré qu'on ne peut y loger qu'une religieuse pour y présider avec une servante. Isolée et hors de portée de l'hôpital, la supérieure est dans une crainte continuelle de révolte par la diffi-culté de se procurer des secours.... » — Autre mémoire sur l'état de l'hôpital général, adressé à l'Intendant de la Généralité de Limoges, M. d'Aine, et « envoyé en Cour en décembre 1779. » Le mémoire parle d'abord des malades et infirmes de la campagne, qui n'ont d'autre ressource que leur travail. On leur alloue, depuis quelques années, un pain de seigle de 2 ll. un quart par jour. Le mémoire traite ensuite des men-diants et vagabonds de profession que la maréchaus-sée enferme dans la Maison de force. Quand ils tombent malades, on les envoie à l'hôpital pour être soignés. La dépense est payée sur le fonds de la mendicité. Arrivant aux enfants exposés, le mémoire rappelle qu'autrefois on les mettait en nourrice à la campagne jusqu'à l'âge de sept ans, et qu'on les faisait ensuite rentrer à l'hôpital où « à peine sur cent en conservoit-on dix jusqu'à l'âge de puberté. » Présentement, quand ils sont robustes, on les laisse à leurs nourriciers qui consentent à les garder moyen-nant une faible rétribution et à leur apprendre l'agri-culture. Quand ils sont trop faibles pour les travaux de la campagne, on les retient à l'hôpital où on leur apprend divers métiers : tisserands. tailleurs, menui-siers, charpentiers, sabottiers, serruriers, etc., fileuses, couturières, dentelières, etc., et ils sont ensuite placés dans la ville. Enfin. le mémoire rappelle que l'hôpital reçoit aussi les aveugles. les muets, les épileptiques, les impotents, etc. Le mémoire accuse 699 pauvres à la charge du Roi et 206 à la charge de l'hôpital. Péroraison : « Non, Monseigneur, le citoyen honnête, mais infirme et pauvre, le vieillard et l'enfant trouvé parvenu à l'âge de sept ans, tous ces infortunés pour lesquels nous cherchons aujourd'huy à intéresser votre sensibilité, ne doive..t pas craindre pour leur subsistance ni pour un abry assuré et conforme à leur état sous le règne d'un Roy bienfai-sant et qui regarde tous ses sujets comme ses enfants. Les ministres, que ce sage monarque a associés à ses travaux, ne respirent, comme lui, que le bien général. Ce désir de rendre tous les François heureux vous anime surtout, Monseigneur. La sagesse de vos opé-rations vous fait chérir dans la France et admirer dans les pays étrangers (?). Elle est pour nous un sûr garant de votre protection en faveur des infortunés confiés à votre administration. En leur accordant la continuation des secours dont ils ont jouy jusqu'ici, et qui chaque jour deviennent plus nécessaires, vous deviendrez le bienfaiteur parti-culier du Limousin comme vous l'êtes déjà de tout le Royaume ! »

E. 114. (Liasse). — 2 pièces, parchemin; 2 pièces, papier; 1 sceau.

1762-1784. — Hôpital général : Emplacement. — Lettres patentes qui autorisent l'hôpital général à acquérir plusieurs terrains pour l'agrandissement de son local, 1762. « Nos chers et bien aimés les administrateurs dudit hôpital nous ont fait représenter que les bâtiments de cette maison ne sont pas assez grands pour contenir tous ceux qui viennent y demander des secours, qu'ils se trouvent obligés d'en refuser la plus grande partie et de laisser ensemble les malades de toute espèce qui y sont reçus, que cependant dans les autres hôpitaux de notre royaume, les pauvres, les malades, les incurables, les insensés et les personnes atteintes de maladies contagieuses sont séparés les uns des autres, etc. » — Enregistrement des dites lettres par le Parlement de Bordeaux, 1762. — Transaction entre les administrateurs de l'hôpital et les confrères de la frairie de Ste-Agathe, en vertu de laquelle les dits confrères abandonnent tous droits de lods et ventes sur le terrain acquis récemment par l'hôpital au clos Lansecot dans la fondalité de la dite frairie, 1763. (L'acte est passé dans la chapelle de Ste-Agathe en l'église St-Martial de Limoges, « lieu où se tiennent ordinairement les assemblées pour affaires de MM. les confrères de la frérie de Ste-Agathe. » Parmi les confrères figurent : Jean Desmaisons, chevalier, sgr de Bonnefont ; Joseph Grelet, écuyer, conseiller, secrétaire du Roi ; Joseph Beaubreuil, conseiller du Roi, garde-scel de la Monnaie; Martial Dupuy, procureur aux sièges royaux de Limoges, etc.). — Transaction entre l'hôpital et les religieux de St-Gérald portant quittance par ceux-ci d'une somme de 2,200 ll. à eux due pour droit d'indemnité sur les biens récemment vendus à l'hôpital par Pierre Baju, Jean Poulard, notaire, et Roulhac du Cluzeau, 1784.

E. 115. (Liasse). — 1 pièce, parchemin ; 7 pièces, papier.

1762-1765. — Hôpital général : Emplacement. — Pièces relatives à la vente faite au dit hôpital, par Joseph Baju de la Chaize, d'un terrain sis près la place St-Gérald, pour le prix de 5,030 ll.; le dit Baju représenté par Marie Devoyon, sa mère : requêtes, appointements, procurations, expertises, délibérations, contrats, quittances, etc.

E. 116. (Liasse). — 14 pièces, papier.

1713-1766. — Hôpital général : Bâtiments. — Compte rendu par M. Dorat, administrateur, des dépenses faites pour réparations aux bâtiments de l'hôpital, 1713-1714. — Alignement donné par le Bureau des finances à l'occasion de la construction d'un nouveau bâtiment, 1716. — Prix fait entre l'hôpital et les sieurs Jean Peyrat et Martial Château, maîtres tailleurs de pierre, pour la construction des salles de convalescents, 1716. — Autorisations données par le Bureau des finances : pour la construction projetée par l'hôpital « d'un petit corps de logis pour placer les étrangers tant séculiers qu'ecclésiastiques qui désirent faire retraite dans la maison, » 1734; — pour une autre construction projetée à cause de l'affluence toujours plus grande des pauvres et des malades, 1766. « Les suppliants se sont adressés au sieur Trésaguet, ingénieur de la Province, qui a fourni le plan, suivant lequel on doit commencer par un grenier (*sic*) assez considérable, des lavoirs et des loges pour les pauvres affligés du mal caduc et les insensés, etc. » — Mémoire des réparations à faire au comble des bâtiments, 1753. Signé J. BARDIER, ingénieur du Roi, inspecteur des Ponts et chaussées de la généralité de Limoges. — Plan géométral d'une reconstruction de l'hôpital projetée avant celle de 1776, à en juger par certains détails. Sans date ni signature.

E. 117. (Cahier). — In-folio, 28 feuillets, papier.

1766-1768. — Hôpital général : Bâtiments. — État des fournitures de pierre, bois, fer et chaux faites pour les constructions de l'hôpital. Point de récapitulation.

E. 118. (Liasse). — 10 cahiers in-8° et in-4°, 17, 3, 21, 3, 2, 4, 10, 11, 15 et 7 feuillets, papier.

1766-1771. — Hôpital général : Bâtiments. — Comptes des fournitures faites pour les constructions de l'hôpital par le tuilier, les marchands de pierre, de bois, de chaux, de fer, etc. Point de récapitulation. — « Devis estimatif de la dépense à faire pour la continuation des ouvrages de maçonnerie, charpenterie, etc. nécessaires pour l'entière perfection du grenier, bucher, buanderie, cave et finir les deux bâtiments en aile allant joindre l'ancien corps de logis de l'hôpital général de la ville de Limoges, » 1769. Le montant du présent devis est de 56,490 ll., « le 10° accordé aux entrepreneurs pour les outils, le sol par livre pour l'architecte. »

E. 119. (Registre). — In-4°, 25 feuillets, papier.

Décembre 1775-juin 1777. — Hôpital général : Bâtiments. — Comptes avec les tailleurs de pierres. — On indique les sommes payées de mars 1776 à juin 1777 aux bouviers des quatre tailleurs de pierres qui fournissent l'hôpital. Il y a un compte différent pour chacun d'eux. Le nombre de charretées, la dimension des pierres et la date de la livraison sont également mentionnés, le tout par colonnes, sous cette forme : Martial Pardriger [tailleur de pierre], 16 mars 1776. Jean Burguet [bouvier], 1 charretée, 6 pieds 1/2 à 16 sols. Payé 3 ll. 11 sols 6 deniers. Point de récapitulation générale. === Au rebours du registre : « Avances faites aux tailleurs de pierres sur leur prix fait, » de décembre 1775 à mars 1776. Paraphé : GUILLET, administrateur.

E. 120. (Cahier). — In-folio, 95 feuillets, papier.

1777-1784. — Hôpital général : Bâtiments. — Cahier sans titre, divisé en cinq colonnes verticales, avec ces rubriques : dates, noms des ouvriers, journées de travail, prix de la journée, sommes payées. (Quelques vagues indications permettent de croire que les dits ouvriers étaient employés aux constructions de l'hôpital.)

E. 121. (Liasse). — 5 pièces, parchemin ; 6 pièces, papier.

1663-1667. — Hôpital général : Jardin. — Vente du dit jardin faite à l'hôpital par le sieur Jean Pinot, bourgeois, pour le prix de 15,000 ll. — Bail perpétuel du dit jardin fait par l'hôpital à M. de Savignac pour le prix de 250 ll., à charge de faire célébrer chaque jour, à perpétuité, dans l'église de la Mission, une messe pour les pauvres. — Mémoire touchant le déguerpissement projeté du dit jardin par les prêtres de la Mission, 1663. — Quittance portant reconnaissance par les prêtres de la Mission en faveur de l'hôpital d'une somme de 850 ll. sur les jardins, 1667.

E. 122. (Liasse). — 12 pièces, papier.

1690-1786. — Hôpital général : Jardin. — Affermes du dit jardin faites par l'hôpital : aux prêtres de la Mission pour le prix de 460 ll., 1690 ; — à Catherine Darnet, veuve de Léonard Gérald, jardinier, pour le prix de 250 ll., 1766 ; — à plusieurs autres jardiniers pour diverses sommes, 1771-1786.

E. 123. (Liasse). — 6 pièces, parchemin ; 22 pièces, papier.

1629-1708. — Hôpital général : Jardin. — Procédures pour le dit hôpital contre les prêtres de la Mission, au sujet de la terrasse contigue aux bâtiments de la Mission ; — avec pièces plus anciennes à l'appui.

E. 124. (Liasse). — 3 pièces, parchemin ; 18 pièces, papier
(4 imprimées).

1465-1693. — Hôpital général : Jardin de St-Martial. — Enquête faite en la juridiction ordinaire des Combes, à la demande de l'aumônier de St-Martial, de laquelle il résulte que les aumôniers ont, de tout temps, joui du jardin de l'hôpital, 1465. L'un des témoins dépose que Pierre Lascure, aumônier, fit même planter des palmis dans le dit jardin et que peu après, frère Raymond Donarel le fit entourer de murs. — Procédures pour les administrateurs du dit hôpital ; contre les frères Guyneau, 1588, — et contre Mⁱ Pierre de Granchault, chanoine de St-Martial, 1596, touchant la mitoyenneté du dit jardin. — Protestation des administrateurs de l'hôpital général contre les propriétaires des maisons voisines de l'hôpital, qui ont peu à peu fait déborder sur le jardin la partie supérieure de dites maisons, en sorte que les eaux pluviales inondent le dit jardin, 1666 ; — procédures y relatives, 1678-1693.

E. 125. (Liasse). — 22 pièces, papier.

1669-1788. — Fontaine de l'hôpital St-Martial. — Procédures pour l'hôpital général contre les religieuses de N.-D. touchant les droits d'usage sur la dite fontaine, 1669-1676. — Arbitrage du sieur Martial Chateau, architecte, entre l'hôpital et les prêtres de la Mission, réglant quelques contestations survenues entre les parties au sujet de la dite fontaine, 1788.

E. 126. (Liasse). — 1 pièce, parchemin; 6 pièces, papier.

1461-1675. — Fontaine de Tourondeau. — Transaction en vertu de laquelle les Consuls de Limoges cèdent au prieuré de St-Gérald la fontaine de Tourondeau tarie depuis plus de 15 ans, avec ses conduits, aisines et appartenances, à charge par les religieux de faire reconstruire les canaux pour mener l'eau à leur prieuré et à leur hôpital. En échange les dits religieux cèdent aux Consuls leur fontaine de St-Gérald, avec ses appartenances, pour le service du public, 1461. — Prix fait entre l'hôpital de St-Gérald et le sieur Ségue, m° maçon, pour la reconstruction des conduits de la dite fontaine, 1636. — Procédures pour l'hôpital général contre les religieux de St-Gérald qui avaient détourné les eaux de la dite fontaine au profit de leur prieuré, 1674.

E. 127. (Liasse). — 10 pièces, papier.

1589-1770. — Ruisseau de Pissevache. — Délibération des Consuls de Limoges cédant aux sieurs Durand et Michel Brugière tout leur droit de propriété sur un plassage attenant aux murailles de la ville, moyennant le prix de 12 écus et à charge de laisser couler l'eau des étangs qui passe par Pissevache pour se rendre à l'hôpital de St-Gérald, 1589. — Extrait des registres de police, portant que l'hôpital doit avoir l'eau des étangs le jeudi de chaque semaine, 1671. — Procédures pour l'hôpital : contre D^lle Paule Vigenaud, veuve de M° Michel Brugière, assesseur en la juridiction ordinaire et juge des Combes, 1701, — et contre Léonard Gadeau, vicaire de St-Michel-des-Lions, 1705, touchant le libre usage des eaux du dit ruisseau. — Protestation des Récollets de Ste-Valérie et de l'hôpital général contre l'adjudication des eaux provenant de l'étang d'Aigoulène, 1760. — Délibération des Consuls accordant à l'hôpital le reflux de la fontaine de la place des Bancs, 1768, etc.

E. 128. (Liasse). — 18 pièces, papier.

1706-1764. — Inventaires des vases précieux et ornements de culte des deux chapelles de l'hôpital ; — des meubles et ustensiles, de la literie, du linge, etc. du dit hôpital. (Cf. l'art. suivant.)

E. 129. (Registre). — In-folio, 17 feuillets, papier.

1759. — Inventaire général de tous les meubles appartenant tant à l'Hôpital général qu'au Refuge, fait par MM. l'abbé de Beaupré, Goudin de Laborderie et Texandier. Clos et arrêté le 6 juillet 1759. Il mentionne les meubles, le linge, la batterie de cuisine et les ustensiles « d'apothicairerie, » trouvés dans chaque salle, à savoir : Salle St-Charles où sont les vieilles : 24 couchettes qui servent à 43 vieilles femmes qui y couchent deux par deux. — Cuisine. — Offices. — Réfectoire : deux colonnes à menottes. — Grandes et petites manufactures : 16 métiers montés, 4 rouets, 9 paires de cardes, 49 lames, un tour avec deux canadiers, une roue avec un canadier. — Loge des fous : 3 couchettes. — Bureau de l'administration : un tableau au-dessus de la cheminée représentant le massacre des Innocents ; le portrait de M. de Canisy ; trois cadres où sont inscrits les services et messes basses et les noms de MM. les administrateurs. — Boutique des tailleurs, sous le bureau de l'administration. — Boutique des charpentiers. — Première chambre des boucheries : 3 couchettes où 5 femmes couchent. — Seconde chambre des boucheries : 3 couchettes où 3 femmes couchent. — Loge de la Vallérie et de la Nardy : 2 couchettes où 2 femmes couchent. — Boulangerie et Farinerie. — Chambre de Mad. des Courrières. — Chambre des prisons : 16 couchettes où 36 femmes couchent actuellement. — Salle du filage des laines : 35 rouets garnis, un canallier (canadier ?) à 12 broches. — Salle du filage des cotons par les femmes : 40 rouets garnis, un grand canallier et deux petits, 18 paires de cardes, 130 livres de coton filé. — Cabinet de la dite salle : 27 feuilles neuves de tôle. — Salle du filage des cotons par les hommes : 89 rouets garnis, 4 canaliers. — Salle des garçons du précepteur : 23 couchettes où 84 garçons couchent actuellement quatre par quatre. — Chambre du précepteur. — Salle des hommes et chambrettes : 23 couchettes où 44 hommes couchent actuellement. — Classe des filles : 4 bancs. — Salle St-Gérald : 22 couchettes où 53 filles couchent actuellement. — Salles des enfants exposés : 36 couchettes où 25 garçons et 45 filles couchent actuellement, plus les deux gouvernantes et la nourrice. — Vestibule de la porte. — Infirmerie des enfants : 8 couchettes où 2 garçons et 8 filles couchent actuellement, plus les deux gouvernantes et deux vieilles malades. — Salle de l'économe : 1 coffre-fort, divers objets de culte. — Salle de l'infirmerie des femmes : 21 lits où 32 femmes couchent ; 5 chaises percées. —Petite chambre des femmes malades : 2 couchettes où 3 femmes couchent. — Infirmerie des hommes malades : 28 lits où 27 malades couchent ; 8 chaises percées. — Salle des convalescents : 12 lits où 7 hommes couchent. — Cuisine des malades : 1 lit dans lequel couchent 2 filles, une marmitte de cuivre pour aller au Séminaire, un câble pour tirer l'eau du puits. — Galerie St-Jean, où l'on serre le linge. — Chapelle St-Charles : 26 bancs, 3 coffres. — Bûchers. — Buanderies. — Laboratoire : alambics, poêlons, écumoirs, etc. — Chambre de Mad. St-Mathieu : un lit, un bureau à deux battants, un miroir, etc. — Chambre de Mad. St-Joseph, un lit, un miroir, un guéridon, un fauteuil, etc. — Chambre de Mad. St-François : un lit, un pot de Lorraine avec son couvercle de cuivre jaune, etc. — Chambres de Mad. St-Benoît ; — de Mad. Ste-Claire ; — de Mlle Lajourdanie. — Magasins : huit barils de beurre de Hollande, une demi-barrique d'eau-de-vie, 3,722 setiers de seigle, 12 sacs, 6 éminaux, une quarte et une coupe de blé, un cachet pour marquer les étoffes. — Grenier du trésor : vêtements divers. — Grenier au-dessus des vieux : linge, vêtements, etc.— Grenier au-dessus des hommes malades. — Grenier au-dessus des orphelines. — Lingerie de l'hôpital général : 277 draps d'étouppe, 277 draps de brin, 94 chemises de brin pour hommes, 167 chemises de brin pour femmes, 36 chemises de brin pour enfants, etc. — État des nippes que les pauvres ont sur eux ou à leur garde. — Linge à la lessive. — Petits greniers au-dessus du laboratoire. — Lingerie des malades en linge neuf. — Petit grenier au-dessus de la salle des femmes malades. — Greniers au-dessus de l'infirmerie des enfants. — Petite chambre au-dessus de l'infirmerie des enfants. — Nouvelle apothicairerie. = F° 9 r° : Récapitulation générale des pauvres, meubles, linges, habits, etc. Vieillards hommes, 45. Hommes malades, 34. Garçons de 15 à 25 ans, 84. Enfants mâles, 27. Vieillards femmes, 95. Femmes malades, 34. Filles de 15 à 25 ans, 56. Filles en bas-âge, 53. Total, 428, dont 190 du sexe masculin et 238 du sexe féminin. — Couches, 166. — Habillements en laine, coton et droguet : 774 paires de bas de laine, 121 culottes de serge neuve, 120 culottes servant, 166 culottes d'étoupe, 149 fourreaux d'étoupe pour les enfants, etc. — Ornements : 19 christs de carton ou de plâtre, 8 images de la Vierge en plâtre, 7 tableaux à cadre doré, 12 livres de médecine, 12 livres de méditation. — Meubles en argent et étain, en cuivre rouge et en cuivre jaune, en fonte, en faïence. — Provisions d'étoffes en toile, en droguet ou en serge. = F° 12 r° : Inventaire général de l'argenterie, ornements, linge, meubles, qui sont dans les chapelles et sacristies de St-Alexis et de l'infirmerie. Dans la chapelle : une custode d'argent doré, 10 chandeliers de fonte, une grande lampe de fonte, un christ de fonte au tabernacle, un confessionnal, un *Ecce Homo*, deux petits cadres au-dessus de l'autel représentant N.-S. et la Vierge, une Ste-Vierge dorée, les fonts baptismaux en coquille doublée de plomb, avec les ornements dorés, garnis d'un robinet et d'un surtout de coutil, la cloche du clocher, un contre-autel de velours noir, etc. — Dans la sacristie : une chasse dorée renfermant les reliques de St Alexis, 19 cadres dorés, 3 tableaux représentant l'Annonciation et St Joseph, un St Alexis d'émail, un grand tableau représentant le Christ, un enfant Jésus en cire blanche, un St Michel sur la muraille, devants d'autel, chasubles, chappes, draps mortuaires, aubes, carreaux, étoles, etc. — Chapelle et sacristie des infirmes. = F° 14 r° : Récapitulation des ornements et meubles des dites chapelles et sacristies : livres : 2 missels romains, 2 missels du diocèse, 2 cahiers pour les morts, 2 rituels, un processionnal. — Statues et tableaux : 30 cadres dorés, 3 images de la Vierge, un enfant Jésus, un christ d'ivoire. — Ornements en soie : 15 devants d'autel, 22 crédances, 12 chasubles, etc. — Ornements en laine et tapisserie : 4 chasubles, etc. = F° 15 r° : Inventaire des ornements et meubles qui sont dans la chapelle et sacristie du Refuge. Dans la chapelle : une custode de cuivre dorée, une lampe de cuivre jaune, 3 tableaux représentant Jésus portant sa croix, St Jean et Madeleine. — Dans la sacristie : 9 chasubles de diverses étoffes, etc. = F° 16 r° : Récapitulation des ornements et meubles des dites chapelles et sacristies. Statues et tableaux : 4 cadres dorés, une image de la Vierge, un christ de carton, un enfant Jésus. — Livres : 2 missels, 2 *Teigitur*. — Ornements en soie, en laine, etc. = F° 16 v° : Inventaire général des meubles du Refuge : Réfectoire : 3 tables et 2 bancs. — Cuisine. — Chambre de Mad. la supérieure. — Chambre au-dessus de l'église. — Chambre de l'infirmerie. — Dortoir bas : 8 couchettes. Dortoir haut : 4 lits à quenouille avec rideaux.

VILLE DE LIMOGES

INVENTAIRE SOMMAIRE

DES

ARCHIVES HOSPITALIÈRES ANTÉRIEURES A 1790.

SÉRIE F.

(Registres d'entrée et de sortie, Personnel de l'établissement, Administrateurs, Religieuses, Chirurgiens, Apothicaires.)

F. I. (Registre). — In-folio, 100 feuillets, papier

1ᵉʳ octobre 1724-17 janvier 1728. — « Registre d'entrée A des mendians [et malades] de l'hôpital de St-Alexis de Limoges, coté et paraphé par moy soussigné administrateur du dit hôpital, en exécution de la déclaration du Roy du 18 juillet dernier. Fait au Bureau du dit hôpital à Limoges, le 15 septembre 1724. » Signé LAURENS, prêtre, administrateur. — Fᵒ 1 rᵒ : « Aujourd'huy premier octobre 1724, nous avons fait la reveue exacte de tous les pauvres du dit hôpital : il s'y est trouvé ceux qui s'ensuivent : » 71 hommes entre lesquels Martial Rimbeuf, précepteur des enfants, paroisse St-Pierre, âgé de 45 ans; Jean Blanchard, tapissier, paroisse d'Aubusson, âgé de 18 ans; un soldat piémontais; — 90 femmes et filles entre lesquelles Marguerite Nicot, paroisse St-Michel, sacristaine, âgée de 40 ans; trois gouvernantes d'enfants; un grand nombre de brocheuses et de fileuses. — Fᵒ 6 rᵒ : *Nota* : Que les pauvres cy-dessus sont ceux qui étoient dans l'hôpital au premier octobre 1724, jour de l'expiration de la quinzaine portée par la déclaration [du Roi], lesquels ne font point partie de ceux compris aux copies du registre, qui ont été envoyées. » — A partir du 2 octobre on enregistre les entrées jour par jour sous cette forme : Fᵒ 6 rᵒ : « Marie Billiou, fille âgée de 45 ans, de cette ville de Limoges, taille de quatre pieds six pouces, cheveux noirs, sourcils noirs épais, les yeux noirs, la bouche assez grande, le nez long, le visage pâle, amenée par les archers des pauvres. » — On distingue les enfants exposés, les mendiants, les infirmes et les malades, mais sans spécifier, pour ces derniers, la nature de leur maladie, sauf quelques cas. En marge, date de la sortie ou du décès et diverses remarques : fᵒ 7 rᵒ : « Marie Jeandaise, âgée de 70 ans, mendiante de profession, presque aveugle, amenée par les archers des pauvres, s'est évadée de l'hôpital le même jour de son entrée, à la faveur de sa fille qui étoit entrée sous prétexte de voir sa mère. Seront dénoncées aujourd'huy la mère et la fille au prévôt général. » — Fᵒ 14 rᵒ : « Pierre Faure, âgé de 24 ans, mendiant de profession, s'est évadé la nuit du 10 au 11 janvier, ayant passé par dessus les murs. M. le prévôt en a été informé le dit jour. » — Fᵒ 17 vᵒ :

Jean Tournois, âgé de 40 ans, manœuvre de profession, « renvoyé sur l'attestation de M. Beaurepas, sénéchal de Magnac, qu'il avoit du bien et qu'il ne mendieroit plus. » — Fº 19 rº : Marie Maion, âgée de 4 ans; « s'est présentée au dit hôpital pour y être nourrie et entretenue. Restera jusques à son instruction et première communion. » — Fº 24 rº : Pierre Valiaud, âgé de 78 ans, serrurier; « s'est présenté au dit hôpital pour estre nourri et entretenu. Y demeurera pendant sa vie comme iuvalide. » — Fº 30 vº : Pierre Bernard, âgé de 16 ans, mendiant, « demeurera jusqu'à ce qu'il soit justifié que son père a de quoy le nourrir et cependant travaillera dans l'hôpital. » — Fº 32 vº : Antoine Audebert, âgé de 20 ans, mendiant, « a forcé la prison la nuit du 20 au 21 juillet et s'est évadé. » — Fº 41 vº : Léonard Matter, âgé de 50 ans; « étant guéri a demandé à être reçu en qualité d'engagé [au service de l'hôpital]. » — Fº 73 rº et fº 74 vº : Six évasions constatées dans la journée du 27 février 1727. Ces diverses mentions se retrouvent un très grand nombre de fois. Le registre indique 1720 entrées, y compris les 161 pensionnaires présents au 1ᵉʳ octobre 1724. La liste des entrées est arrêtée presque chaque jour par deux membres du Bureau.

F. 2. (Registre). — In-folio, 100 feuillets, papier.

1ᵉʳ octobre 1724-17 janvier 1728. — Registre d'entrée A *bis* des mendiants et malades de l'hôpital St-Alexis. — Double du précédent.

F. 3. (Registre). — In-folio, 98 feuillets, papier.

18 janvier 1728-6 avril 1731. — Registre d'entrée B des mendiants et malades de l'hôpital St-Alexis. — Paraphé au fº 1 par Perière de Proximard, administrateur. — Enregistre les entrées jour par jour, mais ne donne plus le signalement des individus. — Mêmes mentions marginales qu'au registre A, mais les évasions sont moins fréquentes et les sorties par guérison plus nombreuses. Enregistre 2,123 sorties, dont la liste est arrêtée presque chaque jour par deux membres du Bureau.

F. 4. (Registre). — In-folio, 98 feuillets, papier.

8 avril 1731-28 janvier 1734. — Registre d'entrée C des mendiants et malades de l'hôpital St-Alexis. — Paraphé au fº 1 par Périère de Proximard, administrateur. — Enregistre les entrées jour par jour sans donner le signalement des individus. — Mêmes mentions marginales qu'au registre A, mais les évasions et les cas de mort sont beaucoup moins fréquents. — Enregistre 1,734 entrées, dont la liste est arrêtée presque chaque jour par deux membres du Bureau.

F. 5. (Registre). — In-folio, 98 feuillets, papier.

8 avril 1731-28 janvier 1734. — Registre d'entrée C *bis* des mendiants et malades de l'hôpital St-Alexis. — Double du précédent.

F. 6. (Registre). — In-folio, 96 feuillets, papier.

1ᵉʳ février 1734-21 mars 1740. — Registre d'entrée D des mendiants et malades de l'hôpital St-Alexis. — Paraphé par Romanet, Th. D. S. M. — La plupart des malades sont dits admis par ordre de l'administrateur, pour un nombre de jours déterminé, quelquefois pour une nuit seulement. — Enregistre 1,666 entrées. — Le Bureau ne signe plus.

F. 7. (Registre). — In-folio, 192 feuillets, papier.

22 mars 1740-16 décembre 1747. — Registre d'entrée E des mendiants et malades de l'hôpital St-Alexis. — Non paraphé. — Mêmes remarques que pour le registre D. — Enregistre 3,182 entrées.

F. 8. (Registre). — In-folio, 245 feuillets, papier.

16 décembre 1747-17 juin 1756. — Registre d'entrée F des mendiants et malades de l'hôpital St-Alexis. — Non paraphé. — Mêmes remarques que pour le registre D. — Enregistre 4,254 entrées.

F. 9. (Registre). — In-folio, 197 feuillets, papier.

18 juin 1756-21 janvier 1764. — Registre d'entrée G des mendiants et malades de l'hôpital St-Alexis. — Non paraphé. — Mêmes remarques que pour le registre D. — Enregistre 4,151 entrées.

F. 10. (Registre). — In-folio, 146 feuillets, papier.

22 janvier 1764-18 avril 1777. — Registre d'entrée H des mendiants et malades de l'hôpital St-Alexis. — Le premier feuillet fait défaut. — Mêmes remarques que pour le registre D. — Enregistre 1,357 entrées.

F. 11. (Registre). — In-folio, 104 feuillets, papier.

10 mai 1769-29 avril 1777. — Registre d'entrée et de sortie des malades de l'hôpital St-Alexis. — Mêmes remarques que pour le registre D. — Enregistre environ 2,500 noms.

F. 12. (Registre). — In-folio, 294 feuillets, papier.

1er janvier 1777-2 mai 1781. — Registre d'entrée des mendiants et malades de l'hôpital St-Alexis. Le titre et le préambule font défaut.— Les pages sont divisées par colonnes indiquant : 1° s'il s'agit de mendiants (M) ou de personnes *entrées* comme malades ou comme domestiques (E); 2° les noms et prénoms des individus, leur âge, leur paroisse, quelquefois leurs parents, et un renvoi à divers autres registres ; 3° la salle où on les admet, ou bien le lieu où on les envoie; 4° la nature de leur maladie ; 5° la date de leur sortie. — Toutes sortes de maladies : aliénés, aveugles, innocents, estropiés, cancéreux, vénériens, épileptiques, idiots, teigneux, sourds-muets, femmes grosses, paralytiques, mordus, brûlés. La colonne n° 4 est très souvent en blanc ou bien mentionne quelquefois la profession des nouveaux venus ou même, à ce qu'il semble, l'emploi qu'on leur donne dans l'hôpital, tels que : garde, porteur d'eau, infirmier, précepteur, lingère, nourrice, etc. — Enregistre 4,674 entrées.

F. 13. (Registre). — In-folio, 235 feuillets, papier.

2 mai 1781-30 mars 1785. — Registre d'entrée des mendiants et malades de l'hôpital St-Alexis. Le titre et le préambule font défaut. — Mêmes divisions et mêmes observations que pour le registre précédent. Mais l'indication du genre de maladie et de la profession des nouveaux venus n'est plus que très rarement donnée. — Enregistre 4,628 entrées.

F. 14 (Registre). — In-folio, 294 feuillets, papier.

29 mars 1756-1er avril 1789. — Registre d'entrée des mendiants et malades de l'hôpital St-Alexis. — Extraits des registres précédents,

sans qu'on puisse voir, faute d'indications générales, la raison du choix de ces extraits. — Enregistre 4,700 entrées.

F. 15. (Registre). — In-folio, 295 feuillets, papier.

1er avril 1789-7 janvier 1793. — Registre d'entrée des mendiants et malades de l'hôpital St-Alexis. — Extraits faisant suite aux précédents. — Enregistre 4,758 entrées.

F. 16. (Registre). — In-folio, 98 feuillets, papier.

2 octobre 1724-13 mai 1730. — Registre de sortie A des mendiants et malades de l'hôpital St-Alexis. — Paraphé par Laurens, prêtre, administrateur. — Enregistre les sorties ordinairement sous cette forme : F° 4 r° : « Martin Berger, âgé de 23 ans, paroisse de Vayres en Poitou, a demandé à sortir de cet hôpital où il est resté malade depuis le 15 novembre dernier, pour se retirer chez lui. Registré au f° 9 v° du registre des entrées au n° 224.... Jean Quéroy, âgé de 60 ans, paroisse de St-Michel-de-Pistoric, est décédé au dit hôpital. Registré au f° 7 r° du registre des entrées au n° 180. » — Enregistre 2,872 sorties.

F. 17. (Registre). — In-folio, 195 feuillets, papier.

1er juin 1734-10 mars 1748. — Registre de sortie C des mendiants et malades de l'hôpital St-Alexis. — Paraphé par Romanet, théologal D. S. M. et administrateur. — Mêmes remarques que pour le registre A. — Enregistre 4,995 sorties.

F. 18. (Registre). — In-folio, 247 feuillets, papier.

10 mars 1748-5 octobre 1762. — Registre de sortie D des mendiants et malades de l'hôpital St-Alexis. — Mêmes remarques que pour le registre A. — Enregistre 7,305 sorties.

F. 19. (Registre). — In-folio, 45 feuillets, papier.

1er juillet 1768-30 décembre 1780. — Livre des décès A. — Sans titre ni préambule. — Divisé par mois. Mentionne simplement les noms et prénoms et l'âge des défunts avec la date de leur mort. — Enregistre environ 3,225 décès. — Au rebours du volume : « Registre servant d'extrait au *Livre* *général* pour les personnes conduites au dépôt de Limoges à l'hôpital général de St-Alexis de la dite ville, sur les ordres de M. l'Intendant de la Généralité, sur le pied du traitement accordé aux maisons de force. » Divisé en colonnes indiquant la date d'entrée, le numéro d'ordre, les noms de baptême et de famille, le lieu de naissance, la date de l'évasion ou de la mort, la nature de l'infirmité, et enfin diverses observations sans importance. — Enregistre 521 noms, du 2 avril 1777 au 30 décembre 1780.

F. 20. (Registre). — In-folio, 97 feuillets, papier.

1ᵉʳ janvier 1781-3ᵉ jour complémentaire de fructidor an V. — Livre des décès B. — Sans titre ni préambule. — Même forme que le précédent. — Enregistre environ 7,178 décès.— Fᵒ dernier rᵒ : « Arrêté le présent livre, le 5ᵉ jour complémentaire, 5ᵉ année républicaine, vu la vétusté du présent livre, et ouvert un nouveau registre pour les extraits mortuaires du dit hospice, du 1ᵉʳ vendémiaire an VI de la République. » *Signé* : J.-B. JEANTY.

F. 21. (Registre). — In-folio, 183 feuillets, papier.

3 novembre 1763-24 septembre 1778. — Registre d'entrée A des soldats. — Sous cette forme : Fᵒ 1 rᵒ : « Du 11 novembre. Jean Prévost, dit Bellefleur, âgé de 30 ans, natif de Périgueux, juridiction du dit lieu, soldat de la compagnie de Villeneuve, en garnison à Ferrière. Invalide. » En marge à gauche : un numéro d'ordre, accompagné quelquefois d'indications sur la cause du passage, par congé limité ou absolu, et sur les effets d'habillement du soldat. En marge, à droite : date de la sortie. — Enregistré 3,866 entrées. — (Aux folios 120 et 130, il y a deux erreurs dans les numéros d'ordre, erreurs qui se reproduisent jusqu'à la fin du volume).

F. 22. (Registre). — In-folio, 196 feuillets, papier.

27 mars 1779-17 mars 1787. — Registre d'entrée B des soldats. — Même forme que le précédent. — Enregistre environ 3,004 entrées. — (Aux fᵒˢ 72 rᵒ et 101 rᵒ, il y a deux erreurs dans les numéros d'ordre, erreurs qui se reproduisent jusqu'à la fin du volume.)

F. 23. (Registre). — In-folio, 249 feuillets, papier.

17 août 1787-2 messidor an VII. — Registre d'entrée C des soldats. — En tête : « Registre…. pour servir à enregistrer tous les militaires qui seront traités dans l'hôpital de Limoges attaché au service militaire ; le présent registre signé à la première page, et ensuite de vingt en vingt jusqu'à la dernière, par nous, chevalier de l'ordre militaire de St-Louis, commissaire provincial des guerres, titulaire en Poitou, et commissaire principal des guerres, employé en la Généralité de Limoges, le 1ᵉʳ septembre 1787. » *Signé :* le baron de VAREILLES. — Les indications, encore plus sommaires que dans les deux registres précédents, sont réparties en 9 colonnes comprenant un verso et un recto, avec rubriques imprimées : 1ᵒ noms des régiments ; 2ᵒ noms des compagnies ; 3ᵒ noms de famille et de guerre des soldats ; 4ᵒ grades ; 5ᵒ lieux de naissance et juridictions ; 6ᵒ jour de l'entrée ; 7ᵒ jour de la sortie ; 8ᵒ jour de la mort ; 9ᵒ total des journées. Cette dernière colonne est, le plus souvent, laissée en blanc.— A partir du fᵒ 198 rᵒ, on ajoute en marge la nature de la maladie : fatigué, blessé, galeux, vénérien. — Enregistre environ 7,500 entrées. Point de numéro d'ordre pour les nouveaux venus comme précédemment.

F. 24. (Liasse). — 2 pièces, parchemin.

1681. — Personnel. — Lettres patentes accordant à M. Louis d'Urfé, évêque de Limoges, à la requête des administrateurs de l'hôpital, la présidence du Bureau que son prédécesseur, M. F. de La Fayette, avait exercée jusqu'à sa mort, arrivée en 1676. St-Germain en Laye, mars 1681 : « …. L'expérience ayant fait reconnaître à tous que le dit hospital auroit sensiblement descheu et descheroit tous les jours des avantages et des secours qu'il rencontroit dans la piété et sollicitude du dit sieur de La Fayette, et y ayant lieu de craindre une deffaillance entière du dit hospital à cause de la modicité de ses revenus et de l'impuisssance des dits administrateurs, pour suppléer à tous les manquemens, ils [les administrateurs] auroient exposé dans une assemblée convoquée à cet effect au Bureau du dit hôpital, le 14ᵉ décembre dernier, que pour en restablir tous les avantages, exciter les charitez des habitans et animer le corps de l'administration de son ancienne vigueur, il estoit nécessaire d'y appeler un chef qui eut l'autorité pour soustenir puissamment les interests du dit hospital, la charité et les moyens pour subvenir à ses besoins, comme aussy le zèle de la piété pour s'y vouloir appliquer, touttes lesquelles qualités nécessaires à la préséance et présidence au dit hospital se trouvant jointes et unies en la personne de M. d'Urfé, à présent évesque du dit Limóges, » les administrateurs requèrent humblement du Roi sa nomination. — Exécutoire des dites lettres ; même date.

F. 25. (Cahier). — In-folio, 4 feuillets, papier.

1758. — Administrateurs. — « Mémoire [adressé au Chancelier de France] pour les sieurs administrateurs de l'hospital général de Limoges au sujet de la nomination des administrateurs. » Le mémoire proteste contre l'usurpation faite par les Consuls de Limoges, du droit de nomination des administrateurs dans certains cas. Après avoir rappelé de quelle manière l'hôpital général a été fondé en 1660, le mémoire réfute longuement les motifs allégués par les Consuls.

F. 26. (Cahier). — In-8°, 42 feuillets, papier.

XVIII° siècle. — Règlement de la congrégation des sœurs hospitalières de St-Alexis de Limoges (1). — Sans titre, sans date ; écriture du XVIII° siècle, cahier interfolié. — Ch. I. *De la fin de la congrégation* : «.... Les sœurs de cette congrégation doivent se tenir dans un état fort humble, ne comptant pour rien les services qu'elles rendent aux pauvres, se regardant comme des servantes inutiles et s'appliquant à cacher leurs travaux non-seulement à la vue des autres mais encore à elles-mêmes. Pour cet effet, on les appellera les sœurs de St-Alexis, qu'elles prendront pour leur patron, parce qu'il a été un fidèle portrait de la vie cachée de Jésus-Christ.... » Ch. II. *Du supérieur* : « Toute la communauté sera entièrement soumise à l'autorité et à la juridiction de Mgr l'évesque de l'Imoges (*sic*) ou de M. son grand vicaire qui en sera le supérieur et auquel les sœurs s'adres-

(1) Cf. Roy-Pierrefitte, *Monastères du Limousin.* — Il ne semble pas que nous ayons ici le texte original des statuts donnés à la congrégation par l'évêque de Limoges en 1659, puisqu'il y est parlé du Refuge qui ne fut fondé qu'à la fin du XVII° siècle. — Un exemplaire des Règles et Statuts des filles de St-Alexis se trouve au séminaire de Limoges, dans les mss. de Nadaud. Voy. *Bull. Soc. arch. du Lim.*, XXII, p. 218.

seront dans les affaires particulières et qui auront besoin d'un secours spécial. Sous l'obéissance de mon dit seigneur l'évêque, il y aura une supérieure qui sera élue par la majeure partie des voix et des suffrages de la communauté.... » Chap. III. *De la confession* : Obligation pour les religieuses de se confesser à un confesseur agréé par l'évêque, et que l'on regardera « comme l'ange tutélaire de la maison. » Le confesseur approuvé sera remplacé, une fois tous les trois mois, par un confesseur extraordinaire. Ch. IV. *De la réception et profession des sœurs* : Obligation d'un noviciat de 2 ans et du triple vœu de chasteté perpétuelle, d'obéissance et de stabilité. Ch. V. *De l'habit de la congrégation*. Noir et uniforme pour toutes les religieuses. Ch. VI. *Des vœux de chasteté, d'obéissance et de stabilité*. Défense aux religieuses de s'embrasser entre elles, etc. Obligation de ne jamais quitter la congrégation qui elle-même ne peut jamais renvoyer les religieuses, à moins que quelqu'une ne devienne « scandaleuse ou incorrigible. » Recommandation de rechercher la pauvreté, quoiqu'elle ne soit pas imposée. Ch. VII. *De l'emploi du temps*. Lever à 5 heures en été ; à 5 heures 1/2 en hiver. Prière en commun, puis assistance à la messe. Déjeuner à 8 heures. Commencement du service à 9 heures. Lecture de l'Imitation de J.-C. « pour conserver l'esprit intérieur et ne se pas dissiper. » Examen de conscience à 10 heures 3/4. Dîner à 11 heures, puis récréation en commun. Lecture en commun à 1 heure, puis retraite en chambre jusqu'à 3 heures. Ensuite récitation du chapelet, oraison d'une demi-heure. Enfin, service de l'hôpital à partir de 3 heures 1/2, « après quoi, s'il y a du temps, on pourra prendre l'air en silence dans le jardin jusqu'à 6 heures du soir. » Dîner à 6 heures, puis récréation jusqu'à 8 heures. Coucher à 9 heures après la prière en commun. Ch. VIII. *Du silence et de la retraite*. Obligation du silence depuis la prière du soir jusqu'à 6 heures du matin. Retraite annuelle de huit jours, outre la retraite de trois jours qui doit précéder la fête de St-Alexis, « tant pour se disposer à la solemniser avec plus de ferveur qu'afin de se préparer au renouvellement des vœux que chacun fera le même jour. » Ch. IX. *De la sainte communion et des pénitences*. Obligation de communier à chaque grande fête de l'année, les dimanches et autres jours fériés, le jour de St-Alexis, de St-Jean, de Ste-Gertrude, de St-Ignace, martyr, de tous les fondateurs et fondatrices de religions, enfin tous les jeudis. Ch. X. *De la reddition des comptes*, c'est-à-dire de l'examen de conscience auquel sont obligées les religieuses devant la supérieure aux chapitres tenus de mois en mois. Ch. XI. *De la charité et de l'union qui doit être entre les sœurs* : «.... Il faut aussi éviter les amitiés particulières parce qu'elles dérobent le cœur qui n'appartient qu'à Dieu pour le donner à une créature.... » Ch. XII. *De l'élection de la supérieure et des officières*. Élection des supérieures au scrutin secret, fixée au jour de l'octave de St-Alexis, de trois en trois ans, sous la présidence de l'évêque. « Si une des sœurs a la majeure partie, elle sera supérieure, et celuy qui préside la fera mettre à genoux pour recevoir la confirmation, après quoy elle ira s'asseoir à la place de la supérieure, et toutes les sœurs iront, par ordre et en silence, la reconnaître pour supérieure en l'embrassant. » Élection de l'assistante et des conseillères, fixée au dimanche après l'octave de St-Alexis, d'année en année, les dites assistantes et conseillères proposées par la supérieure. Ch. XIII. *De la supérieure :* Qu'elle soit la première des religieuses par le dévouement et par la pratique de toutes les vertus. Il lui est interdit de rien faire de considérable « hors du train commun, que par l'avis des sœurs conseillères. » Ch. XIV. *De l'assistante* chargée de remplacer la supérieure et de l'aider en toute occasion. Ch. XV. *De la maîtresse des novices :* «.... Elle s'occupera toute à bien élever et instruire les novices dans l'esprit de la congrégation » et leur enseignera le catéchisme du diocèse «afin qu'elles soient parfaitement instruites et qu'elles en puissent instruire les pauvres. » Elle leur apprendra également à lire, à écrire et à compter pour être capables des divers emplois de la maison. Suit l'indication des exercices spirituels imposés aux novices. Ch. XVI. *Des conseillères et zélatrices :* «.... Elles veilleront à la conservation de l'esprit de la congrégation, rapporteront à la supérieure ce qui se fera de contraire à la règle, et elles pourront même en parler au confesseur pour le dire, s'il le juge à propos, à Monseigneur ou à M. son grand vicaire, si la supérieure néglige de remédier aux deffauts ou qu'elle y tombe elle-même.... » Ch. XVII. *De l'économe*. Obligation pour elle de tenir un état des fonds, biens et rentes de la maison, avec la date des contrats et un état de la dépense. Ch. XVIII. *De la sacristie :* Devoirs divers de la sœur chargée du soin de la sacristie, comme de faire acquitter les messes de fondation et de recueillir les offrandes, en les inscrivant sur un registre spécial, etc. Ch. XIX. *De l'apothiqueraisse* (sic) *et de ses compagnes*. Elles sont chargées de pourvoir leur officine de toutes les

drogues nécessaires, d'accompagner les médecins et chirurgiens dans leurs visites pour prendre note des médicaments prescrits, de préparer immédiatement ces médicaments, de panser les malades, de joindre les œuvres de miséricorde spirituelles aux corporelles en parlant quelquefois de Dieu aux malades, etc. Grandes recommandations relatives à la vertu de pureté. Ch. XX. *Des sœurs qui sont dans l'employ de la charge de l'hôpital général :* «.... Elles veilleront à ce que les pauvres fassent tous les matins leur prière, entendent la sainte messe, disent leur chapelet à 1 heure dans chaque salle de travail et terminent la journée par la prière. Les dimanches et festes, la sœur ancienne fera rendre tous les pauvres à la messe devant elle, et, pour cet effet, au premier coup de la messe, elle passera par toutes les salles dont elle fera sortir tous les pauvres et en fermera les portes, ce qu'elle observera pour le catéchisme et vespres. Elle aura soin aussi de les avertir d'approcher des sacrements, etc.... » Ch. XXI. *De la classe :* « La sœur, chargée de la classe, fera attention à la grandeur de son employ, que J.-C. a le premier évangélisé et catéchisé les pauvres, que c'est une des œuvres de miséricorde spirituelle qu'il préconise par dessus toutes les autres ; ainsy, elle aura une grande douceur et patience envers les élèves qui lui sont confiées et les apprendra à lire le mieux qu'il luy sera possible. Pour cet effet, elle leur fera répéter plusieurs fois la même leçon et jusqu'à ce qu'elles se soient corrigées de leurs premières fautes, sans se rebuter jamais par le dégoût qui suit naturellement cet employ. Elle leur apprendra leur catéchisme, les élèvera à la piété, les apprendra à prier Dieu, entendre la sainte messe, faire leur examen, se confesser et se disposer pour la communion. Elle leur inspirera l'obéissance, l'amour du travail, la patience dans leurs misères, et surtout la modestie qui convient si bien à leur sexe, etc. » Ch. XXII. *Des sœurs préposées pour distribuer les repas des malades*. Divers devoirs consistant à distribuer les aliments, du pain mollet à ceux qui relèvent de maladie, du pain d'hôtel aux plus valides, etc. « Après quoy elles visiteront tous les malades, leur donneront de l'eau bénite, leur parleront de Dieu, leur feront faire des actes de contrition, de foi, d'espérance et de charité, puis termineront leur employ par le catéchisme qu'elles feront aux plus ignorantins. » Ch. XXIII. *Des sœurs qui doivent distribuer la nourriture aux pauvres de l'hôpital général*. Double distribution à 9 heures du matin, puis à 4 heures du soir aux hommes d'abord, aux femmes ensuite. Ch. XXIV. *De la portière* (1). Préposée à la porte et au service de la correspondance écrite avec le dehors. Ch. XXV. *De la sœur chargée du soin des enfants nouvellement retirés de nourrice.* Devoir de surveiller et régenter les nourrices de l'hôpital, de catéchiser les enfants eux-mêmes, etc. Ch. XXVI. *De la sœur chargée de la boulangerie.* Obligation de tenir un registre des recettes et dépenses, de vérifier les fournitures de farine, de surveiller les cuissons, etc. « Comme la sœur chargée de cet employ n'est pas résidente à l'hôpital, elle choisira des gens sur qui elle puisse se reposer le temps qu'elle n'y est pas. » Ch. XXVII. *De la sœur chargée du soin des filles du Refuge,* hors de l'hôpital. Prescription de tenir registre des entrées et des sorties, de revêtir les nouvelles venues de l'habit de pénitence, en leur faisant connaître la grandeur de leur crime pour les exhorter à la pénitence. « Lorsqu'il y aura des demoiselles par ordre du Roy, la sœur et autre ayant droit d'y placer, les nourrira à sa table (2), comme touchant leur pension, et aura tous les égards possibles et leur adoucira leur sort autant qu'elle pourra. »

F. 27. (Liasse). — 1 pièce, papier.

1765. — Sœurs hospitalières de St-Alexis (3). — Plaintes contre les dites hospitalières, en 24 articles ; sans signature ni adresse : « 1° On se levoit à 4 heures 1/2 ; on se lève à 5 et plus tard ; 2° l'oraison ou prière doit durer 3 quarts d'heure et ne dure pas demy heure ; 3° on alloit faire les lits des malades et on ne les fait plus ; 4° on alloit à la messe de communauté à une heure réglée et on y va présentement quand on veut et souvent dans les églises étrangères.... ; 7° le chapitre autrefois se tenoit tous les huit et quinze jours ; à présent il se tient tous les 2 ou 3 mois ; quelques-unes en gémissent.... ; 9° l'unique entretien des récréations roule sur les nouvelles et histoires du monde, ce qui détruit la régularité et produit une vaine curiosité ;

(1) Il nous semble que cet article n'est point à son véritable rang, soit qu'il y ait eu transposition, soit qu'il y ait eu addition des derniers chapitres.

(2) Les mots *à sa table* ont été biffés.

(3) La date et le titre se trouvent au revers et au rebours de la pièce. C'est le seul document qui subsiste d'un dossier analysé vers 1876 par M. C. Rivain, archiviste de la Hte-Vienne, sous ce titre : « N° 1916. Dénonciations et plaintes portées à l'officialité contre les sœurs de St-Alexis. »

10° on ne sortoit qu'avec la cœffe nouée sous le cou et on la porte flottante et à la légère, ce qui donne un air trop assuré.... ; 16° on est trop attaché au guain que produisent les différents ouvrages des sœurs personnellement, ce qui empesche de remplir les offices de la maison, parce qu'on n'y gagne rien.... ; 22° l'entrée de la communauté étoit deffendue, à l'exception des gens nécessaires, maintenant cette sage loi est violée. Les personnes des deux sexes y entrent indifféremment, dans le jardin, dans la sale de communauté, dans les dortoirs et mesme dans les chambres des religieuses où on les reçoit sans répugnance. Les novices ont des servantes pour faire leurs lits et plusieurs chacune pour les servir, comme dans le monde ; abus innouy ; 23° il se glisse parmi les novices beaucoup de mondanité : rubans à la teste nuit et jour, quelques fois de petites cœffes par dessus les autres, boucles d'oreilles, rubans au cou, bagues au doigt, montre au costé, mouchoirs, souliers de castor, boucles d'argent fort larges, manches de chemises sans estre attachées avec une épingle. Il en est encore quelques-unes qui les attachent, mais le nombre en est petit. Les novices ne les attachent jamais.... »

F. 28. (Liasse). — 1 pièce, papier.

Vers 1790. — Sœurs hospitalières de St-Alexis. — « Liste des sujets qui composent la communauté de St-Alexis. » On compte 26 noms, entre lesquels : de Montfayon, de Clairval, Barbou, Tauchon, Poncet, de Nauclas, de Lage ; plus quatre sœurs de Ste-Ursule.

F. 29. (Liasse). — 1 pièce, papier.

XVIII° siècle. — Chirurgiens. — Requête des syndics de la communauté des maîtres chirurgiens de Limoges, adressée aux administrateurs de l'hôpital pour obtenir le droit de visiter journellement les malades de l'hôpital « par un esprit de charité, » et de les secourir dans leurs infirmités, « vu que le dit hôpital n'a aucun chirurgien habitué. » Suivent douze signatures : Bagot, Ruaud, Denis, Chabelard, Texendier, d'Héralde, etc. Sans date, écriture du XVIII° siècle.

F. 30. (Liasse). — 1 pièce, papier (imprimée).

1768. — Apothicaires. — Sentence du sénéchal

de Limoges portant défense à toutes personnes non brevetées « de s'immiscer à faire aucune fonction qui dépende de l'art de pharmacie, » 1768. La dite sentence est prononcée à la requête des syndics-bailes des maîtres apothicaires-pharmaciens de Limoges, disant « qu'au mépris de leurs statuts et contre toutes sortes de règles, plusieurs personnes, dont la plupart igno- rent même les termes de la pharmacie, et autres dont l'art ne consiste qu'à appliquer des remèdes à l'exté- rieur, s'avisent sans aucun titre ni privilège de composer, vendre et distribuer toutes sortes de compo- sitions mélangées, comme thériaque, mythridate, confection d'alkermes et d'hyacinthe, sirop, tablettes laxatives, pilules, conserves, sucre-rosat, etc. »

VILLE DE LIMOGES

INVENTAIRE SOMMAIRE

DES

ARCHIVES HOSPITALIÈRES ANTÉRIEURES A 1790.

SÉRIE G.

(Mendiants, Orphelins, Enfants exposés, Nourrices, le Refuge, Manufactures de l'hôpital.)

G. 1. (Liasse). — 1 pièce, parchemin; 12 pièces, papier (6 imprimées).

1661-1767. — Mendiants. — Publication « pour le renfermement des pauvres, » novembre 1661 : « On fait à savoir à tous en général que la closture et renfermement des pauvres se fera de demain en huict jours, qu'on comptera le quatriesme jour de décembre; et à ces fins que tous les pauvres natifs ou habitués despuis trois ans dans la présant ville, citté, fauxbourgs, etc.... de quelque qualitté et condition qu'ils soyent, qui voudront se retirer dans le dict hospital général y seront receus pour y demeurer, estre nouris suivant les lettres patantes de Sa Majesté.... Enjoinct à tous les estrangers et non compris dans le denombrement cy-dessus, qui mandient dans les endroicts susdicts, de se retirer dans troys jours, à payne d'estre chastiés suivant les rigueurs portées par les dites lettres.... » — Ordonnance du lieutenant-général de Limoges, portant interdiction de la mendicité, à la requête de l'hôpital, sous peine d'emprisonnement, avril 1662. — Arrêt du Parlement de Bordeaux portant défense, à la requête de l'hôpital de Limoges, de donner l'aumône aux mendiants en public, sous peine de 10 ll. d'amende, et de maltraiter le bailli des pauvres, ses brigadiers et archers ou de mettre obstacle à l'exercice de leurs fonctions, août 1662. — Nouvelles ordonnances du lieutenant-général de Limoges, aux mêmes fins que dessus, 1679 et 1703. — Déclarations du Roi, concernant les mendiants et vagabonds, Chantilly, juillet 1724; — Fontainebleau, 1750; — et Compiègne, 1764. — Enregistrement au greffe de l'hôpital, à la demande du procureur du Roi, de la susdite déclaration, 1724. — Arrêt du Conseil d'État portant exécution de la susdite déclaration de 1764; octobre 1767. — Lettre du Roi aux archevêques et évêques du royaume, pour leur annoncer son intention d'établir dans chaque Généralité un hôpital qui soit en même temps maison de force, pour leur demander leur avis sur ce sujet et pour les inviter en même temps à établir dans leurs diocèses des bureaux d'aumônes : « Ces bureaux ne doivent point être regardés comme des administrations régulières, mais comme de simples sociétés volontaires formées par la charité, sans aucune prétention de rang et de préséance et composés de personnes charitables de tous les états et de toutes les conditions, qui se fassent un devoir de connoître les besoins des véritables pauvres et de leur procurer d'abord les moyens de travailler et en cas de nécessité des secours proportionnés à leurs besoins. Enfin, ces bureaux ne doivent avoir d'autres revenus que ceux qui seront fournis par la charité des fidèles.... » 1764.

G. 2. (Liasse). — 17 pièces, papier (5 imprimées).

1724-1726. — Mendiants. — Lettres adressées à l'hôpital général : par MM. Dodun, contrôleur général et Joli de Fleury, donnant avis de l'expédition d'instructions relatives aux mendiants, ou prescrivant diverses mesures d'ordre; — par le subdélégué de l'intendant du Limousin, transmettant les dépêches du contrôleur général en vertu desquelles la délivrance de passe-port aux mendiants est interdite, la rédaction d'états de mendicité demandée et la réduction des dépenses relatives aux mendiants, prescrite.

G. 3. (Liasse). — 4 pièces, papier.

1776-1781. — Mendiants. — Réponse de M. d'Aine, intendant de la Généralité, au mémoire (aujourd'hui perdu) des administrateurs de l'hôpital demandant : « Quelle est la méthode à suivre pour concourir, conformément aux vues du gouvernement, à .la suppression de la mendicité? » 1° Convient-il d'arrêter les mendiants domiciliés (c'est-à-dire ceux habitant Limoges par opposition aux mendiants étrangers) et surtout ceux qui sont valides? 2° Faut-il préparer des logements pour recevoir les mendiants et vagabonds infirmes qui pourraient être envoyés du Dépôt? 3° Faut-il réserver des salles spéciales aux gens attaqués du mal vénérien et aux filles enceintes arrêtés comme mendiants? Réponse affirmative sur le premier point, pour empêcher que la ville redevienne, comme l'année précédente, « le réceptacle de la mendicité la plus dégoûtante et la plus insolente ; » sur le dernier point, M. d'Aine rappelle ce qui se pratique au Dépôt : « Je fais traiter dans les Dépôts les mendians et vagabonds de l'un et l'autre sexe qui sont infectés des maux vénériens; mais la méthode de Keyser est le seul traitement qui doive y être administré. Lorsque des maux invétérés ou des accidents particuliers surpassent l'activité de ce remède et demandent un appareil que le nombre des servans au Dépôt ni la qualité de l'ustencile ne comportent pas, j'envoye le malade à l'hôpital. Le cas est encore plus fréquent des filles et femmes condamnées au renfermement pour cause de mendicité ou pour discipline militaire qui se trouvent enceintes. Je désire pouvoir les envoyer bientôt à l'hôpital, etc.... »
— Lettre signée NECKER, demandant les raisons qui ont fait renfermer les mendiants à l'hôpital au lieu de les maintenir au Dépôt, comme dans les autres villes de France, en sorte que les dépenses de ce chef sont devenues exorbitantes, 1779. — « Propositions de l'hôpital général Saint-Alexis de Limoges, à M. d'Aine, intendant de la Généralité, d'après les ouvertures faites de sa part pour administrer tous secours spirituels et temporels à la maison du Dépôt de Limoges; » avec les remarques de l'intendant en marge, 1781. *Nourriture :* On propose de réduire à 9 onces par 24 heures la quantité de pain distribuée, ce que M. d'Aine trouve insuffisant, « à moins que les deux soupes qu'on donnera ne soient prodigieusement copieuses. » *Habillement :* On propose de fournir un habillement complet à chaque détenu pour tout le temps de sa détention. *Travail :* On propose de le rémunérer proportionnellement à la bonne volonté des travailleurs et aux produits. *Enfants de moins de 7 ans :* On propose de les transférer à l'hôpital et de les inscrire tous indistinctement comme enfants exposés « pour ne pas multiplier les registres et simplifier; » ce que M. d'Aine déclare contre toute justice. *Enfants de 7 à 12 ans :* On propose de les séparer d'abord des vagabonds, de les conduire à l'hôpital et de leur faire apprendre un métier. *Vénériens et femmes en couches :* On propose d'enfermer celles-ci au Refuge, quoique cette maison soit « dans un état de dépérissement qui demande des secours même assez prochains, » etc.

G. 4. (Liasse). — 3 pièces et 1 cahier in-folio, 10 feuillets, papier.

1724-1777. — Mendiants. — Statistique des mendiants de l'hôpital : En 1727, 107 hommes dont 27 valides, 133 femmes dont 43 valides et 110 enfants; — en 1728, 168 hommes dont 53 valides, 192 femmes dont 52 valides et 44 enfants. — « État et dénombrement » des mendiants de l'hôpital en 1777 : 273 + 85 = 358 hommes; 338 + 115 + 6 = 459 femmes.

G. 5. (Liasse). — 3 pièces et 1 cahier in-4°, 10 feuillets, papier.

1683-1789. — Mendiants. — Comptes des tourtes fournies aux mendiants par l'hôpital. Point de récapitulation.

G. 6. (Liasse). — 1 pièce, 1 cahier in-4°, 11 feuillets, et 2 cahiers in-folio, 9 et 13 feuillets, papier.

1765-1773. — Mendiants. — Comptes des recettes et dépenses faites pour les mendiants de l'hôpital par MM. Garat et Pétiniaud. — État des dépenses du dépôt de Limoges. Sans date; écriture du XVIII° siècle. C'est une sorte de budget réglé ainsi qu'il suit : A l'aumônier, 150 ll.; au sieur Fournier, chirurgien, 240 ll.; pour la nourriture de deux chiens de garde du dépôt, 100 ll.; pour les gages d'une femme « qui est chargée d'instruire les jeunes filles dans la fillature, » 50 ll. etc.

G. 7. (Liasse). — 14 cahiers in-4°, 6 et 8 feuillets, papier.

1775-1784. — Mendiants. — Comptes des recettes et dépenses concernant les mendiants de l'hôpital, rendus par MM. Pétiniaud de Beaupeyrat, Henry Michel et Martial Bourdeau.

G. 8. (Liasse). — 14 pièces, papier.

1750-1759. — Mendiants — États des mendiants « qui ont été arrestés et conduits dans l'hôpital de Limoges et dont la subsistance est à la charge du Roy. » Les articles sont sous cette forme : « François Maumy, de la paroisse de Séreilhac, arrêté le 21 décembre 1719.... Marguerite Champaliniaud, de la paroisse de St-Pierre, arrestée le 12 juin 1750 » etc. Dans quelques-unes de ces pièces on indique la date de sortie, d'évasion ou de décès des mendiants arrêtés et les journées de détention. Point de récapitulation.

G. 9. (Liasse). — 27 pièces, papier.

1760-1767. — Mendiants. — États des mendiants « qui ont été arrestés et conduits dans l'hôpital de Limoges et dont la subsistance est à la charge du Roi » (suite).

G. 10. (Registre). — In-folio, 117 feuillets, papier.

1757-1760. — Mendiants. — « Registre des mendiants qui sont amenés et conduits à l'hôpital général ... en exécution de la déclaration du Roy du 20 octobre 1750. » — Ils sont au nombre de 4,096, enfants, adultes et vieillards des deux sexes. Les articles sont sous cette forme : « Isabeau Dutreix,

âgée de 73 ans, natisve de la ville de Saumur, à présent paroisse de St Maurice-Cité, » avec un numéro d'ordre, la date de l'entrée et celle de la sortie ou du décès parfois des annotations marginales constatant une infirmité du mendiant admis, ou un délit commis par lui, ou son emprisonnement par ordre supérieur : « Le 12 mars 1759, les cavaliers de la maréchaussée ont conduit le dit Rolé aux prisons royales par ordre de M. Maleden de Fonjaudran. »

G. 11. (Liasse). — 3 cahiers in-folio, 6, 4 et 5 feuillets, papier.

1767. — Mendiants. — États des « journées des mendiants qui ont esté arrestés et conduits à l'hôpital général de Limoges à différentes époques. » — Sous un titre différent, ces pièces fournissent les mêmes renseignements que les précédentes. — Récapitulation : 213 + 221 + 210 mendiants.

G. 12. (Liasse). — 4 cahiers in-folio, 5, 5, 8 et 7 feuillets, papier.

1768. — Mendiants. — États des journées (suite). — Récapitulation : 260 + 255 + 249 + 245 mendiants.

G. 13. (Liasse). — 4 cahiers in-folio, 7, 8, 8 et 9 feuillets, papier.

1769. — Mendiants. — États des journées (suite). — Récapitulation : 276 + 278 + 255 + 242 mendiants.

G. 14. (Liasse). — 4 cahiers in-4° et in-f°, 8, 10, 9 et 9 feuillets, papier.

1770. — Mendiants. — États des journées (suite). — Récapitulation : 291 + 299 + 293 + 324 mendiants.

G. 15. (Liasse). — 4 cahiers in-folio, 9, 11, 11 et 9 feuillets, papier.

1771. — Mendiants. — États des journées (suite). — Récapitulation : 362 + 399 + 410 + 416 mendiants.

G. 16. (Liasse). — 4 cahiers in-folio, 9, 8, 7 et 7 feuillets, papier.

1772. — Mendiants. — États des journées (suite). — Récapitulation : 418 + 396 + 421 + 404 mendiants.

G. 17. (Liasse). — 4 cahiers in-folio, 7, 7, 6 et 7 feuillets, papier.

1773. — Mendiants. — États des journées (suite). — Récapitulation : 414 + 449 + 396 + 380 mendiants.

G. 18. (Liasse). — 4 cahiers in-folio, 8, 8, 8 et 4 feuillets, papier.

1774. — Mendiants. — États des journées (suite). — Récapitula'ion : 432 + 438 + 410 + 212 mendiants.

G. 19. (Liasse). — 4 cahiers in-folio, chacun 8 feuillets, papier.

1775. — Mendiants. — États des journées (suite). — Récapitulation : 449 + 465 + 470 + 477 mendiants.

G. 20. (Liasse). — 4 cahiers in-folio, 9, 10, 10 et 10 feuillets, papier.

1776. — Mendiants. — États des journées (suite). — Récapitulation : 504 + 541 + 510 + 498 mendiants.

G. 21. (Liasse). — 4 cahiers in-folio, chacun 10 feuillets, papier.

1777. — Mendiants. — États des journées (suite). — Récapitulation : 543 + 694 + 727 + 720 mendiants.

G. 22. (Liasse). — 4 cahiers, in-folio, chacun 11 feuillets, papier.

1778. — Mendiants. — États des «personnes nourries par l'hôpital général de St-Alexis de Limoges par ordre de Mgr l'intendant de cette Généralité, suivant le règlement fait par luy, à raison d'un pain d'hôtel et un sol d'argent pour chaque pauvre par jour.» — Sous un titre différent ces cahiers fournissent les mêmes renseignements que les précédents. — Récapitulation : 783 + 800 + 845 + 876 mendiants.

G. 23. (Liasse). — 4 cahiers in-folio, 11, 11, 13 et 13 feuillets, papier.

1779. — Mendiants. — États des personnes nourries (suite). — Récapitulation : 860 + 898 + 897 + 929 mendiants.

G. 24. (Liasse). — 4 cahiers in-folio, chacun 12 feuillets, papier.

1780. — Mendiants. — États des personnes nourries (suite). — Récapitulation : 890 + 876 + 858 + 880 mendiants.

G. 25. (Liasse). — 4 cahiers in-folio, 13, 13, 14 et 14 feuillets, papier.

1781. — Mendiants. — États des personnes nourries (suite). — Récapitulation : 938 + 944 + 983 + 1,033 mendiants.

G. 26. (Liasse). — 4 cahiers in-folio, 14, 15, 15 et 15 feuillets, papier.

1782. — Mendiants. — États des personnes nourries (suite). — Récapitulation : 1,040 + 1,116 + 1,149 + 1,153 mendiants.

G. 27. (Liasse). — 4 cahiers in-folio, 15, 16, 15 et 16 feuillets, papier.

1783. — Mendiants. — États des personnes nourries (suite). — Récapitulation : 1,120 + 1,160 + 1,120 + 1,131 mendiants.

G. 28. (Liasse). — 4 cahiers in-folio, 16, 16, 15 et 17 feuillets, papier.

1784. — Mendiants. — États des personnes nourries (suite). — Récapitulation : 1,209 + 1,170 + 1,131 + 1,240 mendiants.

G. 29. (Liasse). — 4 cahiers in-folio, 19, 13, 13 et 13 feuillets, papier.

1785. — Mendiants. — États des personnes nourries (suite). — Récapitulation : 1,360 + 900 + 918 + 952 mendiants.

G. 30. (Liasse). — 4 cahiers in-folio, 13, 12, 13 et 14 feuillets, papier.

1786. — Mendiants. — États des personnes nourries (suite). — Récapitulation : 928 + 880 + 890 + 1,005 mendiants.

G. 31. (Liasse). — 4 cahiers in-folio, 13, 13, 12 et 14 feuillets, papier.

1787. — Mendiants. — États des personnes nourries (suite). — Récapitulation : 920 + 895 + 902 + 950 mendiants.

G. 32. (Liasse). — 4 cahiers in-folio, 13, 13, 14 et 15 feuillets, papier.

1788. — Mendiants. — États des personnes nourries (suite). — Récapitulation : 980 + 1,008 + 984 + 1,092 mendiants.

G. 33. (Liasse). — 4 cahiers in-4°, 17, 18, 16 et 16 feuillets, papier.

1789. — Mendiants. — États des personnes nourries (suite). — Récapitulation : 1,180 + 1,184 + 1,115 + 1,150 mendiants.

G. 34. (Liasse). — 4 cahiers in-4°, 16, 17, 16 et 16 feuillets, papier.

1790. — Mendiants. — États des personnes nourries (suite). — Récapitulation : 1,140 + 1,075 + 1,064 + 1,024 mendiants.

G. 35. (Cahier). — In-folio, 5 feuillets, papier.

1760-1792. — Mendiants. — « Relevé des états des personnes nourries par l'hôpital général St-Alexis de la ville de Limoges d'après les règlements faits par Monseigneur l'intendant, à raison d'un pain d'hôtel pesant 2 ll. 1/4 et un sou d'argent pour chaque pauvre par jour, depuis 1760 jusques et y compris 1792, époque à laquelle il n'a plus été fourni d'états. » — Récapitulation du nombre moyen des pauvres nourris par année : 1760, 181 pauvres; 1761, 169 pp.; 1762, 203 pp.; 1763, 219 pp.; 1764, 161 pp.; 1765, 151 pp.; 1766, 176 pp.; 1767, 206 pp.; 1768, 252 pp.; 1769, 286 pp.; 1770, 385 pp.; 1771, 497 pp.; 1772, 507 pp ; 1773, 548 pp.; 1774, ?.... pp.; 1775, 654 pp.; 1776, 808 pp.; 1777, 744 pp.; 1778, 826 pp.; 1779, 896 pp.; 1780, 876 pp.; 1781, 975 pp.; 1782, 1,115 pp.; 1783, 1,143 pp.; 1784, 1.188 pp.; 1785, 1,033 pp.; 1786, 926 pp.; 1787, 917 pp.; 1788, 1.016 pp.; 1789, 1,157 pp.; 1790, 1,076 pp.; 1791, 1,172 pp ; 1792, 1,432 pp.

G. 35. (Liasse). — 2 pièces, papier.

1731-1763. — Orphelins. — « Estat de la dépense des petits enfans pauvres et orphelins auxquels MM. les administrateurs ont jugé à propos, de l'avis de feu M. d'Orsay intendant de cette Généralité, de fournir quelques secours par mois pour aider les parens à les faire nourrir et entretenir. » Total de la dépense pour janvier 1730-octobre 1731 : 1,023 ll. — Lettre circulaire gravée, signée : « J. PÉTINIAUD, administrateur » de l'hôpital général, adressée aux curés des paroisses pour les informer que le Bureau des pauvres (1) « est dans le dessein de laisser en campagne jusqu'à l'âge de 12 ans, les enfants exposés ou abandonnés de l'un et de l'autre sexe, persuadé non seulement qu'il préviendra par là, du moins en majeure partie, la dépopulation presqu'in-

croyable qu'éprouve cette portion malheureuse en rentrant dès sept ans à l'hôpital, mais encore qu'il trouvera le moyen de repeupler insensiblement nos campagnes et d'assurer aux curés de nouveaux paroissiens, parce qu'on doit présumer que le paysant ne se séparera plus des enfants qu'il aura gardés chez lui jusqu'à 12 ans, qu'il aura élevés à sa façon, dont il aura reçu quelques services, conçu des espérances, et qui en un mot seront dans le cas de gagner leur vie ou chez leurs propres nourriciers ou chez leurs voisins. » L'hôpital réclame, en conséquence, le concours des curés de paroisse.

G. 37. (Cahier). — In-4°, 7 feuillets, papier.

Novembre 1731-septembre 1735. — Orphelins. — « Compte que rend M. Barbou des Courrières, administrateur, de la recette et dépense des enfans légitimes pauvres et orphelins. » De novembre 1731 à janvier 1733. — Après chaque date de distribution vient une série de noms propres précédés d'un numéro d'immatriculation et suivis du chiffre de la somme allouée, sous cette forme : « 4 novembre 1731. N° 1, Catherine Voisin : 12 ll. || 2, Mathieu Rousseau : 1 l. 10 sols. || 3, Marie Dubourg : 1 l. 4 sols, etc. » — Les noms propres sont ceux des pères ou mères, au nombre d'une centaine environ. — Au 4 janvier 1733, le total des sommes allouées monte à 780 ll.; le total des recettes à 785 ll. — Arrêté de compte sous la date du 1er septembre 1745. — F° 1 v° : « Nous Estienne Maledent de Bonnabry, prestre docteur, curé de l'église paroissiale de St-Michel-de-Pistorie, président de l'administration de l'hôpital général de Limoges, avons fait cotter et parapher le présent journal.... pour servir à M. Barbon des Courrières chargé de la régie des enfans légitimes pauvres et orphelins, suivant la délibération de MM. les administrateurs du dit hôpital du 16 octobre 1731 et de l'avis de M. de Tourny, intendant de cette Généralité. »

G. 38. (Liasse). — 2 pièces, papier.

1744. — Enfants exposés. — « Liste faite par M. le curé de Vicq des enfans exposés qui sont dans la paroisse : » 10 garçons et 13 filles.

G. 39. (Liasse). — 2 pièces, papier.

1755. — Enfants exposés. — « État (en double)

---

(1) Ce nom doit désigner tout simplement le Bureau administratif de l'hôpital général. Il ne faudrait point le confondre, en tout cas, avec le Bureau de charité (*alias* Bureau de mendicité), établi à Limoges lors de la grande disette de 1770.

des effets que le sieur Jacques Pétiniaud, administrateur chargé du payement des enfants exposés, a fait remettre au Bureau : »75 robes, 92 chemises, 11 bonnets, etc.

G. 40. (Liasse). — 1 pièce, papier.

1775. — Enfants exposés. — Requête de Françoise Garaud à l'intendant de la Généralité, demandant que, en raison de son indigence, ses trois enfants fussent enregistrés à l'hôpital « pour qu'elle put en retirer la paye ordinaire qu'on donne à plusieurs personnes qui ne sont pas si bien dans le cas de l'exiger. ».

G. 41. (Cahier). — In-8°, 26 feuillets, papier.

Janvier 1780-avril 1798. — Enfants exposés. — « Cayer pour enregistrer le jour que les enfants illégitimes ont été exposés, le jour qu'ils ont été donnés à la nourrice, le domicile des nourrices, et ce afin de remplir l'état pour le Roy. » — Il y a environ 340 enfants enregistrés de 1780 à 1790 inclusivement, et environ 260 de 1791 au 6 avril 1798.

G. 42. (Liasse). — 2 pièces, papier.

1689-1731. — Enfants exposés. — États de recettes et dépenses présentés : par Jean Léonard, trésorier de France, administrateur de l'hôpital, pour 1689-1690. Recette, 557 ll. ; dépense, 401 ll. ; — par le sieur Farne, pour 1729-1731. Recette, 9,884 ll. ; dépense, 9,884 ll.

G. 43. (Registre). — In-folio, 66 feuillets, papier.

2 septembre 1731-7 août 1735. — Enfants exposés. — Registre du « compte que rend M. Barbou des Courières, administrateur de l'hôpital général de Limoges, de la recette et dépense des enfans exposés pendant les quatre années de son exercice. » Paraphé par Étienne Maledent de Bonnabry, docteur, curé de l'église paroissiale de St-Michel-de-Pistorie, président de l'administration de l'hôpital. — Mentionne uniquement la quotité des recettes et dépenses faites chaque jour pour chacun des enfants dénommés. Total de la recette pour les quatre années du dit exercice, 18,067 ll. 15 sols. Total de la dépense, 15,292 ll., 8 sols, 6 deniers. — Il y a de 40 à 60 enfants assistés, par jour. Le même nom revient souvent plusieurs fois sur la même liste, à plus forte raison sur des listes différentes. Un total général est donc presque impossible à bien établir.

G. 44. (Registre). — In-folio, 65 feuillets, papier.

1743-1747. — Enfants exposés. — « Livre de recette et dépense faite pour les enfants exposez, par M. Garat de St-Yrioix, sgr de St-Priest-Thaurion, trésorier de France, administrateur de l'hôpital. » — Après chaque date de distribution vient une série de noms propres, précédés d'un numéro d'immatriculation et suivis du chiffre de la somme allouée, sous cette forme : « 3 novembre 1743, 202, Léonarde Peirat, 4 ll. || 319, la même, 4 ll. || 325, Catherine Lavergne, 4 ll., etc. » — Les noms propres sont ceux des nourrices secourues ; leur nombre varie entre 280 et 420, à considérer la première et la dernière distribution. Au 2 juillet 1747, le total des sommes allouées monte à 57,002 ll., y compris quelques menues dépenses relatives au même objet. Le total des recettes provenant du Domaine, de rentes fixes et de donations, monte à 62,464 ll.

G. 45. (Registre). — In-folio, 81 feuillets, papier.

1747-1751. — Enfants exposés. — « Livre de recette et dépense des enfans exposez faite par M. Jacques Garat. » — Même forme d'articles que précédemment. — Le nombre des nourrices varie entre 400 et 510. — A la fin de l'année 1751, le total des sommes allouées monte à 86,210 ll. ; le total des recettes monte à la même somme.

G. 46. (Registre). — In-4°, 139 feuillets, papier.

1751-1755. — Enfants exposés. — « Livre de recette et dépense pour M. Pétiniaud, administrateur, chargé du paiement et entretien des enfants exposés ou abandonnés dans la ville, fauxbourg et banlieue de Limoges. » — Même forme d'articles que précédemment. — Le nombre des nourrices varie entre 504 et 690. — A la fin de septembre 1755, le total des sommes allouées monte à 112,162 ll. ; le total des recettes monte à la même somme.

G. 47. (Registre). — In-folio, 116 feuillets, papier.

1759-1763. — Enfants exposés. — « Journal de recepte et dépense des enfans exposés ou abandonnés

[tenu] par J. Pétiniaud, administrateur chargé de cette partie. » — Même forme d'articles que le précédemment. — Le nombre des nourrices varie entre 360 et 690. — Au 31 août 1763, le total des sommes allouées monte à 91,817 ll.; le total des recettes monte à la même somme.

G. 48. (Registre). — In-folio, 54 feuillets, papier.

2 octobre 1763-6 juillet 1765. — Enfants exposés. — Registre du « compte tant en recettes qu'en dépenses faites pour les paiements et entretiens des enfans, commencé par M. Romanet, administrateur. » — Mentionne seulement, comme le précédent registre, la quotité des recettes et dépenses faites par trimestre pour chacun des enfants dénommés. — Total de la recette pour les deux années du dit exercice, 53,088 ll. 18 sols; total de la dépense, 44,307 ll., 18 sols, 6 deniers. — Il y a de 500 à 700 enfants assistés par trimestre. Le même nom revient souvent plusieurs fois sur la même liste, à plus forte raison sur des listes différentes. Un total général est donc presque impossible à bien établir.

G. 49. (Registre). — In-folio, 139 feuillets, papier.

1769-1772 — Enfants exposés. — « Livre de la recette et dépense des enfans exposés faites par M. Joseph Pétiniaud, contrôleur contre-garde de la Monnoye de Limoges, administrateur de l'hôpital. » — Même forme d'articles que précédemment. — Le nombre des nourrices varie entre 621 et 950. (Les derniers feuillets font défaut.)

G. 50. (Registre). — In-folio, 105 feuillets, papier.

4 octobre 1773-2 juillet 1775. — Enfants exposés. — Registre de la « recette et dépense des enfants exposés faites par M. Jacques Garat, écuyer, administrateur de l'hôpital général, chargé du dit payement. » — Mentionne seulement, comme le précédent registre, la quotité des recettes et dépenses faites par trimestre pour chacun des enfants dénommés. — Total de la recette pour les deux années du dit exercice, 75,156 ll. 10 sols; total de la dépense, 80,623 ll., 3 sols, 1 denier. — Il y a de 900 à 1,100 enfants assistés par trimestre. — Le même nom revient souvent plusieurs fois.

G. 51. (Registre). — In-folio, 254 feuillets, papier.

Octobre 1779-août 1783. — Enfants exposés. — Registre de la recette et dépense faites pour l'entretien des dits enfants. — Mentionne seulement, comme le précédent registre, la quotité des recettes et dépenses faites par trimestre pour chacun des enfants dénommés. — Total de la recette pour les quatre années du dit exercice, 185,876 ll. 3 sols; total de la dépense, 194,035 ll., 5 sols, 6 deniers. — Il y a de 1,200 à 1,300 enfants assistés par trimestre. — Le même nom revient plusieurs fois sur la même liste, à plus forte raison sur des listes différentes. Un total général est donc presque impossible à bien établir.

G. 52. (Registre). — In-folio, 277 feuillets, papier.

1783-1785. — Enfants exposés. — Livre de la recette et dépense faites pour l'entretien des dits enfants. — Même forme d'articles que précédemment. — Le nombre des nourrices est d'environ 1,400. — Le total des dépenses monte à 143,342 ll.; le total des recettes à la même somme.

G. 53. (Registre). — In-folio, 299 feuillets, papier.

1787-1791. — Enfants exposés. — Livre de la recette et dépense faites pour l'entretien des dits enfants. — Même forme d'articles que précédemment. — Le nombre des nourrices varie de 1,300 à 1,500. — Le total des dépenses monte à 234,577 ll.; le total des recettes à la même somme.

G. 54. (Registre). — In-folio, 380 feuillets, papier.

Février 1725-juin 1729. — Enfants exposés. Payement des nourrices (coté anciennement 1) (1). — A chaque page correspond un article sous la forme suivante : « Paroisse du Vigen. Le 19 février 1725 a été exposé à la porte de l'hôpital un garçon âgé d'environ trois mois, suivant le procès-verbal, qu'on a nommé Léonard. Donné en nourrice le 24 du dit mois à Jeanne Penot, femme de Bernard Pradeau, métayer du village de Puy-Mathieu, susdite paroisse. » Suit l'indication des paiements faits à la nourrice.

---

(1) Sur ces registres d'enfants exposés et de nourrices, voy. l'article que nous avons publié dans le *Bull. de la Soc. arch. du Limousin*, t. XXIX, p. 343.

d'ordinaire tous les mois, à raison de 2 ll. chaque fois. pendant une durée qui peut être de sept ans au maximum. — Le présent registre mentionne au total 758 enfants entretenus en nourrice. — Les expositions ont lieu le plus souvent à la porte de l'hôpital, ou bien devant les églises et les couvents, ou encore au pied de la croix de St-Gérald. — Les décès en nourrice sont relativement rares : on en constate de 6 à 7 pour 100, année moyenne. — Les certificats de baptêmes, les suppliques à la charité publique, les chapelets, rubans et autres objets distinctifs trouvés sur les enfants étaient mentionnés par le procureur du Roi dans son procès-verbal de relèvement. Ils sont mentionnés également et même insérés dans le registre de l'hôpital, quoique très irrégulièrement durant les premières années. On y insère aussi les extraits mortuaires et certificats de toute nature d'livrés par les curés de paroisses, comme les lettres échangées avec eux par l'administration. La teneur de ces lettres prouve que les curés étaient les intermédiaires habituels entre les nourrices de leur paroisses et l'hôpital. = Les autres particularités à relever sont les suivantes : F° 19 v° : Mention des Pénitents blancs de St-Junien. — F° 30 r° : M. Hyvernau, prêtre de la Mission, 1725. — F° 31 v° : « La nourrice l'a gardé à l'expiration de son temps) et lui avons donné R[obe]. [hemise]. B[onnet]. » Mention fréquente — F° 37 r° : « échangé (l'enfant) et donné à Léonarde Fournau, femme de Gabriel Serre, boulanger, qui est à la guerre. » Mention qui se retrouve plusieurs fois. — F° 33 r° : « Retiré à l'hôpital ayant fini son temps. » Mention fréquente. — F° 42 v° : « On a découvert à qui il appartient, à qui on l'a remis. » — F° 51 v° : Le 21 avril, il (le mari de la nourrice) a déclaré que le garçon est à luy. » Stratagème fréquent. — Auberge du *Cheval blanc*; des *Trois Pigeons.* — F° 81 v° : Mention du sieur Thomas, procureur d'office de Pierrebuffière. — F° 90 r° : Madame des Essarts. lieutenante général. — F° 120 v° : « M. le curé (du Palais) nous a écrit que l'enfant étoit à luy. Ne luy rien payer. Retiré à l'hôpital » — F° 154 r° : M. Maret, « advocat du Roy, » à Ste-Claire, 1727. — F° 211 v° : « La dite fille (exposée) avoit une bague au col, de laiton, et le cachet d'émail avec cette devise autour : *Se rejoindre ou mourir.* » En marge : « Remise à sa mère qui est Marie Pinot, servante de M. de Lamotte. » — F° 259 v° : « On a trouvé sur l'enfant un billet : *Vous serez averty que le prévent enfant est baptisé.* » — Mention du sr. Rabillat, curé de Flaviguac, 1728. — F° 318 v° : « Cet enfant fut

rexposé le lendemain par la même nourrice. » — F° 341 r° : « Cet enfant (exposé à la porte de l'hôpital) appartient au portier de l'hôpital. Rendu à son père. » — F° 358 r° : Mention de la Catin, « gouvernante des enfants exposez. » — F° 380 v° : Relevé de quelques sommes payées aux gouvernantes des dits enfants.

G. 55. (Registre). — In-folio, 379 feuillets, papier.

Juin 1729-novembre 1738. — Enfants exposés. Payement des nourrices (coté 2). — Même forme d'articles que ci-dessus. — Au total 714 enfants entretenus en nourrice. — Mêmes remarques générales que précédemment sur les lieux d'exposition, les décès d'enfants et les curés de paroisses. = Les seules particularités nouvelles à relever sont les suivantes : F° 5 v° : Exposition à la porte de l'hôpital d'un enfant qu'on reconnaît plus tard être né dans l'hôpital même. — F° 29 v° : « Le dit jour, la nourrice a exposé le dit enfant affin d'estre payée pour son enfant propre. Ne plus payer. » — F° 43 v° : « Donnée à nourrice une fille qui avoit été exposée à la porte de l'hôpital. dont il n'y a pas de procès-verbal, M. le juge n'ayant pas voulu en faire à cauze que la nourrice l'avoit levée sans l'avertir; dont j'ai renvoyé la dite nourrice pour cela et en ay pris une autre. » — F° 47 r° : «Le 30 juin 1730, j'ay receu, suivant l'ordre de M. le procureur du Roy, une fille nouvellement née dans les prisons de cette ville, de la nommée Peyronne, accusée de vol domestique. » — F° 93 r° : « La première nourrice étoit une friponne et a tout gardé et l'enfant étoit en souffrance » — F° 213 v° : « Du 5 janvier 1736 a été receu parmy les enfants exposés un garçon nommé Jean, né le 26 décembre 1735, fils de Jean Vautour, cavaillier *(sic)* du régiment royal, et de Jeanne Tuilier, de la paroisse de St-Pierre-de-St-Junien, par ordre de Mgr de Tourny, intendant, et donné à nourrice à Jeanne de Villeneuve.» — Nombreuses mentions de ce genre, à partir de 1735. — F° 352 r° : « Du 3 juillet 1738, a été receu parmy les enfans exposés une fille appelée Marie. âgée d'environ 9 mois. fille de Pierre-Barthélemy Delaune et de Marie Hardy, vendeurs de chansons, iceux ayant abandonné leur dite fille et quitié le païs, suivant l'ordonnance du juge de Solignac. » — F° 379 r° : « L'enfant a été remis par le nourricier à la mère, et comme il a raporté un faux certificat que cet enfant étoit chez luy, on l'a fait mettre en prison pour deux jours et il n'a point été payé des mois de may et de juin. » — F° 379 v° : Relevé de quelques sommes payées aux gouvernantes des dits enfants.

G. 56. (Registre). — In-folio, 395 feuillets papier.

Novembre 1738-septembre 1741. — Enfants exposés. Payement des nourrices (coté 3). — Même forme d'articles que ci-dessus. — Au total 440 enfants entretenus en nourrice. — Même remarques générales que précédemment sur les lieux d'exposition, les décès d'enfants et les curés de paroisses. = Les seules particularités nouvelles à relever sont les suivantes : F° 94 r° : « L'enfant n'a point été marqué. » — F° 374 r° : Extrait volant des registres de la paroisse St-Hilaire-Bonneval, constatant le décès et l'enterrement dans le cimetière du dit lieu « d'un enfant de l'hôpital, nommé Pierre, âgé d'environ un an et demi, nourri par Antoinette Pourret, » signé : F. Antonin Rouchaud, récollet, desservant la paroisse de St-Hilaire-Bonneval.

G. 57. (Registre). — in-folio, 382 feuillets, papier.

Septembre 1741-juillet 1747. — Enfants exposés. Payement des nourrices (coté 4). — Même forme d'articles que ci-dessus. — Au total 764 enfants entretenus en nourrice. — Mêmes remarques générales que précédemment sur les lieux d'exposition et les curés de paroisses. Par exception les décès d'enfants sont plus fréquents que d'ordinaire. = Les seules particularités nouvelles à relever sont les suivantes : F° 34 v° : « Le 25 janvier 1744, la d^{elle} Colomb a pris le dit enfant, a dit être sa marenne (sic) et l'avoir retiré par charité. » — F° 53 v° : « Ne plus payer sans voir l'enfant.... Le 2 février 1744, Mad. de St-Yrieix a vu l'enfant et donné R[obe], C[hemise]. B[onnet]. » — F° 67 v° : « La fille appartient à Marie Labu de la paroisse de la Geneytouse, qui est aux prisons royales par ordre de M. le président Lagorce. » 1743. — F° 70 et suivants : « Arrêté [compte] le 3 novembre 1743 pour être cy après payé par M. Garat de St-Yrieix. » — F° 119 v° : Attestation que l'enfant exposé est d'une femme du Pontey « qui se tua près des Jacobins. » — F° 122 r° et *passim* : « La dite fille a été remise à l'hôpital [par la nourrice], ayant accompli ses sept ans. » — F° 178 r° : Mention d'un enfant donné en nourrice à la femme du geôlier des prisons royales de Limoges, la mère étant elle-même détenue au dit lieu. — F° 180 r° : Billet trouvé sur un enfant exposé, d'une écriture très ferme et qui

n'est point d'une main vulgaire : « Pour des raisons que l'on ne peut icy marquer, on est obligé d'exposer cet enfant. Il a été baptisé et son nom est François. On prie MM. les administrateurs d'en prendre soin, on le retirera dans quelque temps. On les prie aussi de vouloir marquer sur leurs registres le jour et l'heure de l'enlèvement. On leur sera obligé d'en prendre un soin particulier. » Malgré les promesses de ce billet, l'enfant était encore en nourrice à l'âge de sept ans. = *Passim* : Extraits mortuaires et certificats divers, signés des curés de paroisses : Le sr. Theilhet à Jourgnac, 1748; Germain à Janaillac, 1743; Martin à Vicq, 1743; Audoin (?) et Dupré (vicaire) à Pageas, 1747; Rabilhac à Flavignac et aux Cars, 1744; Rousset à Séreilhac, 1744; David à Château-Chervix, 1744; Pacaille à la Roche-l'Abeille, 1749; Dereulhac à Jourgnac, 1747; Bourdeaux (vicaire) à la Meyze, 1746; Delaplace à St-Jean-Ligoure, 1748; Desbancaud à Janaillac; Desveux à la Brugère, 1748; Martin à Isle, 1748; Carboineau à Meilhac, 1749; Leyssène au Vigen, 1751; Depéret (vicaire) à Vicq, 1748; Bélut (vicaire) à St-Priest-Ligoure, 1748; Bessas à St-Maurice-les-Brousses, 1749; Albiat (vicaire) à St-Priest-Ligoure, 1748; Delagarde, prieur de Bussière-Galant, 1752; Hennequins, prieur curé de St-Gérald, 1748; Favard (vicaire) à la Meyze, 1751; Romanet, curé de Nexon, 1749; Disnematin, curé de Solignac, 1749. — F° 382 v° : Relevé de quelques sommes payées aux gouvernantes des dits enfants.

G. 58. (Registre). — In-folio, 473 feuillets, papier.

Juillet 1747-mai 1752. — Enfants exposés. Payement des nourrices (coté 5). — Même forme d'articles que ci-dessus. — Au total 945 enfants entretenus en nourrice. — Mêmes remarques générales que précédemment sur les lieux d'exposition, les décès d'enfants et les curés de paroisses. = Les seules particularités nouvelles à relever sont les suivantes : F° 242 v° : Lettre de la comtesse des Cars, demandant qu'on admît à l'hôpital l'enfant d'une pauvre veuve qu'elle avait déjà recommandée. Signée d'Escars, 1748. — F° 124 v° : « Si la dite Ribière n'a pas remis le susdit garçon dans le premier octobre, [c'est qu']il luy étoit nécessaire pour amasser ses chastaignes. » — F° 140 r° : « .... Appartient à un fontanier de Bosmie, paroisse d'Isle, qui gagne 15 sols par jour de son métier et qui exposa sa dite fille pour prendre un enfant du nommé Poulenat de Limoges. » = *Passim* : Extraits mortuaires et certificats divers signés des curés de paroisses :

Soudanas à St-Just, 1747; Faulte à Boisseuil, 1748;
Puisnège (vicaire) à St-Paul, 1751; Lafosse (archiprêtre) à la Meyze, 1748; Laborie à Burgnac, 1748;
Boutaudon à Beynac, 1748; Texier à Rilhac-Lastours,
1751; Disnematin à Éjaux, 1752; Mandavy (vicaire)
au Vigen, 1752; Georges à St-Pierre-Château, 1749;
Marquet (vicaire) à la Roche et Roybre, 1749; J. Teulier à la Meyze, 1754. Glascoulx à Flavignac, 1755;
Blondeau à Glanges, 1749; Guyot (vicaire) à Nexon,
1750; Bardinet à Couzeix, 1756; Bardy à St-Hilaire-
Bonneval, 1750; Fraiseix à St-Léonard, 1750; Ducouret à St-Julien, 1750; Baresge à St Hilaire-Lastours,
1752; Deloret à Maillac, 1755; Duroux (vicaire) à
Flavignac, 1751; Expert (vicaire) à Bussière-Galand,
1751; Hilaire Lagier, cordelier, desservant la paroisse
de Rilhac-Rancon, 1751; Souffron, religieux augustin,
desservant la paroisse de Bussière-Galand, 1756;
Mazard à St-Priest-Ligoure, 1752; Guy à Feytiat,
1752; Clédat de Laborie à Royère et la Roche l'Abeille,
1752; Poncet à Éjaux, 1755.

G. 59. (Registre). — In-folio, 443 feuillets, papier.

Mai 1752-septembre 1756. — Enfants
exposés. Payement des nourrices (coté 6. — Même
forme d'articles que ci dessus. — Au total 834 enfants
entretenus en nourrice. — Mêmes remarques générales que précédemment sur les lieux d'exposition,
les décès d'enfants et les curés de paroisses. = Les
seules particularités nouvelles à relever sont les suivantes : F° 57 r° : « La nommée Antoinette Ardillier,
accoucheuse de cette ville, porteuse du présent billet,
remettra à l'hôpital un enfant qui est né d'une fille
qui a fait sa déclaration, conformément aux édits
et déclaration de S. M., lequel enfant le sr. Dubois
fera remettre à une nourrice du dit hôpital et
inscrire sur les registres des enfans trouvés. » Signé :
Romanet. — F° 85 v° : Marie Jeanne Clémenceau,
baptisée à la manufacture roy le de Montargis. —
F° 97 v° : Sur un billet d'enfant exposé : « Messieurs
les administrateurs, pères des membres de Jésus-
Christ, recevez ce petit enfant légitime, nommé par
son nom de baptême Léonard. Vous ne pouvez pas
faire une plus grande œuvre de charité. » — F° 373 v :
« Le dit enfant avoit communiqué le mal vénérien, dont
il étoit attaqué depuis sa naissance, à Jeanne Dauriac,
sa nourrice, qui ne s'en est aperçu que d'abord après
la mort du dit enfant. La dite nourrice l'avoit communiqué à son mari. J'ay fait traiter et guérir l'un et
l'autre chez Tharaud, moyennant le prix et somme

de 240 ll.... » — F° 402 r° : La dite fille présentée par
une accoucheuse « doit être mise au nombre des enfans
qui appartiennent à l'État. » Signé Romanet. — F°
416 r° : « Le 3 mai 1756, Léonarde Chausse femme de
Martial Lajudie, de la paroisse de St-Pierre, s'est
présentée à M. Goudin de la Borderie, administrateur,
chargé des soins des enfans exposés, pour être nourrice à l'hôpital en ce que son garçon appelé Léonard,
âgé de 16 mois, seroit mis au nombre des enfants
exposés pour être donné à nourrice à la charge des
dits enfants exposés, pendant tout le temps qu'elle
serviroit de nourrice à l'hôpital, en ce qu'elle le repren-
droit à sa charge lorsqu'elle quitteroit cet employ.
Lequel marché a été accepté.... » — F° 422 : « Le 19
mai 1756 a été exposé sur le grand chemin de Paris,
dans la justice de Beaune, une fille nouvellement
née..., portée à l'hôpital par un paysan chargé d'une
lettre de M. le curé de Beaune. » Et plus loin : « N'est
plus à la charge du Roy, mais bien à la charge de
M. Rogier des Essards, sgr de Beaune, qu'il faut avoir
soin de faire payer à chaque quartier. » = *Passim* :
Extraits mortuaires et certificats divers signés des
curés de paroisses : Garat à St-Maurice, 1752; Pouyat
à Nieul, 1752; Brunet à Bujaleuf, 1754; Ardillier à
St-Genest, 1752; Guyot (vicaire) à Nexon, 1753;
Nicolas à Soubrevas-Ste-Claire, 1756; Grellet à Solignac, 1753; Delaplace (vicaire) à St-Jean-Ligoure,
1756; Mandavy à Solignac, 1755; David à Château-
Chervix, 1754; Laplaigne à Champsac, 1754; Mazard
à St-Priest-Ligoure, 1754; Joumard à St-Jouvent,
1753; Limousin à St-Jean-Ligoure; Lacoulerie à
Flavignac, 1759; Teullier à Bonnac, 1754; Duchateau
(vicaire) à Verneuil, 1754; Meusac à Pierrebuffière,
1756; Bardinet à Couzeix, 1755; Clédat de Laborie à
la Roche-Abeille, 1757. — F° 443 v° : Relevé de
quelques sommes payées aux gouvernantes des dits
enfants.

G. 60. (Registre). — In-folio, 445 feuillets, papier.

Septembre 1756-avril 1761. — Enfants
exposés. Payement des nourrices (coté 7). — Même
forme d'articles que ci-dessus. — Au total 890 enfants
entretenus en nourrice. — Mêmes remarques générales que précédemment sur les lieux d'exposition,
les décès d'enfants et les curés de paroisses. = Les
seules particularités nouvelles à relever sont les
suivantes : F° 11 r° : Le dit enfant « n'est plus à la
charge du Roy, mais bien à la charge de M. l'abbé
de Solignac, qu'il faut avoir soin de faire payer à

chaque quartier. Ne sera plus compris dans les estats, en ayant esté rayé par M. l'Intendant. » — F° 30 r° : Deux lettres datées de St-Martinet, février et juin 1759, et signées DOUDET. D' médecin, rendant compte des soins donnés par lui à une petite fille de 3 ans qui avait communiqué à sa nourrice le mal vénérien dont elle était atteinte. Fait analogue au f° 90 r°. On décide de faire nourrir l'enfant par une chèvre. — F° 139 v° : Le dit enfant « n'est plus à la charge du Roy, mais bien à la charge du seigneur évêque de Limoges.... » — F° 305 r° : Le dit garçon avait sur lui « un petit livre intitulé *Pratique* pour honorer le St-Suaire de notre S.-J. » — F° 366 r° : Certificat d'identité sur le revers d'un billet imprimé ainsi conçu : « Par permission de M. le lieutenant général de police, la troupe des *Petits comédiens* représentera aujourd'huy jeudy, 25 avril 1765, pour entrée *la Parodie de Tarquin et Lucraisse (sic)* et pour pièce *Bastien et Bastienne*, opéra comique de M. Favard, accompagnée d'une troupe de petits sauteurs. On prendra aux premières places 24 sols et aux secondes 12 sols. On commencera à cinq heures précises. C'est dans la grande salle du concert où on jouera trois fois la semaine. » — *Passim* : Extraits mortuaires et certificats divers signés des curés des paroisses : Delachassaigne à St-Martin-Terressus, 1757; Malevergne à Rilhac-Lastours, 1757; Lemasson à Journac, 1764; Barrière (vicaire) à la Meyze, 1759; Mazard à St Priest-Ligoure, 1758; Laurent (vicaire) à Meillac, 1758; Gramagnac à Condat, 1758; Buisson (vicaire) à Vicq, 1758; Cosnac à Nexon, 1762; Nicard, prieur de l'hôpital de St-Léonard, 1760; Baudry à St-Christophe du Dognon, 1760; Martinot à St-Germain, 1760; Dorat au Haut-Châlus, 1767.

G. 61. (Registre). — In-folio, 449 feuillets, papier.

Avril 1761-avril 1765. — Enfants exposés. Payement des nourrices (coté 8). — Même forme d'articles que ci-dessus. — Au total 898 enfants entretenus en nourrice. — Mêmes remarques générales que précédemment sur les lieux d'exposition, les décès d'enfants et les curés des paroisses. = Les seules particularités nouvelles à relever sont les suivantes : F° 72 v° : Certificat de légitimité, signé : J. SCHLEUSSER, *pastor ad S. Apostolos, Colonis*, pour servir à un enfant de 8 mois exposé aux Portes ferrées, fille de Joseph Heila et de Marguerite Chleubergh. — F° 375 r° : « A esté exposé un garçon nouvellement né sur le grand chemin de la ville d'Aixe, paroisse de Ste Claire

de Soubrevas, juridiction de Mad. de la Règle. » = *Passim* : Extraits mortuaires et certificats divers signés des curés des paroisses : Bardy à Pageas, 1762; Pradet de Lavaud (vicaire) à la Roche-l'Abeille, 1767; Mercier à Bussière-Galand. 1764; Boutinaud à Beaune, 1763; Lamy à Compreignac, 1753; Boutinaud à Éjaux, 1764; Pradeau à Rilhac-Rancon, 1766; Vilaud à Dournazac, 1770; Cramaille à Ambazac, 1764; Muzac (vicaire) à Jandillac, 1764; Sénemaud au Palais, 1764; Duclou à St-Bonnet-la-Rivière, 1764; Besse (ch. prieur) à Nantiat, 1767; Guérin à St-Silvestre, 1764; Vignaud à Gorre, 1765; Chabrol aux Églises, 1765. — Sur le feuillet de garde de la fin : Relevé de quelques sommes payées aux gouvernantes des dits enfants.

G. 62. (Registre). — In-folio, 441 feuillets, papier.

Avril 1765-octobre 1768. — Enfants exposés. Payement des nourrices (coté 9). — Même forme d'articles que ci-dessus. — Au total 831 enfants entretenus en nourrice. — Mêmes remarques générales que précédemment sur les lieux d'exposition, les décès d'enfants et les curés des paroisses. = Les seules particularités nouvelles à relever sont les suivantes : *Passim* : Constatation plus fréquente que dans les registres précédents. de cas d'enfants atteints du mal vénérien. — F° 340 v° : « Donné [le dit enfant] à la fille Aufemenin en vue de son indigence et en considération de ce que son mary l'a abandonnée pour servir dans les troupes du Roy. » — Le nombre d'enfants admis sur présentation pour cause de pauvreté des parents, est plus grand que précédemment. On constate en même temps que les parents font souvent connaître leurs noms sur le billet qu'ils attachent à l'enfant exposé. = *Passim* : Extraits mortuaires et certificats divers signés des curés des paroisses : Dupré à la Jonchère, 1765; Rivière de Treymon, « curé et baron de la paroisse de Rilhac-Treignac, » 1765; Heyraud à Veyrac, 1767; de Maumont à Freyssinet, 1766; Champalimaud à St-Julien, près Ségur, 1763; Loubriat à St-Priest-Ligoure. 1767; Plainemaison à Boisseuil, 1767; Lascoulx à Flavignac les Cars 1770; Mathieu à Chaptelat, 1768; Bringaud à Sardoux, 1768; Dubois au Vigen, 1771; Castanier à Courbefy, 1768.

G. 63. (Registre). — In-folio, 432 feuillets, papier.

Octobre 1768-octobre 1770. — Enfants exposés. Payement des nourrices (coté 10). —

Même forme d'articles que ci-dessus. — Au total 862 enfants entretenus en nourrice. — Mêmes remarques générales que précédemment sur les lieux d'exposition, les décès d'enfants et les curés des paroisses. ═ Les seules particularités nouvelles à relever sont les suivantes : Fº 71 rº : « Baptizée dans la paroisse du Vigen, justice du sgr. abbé de Solignac. » — Fº 93 rº : « La dite fille exposée en la ville de la Souterraine, qui est à la charge de MM. du Chapitre de St-Martial. » — Fº 149 vº : « A esté envoyé chercher, par ordre de M. l'Intendant de cette Généralité, dans la ville de Bellac, un garçon âgé de 5 mois appelé Guillaume, iceluy exposé dans la dite ville de Bellac. » — Fº 175 rº : La nourrice et son nourrisson « ont été mises chez le sr. Bourdeleix, chirurgien au Pont St-Martial, pour être traitées du mal vénérien que la dite fille a communiqué à sa nourrice. » — Fº 242 rº : « Fille de François Baret et de Jeanne Alphonsou de la ville de St-Léonard, le dit Baret condamné aux gallèrres pour sédition. » — Fº 298 vº : « Fils de F. Denoyer, la dite Denoyer étant en démence, détenue dans les prisons royales de Limoges. » — Même remarque que pour le registre précédent sur les cas de mal vénérien, auxquels s'ajoutent dans le présent registre les cas de teigne. ═ *Passim :* Extraits mortuaires et certificats divers signés des curés des paroisses : Robert à St-Maurice-les-Brousses, 1770 ; Pouyat (vicaire) à Nexon, 1772 ; Besse à Nantiat, 1773.

G. 64. (Registre). — In-folio, 430 feuillets, papier.

Novembre 1770-juillet 1772. — Enfants exposés. Payement des nourrices (coté 11). — Même forme d'articles que ci-dessus. — Au total 860 enfants entretenus en nourrice. — Mêmes remarques générales que précédemment sur les lieux d'exposition, les décès d'enfants et les curés des paroisses. ═ Les seules particularités nouvelles à relever sont les suivantes : Fº 43 vº : « La nourrice veut être augmentée pour un enfant estropié qui ne peut marcher. Donnez lui une augmentation de 30 sols par quartier. » — Fº 76 vº : « Jeanne Duverdeix, âgée de 15 mois, fille de Pierre Philippe Duverdeix, marchand bijoutier, et de Marie Catherine Lombare, de la ville de Saintes en Saintonge ; la susdite fille Jeanne abandonnée dans la paroisse de Beaumont en Poitou, élection de Bourganeuf, a été renvoyée à l'hôpital de Limoges par ordonnance de M. Turgot, intendant de la Généralité.... » — Fº 125 rº : « Ne plus payer à cause que l'enfant est en très mauvais état et mauvaise compa-

gnie, attendu que le père nourricier et la nourrice sont des blasphémateurs. » — Fº 307 rº : Signature du sr. Lachaud, « juge de Salon et de Masseret, » 1772. — *Passim :* Enfants nés de mères détenues « dans la maison de force de cette ville. » ═ *Passim :* Extraits mortuaires et certificats divers signés des curés des paroisses : Ant. Seriez, « Jacobin, faisant pour le curé de l'Istorie, » 1771 ; Marbotin à Éjaux, 1771 ; Rivière à St Genest, 1776 ; Mignaud à Gorre, 1771 ; Bonafond à Jabreilles, 1771 ; Desflottes de Fombesse à Panazol, 1771 ; Meynard de Chabannes, curé de Salon et de Masseret son annexe, 1772 ; Rooves (vicaire) à Séreilhac, 1772 ; Cantillon à St-Yrieix-sous-Aixe, 1772.

G. 65. (Registre). — In-folio, 419 feuillets, papier.

Juillet 1772-février 1775. — Enfants exposés. Payement des nourrices (coté 12). — Même forme d'articles que ci-dessus. — Au total 836 enfants entretenus en nourrice. — Mêmes remarques générales que précédemment sur les lieux d'exposition, les décès d'enfants et les curés des paroisses. ═ Point de particularités nouvelles à relever. — *Passim :* Extraits mortuaires et certificats divers signés des curés des paroisses : Maud, curé à St-Martial, 1776 ; Dubois (archiprêtre) à St-Paul, 1772 ; Martin à St-Martin-le-Vieux, 1773 ; Gramagnac, « feuillant commis, » à Condat, 1773 ; Doudet (vicaire) à Meilhac, 1773 ; Brisset à Verneuil, 1774.

G. 65. (Registre). — In-folio, 396 feuillets, papier.

Février 1775-octobre 1777. — Enfants exposés. Payement des nourrices (coté 13). — Même forme d'articles que ci-dessus. — Au total 798 enfants entretenus en nourrice. — Mêmes remarques générales que précédemment sur les lieux d'exposition, les décès d'enfants et les curés des paroisses. ═ Les seules particularités nouvelles à relever sont les suivantes : Fº 314 rº : Sur un billet d'enfant : « *In peccatis concepit me mater mea.* » — Fº 375 rº : « M. Pétiniaud [administrateur] a convenu de donner aux nourriciers 6 sols de gratification au bout de l'an. » Mention fréquente dans ce registre. — Fº 382 rº : « La mère avec six de ses enfants s'est présentée au Bureau qui a été fort touché de leur misère et a renvoyé cette affaire à M. Pétiniaud auquel ces MM. la recommandent. » ═ *Passim :* Extraits mortuaires et certificats divers signés des curés des paroisses : Delabrance, curé à Pensol, 1775; Chatelaui (vicaire) à St-Paul. 1775; Thévenin à Chénevières, 1776; Vergnaud à Magnac, 1775; Doulhac (vicaire) à Nexon, 1777: Joubert à Feytiat, 1776; Imbert (vicaire) à Jourgnat, 1776; Guithon (prieur) à Bujaleuf, 1776; Gatherie à Ste Marie de Vaux. 1730; Duchateau à St-Symphorien, 1777; Dubuisson à Meuzat, 1778; Laserre (vicaire) à St-Jean-Ligoure, 1778.

G. 67. (Registre). — In-folio, 398 feuillets. papier.

Novembre 1777-aout 1779. — Enfants exposés. Payement des nourrices (coté 14). — Même forme d'articles que ci-dessus. — Au total 796 enfants entretenus en nourrices. — Mêmes remarques générales que précédemment sur les lieux d'exposition, les décès d'enfants et les curés des paroisses. = Les seules particularités nouvelles à relever sont les suivantes : F° 89 v° : Mention de M. Fournier, « chirurgien de l'hôpital. » — F° 135 v° : Mention du tour de l'hôpital. — F° 201 r° : Mention de « l'accoucheuse du sr. Tharaud, chirurgien. » — Nombreux articles incomplets en ce qui touche l'indication du domicile des nourrices. = *Passim* : Extraits mortuaires et certificats divers signés des curés des paroisses : Paval. curé à St-Cyr, 1778; Pineau à Isle, 1773; Gramagnac à Condat. 1778; Durand à Chamboret, 1778; Vayne à Benaye, 1778; Laroque à Lamougerie. 1778; Faure Duneau à Cieux, 1779.

G. 68. (Registre). — In-folio, 382 feuillets, papier.

Août 1779-septembre 1781. — Enfants exposés. Payement des nourrices (coté 15). — Même forme d'articles que ci-dessus. — Au total 770 enfants entretenus en nourrice. — Mêmes remarques générales que précédemment sur les décès d'enfants et les curés des paroisses. Les lieux d'exposition ne sont plus guère indiqués, non plus que dans les registres suivants. = Les seules particularités nouvelles à relever sont les suivantes : F° 44 v° : Certificat d'indigence signé : *Duclos* et *Mullebay du Cluseau*, administrateurs de l'hôpital de Bellac; *Raffard de Panissat*, syndic; *de Nesmond*, curé de Bellac, 1779; — F° 229 v° : Procès-verbal de relèvement signé du juge de la justice et baronnie de Peyrat; semble accuser l'existence d'un hôpital dans le bourg de Peyrat. — F° 314 v° : Un petit crucifix plat en cuivre, ayant servi de marque à un enfant exposé. — Légalisation de la signature du sr. Lascoulx, curé archiprêtre de Lubersac. faite par Pierre Debeaune de la Gaudy, « juge royal des justices réunies à Lubersac, » 1781. — Cas de teigne fréquents. — Comme dans le registre précédent, il y a de nombreux articles incomplets en ce qui touche l'indication du domicile des nourrices. A six reprises différentes, on a enregistré deux enfants sur une même page. = *Passim* : Extraits mortuaires et certificats divers signés des curés des paroisses : Baudet curé à St-Bonnet. 177 ; Desbordes (vicaire) à Bussière, 1780; Sénemaud à Cognac, 1780; Jouchade (vicaire) au Vigen, 1781; Hervy à la Meyze, 1782; Lombardie à la Brugière, 1780; Dussoub à Flavignac. 1780; Ranjou à Peyrat, 1780; Boulaud à Pierrebuffière. 1781; Bardinet à Janailhac, 1782; Dromaud à Aixe, 1781; Garat au Châtenet, 1787; Desgranges (vicaire) à Folles, 1781; Lagesne à Oradour-sur-Glane, 1781; Rabihac à Laval, 1781; Rebier à la Souterraine, 1781; Dubois au Vigen, 1781.

G. 69. (Registre). — In-folio, 385 feuillets, papier.

Septembre 1781-avril 1784. — Enfants exposés. Payement des nourrices (coté 16). — Même forme d'articles que ci-dessus. — Au total 405 enfants entretenus en nourrice. — Mêmes remarques générales que précédemment sur les décès d'enfants et les curés des paroisses. = Les seules particularités nouvelles a relever sont les suivantes : F° 70 r° La dite fille exposée « a un billet avec un reliquaire où il y a une relique de St-Martial. » — F° 195 r° : Mention du sr. Dominique, chirurgien. — F° 263 r° : Signature autographe du sr. Duteillet de Neuvic. — F° 307 v° : Le village de Mazaud, paroisse de Nedde, est dit « de la justice des RR. PP. de Solignac. » = *Passim* : Extraits mortuaires et certificats divers signés des curés des paroisses : Castanier, curé à Courbefy, 1782; Sénemaud à Lageyrac et Châlus, 1782; Demarsiat à Verneuil 1781; Tanchon à Château-hors-Chervix, 1788; Origet (vicaire) à Conlat, 1782; Cheyrou à Peyrilhac, 1782; Filiatre à St-Gence, 1782; Roger à Rilhac-Lastours. 1782; Debette à Boisseuil, 1782; Dupré à la Jonchère, 1782; Desportes à Roussac, 1782; Jonchade (vicaire) au Vigen, 1783; Decoux à Neuvic, 1782; Tramonteil à Bonnat. 1782; Brousse à Jabreilles, 1782; Chabrol (vicaire) à Panazol, 1784 Meytadier (vicaire à S-Priest-sous-Aixe. 1785; Daniel à la Geneytouse, 1784; Raymondaud à Nedde,

1783; Morellet (vicaire) à Massignac, 1783; Dulac à la Rochefoucaud. 1783; Ardaut à St-Goursaud, 1783; Nadaud à Chamboret, 1783.

G. 70. (Registre). — In-folio, 398 feuillets, papier.

Avril 1783-Janvier 1785. — Enfants exposés. Payement des nourrices (coté 17). — Même forme d'articles que ci-dessus. — Au total 406 enfants entretenus en nourrice. — Mêmes remarques générales que précédemment sur les décès d'enfants et les curés des paroisses. = Les particularités nouvelles à relever sont les suivantes : F° 49 v° : Mention du sieur Thibault, chirurgien. — F° 81 v° : Inhumation dans le cimetière de l'hôpital du cadavre d'une fille de 7 mois trouvée devant la porte de l'établissement, « en suitte et sur le raport du sieur Fougères, conseiller du Roi, médecin du dit hôpital. » — F° 201 r° : Mention du sr. Laudin, chirurgien. — F° 244 r° : Certificat d'indigence délivré par les administrateurs de l'hôpital de Bellac et signé : Gentil de la Borderie, président; Arbellot de la Gasne, procureur du Roi ; Guiot du Doignon, maire; de Nesmond, curé de Bellac, 1784. — F° 264 r° : Légalisation de la signature du sr. Mas, prieur de Bussière-Galant, faite par M. Dumareix, « subdélégué de Châlus. » — A plusieurs reprises on enregistre deux enfants différents sur une même page. = *Passim* : Extraits mortuaires et certificats divers signés des curés des paroisses : Besson à Champagnac, 1783 ; Vidaud à Dournazac, 1783 ; Gérald à Razeix, 1783; Desbordes (vicaire) à St-Jean-Ligoure. 1786; Guilhaud Ducluzaud à Oradour-sur-Glane, 1783 ; Devoyon à St Priest-Taurion, 1783 Patraud (vicaire) à La Souterraine, 1783; Vergnaud à Magnac-Bourg, 1784; Jolain (desservant) à Monbron en Augoumois, 1784; de la Bachellerie (prieur) à la Celle, 1784; Calmels à Mayrac (diocèse de Cahors), 1784; Lemaçon à Champsac, 1789.

G. 71. (Registre). — In-folio, 397 feuillets, papier.

Janvier 1785-janvier 1787. — Enfants exposés. Payement des nourrices (coté 18). — Même forme d'articles que ci-dessus. — Au total 806 enfants entretenus en nourrice. — Mêmes remarques générales que précédemment sur les décès d'enfants et les curés des paroisses. = Les seules particularités nouvelles à relever sont les suivantes : F° 60 v° : Signature du sr. Boussy de Fromental, juge de Cieux. — F° 68 v° : Signature du sr. Besson, « ancien curé de Champa-gnac. » 1786. — F° 89 r° : Lettre de Mad. Regnaudin de Neuvic recommandant deux enfants à une religieuse de l'hôpital. — F° 98 r° : Signature du sr. Dutemple, syndic et lieutenant de Meillars. — F° 248 v° : Mention de M. Muret de Pageas, avocat de l'hôpital. — F° 370 r° : Signature du sr. Fray de Fournier, « chirurgien major. » — A plusieurs reprises on enregistre deux enfants différents sur une même page. = *Passim* : Extraits mortuaires et certificats divers signés des curés des paroisses : De Gay de Vernon, prieur de Linay, 1785; De Gay de Vernon, curé à Compreignac, 1785 ; Lavergne, « ancien prévôt de S. Robert et curé de Meillars, » 1785; Cramouzeaud à St-Julien, près Laron; Vitrac (vicaire) à St-Martin-le-Vieux, 1786; Péconnet à St Denis-des-Murs, 1785; Rahy à Aureil, 1786; Singareau à St-Martin-de-Jussac, 1785; Bardinet à Janaillac; Boussy de Lachaize à Vareilles, 1786; Boussely à Chervix, 1786; Bleynie à Uzerche, 1786; Desthèves à Nexon, 1786;

G. 72. (Registre). — In-folio, 398 feuillets, papier.

Janvier 1787-octobre 1788. — Enfants exposés. Payement des nourrices (coté 19). — Même forme d'articles que ci-dessus. — Au total 796 enfants entretenus en nourrice. — Mêmes remarques générales que précédemment sur les décès d'enfants et les curés des paroisses. = Les seules particularités nouvelles à relever sont les suivantes : F° 79 r° : Signature du sieur Dalesme de Chaban, maire de St-Léonard, 1787. — F° 80 r° : « A été exposé à la porte de l'hôpital un garçon âgé de six ans, suivant le procès-verbal.... le dit enfant est pourvu d'un tuteur. » — F° 153 r° : L'enfant exposé est dit « fils de Jean Lessitat, lieutenant du Roy de la ville de Bellac. » — F° 159 r° : Mention du sr. Périgord, chirurgien. — F° 183 v° : Signatures du comte de Chamborant, de Droux, et du sr. Laroque, subdélégué à Laval. — F° 364 r° : Mention du sr. Soudanas, chirurgien. = *Passim* : Extraits mortuaires et certificats divers signés des curés des paroisses : Marbotin, curé à Ejaux, 1787; Veyrier de Malepeane à St-Léonard, 1786 ; Vitrac à la Brugère, 1789; Thouvenet à St-Maurice-les-Brousses, 1790 ; Dubrac (vicaire) à Laval-Magnac, 1787; Laboullenière à St-Brice, 1787; Laurier à Thouron, 1787; Volondat (vicaire) à la Souterraine, 1887; Morellet (vicaire) à la Chapelle-Montbrandeix, 1787; Gatte (vicaire) à Ste-Marie-de-Vaux, 1789; Martelly à Flavignac, 1792;

Robert du Ribourgeon à Brillac, 1787; Catinaud à St-Léger, 1788; Sandemoy à Droux, 1787; Daudet à Lavignac, 1787; Sudraud des Isles à St-Méard, 1787; Pétiniaud à Lesterps, 1787; Baillot des Combes (vicaire) à Availle, 1788; Thormaignou (vicaire) à St-Cyr, 1789; Rebière à la Souterraine, 1788; Briquet à St-Pardoux-Rancon, 1788; Benoist à Chatelus-Marcheix, 1788; Mousnier à St-Priest-Taurion, 1788; Beaure à Pageas, 1788; Moulin (vicaire) à Bussière-Galand, 1789.

G. 73. (Registre). — In-folio, 445 feuillets, papier.

Octobre 1788-décembre 1789.—Enfants exposés. Payement des nourrices (coté . 20.) — Même forme d'articles que ci-dessus. — Au total 900 enfants entretenus en nourrice. — Mêmes remarques générales que précédemment sur les décès d'enfants et les curés des paroisses : = Les seules particularités nouvelles à relever sont les suivantes : F° 216 r° : Signature du sr. Devillegoureix, maire d'Isle, 1792. — F° 334 v° : Signature du sr. de Mazevat, « avocat en la cour, juge de la chatellenie de Piégut et dépendances. » — Nombreux articles incomplets en ce qui touche l'indication du domicile des nourrices. = *Passim :* Extraits mortuaires et certificats divers signés des curés des paroisses : Caze, curé à Rilhac-Lastours, 1792; Menier à Couzeix, 1790; Chataignon à Lastours, 1789; Senèque à St-Just, 1789; Texandier et Veyrier de Maleplane (vicaire) à St-Victurnien, 1789; Bonnet (vicaire) à la Souterraine, 1789; Ardant à Condat, 1789; Faucher, « prêtre, chanoine et curé de l'église collégiale et paroissiale de la ville de St-Germain, élection et diocèse de Limoges, » 1789; Chamblet à St-Esthèphe, 1789; Cournel de Lavergne à Meillars, 1789; Brissaud, « archiprêtre de Rancon, curé de Bessines, » 1789.

G. 74. (Registre). — In-folio, 445 feuillets, papier.

Décembre 1789-mars 1791. — Enfants exposés. Payement des nourrices (coté 21). — Même forme d'articles que ci-dessus. — Au total 902 enfants entretenus en nourrice. — Mêmes remarques générales que précédemment sur les décès d'enfants et les curés des paroisses. = Les seules particularités nouvelles à relever sont les suivantes : F° 203 r° : Signature du sr. Ganny, « vicaire épiscopal, » avril 1792. — F° 295 r° : Signature du sr. Surin-Hugon, maire de St-Junien, 1790. — F° 307 r° : Acte signé :

« le chevallier de St-Georges, maire, » et Lafond, « curé, procureur de la commune » de Verneuil, 1790. — Nombreux articles incomplets en ce qui touche l'indication du domicile des nourrices. A plusieurs reprises on enregistre deux enfants différents sur une même page. = *Passim :* Extraits mortuaires et certificats divers signés des curés des paroisses : Jouchade, curé à Solignac, 1790 ; Brousse (vicaire) à Aixe, 1790 ; Maisondieu (vicaire) à Bussière-Boffy, 1790 ; Imbert à Vaulry, 1790 ; Catinaud à St-Léger, 1790; Bourdeis, « desservant de l'Artige, prêtre commis, » 1790 ; Marsillat à la Roche-l'Abeille, 1791 ; J. Debette-Dubois à Boisseuil, 1790 ; Mazubert à Roziers, 1789; Decous-Dumonteil à Neuvic, 1790 ; Caze, « vicaire régent, » à Rilhac-Lastours, 1792; Lavergne (vicaire) à N.-D. de St-Junien, 1790 ; Lanouaille de Lachèze à St-Léonard, 1792; Laurier à Thouron, 1790 ; Richard à Oradour-St-Genest, 1790.

G. 75. (Registre). — In-folio, 94 feuillets, papier.

1734-1742. — Enfants exposés. Payement des nourrices. — Les articles contenus dans ce registre sont extraits des registres cotés ci-dessus G. 55, 56 et 57.

G. 75. (Registre). — In-folio, 52 feuillets, papier.

1767-1770. — Enfants exposés. Payement des nourrices. — Les articles contenus dans ce registre sont extraits des registres cotés ci-dessus G. 62 et 63.

G. 77. (Registre). — In-folio oblong, 34 feuillets, papier.

1776. — Nourrices. — « Table alphabétique des noms des paroisses où résident les nourrices de l'hopital général de Limoges, contenant les numéros des registres sur lesquels sont inscrites les dates d'exposition des enfans et les noms des dites nourrices. » Chaque page est divisée en trois colonnes: 1° noms et prénoms des nourrices; 2° numéros des bas âges; 3° numéros des grands âges, et comprend une ou plusieurs paroisses, suivant le nombre des nourrices : Aixe-ville, 8. Aureil, 2. Oradour-sur-Glane, 0. Aigueperse, 1. Ambazac, 10. Beaune, 8. Bonnat, 7. Reynat (*sic*), 1. Boisseuil, 18. Burgnac, 32. Bussière-Galant, 34. Bujaleuf, 0. Château, 96. Château-hors-Chervix, 2. Chaptelat, 4. Compreignac, 1.

Chamboureix, 0. Châlus-haut, 2. Châlus-bas et Lagerat, 0. Champsac, 7. Chénevières, 0. Cognac, 20 Courbefy, 0. Condat, 10. Chalard-Peyronilles, 4. Cieux, 2. Coussac-Bonneval, 1. Cussac, 0. Champménestery. 1. Champagnac de Gorre, 1. Conzeix, 18. Dournazac, 2. Éjaux, 14. Feytiat. 10. Flavignac-les-Cars, 68. Freissinet, 4. Firbeix, 0. Gorre. 5. Glanges, 5. Janaillac. 46. Jourgnac, 57. Isle, 28. Jabreilles, 0. La Brugère, 1. La Geneytouse, 2. La Crouzille, 1. Le Chatenet en Doignon, 2. Les Alloix, 3. Les Billanges, 0. Les Églises, 2. Ladignat 51. La Meyze, 70 La Jonchère, 0. Linars, 2. La Porcherie, 1. Le Palais, 9. La Roche l'Abeille, 45. La Rochette, 0. Lavignat, 19. Magnac-Bourg, 0. Meuzat. 6. Meilhac, 14. Montjauvy, 4. Mongibaud, 1. Nantiat, 0. Neuvic-Masléon, 4. Nexon, 104. Nieul, 8. Pageas. 15. Panazol, 9. Peyrilhac, 2. Pierrebuffière, 10. Raucon, 0. Razeix, 1. Rilhac-Lastours, 70 Rilhac-Rancon, 9. Roussac-Lebuis, 2. Royer près St-Léonard, 3. Ste-Anastasie, 0. St-Auvent, 0. St-Bonnet-la-Rivière, 2. St-Brice. 1. St-Cyr, 1. St-Cessateur, 7. Ste-Claire, 6. St Christophe, 22. St Domnolet. 33. Ste-Félicité, 37. St-Gence, 2. St-Genest, 8 St-Germain, 1. St-Gérald, 38. St-Gisle-les-forêts, 0. St-Goussaud, 0. St-Hilaire-Bonneval, 13. St-Hilaire-Lastours, 115. St-Jean-Ligoure. 56. St-Jean en St-Étienne, 0. St-Jouvent, 0. St-Julien-St-Affre, 6. St-Junien ville, 0. St Just, 10. St-Laurent-de-Gorre, 2. St-Léonard, 4. St Léger, 0. St-Martin-le-Vieux, 20, St-Martin-Terrasson (*ici*, 1. St-Martinet, 6. St-Maurice-Cité, 18. St-Maurice-les-Brousses, 24. Ste-Marie-le-Vaux, 11. St-Méard, 3. St Michel-de-Pistorie, 36. St-Michel-des-lions. 150. St Michel-de-Laurière. 1. St-Pierre, 84 St-Priest-Ligoure, 38. St-Priest-sous-Aixe, 17. St-Priest Taurion, 5. St-Paul près Éjaux, 7. St-Paul-St-Laurent, 3. St Vitte, 0. St-Sylvestre, 0 St-Yrieix-sous-Aixe, 4. St-Victurnien, 1. St-Priest-la-Perche, 0. Séreillac, 17. Sursac, 0. Solemniat (Solignac), 8. Tarn, 2 Texon, 0. Vaulry, 1. Veyrat, 8. Verneuil, 8. Vicq. 116. Le Vigen, 100

G. 78. (Registre). — In-folio oblong, 32 feuillets, papier.

1777 (?) — Nourrices. — « Table alphabétique des noms des paroisses où résident les nourrices de l'hôpital général » — Point de date. Même disposition que pour le précédent registre. Sur le feuillet de garde on lit : « Les nourrices de l'hôpital ont pour chacune par mois 3 ll. 10 sols. Chaque gouvernante 2 ll. tous les six mois. »

G. 79. (Registre). — In-folio oblong, 45 feuillets, papier.

1778 (?) — Nourrices. — Table des paroisses où résident les nourrices de l'hôpital général. — Sans titre. Sans date. Même disposition que pour les précédents registres.

G. 80. (Registre). — In-folio oblong, 81 feuillets, papier.

1779 (?) — Nourrices. — Table des paroisses où résident les nourrices de l'hôpital général. — Sans titre. Sans date. Fournit les mêmes indications que les registre précédents, mais sans les distribuer par colonnes.

G. 81. (Registre). — In-folio oblong, 50 feuillets, papier.

1780. — Nourrices — « Table alphabétique des noms des paroisses où résident les nourrices de l'hôpital général de Limoges. » — Même disposition que pour le précédent registre. Les chiffres subsistent également à peu près les mêmes. Mais il faut ajouter les paroisses de : Bessines, 1. Chervix, 10. Châteauneuf, 2. Couore, 1. Javerdat, 1. Peyzac, 1. Rozier-Masléon, 1. St-Denis-des-Murs. 2. St-Julien près Eymoutiers, 1. St Simphorien. 1. Troche, 1. Uzurat, 3.

G. 82. (Registre). — In-folio, 108 feuillets, papier.

1735-1743. — Nourrices. — « État des payemens faits par M. Faulte, écuyer seigneur du Puy-dutour, conseiller procureur du Roy au bureau des finances de la Généralité de Limoges, administrateur de l'hôpital général... chargé de la nourriture et entretien des enfants trouvés ou délaissés dans la ville ou banlieue de la présente ville, pendant les huit années de son administration. » — C'est l'énumération des nourrices et gardiennes au service de l'hôpital, avec l'indication des sommes qui leur ont été payées, sous cette forme : « 4 septembre 1735, n° du reg. 161 Adrienne Breix, 8 ll.,... 2 octobre, n° du reg. 198. Marie Landry, 10 ll... 6 novembre n° du reg 293. Marie Dutreix. » etc. Les paiements se font au commencement de chaque mois, à environ 50 ou 60 nourrices.

G. 83. (Registre). — In-folio, 102 feuillets, papier.

1755-1759. — Nourrices. — « Livre de recettes

et de dépenses pour M. Goudin, sgr de la Borderie, administrateur.... chargé du payement et entretien des enfants exposés et abandonnés dans la ville, faubourgs et banlieue de Limoges. » — C'est l'énumération des nourrices et gardiennes au service de l'hôpital, sous la· même forme que précédemment. Fº 10 vº : Total des dépenses de décembre 1755 à août 1759 : 87,254 ll.

G. 84. (Registre). — In-folio, 129 feuillets, papier.

1765-1769. — Nourrices. — « Livre de compte pour M. Jacques Garat, écuyer, comme administrateur.... chargé de la recette et dépense des enfants expozés ou abandonnés et mis au rang des batards de la ville. faubourgs et banlieue de Limoges. » — C'est l'énumération des nourrices et gardiennes au service de l'hôpital, sous la même forme que précédemment. Point de récapitulation.

G. 85. (Registre). — In-folio, 67 feuillets, papier.

1769-1773. — Nourrices. — « Livre de la recette et dépense des enfants exposés, fait par M. Joseph Pétiniaud, controlleur-contregarde de la Monnaie de Limoges et administrateur de l'hôpital. » — C'est l'énumération des nourrices et gardiennes au service de l'hôpital, sous la même forme que précédemment. (Les premières années manquent.) Fº 67rº : Total des dépenses d'octobre 1769 à juillet 1773 : 187,413 ll.

G. 86. (Liasse). — 3 pièces, papier.

1719-1759. — Nourrices. — Compte rendu du payement des pensions pour l'entretien des nourrissons : par M. Pierre Midy, 1719. Recette, 8,231 ll. ; dépense, 8,231 ll. ; — par M. Goudin de Laborderie, 1759. Dépense, 145 ll.

G. 87. (Liasse). — 2 cahiers in-4º, 13 et 49 feuillets, papier.

1785. — Nourrices. — Relevés par paroisses des payements faits aux dites nourrices, pour servir de tables aux précédents registres. Les articles sont sous cette forme : « Payement d'octobre 1785, paroisse de Boisseuil : 291, Anne Mousnier ✕ 210, Catherine Faure ✕ 529, Marie· Bouctaud ✕. Paroisse de Burgnac : 477, Catherine Rangot ✕ 76, Anne Mercier ✕ 259, Françoise Roche ✕.... »

G. 88. (Liasse). — 6 cahiers in-4º, 15, 47, 14, 50, 15 et 46 feuillets, papier.

1786. — Nourrices. — Relevés par paroisses des payements faits aux dites nourrices (suite).

G. 89. (Liasse). — 8 cahiers in-4º, 14, 45, 13, 47, 13, 42, 13 et 45 feuillets, papier.

1787. — Nourrices. — Relevés par paroisses des payements faits aux dites nourrices (suite).

G. 90. (Liasse). — 6 cahiers in-4º, 14, 15, 15, 45, 14 et 45 feuillets, papier.

1788. — Nourrices — Relevés par paroisses des payements faits aux dites nourrices (suite).

G. 91. (Liasse). — 8 cahiers in-4º, 43, 15, 47, 15, 15, 44, 15 et 49 feuillets, papier.

1789. — Nourrices. — Relevés par paroisses des payements faits aux dites nourrices (suite).

G. 92. (Liasse). — 7 cahiers in 4º, 13, 14, 14, 14, 49, 48, et 47 feuillets, papier.

1790. — Nourrices. — Relevés par paroisses des payements faits aux dites nourrices (suite).

G. 93. (Liasse). — 6 cahiers in-4º, 7, 8, 8, 6, 8, et 10 feuillets, papier.

1735-1736. — Nourrices. — « État [trimestriel] des noms et demeures des femmes chargées des enfants exposés ou abandonnés et mis au rang des bâtards, de la ville, faubourgs et banlieue de Limoges, et nourris dans les paroisses d'Aixe, Beaune, Boisseuil, Burgnac, Château-Chervix, etc.... qui sont au-dessous de l'âge de quatre ans (1) accomplis, et des sommes qui leur ont été payées par Jean Barbou des Courières, chargé du payement des pensions pour leur nourriture et entretien des dits enfants pendant les mois de jauvier-juin 1735. » — (Ce titre est reproduit sur chaque cahier, *mutatis mutandis*.) — Suivent les noms des nourrices et, à la fin du cahier, le total des sommes qui leur ont été payées : 3,413 + 3,638 + 1,993 + 1,989 + 2,045 + 2,129 ll.

(1) « Au dessous de l'âge de sept ans, » portent les cahiers suivants, à partir de juillet 1737.

G. 94. (Liasse). — 8 cahiers in 8°, 10, 10, 11, 13, 14. 14, 14 et 10 feuillets, papier.

1737-1738. — Nourrices. — États trimestriels faisant suite aux précédents : Sommes payées : 3,365 + 3,350 + 2,512 + 2,674 + 2,848 + 3,096 + 3,145 + 3,158 ll.

G. 95. (Liasse). — 7 cahiers in 4°, 15, 15, 12, 12, 11, 11, et 11 feuillets, papier.

1739-1740. — Nourrices. — États trimestriels faisant suite aux précédents. Sommes payées : 3,323 + 6,162 + 2,928 + 3,005 + 3,331 + 3.413 + 3 543 ll.

G. 96. (Liasse). — 7 cahiers in 4°, 16, 10, 10, 9, 14, 10, et 10 feuillets, papier.

1741-1742. — Nourrices. — États trimestriels faisant suite aux précédents. Sommes payées : 3,441 + 3,427 + 3,403 + 3,411 + 3,421 + 3,433 + 3,584 ll.

G. 97. (Liasse). — 5 cahiers in 4°, 8, 12, 10, 12 et 12 feuillets, papier.

1743-1744. — Nourrices. — États trimestriels faisant suite aux précédents. Sommes payées : 3,715 + 3.764 + 3,716 + 3,945 + 3,853 ll.

G. 98. (Liasse). — 7 cahiers in 4°, 12, 11, 10, 10, 9, 10 et 10 feuillets, papier

1745-1746. — Nourrices. — États trimestriels faisant suite aux précédents. Sommes payées : 3,937 + 4,088 + 4,129 + 4,145 + 4,116 + 4,154 + 4,385 ll.

G. 99. (Liasse). — 4 cahiers petit in-folio, 11, 10, 12 et 11 feuillets, papier.

1768 (1). — Nourrices. — « État [trimestriel] des noms et demeures des femmes chargées des enfants exposés ou abandonnés et mis au rang des bâtards, de la ville, faubourgs et banlieue de Limoges, et nourris dans les paroisses d'Aixe, d'Ambazat, Beaune, Beynac, Bonnet, Boisseuil, Burgnac, Bussière-Galant, etc.... qui sont au-dessous de l'âge de sept ans accomplis, et des sommes qui leur ont été payées par M. Jacques Garat, écuyer, administrateur, chargé du payement des pensions, nourriture et entretien des

(1). Les états trimestriels de 1747-1757 ne se retrouvent plus.

dits enfants, pendant les mois de janvier, février et mars 1774 » — (Ce titre est reproduit sur chaque cahier, *mutatis mutandis*.) — Suivent les noms des nourrices et, à la fin du cahier, le total des sommes qui leur ont été payées : 6,116 + 6,210 + 6,189 + 6,355 ll.

G. 100. (Liasse). — 8 cahiers petit in-folio, 9, 10, 10, 12, 15, 14, 10 et 14 feuillets, papier.

1769-1770. — Nourrices. — États trimestriels faisant suite aux précédents. Sommes payées : 6,259 + 6,249 + 6,564 + 7,285 + 8,296 + 8,969 + 6,730 + 9,115 ll.

G. 101. (Liasse). — 5 cahiers petit in-folio, 15, 16, 15, 18 et 17 feuillets, papier.

1771-1772. — Nourrices. — États trimestriels faisant suite aux précédents. Sommes payées : 9,681 + 10,196 + 10,472 + 11,545 + 11.904 ll.

G. 102. (Liasse). — 8 cahiers petit in-folio, 16, 17, 15, 15, 12, 13, 14 et 14 feuillets, papier.

1773-1774. — Nourrices. — États trimestriels faisant suite aux précédents. Sommes payées : 11,641 + 11,872 + 10,506 + 10,429 + 9,167 + 9,145 + 8,956 + 8,974 ll.

G. 103. (Liasse). — 8 cahiers in-folio, 15, 15, 15, 14, 14, 13, 13 et 14 feuillets, papier.

1775-1776. — Nourrices. — États trimestriels faisant suite aux précédents. Sommes payées : 8.939 + 9.019 + 8,857 + 8,567 + 8,228 + 8,000 + 7,988 + 7.778 ll.

G. 104. (Liasse). — 8 cahiers in-folio, 13, 13, 13, 14, 14, 15, 15 et 15 feuillets, papier.

1777-1778. — Nourrices. — États trimestriels faisant suite aux précédents. Sommes payées : 7,527 + 7,532 + 7,251 + 7,442 + 7,765 + 8,312 + 8,616 + 8,557 ll.

G. 105. (Liasse). — 7 cahiers in-folio, chacun 16 feuillets, papier.

1779-1780. — Nourrices — États trimestriels faisant suite aux précédents. Sommes payées : 8,833 + 9,135 + 9,343 + 9,483 + 9,324 + 9,465 + 9,451 ll.

G. 106. (Liasse), — 9 cahiers in-folio, 17, 16, 18, 16, 16, 17, 18, 18 et 19 feuillets, papier.

1781-1782. — Nourrices. — États trimestriels faisant suite aux précédents. Sommes payées : 9,713 + 9,581 + 9,637 + 9,657 + 9,744 + 10,149 + 10,564 + 11,004 + 11,092 ll.

G. 107. (Liasse). — 8 cahiers in-folio, 19, 18, 20, 19, 18, 21, 21 et 21 feuillets, papier.

1783-1784. — Nourrices. — États trimestriels faisant suite aux précédents. Sommes payées : 11,164 + 11,717 + 12,465 + 12,528 + 12,387 + 13,012 + 13,705 + 12,781 ll.

G. 108. (Liasse). — 8 cahiers in-folio, 21, 21, 20, 20, 20, 20, 19 et 19 feuillets, papier.

1785-1786. — Nourrices. — États trimestriels faisant suite aux précédents. Sommes payées : 12,643 + 12,560 + 12,227 + 12,301 + 12,060 + 12,160 + 12,042 + 11,804 ll.

G. 109. (Liasse). — 8 cahiers in-folio, 18, 17, 16, 16, 17, 77, 17 et 17 feuillets, papier.

1787-1788. — Nourrices. — États trimestriels, faisant suite aux précédents. Sommes payées : 11,121 + 10,781 + 10,915 + 11,259 + 11,542 + 11,705 + 11,857 ll.

G. 110. (Liasse). — 8 cahiers in-folio, 17, 22, 22, 21, 23, 24, 22 et 24 feuillets, papier.

1789-1790. — Nourrices. — États trimestriels faisant suite aux précédents. Sommes payées : 12,064 + 13,094 + 13,840 + 14,692 + 15,745 + 16,093 + 15,835 + 14,534 ll.

G. 111. (Liasse). — 5 cahiers in-4º, 26, 10, 23, 15 et 14 feuillets, papier.

1768-1779. — Nourrices. — Cahiers sans titre, dans lesquels les noms des nourrices sont rangés par ordre alphabétique, avec additions non expliquées de chiffres et de dates.

G. 112. (Liasse). — 5 cahiers in-4º, 11, 12, 11, 10 et 10 feuillets, papier.

1779-1788. — Nourrices. — Cahiers sans titre, dans lesquels les noms des nourrices sont rangés par ordre alphabétique avec additions non expliquées de chiffres et de dates (suite).

G. 113. (Cahier). — In-folio, 5 feuillets, papier.

1786. — Nourrissons de 7 à 12 ans. — « Tableau des enfants exposés qui ont atteint l'âge de 7 ans et qui alors reviennent de chez les nourrices pour être dans la classe des mendiants et être nourris sur les fonds du domaine du Roy jusqu'à l'âge de 12 ans. » — On indique leurs noms, leur âge exact, le nom de leurs nourrices et des paroisses où ils ont été placés. Ils sont au nombre de 360.

G. 114. (Registre). — In-folio, 195 feuillets, papier.

1756-1774. — Nourrissons de 7 à 12 ans. — Le feuillet de tête fait défaut. Même forme d'articles que dans les registres d'enfants exposés, cotés ci-dessus G. 54-74. Au total environ 400 enfants entretenus en nourrice.

G. 115. (Registre). — In-folio, 280 feuillets, papier.

1773-1779. — Nourrissons de 7 à 12 ans. — « Livre des enfants exposés qui ont accomply leurs 7 ans et donnez en nourrice jusqu'à l'âge de 12 ans aux frais de l'hôpital. » — Même forme d'articles que précédemment. Au total environ 600 enfants entretenus en nourrice.

G. 116. (Registre). — In-folio, 286 feuillets, papier.

1779-1785. — Nourrissons de 7 à 12 ans. — Le feuillet de tête fait défaut. Même forme d'articles que précédemment. Au total environ 580 enfants entretenus en nourrice.

G. 117. (Registre). — In-folio, 238 feuillets, papier.

1785-1789. — Nourrissons de 7 à 12 ans. — Le feuillet de tête fait défaut. Même forme d'articles que précédemment. Au total environ 480 enfants entretenus en nourrice.

G . 118. (Registre). — In-folio, 246 feuillets, papier.

1790-1793. — Nourissons de 7 à 12 ans. — Le feuillet de tête fait défaut. Même forme d'articles que précédemment. Au total environ 500 enfants entretenus en nourrice.

G. 119. (Liasse). — 4 pièces, parchemin; 1 pièce, papier; 3 sceaux.

1683. — Hôpital général : le Refuge. — Lettres patentes portant établissement de la maison dite du Refuge à Limoges (Compiègne, mars 1683). Elles débutent ainsi : « Plusieurs personnes de piété de notre ville de Limoges y ayant procuré par leurs soins l'establissement d'un hospital général pour renfermer les pauvres mendians et empescher la fénéantise *(sic)*, nous l'aurions confirmé par nos lettres patentes du mois de décembre 1660 et pourveu par d'autres lettres d'ampliation aux autres besoins du dit hospital, ce qui auroit procuré de grands biens dans notre dite ville, tant par ce que divers désordres que causoit le libertinage des dits pauvres ont esté arrestez, [et] que les orphelins y ont esté receus, élevez dans la crainte de Dieu et mis en estat de gaigner leur vie, que par ce que les filles et femmes débauchées s'y sont retirées pour changer de vie et quitter les occasions du péché. Mais comme le nombre des pauvres est beaucoup augmenté et que le lieu destiné pour les dites filles et femmes est sy petit et sy proche des dits pauvres qu'il seroit impossible de continuer à les y retenir, la charité chrestienne de divers habitans de la dite ville, cité et fauxbourgs de Limoges leur auroit fait souhaiter de trouver quelque maison séparée pour servir de Refuge où l'on put mettre les dites filles et femmes débauchées, tant celles qui voudroient s'y retirer volontairement que celles qui y seroient envoyées par autorité de justice, et dans ce dessein il auroit esté fait des legs testamentaires pour cet establissement, qui se montent à la somme de 17,000 ll. Pour ces causes, etc. » — Enregistrement des dites lettres patentes : au Parlement de Bordeaux séant à la Réolle, juillet 1683 ; — au sénéchal de Limoges, août 1683.

G. 120. (Liasse). — 11 pièces, papier.

1674-1705. — Hôpital général : le Refuge. — Extrait d'une délibération du Bureau de l'hôpital portant que l'on appellera des architectes « pour voir, visiter et examiner les endroits et la place quy se trouvera la plus commode, soit dans l'enceinte du dit hospital ou ez environs d'icelluy, où l'on puisse bastir une maison de refuge et de retraite pour les filles pénitentes, » 1674. L'acte débute ainsi : « Sur ce quy a esté proposé par le sieur Dubois, que dans les villes de Lyon, Tours et autres plus considérables du royaume, il a esté estimé et jugé nécessaire d'establir des maisons de reffuge des filles pénitentes, dans lesquelles sont receues et enfermées les filles et femmes débauchées, pour empescher le dérèglement et la corruption que causent ces sortes de personnes dans les villes, et d'autant que par le libertinage du temps et le relaschement des bonnes mœurs ce mal est devenu sy fréquent en cette ville qu'on ne le peut plus dissimuler pour l'honneur et la gloire de Dieu, que l'on est adverty qu'il y a beaucoup de ces malheureuses perdues et abandounées qui causent un très grand scandale et désordre, auquel on ne peut apporter un meilleur remède qu'en les faisant enfermer dans une maison comode et destinée pour cet effect, etc. » — Autorisation de construire le bâtiment projeté, donnée par le lieutenant général au Présidial de Limoges, 1675. Il est dit dans cet acte que le plan du bâtiment a été dressé par François Cluzeau, m° architecte. — Ventes faites à l'hôpital général : par M° Pierre Duteil, procureur au Présidial, d'une maison sise devant la place St-Gérald, pour servir aux filles repenties, moyennant la somme de 2,200 ll., 1684 ; — par le sr. Dupré, curé de St-Jouvent, d'une autre maison sise au territoire de St-Gérald, pour servir aux susdites filles, moyennant la somme de 1,500 ll., 1685, etc. — Transaction en vertu de laquelle dame Ursule de Léonard, dame de Montégut, vend aux administrateurs du Refuge 300 ll. de rente au capital de 6,000 ll., 1705.

G. 121. (Liasse). — 6 pièces, papier.

1668-1675. — Hôpital général : le Refuge. — Testaments faits en faveur du dit Refuge : par Jean Romanet, sieur de Chez-Rebière, avocat en la cour, léguant 6,000 ll. à prendre sur tous ses biens « pour l'establissement d'un monastère de filles pénitentes en cette ville ou lez icelle, la dite somme une fois payée lors et quand le dit establissement se faira », 1668. (Il lègue en outre 400 ll. aux PP. Prédicateurs de Limoges); — par Marguerite de Jumilhac, veuve de M° Pierre Romanet, conseiller du Roi et lieutenant particulier au Présidial de Limoges, sgr baron de St-Priest-Taurion, Manent, le Mazeau et autres places, léguant 6,000 ll. « pour l'achapt d'un fondz pour y bastir une maison de repenties dans la présent ville de Limoges ou dans la Cité, » 1674. (Elle lègue en outre : 500 ll. à l'hôpital général, 600 ll. à la sœur Hélène Mercier pour acheter du linge aux malades, 300 ll. aux Filles de la Providence « establies dans la Cité devant l'église de St-Maurice, » 150 ll. aux Récollets de Ste-Valérie, 150 ll. aux Cordeliers, 80 ll. aux Carmes des Arènes, 80 ll. aux Carmes déchaussés 80 ll. aux Augustins, 80 ll. aux FF. Prêcheurs.); — par Philippe de Jumilhac léguant 5,000 ll. « au couvent qui sera establi à Limoges du refuge des repenties, » 1675. (Il lègue en outre : 6,000 ll. au séminaire de la Mission, 8,000 ll. pour le service spirituel de la paroisse de Jumilhac, 4,000 ll. aux Filles de St-Joseph « qu'on appelle de la Providence, » diverses obligations aux religieuses de l'hôpital de Guéret, 400 ll. aux Récollets de Brive, 400 ll. aux Récollets de Guéret, 3,000 ll. aux Bénédictins de St-Maur, « s'ils s'establissent dans la ville d'Uzerche et lorsqu'ils seront establis, » 3,000 ll. à diverses communautés de Jésuites, au choix de l'exécution testamentaire; et confirme les dons déjà faits aux Jacobins, aux Carmélites et à l'hôpital de Brive).

G. 122. (Liasse). — 10 pièces, papier.

1675-1682. — Hôpital général : le Refuge. — Procédures pour l'hôpital contre les héritiers des susdits testateurs, touchant le paiement des legs faits au Refuge.

G. 123. (Liasse). — 1 pièce, papier.

1758-1767. — Hôpital général : le Refuge. — État des filles et des femmes transférées au Refuge par ordre de justice. Il y en a 21 dont trois en vertu de lettres de cachet : Mlle Cerirtit, en 1765; Mlle Laurion, en 1763, et Mlle de Saintours, en 1765.

G. 124. (Liasse). — 3 pièces, papier.

1686-1693. — Hôpital général : le Refuge. — Comptes informés de dépenses et recettes pour le Refuge.

G. 125. (Liasse). — 10 cahiers in-4°, 8, 9, 11, 71, 11, 13, 12, 9, 11 et 11 feuillets, papier.

1683-1692. — Manufactures. — Comptes rendus du travail exécuté dans les filatures de l'hôpital. — C'est l'indication sommaire de la quantité de laine et de lin fournie et du prix d'achat des produits. En 1683, on a employé pour 3,241 ll. de matières premières; en 1684 pour 4,263 ll; en 1685 pour 3,961 ll.; en 1686 pour 8,663 ll. etc.

G. 126. (Liasse). — 2 pièces, papier.

1716-1719. — Manufactures. — Comptes du travail des manufactures et des fournitures afférentes, rendus par MM. Pierre Midy et Joseph Limousin, administrateurs, chargés des dites manufactures.

G. 127. (Cahier). — in-folio, 4 feuillets, papier.

1754-1759. — Manufactures. — Comptes du travail des manufactures et des fournitures afférentes, rendus par MM. Ardant, Martin Dupont, Martin du Reynaud et Texandier, administrateurs, chargés des dites manufactures,

G. 128. (Liasse). — 18 pièces, papier.

1758-1761. — Manufactures. — États des dépenses faites pour la fabrication des toiles. Point de récapitulation.

G. 129. (Liasse). — 4 pièces et 1 cahier in-folio, 4 feuillets, papier.

1753-1755. — Manufactures. — États du coton filé à l'hôpital pour MM. Thévenin de Genesty et Laforest frères, négociants à Limoges. Point de récapitulation.

G. 130. (Registre). — In-folio, 162 feuillets, papier.

1er août 1786-juillet 1811. — Manufactures. — Livre des recettes et dépenses des filatures de coton et des fabriques de sabots de l'hôpital. — Les recettes et dépenses de chaque exercice (du 1er août au 31 juillet) sont réparties sous plusieurs rubriques qu'on peut ramener à trois : 1° Fourniture des matières premières; 2° Production des manufactures ; 3° Dépense de la main d'œuvre et vente des produits. — Suit pour ce dernier membre l'indication par mois des sommes payées ou reçues, ordinairement avec la mention des parties agissantes, sous cette forme : « Donné à la maîtresse cardeuse et aux deux maîtresses du coton, 1 livre 2 sols. Donné à Brancalion, aux deux précepteurs et aux trois sabotiers, 11 ll. 12 sols. Reçu pour deux livres de coton, 6 ll. Reçu pour une paire de sabots, 1 livre. » A la fin de chaque exercice on fait le total des recettes et dépenses, montant d'ordinaire à plusieurs milliers de livres : « 1786-1787, payé aux ouvriers en coton et sabots, 1,905 ll. Vendu à divers particuliers, 3,318 ll. » Mais il n'y a aucune uniformité dans la tenue de cette comptabilité et chaque exercice est subdivisé en un nombre inégal de chapitres, ce qui rend malaisé un tableau général des recettes et dépenses. En outre, on y fait entrer très souvent divers comptes étrangers aux manufactures, mais qui, sans doute, étaient acquittés sur le produit des ventes.

G. 131. (Liasse). — 3 pièces, papier.

1769-1781. — Serrurerie. — Réception du sieur Mathurin Valade, comme serrurier de l'hôpital, à la place vacante par le décès de Pierre Valade son frère, 1769. Le contrat conclu pour six années reconnaît au dit Valade la jouissance de tous les outils légués à l'hôpital par Martial Tindaraud, m⁰ serrurier (1724), à charge de payer chaque année la somme de 70 ll. et d'enseigner son métier à deux apprentis présentés par l'hôpital. — Deux autres actes de réception en faveur : du sieur Joseph Durieu, aux mêmes conditions que le précédent, 1789 ; — du dit sieur Joseph Durieu, pour neuf années, moyennant une redevance annuelle de 100 ll., 1781.

G. 132. (Cahier). — In-4⁰, 44 feuillets, papier.

1779-1785. — Serrurerie. — « Compte des ouvrages et fournitures de Joseph Durieu, serrurier de l'hôpital général de la ville de Limoges. » — Les articles sont sous cette forme : « 20 mars 1779, a accommodé trois serrures et changé les gardes des portes, 1 livre 4 sols.... ; a fourni deux clefs pour le portail, 1 livre.... ; a fourni 6 crampons d'un pied, 3 ll.... ; a accommodé une pelle pour le cimetière, 10 sols, etc. » Point de récapitulation générale.

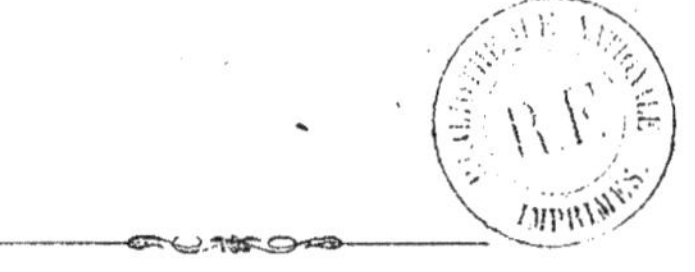

Département de la Haute-Vienne.

VILLE DE LIMOGES.

INVENTAIRE SOMMAIRE

DES

ARCHIVES HOSPITALIÈRES ANTÉRIEURES A 1790.

SÉRIE H.

(Papiers divers ne rentrant pas dans les séries précédentes : Union du prieuré de St-Gérald, Juridiction, Correspondance générale, Loterie, Maisons étrangères, Anciens hôpitaux de Limoges en général.)

H. 1. (Liasse). — 3 pièces, parchemin ; 4 pièces, papier ; 2 sceaux.

1758-1762. — Union du prieuré de St-Gérald à l'hôpital général de Limoges (1). — « Projet de mémoire [au Roi] pour demander l'extinction de la maison de St-Gérald, afin de recouvrer les biens qui ont été usurpés sur l'hôpital. » Vers 1758 : «.... On a vu, sire, avec regret, que la réunion de l'hôpital St-Gérald n'a pu réussir malgré toutes les tentatives qu'on a formées tant au sénéchal de Limoges, en 1675, que par devant les commissaires de la chambre souveraine pour la réformation de la justice, en 1688. Toutes ces instances sont demeurées impoursuivies par le crédit des prieurs commendataires et des chanoines réguliers de Ste-Geneviève qui possèdent on ne sait à quel titres, les biens-fonds et revenus de cet hôpital.... (On mentionne ici les lettres de

protection et sauvegarde accordées au dit hôpital de St-Gérald par Gui, vicomte de Limoges, en 1239, et par Édouard, prince d'Aquitaine, en 1246 (2).... Les œconomes [de l'hôpital de St-Gérald], non contents de retenir les titres de fondation et rentes appartenans à cet hôpital, trouvèrent moyen, depuis le commencement du 16ᵉ siècle, de les faire reconnaître en leur faveur et, d'un bien uniquement consacré à la subsistance des pauvres, d'en former une manse priorale et conventuelle souz la modique redevance de 100 septiers seigles et 20 charges de vin envers l'hôpital St-Gérald..,. Le nombre des pauvres étant considérablement augmenté par la disette des grains qui s'est faite ressentir dans cette province, la nécessité de faire des bastimens plus spacieux est indispensable. Il est impossible, sire, d'y pourvoir soit manque de fonds pour fournir à une telle dépense, soit que ces bastimens se trouvent resserrés à droite par ceux des prêtres de la Mission, à gauche par l'emplacement de l'ancien hôpital de St-Gérald actuellement occupé par le prieur et les chanoines

(1) Il n'est point certain que cette union ait jamais eu lieu sous la forme où elle est indiquée ci-après. Il semble résulter en effet de l'examen des archives du prieuré St-Gérald que la manse conventuelle n'appartint jamais à l'hôpital général. Cf. ci-dessus B. 498, fᵒ 50, E. 1, fᵒˢ 195, 208 et 222.

(2) Cf. ci-dessus, B. 538.

réguliers.... » Le mémoire mentionne plus loin que, faute de locaux suffisants pour loger convenablement les enfants en bas-âge, il meurt de ceux-ci chaque année environ les trois cinquièmes. — Brevet du Roi autorisant la poursuite de la susdite union, sous la condition que la nomination des cinq prieurés dépendant de St-Gérald (St-Jean-Lafont, Borniou ou Born, Clédat, St-Eutrope et le Doignon, tous situés au diocèse de Limoges) appartiendra à Sa Majesté, avril 1760. — Requête du vice-promoteur du diocèse à l'évêque aux fins de la dite union, mai 1760. — Décret de l'évêque de Limoges autorisant la susdite union, avril 1761. Le décret énumère la série des actes interlocutoires intervenus depuis le brevet du Roi, entre autres un état des revenus de l'hôpital général portant « que le dit hôpital n'a que 25,597 ll. 10 sols de revenu, soit fixe ou casuel, et en y comprenant même le produit des ouvrages des pauvres ; que la dépense tant pour leur nourriture et celle des domestiques que pour leur entretien, les médicaments, les réparations et les charges, monte annuellement à 31,980 ll., en sorte que, sans les secours que l'on tire des quêtes générales et particulières, des réceptions d'officiers, des amendes et confiscations et des dons manuels, qui jusques à présent ont soutenu cet hôpital, il seroit impossible de faire subsister 514 pauvres qui y sont actuellement, et qu'enfin pour un si grand nombre de pauvres, faute d'emplacement, on n'a que 195 lits, quelques mesures qu'on ait prises pour y en placer davantage.... » Dans ce décret figure en outre l'analyse de l'information faite au sujet du prieuré de St-Gérald, de laquelle il résulte que le dit prieuré « est un bénéfice simple et régulier de l'ordre de St-Augustin, à la nomination du Roi ; que ses revenus qui consistent en cens, rentes et dixmes tant en argent que vins et grains, montent pour le lot du titulaire à 644 ll. ; sur quoi il est obligé de payer par forme de provision 100 setiers de seigle et 20 charges de vin au dit hôpital. » L'information conclut « qu'au moien de cette union on ne fera que rendre justice au dit hôpital en le mettant en état de rentrer, sans plaider, dans la jouissance d'une partie des biens qu'il tenoit originairement de la libéralité des fidèles et que les anciens prieurs de St-Gérald lui avoient enlevés » (1). — Lettres patentes du Roi autorisant la susdite union sur le vu du décret de l'évêque de Limoges et aux conditions stipulées dans le brevet. Marly, juin 1761. — Requête des administrateurs de l'hôpital général au parlement pour obtenir l'homologation des dites lettres patentes, mars 1762. — Acte de l'homologation prononcée par le parlement de Bordeaux, 18 mars 1762.

H. 2. (Liasse). — 7 pièces, papier (1 imprimée).

Seconde moitié du XVIIᵉ siècle. — Juridiction. — « Extraict des lieux dépendants de la juridiction et justice haute, moyenne et basse des pauvres de l'hospital général à cause de l'union de l'hospital St-Martial » : partie du faubourg Montmailler, le grand et le petit Teil en la paroisse de Beaune ; la Faucherie, le mas de l'Aumônerie et de Lavaud-Salesse, Vedrenne en la paroisse de Bonnat ; le grand et le petit Jugnac en la paroisse d'Ambazac ; la Roche de Villefelix, *alias* Chez-Gounot et Lessenie, en la paroisse de Couzeix, « n'y a de maisons ; » Clavières, Roure et la Coux-Marty, en la paroisse de Nantiat ; Mazaud en la paroisse de Roussac ; la Garde-St-Gérald et la Garde au Riché, en la paroisse de la Garde-St-Gérald ; la Rebière au Sourd et Larue, en la paroisse de la Geneytouse ; le bourg et la paroisse de St-Denis-des-Murs. Sans date, écriture de la seconde moitié du XVIIᵉ siècle. — Requête du syndic de l'hôpital général au sénéchal du Limousin pour obtenir confirmation du droit de juridiction à lui appartenant comme héritier de l'hôpital de St-Martial, 1680. La liste des lieux compris dans la dite juridiction est plus détaillée que la précédente. — Trois bans de la juridiction haute, moyenne et basse, civile et criminelle de l'aumônerie de St-Martial, tenus par M. Mᵉ Michel de Brugière, juge, à la requête du procureur d'office, 1687-1691.

H. 3. (Liasse). — 32 pièces, papier.

1718-1762. — Correspondance. — Lettres d'affaires adressées aux administrateurs de l'hôpital général, individuellement ou collectivement : par M. d'Ormesson touchant le payement du loyer de l'hôtel de la Monnaie, réclamé par l'hôpital de Paris, 1721 (1) ; — par M. Dodun au sujet des arrérages de rentes réclamés par l'hôpital général au clergé : « Il est impossible de vous accorder cette demande

---

(1) Pour comprendre le sens de cette conclusion, il faut se souvenir que l'hôpital général de St-Alexis, formé en 1660 par la réunion des anciens hôpitaux de St-Gérald et St-Martial et de diverses confréries, fut établi dans les bâtiments de l'hôpital de St-Gérald

et fut, pour cette raison, considéré comme continuant plus particulièrement ce dernier établissement dont il porta même encore le nom quelque temps.

(1) Cf. B, 495, p. 98, col. 2.

parce que le clergé a un titre pour ne payer les intérêts des sommes qu'il doit qu'au denier cinquante, à commencer du premier juillet 1720. » Paris, 1722 ; — par Mgr Charpin de Génetines, ancien évêque de Limoges : « Je suis tousjours également sensible aux marques de vostre souvenir et de vostre bienveillance. Je vous prie de me la marquer par la continuation des prières que vous me procurez, en ayant plus de besoin que jamais par mes infirmités qui me font envisager une fin prochaine. » Paris, 1722 ; — par le même : « Je ne mérite nul remerciment sur ce que j'ay fait pour vostre hospital. Je n'en puis trop faire pour réparer mes fautes dans le gouvernement du diocèse de Limoges, pour lequel je conserveray toute ma vie une te dre affection. » Paris, sans date ; — par M. Dodun annonçant qu'il a prescrit à M. d'Orsay, intendant de la généralité de Limoges, de fournir quelques secours à l'hôpital, « pour réparer incessamment et avec économie le dommage que l'incendie du 6 a causé à votre maison. » Versailles, 25 avril, 1725 ; — par M. d'Orsay annonçant un ordonnancement de 3,000 ll. : « Vous en userez avec l'œconomie qu'il convient. Vous scavez qu'en ces temps-cy les fonds sont très rares et que par conséquent il faut les ménager. » Paris, août 1725 ; — par le même : « M. le controleur général est informé, Messieurs, que les provinces ne sont pas moins remplies qu'à l'ordinaire de vagabonds et de fainéans qui mandient impunément, malgré la sévérité des ordres qui ont été donnés pour les punir et les secours que le Roy a fait fournir aux hôpitaux pour pourvoir à leur subsistance. Il me charge de faire publier de nouveau la déclaration du Roy du 18 juillet 1724 contre la mandicité et de donner de nouveaux ordres pour faire arrester tous les mandians et vagabonds. J'écris en conformité à mes subdéléguez et aux officiers de la maréchaussée. Mais comme il est nécessaire que je sois informé du nombre de pauvres qui sont actuellement dans les hôpitaux et de ceux qui peuvent y estre renfermez, jusqu'à concurrence du revenu de chaque hôpital, je vous prie de m'envoyer un état... » Limoges, 1730 ; — par Mad. de Verthamond des Cars, pour faire admettre un indigent, 1748 ; — par M. Leyssène, curé du Vigen, pour faire secourir une pauvre femme de sa paroisse : « Faites ce coup de charité et Dieu vous le rendra. » 1756 ; etc.

H. 4. (Liasse). — 40 pièces, papier.

1763-1766. — Correspondance. — Lettres d'affaires adressées aux administrateurs de l'hôpital général, individuellement ou collectivement : par M. Ardant : « Comme je viens d'apprendre que l'hôpital veut placer de l'argent provenant de remboursemens, j'ai l'honneur de m'adresser à vous pour vous proposer des rentes constituées que j'ay sur des maisons de Bénédictins et dont je puis accommoder l'hôpital. C'est aujourd'huy jour de courrier, ce qui m'empêche de vous voir à ce sujet.... » Limoges, 1763 ; — par l'évêque de Sarlat promettant de payer la rente qu'il doit à l'hôpital. Paris, 1763 ; — par le sieur Depéret, vicaire régent de Chaptelat, au sujet des droits de l'hôpital dans la dite paroisse. Chaptelat, 1764 ; — par le sieur Bourdichon, curé de Rilhac-Lastours, réclamant le premier quartier du supplément de pension que lui paie l'hôpital. Rilhac, 1765 ; — par le sieur Cellerier, au sujet des arrérages de rente qui lui avaient été réclamés par l'intermédiaire de Dom Isnard, prieur de St-Angel, 1765 ; — par le sieur Carbonnières, au sujet des arrérages de rente qui lui sont réclamés : « Le tems est si misérable et en ce pays-ci plus qu'ailleurs, qu'on ne peut tirer un sol de personne. » Montjoffre, 1765 ; — par M. Labiche de Reignefort, au sujet d'un legs de 1000 ll. fait par Mad. de Labiche à l'hôpital, à charge par celui-ci « de faire célébrer chaque mois dans l'église de la communauté une grande messe chantée par une partie des pauvres du dit hôpital et un service tous les ans. » Limoges, 1766 ; etc.

H. 5. (Liasse). — 34 pièces, papier (1 imprimée).

1767-1789. — Correspondance. -- Lettres d'affaires adressées aux administrateurs de l'hôpital général, individuellement ou collectivement : par M. Pelletier, « ch. rég. prieur et curé de St-Gérald, » au sujet des réparations à faire au prieuré : « MM., vous scavés le danger auquel nous sommes exposés dans nos bâtimens. Outre qu'il est notoire, nous avons eu l'honneur de vous en laisser une connaissance particulière détaillée dans un mémoire qui vous fut mis entre mains, il y a déjà longtemps. Jouissans du prieuré commandataire, nous vous appellions à notre secours en proportion commune à tous ceux qui ont des bénéfices consistoriaux.... » 1771 : — par Me Cœurdenz, « ch. rég. pr. curé de St-Gérald, » au sujet d'une affaire pendante non rapportée : « .... Ne trouvez pas mauvais, je vous prie, si enfin j'ai réclamé à regret l'hauthorité des juges. Le public sera peut-être scandalisé de voir plaider des prêtres et des pauvres. C'est vous, Messieurs, qui avez voulu le scandale. J'en suis, et mon prédécesseur, absolument innocent.... » 1772 ; — par M. Devoyon, supérieur de la Mission, au sujet des précautions à prendre par l'hôpital pour préserver les bâtiments de la Mission des dégradations que causent les eaux pluviales, 1773 ; — par le sieur Maurice, annonçant la faillite du sieur Reculé de Bosmarein, secrétaire du Roi et chargé d'affaires de l'hôpital général. Paris, 1779 ; — par le sieur Dubois, curé du Vigen, répondant aux questions qu'on avait posées à son père au sujet des limites du jardin du dit hôpital : « L'âge de mon père ne lui permet pas de se rendre, même en litière, à Limoges. Après la lecture de votre lettre, voilà ce qu'il se rappelle.... » Le Vigen, 1782 ; — par le sieur Ruaud, procureur d'office de Roussac, pour faire admettre un enfant à l'hôpital, Le Buis, 1784 ; etc.

1764-1782. — Correspondance. — Lettres concernant les affaires de l'hôpital, adressées à diverses personnes autres que les administrateurs : à l'abbé de Solignac : « M., la multitude de pauvres qui arrive journellement de toute part à l'hôpital de cette ville nous met dans la nécessité de recourir aux expédients pour fournir à leur subsistance et n'être pas obligés de refuser des malheureux infirmes qui, sans cette ressource, périroient de misère. Les lettres patentes pour l'établissement du dit hôpital ont même prévu l'embarras où nous nous trouvons en ordonnant l'union de toutes les aumônes générales et particulières de la ville et dépendances. Nous savons, Monsieur, que votre abbaye est chargée d'une aumône de 50 setiers, mesure de Solignac, que vous faites distribuer chaque année aux habitans de Solignac et du Vigen, à défaut d'hôpital. Cette distribution tourne en abus, parce que la plupart de ceux qui se présentent pour la recevoir ne sont pas dans le cas ; plusieurs ne vont même habiter ce lieu que dans la vue de participer à cette aumône.... C'est ce qui nous détermine à vous demander, Monsieur, d'accorder cette aumône à une maison destinée à la recevoir, qui en a un vrai besoin et qui en fera un usage bien conforme aux intentions du fondateur.... » (Minute sans signature). Limoges, 1764 ; — à la sœur Belut, « religieuse de Saint-Alexis et apoticairesse de l'hôpital général, » par une dame Tranchant à qui on avait réclamé le prix des remèdes vendus à feu son oncle, 1774 ; —

à l'évêque de Limoges, « au palais du Luxembourg, à Paris, » par les administrateurs de l'hôpital, touchant le recouvrement des rentes dues par le clergé. (Minute), 1776 ; — à M. Demondion, « caissier des Ponts-et-Chaussées, à Limoges, » par les dits administrateurs, touchant l'échéance d'un billet de 630 ll., 1777 ; — à M. Roustin de la Barouillière, « expéditionnaire de cour de Rome, rue Dauphine à Paris, » au sujet d'un avis par lui transmis. (Minute sans signature), 1777 ; — à Madame Audebert de Fontmaubert, à Bellac, par les dits administrateurs, pour la prier de faire tenir une somme de 248 ll. à M. Pouchat, prieur-curé de Seuris, 1779 ; etc.

1723-1777. — Correspondance. — Lettres sans adresses, concernant les affaires de l'hôpital général : du sieur Baresge, curé de St-Hilaire-Lastours, annonçant l'envoi d'un état des nourrices de sa paroisse, 1757 ; — de l'évêque de Sarlat, annonçant l'envoi d'une lettre de change de 300 ll. pour les arrérages de rentes qu'il doit à l'hôpital, 1764 ; — de l'abbé Dupeyroux : « M., on vient de m'envoyer un extrait du testament de feu mon père concernant le legs qu'il a fait à votre hôpital et par lequel on voit qu'il ne l'a fait qu'aux conditions que les pauvres assisteroient à son enterrement. » Paris, 1764 ; — du sieur La Balme, « avocat au Conseil et secrétaire du Roi, rue Ste-Anne » : « Messieurs, M. Joli de Fleuri, maître des requêtes, raporteur de votre instance en réglement de juges contre les religieux de la Congrégation de France, aiant passé à la place d'avocat-général du parlement, j'ai fait subroger un raporteur : M. Taffard a été commis par M. le garde des sceaux. J'ai fait aussi nommer des commissaires pour procéder à l'examen de cette affaire. Voici leurs noms afin que, si vous en connaissiez quelques-uns, vous puissiés les faire solliciter : MM. de Marville, de Beaupré, de Viarmes, de la Porte, Joli de Fleuri, l'abbé Bertin, Lescalopière, Dargouges, Ogler, de Larbonot, conseillers d'État.,.. » Paris 1775 ; — de M. Demondion : « M., vous devez vous rappeler que vous eûtes la bonté de me procurer 600 ll. dont j'avais besoin pour acquitter une dette de mon fils à Paris, et que M. le chanoine Roulhac me compta cette somme sur une lettre de change à l'ordre de M. Grellet, l'aisné, administrateur de l'hôpital.... » Demande d'un an de sursis pour acquitter cette dette, 1777 ; etc.

H. 8. (Registre). — In-4°, 216 feuillets, papier.

1700. — Registre de loterie (1). — Sans titre.

(1) L'usage de ce registre et des suivants nous est clairement expliqué par la lettre suivante de l'Intendant de Limoges au contrôleur général (Ap. Boislisle, *Corresp. des contrôleurs gén.*, II, n° 312), 17 sept. 1701 : « Je n'ai pas cru devoir vous laisser ignorer une chose assez surprenante. Depuis le commencement du mois de mars que la loterie de l'hôpital de Limoges a été tirée, il ne s'est présenté personne pour retirer l'argent des deux plus gros lots, dont le premier, de 750 louis, est échu au n° 8,113, sous la devise du bienheureux St-Antoine de Padoux, et le second, de 650 louis, au numéro 7,393, sous la devise : *Après tant de malheurs, Dieu nous favorisera.* La foi de ceux qui ont dirigé cette loterie ne peut être suspecte ; car, outre leur probité connue, ils sont les premiers à déclarer ce fonds. Comme les gens qui y ont droit pourroient être étrangers ou en voyage de long cours, je crois qu'il est à propos de les attendre encore quelque temps, et de faire ensuite publier dans la ville de Limoges, même afficher, tant dans cette ville que dans celle de Paris, un avis portant que ceux à qui ces numéros appartiennent aient à les représenter dans un délai pour en retirer les lots : faute de quoi en demeureront déchus et il sera pourvu à l'emploi du fonds. Après cela, il sera question de savoir ce qui en devra être ordonné. On pourroit dire d'abord que ces deniers, étant de la nature de ceux qui n'appartiennent à personne, doivent appartenir au Roi. Mais, venant à considérer que cette loterie ayant été permise par S. M. en faveur des pauvres, et qu'il est à présumer que ces numéros appartiennent à de bonnes âmes qui n'ont d'autre intention, en ne demandant point les lots, que d'en faire une aumône secrète aux pauvres qui en sont dépositaires, il paroît être de la charité et de l'équité de S. M. de confirmer, en tant que de besoin, ce don tacite, en ordonnant que ces deniers seront employés en bâtiments ou fonds au profit de l'hôpital général de la ville de Limoges, qui d'ailleurs en a un très grand besoin, n'ayant pas assez de logement et de revenu pour soutenir les charges, et principalement depuis la déclaration de Sa Majesté de l'année dernière. Je vous supplie de me faire savoir sur cela votre intention. »

(Réponse en marge) : « M. de Bernage doit faire publier à Limoges, à Paris et dans quelques grandes villes du royaume, que, si, dans trois mois, ceux à qui les lots sont échus, ne rapportent leurs numéros, après le 1er janvier, le fonds en sera remis à l'hôpital de la ville de Limoges.» Voir, sur cette loterie, qui, n'ayant pu être remplie avait été tirée cependant après une réduction préalable des lots, deux lettres de *M. de Bernage (8 janvier et 28 avril 1701) et une lettre de M. Rouillé de Fontaine son successeur (29 novembre 1707).*

Voy. encore *ibid.* p. 619, une lettre de M. Desmarets, directeur des finances, à l'Intendant de Limoges, 1 sept. 1704 : « M. Chamillart m'a renvoyé la lettre que vous lui avez écrite le 29 du mois passé, par laquelle vous lui mandez que plusieurs particuliers se porteroient à mettre à la loterie royale sans la difficulté qu'il y a de trouver à s'associer en nombre suffisant pour former une somme de 1,000 ll. en principal pour acquérir une rente de 50 ll. Sur quoi je vous dirai que ce n'est point l'esprit de l'édit et que, chaque action n'étant que de 100 ll., chacun peut prendre un billet ou action pour cette somme et, outre la rente de 5 ll. dont l'actionnaire jouira à perpétuité, il aura encore l'espérance d'avoir un lot de rente viagère, etc....» (Cf. ci-dessus série B, 525, p. 121).

Chaque page est divisée en sept colonnes horizontales, numérotées de 1 à 3,027. A chaque numéro correspond soit un nom propre (Mad^elle Durbec, César-Auguste, René Lemoine, Jean Prouet), soit un proverbe (argent emprunté porte bonheur), soit un souhait, une facétie, une pensée pieuse, une allusion aux événements du présent, etc. « Ce présent registre contenant 216 feuillets a esté par nous Jean Vidaud, écuyer, seigneur comte du Dongnon, conseiller du Roy, lieutenant particulier en la sénéchaussée et siège présidial de Limoges, paraffé au premier et dernier feuillet pour servir à la lotterie de Limoges.... »

H. 9. (Registre). — In-4°, 144 feuillets, papier.

1700. — Registre de loterie. — Sans titre. Même forme que le précédent ; du n° 3,028 au n° 5,043.

H. 10. (Registre). — In-4°, 144 feuillets, papier.

1700. — Registre de la loterie de Limoges. » — Même forme que le précédent ; du n° 10,980 au n° 12,995.

H. 11. (Registre). — In-4°, 218 feuillets, papier.

1700. — Registre de loterie. — Sans titre. Même forme que le précédent ; du n° 12,996 au n° 16,046.

H. 12. (Registre). — In-4°, 144 feuillets, papier.

1700. — Registre de loterie. — Sans titre. Même forme que le précédent ; du n° 16,047 au n° 18,062.

H. 13. (Liasse). — 1 pièce, papier.

1780. — « Lotterie de dentelle, tirée le 10 avril 1780. » C'est la liste des numéros sortis, des lots gagnés et des personnes gagnantes.

H. 14. (Liasse). — 10 pièces, papier, (imprimées).

1689-1738. — Amortissements, francs-fiefs et nouveaux acquets. — Déclarations royales, lettres patentes et arrêts du Conseil d'État concernant les susdits droits en général.

H. 15. (Cahier). — In-8°, 11 feuillets (imprimés).

1694. — Déclaration du Roi concernant le recouvrement des droits d'amortissement dus par les bénéficiers, communautés ecclésiastiques, fabriques et autres gens de main morte du comté de Bourgogne. Versailles, 16 février.

H. 16. (Liasse). — 3 pièces, papier.

1746-1779. — Obligations entre particuliers : en faveur de M. le chevalier de St-Pardoux par Antoine Peyrot, pour une somme de 24 ll. ; — en faveur de M. Henri Martin par M. Devoyon de Baju et J. Baju, pour une somme de 186 ll., etc.

H. 17. (Liasse). — 1 pièce, papier.

1742. — État religieux. — Extrait de l'acte mortuaire de Me Léonard Limousin, écuyer, seigneur de Neuvic, ancien greffier du Bureau des finances de la Généralité de Limoges, décédé à l'âge d'environ 48 ans et enterré dans l'église de St-Pierre-du Queyroix.

H. 18. (Liasse). — 9 pièces, papier (8 imprimées).

1672-1693. — Législation hospitalière. — Édit du Roi donné en faveur de l'ordre de N.-D. du Mont-Carmel et de St-Lazare de Jérusalem, décembre 1672 ; registré au grand conseil le 20 février 1673 et en la chambre de l'Arsenal le 25 suivant. — Déclaration du Roi en faveur des hôpitaux généraux et des hôtels-Dieu du royaume, 24 mars 1674. — Édit du Roi portant désunion de l'ordre de N.-D. du Mont-Carmel et de St-Lazare, des maisons, droits et revenus qui étaient possédés avant l'édit de décembre 1672 par les ordres du St-Esprit de Montpellier, de St-Jacques de l'Épée et du Luc, du St-Sépulcre, de Ste-Christine de Somport, de N.-D. dite Teutonique, de St-Louis de Boucheraumont et autres ordres militaires, séculiers ou réguliers ; comme aussi portant désunion des maladreries et hôpitaux des dits ordres du Mont-Carmel et de St-Lazare, mars 1693 ; — mémoires pour les archevêques, évêques, intendants et commissaires départis dans les provinces concernant l'exécution de l'édit de mars 1693 ; — arrêt du Conseil d'État concernant les revenus des maladreries, léproseries, hôpitaux « et autres lieux pieux » désunis par l'édit de mars 1693.

H. 19. (Liasse). — 1 pièce, papier.

1665. — Maisons étrangères. — Édit du Roi pour l'établissement à Paris d'un Refuge destiné aux filles et femmes débauchées, sous la direction de l'hôpital général.

H. 20. (Cahier). — In-8°, 6 feuillets, papier.

XVIIIe siècle. — Maisons étrangères. — « Réglement de MM. les directeurs de la maison de Ste-Pélagie, ditte le Refuge de l'hôpital général » à Paris. Sans date ; orthographe et écriture du XVIIIe siècle. — « Laissauts et respectants les règlements pour le spirituel ecclésiastique que Mgr l'archevesque et ceux qu'il a commis de sa part voudront faire pour la conduitte des âmes de cette maison, nous, directeurs establis par Sa Majesté pour le gouvernement de cette maison, avons cru estre obligez comme de bons pères de famille de faire des règlements pour la gloire de Dieu et les bonnes mœurs que les filles et femmes qui y seront receues doivent garder. » Suivent les dits règlements en 8 chapitres, parmi lesquels on peut relever les articles suivants : 1° *Règlement qui regarde la gloire de Dieu :* « Celles qui se seront entretenues des choses de sortilège ou magie seront séparées pour un temps de la communauté, comme dangereuses et ne méritant pas de jouir de la société chrestienne.... Celles qui contreviendront à ce règlement seront reprises par la supérieure et officières qui ne souffriront aucun mauvais discours estre fait contre MM. les ecclésiastiques et puniront celles qui en auront dit, selon la faute ; laquelle, si elle est grième, en avertiront Messieurs pour ordonner des chastiments, spécialement contre celles qui auront détourné les autres du bon chemin, auront donné des deffiances contre les confesseurs, disans qu'ils s'entendent avec la supérieure ou qu'ils révèlent les confessions et autres choses semblables empêchant l'usage des sacrements et la pratique des bonnes œuvres. » 2° *Règlement touchant l'obéissance aux supérieurs :* « .... Celles qui auront mal parlé de Messieurs ou refusé d'obéir à leurs ordres seront mises en prison.... spécialement celles qui auront porté les autres à se soulever, leur disant que l'authorité du gouvernement est tyrannique et autres choses semblables tendant à une révolte. » 3° *Règlement concernant la police de la maison*, prescrivant la cessation des relations avec le dehors, les mortifications, etc., et imposant la visite du médecin à toutes les filles qui entrent dans la maison. 4° *Ordre de la communauté et du travail.* .. 5° *Ordre du manger et du réfectoire....* 6° *Règlement pour la charité mutuelle :* « Toutes les filles et femmes de cette maison auront de la charité les unes pour les autres, se porteront au bien et à la vertu. Elles ne médiront point les unes des autres et ne se reprocheront leurs vices et deffauts, etc. » 7° *Règlement pour la pureté*.... 8° *De l'ordre à garder dans le parloir :* «.... Pas une fille n'ira au parloir sans la permission de Messieurs ou de la supérieure, et qu'elle ne soit accompagnée d'une officière à laquelle elle obéira en tout pour n'y rien dire que ce que l'officière trouvera bon et pour autant de temps que l'on lui aura marqué ; après lequel elle interrompra le discours et se retirera. »

H. 21. (Registre). — In-12, 35 feuillets, papier.

1711. — Maisons étrangères. — « Règlement de la congrégation des filles [de Ste-Marthe] qui servent les pauvres dans l'hotel-Dieu de la ville de Luzignan, avec l'approbation de Mgr l'evesque de Poitiers. Cecy appartient à la sœur de la Faye, hospitalière. » — Préambule : « Dieu, par un effet singulier de sa Providence, ayant appellé à l'Hôtel-Dieu de cette ville de Luzignan quelques filles qui s'employent tout au service des pauvres, [les dites filles] ont trouvé bon, pour coopérer à un si pieux et si important dessein, de mettre par escrit des règles qui ayderont à glorifier Dieu en ce lieu et à accomplir plus exactement sa divine volonté. » Ch. I. *Règles communes à toute la congrégation.* Art. 2 : « Cette famille dépend de Mgr l'evesque de Poitiers et le reconnoist en toute choses pour son supérieur.... » Art. 3 : « Il y aura une mère pour gouverner la maison et une assistante qui suppléera en cas d'absence ou de maladie ou de quelque autre nécessité. Les autres s'appelleront : l'infirmière, la sacristaine, la portière. » Art. 4 : « Elles auront un confesseur capable et vertueux, à qui elles s'adresseront d'ordinaire, avec liberté néantmoins de s'adresser quelquefois à tel qu'elles choisiront de l'avis et du consentement de la supérieure. » Art. 6, prescrivant les vœux de chasteté, de stabilité et d'obéissance. Art. 7, prescrivant le renouvellement des vœux tous les ans dans la chapelle, le jour de Ste-Marthe. Art. 8, relatif au vêtement et à la manière de vivre des religieuses, lesquelles « ne feront point de pénitence ou d'austérité notable qui puisse empescher leurs fonctions. » Art. 11 : Elles pourront secourir quelques malades hors de l'hotel-Dieu quand on les y appellera ou que la charité et l'honesteté les demanderont.... Elles se pourront aussi trouver aux assemblées des dames charitables dans les lieux où elles seront establies. Elles tacheront de les édifier par leur modestie et leurs pieux sentimens. » Ch. II. *Du devoir des sœurs envers Dieu et envers elles mesmes.* Art. 2 : « La supérieure députera une sœur pour faire la lecture à celles qui ne scauront pas lire. » Art. 4 : «.... Qu'elles évitent de se conduire par leur propre sens et jugemens. » Ch. III. *Du devoir des sœurs envers la supérieure*, réduit à l'obéissance et au respect. Ch. IV. *Du devoir des sœurs entre elles et envers leur congrégation.* Art. 8 : « Qu'elles ayent un zèle doux et modéré pour leur petite congrégation, ne désirant jamais qu'elle subsiste n'y qu'elle s'acroisse que pour l'amour de J.-C. et de ses pauvres, etc. » Ch. V. *Du devoir des sœurs envers les pauvres et les étrangers.* Art. 3 : « Qu'elles ayent pour les pauvres de J.-C. un cœur et des entrailles de mères et que pour cela elles estiment, ayment et pratiquent fidèlement l'humilité et la charité comme les plus excellentes vertus. » = F° 16 v° : Règlement pour l'élection de la mère et des officières, en trois articles ; — f° 17 v° : Règlement pour la réception des sœurs ; — f° 18 v° : Formes des vœux de chasteté, d'obéissance et de stabilité ; — f° 19 r° et ss. : Règlement pour la mère supérieure, pour l'assistante, pour la maîtresse des jeunes filles ou prétendantes, pour l'infirmière, pour la sacristaine, pour la portière ; — f° 31 r° : Avis pour les servantes ; — f° 33 r° : Approbation du dit règlement par l'évêque de Poitiers, 14 mars 1711.

H. 22. (Cahier). — In-4°, 8 feuillets, papier (imprimés).

XVIIᵉ siècle. — Maisons étrangères. — Mémoire pour les administrateurs de l'hôpital de Tulle contre M. Ancelin, évêque de Tulle (jusqu'en 1702) au sujet du paiement d'une aumône de 400 setiers seigle, 25 ll. argent et une nappe, « qui se faisoit aux pauvres mendians dans la cour de l'évêché de Tulle, tous les vendredis de l'année. » Il est dit que cette aumône fut réunie à l'hôpital de Tulle par lettres patentes de 1670, données sur le consentement de M. de Mascaron, lors évêque. (Les derniers feuillets de ce mémoire font défaut.)

H. 23. (Cahier). — In-folio, 6 feuillets, papier.

XVIIIᵉ siècle. — Maisons étrangères. — « Règles que l'on observe dans la maison du Bon Pasteur (1),

(1) Il n'y a jamais eu de Refuge de ce nom à Limoges avant la Révolution ; mais rien ne révèle à quelle ville appartient la maison mentionnée ici.

recueillies par les soings de la Mère Magdeleine, supérieure. » — Sans date ; orthographe et écriture du XVIII° siècle (?) — Les articles ne sont point divisés par chapitres, mais enregistrés les uns à la suite des autres, sans grande méthode. On peut relever les suivants : Art. 23 : « Il est deffendu de lever les yeux à table, de se donner du pain l'une à l'autre et de parler pendant le repas. Art. 24 : Quand on veut du pain et que l'on veut boire, on frappe doucement avec le couteau. Art. 26 : Il n'est pas permis de manger hors des repas. C'est pourquoy il est défendu de ne point *(sic)* cacher les restes dans la poche. Elles (les détenues) ne le doivent pas aussi donner à personne, crainte de nouer quelque amitié ensemble, sur quoy la sœur assistante doit veiller. Art. 37 : Dans les récréations, chasque fille pœnitante doit aller avec sa compagne et [elles] doivent prendre garde à ne point dissiper les autres, en faisant quelque conte à rire. Art. 33 : .... On ne permet pas non plus qu'elles se moquent les unes des autres quand il y en a des estrangères qui ne sçavent pas la langue française. Art. 40 : Il faut aussi prendre garde qu'elles sont sujectes à ce dire des parolles à double sens, par exemple, si elles ont connu un homme au monde qui s'appelloit Jean, Jacques, Pierre et autres, elles disent : *J'ay dévotion à un tel sainct. Avés vous pas veu dans une esglise l'effigie d'un tel sainct ?* et choses semblables. Art. 47 : On ne permet pas qu'elles aillent baillier *(lises balayer)* devant la messe le réfectoire, les jours de feste, de peur que trouvant quelque morceau de pain qui pourroit être resté le soir auparavent, elles ne fissent aucune difficulté de le manger et d'aller communier avec les autres. Art. 52 : Quand elles entendent du monde dans la maison, elles doivent chanter, mesme dans le temps du silence. Art. 55 : Quand il se trouve quelque fille à la cour par mesgarde et qu'il vient à passer quelque personne du dehors, elle se doit promptement retirer ou bien se cacher. Art. 61 : Quand on a besoing du fil, on heurte avec son dez sur le dos de la chaize et l'on monstre son esguille. Art. 65 : On ne permet pas de regarder les ouvrages les unes des autres sans permission, de peur que le petit mot ne s'y glisse. Art. 87 : On ne doit point tenir de fuzil dans les appartements, si ce n'est dans la chambre de la mère, de peur que ces filles ne s'en servent en allant baillier *(lises balayer)* pour quelque mauvaise fin. Art. 97 : Il n'est pas permis de cueillir de fruicts et fleurs dans le jardin sans permission, ni aucune herbe, non pas mesme dire : *Cette herbe a telle qualité,* ny dire :

Telle viande cause telle incommo lité, s'instruisant les unes les autres à estre délicates et au mal. Art. 101 : On ne doit se demander l'une à l'autre le temps que l'on est dans la maison de peur qu'il n'y aye des dernières venues qui, n'ayant pas l'esprit de la règle, ne disent : *Je n'y voudrois pas avoir demeuré tant que vous, pauvre fille. Vous avés passé votre junesse dans une prison. Vous estes encore bien june et jolie ;* de là se pervertir, en se dégoutant de la maison et prenant aversion pour la closture. Art. 103 : Quand on reçoit des filles, l'on chante le *Veni Creator* et le *Te Devm laudamus.* Art. 118 : Il ne faut pas souffrir que l'on die en communauté que l'on paye pension, de peur que par ce moyen elles n'entretiennent l'esprit d'orgueil et de vanité. Art. 138 : Il n'est pas permis aux sœurs assistantes non plus qu'aux pénitentes d'avoir des entretiens avec leurs confesseurs, non plus qu'avec d'autres prestres qui pourroient venir dans la maison, de peur qu'il ne se glisse quelque chose contre les règles. Art. 152 : On ne doit jamais se plaindre des mauvaises odeurs, faisant connoistre son immortification. Art. 159 : Dans l'année 1688, une personne charitable fist offre des sabots pour les filles pœnitentes, autant qu'on en avoit de besoing. On demanda la permission au supérieur, quoy que dans les premières années on portoit des galoches. C'est à présent une règle de les porter six ou sept mois de l'année pour faire mourir l'orgueil et vivre l'esprit de pauvreté. Art. 161 : Celles qui aiment les grandes cornettes et les petits mouchoirs fins ou gros, on leur donne tout le contraire. » — Après l'art. 167 on indique l'emploi de la journée sous deux formes différentes.

H. 24. (Cahier). — In-8°, 131 feuillets, papier.

Vers 1552. — Hôpitaux de Limoges en général. — Procédure relative à la saisie et à l'afferme des revenus de tous les hôpitaux et maladreries de Limoges. Sans date ; écriture du XVI° siècle. (Voy. l'art. suivant.)

H. 25. (Liasse). — 4 pièces, papier.

1552-1562. — Hôpitaux de Limoges en général. — Requête du procureur du Roi demandant que les fruits et revenus des aumôneries de Limoges soient saisis et mis en la main du Roi, à faute par les titulaires de produire les actes de fondation, 1552. L'abbesse de la Règle comme prieure de la Maison-Dieu fait offre de nourrir treize lépreux et de distribuer l'aumône aux pauvres de Limoges chaque vendredi ; le prieur de St-Gérald rappelle qu'il entretient l'hôpital de ce nom et demande que la visite en soit faite. — Demande faite par l'aumônier de St-Martial à la dame abbesse de la Règle d'acquitter la redevance par elle due à la Maison-Dieu, 1562. L'abbesse s'y refusait en prétextant qu'elle avait fait exécuter plusieurs réparations considérables aux bâtiments de cette maladrerie et qu'elle distribuait chaque jour de grandes aumônes aux pauvres de la ville. — Inventaire de production mentionnant la reconnaissance faite par l'abbesse de la Règle des pensions qu'elle doit à la Maison-Dieu et à la confrérie des Pauvres à vêtir.

H. 26. (Cahier). — In-4°, 25 feuillets, parchemin.

1561. — Hôpitaux de Limoges en général. — Procès-verbal de vérification des droits des dits hôpitaux, fait par Jean Petiot, « licencié ez droictz, juge civil et criminel de la cour, justice et juridiction ordinaire de Limoges pour les roy et reyne de Navarre, seigneurs viconte et vicontesse du dict Limoges, » en exécution d'un édit général du Roi portant que le revenu des hôpitaux et maladreries « seroient levés par gens ydoynes et suffizantz, à celle fin de nourrir et entretenir les pauvres.» — Présents : Pierre Benoit, prieur de St-Gérald ; Bernard Aubusson, aumônier de St-Martial ; Jean Bonnet, prieur des Arènes ; Charlotte de Maumont, directrice de la Maison-Dieu. « Blanchard a dict comparoir seulement à dire que le dict Bonnet est absent de la présent ville, et en luy baillant delay de sept semaines, offre l'en advertir. Salot pour le dict Benoist a dict que le prieur de Sainct Géraud n'est subject à l'édict du Roy faict parceque c'est un prieuré conventuel et le prieur d'icelluy a esglise parrochielle et curé de la paroisse qui administre les sainctz sacrementz ez parrochiens de la dicte paroisse, lequel prieur estoit par les religieux d'icelluy électif, et que l'hospital est distinct et séparé du dict prieuré, où il loge des pauvres auxquels il distribue des aulmosnes, mais non à cause de ce qu'il aye aucun revenu du dict hospital.... » — Discussion des droits de juridiction de l'aumônier de St-Martial ; nomination des sieurs Lascure et Colomb, bourgeois, pour administrer l'hôpital à la place de l'aumônier ; examen des pensions dues par l'aumônier à l'hôpital de St-Gérald ; fixation d'une pension en faveur du dit aumônier ; commandement fait au dit aumônier

de restituer les lièves des revenus et de ne point troubler le fermier du revenu de l'hôpital, etc.

H. 27. (Liasse). — 2 pièces et 1 cahier in-4°, 5 feuillets, papier.

Vers 1659. — Hôpitaux de Limoges en général. — Consultation sur le droit de nomination des administrateurs des hôpitaux de St-Gérald et St-Martial, contesté entre l'évêque et le lieutenant général. Sans date ; écriture du milieu du XVII° siècle (En double) : « Il y a deux hospitaux à Limoges : l'un dans la ville, appellé de St-Martial, dépendant de l'aumosnerie de la dicte abbaye, qui a esté unie à la manse du chapitre de la dicte églize, et l'autre hors de la dicte ville, près du monastère de St-Gérard. L'un et l'autre de ces hospitaux ont esté fondez et entretenus des biens et revenus donnez de ceux de la dicte abbaye [St-Martial] et du dict monastère St-Gérard, qui ont esté augmentez par des légats faictz par les fidelles aux dicts hospitaux.... Ces deux hospitaux ont esté administrés, il y a longtemps, par des personnes laïques qui sont esleues et nommées par les sieurs consuls de la dicte ville, de quatre en quatre ans, pour chasque hôpital, qui sont obligées solidairement de l'administration des biens du dict hospital, que chascun des dicts bailes ou scindics gouverne pendant un an. Et après que les quatre années sont expirées, qu'ilz sont sortis de charge, ilz rendent compte à leurs successeurs. Et depuis pluzieurs années que les dicts quatre scindics ont eu la direction et conduite des dicts hospitaux, il ne se trouve pas que le seigneur évesque, le sieur lieutenant général ou autres officiers royaux, ny les consuls de la dicte ville ayent pris connoissance de l'administration des dits hôpitaux, ny que les dicts scindics ayent rendu compte par devant eux. Et d'autant qu'en l'année 1645, le dit seigneur évesque estant adverty qu'ilz se commettoient (sic) beaucoup de désordres et abus dans les dicts hospitaux, désirant de s'acquitter des obligations de sa dignité et faire ce qui dépendroit de luy pour establir un bon ordre dans les dicts hospitaux, il y fist sa vizite et tacha de recognoistre les fautes qui estoient commises en la dicte administration et en la conduite et nourriture des pauvres, tant de ceux qui y sont entretenus durant leur vie que de ceux qui passent ; et pour y pourvoir il fit des ordonnances pour régler les dicts hospitaux. » De là conflit entre l'évêque et le lieutenant général, ce dernier s'opposant à cette immixtion de l'ordinaire qui « vouloit uzer de son droit et faire rendre compte par devant luy aux scindics du dict hospital et les obliger à tenir les bureaux tous les mois pour délibérer ce qui seroit convenable de faire pour les biens des dicts hospitaux, auxquelles assemblées il veut présider. » Le lieutenant général prétend « que c'est à luy et non au dict seigneur évesque d'ouyr et de juger les dicts comptes et avoir la preséance en toutes les assemblées qui seront faictes pour les affaires des pauvres. » Il est reconnu que l'hôpital de St-Gérald a été d'abord sous la conduite du prieur du prieuré de ce nom, et celui de St-Martial sous la direction de l'aumônier du monastère de ce nom, lesquels « se sont deschargés du soin des pauvres moyennant la quantité de grains, vins et argent qu'ils baillent annuellement pour leur nourriture et entretien, et ont souffert que les consuls de la dicte ville nomassent les administrateurs des dictz hôpitaux, ce qui s'est facilement introduit, soubz prétexte des ordonnances, dans les désordres des troubles, en l'absence des évêques, et 'dans les factions de la dicte ville qui estoit fort divisée au temps de la Ligue » (1). Le mémoire conclut implicitement en faveur de l'évêque. — Autre mémoire relatif au même objet, adressé au Conseil par le lieutenant général de Limoges. Sans date; écriture du milieu du XVIIe siècle.

(1) Assertion assez inexacte. La nomination de bailes laïques par les consuls date de 1532 pour l'hôpital de St-Martial et de 1562 environ pour l'hôpital de St-Gérald. Voy. *Reg. consul.* 1. *passim.*

VILLE DE LIMOGES.

INVENTAIRE SOMMAIRE

DES

ARCHIVES HOSPITALIÈRES ANTÉRIEURES A 1790.

Ier FONDS

(Hôpital de Saint-Martial uni à l'hôpital général.)

I. — A. 1. (Liasse). — 2 pièces, parchemin.

1661-1663. — Hôpital de St-Martial : Union à l'hôpital général. — Procès-verbal de translation des pauvres de l'hôpital de St-Martial, « au nombre de 45 (1), tant grands que petits, » au dit hôpifal général « dédié à St-Alexis, » en vertu des lettres patentes du Roi, août 1661. Suit l'inventaire des meubles et effets divers trouvés en l'hôpital de St-Martial : « Premièrement, étant entrés, accompagnés comme dessus, dans la chapelle du dict hospital qui est sur la main droitte, à l'entrée avons trouvé un bénitier de pierre de taille, de 2 pieds en carré, ayant par le dessus un petit coffre d'un pied de longueur et demi de hauteur, servant de tronc pour recevoir les charités et aumosnes faittes aux dicts pauvres. Du mesme costé y avons trouvé deux bancs-dossier (sic) à grosse menuiserie, attachés à la muraille, de la longueur de 8 pieds,

(1) M. Laforest (*Limoges au XVIIe siècle*, p. 237), admet sans preuve 300 pauvres à l'hôpital de St-Martial en 1661. Sur la source de son erreur, voy. notre introduction, P. XXIV, note 6.

chasqu'un d'iceux ayant sur le devant un pupitre ou accoudoir, de la longueur de 6 pieds, le tout de vieux bois de chesne ; plus, du mesme costé, un banc confessionnal faict dans le chesne ; plus, une image de la Vierge, de bois fort vieux ; plus, un crucifix en bosse de carte, de la hauteur de 3 pieds ; plus, 2 vieux tableaux rompus et percés en divers endroicts ; plus, 4 pots de fayence guarnis de quatre bouquets en forme de fleurs servant à l'ornement de l'autel de la chapelle, » etc. — Transaction entre les administrateurs de l'hôpital général et les chanoines de la collégiale St-Martial, réglant les anciens droits prétendus par ceux-ci sur l'hôpital de ce nom, récemment uni à l'hôpital général, 1663.

I. — A. 2. (Rouleau). — Parchemin : longueur 3^m80 ;
largeur, 0^m12.

XIe siècle. — Hôpital de St-Martial. — Cartulaire du dit hôpital commençant par ces mots : *In nomine sanctæ et individuæ Trinitatis* (1). Les actes y trans-

(1) Imprimé dans nos *Documents histor....* II, 1.

crits, intégralement ou par extraits, sont au nombre de 45. Ce sont pour la plupart des donations de terres ou de rentes en faveur de l'aumônier de St-Martial. Les dates conservées appartiennent à la première moitié du XI⁰ siècle. Ces actes concernent les ténements de la Font du Cerf, Vidonenc, Favarges, la Valette, les Champs, Rilhac-Lastours, Vineta, Viziou, Marcuel, Vedrenne, Beaune, la Seichère, les Combes, Bonnac, Grossareix, la Roche et Villefelix, Chanut, Chateaudeau, Leyssine, le Pré-Gras, St-Denis-des-Murs, Mas-Béraud, Parinniac, Calzac, le Mas-Avalur, Dolieta, Boscmarèche, Larmont, St-Genest, Villemigou, le Coudert, le Mas de l'Écluse, Marsac, Bostalaiz, Condat, Courcellas en la chatellenie de Roca-Aufuzone, le lieu du Mas et la Cour. — Parmi les donateurs figurent : Roger de Laron, Adhémar et Gérald ses fils, Adhémar, vicomte de Limoges, Jourdain, évêque de la dite ville, Adalgarde sa mère, etc.

I. — A. 3. (Liasse). — 1 pièce, parchemin : longueur, 0^m81 ; largeur, 0^m58.

XI⁰-XII⁰ siècles. — Hôpital de St-Martial. — Cartulaire du dit hôpital sous ce titre : *Haec sunt consuetudines helemosinaris beati Martialis* (1). La charte est divisée en 4 colonnes et écrite au revers sur trois des dites colonnes. Les actes y transcrits, intégralement ou par extraits, sont au nombre de 51 (le dernier sur une petite bande de parchemin consue par un coin à la charte). Ce sont des donations de terres ou de rentes en faveur du dit aumônier. Les dates conservées appartiennent à la première moitié du XI⁰ siècle. — Ces actes concernent les ténements de St-Vaury, Rilhac-Lastours, Avalur, Boscmarèche, Karmont, Valette, Parinniac, Beumont, China, St-Denis-des-Murs, Marsac, Bosc-Alacuz, Condat, Boscalaiz, Mas-Bonel, les Farges, Leyssine, etc. — Parmi les donateurs figurent : Adhémar, vicomte de Limoges, fils de Gui aussi vicomte, Adalgart *alias* Adalgarde, mère de l'évêque Jourdain ; Roger de Laron et ses fils ; Jourdain, évêque de Limoges ; Archambaud de Lastours, Pierre, vicomte de Limoges, etc. (Cf. l'art. précédent).

I. — B. 1. (Liasse). — 3 pièces, parchemin.

1348-1610. — Hôpital de St-Martial — Donations faites : par Pierre Mercier, clerc, à l'aumônier de St-Martial de tous ses biens meubles et immeubles, 1348 : « *Petrus Mercerii, clericus, filius defuncti Mathei*

(1) Imprimé dans nos *Documents histor...* II. 17.

Mercerii, minor viginti quinque annis, major tamen ut asseruit quindecim annis, ut per aspectum sui proprii corporis notorie apparebat, nichilominus juravit ad sancta Dei evangelia,... pensatis affectione et devocione quas habebat et habet, ut dixit, erga Deum et beatum Marcialem et domum helemosinarie dicti loci.... » Présent à la dite donation frère Adémar de Sarazac, religieux du monastère de St-Martial et prévôt des Combés, lequel promet de nourrir, habiller et chausser le donateur jusqu'à son entrée en religion et de le faire recevoir à ses frais par l'abbé de St-Martial, « *elapso tamen mesatgio propositatus sui de Cumbis proximo venienti;* » — par Martial Martin, chanoine de St-Martial, de 400 ll. payables après son décès et de 50 écus de rente, sa vie durant, à condition que les bailes de l'hôpital l'autoriseront à percer dans sa maison, contigue au jardin de l'hôpital, une petite porte qui lui permette de jouir de la fontaine de l'hôpital, 1602. — Obligation, faite par Jean Martin, procureur au Présidial, frère et héritier de Martial Martin, chanoine de St-Martial, aux bailes de l'hôpital de St-Martial, d'une somme de 280 ll. pour la dotation de cinq repas et d'une autre somme de 120 ll. pour la réparatipn de la muraille du grand jardin; moyennant quoi sera déchargé de la donation de 400 ll. faite par son frère au dit hôpital, 1610.

I.—B. 2. (Liasse). — 4 pièces et 1 cahier in-4⁰, 9 feuillets, parchemin; 5 pièces et 1 cahier in-4⁰, 41 feuillets, papier ; 2 sceaux.

1387-1592. — Hôpital de St-Martial. — Testaments : de Jean Bayard, bourgeois, léguant 5 sols de rente annuelle au dit hôpital, 1387; — de Jacques Bayard, fils du précédent, continuant le susdit legs, 1404; — de Pierre de Léobardy, notaire royal et procureur au Présidial, léguant 40 sols de rente annuelle au dit hôpital pour fonder un repas au jour anniversaire de sa mort, 1573. On y a joint l'inventaire des biens, meubles et immeubles du dit testateur; — de Pierre Saleys, bourgeois et marchand, léguant 80 ll. au dit hôpital pour la rente servir à la fondation d'un repas au jour anniversaire de son inhumation, 1576; — d'Étienne Disnematin, bourgeois et marchand, instituant un repas en faveur des pauvres du dit hôpital, 1588; — de frère Léonard de Léobardy, de la congrégation des Feuillants, fils et héritier de Pierre de Léobardy, notaire royal, léguant 25 ll. de rente annuelle au dit hôpital; plus 25 autres livres à l'hôpital de St-Gérald, 1590; — de Léonard

Descoulx, notaire et praticien, léguant quelques menues sommes aux pauvres de l'hôpital de St-Martial qui assisteront à son inhumation, 1592.

I. — B. 3. (Liasse). — 1 pièce, parchemin; 2 pièces, papier.

1558-1647. — Hôpital de St-Martial. — Affermes : du tiers des revenus de l'aumônerie de St-Martial, pour le prix de 80 ll., 1558; — de la totalité des revenus du dit hôpital, pour le prix de 600 ll., 1562. — Pièce informe concernant l'afferme des dits revenus, 1647.

I. — B. 4. (Liasse). — 1 pièce, parchemin.

1286. — Hôpital de St-Martial. — Assignation d'une rénte de 20 setiers seigle et 20 sols argent faite par l'aumônier de St-Martial pour l'aumône manuelle qui se distribue à certains jours de l'année aux pauvres de Limoges

I. — B. 5. (Liasse). — 1 cahier in-4°, 5 feuillets, parchemin; 1 cahier in-8°, 16 feuillets, papier.

1534. — Hôpital de St-Martial. — Transaction par laquelle l'aumônier de St-Martial, du consentement de l'abbé et du chapitre, donne au dit hôpital la tierce partie des terres, cens, rentes, domaines et revenus de l'aumônerie à charge par le dit hôpital de payer la tierce partie des obligations du dit aumônier vis à vis de l'abbé et du chapitre. — Procès-verbal de prise de possession de la dite tierce partie par les premiers bailes nommés par les consuls.

I. — B. 6. (Liasse). — 4 pièces, parchemin; 6 pièces, papier.

1556-1620. — Hôpital de St-Martial. — Fondations de repas en faveur des pauvres du dit hôpital faites : par la confrérie de N.-D. de la Conception, célébrée en l'église St-Pierre du Queyroix, moyennant 40 sols de rente annuelle, le dit repas devant être pris le jour de la Visitation Notre-Dame, 1556; — par Pierre Mauple et la dame de Bouillon, sa femme, moyennant 40 sols de rente annuelle, 1556; — par dame Sibille Juge, veuve de M° Jean Blais, élu pour le Roi en la sénéchaussée de Limoges, moyennant 40 sols de rente annuelle, le dit repas devant être pris le jour de Ste-Catherine, 1559; — par Pierre Peyroche, moyennant 40 sols de rente, à charge par l'hôpital de faire avertir les héritiers du dit Peyroche pour qu'ils soient présents à la distri-

bution, 1559; — par M° Léonard Magnac, habitant de Limoges, moyennant 40 ll. de capital à prendre sur les 100 ll. qu'il réserve par son testament pour les œuvres charitables, 1569; — par Mathieu Armagaud, habitant de Chaptelat, moyennant 80 ll. de capital; 1591; — par Jean Mauple, conseiller du Roi et trésorier général en la Généralité de Limoges, 1596, etc. — Procès-verbal d'un chapitre des chanoines de St-Martial reconnaissant qu'ils doivent aux pauvres de l'hôpital un certain nombre de repas annuels et renonçant à la rente de 10 setiers seigle à eux due par l'aumônier, 1566.

I. — B. 7. (Registre). — In-4°, 89 feuillets, parchemin.

1555-1573. — Hôpital de St-Martial. — Répertoire des titres portant fondation de repas en faveur des pauvres du dit hôpital. — Les 58 actes y transcrits par ordre chronologique sont reçus par J. Rogier, J. Martin, Deschamps, Dangrezas, Malerbaud, Darfeuille, etc., notaires. — Parmi les fondateurs figurent : F° 1 et ss., années 1555 et ss. : M° Jean Romanet, « receveur pour le Roy du taillon en l'élection du hault Limosin; » M° Léonard Descoulx, notaire et praticien; M° Louis Romanet, greffier criminel en la séuéchaussée de Limousin; les confrères « de la freyrie Mons. Sainct Pierre qui se faict et cellèbre en l'eglize de Sainct Pierre du Queyroy; » M° François Duboys, « esleu pour le Roy nostre sire au hault pays de Limosin; » M° François Béchameil, licencié ès lois, juge prévôtal de Limoges et les autres confrères « de la ancienne et notable confrairie de N.-D. de Conception qui se faict et cellèbre ung chascun an et année en l'esglize parrochiale de Sainct Pierre du Queyroy; » Joseph de Julien, receveur du taillon, et autres confrères de la frairie de N.-D. des Pâtres; M° Guillaume de Douhet, seigneur de Chambon, receveur du Roi dans la haute Auvergne; dame Léonarde Texier *alias* Pénicailhe, veuve de Louis Maledent, bourgeois et marchand de Limoges; dame Jeannette Ruben, veuve de Jean Texier dit Pénicaille, bourgeois et marchand de Limoges; M° Joseph de Julien, « chevalier, conseiller du Roi, trésorier de France et général en la recette générale établie à Limoges» (1); Jean Biays, élu pour le Roi dans le haut Limousin; Sibille Juge, femme du précédent; M° Jean Rogier, procureur au Présidial de Limoges, et autres confrères de la frairie de la Nativité N.-D. qui se

(1) Cf. *Reg. consul. de Limoges*, II, p. 156.

célèbre en l'hôpital de St-Martial; M⁰ Léonard Barny, juge ordinaire de Limoges et Simone Romanet, sa femme; M⁰ Mathieu Varracheau, sergent royal; les confrères de la *frairie* de N.-D. du Puy « qui se faict et célébre en ceste ville de Limoges et au dict lieu du Puy, » M⁰ Jean Texier, chanoine de l'église cathédrale et curé de Champsac; — F⁰ 30 et ss., années 1561 et ss.: M⁰ Jean de Charlonnya, contrôleur des deniers à Limoges; noble Antoine Faucon, seigneur des Lèzes; les confrères de la *frairie* de N.-D. de Mi-Août qui se célébre en l'église St-Pierre du Queyroix; M⁰ Jean Romanet, seigneur de Noalhes et de Lageponnet, receveur du taillon en l'élection du Haut-Limousin; Jacques Massoulard, m⁰ chirurgien de Bellac, frère et héritier de M⁰ Pierre Massoulard, procureur au Présidial de Limoges; Jean Desflottes, hôte du logis de *la Salamandre;* dame Marie Douhet, veuve de M⁰ Joseph Duboys, garde de la Monnaie de Limoges; Jacques Grégoire sieur de Bas-Azis*(sic),* en son vivant contrôleur général des finances en la Généralité de Limoges; Joseph Croizier, conseiller du Roi et receveur général des finances en la dite Généralité; M⁰ Jean Martin, procureur au Présidial; Pierre Salleys, bourgeois et marchand.

I. — B. 8. (Liasse). — 2 cahiers in-4⁰, 44 et 35 feuillets, papier.

1599-1607. — Hôpital de St-Martial. — Lièves des fondations de repas faites en faveur du dit hôpital. (Elles reproduisent les articles de la liève générale analysée ci-dessus.)

I. — B. 9. (Liasse). — 2 cahiers in-4⁰, 14 et 35 feuillets, papier.

1611-1613. — Hôpital de St-Martial. — Lièves des fondations de repas faites en faveur du dit hôpital. (Elles reproduisent les articles de la liève générale analysée ci-dessus.)

I. — B. 10. (Registre). — In-folio, 370 feuillets, papier.

1590-1670. — Hôpital de St-Martial. — « C'est le livre terrier et répertoire des repas fondés aux pouvres de l'hospital de Sainct-Martial de la ville de Lymoges, à l'honneur de Dieu, par charité et aulmosne par les habitans de la dicte ville et aultres pays, l'année 1555; et le premier fondateur des dictz repas fut honnorable M⁰ Jean Romanet.... et despuys plusieurs aultres ont continué d'en fonder d'aultres. Dieu par sa grâce et bonté les aye tous appellez en son paradis

éternel. Lequel répertoire a esté faict aux diligences de sires Marcial Favelon, François Chastaignac et Joseph Crosier, bailes des dits pauvres ez années 1590-1592, auz despens du dict Crosier. Et les dicts pauvres seront tenuz prier Dieu pour leurs prospéritez et pour tout aultres leurs bienfaiteurs. Amen. » — Les actes de fondation, portés dans ce répertoire, sont analysés à la date du jour où doit se faire le repas. Suit l'indication de divers actes et procédures relatifs aux lieux sur lesquels sont assignés les rentes de la fondation. (Un grand nombre de feuillets sont restés en blanc.)

I.—B. 11. (Liasse) — 2 pièces, parchemin; 3 pièces, papier (imprimées); 1 sceau.

1587-1627. — Hôpital de St-Martial: Titres. — Bref de Sixte-Quint adressé à l'official de Limoges contre les détenteurs de titres. *Datum Romæ apud Sanctum Marcum, nonas septembris 1587*. — Monitoires obtenus de l'official de Limoges par le syndic de l'hôpital de St-Martial, en vertu de la susdite bulle, au sujet des rentes et autres droits dus au dit hôpital, 1588. — Deux proclamations portant exécution des susdites bulles contre les détenteurs des biens de l'hôpital de St-Martial, 1588 et 1627.

I. — B. 12. (Cahier). — in-8⁰, 36 feuillets, papier.

1490. — Hôpital de St-Martial. — Terrier du dit hôpital, en provencal. fait par Guichard Mercier, « serviteur de frère Jehan Donnarel, aumosnier de Monseigneur St-Marsault de Lymoges. » — Les articles sont sous cette forme: F⁰ 2 r⁰ : « Mousseu Jehan deu Vergier, prestre et chapello de Sein Pierre, deu a chacun an per sa meygo en que demora, passada entre la meygo de maistre Jehan Banhol, d'uno part, et la meygo deus héritiers de Laurens Sirat, d'autra part, chacun an X s. de rendas. »

I. — B. 13. (Registre). — in-folio, 95 feuillets, papier.

1535. — Hôpital de St-Martial. — Terrier sans titre du dit hôpital. (L'ancienne foliotation commence au numéro XXXIII.) — Les articles sont sous cette forme: F⁰ 1 r⁰ : « Les tenanciers du lieu et vilaige du Pontvielh, à cause de la maison de Jehan Vergnault, que à présent demeure Pierre Tailhon, plus 4 sestérées de terre au territoire du Prat-Long, plus, une aultre terre au territoire du dict Pontvielh et autres quatre ors et terres au dict territoire confrontés en les lettres dessoubz mentionnés, doibvent chascun an de cens et fondalité a la mesure du grenier de Mons. l'aumosnier et conduict : froment 1 quarte, seigle 3 émines, avoine 1 quarte, argent 6 sols. » Suit l'indication des titres sur lesquels se fonde la dite rente.

I. — B. 14. (Registre). — In-folio, 100 feuillets, papier.

Vers 1560. — Hôpital de St-Martial. — Terrier sans titre du dit hôpital. (Les premiers feuillets font défaut). — Les articles sont sous cette ferme : F° 7 r° : « Vénérable Mᵉ Jehan Bastide, le jeune, prestre de la ville de Limoges, en son vivant, et Pierre Bastide, son dit successeur, ont donné et légué aux pauvres du dit hospital de St-Martial 45 sols tournois chascun an de rente annuelle et perpétuelle, racheptable pour la somme de 45 ll.... ». Suit l'indication des titres sur lesquels se fonde la dite rente.

I. — B. 15. (Registre). — In-4°, 226 feuillets, papier.

1589. — Hôpital de St-Martial. — « Terrier et inventaire et répertoire des tiltres, recognoissances, papiers et autres documentz et enseignemens des droitz et debvoirs deubz à l'haumosnerie et pauvres de l'hospital M. St-Martial de la ville de Limoges.... » — Minute du suivant. Il y a en moins les additions postérieures à la première rédaction.

I. — B. 16. (Registre). — In-folio, 223 feuillets, papier.

1589-XVIᵉ siècle. — Hôpital de St-Martial. — « Terrier et inventayre et répertoyre des tiltres, recognoyssances, pappiers et aultres documentz et enseignemens des droictz et debvoyrs dheulz à l'haumosnerie des pauvres de l'hospital de St-Martial de la ville de Lymoges, rédigé et corrigé au vray sur les tiltres et recognoissances par ranc et ordre des rentes, droictz et debvoirs tant de la présent ville que des champs, en l'année 1589, à la diligence de Pierre Benoist, Psaulmet Faulte et Jehan de Jayac, bourgeoys et marchant de la ditte ville, bayles et administrateurs des biens des dicts pauvres ez années 1587-1589, lesquelz, durant les dittes troys années, ont faict ériger et construyre le bureau des dicts pauvres qui est dans le porpris du dict St-Martial près le grand clostre et chappelle de la Trinité, et faict agrandir le grand jardrin du dict hospital, faict faire et bastyr la murailhe du dict jardrin du cousté de Vielhas-Claux, tout à neuf de chaulx et arrène, et dans icelluy jardrin faict fère la fontayne qui est dans le dict jardrin du dict hospital. Lequel répertoire est escript de la main de Mᵉ Jacques Boutaud, presbtre de l'esglise parrochialle de St-Pierre-du-Queyroix de la ditte ville de Lymoges. » — I° *Ville et château de Limoges.* Les articles sont sous cette forme : F° 2 r° : « Barthezard Tiendet, cousturier de Lymoges, pour sa maison où il demeure, assize au dict Lymoges, confrontée et joignant à la maison du dict aulmosnier par derrière, d'une part, et l'esglise M. St-Martial, d'aultre part, et la rue du Clochier par devant, d'aultre part, en ses appartenances doibt chascun an de cens et fondalité à M. l'haumosnier de St-Martial, payables moythié à la Nativité M. St-Jean et l'aultre moytié à la feste de la Nativité Nostre Seigneur, argent cent solz. » Suit l'indication des titres sur lesquels se fonde la dite rente. — Parmi les débiteurs nommés dans les articles suivants figurent : Mᵉ Mathieu Mazentin, avocat; Jean la Pasquète, « chousselier; » Mᵉ Guillaume Peyteau, prêtre; l'abbé de St-Martial; Mᵉ Jean Bastide, prêtre; Mᵉ Bartholomé Saleys, chanoine des églises de St-Étienne et St-Martial; sire Jean Dalesme, bourgeois et marchand; frère Pierre de Léobardy, religieux feuillant de la maison de Bordeaux; Mᵉ Joseph Croizier, receveur général; Mᵉ Guillaume Charlonnia, notaire de Limoges; Gilbert Taloys, maçon; dame Léonarde de la Roche, veuve de Guillaume Gerveys; sire Melchior Delavault, marchand; Mᵉ Martial Martin, chanoine de St-Martial; Mᵉ Jean Guérin, docteur en médecine. — F° 39 r° : Rentes dues à l'hôpital de St-Martial comme représentant l'ancienne frairie des Boulangers de Limoges, « qui anciennement se célébroyt en l'esglize M. St-Martial, à l'autel de Ste-Croix, à l'honneur de Dieu, M. St-Martial et toute la court celestialle de Paradis. » Entre autres droits perçus de ce chef par l'hôpital figure « le droict de jadilhe, aultrement le droict de la culiére du claustre, que les dicts bolengiers avoyent accoustumé a lever au dict claustre et marché du bled de la ditte ville, et despuys les dicts bolengiers, les dicts pauvres ou leurs fermiers l'ont tenu, scavoyr est de chascun sac de bledz froment, seigle, poix, febves et autres légumes, charge ou charetée, qui entre en vente au dict claustre, une pleyne culiére de chascun....... » (1). (L'existence de cette frairie des boulangers se constate, par les titres énumérés, dès l'année 1284.) ⹀

(1). Cf. ci-dessus, hôpital général, B. 24 à 27.

II° *Environs de Limoges et paroisses du diocèse.* (F° 47 r° et ss.) : Puy-St-Martin, Montjauvy, les Orances et Corgnat, Moulin-Rabaud, las Fonts St-Peyr, Masbatent ; paroisses de Couzeix, Chaptelat, Beaune, Bonnat, Rilhac-Chadenier, Ambazac, Feytiat, Beynac, Meuzac, Tarn, Verneuil,. Condat, Ste-Marie-de-Vaux, etc. Les articles sont sous la même forme que ci-dessus. — Parmi les débiteurs dénommés figurent : M° Guillaume Poyievé, avocat ; M° Albert Baignol, notaire et praticien ; M° Jean de Prouhet, lieutenant général ; Desflottes, hôte de *la Psalemandre (sic)* de Limoges ; M° Pierre Mosnier, prêtre de Condat ; noble homme Richard de la Mondie, de la paroisse de Meilhac, diocèse de Poitiers. — F° 221 r° : Copie de l'ordonnance de Charles Turquant, conseiller du Roi, maître des requêtes ordinaires de son hôtel et surintendant en la justice et police du haut pays de Limousin, rendue à la requête des bailes de l'hôpital de St-Martial et portant constitution d'un bureau d'administration : « Sur la requeste présenté.... par les bailes et administrateurs des biens des pauvres de l'hospital de St-Martial.... contenant que pour la conservation des biens des dicts pauvres ilz ont faict drasser dans le pourpris du dict St-Martial ung bureau avec les coffres en bancz à dossiers propres pour la conservations des tiltres, lesquelz ilz ne veulent remuer sans nostre authorité.... avons ordonné que pour la conservation des biens des dicts pauvres oultre les dicts bayles seront nommés ung chanoine du chapitre St-Martial, aultre des magistrats du présent siège, aultre des gens du Roy du dict siège et ung aultre des consulz, lesquelz assisteront aux dicts bayles durant troys ans et s'assembleront au dict bureau quatre foys l'an, appellé le scindic des dicts pauvres pour délibérer de ce qu'ilz verront estre affayre pour la conservation des biens et revenus du dict hospital.... Fait à Limoges en la chambre du Conseill, le 1" jour de septembre 1588. » Suit le procès-verbal de quelques séances du dit bureau, traitant uniquement de la conservation et du classement des archives. Suit encore le procès-verbal de prise en charge desdites archives par les bailes de 1591.

I. — B. 17. (Liasse). — 3 pièces, parchemin.

1528-1615. — Hôpital de St-Martial. — Commission obtenue en la sénéchaussée de Limoges par l'aumônier de St-Martial pour faire renouveler les terriers des rentes et autres droits dus à l'aumônerie, 1528. — Ordonnance du sénéchal de Limoges rendue à la requête des administrateurs de l'aumônerie de St-Martial, portant que, conformément aux édits royaux, les adversaires des dits administrateurs ne pourront plaider ailleurs qu'en la dite cour, 1562. — Lettres de chancellerie obtenues au Parlement de Bordeaux par les administrateurs de l'hôpital de St-Martial pour être relevés du laps de temps, péremption d'instance, fin de non-recevoir et autres exceptions qu'on pouvait leur opposer dans la perquisition de leurs droits seigneuriaux, 1615.

I. — B. 18. (Liasse). — 1 pièce, parchemin ; 1 sceau.

1575. — Hôpital de St-Martial. — Mandement de Henri III au sénéchal du Limousin pour obliger tous les tenanciers du dit hôpital « de payer incontinant et sans délay ce qu'ils debvront des arréraiges des cens, rentes et revenus aux receveurs, fermiers ou autres ayant charge du dit hospital. » Paris, 12 mars 1575.

I. — B. 19. (Cahier). — In-8°, 6 feuillets, papier.

1624. — Hôpital de St-Martial. — Extrait du « procès-verbal de MM. les commissaires députés par le Roy pour la réception de ses foy et hommage, vériffication des adveuz et dénombrements, recherche de son ancien domaine de Navarre, perquisition des lotz et ventes, entreprises, usurpations, faction de papier-terrier et autres droits et devoirs seigneuriaux appartenant à sa Majesté en ses comté de Périgord et vicomté de Limoges, » déc. 1624. Il y est donné acte aux administrateurs de l'hôpital de St-Martial de leur comparution au greffe des dits commissaires et de la déclaration des revenus de l'hôpital.

I. — B. 20. (Registre). — In-4°, 328 feuillets, papier.

1535-1592. — Hôpital de St-Martial. — Liève des revenus du dit hôpital sous ce titre : « C'est la recepte et liève des cens, rentes et debvoirs deuz à cause de l'homosnerie Mons. Sainct Marcial à Messieurs les distributeurs de la tierce partie par arrest délivrée, et les aultres deux par frère Jehan Chaussade, haulmosnier, assensée et affermée pour l'an 1535. » — Les articles sont sous cette forme : F° 5 r° : « Jehan Durand *alias* Busseyrolas pour sa maison assise aux soulx de las Combas entre la maison et taverne de Aymard Faige, d'une part,.et la maison de Jehan Daslz, d'autre part, et la dicte rue par davant, d'aultre part, doibt chascun an de cens et fondalité argent II sols. » Suit

ordinairement l'indication des paiements effectués. —
Les maisons et tènements accensés sont rangés par
paróisses: celles de Limoges et de la banlieue, celles
de Corgnac, Couzeix, Chaptelat, Beaune, Bonnat,
Rilhac, Ambazac, Verneuil, Aixe, Tarn, Condat, Vaux,
Beynac, Château-Chervix, St-Priest près Séreilhac,
Marsac près St-Léonard, Eybouleuf, la Geneytouse,
St-Paul, St-Genest, St-Denis-des-Murs, Melhan en
Poitou, Janaillac, St-Hilaire-Lastours, Nexon, Rilhac-
Lastours, St-Martin-du-Temple, Meuzac, Nantiat, La
Garde-St-Gérald, Chamboret, St-Gence, Château-
ponsac, Roussac, Breuilaufa, Berneuil, Vaulry et
St-Vaury. — Parmi les tenanciers dénommés figurent :
Me Mathieu Mazentin, avocat; Me Guillaume Peyteau,
prêtre; Me Bartholomé Saleys, en son vivant chanoine
de Limoges ; Me Guillaume Charlony, notaire et
greffier de MM. les élus; Guillaume Poylevé, avocat;
Me Albert Baignol, notaire de Limoges; Me Jean
de Prouhet, lieutenant général; Me Jean Chantoys,
élu au haut pays de Limousin; Me Pierre Mosnier,
prêtre de Condat; noble Louis Richard, seigneur de la
Mondie en Poitou. (Cf. pour ces noms le terrier de
1589, art. B. 16.)

I. — B. 21. (Cahier). — In-4º, 15 feuillets, papier.

1540. — Hôpital de St-Martial. — Lième très
sommaire des revenus du dit hôpital. — Même forme
d'articles que précédemment.

I. — B. 22. (Registre). — In-4º, 151 feuillets, papier.

1542. — Hôpital de St-Martial. — Lième très
sommaire des revenus du dit hôpital. — Même forme
d'articles que précédemment.

I. — B. 23. (Registre). — In-4º, 136 feuillets, papier.

1571. — Hôpital de St-Martial. — Lième des
revenus du dit hôpital. — Même forme d'articles que
précédemment.

I. — B. 24. (Registre). — In-4º, 106 feuillets, papier.

1572. — Hôpital de St-Martial. — Lième des
revenus du dit hôpital. — Même forme d'articles que
précédemment.

I. — B. 25. (Registre). — In-folio, 94 feuillets, papier et parchemin.

1573. — Hôpital de St-Martial. — Lième des
revenus du dit hôpital. — Même forme d'articles que
précédemment.

I. — B. 26. (Registre). — In-4º, 98 feuillets, papier.

1578. — Hôpital de St-Martial. — Lième des
revenus du dit hôpital. — Même forme d'articles que
précédemment.

I. — B. 27. (Liasse). — 3 cahiers in-4º, 23, 30 et 35 feuillets, papier.

1581-1583. — Hôpital de St-Martial. — Lièmes
des revenus du dit hôpital. — Même forme d'articles
que précédemment.

I. — B. 28. (Registre). — In-4º, 38 feuillets, papier.

1584. — Hôpital de St-Martial. — Lième des
revenus du dit hôpital. — Même forme d'articles que
précédemment.

I. — B. 29. (Registre). — In-folio, 84 feuillets, papier.

1585. — Hôpital de St-Martial. — Lième des
revenus du dit hôpital. — Même forme d'articles que
précédemment.

B. 30. (Registre). — In-4º, 15 feuillets, papier.

1605-1607. — Hôpital de St-Martial. — Lième
très sommaire des revenus du dit hôpital. — Même
forme d'articles que précédemment.

I. — B. 31. (Liasse). — 2 cahiers in-4º, 9 et 25 feuillets, papier.

1641-1649. — Hôpital de St-Martial. — Lièmes
très sommaires des revenus du dit hôpital. — Même
forme d'articles que précédemment.

I. — B. 32. (Registre). — In-folio, 88 feuillets, papier.

1650. — Hôpital de St-Martial. — Lième des revenus du dit hôpital. — Même forme d'articles que
précédemment.

I. — B. 33. (Registre). — In-4º, 46 feuillets, papier.

1654. — Hôpital de St-Martial. — Lième des

revenus du dit hôpital. — Même forme d'articles que précédemment. — Parmi les tenanciers figurent : M° Jean Savagin, prêtre, vicaire de la vicairie des Peytcu ; Boulesteys, hôte du logis de *la Bische;* M° Pierre Bourday, receveur du taillon ; Gabriel Minoret, m° chamoiseur ; M° Joseph Croisier, receveur général ; Jean Delachenaud , fondeur ; Martin du Chevalet, conseiller ; Jean Delauze, hôte du logis du *Signe de la Croix*; Lansade, notaire ; M° Joseph Duboys, chanoine.

I. — D. 34. (Cahier). — In-4°, 27 feuillets, papier.

1659-1661. — Hôpital de St-Martial. — Lièvre des revenus du dit hôpital. — Même forme d'articles que précédemment.

I. — B. 35. (Liasse). — 9 pièces, parchemin ; 43 pièces, papier.

1500-1535. — Hôpital de St-Martial. — Procédures pour l'aumônier de St-Martial contre les consuls de Limoges. Entre autres pièces figurent : une requête du dit aumônier contre les consuls pour s'opposer « à la destination du tiers des revenus de l'aumosne, » 1500 ; — une enquête faite à la demande des consuls, de laquelle il résulte que les revenus de l'aumônerie étaient de 700 à 800 ll., janvier 1531 ; — une requête des consuls contre le dit aumônier pour se faire remettre les terriers et titres de l'aumônerie, février 1531 ; — un arrêt du parlement de Bordeaux portant que, par provision, l'aumônier de St-Martial sera tenu de secourir les pauvres et ordonnant une enquête, 1532 ; — une enquête sur l'état du dit hôpital, 1532. Les témoins appelés sont Jean de Lavault, hospitalier ; Madeleine Chevalière, hospitalière ; Jacquette Souvaige, servante de l'hôpital. — Procédures entre les consuls et le procureur général du Roi, d'une part, l'aumônier de St-Martial, d'autre, touchant le droit de nomination des administrateurs du dit hôpital, 1531-1532. Les consuls accusent l'aumônier de mal gérer le revenu des pauvres, quoique suffisant ; — transaction entre les parties réglant à nouveau les droits et obligations de l'aumônier vis à vis de l'hôpital et stipulant que l'un des deux administrateurs sera nommé par les consuls et l'autre par l'abbé et l'aumônier de St-Martial, 1532, etc. (1).

(1) Cf. ci-dessus , B. 5.

I. — B. 36. (Liasse). — 6 pièces, parchemin ; 35 pièces, papier.

1584-1597. — Hôpital de St-Martial. — Procédures pour le syndic de l'hôpital de St-Martial : contre l'abbé de l'abbaye de ce nom, touchant la pension annuelle par lui due au dit hôpital ; — contre dame Paulie Poylevé, femme de Léonard Descoulx, notaire et praticien, touchant l'hérédité de son dit mari, vers 1593, etc.

I. — B. 37. (Liasse). — 1 pièce, parchemin ; 4 pièces, papier.

1539-1643. — Hôpital de St-Martial. — Procédures informes, sans classement possible, concernant le dit hôpital.

I. — C. 1. (Liasse). — 1 pièce, parchemin ; 1 pièce, papier.

1514. — Hôpital de St-Martial : vicairie de Notre-Dame. — Fondation faite par Jean Teulier, couturier, et Marguerite de la Faye, sa femme, dans la chapelle du dit hôpital d'une vicairie en l'honneur de la Vierge, à charge par l'hôpital d'y faire célébrer deux messes par semaine pour l'âme de feu Martial de la Faye, boulanger, père de la dite Marguerite. — Copie du précédent acte, sur papier.

I. — D. 1. (Liasse). — In-8°, 119 feuillets, papier.

1497-1566. — Hôpital de St-Martial. — Répertoire des titres du dit hôpital (1).—Les actes y transcrits, reçus par Tessier et Gadaud, notaires, sont des reconnaissances de rentes sur les tènements de Clavières, St-Vaury, Aixe, Transmont, Roussac, les Teulières, Feytiat, la Geneytouse, Mas-Charretier, Leyssène, Lavault-Salesse, etc.

I. — D. 2. (Registre). — In-8°, 34 feuillets, parchemin.

1550-1567. — Hôpital de St-Martial. — Répertoire des titres du dit hôpital. (Les deux premiers feuillets font défaut.) — Les actes y transcrits, reçus par Raymond et Martin, notaires, sont des reconnaissances de rentes sur les tènements de Puy-St-Martin

(1) Les actes transcrits dans ce répertoire de titres et dans les suivants se retrouvent pour la plupart en originaux dans la série B du fonds de l'hôpital général, en tête du présent inventaire.

et Clos-St-Martial, sur diverses maisons de Limoges, sises rue d'Eygoulêne, faubourg des Arènes, rue Pélisson, etc.

I. — D. 3. (Cahier). — In-folio, 12 feuillets, parchemin.

1551. — Hôpital de St-Martial. — Répertoire des titres du dit hôpital. — Les actes y transcrits, reçus par Gadault, notaire, sont des reconnaissances concernant les tènements de las Forgeas, las Chaussadas, la Guyrelle, Langlade, Voyon, Masbrenier, Villevaleix, le Mazet, Marsiat, Montcheny, Lascoulx, la Villeine, le Buisson, la Rebière, Chermagault, Villerembaud, l'Ort, etc.

I. — D. 4. (Registre). — In-8°, 89 feuillets, papier.

1551-1597. — Hôpital de St-Martial. — Répertoire des titres du dit hôpital. — Les actes y transcrits, reçus par Gadault, Texier, Boysse, Duteil et autres notaires, sont des reconnaissances de rentes, des sentences, des titres de donation, etc., concernant les tènements de las Forgeas, St-Vaury, Clavières, St-Denis-des-Murs, Mas-Charretier, Rilhac-Lastours, las Claustras, la Vallade, etc.

I. — D. 5. (Registre). — In-4°, 4 feuillets, parchemin.

1555-1560. — Hôpital de St-Martial. — Répertoire des titres du dit hôpital. — Les actes y transcrits, reçus par Malherbaud, notaire, sont des reconnaissances concernant une vigne sise près du cimetière de Ste-Félicité, le clos de Beaupuy et une maison de la rue des Chouchières.

I. — D. 6. (Registre). — In-4°, 241 feuillets, parchemin.

1606-1664. — Hôpital de St-Martial. — Répertoire des titres de l'hôpital, appelé Terrier de Darfeuille, notaire. — Les actes y transcrits sont des pièces de procédures, des constitutions et reconnaissances de rentes, des affermes de dîmes, des contrats de vente, des quittances, des investitures, etc. concernant les tènements de Valeix, las bassas Teulièras, Lavaud de Salesse, diverses maisons sises à Limoges ou dans les faubourgs, les tènements du grand et du petit Teil, le Naveix, le clos Beaupeyrat, le grand et le petit Juguat, etc. — F° 21 r° : Mention de Pierre Arnaud, vicaire de la vicairie desservie en l'église de St-

Michel-des-Lions ; — F° 36 r° : Mention de la frairie de N.-D. d'août en l'église de St-Pierre-du-Queyroix ; — F° 72 r° : Promesse de prêter les secours de son art aux pauvres de l'hôpital de St-Martial, faite par Gérald Neaulme, m° chirurgien, 1624 ; — F° 236 r° et ss. : Table des matières du dit terrier.

I. — D. 7. (Registre). — In-8°, 134 feuillets, papier.

1635-1664. — Hôpital de St-Martial. — Répertoire des titres du dit hôpital. C'est un double du précédent terrier de Darfeuille, à partir de l'année 1635.

I. — D. 8. (Registre). — In-4°, 140 feuillets, papier.

Vers 1506. — Hôpital de St-Martial. — Répertoire analytique des titres du dit hôpital, rédigé vers 1506. — Les articles sont sous cette forme : F° 1 r° : « Le dict jour huitiesme de juing l'an 1503, Pierre Savoye dict Dordonnye et Michel Savoye, son frère, tant pour eulx que pour leurs aultres conparsonniers, ont confessé tenir, posséder et exploicter les lieux de Redont, la Mourelle et Maleprise, et le dict haulmosnier estre seigneur foncier et direct des dits lieux et y avoir chacun an sur iceulx IIII sextiers emine seigle, III quartes avoine, III sols tournois, II gelines, le tout de cens annuel. »

I. — D. 9. (Registre). — In-4°, 61 feuillets, papier.

1564. — Hôpital de St-Martial. — Répertoire analytique des titres du dit hôpital, rédigé en 1564. — Les titres sont analysés selon l'ordre des sacs où ils se trouvaient renfermés, les dits sacs cotés par A, B, C, etc.

I. — E. 1. (Cahier). — In-4°, 29 feuillets, papier.

1582-1583. — Hôpital de St-Martial. — Cahier de recettes et dépenses. — Les recettes consistent dans le recouvrement des revenus ordinaires dus à l'hôpital par ses tenanciers ; les dépenses dans des frais d'actes et de procédures (cahier commencé par les deux extrémités).

I. — E. 2. (Cahier). — In-folio, 27 feuillets, papier.

1587. — Hôpital de St-Martial. — « Receptes et despances pour les pouvres (*sic*) de l'hôpital St-Martial, » faites par Pierre Benoist, baile. — Les recettes consistent dans le recouvrement des revenus ordinaires dus à l'hôpital par ses tenanciers ; les dépenses consistent en pain, viande et vin pour la nourriture des pauvres. Le nombre de ceux-ci est dit s'élever au nombre de 19.

I. — E. 3. (Cahier). — In-4°, 44 feuillets, papier.

1590. — Hôpital de St-Martial. — Cahier de recettes et dépenses sous ce titre : « S'ensuict la recepte que je Marcial Favelon, marchand et appoticquere de Lymoges, bayle et administrateur des poulvres *(sic)* de l'ospital Sainct-Martial, nommé par MM. du chapitre de la ditte esglize en l'année 1590, ay faict la ditte année de ma charge. » — Même nature de recettes et dépenses que ci-dessus.

I. — E. 4. (Registre). — In-4°, 20 feuillets, papier.

1591-1595. — Hôpital de St-Martial. — Registre de recettes et dépenses tenu par Antoine Busseyron, baile (?) de l'hôpital. — Les premiers feuillets font défaut. Les dépenses consistent en frais d'actes et de procédures.

I. — E. 5. (Registre). — In-4°, 23 feuillets, papier.

1612. — Hôpital de St-Martial. — Registre de recettes et dépenses sous ce titre : « Papier conscernant la recepte et despance du revenu des pouvres de l'ospital St-Martial durant l'année 1612, tenu par Mathiau Benoist, marchand de Limoges, baisle du dit hospital, en companye *(sic)* de M. Mᵉ Joseph Marand, controrolleur pour le Roy en la Généralité de Lymoges, et Martial Senselles, bourgeois et marchant de la ditte ville. » — Les recettes consistent dans le recouvrement des revenus ordinaires dus au dit hôpital par ses tenanciers. Parmi les dépenses, consistant en vivres, frais de procédures, etc., figurent les articles suivants : Fᵒ 4 rᵒ : payé 5 sols à M. Boutaud, aumônier de l'hôpital, « pour avoir dict la sainte messe le dict jour de N.-D., qui est le jour de nostre entrée de baisle ; » — fᵒ 5 vᵒ : payé 40 sols « pour la pension de la niépce de M. le M......; » — payé 30 sols à Raymond le Courderier, « pour la pention d'ung petit enfant qui avoit la teigne en la teste ; » — fᵒ 6 vᵒ : payé 14 sols « pour faire faire les accoustremens des pouvres de l'ospital St-Martial du dract *(sic)* des pouvres à vestir ; » — fᵒ 8 rᵒ : payé 26 sols « pour la quasse (caisse)

de la defuncte Barrière qui est allée à Dieu ; » — plus, 30 sols, « à quatre courbeaux qui l'ont pourtée en terre ; » — vᵒ : payé 7 sols « pour la sépulture d'ung petit enfant nommé le bastard ; » — fᵒ 9 rᵒ : payé 35 sols « pour faire conduire en pélerinage à Monsieur St-Claud le fils d'un nommé Traccosoubz ; » — vᵒ : payé 40 sols « pour ung repas aux pouvres du dit ospital, qui a esté fondé par les confrères de N.-D. de la Plasse ; » — payé 7 sols « pour faire lever la serrure de la chappelle de la Trinité ; » — fᵒ 11 rᵒ : payé 7 sols pour la corde de la cloche de la chapelle ; — fᵒ 12 rᵒ : payé 3 ll. « pour les armoyries de M. St-Martial qui sont esté mises sur la chappe de velours rouge, avecque les lettres du millésime, le tout de faux or ; » — vᵒ : payé 140 ll. à l'aumônier de l'hôpital, pour sa pension annuelle ; — fᵒ 13 rᵒ : payé 30 ll. à Nicolas Peyrat, mᵉ chirurgien du dit hôpital ; — fᵒ 14 rᵒ : payé 11 ll. à Valérie Balhat, hospitalière dudit hôpital, pour ses gages ; — payé 19 ll. « pour la despance faicte d'aller tenir les sizes *(comprenez* assises) au villaige de Claviéras ; » — fᵒ 15 rᵉ et ss. : frais de procédures ; — fᵒ 23 vᵒ : total des recettes faites par Mathieu Benoit durant l'année de sa prévôté : 1994 ll.; total des dépenses : 1930 ll.

I. — E. 6. (Registre). — In-8°, 61 feuillets, papier.

1612-1613. — Hôpital de St-Martial. — Registre de recettes et dépenses sous ce titre : « Papier de l'ospital de St-Martial pour les pouvres, commensant l'année 1612, le 2ᵉ jour de février que nous sommes entrés en charge. » — Les recettes consistent dans le paiement des rentes fondées pour repas en faveur des dits pauvres ; les dépenses consistent en pain, viande, vin et autres fournitures de cuisine.

I. — E. 7. (Cahier). — In-4°, 24 feuillets, papier.

1615-1616. — Hôpital de St-Martial. — Cahier de recettes et dépenses sous ce titre : « C'est l'estat de la recepte et mise faicte par feu sieur Jehan Suduyraud, vivant bourgeois et marchant de la présent ville, comme baylle des pouvres de l'hospital St-Martial en l'année 1615, commencant le second jour de février et finissant à mesme et semblable jour 1616. » — Les recettes consistent dans le recouvrement des revenus ordinaires dus à l'hôpital par ses tenanciers. Parmi les dépenses, consistant en vivres, frais de procédures, etc. figurent les articles suivants : fᵒ 11 rᵒ : payé 18 deniers pour un bâton *sive* chamballon à porter seaux ; — f° 12 r° : payé 10 ll. « à l'hospitalière pour ses gaiges ordinaires de toute l'année ; » — payé 35 sols pour frais de procédures, « ayant esté faict plusieurs insolences dans le jardrin du dict hospital par le fils de Meusat, cordonnier, et battu la Rabaude de plusieurs coups avec grande effusion de sang ; » — f° 14 r° : payé 100 sols à la Thonye, servante de l'hôpital, » pour ses gaiges ordinaires ; » — f° 15 v° : payé 45 sols pour l'inhumation de Pierre Lurgot, imprimeur, décédé à l'hôpital le 7 décembre ; » — f° 17 r° : payé 2 ll. « pour mettre en apprentissaige ung fils d'une fille de la Picardie, avec ung espinglier. »

I. — E. 8. (Cahier). — In-4°, 8 feuillets, papier.

1616. — Hôpital de St-Martial. — Cahier des recettes et dépenses faites par Jean Blays, baile du dit hôpital. — Même nature de recettes que précédemment ; au total 1347 ll. Même nature de dépenses, entre lesquelles figurent les suivantes : f° 4 r° : payé 5 sols « pour faire la fosse du bastard de Chambinaud ; » — f° 5 r° : payé 21 sols pour 3 journées de travail à un homme qui aida à nettoyer les conduits de la fontaine ; — f° 7 r° : payé 7 sols « à un pauvre passant qui avoit couché certain temps dans le dit hôpital ; » — payé 140 ll. à M. Vilain, m° des enfants de chœur de St-Martial, pour la pension de l'aumônier. — Total des dépenses 1,069 ll.

I. — F. 1. (Liasse). — 1 pièce, papier.

XVI° siècle. — Hôpital de St-Martial : régime intérieur. — Mémoire formulant divers griefs sur l'état du dit hôpital. Sans date ; écriture du XVI° siècle. (Il résulte d'un passage de l'art. 9 que l'auteur de ce mémoire est une des servantes de l'hôpital (1). «... 1° Personne ne prie Dieu ny soir ny matin. Ils font de grandes insolences en disant grâces. Peu assistent à la sainte messe ; s'ils y assistent, c'est avec grandes irrévérences ; 2° L'hôpital est composé d'une gardienne, serviteur et servante, hommes et femmes, petits enfants et petites filles. On peut dire en général qu'ils sont tous yvres tous les soirs, excepté deux ou trois qui sont un peu plus sages et plus retenus ; 3° Quelques-uns de ces hommes, pour avoir moyen d'ivronguer, servent de macquereaux. La gardienne le sait bien et n'en dit mot, parce qu'elle entend bien ce mestier et boit avec ces malheureux de leur gain deshoneste ; 4° Les femmes ne sont point sages. Il y en a qui sont du tout insolentes en leurs paroles et déportements. On en appelle quelques-unes *Menettes* (1), mais elles n'en ont que le nom et l'habit, n'ayant aucune retenue au boire, au manger... ; 6° Les enfants et filles qui sont nourris dans l'hospital ayant devant les yeux des exemples si pernicieux, ne peuvent estre que meschants et portez à toutes sortes de vices. La gardienne les remplit de vin, les porte à la cholère, vengeance, malédictions, jurements, vilenies, tant s'en faut qu'elle soit capable de les corriger ; 7° Les portes de l'hôpital sont ouvertes à heures indues, d'où ceux de l'hospital sortent ou d'autres entrent dans l'hospital, en suitte de quoy quelques filles se sont trouvées enceintes... ; 8° Un certain prestre, vicaire de St-Étienne, a beaucoup contribué à corrompre ceste gardienne ; car cy-devant il venoit disner avec elle, et ne sortoient pour l'ordinaire de table qu'ils ne fussent tous deux yvres. Leurs discours et entretiens ont mis et formenté les débauches de l'hôspital... ; 9° Les malades sont fort mal assistez soit pour le corps soit pour l'âme... ; 10° Cy-devant les pauvres observoient quelques règlements qui les rendoient moins insolents. Mais, depuis peu, ils ne se soucient point de ces règlements et son relancez dans les désordres, accoutumés de blasphémer, ivronguer, dire des saletés, se battre, etc, parce que personne ne les tance plus, » etc...

I. — H. 1. (Liasse). — 4 pièces, parchemin ; 2 pièces, papier.

1562-1596. — Hôpital de St-Martial : juridiction de l'aumônier. — Jugement du Présidial de Limoges condamnant Yrieix Duboys, fermier des revenus de l'aumônerie, à payer aux officiers de la juridiction les gages à eux dus, lesquels lui seront alloués par les administrateurs de l'hôpital de St-Martial. Quant à la réduction des dits gages demandée par les administrateurs, il est ordonné que les pièces seront communiquées aux gens du Roi pour être portées à l'audience, 1562. — Procédures établissant les

---

(1) On peut conjecturer que ce mémoire a été rédigé dans la seconde moitié du XVI° siècle, au temps des guerres civiles, où tous les services publics étaient désorganisés. L'absence de toute mention se référant à l'aumônier de St-Martial prouve en tout cas que le mémoire est postérieur à 1532, date à laquelle l'hôpital de St-Martial passa de la direction du dit aumônier sous celle des consuls.

(1) « Il y a aussi une certaine institution de filles et de femmes veuves dévotes à Limoges que l'on y appelle *menettes*. Elles vivent en chasteté et continence, font des prières et ont des statuts. » *Chronique* de Pierre Robert.

droits de juridiction de l'aumônier de St-Martial, 1564-1596.

I. — H. 2. (Cahier). — In-folio, 12 feuillets, papier.

1630-1634. — Hôpital de St-Martial : juridiction de l'aumônier. — « Registre des causes et assises de la juridiction ordinaire de l'Aumosnerie. » — Juge : Durand Brugière, licencié ès lois, avocat au siège présidial de Limoges. Procureur d'office : Michel Gerbault. L'assise de sept. 1630 se tient « aux faulx-bourgs de Montmailler et dans le logis appartenant au sieur Delauze, m' du logis où pend par enseigne le *Cygne blanc*, estant de la ditte juridiction. » — F° 1 r° : Procès-verbal d'installation de M° Martial Dumas, fils de M° Laurent Dumas, procureur d'office au siège royal de Limoges, comme greffier de la dite juridiction, à ce nommé par le chapitre de St-Martial ; — F° 3 r° : Arrêt d'ajournement de l'assise annoncée pour le 30 septembre 1630, la plupart des justiciables ayant fait défaut, « causant les semances ; » — V° : Liste des villages qui sont de la juridiction de l'aumônier de St-Martial (1) ; — (Les feuilles relatant les causes de l'année 1630 sont perdus ;) — F° 5 r° : Assises de 1631-1634 tenues par le juge ordinaire, « en présence de M. de Maledent, conseiller du Roy au siège présidial du dit Limoges, bayle et prévost de MM. les administrateurs des pouvres de l'hospital du dict St-Marcial, » et autres membres du bureau. Les causes entendues dans les différents lieux de la juridiction visent des violences contre la propriété, des usurpations de biens, des créances non payées, des vols et autres délits de même importance. (Les derniers feuillets font défaut.)

I. — H. 3. (Liasse). — 1 pièce, parchemin.

1531. — Hôpital de St-Martial : confrérie de la Nativité de Notre-Dame. — Constitution de 10 sols de rente faite par Jacques et Pierre Verdis, père et fils, en faveur de la dite confrérie établie en l'hôpital de St-Martial, ces 10 sols représentant un capital de 10 ll. « qui sont le prix de 60 ll. de cire délivrées par les dits bailes [de l'hôpital de St-Martial] aux dits Verdis. »

(1) Cf. ci-dessus, fonds de l'hôpital général, H, 2.

INVENTAIRE SOMMAIRE

DES

ARCHIVES HOSPITALIÈRES ANTÉRIEURES A 1790.

IIe FONDS.

(Hôpital de Saint-Gérald uni à l'hôpital général.)

II — A. 1. (Liasse). — 4 pièces, parchemin ; 2 pièces, papier.

1164-1414. — Hôpital de St-Gérald. — Bulles :
du pape Alexandre III prenant sous sa protection
l'église et l'hôpital de St-Gérald avec les bénéfices et
domaines qui en dépendent, « *ad exemplar predeces-
soris nostri felicis memorie Adriani pape.* » Ces
bénéfices dépendants sont : *ecclesiam de Montanis
cum pertinentiis suis, ecclesiam de Clidat cum
pertinentiis suis, hospitale Agedunense cum suis
pertinentiis. Datum Senonis VIII idus martii*
[1164 ou 1165](1) ; — du pape Lucius III prenant sous
sa protection le dit hôpital avec les bénéfices et
domaines qui en dépendent. Ces bénéfices dépendants
sont : *ecclesiam de Palatio, ecclesiam sancti Joannis
evangeliste de Fontibus, capellam de Domnoni,
capellam de Chelia. Datum Anagnie, calendas februarii, anno Domini millesimo centesimo octuagesimo
tertio.* (n. st. 1184)(2) ; — du pape Honorius III prenant sous sa protection le dit hôpital avec les
bénéfices et domaines qui en dépendent. Ces bénéfices dépendants sont les mêmes que ceux de la
bulle de 1184, et en outre l'église et l'hôpital
de Fressinet. « .... *Prefatam elemosinariam domum
sancti Geraldi Lemovicensis, in qua divino manci-
pati estis obsequio, felicis recordationis Lucii,
Urbani et Celestini, romanorum pontificum, prede-
cessorum nostrorum, vestigiis inherentes sub beati
Petri et nostra protectione suscipimus.... Datum
Laterani VII idus decembris, indictione septima,
incarnationis Domini anno 1217* » (3). — Mandement de l'official de Limoges aux curés des paroisses
de la ville, leur prescrivant d'annoncer à leur
paroissiens que l'hôpital de St-Gérald se trouvant
sous la protection du pape, en vertu des bulles
d'Alexandre III, de Lucius III et de Honorius III
(mentionnées ci-dessus), l'excommunication pèse
sur ceux qui, à l'occasion du procès mû entre le
le dit hôpital et l'abbaye de St-Martial, ont pris
et retiennent les lits, les draps et autres biens
meubles des pauvres de St-Gérald, 1414 : « ... *Preci-
pimus et mandamus monere omnes illos et illas*

(1, 2 et 3) Impr. dans nos *Documents historiques....* p. 261, 262
et 265.

qui vel que habent, retinent et detinent lectos, pulvi-
narios, lintearia, codices (?) et alia bona mobilia dictis
priori et hospitali pie data et legata.... »

II. — B. 1. (Liasse). — 4 pièces, parchemin ; 1 pièce, papier.

1303-1630. — Hôpital de St-Gérald. — Testaments : de Pierre de St-Paul, prêtre, demandant à
être enterré à St-Gérald dans la chapelle St-Marie,
« *ante altare ipsius capelle ubi fiat quædam tumha*
plaxa, ampla et longa ad legalem formam seu
statutum; » stipulant en outre qu'un repas (*convi-*
vium moderatum) soit servi aux pauvres de l'hôpital
le jour de son inhumation et que le service funèbre
se fasse à St-Paul d'où il est originaire ; léguant
diverses sommes aux religieux du prieuré de St-Gérald
et à l'aumônier ; fondant une vicairie dans la chapelle
où il doit reposer ; léguant enfin diverses rentes à
percevoir sur ses biens sis dans les paroisses de
Condat et Donzenac : aux religieux et aux pauvres de
St-Gérald, aux religieux de l'Artige et de St-Augustin,
aux diverses églises et chapelles de la cité, du château
et des paroisses voisines, à la Maison-Dieu de Limoges, aux lépreux de la ville et du château, « *exceptis*
artificibus, » aux frères Prêcheurs de Limoges, « *ad*
unam refectionem faciendam,» aux frères Mineurs,
« *pro una refectione,* » à la fabrique de St-Étienne,
« *edificio beati Stephani,*» aux religieux et religieuses
d'Aureil, des Alloix, de la Drouille blanche et noire,
de Montaigut et de Villevaleix, aux autels de N.-D.
du Puy, de Rocamadour, du St-Sépulcre en l'abbaye
de St-Martial de Limoges, aux confrères de la paroisse
St-Paul, à la confrérie des clercs de Limoges,
« *confratrie clericorum curie Lemovicensis,* » 1303 ;
— de Jean Bozon, du château de Limoges, léguant
8 sols 6 deniers de rente aux religieux (*fratribus*) et
aux pauvres du dit hôpital, pour son anniversaire,
1349 ; — de Pierre Boutin, marchand, léguant 666 écus
pour être employés à l'achat de cens et rentes, et ce au
cas seulement où son héritier naturel viendrait à mourir, 1584 ; — de Jean Pinot, receveur du taillon à Limoges,
léguant 2,000 ll. au dit hôpital, au cas où il aurait
des enfants à sa mort, et tous ses biens au cas où il
mourrait sans enfants ; léguant en outre 50 sols de
rente à la communauté des prêtres de St-Pierre du
Queyroix, 500 ll. aux Récollets, 100 ll. aux Jacobins,
100 ll. aux Carmes déchaussés, 100 ll. aux Oratoriens,
50 ll. aux Cordeliers, 50 ll. aux Augustins, 50 ll. aux
Carmes, 150 ll. à l'hôpital de St-Germain, « duquel
mes prédécesseurs sont fondateurs, » 3 ll. à chacun

des prisonniers qui seront dans les prisons de la ville
au jour de son décès, 500 ll. « pour mettre dix pauvres
enfans au mestier, » 500 ll. « pour ayder à marier dix
pauvres filles, » plus divers legs à ses parents et
domestiques, 1630 ; — de Pierre Petiot, bourgeois et
marchand, léguant 20 sols une fois payés aux hôpitaux de St-Gérald, de St-Martial et des Arênes, un
lit de plume garni à chacun des dits hôpitaux, 20 sols
20 deniers à la confrérie de St-Martial de la Courtine,
20 sols « à la dompne recluse du dict Lymoges, »
5 sols à l'ermite, un setier de pain et une charge de
vin aux pauvres de la Maison-Dieu, 100 sols à chacun des 100 couvents de l'observance y énumérés,
500 ll. aux prêtres de St-Pierre du Queyroix, etc. Sans
date ; écriture du commencement du XVIIᵉ siècle.

II. — B. 2. (Liasse). — 1 pièce, parchemin ; 9 pièces, papier.

1573-1636. — Hôpital de St-Gérald. — Extraits
des testaments : de Mᵉ Jean Romanet, seigneur de
Noailles et de Lage, léguant 100 ll. à l'hôpital de St-
Gérald une fois payées, « pour la ditte somme estre
employée en deux repas aux pauvres du dict hospital,
chascung an, » 1573 ; — de dame Galyane Boyol,
veuve de Pierre Decordes, léguant 40 sols de rente au
dit hôpital, 1579 ; — de Pierre du Penot, léguant 25 ll.
pour fonder un repas en faveur des pauvres du dit
hôpital, 1579 ; avec une reconnaissance de 1636 ; —
de Jean Mauple, sieur de Laborie, trésorier de France
en la Généralité de Limoges, chargeant son héritier
d'acquitter le repas qu'il a constitué en 1598 en faveur
des pauvres du dit hôpital, 1615. — Requête des
administrateurs du dit hôpital au Présidial de Limoges pour obtenir le paiement des arrérages de la
rente de 40 sols léguée en 1582 par feu dame Benoist
pour fonder un repas en faveur des pauvres de St-
Gérald, 1588.

II. — B. 3. (Liasse). — 16 pièces, parchemin.

1221-1350. — Hôpital de St-Gérald : contrats
divers. — Donation faite par Gui de Fonlom, damoiseau, à l'hôpital de St-Gérald du mas *de Planis*, paroisse non dénommée, à la réserve de 2 setiers seigle
de rente, 1221. — Sentence de l'official de Limoges
adjugeant certaines rentes au prieur et à l'hôpital de
St-Gérald contre Renaud de Salvanbec et Unbert de
Peirat, son procureur, et faisant mention des dépens
et du salaire des avocats, 1221 (I). — Acte par lequel

(1) Impr. dans nos *Chartes et chroniques.*

Gilles et Bernard d'Arfeuille, frères, se déclarent, eux
et leurs descendants, hommes liges de l'hôpital de St-
Gérald, 1223 (1).—Acte portant que quand G. Durans
et Arsens, sa femme, se sont donnés eux et leurs biens
à l'hôpital de St-Gérald, la dite Arsens a réservé en faveur de son fils qui se trouvait alors à la croisade, la
moitié de la vigne de Merchadel. Toutefois, la dite
Arsens consent que l'hôpital cultive directement la
moitié de la dite vigne, aussi longtemps qu'elle même
et son mari demeureront dans le dit hôpital, 1224 :
*Noverint universi quod cum G. Durans et Arsens
uxor ejus dederunt se et sua Deo et pauperibus Sancti
Geraldi, prefata mulier dedit G., filio suo tunc in ul-
tramarinis partibus existenti, medietatem vinee deu
Merchadil, que ad ipsam dotis ratione spectabat....»*
(Chirographe dont les deux parties subsistent). — Cession faite par l'évêque de Limoges au prieur de l'hôpital de St-Gérald du gouvernement et de la propriété
d'une aumônerie construite au faubourg du pont St-
Martial, près le couvent des frères Prêcheurs, par Ay-
merie Lagorse qui en avait prétendu la direction de
ce chef et avait été pour ce excommunié, 1229 (2) :
*Notum sit omnibus presentibus et futuris quod cum
Aimiricus Lagorsa quondam domum elemosinariam
prope pontem Sancti Marcialis Lemovicensis juxta
domum fratrum Predicatorum Lemozicensium edifi-
casset et quia in multis nobis super hoc injuriabatur,
esset a nobis inde exigente justicia excommunica-
tionis sentencia innodatus.... »* — Donation faite par
Humbert de Neiros, de Rancon, à l'hôpital de St-Gérald
de tout le droit qu'il pouvait avoir sur la forêt del
Marilatge, paroisse non dénommée, 1233. — Vente
faite par Pierre Ridenselhs, du pont St-Martial, à
l'aumônerie d'Amel (*helemosine Amelie*), bourgeois
de Limoges, d'un setier froment de rente sur une
vigne sise à Nohaslat, paroisse non dénommée, pour
le prix de 60 sols ; acte passé devant le prieur de l'hôpital de St-Gérald, 1246. — Transaction entre le
prieur du dit hôpital et Martial et Pierre Bozeu, par
laquelle ceux-ci constituent 8 sols 6 deniers de rente au
prieuré sur tous leurs biens non désignés, 1346. —
Acte par lequel Pierre Grégoire se donne lui et tous
ses biens à l'hôpital de St-Gérald, 1349. — Actes où
il est question d'un différend survenu : entre le prieur
de St-Gérald et le curé de St-Julien, 1309 (très effacé);
— entre le dit prieur et les religieux d'Agonat (?),
1348 (très effacé) ; etc.

(1) Impr. dans nos *Chartes et Chroniques....*
(2) Impr. dans nos *Documents historiques.... I. 165.*

II. — B. 4. (Liasse). — 3 pièces, parchemin (1 imprimée) ; 3 pièces,
papier.

1583-1635. — Hôpital de St-Gérald : contrats
divers. — Fondations faites : par Léonard Rougier de
deux repas annuels en faveur des pauvres de St-Gérald, 1583 ; — par Jean Mauple sieur de Laborie, trésorier de France, d'un repas annuel en faveur des
pauvres de St-Gérald, le dit repas composé de pain
blanc, mouton et poulaille bouillie pour les malades,
de bœuf bouilli et de pain pour les gens valides, de
vin pour les uns et les autres, à condition que les
bailes de l'hôpital avertiront le dit sieur Mauple ou
ses héritiers, deux jours avant la St-Jean, du nombre
de pauvres de l'hôpital pour permettre de faire les
provisions nécessaires, 1596 ; — par la confrérie de la
Fête-Dieu ou des Anges, célébrée en l'église St-
Pierre du Queyroix, d'un repas annuel à prendre le
jour de l'octave de la Fête-Dieu et ce pour tenir lieu
d'une collation que le premier baile de la dite confrérie
avait coutume de donner le jour de son entrée en
charge, 1606. — Offre d'une somme de 2000 ll. faite à
l'hôpital de St-Gérald par Jeanne de Douhet, veuve de noble Martial Benoist, seigneur du Mas de l'Age
et de Compreignac, président du Bureau des finances
de Limoges, et par Jacques Benoist, conseiller du Roi,
assesseur civil et criminel au Présidial de Limoges,
beau-fils de la dite dame, en conséquence du testament
de leur feu mari et père qui avait légué la somme de
1000 ll. au dit hôpital « pour satisfaction des négli-
gences qu'il avoit faites pendant son administration, »
1630. La dite offre est faite devant le bureau de l'hôpital réuni dans la chapelle. Il est ensuite délibéré
sur l'emploi que l'on fera de cette somme ; mais la
question est réservée après que deux membres ont
déclaré « qu'ilz ont remarqué, il y a longtemps, qu'une
des plus grandes nécessités du dit hospital est qu'il n'y
a aucun fondz ny revenu pour fournir aux médica-
mentz nécessaires pour faire panser les malades tant
de la pension que estrangers qui abondent ordinairement dans le dit hospital, et pour paier les salaires des
médecin, chirurgien et appoticaire qui sont nécessaires pour les faire secourir ; ce qui est cause que
plusieurs de ces pauvres demeurent longtemps à recouvrer leur santé et les autres meurent à faulte d'assistance ; pour aultant que les dames devottes de la
present ville qui ont accoustumé de les nourrir par
sepmaines, chascune son jour, de ce qu'elles questent
ordinairement, manquent souvent de ce qui leur est

necessaire pour leur nourriture, se plaignent de leur long séjour qui n'arriveroit s'ilz estoient pansés et médicamentés, et par ce moyen elles seroient soulagées. » Le bureau décide que provisoirement on laissera la somme aux mains des donateurs et qu'on en percevra seulement l'intérêt « pour estre délivré ez mains de celle des dittes dames qui sera nommée et depputée par celles qui nourrissent les dits malades estrangers, laquelle payera les dits médecin, appotiquaire, chirurgien selon qu'ilz vaqueront à panser et médicamenter les dits malades. Et s'il reste quelque chose à la fin de chascune année, ce qui restera sera employé par les dites dames pour la nourriture des dits pauvres malades estrangers et non ailheurs. » — Constitution de 551 ll. de rente sur la maison de ville de Paris en faveur de l'hôpital de St-Gérald, 1655.

II. — B. 5. (Cahier). — In-folio, 7 feuillets, papier.

1343. — Hôpital de St-Gérald. — Jugement du sénéchal de Poitou et Limousin déchargeant le prieur du dit hôpital de l'obligation à laquelle il avait été condamné par les consuls de Limoges de contribuer aux réparations des murs de la ville ; le dit jugement rendu sur l'appel du prieur et en vertu de ce considérant qu'il n'est que le recteur et l'économe du bien des pauvres. (Copie moderne.)

II. — B. 6. (Registre). — In-4°, 113 feuillets, papier.

XIVᵉ siècle-1600. — Hôpital de St-Gérald. — Terrier des aniversaires, sous ce titre : *Incipit terrarium anniversariorum Sancti Geraldi prope et extra muros castri Lemovicensis in quo cumulabuntur et redigentur inscriptis omnes litere, recognitiones, memorialia, clausule testamentorum, receptiones pecuniarum, emptiones sive acquisitiones censuum sive redditunm et expense.... Inceptumque fuit hoc terrarium in mense junii circa festum beati Barnabe apostoli, anno Domini MCCCCC tredecimo, regnante papa nostro Leone, rege nostro Ludovico, antistite nostro (sede vacante), domino priore nostro fratre Symone Teulerii....* — Fº 2 rº : Première partie : Table des actes d'acquisitions, reconnaissances, condamnations, testaments, etc, qui suivent, rangés par mois. — Fº 6 rº : Seconde partie : Aniversaires. Les plus intéressants sont les suivants : « *In octabis Epipha-*

nie, anno Domini Mº CCCᶜ XXXº, obiit Bernardus (1), *episcopus Lodovenensis* (sic), *qui legavit unam cappellam vestimentorum alborum et unum calicem pro suo anniversario. Et est sepultus in conventu Predicatorum.... Die octava vel circa februarii, anno Domini millesimo CCCCº, obiit Marcialis Peyrussau nostre parrochie, qui legavit nobis decem solidos renduales pro suo anniversario findo. Item, legavit supradictus Marcialis viginti denarios renduales confratrie beati Anthonii que fit in hoc conventu anno quolibet.... Die XXV mensis februarii, anno Domini Mº CCCCº LXXᵉ, obiit Petronilla Molina, de villa Bellaci, mater fratris Jacobi Teulerii, quondam prioris hujus cenobii, que nobis legavit. etc.... Die ultima mensis februarii obiit Johanna Varenas, parrochie sancti Salvatoris prope Belacum. Pro qua frater Jacobus Teulerii, prior hujus conventus, legavit nobis quinque solidos renduales.... Die XI mensis marcii, obiit Petrus de Narbolieras, nobilis, qui nobis legavit quinque libras pro quinque solidis rendualibus emendis.... Die XVII mensis augusti fit anniversarium domni Mathei Disnamandi, presbiteri parrochie Sancti Petri de Quadruvio, qui nobis legavit decem libras semel solvendas.... Die XIIIIº mensis septembris, anno Domini Mº CCCCº tercio, obiit frater Jacobus Teulerii, quondam prior Sancti Geraldi, qui legavit pro suo anniversario fiendo annuatim decem solidos renduales.... Die septima a data sui obitus voluit amplius idem frater Jacobus Teulerii, quondam prior Sancti Geraldi atque vicarius vicarie sancte Radegundis, unum aliud anniversarium.... »* — Fº 49 rº : Reconnaissances, actes de ventes et contrats divers concernant le pré Beysson, le Puy-Vincent, une maison sise à Limoges rue Baillet, le Puy-dieu, le Chinchauvaud, la Couture, etc. — Fº 86 vº : Oraison latine, commencant par ces mots : *Domine Deus omnipotens, quia ego servus tuus sum servio tibi hodie et confiteor,* etc. — Fº 87 rº : *Ad laudem Dei omnipotentis et intemerate virginis Marie et beatorum confessorum Leobani et Geraldi fuit incepta confratria dictorum confessorum, anno Domini millesimo Vᵐᵒ XXVº, per dominum priorem et religiosos de quibus nomina sequuntur.* Suivent en effet 25 noms, biffés dans tous les sens. — Fº 89 rº : « S'ensuivent les cens et rentes deubz aulx anniversayres de Sainct Gérauld. » Parmi les débiteurs figu-

(1) Le chroniqueur Bernard Gui, O. S. D.... mort le 30 décembre 1331, d'après Gams. D'abord évêque du Puy, il fut transféré en 1324 sur le siège de Lodève.

rent : les enfants de feu Messire Thomas Bouchault, Messire Mathurin Meynard, prêtre, Anne Mathieu, dame de Proximard, Jean de Meilhac, « menuisier, » M⁰ Martial Gadault le jeune, notaire à Limoges, etc.

II — B. 7. (Cahier). — In-4⁰, 10 feuillets, papier.

1587-1632. — Hôpital de St-Gérald. — « Inventaire des pièces pour les pauvres de l'hospital de St-Gérald, lesquelles ne sont spécifiées dans l'ancien inventaire. » Parmi les pièces mentionnées figurent : le testament de Léonard de Gros, léguant 20 écus au dit hôpital, 1587 ; — le testament de Jean Courtette, léguant 200 ll. au dit hôpital, 1596 ;—le testament de frère Massé, léguant 180 ll. au dit hôpital, 1601 ;— un inventaire du mobilier du dit hôpital, 1611 ; — le testament de Michel Agobert, léguant 30 ll. au dit hôpital, 1614 ; — le testament de M⁰ Sallot, léguant 50 ll. au dit hôpital, 1614 ; — diverses procédures contre l'abbé de St-Martin ; — le testament de Martial Yvernaud, notaire de Veyrat, léguant 80 ll. au dit hôpital ; — un certificat de bonne vie et mœurs délivré à Peyronne Sordine par le sieur Dubost, curé de Nonic ; — un contrat non expliqué, passé entre le dit hôpital et le sieur Arboint, chirurgien.

II. — B. 8. (Registre). — In-4⁰, 45 feuillets, parchemin.

XIV⁰ siècle-1611. — Hôpital de St-Gérald. — Terrier sous ce titre : « Cy emprès ensuit l'extrait des baillettes, recongnoissances, condempnations et autres pièces concernantz les rentes et revenus des pauvres de l'hospital Sainct-Géral près la porte Magninie de la ville de Lymoges. » — F⁰ 1 *bis* r⁰ : Redevance de 10 sols de cens par M⁰ Jacques Grégoire, contrôleur général des finances en la Généralité de Limoges, sur une maison de la rue Magnine, 1588. Suit l'indication des sentences et contrats de toute nature qui confirment la dite relevance en faveur de l'hôpital. — f⁰ 3 v⁰ : redevance de 10 sols de rente sur une maison sise devant l'andeys du Vieux Marché, ayant appartenu à M⁰ Jean Juge, licencié en décret, 1392 : — f⁰ 10 v⁰ : redevance de 10 sols de rente sur une maison de la rue Froment, appartenant à M⁰ Pierre Gauchaut, licencié ès lois, 1530 ; — redevance de 2 sols 6 deniers sur une maison de la rue des Combes confrontant à celle de Bertrand dit Batissou, orfèvre, 1554 ; — f⁰ 14 r⁰ : redevance de 5 sols de rente sur une maison de la rue Gaignolle confrontant à celle de

feu M⁰ Guibert de Leyssène, chanoine de l'église cathédrale, à présent occupée par Psaulmet Grégoire, apothicaire, et à celle de .a vicairie des Peytaux fondée en l'église St-Michel-des-Lions, 1588, etc ; — f⁰ 32 v⁰ et ss. : extraits des testaments faits en faveur du dit hôpital par Catherine Thouye, de las Saignas : 13 écus ; par Pierre Boutin, marchand de Limoges : 666 écus ; par Jeanne Dagnaud, de Chaptelat : 10 écus ; par M⁰ Phillippé de Prouhet, chevalier, sieur de Béchadie : 100 francs ; par M⁰ Jean Romanet, sieur de Nouailles et de l'Age : 100 ll. ; par Denisée Rivaud, femme de M⁰ Jacques Bailhet, procureur au Présidial de Limoges, la dite testatrice « malade de la contagion » : 40 ll., 1586 ; par Marie Lequart, femme de M⁰ Pierre du Pin, procureur au Présidial de Limoges : 8 ll. ; par Anne Benoist, veuve de M⁰ François du Boys élu au Haut-Limousin : 40 sols, etc.

II. — B. 9. (Registre). — In-folio, 27 feuillets, papier.

1583-1635. — Hôpital de St-Gérald. — Terrier du dit hôpital, sans titre, d'une écriture du XVII⁰ siècle, contenant les actes suivants : f⁰ 1 r⁰ : décret d'adjudication du pré d'Aigueperse, appartenant à François de Plenamesjoux et présentement aux pauvres du dit hôpital, 1609 ; — f⁰ 5 v⁰ : consignation de la somme de 2000 ll., prix d'achat du susdit pré ; — f⁰ 7 r⁰ : concordat entre le prieur de St-Gérald et l'abbé de Chancelade touchant la réforme du prieuré de Limoges, 1632. Il est stipulé à cette occasion que le prieur acquittera les 100 setiers seigle, les 20 charges de vin et toutes les autres redevances dues par son prieuré à l'hôpital de St-Gérald ; — f⁰ 10 v⁰ et ss. : Transactions sur procès : entre l'hôpital de St-Gérald et le prieur des Carmes, 1618 ; — entre ledit hôpital et M⁰ Jacques Talois, chanoine de St-Étienne; — f⁰ 11 r⁰ : testament de Jean Pinot, receveur du taillon, 1630 (Cf. ci-dessus B, 1.) ; — F⁰ 16 et ss. diverses transactions passées par l'hôpital de St-Gérald comme légataire universel du dit sieur Pinot.

II. — B. 10. (Registre). — In-4⁰, 45 feuillets, parchemin

1590-1690. — Hôpital de St-Gérald. — Terrier du dit hôpital sous ce titre : « Cy emprès ensuit l'extraict des baillettes, recongnoissances, condempnations et autres pièces concernantz les rentes et revenu des pauvres de l'hospital Sainct Gérald près la porte Magnine de la ville de Lymoges. » — Les rentes sont assises sur diverses maisons de Limoges, situées : rue Manigne, Cruchedor, de la Pousse, des Bancs, du Vieux-Marché, Banc-Léger, Torte, Lansecot, du Fossé, Biscolle, Froment, etc., et sur divers clos et vignes des environs : Beaupeyrat, Moulin-Moreau, Tourondeau, Soubrevas, las Brunas, Chaptelat, etc. — Les articles sont sous cette forme : f° 1 bis r° : « Rue de Magnisne, Doibt honnorable M° Jacques Grégoire, conterolleur général des finances en la générallité de Lymoges, sur sa maison située en la dicte ville, en la rue appellée de Magnigne, près la rue de Crochedor, confrontée entre une autre maison qui fut de M° Jehan Clément, notaire, et apprès de M° Albert Clément son filz, etc, 10 sols.» Suit l'indication des titres anciens sur lesquels repose la dite rente ; — f° 13 v° : « Guill. Clément dit Picheguay Gaignedenier doibt cinq solz de rente sur certaine maison située en la rue appellée de Guignolle, confrontée à la maison de feu maistre Guybert de Leyssène, en son vivant chanoine de l'esglise cathédralle de Lymoges, à présent posseddée par l'scaulmé Grégoire, marchant appotiquaire de la dicte ville, d'une part, et la maison de la viquairie des Peyteaux, fondée en l'esglise St-Michel-des-Lyons, à présent posseddée par M° Estienne Breilhaud, viquaire de la dicte vicairie; » — f° 15 r° « Est dheu cinq solz de cens et fundallité sur une partie de borde *sive* tannerie,» sise rue Palevezy ; — f° 34 v° et ss. : Mention de divers testaments, entre autres celui de Messire Philippe de Prouhet, chevalier, sieur de Béchadye, léguant 100 francs aux pauvres des hôpitaux de St-Gérald et St-Martial ; celui de dame Anne Benoist, veuve de M. François Dubois, élu au haut-Limousin , léguant 40 sols aux pauvres de l'hôpital de St-Gérald ; — f° 41 r° : Mention d'un plassage sis devant la tour de la Cigogne et faisant partie du jardin de la chancellerie. — Parmi les possesseurs dénommés figurent : Jean Juge, licencié en droit; Jean Mareschal, curé de Peyrilhac ; Pierre Granchaud, licencié ès lois ; Claude Roux, Étienne Chastelut et Pierre Videuil, épingliers ; Bertrand dit Patissou et Michel Ratier, orfèvres ; Antoine Rechilhac, chirurgien ; Jean Mignot, procureur au présidial de Limoges ; Jean de Charlonnye, contrôleur ; Jean Vigier, émailleur ; Jean Friguet, orfèvre ; Martial Bailhot, apothicaire ; Jean Darlin, « claveurier » ; Mathieu Troutaud, apothicaire ; Simon de Beaubreuil, vicaire de St-Martial ; Pierre Bordais, receveur du taillon ; M° Fréault, grand greffier de la juridiction de Linars ; Joseph Delauze, fondeur, etc.

II. — B. 11. (Registre). — In-4°, 121 feuillets, papier.

1577-1600. — Hôpital de St-Gérald. — Liève des rentes dues au dit hôpital, commencée en l'année 1588 par Jean Duboys. — Les articles sont sous cette forme sommaire : f° 3 r° : « Les tenanciers du villaige de Beaubreuilh : seigle XXV s., avoyne X éminaulx, argent IIII livres et toutte dixme.» Suit l'indication des paiements effectués. — Les tènements énumérés sont : Beaubreuil, le moulin de la Garde-Giroux, l'Escure-neuve, Lascoux, Chambardieras, Magret, Crochat. las Gematas, Puydieu, Palouzat, Breuil-chaud, Champmoury, le pré Simonnet, Condat, le pré Claud, Naugeat et Ventoux, le moulin Moureau, le Mas-Loge, le Ponteil et Mas-Baton, le Mesnieu, Saint-Lazeys, las Choussadas, la Chabane, etc. — Parmi les noms de personnes on peut relever les suivants : M° Martial Romanet, chanoine de St-Étienne ; Pierre Blanchardon, « saincturier; » M° François Vitrat, apothicaire ; Jean Charlognie, contrôleur ; Jean Reynaud, épinglier ; M° Pierre Pucaulnic (?), chirurgien, M° Gérald Fougeyrat, prêtre ; Antoine Bruneau, maître du jeu de Paume; M° Lagorse dit Peyron, juge de la salle épiscopale ; M° Jean Vauzelle, « vicquaire d'une vicquairie fondée en la chappelle de St-Jehan près St-Estienne; » Anne de May, « femme du capitaine Guaspy ; » Clément Duboys, procureur ; M° Nicolas, chirurgien, etc. = F° 79 r° : Clos de las Palissas : « Mémoyre [soit] qué le XXII juing 1577, M° Pol Duboys, alors prieur, vandist pour sa cotthe part que le Roy avoit imposée sur tout le diocèse, et montoit la dite cotthe part ung escu de rante valant vingt et quatre escutz sol ; » — f° 120 r° : « Mémoyre [soit] que le mardy vingt deulxiesme de mars 1594, mon frère M° Pol et moi, pour jouyr de l'édict faict par le Roy de rentrer chascun en ses biens, sommes entrés en la ville et avons juré d'estre bons serviteurs du Roy devant Mons. le lieutenant particulier et les gens du Roy ; et l'acte de ce a esté receu par Pabot, clerc de greffe. Duboys.... Le 27me juing 1595 avons presté le livre des *Vies* de Plutarque à Jehan Ardilher.... Le 18 juilhet 1596 nous sommes entrés dans la ville pour jouyr suivant les edicts du Roy de nos biens ; et à nostre entrée assista Mons. de Salagniat nostre gouverneur, Mons. de Thumery, sieur de Boysice, et Messieurs les Consulz avecq leurs chapperons rouges, lesquels se trouvarent dans le boulevert de la porte de Magninie ; et comme tous ceulx qui estoient pour lors hors la ville estoient assemblée dans le petit cimetière de St-Gérald, le capitayne Raymon dit Reytoy, capitaine de la ville, les vint prendre avecq tous ses soldats dans le dit cimitière ; et marchoit le dict capitayne devant eulx jusque dans la dicte porte de Magninie où ils trouvèrent les susdits sieurs qui les attendoient ; et marchant plus oultre tous en compaignie allarent à St-Martial ou ilz firent chanter une grand messe du St-Esprit ; et fust Mons. le prévost des Séchères qui dict la messe. Duboys » (1).

II. — B. 12. (Liasse). — 2 pièces et 2 cahiers in-4°, 7 et 8 feuillets, papier.

1599-1610. — Hôpital de St-Gérald. — Courtes lièves des revenus du dit hôpital.

II. — B. 13. (Liasse). — 5 pièces parchemin ; 7 pièces et 1 cahier in-8°, 58 feuillets, papier.

1571-1639. — Hôpital de St-Gérald. — Procédures pour le dit hôpital : contre les héritiers de Pierre Descordes, touchant la fondation faite par ce dernier de trois repas en faveur de l'hôpital de St-Gérald et de deux autres repas en faveur de l'hôpital de St-Martial, 1571 ; — contre les héritiers de Pierre Botin qui avait légué 666 écus au dit hôpital, 1585 ; — contre le prieur du prieuré de St-Gérald touchant le paiement des redevances par lui dues chaque année à l'hôpital, 1576-1588 ; — contre Marie Pinot, veuve de Jean Pinot, receveur du taillon, touchant le paiement des legs faits par son feu mari au dit hôpital, 1635 ; — contre la confrérie du St-Sacrement en l'église de St-Pierre, touchant les arrérages de la rente fondée en 1583 pour servir un repas chaque année aux pauvres du dit hôpital, 1639.

II. — B. 14. (Liasse). — 2 pièces, parchemin ; 35 pièces, papier.

1625-1643. — Hôpital de St-Gérald. — Procédures du dit hôpital contre le prieur des Arènes refusant le paiement d'une rente de 5 setiers une émine seigle sur lui prétendue.

II. — B. 15. (Registre). — in-4°, 349 feuillets, papier.

1623. — Hôpital de St-Gérald. — Inventaire de production fait par-devant Jacques de Petiot, con-

seiller du Roi, juge civil et criminel en la juridiction royale ordinaire de Limoges, à l'occasion du procès mû entre les bailes de l'hôpital et les héritiers de feu Me Jean Pinot, conseiller du Roi et élu en l'Élection de Limoges, touchant l'hérédité du dit sieur.

II. — C. 1. (Liasse). — 4 pièces, parchemin.

1223-1226. — Hôpital de St-Gérald : matières ecclésiastiques. — Promulgation faite le 1er août 1224 par Bernard de Savenne, évêque de Limoges, d'un bref y relaté d'Honorius III autorisant le prieur de l'hôpital de St-Gérald à faire célébrer la messe à l'autel construit dans le nouvel hôpital. *Datum Laterani, VI nonas maii, pontificatus nostri anno septimo* (2 mai 1223) (1) : *«... Prior domus Sancti Geraldi Lemovicensis nobis humiliter supplicavit ut in altari quod in hospitali novo domus sue noscitur esse constructum, divina celebrandi officia ejusdem loci pauperibus et infirmis licentiam sibi concedere dignaremur. Volentes igitur...»* Suit l'indication des voies poursuivies par l'évêque pour faire exécuter le dit bref par le curé de St-Cessateur : *«... Heliam, capellanum Sancti Cessatoris, in cujus parrochia predictum situm esse dicitur hospitale, propter hoc apud Grandimontem citavimus coram nobis. Qui ad diem et locum comparens priorem suum Sancti Johannis de Cola super hoc petiit requirendum...»* — Actes : du chapitre de Cole (diocèse de Périgueux), — et de l'abbé de Tourtoirac (même diocèse), règlant le différend survenu entre le prieur de l'hôpital de St-Gérald et le curé de St-Cessateur dépendant du chapitre de Cole, sur les limites de leurs droits de juridiction spirituelle, 1226. — Promulgation faite par G., évêque de Limoges (Gui de Cluzel, † 1235), de l'accord qui règle les limites de la juridiction spirituelle des églises St-Gérald et St-Cessateur. Vers 1226 (2).

II. — E. 1. (Cahier). — In-4°, 16 feuillets, papier.

1584-1585. — Hôpital de St-Gérald. — « S'ensuit ce que j'ay fourny pour les povres de l'ospital de St-Géral. » C'est un cahier de comptes dont les articles, divisés par semaines, consistent uniquement en pain, vin et autres fournitures de bouche.

<hr>

(1) Cf. *Annales de 1638*, p. 374 et ss.

(1 et 2) Impr. dans nos *Documents historiques...* I, 269 et 161.

II. — E. 2. (Liasse). — 1 pièce, papier.

Vers 1650. — Hôpital de St-Gérald. — « Reste des pauvres qui sont nourris dans l'hôpital St-Gérald par Narde Mercier » (1) : sept hommes ou jeunes garçons, et vingt filles ou femmes, dont trois « de mauvaise vie. »

II. — E. 3. (Registre). — In-4º, 480 feuillets, papier.

1614-1663. — Hôpital de St-Gérald. — « C'est le papier des comptes de recepte et mise du revenu des paouvres de l'ospital de Sainct Géral de Limoges que sieur Jehan Maledent, Mº Géral de Jayat, sieur Pierre Duboys, sieur de la Jourdaine, et sieur Jehan Sauxon, bailles et administrateurs des dictz paouvres ez années 1614-1617, qu'ilz rendent aux successeurs bailles, et ce tant pour scavoir a quoy le dict revenu est employé qu'aussy pour rendre certains ceulx qui seront sy apprès esleuz en la ditte charge, des arreraiges qui resteront à lever. Et commenceront les bailles entrer en charge le jour de la Sainct Georges, chascune année. Ayant recogneuz qu'il estoit malaisé de sçavoir ceulx qui sont en reste et a quoy le revenu est employé, par quoy sout les comptes sy dessoubz inscritz » (Fº 2 rº). — Fº 1 rº : Copie de l'acte de donation faite par Mº Jean Guérin, médecin du Roi, d'une somme de 100 sols à l'hôpital de St-Gérald et d'une autre somme de 10 sols à l'hôpital de St-Martial, « pour les employer a achapter du boys pour chaufer les paouvres maladres durant le temps de hivert. » — Fº 2 rº : Commencement des recettes et dépenses du dit hôpital, divisées par années. Outre les articles courants de rentes en argent ou en nature, de chauffage, habillement et nourriture, figurent les suivants : fº 2 vº : reçu de la quête faite en ville avant Noël, la valeur de 18 setiers 6 pains d'hôtel et 40 sols argent ; — fº 4 rº : payé 35 sols à Mº Nicolas, chirurgien, pour avoir visité la gardienne et saigné quelques malades ; — vº : payé 2 sols « pour faire amener le vin de M. le prieur de St-Géral ; » — payé 21 sols à Savignac « pour

recevoir le testament d'une filhe mallade dans le dit hospital ; » — fº 5 rº : payé 25 sols « pour une caysse pour faire ensevelir la ditte filhe ; » — fº 6 rº : reçu du prieur de St-Gérald 100 setiers de blé « qui ont esté employés à la nourriture des paouvres ; et parcequ'ils n'en avoyent pas assés au moys de juilhet, leur fust augmenté d'un pain d'otel par jour ; » — reçu du dit prieur 20 charges de vin « qui ont esté employées à la nourriture des pauvres ; » — fº 9 rº : payé 2 ll. 8 sols « pour avoir faict recouvrer (*sic*) l'ospital ; » — payé 29 sols « pour faire accommoder la chandelle beniste ; » — fº 10 rº : reçu 2 ll. « pour le repas de chez M. le général Mauplot, qu'il doibt faire le 24ª de juing ; » — fº 11 vº : payé 7 ll. « pour deux chandelles de cire pour mestre à l'hostel ; » — fº 12 rº : payé 17 ll. « pour fere nourir une filhe qui fust trouvée dans le cimithière St-Gérald, durant 10 mois ; » — payé 12 ll. « aux prestres qui ont dict la messe durant la ditte année » [1617] ; — fº 16 vº : payé 10 sols « pour ung livre pour ung escolier ; » — fº 23 rº : payé 38 ll. 5 sols pour 54 charges de bois. — fº 45 rº : payé 32 sols au sieur Coste, apothicaire ; — fº 50 vº : reçu de M. Boyol. official, 1800 ll. en aumône, pour le revenu être appliqué à la nourriture des pauvres (1623) ; — payé 100 sols à la Catherine, « pour achepter du bois pour chaufer les malades, [les dits 100 sols] provenant de Mª Guérin, lesquels sont destinés à ceste fin par le testament de feu son père ; » — fº 53 rº : payé 40 sols « pour une grande messe que les baisles ont faict dire pour le repos de l'âme de feu M. l'officiel Boyol » (1623) ; — fº 55 vº : reçu 5 ll. des héritiers de feu Mº Guérin, et délivré la dite somme à la veuve de feu Jean Sanson, « pour employer du bois pour chaufer les povres passantz, suivant la volonté du dict Guérin ; » — fº 59 vº : payé 20 sols à M. Lajoumard, notaire, pour rédaction d'un contrat ; — fº 61 rº : payé 2 ll. aux religieux de St-Gérald pour le service de l'enterrement d'une femme décédée à l'hôpital ; — payé 2 ll. 16 sols à Audoin Benoist, apothicaire, pour fourniture de médicaments, etc., etc.

II. — E. 4. (Liasse). — 2 pièces, papier.

1637-1638. — Hôpital de St-Gérald. — Comptes des fournitures faites au dit hôpital par Jean Deschamps, apothicaire.

(1) D'après un passage de ce document, Narde Mercier était sœur d'Hélène Mercier qui entra à l'hôpital de St-Gérald dès 1648 en compagnie de Pierre Mercier, son frère. Voy. Laforest, *Limoges au XVIIº siècle*, p. 416.

II. — E. 5. (Liasse). — 1 pièce, papier.

1610. — Hôpital de St-Gérald. — Copie de la quittance délivrée par le dit hôpital à la veuve d'Hugues Barbou, imprimeur, d'une somme de 60 ll. due par son feu mari.

II. — F. 1. (Liasse). — 4 pièces, papier.

Première moitié du XVII⁰ siècle. — Hôpital de St-Gérald : régime intérieur. — « Mémoire pour le règlement de l'hospital de St-Gérald.» Sans date ; écriture de la première moitié du XVII⁰ siècle : « Prière le soir. Faire ouir la messe le matin à 7 heures en esté, à 8 en hyver, et faire administrer les sacremens aux malades, sçavoir celui de pénitence au commencement de la maladie, le saint viatique sans attendre l'extrémité, s'il y a danger de mort, et l'extrême-onction si les médecins perdent espérance de guérison. Faire en sorte qu'ils soient assistés et exhortés à la mort. Si quelque pauvre jure ou dit quelque parole deshoneste ou trouble la paix, le punir de quelque soubstraction d'alimens, et si la chose est grave en advertir Mgr. de Limoges ; comme aussy seront molestés s'ils n'assistent aux catéchismes.... Les pauvres des bourgs et villages ne doivent estre receus dans les villes.... Les passants seront séparés des ordinaires et n'y feront que trois couchées, s'ils ne sont malades, et n'y seront receus qu'une fois chasque année ; à quoy les scindics, chapellains et gardiens tiendront la main. Les pauvres ordinaires du dit hôpital ne mandieront.... N'y sera receu d'enfant exposé.... » — Fragment d'un autre règlement du dit hôpital. Sans date ; écriture du commencement du XVII⁰ siècle : « .... Les filles dévotes demeurant au dit hospital ne prendront soin que des femmes et l'une d'icelles filles, telle qu'il plaira à Monseigneur de commander, faira exécuter tout ce qui regarde leur charge et emploi. Et pour ce qui est des hommes, ils seront servis par des serviteurs sous la direction de l'ecclésiastique qui demeurera ou tel autre qu'il plaira à Monseigneur, lequel sera obligé de rendre compte tous les mois au bureau. On ne refusera de recepvoir personne qui soit malade dans le dit hôpital, si ce n'est qu'il soit atteint de quelque mal vénérien ou contagieux. Les sieurs bailes seront obligés d'employer les légats faits au dit hôpital suivant et conformément à la volonté des testateurs. L'ecclésiatique du dit hôpital ne dépendra de personne pour la correction ou déposition que de Monseigneur.... » — « Mémoire des désordres de l'hospital St-Gérald.» Sans date ; écriture de la première moitié du XVII⁰ siècle. Les bailes sont accusés : de ne point rendre leurs comptes ; d'appliquer aux pauvres sains ce qui est destiné aux malades ; de refuser aux malades « toutes sortes de douceurs comme cerises confites et telles autres confitures ; » de ne point faire d'inventaire du mobilier ; de garder chez eux les titres de l'hôpital ; de ne point faire payer les pensions dues à l'hôpital par certains de leurs amis ; d'avoir gaspillé les revenus ; d'avoir admis dans l'hôpital les pauvres passants en nombre exagéré et d'avoir souffert qu'ils y revinssent de deux en deux mois, quoique le règlement n'autorisât à les recevoir qu'une fois l'an ; d'avoir favorisé par leur négligence les mauvais instincts des pauvres, « ce qui fait qu'ils disent quelquefois des parolles licencieuses à ceux de dehors, se faschent quand on leur donne leur repas, ne veulent point aller entendre le cathéchisme, boivent et mangent quelquesfois, quand on leur donne quelque aumône, plus qu'il ne faut.... » — État des points à examiner dans la « visite de l'hospital de St-Gérald,» 1648 : « Il faut se rendre dans la chapelle et visiter le sainct sacrement.... s'enquérir du vicaire, du service qu'il est tenu de rendre et s'il satisfait à ce qu'il est obligé.... s'il y a dans le dit hospital des personnes de mauvaise vie et s'il scait que des personnes suspectes y fréquentent.... s'il y a de médecin, chirurgien, apothicaire, etc. »

II. — H. 1. (Liasse). — 4 pièces, parchemin.

1183-1251. — Prieuré du Dognon, dépendant de l'hôpital de St-Gérald. — Cession faite par les religieux d'Albignac à l'hôpital de St-Gérald de tout le droit qu'ils pouvaient avoir sur la villa, chapelle et terre du Dognon, sous le devoir d'une livre pesant d'encens par an, 1183 (1). — Vente faite par Guillaume Ransès, damoiseau, fils de feu Gérald Ransès, de la Barriol, à Pierre de Fursac, recteur du Doignon, relevant de l'hôpital de St-Gérald, d'une rente de 2 setiers avoine sur le mas du Puy de Vaus-série, paroisse de St-Germain, pour le prix de 100 sols, 1245. — Ratification faite par Pierre Béraud, sergent, fils de feu Béraud, prévôt, de la donation par lui faite au prieuré du Dognon, dans l'église duquel il a choisi sa sépulture, de la moitié du mas de Faugères, et augmentation faite par le même de la dite donation,

(1) Impr. dans nos *Chartes et Chroniques....*

1248. — Cession faite par Jean Chadarta, sergent, sa femme et ses enfants au dit prieuré de St-Gérald du Dognou d'une grande quarte seigle, d'un ras avoine et de 2 deniers argent de rente à eux dus par les pauvres du Dognon, 1251.

H. — H. 2. (Liasse). — 2 pièces, papier.

1576. — Confrérie de N.-D. du Puy. — Sentence du sénéchal de Limoges qui unit les biens et revenus de la dite confrérie à l'hôpital de St-Gérald, à charge par les bailes du dit hôpital de servir les fondations dont la confrérie était chargée par ses bienfaiteurs. (En double.)

H. — H. 3. (Liasse). — 1 pièce, parchemin.

1272. — Confrérie de N.-D. du Puy. — Vente faite par le sieur Jacqueli, Pierre son fils et Marie sa fille à la dite confrérie de 4 sols de rente sur une maison de Limoges, sise rue.... et confrontant à celle de Guillaume Lameir, tondeur *(pelliparius)*, pour le prix de 80 ll. 2 sols.

H. — H. 4. (Liasse). — 1 pièce, parchemin.

1292. — Confrérie de N.-D.-du-Puy. — Vidimus donné par l'official du diocèse de Limoges d'une indulgence de 40 jours accordée par l'évêque du Puy, du consentement de l'évêque de Limoges, aux fidèles de ce dernier diocèse qui contribueront par leurs donations au bien de la dite confrérie (1) : « *Cum igitur bajuli candele rate Virginis gloriose Aniciensis, qui quidem bajuli sunt de castro Lemovicensi, quamdam candelam teneant ardentem de nocte et de die in ecclesia nostra Aniciensi, que cotidie et incessanter ad honorem et laudem Virginis gloriose comburatur, que quidem Virga in dicta ecclesia nostra venerabiliter honoratur, universitatem vestram monemus,* » etc.

H. — H. 5. (Registre). — In-4°, 38 feuillets, parchemin.

1425-XVIᵉ siècle. — Confrérie de N.-D.-du-Puy.— Liève des rentes, en provençal.—Sur le feuillet de garde : « Copia deu chartreu que los bailes deven trametre per las paroflas de fora la vila » (2). — Fᵒ 1 bis

(1) Impr. dans nos *Chartes et Chroniques*....
(2) Cf. ci-dessous le terrier de 1508, H. 8.

rᵒ : Prose latine en l'honneur de la Vierge. — Vᵒ : Généalogie de J.-C. d'après l'évangile de St-Mathieu. — Fᵒ 3 rᵒ : « A la honor de Dieu Payre et Fil et Saint-Esprit et de la sancta Trinitat et de la beneyta Vergena Maria et de tota la cort celestial de paradis, nos autres coma bayles, Johan Gay, charpentier, Johan Moureu, Girant Thomas, Johan Bertrant avem fait far aquest libre a honor de la Vergena Maria et del noble horatori del Pucy, de que nos autres de Limotges fazem coffreyria et fazem far una chandela a honor de liey, que art nuyt et jor devant liey et la li offerem la vigilia de la Ascencion, fayta en mauyeyra d'una granda roda de cera; et per so que los senhors chanonges de la glieysa aviserent que aysso era una bella mostra de offerenda ant ordenar que demores aqui la offerenda costa nostra dompna a la port drecha de sobre I autre autar usque a la nostra dompna chandalieyra; et d'aquela sera il faut far las chandelas beneytas. Et per so il promezeren et jurerent que il farian ardre una chandela ★nuit et jor d'una lioura. Nos autres coma bayles am granda sollempnitat a vespras la vigilia desus dicha, am nobla companiha et devota devocion et am esturmens so es assaber am menestriers et trompas. Et per so que aquesta nobla cofreyria es antiqua per alcus, se sont perdudas las rendas. La razo es aquesta qual alcunas devestz y a agutz bayles que non erant point clercs, o sy sabian legir o escrioure, non entendiant point las letras de las rendas et per so lays avant perdre las rendas per las sobustacions que so fant en la seuhoria dels senhors cossols o de las Combas, et onsi be que lo libre era fait en papier et s'en rompiant alcus fuels per malvas guovernament, per so nos avem fait far aquest libre per metre las rendas en romans am las confrontacions que si appertenen, afi que los bayles que seran per lor aunada los entendant; et ausi be avem fait metre las ordenensas que devem far que s'eu segra aprop, et enquera mays los noms dels cofrayres et cofreyresas. Et fo fayta aquesta ordenansa et escricha l'an mil CCCC et XXV, lo XXVIII jor de setembre. » — Suivent les statuts de la confrérie en dix articles.(1).—Fᵒ 9 rᵒ : Liève des rentes dues à la confrérie, sous cette forme : « En lo mayso de P. Ripau que fo de Peyr Guabordilh, assiza en la grant rua de Bocharia entre la mayso de Johan Vilateys, d'una part, et la mayso deu dit Girot, d'autre part, XXX solz de rendas (Suivent quelques notes complémentaires, d'une écriture du XVIᵉ siècle). *Item*, eu tres solars que

(1) Voy. ces statuts dans nos *Chartes et Chroniques*....

furen de Valenti Bonefau entre las maysos las quals se tenent pres deus murs deu chastel de Limotges eu la rua de Corbasuret et matenent se luega per lo pres de XL solz VIII d.... *Item*, en la mayso de maistre J. Barrelier, assiza au queyroy de Lausaquod entre la mayso de Symo Faure, d'una part, et la rua Torta, d'autre part, X sols rend.... *Item*, en la mayso de Bos lo chaussier que fo de maistre P. Bermondet, assiza davant lo petit estanc, entre la mayso de la bayessa dels Aloys, d'una part, et la maison de Jacme de Solempniac, d'autra part, X solz cens.... *Item*, en la mayso de Cussac que fo de Pasqual lo Bolhut, assiza davant la font Costanti, entre la mayso de Laurent lo Colho, d'una part, et lo chareyro per hom vay a la font de Joumar, d'autra part, V solz rend.... *Item*, en la dicha rua de Bosquolo la cofreyria ha doas maysos tenens que se luegent a doas paubras femnas chascuna, las quals doas maysos Barthalmieu de la Baconia te per acessa et en deu baylar chascun an XV solz cens.... *Item*, en las treilhas de J. Astay, assizas au dit terratori de [Lansaquot], d'una part, las treilhas de Marciali Marti et las treilhas de l'hospital de l'Arena, XII solz cens,» etc.= F⁰ 28 r⁰ : « Enseguen se los nomps dels cofrayres et dé las cofreyressas de la coffreyria de nostra Dompna del Puey, que foren escritz l'añ mil CCCC et XXV, lo XXVIII jor de setembre. » Les noms sont classés par quartiers, de la manière suivante : rue Manigne : 40 hommes et 22 femmes, outre quelques additions postérieures; — rue des Taules : 13 hommes (entre lesquels Jean et P. Mercier, argentiers) et 22 femmes, outre quelques additions postérieures; — rue ou place du Marché : 37 hommes (dont six du nom de Disuematin) et 22 femmes, outre quelques additions postérieures ; — rue ou place du Vieux-Marché : 22 hommes et 14 femmes, outre quelques additions postérieures ; — rue Lansecot : 29 hommes et 34 femmes ; — quartier des Combes : 59 hommes et 39 femmes, outre quelques additions postérieures ; — quartier du Clocher : 13 hommes et 11 femmes, outre de nombreuses additions postérieures ; — quartiers Boucherie et Fourie : 37 hommes et 30 femmes, outre quelques additions postérieures.—F⁰ 37 v⁰ : « Eysso sont d'alcus cofrayrs et cofrayressas que hom no sab ou se demorent. » Ils sont au nombre de 16, outre les nombreuses additions postérieures.

II. — H. 6. (Registre). — In-4°, 114 feuillets, papier.

1524-XVII⁰ siècle. — Confrérie de N.-D.-du-Puy. — Lièse, sans titre, des rentes de la dite confrérie.

— F⁰ 1 r⁰ : « Ce present papier est de la frairie de Nostre-Dame du Puy en Auvergne; et est dit, appelé et intitullé le papier des mémoires; et fust fait le premier jour de aoust 1528; et fust achepté espressement pour mectre en memoire toutes les chozes necessaires alla (*sic*) dicte frairie ; et fust achepté par nous Mychel Rougier, Liton Boutaud, de la paroisse de St-Pierre, Jehan Lascure et Jehan Segont, de la paroisse de Sainct-Michel, bailles. » — F⁰ 3 r⁰ : « Mes seigneurs qui cecy lizés, pour l'onneur de la passion nostre Seigneur Jesucrips (*sic*) et de la benoiste Vierge Marie, sa mere, entendès se que est cy dessoulz eu memoire, et alla frairie ung grant bien ferés. Soit memoire a tous ceulx qui sont et qui sont a venir qu'ils ne mectent point baille de la frairie de Nostre-Dame du Puy en Auvergne parsonne que doyve rente alla dicte frairie. La raison est que il y a heu, le temps passé, des bailles que devyon (*sic*) des rentes alla dicte frairie, que hont derrobé des titres des lectres et hont couppé et tranché des feuilles des terriers, par lesquelles apparoissoit comment ils devient (*sic*) les dictes rentes.... » — F⁰ 4 r⁰ : « *Item*, et vous veulx bien avertir d'une choze que les bailles font (que me semble estre mal fait), que quant les bailles hont de l'argent de reste, ilz en font fère quelque tableau hou quelque rauners (?) a Sainct-Pierre hou a Sainct-Michel.... Je dis que c'est mal fait : la raizon cy est que je dis que vous frustrés les intencions des trespassés que hont donné hou achepté les dictes rentes....» = Au rebours du registre, f⁰ 14 r⁰ : « S'ensuyt l'inventayre des pieces et revenu annuel, rentes d'argent, bled, tant volentes que foncieres, les noms et surnoms des debiteurs que doibvent a la devote frerye Nostre-Dame-du-Puy en Aulvergne, de laquelle frerie le service se faict aux deux eglises parrochiales Sainct-Pierre et Sainct-Michel. Et par jugement des presidiaulx (1576), le revenu d'icelle frerye est transféré a l'hospital Sainct-Geral les Lymoges pour estre converty tant au bastiment et reparation d'icelluy hospital que pour la nourryture des poures. Et afin que les pieces se puyssent facilement trouver, nous les avons mises d'ordre en ensuyvant le vieux terrier, par ordre des lectres de l'alphabet. » — Parmi les maisons arreutées on peut relever les suivantes : f⁰ 16 r⁰ : la maison de sire Martial Grégoire le jeune, apothicaire, rue Magnine, confrontant à celle de feu M⁰ Jean Clément, notaire : 10 sols de fondalité; — f⁰ 17 r⁰ : la maison de François Varacheau, sergent royal, rue Lansecot *alias* du St-Esprit : 5 sols de rente ; — *ibid*, la maison de Jean Pycard, « horlogeur, » rue du Puy d'Aigoulène : 23 sols de fondalité ; — fᵒ 18 vᵒ : la maison de Étienne Chastelut et Moureil Pasquet, « espilliers, » rue Biscolle : 4 sols de fondalité ; — fᵒ 19 rᵒ : la maison de Jean Tamaignon, « esperonnier, » rue publique de la fontaine des Barres, confrontant à celle de Jean Bertrand dit Pastissou, orfèvre : 2 sols 6 deniers ; — fᵒ 19 vᵒ : la maison de Grégoire Myete, émailleur, rue Ste-Valérie, près la grande rue des Combes, confrontant à celle de Jean Bertrand, orfèvre : 4 sols de fondalité et 26 sols de rente ; — fᵒ 21 vᵒ : la maison de Laurens Dubreuil dit Femynas, « peinctre de Lymoges, » rue Mairebuou : 17 sols de rente ; — fᵒ 22 rᵒ : la maison de Mᵉ Antoine Rechillac, barbier, rue des Combes : 3 ll. de rente : — du fᵉ 22 vᵒ au fᵒ 26 vᵒ, rentes sur les vignes des environs de Limoges. — A partir du fᵒ 27 rᵒ, les mêmes articles se réprésentent mais isolés les uns des autres. A chaque maison est consacrée une page spéciale sur laquelle les redevances et les paiements effectués sont enregistrés de la manière suivante : « Doibt Pierre de Masguygner, bonnetier de la présent ville, sur sa maison size en la grand rue des Combes, près la fontaine du Chevalet, entre la maison de Michel Ratières, orpheuvre, et la maison de Michel, Anthoine et Jehan Rougière, ung chareyron entre deux, chacun an de rante : 5 soulz t. A payé. » — Fᵒ 70 vᵒ : État des repas fondés en faveur des pauvres.

II. — H. 7. (Registre). — In-4ᵒ, 40 feuillets, parchemin.

1501-1639. — Confrérie de N.-D.-du-Puy. — Terrier, sans titre, de la dite confrérie : « Second et moderne volume. » — Les actes transcrits sont des reconnaissances de rentes dues à la dite confrérie et à l'hôpital de St-Gérald sur diverses maisons de la rue d'Eygoulène, du petit Étang, de la Poussc, du Fossé et des Combes ; sur le clos de las Brunas, sur une terre de las Vergnas, sur diverses maisons de la rue Palevézy, de la rue du St-Esprit, etc. — Fᵉ 25 rᵒ : Obligation de 2500 ll. consentie par M. de Mauple, général des finances, pour la construction d'un bâtiment de l'hôpital de St-Gérald, 1596. Suit le détail des dépenses faites pour la dite construction. — Fᵒ 43 rᵒ : Donations faites : par Mᵉ Jean Guérin, médecin du Roi, demeurant à Limoges, d'une rente annuelle de 100 sols à chacun des hôpitaux de St-Gérald et St-Martial, 1615 ; — vᵒ : par Mᵉ Pierre Bouyol, chanoine et official de Limoges, d'une somme de 1800 ll. dont la rente doit servir à la nourriture des pauvres de l'hôpital de St-Gérald, 1623, etc.

II. — H. 8. (Registre). — In-folio, 103 feuillets, parchemin.

1508-XVIᵉ siècle. — Confrérie de N.-D. du Puy. — Terrier en provençal des revenus de la dite confrérie, sous ce titre : « Aquest terrier eys de la confreyrie, de Nostre-Dame deu Puey que se fay en la ville de Lymoges. Et fut fach en l'an mil CCCCC et huech, estant bayles Johan Moureu et Jacme Dechamps per la parroffie de St-Peyr, Marsau Romanet et Colas Martier per la parroffie de St-Micheu ; et conte aquest présent libre IIII ˣˣ et des foilhetz. » — Fᵒ 1 vᵒ : « Seigneurs qui estes et serés ‖ bayles de ceste confrayrie, ‖ Playse vous me contreguarder ‖ et servyr la Vierge Marie.... Qui de procés se guardera ‖ et fust-il fol, saige sera. » — Fᵒ 1 bis rᵒ : Table des matières mentionnant 70 actes, avec renvoi aux folios. — Fᵒ 2 rᵒ : « Loqual terrier fut faich en l'an mil cinq centz et huech, estant pape Julius secundus, reys de France lo reys Loys XIIᵉ deu dict nom, evesque de Limoges Mons. maistre Johan Barthon et abbat de Sainct Marsau Mons. Albert Jouviond. » — *Ibid.* vᵒ, au rebours du registre : « Coppia deux chartreux per trametre per la paroffias : Mons. lo chapella ou vicary de.... Plasse vous a exortar vostres parroffias que lour plasse donnar de lours beys per far la rodde de cere que art nuech et jour davant l'ymaige de Nostre-Dame deu Puey en Alvergne, affin que la vierge Marie yueille pregar son char filh que lous fruitz de la terra nous vueilha donnar et de tempesta et mal temps nous vueille guardar. Et reverant pere en Dieu Mons. l'evesque deu Puey donne a tous aquilz que y darant de lours beys quarante jours de vray pardon, » etc. — Fᵒ 2 bis rᵒ : « S'enseguen lous statutz et ordenansas de la confreyria de N.-D. deu Puey que se fay à Lymoges en las esglieygas parrochiallas de Sainct Peyr deu Queyroy et de Sainct Michel deux Lyons, lasquallas ont estadas estrachas et fachas sur tous libres anciens de la diche confrayrie ; lasquallas lous bayles et confrayrs de la dicha confrayria deven tenir et observar. » Parmi les articles de ces statuts on peut relever les suivants : Art. 5 : « La veilhe deu Rampans, chascun an, deven los dichs bayles baillar ou far baillar, comme eys de coustuma, a las portas de la ville las lettras et cedulas que los dichs bayles tramectent a las parroffias de l'entour de la ville que au accoustumat a donnar aux dichs bayles par far la rode au Puey.... Art 7 : *Item*, [deven] los dichs bayles anar ou trametre au Puey en Aulvergne per far la diche rodde davant l'ymaige de Nostre-Dame en son eyglieyga du Puy et uffrir la diche rodde de ung quintau de cere.... Art. 16 : *Item*, et pregem Mess. lous bayles que lour plasse tousjours de eslegir gens de be et de bonne consciença, que siant souffisens et ydoines a regir et gouvernar la dicha confreyria.... Art. 18 : *Item*, et per la dicha lampa de S. Peyr entreteneyr, jadis feu Johan de Remoys, natieu de S. Gousault, per lor demourant a Lymoges, per la grand devotion que el avye a Nostre-Dame et a la diche confreyrie, leguet a la diche confrerie vingt huech lieuras tourn., laqualle somme en l'an mil IIIᶜ et VI fut payade aux bayles qui erraut per lors, en monedé deu reys S. Loys. Et se obligèrent a teneyr de la dicha lampa, comme appart per lettre passada soub. lous scel de Mons. l'official, qu'eys eu l'arche de la diche confreyrie.... » — (Les statuts s'arrêtent à l'article 23. Les articles suivants ont disparu avec le feuillet 5 du registre. D'après la table des matières ce feuillet 5 contenait en outre « l'istoria deu montament de la rodda.»)—Fᵒ 6 rᵒ : Prologue du terrier, reproduisant la plupart des indications précédentes, dans un cadre enluminé. — Fᵒ 7 rᵒ : Énumération des rentes dues sur diverses maisons de Limoges avec indication des titres. Parmi les maisons et tènements arrentés on peut relever les suivants : fᵒ 12 rᵒ : la maison d'Étienne Romanet, bourgeois de Limoges, rue des Bancs, confrontant à celle de Pierre Guibert, argentier ; fᵒ 15 rᵒ : la maison de feu Jean Juge, licencié en décret, devant l'Andeix du Vieux-Marché ; fᵒ 24 rᵒ : la maison de Mᵉ Léonard Peyroche, prêtre, au puy d'Eygoulène ; fᵒ 26 rᵒ : la maison de Mᵉ Pierre Blanchard, notaire, devant le petit étang ; fᵒ 30 rᵒ : le verger de Jean Granier, argentier, rue du Fossé, devant la muraille de la ville ; fᵒ 32 rᵒ : la maison de Mᵉ Pierre de Granchault, licencié ès lois, rue Froment ; fᵒ 33 rᵒ : la maison de feu Jean Mareschal, prêtre, ancien curé de Peyrillac, rue Biscolle ; fᵒ 43 rᵒ : la maison de Mᵉ Pierre Meilhaud, prêtre, grand vicaire de St-Étienne, rue Gaignolle, la dite maison ayant appartenu auparavant à Deniset, argentier, et confrontant à celle de Mᵉ Pasquet Valentin, curé de St-Pardoux ; fᵒ 47 rᵒ : la borde ayant appartenu à Mathieu Veyrier, argentier, rue Palevézy ; fᵒ 54 rᵒ : la vigne de Mᵉ Pierre Charlonnie, notaire, sise à Beaupeyrat ; fᵒ 57 rᵒ : la vigne de Jean Boyon (Boyol ?),

argentier, sise à Beaupeyrat ; fᵒ 61 rᵒ : les treilles de Mᵉ Martial Boty, prévôt de Limoges, et de Mᵉ Jean Disnematin, licencié ès lois, sises au territoire de Lansecot ; fᵒ 65 rᵒ : les treilles de Guill. Gallicher, drapier, sises devant la porte Pissevache ; fᵒ 68 rᵒ : la vigne de Mᵉ Pierre Texier, notaire, et de Jean Texier, argentier, frères, sise aux Combes. — Fᵒ 76 rᵒ et ss. : Transcription de quelques titres des rentes dues à la confrérie de N.-D. du Puy ou à l'hôpital de St-Gérald. (La cursive du XVIᵉ siècle remplace l'écriture gothique des pages précédentes. Les titres, les fioritures et les initiales en vermillon disparaissent également.)

II. — H. 9. (Liasse). — 1 pièce, papier.

XVIIᵉ siècle. — Confrérie de N.-D. du Puy. — « Extraict du mémorial ou terrier de la confrérie N.-D. du Puy, dont le revenu a esté transféré à l'hospital St-Géral lès Limoges. » Sans date ; écriture du XVIIᵉ siècle.

II. — H. 10. (Liasse). — 1 pièce, parchemin.

1286. — Confrérie de N.-D. du Puy. — Acte par lequel l'abbé de St-Martial consent à ce que les bailes de la dite confrérie perçoivent les cens et rentes par eux acquis, à quelque titre que se soit, dans l'étendue de ses fiefs et arrière-fiefs et de ceux de son monastère, sous le devoir d'un sol tournois argent d'accapt, à chaque mutation d'abbé.

II. — H. 11. (Liasse). — 1 pièce, parchemin.

1577. — Confrérie de N.-D. de Rocamadour. — Sentence du sénéchal de Limoges portant union de la dite confrérie et de ses revenus à l'hôpital de St-Gérald, à charge par celui-ci de servir les fondations dont la dite confrérie était chargée.

II. — H. 12. (Liasse). — 1 pièce, parchemin.

1498. — Confrérie de N.-D. de Rocamadour. — Vente faite à la dite confrérie par Jean Sementery d'une rente perpétuelle de 4 sols assignée sur les biens du dit vendeur, non dénommés, pour le prix de 4 ll.

VILLE DE LIMOGES.

INVENTAIRE SOMMAIRE

DES

ARCHIVES HOSPITALIÈRES ANTÉRIEURES A 1790.

III° FONDS.

(Maison-Dieu de Limoges unie à l'hôpital général.)

III. — B. 1. (Liasse). — 1 pièce, parchemin.

1247. — Maison-Dieu. — Transaction par laquelle Hugues de Lusignan, comte de la Marche, reconnaît à la Maison-Dieu des lépreux de Limoges le droit d'obole qu'elle prétend avoir sur chaque livre de monnaie fabriquée sur les terres du dit comte, 1247. (Vidimus de 1248 faisant mention du sceau de nobles hommes Hugues, comte de la Marche, et Hugues Brun, son fils, comte d'Angoulême) (1).

III. — B. 2. (Liasse). — 1 pièce, parchemin.

1325. — Maison-Dieu. — Taxe des droits de nouveaux acquêts concédée à la dite léproserie par les commissaires du Roi (2). L'acte débute ainsi : « *Universis presentes litteras inspecturis Reginaldus du Vogelo, canonicus Belnensis, commissarius sub-delegatus per venerabilem et discretum virum*

(1) Impr. dans nos *Documents historiques....* I. 172.

(2) Impr. dans nos *Chartes et Chroniques....*

dominum Raymbaldum de Rechingne-Voysin, archi-diaconum in ecclesia Eduensi, domini regis Francie et Navarre clericum, et nobilem virum Iterium de Podio-Ademari, domicellum, senescallum Marchie et Lemovicini, commissarios per dictum dominum regem in dictis senescaliis deputatos ad levandum financias rerum et possessionum acquisitarum in dictis senescaliis [per ecclesias] aut pro ecclesiis et eciam per personas innobiles, salutem et presentibus darc fidem.... »

III. — B. 3. (Cahier). — In-8°, 8 feuillets, papier.

XVII° siècle. — Maison-Dieu. — Terrier des rentes de la dite léproserie. Sans date ; écriture de la première moitié du XVII° siècle. — Les titres sont analysés sous cette forme : « Recognaissance de X sols de cens sur une maison et four au verdurier de Maneigne, entre la maison de Marie Massin et la maison de Guillaume Marthom, 1285. Cotté D. 109.... Reconnaissance de 30 sols de cens sur une maison de Jean Drapier, sise au Marché-neuf, au prieur de la Maison-Dieu. Cotté D. 75.... Reconnaissance de Pierre

Baussagier de 6 deniers et 6 sols d'accaptement et 50 sols de rente sur ung clos qu'a esté deux Alsandres, sis près les faubourgs de Maneigne, entre le chemin qu'on va de la porte de la Cyté appelée de Trasboreu aux arbres des faubourgs de Maneigne, 1275.... » Les maisons accensées sont situées rue basse Manigne, du Clocher, Ferrerie, Mirebeuf, Boucherie et Eygoulène.

XIVᵉ siècle. — Maison-Dieu. — Liève des rentes de blé dues au prieuré de la dite léproserie. Sans date ; écriture du XIVᵉ siècle, effacée en maints endroits.—La liève débute ainsi : « *Sequuntur nomina personarum.... ad domum Dei Lemovicensem....* » Elle est divisée en quatre colonnes : 1º les noms des débiteurs, sans indication de profession ; 2º la quotité de leurs redevances ; 3º la mention du paiement effectué ; 4º diverses additions. — Les débiteurs sont rangés par ténements : *Lemovicis, apud Sanctum Gen..., apud Crucem-Maleta, in campo Choneu, in vilari de la Peyrada (?), in magno Vilari, in vilari Joyos, in ripa Vigenae, in parrochia de Chatalaco, apud Relhacum, apud Chastanetum, apud la Meyza, apud Sanctum Martinum-Veterem, apud Serelhacum, apud Turres, apud Vernolhium, apud Condatum apud Petram-Bufferiam, apud Blom, apud Sanctum Lazarum.*

1239-1241. — Maison-Dieu. — État des personnes. — Transaction passée entre le prieur de la dite léproserie et frère Jean, commandeur du Palais (*preceptorem domus templi de Palacio*), au sujet de G. de Poi-olzil et B. Vis, frères, hommes du prieur de la Maison-Dieu, lesquels avaient promis au dit commandeur une somme de 34 ll. s'il voulait les acheter eux et leurs biens à Adémar Guahainh leur maître, mais n'avaient point payé la dite somme, et au sujet de G. et P. du Valat et autres habitants du mas Chastanet, sis en la paroisse du Palais et appartenant au prieur de la dite léproserie, « *quia dicebat [preceptor] eos esse morbo lepre infectos, dicto priore penitus hoc negante.* » Sur le premier point, le commandeur consent à renoncer à la somme promise ; sur le second point, il consent à ce que les habitants du mas Chastenet continuent à y résider encore quatre années, à condition que son droit paroissial (*jus parrochiale*) sera reconnu et

que les dits habitants ne recevront pas les sacrements du prieur de la Maison-Dieu, 1239 (1). — Hommage lige et reconnaissance de rente faits au prieur de la Maison-Dieu par Aymeric et Étienne Bocaus, 1241 (2) : « *.... Recognoverunt in jure coram nobis se esse homines lhitges prioris et domus Dei leprosorum Lemovicensis.* »

1234-1296. — Maison-Dieu. — Rentes à Limoges. — Vente faite par Gérald Jayos à Étienne, prieur de la dite léproserie, d'une vigne sise près la Maison-Dieu pour le prix de 5650 sols (*precio quinque milium et quinquaginta sol. Lemovicensium*), 1234. — Accord par lequel les religieux de St-Martial reconnaissent devoir à la dite léproserie 25 sols de rente sur deux maisons des rues Mirebeuf et Manigne, en vertu du testament de Jean Paycacs, 1253 : « *.... Noverint universi quod cum Johannes Paycacs deffunctus legasset in testamento suo presbiteris Sti. Marcialis Lemovicensis unicuique presbiterorum qui interfuerit cum superpellicio ad anniversarium ipsius defuncti annuatim in domo Dei leprosorum castri Lemovicensis in festo beati Leonardi faciendum....* »—Vente de 5 sols de rente faite par Jean de Ciroilh au prieur et aux lépreux de la dite Maison-Dieu sur une maison de la place St-Gérald, pour le prix de 62 sols, 1253. — Vente de 2 sols de rente faite par Pierre de Syrac au prieur de la Maison-Dieu sur une maison du barri de St-Gérald, pour le prix de 28 sols 2 deniers et à charge de célébrer un anniversaire en faveur de Pierre Boutin, 1254 (3). — Donations faites : par Guillaume Audoin, prêtre, à Jean, prieur de la Maison-Dieu, de la dîme à percevoir sur une vigne du territoire de Saufgouffier, « *in tota vinea sita in vinhopolio (sic) castri Lemovicensis, in territorio dicto Sautguayfier,* » 1272 ; — par Étienne Giroartz à Jean, prieur de la Maison-Dieu, et aux pauvres de la dite léproserie de 5 sols de rente à percevoir sur une vigne sise au territoire de Saufgouffier, et ce en considération des services que le dit Étienne a reçus de la dite Maison-Dieu, 1273. — Vidimus fait en 1288 de divers actes concernant la Maison-Dieu : 1º Vente par Hélie Vigier, chevalier, Hélie et Guillaume ses frères, à Étienne, prieur (*preceptor*), et aux pauvres de la Maison-Dieu de 3 oboles de rente sur certaines maisons et jardins

---

(1) Impr. dans nos *Chartes et Chroniques....*

(2 et 3) Impr. dans nos *Documents historiques....* 1. 168 et 176.

du barri de St-Gérald, pour le prix de 28 sols, 1240 ; 2° vente par Barthélemy de Drouille, Audier Ytier et Jean du Peyrat à Hélie Aymeric, prieur de la Maison-Dieu, de 20 sols de rente sur une maison du barri de St-Gérald, 1251 (en provençal) (1) ; 3° vente par Hélie de Peumarot au prieur et aux pauvres de la Maison-Dieu de 4 sols de rente sur une maison de la place St-Gérald, pour le prix de 50 sols, 1253. (Suivent quelques extraits d'autres actes.) — Reconnaissances faites : par Aymeric Trenchelion à Pierre, prieur de la Maison-Dieu, de 27 sols 6 deniers de rente sur une maison sise devant le gras de St-Pierre du Queyroix, « *quamdam domum suam sitam ante gradus de Quadrivio ubi panes venduntur,* » 1288 ; — par Pierre Sage, « grassetau, » et Landrienne, sa femme, au dit prieur Pierre de la susdite rente de 27 sols, 1290. — Transaction entre M° Jean Germain, curé de St-Michel-des-Lions et de l'église des Arènes, son annexe, et Pierre, prieur de la Maison-Dieu, réglant le droit de dîme sur une vigne sise au terri-toire des Arènes, 1292. — Vente faite par Jean Aubert au dit prieur Pierre de 5 sols de rente comme droit de fondalité du prieur de la Maison-Dieu sur un banc panetier, « *quoddam stannum, stallum seu bancum panaretz in quo venduntur panos frumenti* (?) *in castro Lemovicensi juxta stanna charnaretz,* » acquis par le dit Aubert pour le prix de 43 ll., 1296.

III. — B. 7. (Liasse). — 9 pièces, parchemin ; 1 pièce, papier ; 1 sceau.

1301-1317. — Maison-Dieu. — Rentes à Limo-ges. — Accense faite par Pierre, prieur, et les religieux de la dite léproserie, à Jacques du Colombier et Marie Colombière, sa femme, d'une maison sise rue Mirebeuf, « *in rua de Mayrabuou ante portale beati Nicholai ecclesie de Quadrivio,* » sous le devoir de 40 sols de cens, 1301. Les religieux de la Maison-Dieu agissant avec le prieur sont dénommés : « *Petro de Lebralhet, Petro de Sancto Sulpicio, presbiteris, Jordano* Pinheta, *Deodato* Yprianau, clericis, *Geraldo* Estevenon , *Johanne* de Parc , *laicis , fratribus ipsius domus Dei.* » — Reconnaissances faites : à Pierre de Lebrelhet, prêtre (*presbitero donato*) de la Maison-Dieu, par Pierre Sirolh, de 4 sols de rente sur une maison sise au verdier de la Vieille-Monnaie, 1301 ; — au dit prieur de la Maison-Dieu par Jean Marat, de 3 setiers froment de cens sur une vigne confrontant au chemin qui mène de la Maison-Dieu

à Saufgouffler, 1301 : — au dit prieur, par la nommée Martine, de 3 sols de cens sur une maison de la rue Vieille-Monnaie, 1303 ; — à Pierre, prieur, et aux religieux de la dite Maison-Dieu, par Martial Manh-bert, clerc, de 2 sols de rente sur une maison sise devant le cimetière de St-Pierre, 1305 ; — à P., prieur de la dite Maison-Dieu, par Alexandre des Bancs, de 34 sols de rente sur plusieurs maisons du faubourg de St-Gérald, 1312. — Vente de 17 sols 2 deniers de rente faite au prieur de la Maison-Dieu par Jean Faure , sur une maison sise devant le gras de Saint-Pierre-du-Queyroix, pour le prix de.... « *salvo dominio domini Aymerici Trenchaleo,* » 1228 ; vidi-mus de 1312. — Reconnaissances faites : par Jean Martial jeune dit Buscho et par les exécuteurs testa-mentaires (*helemosinarii seu executores testamenti*) de Jean Martial aîné, au prieur des FF. Prêcheurs de Limoges, comme prieur de la Maison-Dieu, de 3 sols de rente légués par le dit testateur sur une maison sise *in carriera de ortis Audierii Sarraceni,* 1316 ; — par Jeanne Fundeyritz, veuve de Gérald lo Fogassier, et par Catherine et Jeanne, ses filles, âgées l'une de 16 ans, l'autre de 14 ans, à Pierre, prieur de la Maison-Dieu, de 8 sols de cens sur une maison et un four sis rue Mirebœuf; et vente de 10 sols de rente sur la dite maison, faite par les mêmes au même, pour le prix de 6 ll., parce qu'elles n'avaient point de quoi vivre : « ....*Asseruit predicta Johanna mater ipsarum filiarum per juramentum suum se non habere de quo posset vivere,* » 1317.

III. — B. 8. (Liasse). — 8 pièces, parchemin ; 5 pièces, papier.

1322-1672. — Maison-Dieu. — Rentes à Limo-ges. — Investiture faite par le prieur de la dite léproserie à Mathieu Lebloy d'une maison par lui acquise de Jean de Balazis, orfévre, en la rue du Puy de St-Pierre, sous le devoir de 2 sols 2 deniers de rente, 1322. — Vente entre particuliers d'une maison de la rue Ferrerie, sise dans la fondalité du prieur de la Maison-Dieu, 1328. — Reconnaissance faite à Guillaume Boniface, prieur de la dite Maison-Dieu, par Jean la Chardadie de 4 sols de rente sur une maison du barri de St-Gérald, confrontant au fossé de Pissevache, 1342. — Investiture faite par Guillaume Boniface, prieur de la dite Maison-Dieu, à Jean Martial, d'une maison sise rue Mirebœuf, devant l'église St-Pierre, sous le devoir de 10 sols de rente, 1343. — Reconnaissances faites : par Guillaume Bar-thélemy, peintre du château de Limoges, à dame

(1) Impr. dans nos *Documents historiques....* I. 197.

Marie, abbesse de la Règle et prieure du prieuré de la Maison-Dieu, de 20 sols de rente sur une maison de la rue Mirebeuf, confrontant à celle de Pierre Laborie, faure, 1387. --Transaction passée entre les exécuteurs testamentaires de Jean Charles, voiturier, et dame Catherine de Comborn, abbesse de la Règle, en vertu de laquelle il est convenu que le pré sis près la Maison-Dieu, légué par le dit Jean Charles, restera aux lépreux de la dite Maison-Dieu, à condition qu'ils ne pourront ni le vendre ni l'aliéner, 1460 ; vidimus de 1672. — Subrogation de 40 sols faite par un lépreux à un nommé Moumy, 1517 (très effacée). — Reconnaissance faite par Jacques Bardinet, boucher, au curé de la Maison-Dieu, de 4 setiers froment de rente sur 8 journaux de vigne sis au territoire de Boutinarie, 1574.

III. — B. 9. (Liasse). — 1 pièce, parchemin ; 1 pièce, papier.

1385-1393. — Maison-Dieu. — Rentes à Limoges : procédures. — Sentence du juge de la châtellenie de Limoges pour les consuls de la dite ville, confirmant l'abbesse de la Règle, prieure du prieuré de la Maison-Dieu , dans ses droits de fondalité sur une maison de la rue Mirebœuf. — Procédures pour l'abbesse de la Règle comme prieure de la Maison-Dieu contre les chevaliers de l'ordre de St-Lazare, touchant les rentes dues sur quelques maisons des rues appelées de la Porte du Queyroix et de Vieille-Monnaie.

III. — B. 10. (Liasse). — 9 pièces, parchemin.

1207-1241. — Maison-Dieu. — Rentes hors Limoges. — Donation faite par Foucher de Meiras, chevalier, aux malades de la dite léproserie, de la dîme qui se perçoit sur le Breuil-Maure et de la borderie de Combalande, 1207 (en provençal) (1). — Cession faite par Bernard et Hélie Aniel, frères, aux malades de la dite léproserie (Jean, prêtre, étant recteur), de la moitié d'une forêt appelée Botardeu, sur le ruisseau de Chière, moyennant la rente d'un setier seigle et la célébration d'un anniversaire en faveur du père des dits frères, 1217. (Chirographe dont les deux parties subsistent) (2). — Transaction entre Jean, prieur de la Maison-Dieu, et les lépreux (*defectos*) d'une part, Jourdaine d'Eymoutiers et G. de Bourganeuf, son mari, d'autre part, par laquelle ces

derniers déclarent renoncer aux droits qu'ils prétendaient sur une vigne de la Brugère, ayant reçu, par l'intervention des consuls de Limoges, 20 ll. de dédommagement. « *Actum anno Verbi incarnati Mᵒ CCᵒ XXᵒ IIIIᵒ in castro Lemovicensi in porticu ecclesie de Cortina, VI nonas octobris, festo translationis sancti Marcialis.* » — Confirmation par W. de Vioys, chevalier, de la donation par lui faite aux lépreux de Limoges de tous les droits qu'il possédait sur ses terres, prés, forêts et étangs, paroisse non dénommée, 1224. — Vente faite à la Maison-Dieu par Audier et Agnès, sa femme, de tous les droits dus sur plusieurs tènements sis près Louyat, pour le prix de 30 ll. 11 sols, 1237. (Pièce très effacée.) — Cession faite par Adémar Chatard, damoiseau, à Étienne, prieur, et aux lépreux de la Maison-Dieu de tous les ténements que tenait de lui un certain Pierre Taliers, à Chastenet, et ce sous le devoir de 15 sols de rente pendant 25 ans, 1238. — Autorisation accordée par P., abbé de St-Martin de Limoges, à Étienne, prieur (*preceptor*) de la Maison-Dieu, de percevoir 11 sols 9 deniers de rente sur plusieurs maisons du bourg de St-Martin, moyennant la somme de 50 sols une fois payée, 1240. — Reconnaissance faite aux lépreux de la Maison-Dieu (Hélie Aymeric étant prieur) par Gérald de Domps, prêtre, dame Maynada, veuve d'Adémar Vigier, chevalier, Gérald Fouchier, sergent, comme procureur de dame Vigière (*Vigiera*), fille du dit Vigier, chevalier, de 2 sols de rente légués par son feu père sur le mas du Poyet, paroisse du Palais, la dite reconnaissance faite par devant Jacques de Breno, chanoine de St-Yrieix, comme procureur de l'official de Limoges, 1241.

III. — B. 11. (Liasse). — 10 pièces, parchemin ; 2 pièces, papier.

1257-1512. — Maison-Dieu. — Rentes hors Limoges. — Vente faite par A. de Genalhac à J. de Genalhac, son frère, d'une vigne sise au Puy-Agut, paroisse non dénommée, pour le prix de 17 ll. 2 sols et à charge d'une émine froment de cens envers le prieur de la Maison-Dieu, 1257 (en provençal) (1). — Reconnaissance faite par Pierre la Chièze, damoiseau de Rilhac-Lastours, à Martial de Compreignac, curé de la Maison-Dieu, « *rector capellanie domus Dei leprosorum,* » agissant au nom du prieur, d'un setier seigle et une émine avoine de rente à prendre sur la dîme de Rilhac, 1262. — Vente faite par Jean Borzès,

(1) Impr. dans nos *Documents historiques*.... I. 157.
(2) Impr. dans nos *Chartes et Chroniques*....

(1) Impr. dans nos *Documents historiques*... I. 179.

bourgeois, à Jean, prieur, et aux religieux (*fratribus*) de la Maison-Dieu d'un bois non dénommé, confrontant au bois du Chatart et à celui de la Mazelle, pour le prix de 13 ll., 1278. — Donation faite par noble Guillaume de Vieulx, damoiseau, à Jean, prieur de la Maison-Dieu, de 15 sols 3 émines seigle de rente sur le ténement de Chambon sis au bourg de Rilhac, 1282. — Reconnaissance faite par Jean de Chabanis et Étienne du Vader, mansionaires du mas de las Chabanas, au prieur de la Maison-Dieu de 8 deniers de rente sur le dit mas, paroisse de Verneuil, et de 16 deniers de rente sur le mas du Vader, même paroisse, 1287. — Vente faite par Bernard Mounier et Marie Mounière, sa sœur, à Pierre, prieur de la Maison-Dieu, d'un ténement non dénommé de la paroisse de Verneuil pour le prix de 35 sols, 1299. — Contrat d'arrentement fait entre particuliers sur un pré de St-Lazare, sis dans la fondalité de la Maison-Dieu, 1347. — Reconnaissance faite par Simon Meyze à l'abbesse de la Règle comme prieure de la Maison-Dieu d'un setier froment de cens sur le treuil de Genelhac, 1466. — Reconnaissance de 3 émines froment de rente faite à l'abbesse de la Règle sur une vigne du clos Joyeux, à cause de la Maison-Dieu, 1464. — Investiture de la susdite vigne faite par l'abbesse de la Règle aux syndics de la Maison-Dieu, 1512.

III. — B. 12. (Liasse). — 1 pièce, parchemin.

1253. — Maison-Dieu. — Rentes hors Limoges : procédures. — Sentence de l'official de Limoges déboutant Jacques Nègre, bourgeois, des droits par lui prétendus contre le prieur de la Maison-Dieu sur la vigne de las Barras.

III. — B. 13. (Liasse). — 2 pièces, parchemin.

1498-1506. — Maison-Dieu. — Procédures. — Sentence du Parlement de Bordeaux condamnant les commissaires « commis et depputez à lever les fruictz de l'abbeye de N.-D. de la Règle » à payer au syndic des pauvres ladres de la ladrerie ou Maison-Dieu de Limoges 12 setiers froment et 6 setiers seigle, 1498. — Sentence du sénéchal de Limoges condamnant l'abbesse de la Règle au paiement de certaine somme aux pauvres de la Maison-Dieu, 1506 (très effacée).

III. — C. 1. (Liasse). — 1 pièce, parchemin.

1262. — Maison-Dieu. — Vidimus fait en janvier 1262 par l'official de Limoges, d'une enquête relative au patronage de la Maison-Dieu, instituée par Durand, évêque de Limoges († 1245) : « *Stephanus, quondam rector domus Dei leprosorum Lemovicensis.... respondit per juramentum suum et asseruit in periculo anime sue quod vidit et audivit quod Johannes Badavespras, presbiter, tenebat domum dictam in cura de voluntate et consensu infirmorum et donatorum dicte domus et de consensu et voluntate bone memorie domni Guidonis, quondam Lemovicensis episcopi....* » (1).

III. — C. 2. (Liasse). — 1 pièce, parchemin.

1610. — Maison-Dieu. — Collation de l'église paroissiale ou vicairie perpétuelle de la Maison-Dieu, faite par l'évêque de Limoges, Henri de la Martonie, à Louis Audeteau, prêtre du diocèse de Poitiers, après résignation faite par Mᵉ Gabriel Sénamaud et sur la présentation de Marie de Vidard, *alias* de Ste-Claire, abbesse de la Règle, 1610.

III. — C. 3. (Liasse). — 1 pièce, parchemin.

1252. — Maison-Dieu : confrérie du St-Esprit. — Acte par lequel Barthélemy de Drouille, bourgeois, exécuteur testamentaire (*helemosinarius*) de feu Mathieu de Drouille, son frère, en son nom et comme procureur d'Audier Ytier et de Jean de Peirat, coexécuteurs, reconnaît avoir vendu à la confrérie du St-Esprit, célébrée en la Maison-Dieu, « *confrairie sancti Spiritus que est domus Dei leprosorum castri Lemovicensis,* » 6 sols 2 deniers de rente sur diverses maisons de Limoges, confrontant à la rue qui mène de l'ossuaire de St-Gérald à la porte Pissevache « *in rua per quam itur a civorio sancti Geraldi ad portam de Pichavacha juxta fossatum,* » pour le prix de 6 ll.

III. — E. 1. (Cahier). — In-8°, 9 feuillets, papier.

1571. — Maison-Dieu. — Procès-verbal de visite de la dite léproserie, faite à la requête des syndics par Joseph Lamy, conseiller du Roi et son lieutenant particulier au Présidial de Limoges. Ont comparu par procureurs : le procureur du Roi, le syndic des pauvres ladres et l'abbesse de la Règle, lesquels ont déclaré que, « à cause de la ruyne notoire de la dite

<hr>

(1) Impr. dans nos *Documents historiques....*, I, 183.

léproserie, que cy-devant auroit esté visitée par ordonnance de M. Bermondet et auroit esté ordonné derechef que les édiffices, bastimens et esglize de la dicte leprozerie, qui ont besoing de prompte repparation, seroient visités et que tant les dictz sindic que abbesse, comme administraresse des fruitz, prouffictz, revenuz et esmolumentz de la dicte léproserie, présenteroient gens et arbitres dont ilz s'accorderoient pour veoir et visiter les dictz ediffices, bastimens et esglize en nostre présance.... » Les arbitres déclarent, après examen minutieux de toutes les parties, que les bâtiments ont besoin d'une réfection totale.

III. — F. 1. (Liasse). — 3 pièces, parchemin.

1578-1618. — Maison-Dieu. — Actes d'admission : de Jean Fermy, « pauvre ladre de la maladrerie de Sainct-Junien,.... pour en icelle maison [de Limoges] vivre et habiter des aulmosnes et bien de la dicte maison ; lequel Fermy a par devant nous promis et juré de bien, fidellement et decentement vivre et commerser en icelle maison, selon les louables coustumes et observances d'icelle, sans y faire ne commettre aucun excès, acte de dissolution ne aultre sinistre, et a faict et presté tout aultre serement au cas requis et accoustumé. » Suit mandement aux ladres de la Maison-Dieu d'accueillir le dit Fermy au milieu d'eux et de ne lui préjudicier en rien. Acte au nom de Jeanne de Bourbon, abbesse de la Règle, 23 juin 1578; — de Marguerite Lafon et François Nadaud, son fils, « demeurans à present eu la malladrerie de la ville de Chasluz, » après que le dit Nadaud « a promis et juré sur les sainctz evangilles Nostre Seigneur, touché le livre, de vivre et commerser chastement et honestement au dict prieuré avecq les aultres pouvres mallades y demeurants. » Acte au nom de Virgille du Pont-Jarno, abbesse de la Règle et prieure du prieuré de la Maison-Dieu, 28 novembre 1617; — de la nommée Philippe Boulleys, femme de Léonard Surnin de la Maison-Dieu, « native de la maladerye (*sic*) d'Aixe, » laquelle, après le serment ordinaire, a promis « bailler et délivrer a la bource commune des pouvres de la ditte maladerye tout ce que par elle sera acquis et lui sera bailhé dans les croix du dict Lymoges; » 31 janvier 1618.

VILLE DE LIMOGES.

INVENTAIRE SOMMAIRE

DES

ARCHIVES HOSPITALIÈRES ANTÉRIEURES A 1790.

IVᵉ FONDS.

(Hôpital des Arènes, dit hôpital de Saint-Jacques, uni à l'hôpital général.)

IV. — B. 1. (Liasse). — 2 pièces, parchemin.

1363. — Hôpital des Arènes. — Accenses faites par Guillaume de Puy-Espinet, prieur de l'hôpital de N.-D. du barri des Arènes : à Étienne Lucian, d'une vigne sise au Puy-Chatu, sous le devoir d'un setier seigle de rente (acte passé devant l'official de Limoges) ; — à Pierre Clavières d'une terre sise au Puy-Chatu, sous même devoir que ci-dessus (acte passé devant le juge du château de Limoges).

IV. — B. 2. (Rouleau). — Parchemin : long. 1ᵐ 23 ; larg. 0ᵐ 20.

1455. — Hôpital des Arènes. — « Conclusions » d'un procès soutenu par le prieur de l'hôpital des Arènes touchant le paiement de certains arrérages de rente non spécifiés.

IV. — B. 3. (Liasse). — 2 pièces, parchemin.

1661. — Hôpital des Arènes dit de St-Jacques. — Procès-verbal de mise aux enchères des bâtiments ruineux de l'ancien hôpital de St-Jacques, sis au faubourg des Arènes, près l'église du prieuré de N.-D. des Arènes, par les administrateurs de l'hôpital général. — Protestation des religieuses Clairettes déchaussées contre la susdite mise aux enchères, prétendant qu'elles sont en possession des dits bâtiments par contrat d'échange passé avec Jean Duboys, prieur du prieuré de N.-D. des Arènes. (On sait d'autre source que les bâtiments leur furent adjugés au prix de 2000 ll.)

VILLE DE LIMOGES.

INVENTAIRE SOMMAIRE

DES

ARCHIVES HOSPITALIÈRES ANTÉRIEURES A 1790.

V° FONDS.

(Confrérie de N.-D. de la Conception ou de St-Laurent-des-Trépassés unie à l'hôpital général.)

V. — A. 1. (Liasse). — 1 pièce, parchemin; 1 pièce, papier; 1 sceau.

1680. — Confrérie de N.-D. de la Conception ou de St-Laurent-des-Trépassés. — Consentement donné par les bailes de la confrérie à l'union de ses revenus à l'hôpital général, à charge par l'hôpital de faire célébrer le service divin que la confrérie avait coutume de faire chaque année, 1680. — Sentence de la sénéchaussée de Limoges homologuant la dite union, 1680.

V. — B. 1. (Liasse). — 1 pièce, papier.

1628. — Confrérie de N.-D. de la Conception ou de St-Laurent-des-Trépassés. — Déclaration faite par les bailes de la dite confrérie devant le lieutenant général de la sénéchaussée des cens à eux dus.

V. — B. 2. (Registre). — In-8°, 15 feuillets, parchemin et papier.

XVI° siècle-1630. — Confrérie de N.-D. de la Conception ou de St-Laurent-des-Trépassés. — Liève des rentes. — F° 1 r° : « Au nom de Dieu et de la glorieuse vierge Marie, s'ensuivent les statutz et ordonances faictes par confrères de la frairie de la Conception Nostre-Dame· que se faict et tient ·en l'esglise de Sainct Laurens de Limoges.» Suivent les dits statuts en 26 articles, sans date (1). — F° 4 r° : Noms des membres de la dite confrérie. Une première liste comprend 11 noms, entre autres deux cordonniers; une deuxième liste comprend 18 noms, entre autres dix cordonniers, deux « bastiers, » un hôte et un sergent ordinaire; une troisième liste, datée de 1614, comprend huit noms, entre autres celui de M° Jay, chanoine ; une quatrième liste, datée de 1620, comprend 16 noms, entre autres cinq cordonniers et deux maîtres fondeurs. — Suit l'indication des rentes dues à la confrérie jusqu'en 1630. (Écriture effacée; papier en mauvais état.)

(1) Cf. un manuscrit coté 24 de la Bibl. communale de Limoges, contenant les statuts (en provençal) de la confrérie de la Conception N.-D. célébrée en l'église de St-Michel-des-Lions (XV° siècle), et diverses notes relatives à la dite confrérie des XVI° et XVII° siècles. Registre en parchemin de 23 feuillets in-4°.

V. -- B. 3. (Registre). — In-4°, 11 feuillets, parchemin.

1628-1651. — Confrérie de N.-D. de la Conception ou de St-Laurent-des-Trépassés. — Terrier. (Les deux premiers feuillets manquent). — F° 3 r° : « S'ensuit l'A B C des confrères de la devotte confreyrie de Nostre-Damme de Concepcion ou de Sainct Laurens des Trespassés, l'année 1629. » C'est la liste des confrères, au nombre de 35, presque tous cordonniers, gantiers, chapeliers ou épingliers ; en outre un messager, un sergent général, un tailleur de pierre, un charpentier, deux boulangers et un teinturier. — F° 4 r° et ss. : Reconnaissances faites aux bailes de la dite confrérie : du pré de Papaud sous le devoir de 2 setiers froment de cens, 1628 ; — d'une maison sise rue Ste-Valérie, confrontant à celle de Jean Malignault, notaire royal, sous le devoir de 25 sols de rente, 1628 ; — d'une maison sise au Puy-Ponchet ayant appartenu au curé de St-Bonnet et de présent à Jean Limousin, mᵉ émailleur, sous le devoir de 3 sols 4 deniers de rente, 1628 ; — d'une terre sise au petit Treuil, sous le devoir de 2 ll. de rente, 1635, etc. — F° 12 r° : « Extraict de la procéduré faite sur la vente emphytéotique de certains héritaiges et nouveau bail faict par les bailles et confrères de la confrérie de l'Assomption (*sic*) de la glorieuze Vierge en faveur du sieur Donard, recepveur du tailhon, par devant M. Nicollas de Traslage, conseiller du Roy, lieutenant général en la sénéchaussée de Limouzin et siège présidial de Limoges, le 12ᵉ jour du moys de septembre 1651. »

VILLE DE LIMOGES.

INVENTAIRE SOMMAIRE

DES

ARCHIVES HOSPITALIÈRES ANTÉRIEURES A 1790.

VIe FONDS

(Confrérie de N.-D. la Joyeuse ou des Pastoureaux unie à l'hôpital général.)

VI. — B. 1. (Registre). — In-8°, 25 feuillets, parchemin.

1490-1560. — Confrérie de N.-D. la Joyeuse, *alias* des Pastoureaux. — Lève des rentes, en langue provençale. — F° 4 r° : « Enseguent se lous statuz et ordonnansas de la confreyrie de Nostre-Dame la Joyose deux Pastoreux, que se fayt per chascun an a la honour de Dieu et de Nostre-Dame, sa gloriose mayr, en l'eyglieyge de Sainct Peyr deu Queyroy de Limoges, fachas per les coffrayrs de la dicha coufrerie. » Suivent les dits statuts en 67 articles. L'avant-dernier donne la date du 6 janvier 1490. — Entre les feuillets 8 et 9 on a intercalé l'acte sur parchemin par lequel l'évêque de Limoges, représenté par Pierre Barthon, abbé de St-Martin, son vicaire, approuve les dits statuts, « *quia cedunt et redundant in augmentum divini cultus et populi devotionem,* » 3 janvier 1491. — F° 15 r° et ss. : Nouveaux articles complétant ou rectifiant les précédents, sous les années 1511, 1519, 1521, 1530 et 1531. — F° 18 r° : Noms des membres de la confrérie. Une première liste, sans date, énumère 101 noms enregistrés en une seule fois, plus 36 noms enregistrés à plusieurs reprises. Une deuxième liste, rédigée en novembre 1539, énumère 108 noms outre quelques additions postérieures. Une dernière liste, rédigée en mai 1550, énumère 72 noms outre quelques additions postérieures. — Dans la première liste figurent : Me Albert Romanet, chanoine de Limoges ; Pierre des Cars (*alias* Desquars) ; Me Léonard Gay, lieutenant de Guyenne ; Me Pierre Audier, Martial Boyol et Pierre Fouchier (1), chanoines de Limoges, Audoin Dauvergne, prévôt de Limoges ; Martial Audier, élu ; Me Pierre Suduiraud, chanoine de Limoges ; Jean Lamy, élu ; Me Jean Ardant, procureur du Roi ; Me Pierre Aury, licencié ès lois ; — dans la deuxième liste figurent, outre la plupart des noms précédents : le curé (lou chappello) de St-Jean ; Jean Meydi, baile ; Me Albert Clément, « roy pour l'an 1539 ; » Me Martial de Fursac, « baile l'an 1545 ; » Me Pierre Gay, conseiller ; André de Buat, et Me Guillaume d'Éjeaux, prêtres ; Me Jean Malinvand, prêtre ; — dans la troisième liste figurent, outre la

(1) Auteur d'une chronique locale publiée par M. E. Molinier au tome II des *Documents historiques....*

plupart des noms précédents : M⁰ Joseph de Jullien, receveur ; M⁰⁰ Guillaume de Vaux et Jean Malinvaud, prêtres ; M⁰ Guillaume Bidou, chanoine ; Martial de Buat ; M⁰ Héliot Farne, prêtre ; M⁰ Robert de la Place, docteur. — Les trois feuillets liminaires contiennent diverses notes et un contrat relatif à l'achèvement de l'église de St-Pierre du Queyroix (1541) : « Comme a veue d'ueil soit tout notoire la dicte esglise aist grand besoing et soit nécessaire de la closrre et parachever l'ediffice piecca par les fabriqueurs precedens acommensé.... » Et plus loin : « L'an 1555, fust arresté pour les dits confrères de la confrérie de Nostre-Dame des Pastoureaux que, au lieu que les roys de la dicte frérie baillent ung banquet aux chantres qui chantent la chanson ou ung escut, a esté arrété pour le commung avis de Messieurs les confrères que le roy de la frerie ne fera le dict banquet accoustumé ausdicts chantres, mes donra aux bailles de la dicte frerie ung escutz souleil, duquel on baillera 40 soulz aux pauvres de l'opital pour le diner du lundi de la feste. »

VI. — E. 1. (Registre). — In-4⁰, 292 feuillets, papier.

1564-1647. — Confrérie de N.-D. la Joyeuse, *alias* des Pastoureaux. — Livre de comptes. — F⁰ 1 r⁰ : « Enseguen se lous statuz et ordonnanzas de la comfreyrie de Nostre-Dame la Jouyouza deus Pastoureus que se fay per chascun an à la honour de Dieu et de Nostre-Dame, sa glouriouze mair, en l'eigleige de Sainct Peir deu Qeuyrouyr de Limogeys, fachas per lous comfrairs de la diche comfreyrie. » Suivent les dits statuts en 67 articles, parmi lesquels on peut relever : Art. 4 : « *Item*, dara lou dich reys aux comfrairs lou dich jour a beure de treys bons vins.... Art. 9 : *Item*, et no exitarant l'ung l'autre a riotas ny discordias, ny a paraulas odiosas, a la pena d'estre privatz de la diche comfreyrie ou aultrament pugnitz, a la discretion deus comfrairs de la dich comfreyrie.... Art. 11. *Item*, et serant lous dichs comfrairs tengutz anar prendre lous dichs chapeus chas lou rey et louacompaignar per anar et venir a l'eygliga, a toutas las houras... Art. 16. *Item*, pagara et fara lou dich rey de la diche festa toute la despence deus menestriers qui servirant la dicha festa.... Art. 18. *Item*, fara dire une messa basse lou jour de la diche feste a matinas, laqualle l'on appelle en la diche festa la messa deu rey de la festa.... Art. 34. *Item*, et quant aulcun comfrair de la diche comfreyrie sera anat de vite a trespas, lous dichs bayleys ho farant assaber de bouno houre a tous lous comfrairs de la diche comfreyrie.... (Art. 35 — 40 relatifs à l'inhumation des confrères.).... Art. 45. *Item*, et si aulcun volt intrar en la diche comfreyrie, no sera receubut sinon per vot et cause razonable, actendut lo grant nombre des dichs comfrairs.... Art. 46. *Item*, et avant que sie receubut ly serant monstratz et legitz lous prezentz statutz et ordonnansas, affy que no pueycha pretendre cauze de ignorance ; promectra et jurara aux sainctz euvangeliz Dieu Nostre-Seignour, touchant lou entre la mas deu prestre bayle, en présence deus dics confrairs, ben et léalment lous teneyr et gardar de poinct en poinct.... Art. 50. *Item*, et per so que aucuns deus dichs comfrairs avian prestat lours raubas de pastoureu a aucuno aultreys qui non eran pas de la diche comfreyrie per far esbatz et danssas per ville, que non eys licite de far, a esta ordenat per lous dichs comfrairs tous appelatz tras l'autar de sainct Peir, l'an 1481, que doresenavant las diches raubas no serant beyhadas ny prestadas per quauze que sia a far esbatamens ny danssa, sinon que fus a nopsas deus dichs comfrairs ou de lour meynage.... Art. 61. *Item*, et los dichs statutz, articleys et ordenansas furent legitz a aulte voix per l'organe de meistre Lieunard Lamye, nostre comfrair de la diche comfrayrie, en l'oustal de Jehan Bonnet, comfrair et rey de la festa, lo dissabde VIII⁰ jour de jenvier au souppar, estaus lous dichs seignors comfrairs a table chascun en son luec, avan aulcun servici de viande.... » — F⁰ 7 v⁰ : Confirmation des dits statuts par l'official de Limoges, 1491. — F⁰ 8 r⁰ : Modifications à divers articles des précédents statuts. — F⁰ 10 r⁰ : « Enseguen se lous compteys de la diche comfreyrie.... que nous Mons. Marsau de Furssat, prestre, Marsau Romanet lou joune et Germat Pinot, baileys de la diche comfreyrie en l'an 1519, redden a vous Mons. Peyr Parlier, prestre, prebost de l'eigleige et preboustat de Peyrabuffleyra.... » — F⁰ 18 r⁰ et ss. Autres redditions de comptes pour les années 1521-1647. Elles sont rédigées en français à partir de 1543. — F⁰ 245 r⁰ : Liste des confrères de la dite confrérie en 1580. Ils sont au nombre de 58, parmi lesquels : M⁰ Jacques Grégoire, contrôleur général ; M⁰ Jacques, Rougier, chanoine ; M⁰ Martial Benoist, receveur général du taillon ; M⁰ Joseph du Boys, garde de la Monnaie ; Guillaume Vouzelle, fils du vénéchal ; M⁰ Jean du Boys, prieur de St-Gérald ; Jacques Guibert, essayeur. — F⁰ 247 r⁰ : Contrats relatifs à l'observance des statuts. — F⁰ 258 v⁰ et ss. : Mentions des réceptions faites de nouveaux confrères et bailes. — F⁰ 262 r⁰ : Autre liste des confrères pour 1582. — F⁰ 273 v⁰ : Autre liste pour 1633.

Les confrères ne sont plus que 15. — F° 277 r° : Engagement pris par le sieur Jean de Bourdelas de servir de « moniteur de trompette et clairon » à la dite confrérie pour toutes les cérémonies publiques, 1555. — F° 292 r° : Autre liste des confrères vers 1583 : ils sont au nombre de 62, parmi lesquels : Antoine du Peyrat, seigneur du Masrambost; M° Jacques Grégoire, contrôleur en la recette générale ; M° Louis Romanet, greffier criminel ; Jean Romanet, receveur du taillon; M° Barthélemy Moneyron, prêtre ; M° Martial Guéry, procureur ; M° Jacques Decordes, receveur général; M° Jacques Boyol, doyen ; François Dutheil, procureur; M° Philippe Rinbault, « m° de chantres et chanoyne ; » M° Bernard Brossaud, contrebasse.

VILLE DE LIMOGES.

INVENTAIRE SOMMAIRE

DES

ARCHIVES HOSPITALIÈRES ANTÉRIEURES A 1790.

VIIe FONDS

(Confrérie de N.-D. de la Règle ou des Tailladours unie à l'hôpital général.)

VII. — A. 1. (Liasse). — 1 pièce, papier.

1662. — Confrérie de N.-D. de la Règle, *alias* des Tailladours. — Requête présentée par l'hôpital général de Limoges à la sénéchaussée du lieu pour obtenir l'union de la dite confrérie, conformément aux lettres patentes de fondation : suit copie de l'exploit adressé aux bailes de la dite confrérie en vertu de la précédente requête.

VII. — B. 1. (Liasse). — 2 pièces, papier.

Vers 1661. — Confrérie de N.-D de la Règle, *alias* des Tailladours. — « Extrait des rantes dhues aux confrères de N.-D. de la Reigle, à présent réduite pour la gloire de Dieu et nostre salut à la nourriture des pauvres de l'hospital général, du consentement des bayles et confrères. » Les dites rentes sont assises : sur la terre de la Bourderie, sur le lieu de Laselas, sur une vigne du Sablard possédée par M° Tardieu, curé de St-Jean-Ligoure ; sur une maison du Naveix, sur une maison des Combes possédée par Jean David, m° épinglier ; sur une maison possédée par le sieur Dumont, « lieutenant du chevalier du gué ; » sur une autre maison des Combes possédée par Noël Varagne, fondeur ; sur une maison du Naveix, « proche de St-Jamme le Tigneux, » etc.

VII. — D. 1. (Cahier). — In-4°, 31 feuillets, papier.

XVI° siècle–1678. — Confrérie de N.-D. de la Règle *alias* des Tailladours. — Répertoire analytique des titres de la dite confrérie appelée quelquefois N.-D. de la Pourrade. (Les dix premiers feuillets sont rougés sur une largeur moyenne de 4 centimètres.) — Les contrats mentionnés concernent les clos du Verdurier, de Malacarre et des Augustins, le tènement de Villeneuve, la vigne de las Meynessas, les clos de la Bordarias et de las Palissas, les tènements de Chinchauveau, de Puylanaud, etc.

VII. — E. 1. (Liasse). — 2 pièces, papier.

XVIIe siècle. — Confrérie de N.-D. de la Règle, *alias* des Tailladours. — « Extrait des charges de l'office divin qui se doibt faire, suivant la coustume, pour la frérie de N.-D. de la Règle, vulgairement appelée de la Pourrade.» Sans date ; écriture du XVIIe siècle. 1° Messes : aux fêtes de la Purification, de l'Annonciation, de l'Assomption, de la Nativité, de l'Ascension et de la Conception ; 2° Processions : à l'octave de St-Étienne, au jour de St-Loup, au mardi de Pâques, au jour de St-Pierre-St-Paul. — Copie de la quittance délivrée par les bailes de la dite confrérie à Léonard Foucher, laboureur, d'une somme de 46 sols pour arrérages de rentes, 1633.

VII — E. 2. (Registre). — In-12, 217 feuillets, papier.

XVe siècle. — Confrérie de N.-D. de la Règle, *alias* des Tailladours. — Livre de comptes, en dialecte limousin. (Format étroit ; tranche rongée sur une largeur moyenne de 4 centimètres.)

VILLE DE LIMOGES.

INVENTAIRE SOMMAIRE

DES

ARCHIVES HOSPITALIÈRES ANTÉRIEURES A 1790.

VIII° FONDS

(Confrérie des Pauvres à vêtir unie à l'hôpital général.)

VIII. — B. 1. (Liasse). — 1 pièce, papier.

1591. — Confrérie des Pauvres à vêtir. -- Testament de Pierre Benoist, official de Limoges, demandant à être enterré en l'église de St-Pierre du Queyroy ou, à défaut, au cimetière de Couzeix, dans le tombeau de ses ancêtres, et léguant 133 écus pour les rentes servir à vêtir chaque année six pauvres « de drap bureau ou blanc de village, d'un sayon ou robe, d'un bonnet ou chapeau, si c'est homme, et si c'est femme, d'une robe à usage de femme et d'un couvre chef; » léguant en outre diverses menues sommes à ses proches.

VIII. — B. 2. (Cahier). — In-4°, 11 feuillets, papier.

1654. — Confrérie des Pauvres à vêtir. — « Extraict faict en l'année 1654 des arréraiges des rentes qui se trouvent estre dheues aux Pauvres à vestir de la ville de Limoges. » Il y a 106 articles relatifs aux rentes que perçoit la dite confrérie sur diverses maisons de Limoges et sur quelques ténements des environs.

VIII. — B. 3. (Registre). — In-folio, 151 feuillets, parchemin ; 2 enluminures.

1535-1683. — Confrérie des Pauvres à vêtir. — Terrier des revenus de la confrérie sous ce titre : « Ensuyvent les cens et rentes, droictz et debvoirs de la charitable frairie des Pouvres à vestir. » — Le dit terrier fut fait par ordre de Pierre Butaud et Mathieu Mercier, bailes de 1535. — Sur le premier feuillet : Enluminure représentant un membre de la confrérie qui tend un manteau à un pauvre en chemise. Sur le fond ces mots : POVRES A VESTIR. — F° 1 *bis* r° et ss. : Table des actes et des ténements du présent terrier. — F° 8 v° : Autre enluminure, d'un fin travail, représentant un membre de la confrérie assis devant une table et tenant une bourse à la main. Un autre confrère debout s'appuie d'une main sur la table et de l'autre tend un manteau à un groupe de pauvres en chemises, à genoux devant lui. La scène se passe sous un portique d'église; dans le fond on aperçoit Limoges par la porte de l'église. Le tableau est entouré de guirlandes de fleurs. Dans le haut, trois médaillons qui représentent un guerrier, une femme et un moine. Au-dessous, un cartouche avec cette inscription : « Le 26 de octobre 1536, estans || bailles Pierre Boutault et || Mathieu Marcié de la charitable || confrayrye des pouvres à vestir, || fyrent fere se presant live » (sic). — F° 10 r° : Commencement du terrier. Les articles sont sous cette forme : « Sur la maison et vergier au darrier la dicte maison de Colin Ruaud, située aux faulxbourgs de Magnynye, davant la croix des frères Prescheurs, que anciennement fust de Jehan Lebloys dit Ruaud, brigandinier, et de Marcial Ruaud, son filz, et de Magdalene Gergote, sa femme, confrontée entre la maison de Martial Bignet, celier (sic), d'une part et la maison de messire Jehan Bloumel, curé de Soubrevas, qui fust de maistre Gilbert Giri, secrétaire de Mons. l'évesque de Lymoges, doibt chacun an la dicte maison, ensanble le dict vergier et aultres biens, de rente à la dicte frairie argent X sols. » Suit l'indication des titres sur lesquels repose la dite rente, assignée sur les maisons de Limoges et les ténements des environs.

VIII. — B. 4. (Rouleau). — Parchemin : long. 1m85, larg. 0m17.

1270-XV° siècle. — Confrérie des Pauvres à vêtir. — Lième des revenus de la dite confrérie, en langue provençale, sous ce titre : « Aquest libres es de las rendas de las Chieyras, so es assaber de la cofrayria. Ayso fo faich en mes de may, anno Domini M° CC° LXX. » — Ce titre est précédé des premiers versets du chapitre I de l'évangile selon St-Jean : In principio erat Verbum et Verbum erat apud Deum. — Les mentions sont très sommaires : « En la maiio S. Razet qui fo P. G., avem III ss. meins I de. redens pagans a la S. J...En la maiio Maurineau Peyrat qui fo G. P. V se. et VI de. redens a la S. J.... En la maiio Jacme lo preveir dins la porta de Mayrabeu XV sol, redens a Nadal e a la S. J. » etc. — Les maisons sont rangées par quartiers. Il y a quelques additions d'une main du XV° siècle.

VIII. — B. 5. (Rouleau). — Parchemin : long. 6m40 ; larg. 0m18.

1317. — Confrérie des Pauvres à vêtir. — Lième des revenus de la dite confrérie, sous ce titre : « In nomine Domini nostri Jhesu Christi, Amen. Aisso son las rendas que hom deu de la confreiria deus Paubres vistir, vieus e mortz, e de las Chieras, e son las doas cofreiras (sic) tornadas en una. E fo comensat aquest rotle la velha de S. Mathias l'apostol, l'an de

gracia de M. CCC. XVII. E feiren far aquest rotle li baile qui foren en l'annada desus dicha, so es assaber : En Johan Audoy lo goue de las Taulas, et Marciali Chap de Reys de Manhania, et Jacme de Manhania de la Fouria, et Louren Salaciel deu Poi de l'Arena ; lo qual escris Esteve Codoinh, clerc deux cossols, cus Dieu autz. » — Les mentions sont le plus souvent très sommaires : « En la meigo qui fo a Nescho tras lo forn qui fo P. lo Peitre avem VI d.... En doas estatgas qui foren Jaqueli, a l'andeis de Beuveer, XII s. de ces ; avem en lettra deux cossols.... En forn e en lo meigo P. deu Trolh sobre Servieira, avem III s. Vacat.... » — Les maisons sont rangées par quartiers. Il y a 109 mentions de rentes, numérotées par une main moderne.

VIII. — B. 6. (Registre). — In-8°, 21 feuillets, parchemin.

1318-1346. — Confrérie des Pauvres à vêtir. — Lième des revenus de la dite confrérie, en langue provençale, commençant ainsi : « En nom de Dieu Jhesu Crist e de ma dompna sancta Maria e de mon senhor S. Marsal, so es lo libres de la cofreiria deus Paubres vistir, vieus e mortz, e de las Chieiras, e es assaber que las doas cofreirias son tornadas en una. E son aissi totas las rendas que hom deu de las dichas cofreirias. E fo comensat aquest libre lo divenres apres las rouzos, l'an de M IIIc XVIII. E feiren far aquest libre li baile qui foren en l'annada, so es assaber : En Johan Audoy lo joue, Marciali Chap de Rey, Jacme de Manhania e Lourens Salaciel. Loquals escris Estève Codoinh, clerc deux cossols deu chasteu de Lemotges. » — Suit l'indication des rentes sous cette forme : « En la meigo qui fo a Nescho tras lo forn qui fo P. lo Peatre, avem VI d.... En la meigo escurol sos lo portal Narbert, avem III s. a Nadal et la S. Johan.... En la meigo ous boshomes de Buou, VI de.... Sobre autra meigo que es ou baile a l'escriva davant lo pertus deu fossat de las Combas.... En las doas meigos Johan Peirot, tras lo forn Fougieras, VI s.... En la meigo Poydieu en Corbasurit avem III s. de renda.... En la meigo de Johan de Jurnhac davant l'andeis deu vieilh Merchat XX s.... En la meigo Johan Molhera davant lo pot de Manhania.... En la meigo Fadat davant l'aubre de Bocharria avem IX d. redens, » etc.

VIII. — B. 7. (Registre). — In-8°, 52 feuillets, papier.

1353. — Confrérie des Pauvres à vêtir. — Lième très sommaire des revenus de la dite confrérie, en langue provençale. — Elle débute ainsi : « En nom de Dieu Jhesu Critz e de ma dompna santa Maria e de mon senhor S. Marsal, so es lo papier de la cofreyria deu Paubres vistir, vieus e mortz.... E fo comprast aquest papier e commensat escrioure lo dieumenc apres la optava de la Breffania, l'an de Mº e III ᵉ L III.... » — Même forme d'articles que précédemment.

VIII. — B. 8. (Registre). — In-8º, 8 feuillets, parchemin.

1364. — Confrérie des Pauvres à vêtir. — Lièvre très sommaire des revenus de la dite confrérie, en langue provençale. — Elle débute ainsi : « Ayssi sunt eycrichas las rendas de la cofreyria deu Paubres vistir ou de las Chieyras.... Mº III ᵉ L XLIII. » — Même forme d'articles que précédemment.

VIII. — B. 9. (Registre). — In-8º, 69 feuillets, parchemin.

1380-XVᵉ siècle. — Confrérie des Pauvres à vêtir. — Lièvre des rentes dues à la dite confrérie, en langue provençale. — Fº 1 rº : Proses latines en l'honneur du Christ et de la Vierge ; — fº 2 rº : Oraison latine *Ad angelum qui custodit hominem* ; — fº 3 rº : « Aquest libre eys de la cofreyria deus Paubres vistir et de las Chieyras autramen deu Suaris. Et eys copia deu libre grant lo qual estay en forcier fach per lo dich libre et no per autra chauza. Et es estat ordenat per los cofrayres de la dicha cofreyria que aquest libre sia fach essy comme eys. Et negun bayle ni autra personna neguna no escriva en aquest libre sino los ceys et las rendas que siran compradas o donadas; e la renda o ceys sira escrich de letra de forma en l'espazi deu libre, et en la banieyra en laqual la renda sera comprada et confrontada, en la manieyra que es estat comensat. En l'an de la encarnation de nostre Salvayre Dieu Jhesu-Christ, mil CCC noanta et sinq, foren bayles de la dicha cofreyria meistre Bernard Ruau, lissenciat en leys, Helias Trotau, mosseu Guy Oudoy, prestre, Guilhem la Rocha, teulchurier, li quals bayles au fach far en l'an dessus dich aquest libre, lo qual tenran los bayles de la dicha cofreyria tant quant durara lor annada ; et passada lor anuada lo baylheran a lors successors, no sordeat ni apetissat ni sen re escrire ou dich libre, sino las rendas qui siran compradas, » etc. — Suivent les statuts de la dite confrérie en 28 articles : « En nom de Dieu sancta Trenitat, Payr et Filh et St-Esperit, et de nostra dompna sancta Maria Vergena et de nostre patro mosseuhor S. Marsal et de tota la cort celestial de Paradis per alcus bos homeys deu chasteu de Lemotges renembrans de la salvacion de lors armas et de las armas de lors successors, espirat de la gracia deu S. Esperit, foren ordenadas doas confreyrias : la una cofreyria se appelava deus Paubreys vistir et l'autra de las Chiezas (soy asabeyr deu Suaris (1) ; las quals doas cofreyrias los senhors cossols e los cofrairs de la dichas cofreyrias qui eren per lo temps au tornat en una cofreyria. laqual s'apelara la cofreyria deus Paubreys vistir et de las Chieyras. En laqual cofreyria a plusors ordenausas et renembransas et ensenhamens; las quals ordenausas comensen e son tals : premeyramen es estat trobat en registres vielhs de las dichas cofreyras (*sic*) que la causa per que las doas cofreyras foren tornadas en una et aysso fo per malvat bayles nochaleus, non fazeus diligensa de levar las rendas ni de aponsar a las sobastacions.... *Item*, eystat trobat ous registres vielhs que en aquesta cofreyria no devem metre cofrayres sino homes bos et honestes et de bona cosieussa. Et deu aveir en aquesta cofreyria chasque an IIII bayles, losquals deven regir et governar la dicha cofreyria et levar las rendas e los ceys, peure vitisos et donar letras sot lo sen de la dicha cofreyria.... *Item*, que li cofrairs de la dicha cofreyria se deven assemblar lo dieumenc avau la festa de tot sanhs et dinar ensenble et chasqu deus cofrayres qui penran lo conit deu pagar son escot.,.. *Item*, que li dichs bayles deven donar las gonelas ou plus paubreys lo premier dieumergue de Atvens; et aqueu paubre o paubra qui oura agut la gonela no la deu aveir de II ans ensegueu, quar una gonela dura de II ans et mays. *Item*, li dich bayle deven donar suari a tota personna morta, si de sos beys no lo podia aveir et en deven estre informat. *Item*, a estat ordenat per los cofrayrs que en aquesta cofreyria aya chasque an IIII bayles; deus quals IIII demoraran II am dosque en siran chousit noveus.... *Item*, en aquesta cofreyria deu aveyr I procurador bon home et sufficieu et de bona vita, loqual deu aveyr paor de Dieu et de son juigament ; loqual deu segre los plachs de la dicha cofreyria.... *Item*, li bayles deven amnistrar la luminaria de la cofreyria a l'eyglicyga quant lo cofrair mort que sira dedins la eyglieyga. Et tant quant la cors estara dedins la eyglicyga los II cyris deven ardre josta lo cors.... *Item*, los bayles deven demandar ous heretiers deu dich cofrair mort lo legat

<hr>

(1) Addition au texte de ces statuts que donne la lièvre de 1380 analysée ci-dessous, B. 10.

que oura leyssat a la cofreyria et metre en renda
ayssi cam es ordenat. Et si no a fach legat, que
demenden a l'eretier o ous exequdors que donen a la
cofreyria per causa deu degastamen de la luminaria;
e si ne volen donar, que la cofreyria no los moleste ni
fassa causa.... Et an ordenat que lo procurador de la
cofreyria et li IIII bayles, lo promier dieumenc de tot
los meys de l'an, se assemblen eu refector de mosenhor
S. Marsal a l'ora de la messa geneyral, et aqui deli-
beren que la cofreyria a afar.... *Item*, an ordenat li
dich cofrair que en aquesta cofreyria aya dos manteus
de drap de lana e eu chasqun danum et dareyr oura
una eymagena d'augial, laqual tenra am sau doas
mas II gonelas et desot la gonela oura l'eymage d'un
paubre que penra lo gonela, etc.... » — F° 14 r° :
Liste des fêtes que doit célébrer la dite confrérie et
lieux où elles se célèbrent : 1° la Toussaint, sous le
grand portail de St-Martial, sous le clocher de la dite
église et à St-Pierre-du-Queyroix ; 2° le jour des
Morts, sous le grand portail de St-Martial, à la porte
Manigne, etc. ; 3° la St-Martin, à l'abbaye de ce nom ;
4° la St-Martial de Monjauvy à Montjauvy ; 5° la Ste-
Valérie en l'église de ce nom ; 6° le lendemain de
Noel à la porte Boucherie ; 7° la St-Paul à l'église de
ce nom ; 8° la St-Blavi, à la Courtine ; 9° le Vendredi-
Saint à St-Martial et à St-Pierre, à la porte qui sera
ouverte, « a la porta que sira huberta. » — F° 15 r° :
« Ayssi comensen las rendas degudas a la dicha cofreyria deu Paubres vistir et de las Chieras autramen deu
Suaris las quals eren levaus en l'an que fo fach aquest
libre, soy asaber en l'an MCCC noanta et sint. » Suit
l'indication des rentes dues sur diverses maisons de
Limoges, rangées par quartiers, de la manière suivante : « A l'Aubre-penh, en la meyzo de Jehan
Quartier, pergaminier, laqual fo de la Nadala Negrieyra, pouzada entre la meyzo deus heritiers de W.
de Peyrigort et la meyzo de Bernard Touila et lo
vergier deu comandayre, de ceys XX sols.... Sobre
lo poc de Manania, en la escura et taverna de Jacme
Corteys, la qual fay queyria 11 solz VI d. de renda....
Lo borgunou pres deu barri de Manhania, en 11
meyzos et sobre los vergiers.... entre lo chami per
out hom vay de la plassa de St-Girau ous Predicadors.
La rua de Baglatgier, eu la meyzo qui fo de P.
Saleys lo junc, filh qui fo de Loureu Saleys, pouzada
pres de l'audeir deu viel Merchat, X solz de renda.... S.
Sados, en et sobre lo troll et trillas de Johan Fogassier pouzat devant l'eyglieyza de S. Sados.... La rua
de Lansecot, en una vinha deu dich Johan Tholoza
pouzada eu clau Abelha, pres de S. Sados, entre la

vinha de P. Beyol deu Merchat d'una partida et lo chami
per out hom vay de S. Sados a Nougat d'autra, XIII
solz de renda. En la meyzo deu priour de S. Sados et
vergier et taverna conteguables a la dicha meyzo, la
qual fo de Mathieu Boti, apelada deu dieu d'amors,
pousada pres de la porta de Lanssacot dius la bar-
ricyra, entre las meyzos deus prestres dou Queyroy
d'una partida et la meyzo de Johan Ros, d'autra, XII
d. de ceys et I chapo de achapte.... La rua dou Merchat, en la meyzo deus heretiers de dompna Valeria
de Marten, mair de Jacme Bayart, V solz de ceys. En
e sobre lo banc charnier que fay queyria, lo qual banc
e plassa son de l'abé et deu coven de mousenhor
S. Marsal, XXV solz de ceys.... La rua de la Ferraria,
en la meyzo qui (*sic*) fo P. deu Bosc, argentier, XXVI
solz de ceys. En la meyzo de P. Mourineau, laqual
fo de Paschal Leylanayre.... et a present eys de Phelipot Legier, argentier, autrement apelad Phelipot
d'Orléans.... Fors la porta de l'Arena, en las treilhas
de Hymbert Bastier, pouzadas fors la porta de l'Arena,
entre l'ospital de l'Arena, una via publica apelada la
rua de las Tozas, d'una partida, et entre la reirdon
deus fossat deu chasteu de Lemotges, d'autra, XXVIII
solz de ceys et de renda.... Las Combas, entre la
meyzo et forn de P. Meynart, pouzada entre lo solar
et la plassa que es josta lo puey out hom peza la farina
pres deu portal Monmalier, XII d. de renda. En l'ort
de Johan Veden, pouzat pres de lo tor de Beu-Pucy,
X solz de renda. En I solar et ort deu prebost de Ros-
sac, pouzat entre lo granier deu dich prebost et la
meyzo Lieuvart Vouzela, XII d. de ceys.... En la rua
deu Cluchier, en la meyzo qui fo deu chapela de la
Brugieyra, II sols.... En et sobre doas vinhas de
J. Johanen, pouzada l'una eu territori de Chamchou-
veu.... et l'autra vinha eys pouzada eu territori de la
Meyzo-Dieu, de renda V sols.... Le pont S. Marsal,
en I vialar pouzat ostra lo pon S. Marsal, entre la
terra de Symo Goutier d'una partida.... et lo chami
per out hom vay deu dich pon a Solompuhac d'autra
et lo fluvi di Venhana d'autra, VIII solz de ceys et
IIII d. de achapte. » etc. — F° 59 r° : Liste des confrères de la confrérie des Pauvres à vêtir, depuis l'an
1380. La première liste comprend 112 noms, parmi
lesquels : Moss. N. de Paris ; M° Guilhem Chat, « licencié en leys ; » Moss. P. Bourriana, « licencié en de-
cretz, » et Johan Barrelier, « tenchurier. » La seconde,
rédigée et complétée à plusieurs reprises, comprend
90 noms, parmi lesquels : Moss. Jorda Fornier, « chevalier ; » M° Aubert Josse, « licencié en leys ; » M° Marcial Boyoul, « loctenent ; » M° Audoy Douvernha,

« licencié en leys; » M° Jehau Breu, clerc. — F° 63 v° :
« En nom de Dieu et de santa Maria Vergena et de
mossenhor S. Marsal, se enseguen los noms de las
personas las quals par (*sic*) la salvacion de lor armas
et per complir las obras de misericordia an donat ceys
e rendas a la dicha cofreyria des l'an M CCC IIII·ª
en say.... » Les donateurs sont : « lo senher P. Boti,
borseys deu chastel de Lemotges ; Peyr Lacrot, borges
et mercheant de Lemotges ; Mathieu de Solompnhac,
mercheant de Lemotges. » — F° 65 v° : « Enseguen se
las ordenaussas nouvelas per regir et gouvernar la
coufreyrie deux Pauvres vistir et de la Chiezas, per ce
que las ordenanssas enciennas eran de grant morolle
et pena et que chascun s'eu exemptanc et s'en de-
layanc furen abreugadas en la forme et manieyre que
s'enset ; lasquallas fureu fachas et passadas en l'escure
de mestre Peyr Breu, au bardier de Manhanie, lo XXI°
jour de decembre l'au mil IIII° LIX.... » Suivent les
dits statuts en 16 articles.

VIII. — B. 10. (Registre). — In-folio, 180 feuillets, papier.

1380-XV° siècle. — Confrérie des Pauvres à
vêtir. — Liève des reutes dues à la dite confrérie, en
langue provençale. — Elle débute ainsi : « *In nomine
Domini, amen*. En l'au de la eucarnacion de noatre
Salvayre MCCCLXXX fo ordenat aquest libre. E pre-
gen li senhors cofrairs, liqual l'an ordenat, ous senhors
bayles e cofrairs que siran ous temps a venir, que
aquest libre garden be et diligemment et que escrivan
uyssi cum es ordenat ou mielh que poyran ordenadamen ; quar per aquela cauza son fachas las linhas
eu dich libre, lo qual libre durara be C ans si es
escrich ordenadamen. » — « Enseguen se los noms
deus cofrairs deu Paubres vistir e de la Chieras autra-
ment deus Suairs, liquals éren en l'an MCCCLXXX ;
liquals noms no se treucharan gos afi que tos temps
sia deus memoria. E quâut lo cofrair sera mort, davan
sou nom li bayle li farau uua † tal quaut es comen-
sada, laqual signiffiara que mort es. E los noms deus
cofrairs que se metrau d'eyssi eu nuan, fasan de
lettra de forma escrire. » Suivent 200 noms de personnes, sans désiguation de professions. — F° 2 r° :
Noms de ceux qui doivent rente à la dite confrérie,
au nombre de 165, avec indication de la quotité de la
rente. — F° 3 v° : Noms des rues de Limoges sur
lesquelles sont dues rentes, au nombre de 36. — F° 4
r° et ss. : Statuts de la dite confrérie, relevé des reutes,
etc. (A partir de cet endroit, la présente liève n'est

que la copie ou peut être la minute de celle qui est
analysée ci-dessus, B. 9).

VIII. — B. 11. (Liasse). — 2 registres in-8°, 18 et 13 feuillets, papier.

1405-1407. — Confrérie des Pauvres à vêtir. —
Liéve très sommaire des revenus de la dite confrérie, en langue provençale. Elle débute ainsi : « Eyssi
comensen las rendas que son tenans de la cofreyria
deus Paubreys vistir et de las Chieyras, laqual se fay
ou chasteu de Lemogeys.... de l'an mil CCCC et sint. »
Même forme d'articles que précédemment. = Autre
liève en latin. Elle débute ainsi : « *Sequuntur census
et redditus confratrie pauperum verecundorum, de
termino natalis Domini, anno ejusdem millesimo
CCCC° septimo.* » Même forme d'articles que précédemment.

VIII. — B. 12. (Liasse). — 2 registres in-8°, 29 et 24 feuillets, papier.

1439-1441. — Confrérie des Pauvres à vêtir. —
Liève des revenus de la dite confrérie, en langue
provençale. Elle débute ainsi : « Aquest papier eys de
la coffreyria deulx Paubres vistir et de las Chieiras....
de l'an M IIII° XXXIX. » Même forme d'articles que
précédemment. = Autre liève en langue provençale.
Elle débute ainsi : « Aquest papier eys de la coffreyria
deux Paubres vistir et de las Chieizas.... de l'an
M IIII° XL et ung. » Même forme d'articles que précédemment.

VIII. — B. 13. (Registre). — In-8°, 65 feuillets, papier.

1514-1544. — Confrérie des Pauvres à vêtir. —
Liève des revenus de la dite confrérie, en langue
provençale. (Les premiers feuillets manquent.) — Le
titre est au dos du registre : « Eyso eys lou papier et
terrier de las reudas deux Paubreys a vestir.... mil
V°XIIII. » Même forme d'articles que précédemment.

VIII. — B. 14. (Registre). — In-8°, 102 feuillets, papier.

1519-1521. — Confrérie des Pauvres à vêtir. —
Liève des revenus de la dite confrérie, en langue
provençale. Elle débute ainsi : « Ensee se l'aumosne
deux paubreys de Lymoges que nous Marsau deu
Bost et Marsau Gregore le joune, bayles de la ditte
confrerie, fezen lo premyer de decembre l'an 1519. »
— Les articles sont sous une forme encore plus sommaire que précédemment : « Rue Manighe : Marsau

Ruau, X s. Colin deu Prat LIII s. IIII d. Loys Sybot I cestier froment.... *Las Combas* : Coulon et Marsau Mercier V s. Johan et Helliote Monteilhe, II s. VI d. etc. » — En tête et à la fin du registre se trouve le relevé des aumônes faites par la dite confrérie, sous cette forme : « A la relicte Robert Parretou III al.... A Janette mollier de Jehan Teyssounieras, III al.... A Mathieu Germo, III al., etc. »

VIII. — B. 15. (Registre). — In-8°, 70 feuillets, papier.

1527-1532. — Confrérie des Pauvres à vêtir. — Lièvé des revenus de la dite confrérie, en langue provençale. — Elle débute ainsi : « *Beati misericordes quoniam ipsi misericordiam consequentur.* Sie memoyre que lou sr. Mathieu deu Bosc et me furen per lou sr. Micheu Rogier et Marsault Vidaud, bayleis vielz de la charitable confrayrie deux Paubreis a vestir, exlegitz et nommatz bayleis nouveux, lou premier jour et dieument deu meis de septembre l'an mil V° XXVII ; et lou dieument apres, nous bailheren et regderen la charge et beis de la dite confrayrie per quatre ans advenyr. » — Même forme d'articles que dans la lièvé de 1318 (ci-dessus B, 6).

VIII. — B. 16. (Registre). — In-12, 76 feuillets, papier.

1537. — Confrérie des Pauvres à vêtir. — Lièvé des revenus de la dite confrérie, en français. (Les premiers feuillets manquent.) — Même forme d'articles que précédemment.

VIII. — B. 17. (Registre). — In-12, 163 feuillets, papier.

1541-1546. — Confrérie des Pauvres à vêtir. — Lièvé des revenus de la dite confrérie, en langue provençale, sous ce titre : « Ensept (*sic*) se aquis que devien lous ceys et rendas a la confreyrie deu Paubrey a vestir ...» — Même forme d'articles que précédemment.

VIII. — B. 18. (Registre). — In-8°, 81 feuillets, papier.

1544. — Confrérie des Pauvres à vêtir. — Lièvé des revenus de la dite confrérie, en langue provençale. (Les premiers feuillets manquent.) — Même forme d'articles que précédemment.

VIII. — B. 19. (Registre). — In-12, 134 feuillets, papier.

1551-1555. Confrérie des Pauvres à vêtir. — Lièvé des revenus de la dite confrérie, en français mélangé de provençal. — Même forme d'articles que précédemment.

VIII. — B. 20. (Cahier). — In-8°, 17 feuillets, papier.

1573. — Confrérie des Pauvres à vêtir. — Lièvé des revenus de la dite confrérie, sous ce titre : « S'ensuivent les rentes que sont dheues aux Poures à vestir et arrérages que leur sont dheux jusques au jourd'huy III mars 1573. » — Même forme d'articles que précédemment.

VIII. — B. 21. (Registre.) — In-8°, 280 feuillets, papier.

1576-1657. — Confrérie des Pauvres à vêtir. — Lièvé des revenus de la dite confrérie, sous ce titre : « Papier ou livre de lièvé de toutes les rentes dhues aux Pauvres à vestir de la ville de Limoges. » — Même forme d'articles que précédemment ; mais on indique maintenant les paiements de rentes faits par les tenanciers de 1576 et leurs successeurs jusqu'en 1657.

VIII. — B. 22. (Liasse). — 2 registres in-4°, 56 et 64 feuillets, papier.

1606-1615. — Confrérie des pauvres à vêtir. — Lièvé des revenus de la dite confrérie. Même forme d'articles que précédemment. — Autre lièvé des dits revenus, abrégée de la précédente.

VIII. — B. 23. (Registre). — In-folio, 369 feuillets, papier.

1657-1678. — Confrérie des Pauvres à vêtir. — Lièvé des revenus de la dite confrérie, sous ce titre : « Nouveau papier de la lièvé que Pierre Benoist, bayle des Pauvres à vestir, a rédigé en l'année 1657 avant sortir de charge ; et l'a fait escrire comme s'ensuit avec les mémoires cy après. » C'est une mise au net des lièvés précédentes ; même forme d'articles, avec indication des paiements effectués. — Parmi les noms de tenanciers figurent les suivants : Jacques de Douhet, lieutenant criminel au présidial de Limoges ; Marie de la Roche, veuve de Pierre Blanchou, contrôleur du taillon et auditeur des comptes ; M° Hélie Teulier, dit Mansat, notaire ; Jacques Grudi, huissier ;

Mᵉ Laurent Pallier, prêtre ; Joseph Mallavergne, commissaire ; Mᵉ Grégoire de Roulhac, aumônier de la salle épiscopale ; Pierre Ardillier, mᵉ tondeur ; Barthélemy Verguaud, émailleur, Mᵉ Gay, conseiller au grand conseil ; Jacques de Petiot, juge royal ; Jean Pénicaud, émailleur ; Mᵉ Siméon Guitard, prêtre ; Joseph Dubouchey, procureur ; Vincent Videyx, mᵉ épinglier ; Mᵉ Jean de Favards, conseiller ; Mᵉ Léonard Sénamaud, procureur ; Mᵉ Martial Chasaud, notaire, etc.

VIII. — B. 24. (Liasse). — 4 pièces, parchemin ; 25 pièces, papier.

XVIᵉ-XVIIᵉ siècles. — Confrérie des Pauvres à vêtir. — Courtes lièves des revenus dus à la dite confrérie. — Extraits et fragments des lièves de la dite confrérie, analysées ci-dessus.

VIII. — B. 25. (Liasse). — 5 pièces, parchemin ; 2 pièces, papier ; 1 sceau.

1473-1581. — Confrérie des Pauvres à vêtir. — Procédures. — Mandement de *Debitis* obtenu en la cour du bailliage de Limoges par les bailes de la dite confrérie pour poursuivre le paiement des arrérages de rentes à eux dus par leurs tenanciers, en quelque lieu que ce soit, 1473. — Sentence de la cour de Limoges condamnant Pierre Chabecier à payer 12 sols de rente à la dite confrérie sur une maison non confrontée, 1486. — Sentence du sénéchal de Limoges condamnant le sieur Benoit au paiement d'une rente de 7 ll. 10 sols constituée par Jean Malinvaud, prêtre, en faveur de la dite confrérie, 1581 ; — avec l'acte de constitution, daté de 1562, y annexé.

VIII. — D. 1. (Registre). — In-4°, 258 feuillets, parchemin (Plats de bois à 5 clous de cuivre).

1489-1570. — Confrérie des Pauvres à vêtir. — Répertoire des titres de la dite confrérie, commençant ainsi : « Au nom de la saincta Trinitate Payr et Filz et Sainct Esperit, de la gloriosa Vergene Marie, de Monseignour Sainct Marcial et de touta la court celestialle de Paradis, feyrent far aquest tarrier Guillaume Meyza et Leonard Garnier, deux ceys et rendas que an donnatz les bons bourgeys deu temps passat a la confreyria deux Paubreys vestir. Dieu lo lour redde en Paradis. Amen. » — Suit la table des actes contenus dans le présent registre, au nombre de 127, les dits actes transcrits chronologiquement et reçus par Deschamps, Delorme, Bonnin, Hardy, Montaudon et Jayac, notaires. Ces actes sont des donations ou des reconnaissances de rentes en faveur de la dite confrérie sur diverses maisons de Limoges et sur quelques tènements des environs. — Parmi les donateurs et tenanciers figurent : f° 1 bis et ss. : Jean Pallette, cordonnier ; Mérigot Johannissau, bonnetier ; Jean Caraveys, voiturier et boulanger ; Léonard Guischard, « maistre d'ostau » (*alias* victurarius); Mathieu Tesseron, *burserius*, ; Gérald Ribière, boulanger ; Mᵉ Jacques Benoit, prêtre, jadis bourgeois et marchand de Limoges ; Étienne Brunet, *capillerius;* Pierre Varacheau, boulanger ; Perrette Legure, veuve de Jean *Tonnelli,* orfèvre (1490) ; Étienne de Virieux, prêtre ; Jean de Nougat, prêtre ; Jean et Barthélemy Olivier, frères, boursiers ; Noël Renaut, boucher ; Pierre Faure *alias* Rampnoux, *scriptor forme ;* Denys Bloy, curé de Ste-Félicité ; Nicolas et Martial Mercier, hôte de la grande rue des Combes ; Guillaume Bolun (?), curé de St-Priest de Limoges ; Blaise de Salmondieyras, hôte et marchand du pont St-Martial ; Antoine Cirat, prêtre ; Mᵉ François Suiduyraud, licencié ès lois ; Jean de Julie, bourgeois et prévôt de Limoges ; — f° 100 v° et ss. : Noble Jean Baju *(Johannes Bajuli),* damoiseau, et Jeanne Pestelle, sa femme ; Laurent Parlier, prêtre de St-Pierre-du-Queyroix ; Penot Bruneau, orfèvre (1491); Antoine Aubeyron, *bothonerius ;* Mᵉ Pierre Martin, procureur au parlement de Bordeaux ; Mᵉ Texier, *clerico soluto castri Lemovicensis ;* Léonard Pénicaud, orfèvre (1495) ; Jacques Janaillat, marchand et orfèvre (1510) ; Jean Vigier, *panitonsor,* François Botin, orfèvre (1519) ; Mᵉ Jean Saleys, prêtre, *nuper* archiprêtre ; Mᵉ Léonard de la Voulte, prêtre ; — f° 200 v° et ss. : Mᵉ Laurent Gaudy, prêtre de St-Michel des Lions ; Guillaume Mercier *alias* Labigne, prêtre ; Durand de Montescot, coutelier ; Jean Thoniau, prêtre ; Pierre Gaudit, « aguillotier et boursier ; » les fils de feu Jean Condat, maréchal en la cité de Limoges ; Laurent Dupin, notaire et praticien ; Jean de Vaulx, vicaire de St-Michel-des-Lions ; Mᵉ Martial Jabessier, prêtre ; Jacques Murat, corroyeur ; Mᵉ, François Colomb, apothicaire ; Jean de Roulhac et Martial Lagorse, prêtre ; Héliot Massé, épinglier ; Pierre Chaminadour, vigneron, etc.

VIII. — D. 2. (Registre). — in-4°, 220 feuillets, parchemin. (Plats de bois à 5 clous de cuivre).

1570-1657. — Confrérie des Pauvres à vêtir. — Répertoire des titres de la dite confrérie, sous ce titre : « Papier des recoignoissances des Pauvres à vêtir, 1570. François Duboys. » — Suivent quelques indications sur la composition du présent répertoire et une table des actes y rapportés, au nombre de 68, les dits actes transcrits chronologiquement et reçus par de Jayac, Bony, Deschamps, Maliguant, Mouret, Debeaubreuil, Darfeuilhe et Raymond, notaires. — Ces reconnaissances concernent les rentes faites à la dite confrérie sur diverses maisons de Limoges et quelques ténements des environs. — Parmi les tenanciers figurent : Antoine Drohet, menuisier ; Jean Sarny, couturier ; Albert Veyrinaud, teinturier ; Martial Granieu, épinglier ; Mᵉ Pierre Dupin, procureur au présidial de Limoges ; Guillaume Mouret, orfèvre (1570) ; Jean Devaulx, bonnetier ; Pierre Guibert, orfèvre (1570) ; Guillaume Monneron, apothicaire ; Martial de Rancon, maçon ; Jean Aubusson, chapelier ; Jacques et Jean Beaudinet, bouchers ; Pierre Peyteau, orfèvre (1571) ; Jacques Courtête, vigneron ; Mᵉ Guinot Forest, procureur au présidial de Limoges ; Antoine Cibot dit Goudendaud, boursier ; Jean Ruaud, hôte du *Lion d'Or*, au faubourg Manigne ; Germain Piquet, archer au visénéchal du Limousin ; Jean Bayaud, tailleur de la Monnaie ; Pierre Barret, sergent de l'Élection du haut Limousin ; Bartholomé Taillandier, « mᵉ clavelier ; » Madeleine Hardy, veuve de Jean Disnematin, marchand ; Pierre Poylevé, apothicaire ; Jean Cabouty, meunier ; Mᵉ Jean Nantiat, procureur au présidial de Limoges (1609), etc.

VIII. — E. 1. (Registre). — In-folio long, 158 feuillets, papier.

1396-1465. — Confrérie des Pauvres à vêtir. — Registre de recettes et dépenses commençant ainsi : « Aquest libre eys de la cofreyria deus Paubreys vistir.... loqual libre compreiren meistre Bernart Ruau, licenciat en leys, Helias Troteau, marchean, mosseu Guy Audoy, prestre, et Guilhem la Rocha, tenchurier, bailes de la dicha cofreyria, et Johan Negre, clerc et procurador de la dicha cofreyria, l'an de nostre Senhor mil CCC llIIˣˣ et XVI... » — Parmi les articles de recettes et dépenses figurent les suivants : Reçu III s. II d. « per la queta de Sen Paul facha a la porta de Bocharia per Fromatgier et per Quartier lo coratier, » (très nombreuses recettes de cette nature) ; — Payé « I sol VIII d. per la cuberta deu dich libre ; VIII d. per papier a far comteys et per escrire la meyza e la renda ; XV s. a la filha de la Gousonneta, per II aunas e demia blanc,

(très nombreuses dépenses de cette nature) ; XV s. a la cugina deu Temple, per II aunas e demia blanc : XIII s. IIII d. ou filh de Franhol, per II aunas drap de Bretanha. » — Autres dépenses pour procédures, frais d'actes, aumônes, etc. enregistrées d'une manière très confuse.

VIII. — E. 2. (Registre). — in-4°, 134 feuillets, papier.

1598-1661. — Confrérie des Pauvres à vêtir. — Registre de recettes et dépenses sous ce titre : « C'est le livre des comptes des Pauvres à vestir de l'année 1598 et suivantes. » (Les recettes occupent les trois quarts du registre.) = Parmi les articles enregistrés figurent les suivants : f° 2 r° et ss. : Reçu : un écu 13 sols « de la queste qui fust faicte pour les dits pauvres à la porte de la ville ; » 6 écus de M. Cibot, avocat, « pour les ventes de quelques héritaiges qu'il avoit acquis à Beaupeyrat ; » 39 écus de Pierre Martin, « cy-devant baille des Pouvres à vestir, en déduction de ce qu'il doibt à cause de l'administration qu'il a heue cy-devant du bien des dits pouvres ; » — f° 5 r° et ss. : Payé : 2 écus 10 sols « à Limosin, peintre, pour avoir fait la toile qu'on met devant la table, le jour qu'on fait la queste pour les dits pouvres ; 3 sols 6 deniers » à deux gaigne deniers pour porter le coffre où sont les tiltres des rentes et debvoirs deulz aux dits pouvres ; » — f° 8 r° et ss. : Reçu 18 ll. de Jean Benoist, mᵉ du poids du Roi, en déduction de ce qu'il doit aux pauvres ; 15 sols de Jean Vouzelle, prêtre ; — f° 11 v° et ss. : Payé 3 ll. « à Lymousin, peintre, pour la devance du tableau qu'il faict pour les dicts pauvres ; » 10 sols « pour avoir fait coppier des tiltres en lattin » ung prestre de St-Pierre ; » 45 ll. 9 sols pour 38 aunes de bure achetées à Eymoutiers ; 53 ll. pour 43 aunes de drap de Treignac ; etc. (1). — f° 68 v° et ss. : Payé : 130 ll. pour sept pièces de drap blanc ou gris qui ont été distribuées aux pauvres nécessiteux de Limoges (1632) ; 58 sols à M. Bonnin, avocat, « pour plusieurs consultations et pour avoir esté nostre arbitre pour l'affaire du curé de Saragouse, Mᵉ Guitard, » (1639) ; 4 sols à Chapoulaud, « clerc au greffe, pour avoir grossoyé un appointement donné en l'audience sénéchalle entre Mᵉ Pierre Guytard, vicaire de la vicairie de Saragousse, et les dits pouvres ; » 9 ll. « pour les espices de l'arrest de collocation ; » 22 ll. « distribuées en argent à plusieurs nécessiteux de la ville en la

(1) Les recettes se reproduisant toujours à peu près les mêmes, à chaque nouvelle année, il n'y a plus lieu de les énumérer.

dite année, 1646 ; » 6 ll. « pour une table qui se plie, pour porter à la porte Boucherie le lendemain de Pasques et de Noel, pour poser les deux plats d'argent que l'on emprunte pour faire la queste pour les dits pauvres par MM. les bailes qui se trouvent en charge ; » 44 ll. pour deux pièces de drap blanc achetées à un marchand de Treignac ; — f° 121 v° et ss. : Payé 4 ll. 10 sols « pour trois linceuls donnés à des pauvres de la ville, pour servir de suaire à les ensevelir ; » 60 sols « à des nécessités honteuses [de] gens de condition, pour avoir des habits suivant leur condition, » (1654); 10 ll. à M. Roux, « pour habiller un garçon de condition, » (1657); 19 ll. 14 sols 6 deniers « pour avoir des habits à une femme de condition ; » 5 ll. « à une fille dévotte pour faire un cotillon de ravêche ; » 7 ll. « à des tailleurs pour facons d'habitz que j'ai faict faire de crainte qu'on ne vendist le drap ; » 19 ll. « pour 28 aunes toile achetée pour donner des linceuls et des chemises à des personnes qui n'osent demander l'aumone, » (1657); 5 ll. « à une personne de condition honteuse, » (1661). etc.

VILLE DE BELLAC.

INVENTAIRE SOMMAIRE

DES

ARCHIVES HOSPITALIÈRES ANTÉRIEURES A 1790.

SÉRIES B, C, D, E, G.

(Revenus, Procédures, Quêtes publiques, Titres, Personnel, Comptes divers, Indigents.)

B. 1. (Liasse). — 2 pièces, papier.

XVII° siècle. — Legs faits en faveur de l'hôpital de Bellac : de 60 ll. une fois payées, par M° Guillaume Papon, sieur de Virat, receveur des domaines en la sénéchaussée de la Basse-Marche, 1658 ; — de 40 ll. une fois payées, par un fils (ou une fille) de feue Jeanne Peyrichon ; sans date : écriture du XVII° siècle. Le dit testament porte en outre donation de 30 ll. en faveur des prêtres de la communauté de N.-D. de Bellac et de 20 ll. en faveur « du communal de l'église du Dorat. »

B. 2. (Cahier). — In-8°, 6 feuillets, papier.

1759. — Rentes. — Copies d'actes relatifs à la constitution par les Doctrinaires du collège de Bellac d'une rente de 50 ll. en faveur de l'hôpital de cette ville, pour prêt d'une somme de 1,500 ll. applicable « aux besoins très urgents de la maison et collège de la doctrine chrétienne de la dite ville de Bellac : » les dites actes comprenant : le consentement donné par le provincial de Toulouse ; — le visa des capitouls de Toulouse à la signature du notaire qui a rédigé l'acte de constitution ; — la dite constitution de rente.

B. 3. (Liasse). — 8 pièces, papier.

1658-1661. — Procédures pour l'hôpital de Bellac : contre Jacques Gudin et autres détenteurs non dénommés des biens légués aux pauvres, 1658-1661 ; — contre le sieur Jean Meilhaud, « cy-devant greffier en chef en ce siège de Bellac, » et contre Jean de St-Martin, écuyer, sieur de Baignat, touchant le paiement de quelques rentes, 1661. — Extrait du registre de la maison de ville stipulant que les syndics de l'hotel-Dieu soutiendront aux frais des pauvres le procès mû contre le sieur Moulinier, « sur ce que M° Jacques Badou, prestre, et Jacques Guérin, scindicqs de l'hostel-Dieu de ceste ditte ville, ont représenté qu'ils sont inthimés en la cour sur un jugement par nous (procureur du roi à Bellac) rendu au profflct des pauvres de l'hostel-Dieu, allencontre de Jean Moulinier et autres, lequel procès ils ne peuvent soutenir sans la délibération de la ditte ville, requérant l'assemblée qu'ils ayent à délibérer s'ils doibvent soustenir ou dellaisser le dit procès. »

B. 4. (Liasse). — 3 pièces, papier.

1657-1663. — Procédures.— Deux lettres signées RIMOUR, adressées de Guéret au syndic de l'hôpital de Bellac, pour lui annoncer l'envoi de pièces de procédures, 1657. — Lettre signée JABRILLAC, adressée de Guéret à M. Bouchaud, avocat à Bellac, et concernant un procès de l'hôpital contre le sieur Meillaud, 1663.

C. 1. (Liasse). — 1 pièce, papier.

1661.—Quêtes publiques. — Arrêt de Mᵉ François de Reymond, sieur du Cluzeau, conseiller du Roi, président et lieutenant général en la sénéchaussée de Bellac, rendu à la requête du syndic de l'hôpital et portant amende de 30 sols, applicables à l'hôtel-Dieu, contre tous ceux qui refuseront de prendre à leur tour le plat des pauvres destiné à recueillir aux jours de fêtes les dons des fidèles dans l'église paroissiale ; faisant en outre défense à tous particuliers de faire circuler d'autres plats que ceux des pauvres, des prisonniers, de la fabrique et de la charité.

D. 1. (Cahier). — In-4°, 9 feuillets, papier.

1660-1812. — Titres. — « État (dressé vers 1812) des titres et papiers concernant l'hôpital de Bellac, représentés par M. Dunoyer, receveur du dit hospice, et par lui repris pour en demeurer dépositaire : » 1° Dossier des pièces relatives à la rente foncière et annuelle due par les héritiers de Pierre Claveau, 1766 ; 3° Dossier des pièces établissant la rente de 12 francs due sur le jardin arpelé de l'Hôpital ou l'Ormeau de la foire, 1764 ; 7° Dossier des pièces relatives à l'obligation de 1,800 ff. souscrite par le sieur Lafleur-Thoveyrat en faveur de l'hôpital, 1779 ; 8° Dossier établissant une redevance de 100 fagots de bois en faveur de l'hôpital, 1791 ; 22ᵉ Titre du legs de 150 ff. fait à l'hôpital de Bellac par Jean Poumeau, prêtre, 1782 ; 23° Titre du legs de 100 ff. fait à l'hôpital de Bellac par Jean Roulet, prêtre, 1682, etc.

E. 1. (Liasse). — 2 pièces, papier.

1658-1733. — Personnel. — Extrait du registre de la maison de ville portant nomination des sieurs Jean Badou, prêtre, et Jacques Guérin, marchand, comme syndics de l'hôpital, malgré l'opposition faite par Mᵉ Jean Boullet, prêtre, syndic de la communauté des prêtres de l'église N.-D. de Bellac, « lequel a représenté que, par une certaine représentation ou affectation particulière, l'on veult pervertir l'ordre de longtemps estably pour la nomination des scindicz [de l'hôtel-Dieu] et fabriqueurs de la ditte esglise, laquelle nomination pour le regard des dits ecclésiastiques se doibt faire dans la chappelle du Cardinal, lieu capitulaire destiné pour cet effect pour les prestres de la ditte communauté, lesquels s'assembleront pour procéder à la ditte nomination d'un syndicq et fabriqueur, suivant leurs anciens status.... » 1658. — Nomination faite par les administrateurs de l'hotel-Dieu de Bellac (Jean Morichon, bachelier en théologie, curé de Bellac et St-Sauveur, François d'Auberoche, conseiller du Roi, président lieutenant civil et criminel au siège de Bellac, Pierre Gallichier, conseiller du Roi au même siège et lieutenant des eaux et forêts en la maîtrise de Bellac, François Mallebay, conseiller, avocat et procureur du Roi au même siège) de deux religieuses non dénommées de la communauté de l'Union chrétienne de Bellac, pour succéder dans le gouvernement de l'hôpital à demoiselle Charron de la Mothe, démissionnaire, nov. 1733. Il est dit que cette nomination est faite « en exécution des lettres patentes obtenues par les dames de l'Union chrétienne lors de leur établissement, en datte du mois de novembre 1733, et autres actes subséquents. » Il est stipulé que les deux nouvelles gouvernantes « ne pourront s'immiscer aucunement dans le revenu temporel du dit hôpital ny recevoir aucun des revenus d'iceluy pour leur nourriture ny entretien, sauf et à l'exception de ce qui conviendra pour les louages et entretiens d'une grosse servante à 4 sextiers de bled seigle, mesure de cette ville, et 12 ll. par chacuun an, réglés pour tous gages et nourriture pour le service de l'hôpital ; mais recevront du receveur ou scindic ce qui sera nécessaire pour l'utilité d'iceluy hôpital ; et n'y pourront recevoir aucun pauvre que du consentement ou d'un billet d'un de nous administrateurs ; ce que nous Marie Radegonde Bouslet des Martinières, supérieure du dit séminaire de l'Union chrétienne du dit Bellac, et Françoise Arbellot de Lagasne, procureuse du dit séminaire, icy présentes, avons accepté.... » Suit approbation du dit acte par l'évêque de Limoges.

E. 2. (Liasse). — 1 pièce, papier.

1663. — Extrait du compte rendu de Mᵉ Jacques

Guérin, syndic de l'hôpital de Bellac pour les années 1658-1663, le dit compte présenté par dame Léonarde de Pontcharaud, sa veuve, à M° Pierre Gallicher, prêtre, et Léonard Génébrias, ses successeurs. La recette monte à 253 ll. et la dépense à 260 ll., « sans y comprendre les articles concernant le procès fait contre Meilhaud. »

E. 3. (Liasse). — 1 pièce, papier.

1662. — Arrêt du lieutenant général de la sénéchaussée de Bellac, rendu à la requête de M° Jean de Lassalle-Gallicher, avocat des dames de charité, portant qu'en raison de « l'extrème nécessité des pauvres honteux de la ditte ville, » le syndic de l'hôpital sera tenu de verser une somme de 30 ll. entre les mains de la trésorière des dites dames.

E. 4. (Liasse). — 7 pièces, papier.

1631-1655. — Quittances délivrées par l'hôpital de Bellac à Jacques Guérin, marchand, des fournitures de bois par lui faites.

E. 5. (Liasse). — 15 pièces, papier.

1658-1662. — Quittances délivrées à l'hôpital de Bellac : par le sieur Vincendon, peintre, d'une somme de 3 ll., « pour avoir faict la figure et plan de l'opital et la ruete ou canal qui reçoit les immondices, » 1658 ; — par Dominique Fréry, m° fondeur de cloches, d'une somme de 30 ll. 8 sols, « pour avoir fondu la cloche du dit hostel-Dieu et avoir icelle augmentée de la quantité de 45 ll. pezant de métail (*sic*), outre la quantité de 17 ll. que pesoit l'anciénne cloche, » 1659 ; — par des tuilliers et maçons pour réparations aux bâtiments de l'hôpital ; — par Anne Mondot et Anne Merlin, qualifiées gardiennes de l'hôpital, d'une somme de 8 ll. pour gages ; — par les mêmes, qualifiées gouvernantes *alias* filles de la charité, de diverses sommes applicables aux « nécessités des pauvres, » etc.

E. 6. (Cahier). — In-8°, 40 feuillets, papier.

1737-1759. — Livre-journal des « mises et dépenses faites à l'hôtel-Dieu de la ville de Bellac, à commencer au 13 mars 1737, jour que j'ay été nommé au scindicat du dit hôtel-Dieu par MM. les administrateurs d'iceluy, » jusqu'au 15 février 1759. Signé

Demallevaud. — Le registre est paraphé à chaque feuillet par François Mallebay, conseiller, avocat et procureur du Roi au siège de Bellac. = On peut relever les articles suivants : **1737**, 13 avril : donné 26 sols « à la petite servante des dames de l'Union chrétienne, pour avoir des provisions ; » — 26 avril : donné 4 sols pour le port de la lettre écrite à M. Saury, avocat à Rochechouart, « au sujet de l'affaire de Villard-Beaupré ; » — 24 juillet : donné 3 ll. à Mad. de Chartres, « pour employer aux besoins de l'hôpital ; » — 13 août : envoyé 96 ll. à M. Durand, marchand à Limoges, « pour 80 aulnes de ras de tulle verd, pour garnir les lits de l'hôpital ; » — 22 août : donné 4 ll. pour la chaux qui a servi à blanchir l'hôpital ; — 4 septembre : donné 7 ll. 13 sols aux maçons, « pour blanchir la chapelle, la salle, les chambres et poser des carreaux ; » — 26 sept. : donné 5 sols à Butaud, chirurgien, « pour avoir saigné une pauvre malade ; » — 15 octobre : donné 14 sols pour une procuration aux fins de toucher « 39 ll. de rente due à l'hôpital sur la recepte de Confolens ; » — **1738**, 5 janvier : donné 40 sols au sieur de Lagasne, procureur à Mortemart, pour poursuivre un procès contre le sieur Lacouture de Mazerolles ; — 30 janvier : « M. le prieur de Vacqueur a donné 3 livres aux dames (1), qu'elles m'ont dit vouloir employer en beurre pour saler pour le Caresme ; » — 9 avril : envoyé 16 ll. à M. Bernard, procureur à la cour, « pour obtenir une commission en chancellerie pour faire saisir les biens des sieurs Villard, de St-Ouen ; » — 1 juin : donné 7 ll. 4 sols à Mlle de Vaquoire ou, quoy que ce soit, pour elle à la confrérie du Très-St-Sacrement, pour restant de toille qu'elle avoit donné et randu pour faire des draps ; » — 30 août : donné 8 ll. 16 sols pour diverses réparations aux bâtiments de l'hôpital ; — 13 septembre : donné 9 ll. à Butaud, chirurgien, pour des pansements et des médicaments fournis aux pauvres ; — **1742**, 18 mai : donné 24 sols à deux hommes, « pour garder un homme malade qui était dans le délire furieux ; » — **1744**, 29 juillet : payé 48 sols pour le maigre de quatre semaines, « les pauvres n'ayant pas voulu de viande à cause de la mortalité des bestiaux ; » — 9 octobre : prêté 21 ll. à M. Génébrias du Mayard, avocat ; — **1745**, 11 octobre : prêté 200 ll. à M. d'Auberoche, « de l'argent des pauvres, » pour en constituer une rente ; — **1746**, 17 janvier : payé 37 sols pour un service solennel fait dans la chapelle

(1) Mesdames de Chartres, Arbellot et Lagasne, mentionnées en divers endroits.

VILLE DU DORAT.

INVENTAIRE SOMMAIRE

DES

ARCHIVES HOSPITALIÈRES ANTÉRIEURES A 1790.

SÉRIES B, C, D, E, F, H.

(Revenus, Procédures, Cimetière, Titres, Délibérations, Bâtiments, Comptes divers, Filles de la Sagesse,
Cure de Vareilles.)

B. 1. (Liasse). — 16 pièces, papier.

1631-1661. — Testaments. — Testament de
Jacques Barbou, marchand du Dorat, léguant à l'hôpital de cette ville une somme de 4,000 ll. à prendre
« sur le plus clair de ses biens, » et deux lits garnis,
pour servir aux pauvres; le dit testateur, « considérant
ses moyens et facultez et que par ausmosnes on peut
achepter le ciel, où nous devons tous aspirer, » 1631.
= Procédures pour l'hôpital du Dorat, représenté par
Mᵉ Jean Neymond, sieur de Pezarde, avocat au Parlement, et Pierre Delaplaigne, mᵉ apothicaire, syndics
de l'hôpital en cette affaire, contre Jean Barbou, juge
sénéchal en la cour du Dorat et autres héritiers du
susdit Jacques Barbou, s'opposant à l'exécution de la
donation par lui faite, 1645-1661. Entre autres pièces
figurent : une promesse de Jean Barbou de payer le
legs fait par son oncle à l'hôpital, 1654; — une promesse analogue des héritiers de Jean Barbou, 1661;
— un inventaire des meubles de Jacques Barbou,
1645, mentionnant quatre sacs de titres de propriété
« qu'on n'a jugé nécessaire d'être spécifiés et déclai-

rés; » plus divers contrats d'acquisition de terres
faites par le dit Barbou.

B. 2. (Liasse). — 35 pièces et 5 cahiers in-4°, 48 feuillets, papier.

1690-1778. — Testaments. — Testament de
Jean de Verdilhac, sieur du Montet, prêtre, léguant :
20 setiers seigle, payables en deux fois, aux pauvres
honteux du Dorat; 150 ll. aux PP. Récollets du Dorat,
à charge par eux de célébrer un annuel en faveur du
défunt; 300 ll. au sieur Mosnier, curé de St-Léger, à
charge de célébrer chaque jour, pendant deux ans,
une messe pour le repos du défunt et de prendre un
vicaire pendant les dits deux ans pour célébrer les
messes et servir la paroisse; tous ses biens meubles et
immeubles à l'hôpital du Dorat, à charge de célébrer
chaque dimanche une fête pour le défunt et d'employer
une somme de 200 ll. « pour aider à faire une mission
dans la paroisse de St-Legier, par MM. les prêtres
missionnaires de Limoges; » léguant en outre diverses
sommes à sa nourrice et à plusieurs membres de sa
famille, 1716. (Trois copies.) = Procédures pour
l'hôpital du Dorat, représenté successivement par

M⁰⁰ Léonard Laurens, sieur de Fonbusseau, conseiller procureur du Roi au siège de Bellac, et Élie Jevardat, avocat au dit siège, et par Mᵉ J.-B. Coussaud Dupin, avocat, administrateurs du dit hôpital, contre les héritiers de Mᵉ Jean de Verdilhac contestant le susdit legs, 1728-1778. Entre autres pièces à l'appui figure un arpentement du tènement de Busserolle, en la paroisse de Darnac, dressé par Pierre Rabèthe, arpenteur royal, 1690. Contenance totale, 53 sesterées.

B. 3. (Liasse). — 1 pièce, papier.

1728. — Testaments. — Testament de Mᵉ Jacques Chaud, sieur de Lamenereix, ancien avocat et procureur du Roi en la sénéchaussée du Dorat, léguant à l'hôpital du Dorat les arrérages de rente qui lui sont dus sur le village de Lagemouche, paroisse de Tersanne, et 4 setiers de seigle « pour tenir lieu du pain de charité qu'on a coutume de porter pendant l'année du decez; » léguant, en outre, aux RR. PP. Récollets du Dorat, dans la chapelle desquels le testatéur veut être enterré, une somme de 60 ll. pour les frais de l'inhumation; plus une somme de 640 ll. pour la célébration de quatre annuels; plus une rente annuelle de 30 ll. « pour l'entretènement de la lampe de leur église pendant 15 ans; » léguant, en outre, diverses sommes à ses parents, amis et domestiques, entre autres, une somme de 200 ll. à la fille aînée de Moreau de la Jarrige, « pour luy aider à se faire religieuse. »

B. 4. (Liasse). — 6 pièces, papier.

1744-1756. — Testaments. — Testament de Guy Junien, chanoine du Dorat, léguant : 150 ll. aux PP. Récollets du Dorat, à charge de célébrer un annuel en faveur du défunt; 35 ll. de rente annuelle à la vicairie de St-Martial *alias* de Barlanges desservie en la chapelle St-Joseph de l'église du Dorat, au principal de 700 ll. dues par les héritiers de Messire de la Riez, sgr de Seremy; plus 25 ll. de rente annuelle à la dite vicairie, au principal de 500 ll. acquises de Mᵉ Jean Junien, sieur de la Villeauroy; 60 ll. de rente au curé du Dorat, au principal de 1,200 ll. dues par divers débiteurs, les dites 60 ll. devant servir à entretenir une lampe allumée jour et nuit devant le St-Sacrement de l'autel de la paroisse et le surplus revenant aux pauvres; 400 ll. au chapitre du Dorat à prendre sur les 1,000 ll. prêtées à M. Rabilhac, sieur

de Pontailler, sénéchal de Magnac, les dites 400 ll. devant être employées « à avoir un calice pour l'usage de l'église; » 600 ll. à la confrérie du St-Sacrement, à prendre sur les dites 1,000 ll. pour fonder une rente destinée « à avoir un prédicateur qui presche dans nostre église pendant l'octave du St-Sacrement; » léguant, en outre, diverses sommes à ses propres parents et instituant Mᵉ Jean Vacherie, juge des bailies, son exécuteur testamentaire, 1744. Par un codicille de 1745, le testateur lègue encore à l'hôpital du Dorat un pré et une vigne sis au Dorat. Suivent les quittances de quelques-uns des héritiers : de F. Benoît Papon, comme gardien des Récollets; de François Vrignaud, sous-chantre et chanoine du Dorat comme représentant de la confrérie du St-Sacrement; de Mᵉ Vetelay de Mongomard, curé du Dorat; de Mᵉ Brissaud, curé de la Croix. = Pièces provenant de la succession du dit Guy Junien : deux actes de la vente faite au dit sieur par Dⁿᵉ Marguerite Vacherie, veuve de Jean Ribaud, d'un pré et d'une vigne sis au Dorat, pour le prix de 250 ll., mai et novembre 1744; — ratification de la dite vente par Mᵉ Gabriel Ribaud, notaire, 1747. — Requête de l'hôpital du Dorat au sénéchal de la Basse-Marche, aux fins d'obtenir paiement d'une somme de 30 ll. due par les fermiers des dits pré et vigne, 1756.

B. 5. (Registro). — In-folio, 159 feuillets, papier.

XVIIIᵉ siècle. — Rentes. — « Registre de l'hôpital du Dorat contenant toutes les rentes deues au dit hôpital, ensemble celles deues par iceluy et autres charges. » — Les articles sont sous cette forme : Fᵒ 2 rᵒ : « Les héritiers de M. de Mallevaud, vivant trésorier de France, représentés par M. de Pinateau et Mad. de Marans, doivent au dit hôpital : par contrat du 14 février 1728, 4,500 ll.; par contrat du 15 mars 1728, 1,280 ll.; par contrat du 6 mars 1740, 700 ll., etc. » Suit l'indication de divers paiements effectués.... Fᵒ 21 rᵒ : « Mᵉ François Vételay, prêtre, chanoine, doit au dit hôpital sur une maison sise en cette ville, la rente seconde et foncière de 5 ll. par chacun an. » Suit l'indication des arrérages.... Fᵒ 20 rᵒ : Le sieur Mitraud Duverdey, au lieu et place de Jean Pinaud, chirurgien du village d'Ambeys, paroisse de la Croix, doit au dit hôpital la rente constituée de 10 ll. 10 sols par chacun an, au principal de 210 ll. » Suit l'indication des arrérages.... Fᵒ 47 rᵒ : « Les héritiers de Simon Masson, chirurgien, doivent au dit hôpital par obligation du 17 mars 1721, reçue par Champagne et Boucquet, notaires royaux au Dorat, une somme de 150 ll. de principal et sont condamnés aux intérêts d'icelle par jugement du 9 mars 1744, » etc. — On peut encore relever parmi les débiteurs les noms suivants : le vicomte de Montbas ; François de Fauconnier, lieutenant particulier à Bellac ; M° Chesne Desmaisons, chanoine ; M° Henry Boucheuil, avocat; M° Vidard, avocat; Simon Mitraud, chirurgien ; le clergé de France; le chapitre du Dorat; les tenanciers du village de la Carparie, paroisse de Dinsac, du village de Chabreiroux, paroisse d'Oradour-St-Geneat, etc. — F° 109 et ss. : Charges de l'hôpital. Parmi les créanciers de l'hôpital figurent : le séminaire de la Mission à Limoges, pour une rente de 100 ll. fondée par M. Jean de Verdilhac; l'aumônier, pour les messes qu'il acquitte dans la chapelle de l'hôpital ; la sœur hospitalière Marie Beaumond, veuve Dumas, « reçue par le Bureau pour avoir soin des pauvres et gouverner l'hôpital, aux gages de 62 ll. annuellement et aux conditions d'y nourrir sa fille ; » la confrérie du Rosaire établie en l'église St-Pierre-du-Dorat, pour une rente de 4 ll., fondée par M. de la Josnière; les domestiques de l'hôpital, « gagés et payés par les sœurs hospitalières ; » le chirurgien de l'hôpital Gabriel Lherbon, chirurgien juré, 60 ll. par an ; le médecin de l'hôpital, M° Joseph Lhulier, sieur du Chez, 72 ll.; le receveur de l'hôpital, M. Neymond de la Morlière, 36 ll. ; — f° 140 r° : Mention d'une filature de coton établie le 27 septembre 1786. « Elle a coûté pour son établissement 560 ll. 5 sols. Du 24 août 1790, a été versé dans la caisse du receveur la somme de 600 ll. provenant de la dite filature par forme d'emprunt, en vertu d'un arrêté du 20 du dit mois d'août. » — F° 142 et ss : Mention de diverses rentes constituées en faveur des dames de l'Union chrétienne et des Doctrinaires de Bellac et transférées à l'hôpital du Dorat.

B. 6. (Liasse). — 5 pièces, parchemin ; 7 pièces, papier.

1401-1714. — Rentes. — Cession faite par Guillemot d'Azac, habitant d'Oradour-sur-Vayres, à Étienne du Repayre, habitant du Dorat (*commorante in rua castri Dauratensis*) de 6 sols un denier de rente sur le lieu de Bruce, paroisse de Droux (*de Drolio*) pour le prix de 6 francs d'or, 1401. L'acte débute ainsi : « *Nos Aymericus du Fraycher, clericus, custos sigilli nobilis et potentis domine, domine Anne de Borbonio, comitisse Montis Panserii in castris et castellaniis suis de Bellaco, Rancanio et de*

Champaignaco pro cadem domina comitissa constituti, notum facimus quod coram Iterio Yverii, clerico, fideli jurato nostro et in officio dicti sigilli ad hoc a nobis specialiter deputato.... » Accense faite par noble Jean Chioche, Aymeric et François Chioche, écuyers, à M° Jean et autre Jean Desbrousses frères, habitants de Darnac, d'une terre de la contenance de 5 sesterées, sise au territoire des Brousses, paroisse de Darnac, sous le devoir de 2 setiers froment de rente, 1482. L'acte débute ainsi : « A tous ceulx qui ces presentes lettres verront et orront, nous le garde du scel estably aux contraictz en la ville et chastellenie de l'Isle-Jourdain, et nous Guillaume Huble, arceprestre de Lussac, savoir faisons que par devant messire Pierre Thibault, prestre, juré et notere de la court du dit scel, et.... juré et notere de la court du scel de nous arceprestre susdit, et Pierre Drouichaud, clerc juré et notere de la court de nous arceprestre susdit, par ainsi toutefois que l'une des dittes cours par l'autre ne soit en rien derrogée, viciée, corrompue et adulée, mais l'une par l'autre mieux corroborée et que chascune des dittes cours puissent et vailhe joir de ses droiz conjointement ou diversement ou ensemble, personnellement establis....» — Reconnaissances faites : par Pierre Bouquet et autres cotenanciers du village d'Envaulx, paroisse de Darnac, à M° Denis Collin, licencié ès lois, et à Madeleine Coussaud, sa femme, de 2 quartes froment de rente sur le pré de Mault (?), sis au village d'Envaulx, 1521 ; — par François Vergnaud et ses frères, demeurant au village d'Envaulx, au susdit M° Denis Collin et à sa femme, d'un setier froment de rente sur une terre du dit village d'Envaulx, 1521 ; — par le dit François Vergnaud à M° Denis Collin et à sa femme, d'une terre sise au village de Vauselle, de la contenance de 2 sesterées, 1526. — Vidimus de la précédente accense de 1401, fait en 1526. — Vente faite par Jean Chioche, écuyer, sgr de Courcet, demeurant au dit lieu, paroisse de Darnac, à François Turpin, écuyer, sgr de Buxerolles, demeurant au dit lieu, paroisse de Bussière-Poitevine, de 14 boisseaux froment, 5 boisseaux seigle et 6 sols tournois de rente à percevoir sur le ténement des frères Désbrousses, demeurant au village de ce nom, et sur le village du Vergnaud, paroisse de Darnac, pour le prix de 47 ll. tournois, 1542. — Ventes faites : par noble Joachim Audoulcet, sgr en partie de la Guyerch, demeurant au dit lieu, paroisse de la Fa, agissant au nom d'Antoinette Collin sa femme, à François Turpin, écuyer, sgr de Buxerolles, de 11 quartes froment, 8 quartes seigle, 24 sols

10 deniers argent et 2 gelines de rente à percevoir sur le ténement de Chez-Vergnaud, pour le prix de 60 ll. 1546 ; — par messire René Turpin, chevalier, sgr de Buxerolles, D^{elle} Jacquette Turpin sa sœur et Jean d'Arfeuille de Clavières, sgr de la Baconnie, époux de D^{lle} Charlotte Turpin, à D^{elle} Catherine Aubugeois, veuve de Robert de Verdilhac sieur du Montet, demeurant au Dorat, de 6 boisseaux, 11 quartes froment, 2 boisseaux 8 quartes seigle, 24 sols argent, 2 gelines et quatres poulets de rente sur le ténement des Vergnaud et 14 boisseaux froment, 5 boisseaux seigle de rente sur le village des Brousses, pour le prix de 840 ll. 1698. — Afferme faite par D^{lle} Catherine Aubugeois, veuve de Robert de Verdillac, au sieur Brunier des rentes dues sur les villages des Brousses et d'Envaux, montant à 9 setiers froment, 6 setiers seigle, 2 ll. 10 sols 6 deniers argent moyennant la rente annuelle de 51 ll., 1507. — Reconnaissance faite par les cotouanciers d'Envaux à D^{lle} Catherine Aubugeois veuve du sieur du Montet, des arrérages de rente montant à 385 ll. dues sur le ténement d'Envaux, 1714.

B. 7. (Liasse). — 1 pièce, parchemin ; 47 pièces, papier.

1526-1777. — Procédures concernant le paiement des rentes dues par les tenanciers des ténements d'Envaux, des Brousses et des Vignaux : pour M° Thibaud Chioche, écuyer, 1526 ; — pour François Turpin, écuyer, 1541 ; — pour D^{lle} Catherine Aubugeois, veuve de M° Robert de Verdilhac, sieur du Montet, avocat en Parlement, 1709-1717 ; — pour M° Jean de Verdilhac, sieur du Montet, prêtre de l'église de St-Pierre du Dorat, héritier de D^{lle} Catherine Aubugeois sa mère, 1723 ; — pour l'hôpital du Dorat comme héritier du dit Jean de Verdilhac, 1754-1777, le dit hôpital représenté par J.-B. Coussaud Dupin, avocat, administrateur de l'hôpital.

B. 8. (Liasse). — 1 pièce, papier.

1775. — Lettre adressée de Confolens à M. Vidal, avocat, administrateur de l'hôpital du Dorat, par M. Duboys de la Thulière, réclamant un délai de paiement pour les rentes par lui dues à l'hôpital.

B. 9. (Liasse). — 1 pièce, parchemin ; 43 pièces, papier.

1543-1790. — Procédures pour l'hôpital du Dorat, représenté par J.-B. Coussaud-Dupin, avocat, contre la communauté des prêtres de N.-D. de Bellac, représentée par M° François de la Fontaine, prêtre, et contre M° Pierre Bouquet, avocat, touchant la possession d'une rente de 3 setiers seigle et 5 sols argent sur le mas Blanchard, paroisse d'Oradour St-Genest. 1755-1790 (1). Entre autres pièces figurent : une reconnaissance de la dite rente, faite par Martial de Chinquioux au profit de Jacques Bruyas, 1543 ; — un mémoire des frais de procédures dus par l'hôpital du Dorat en 1769, le dit mémoire montant à la somme de 481 ll. ; — dix-huit lettres relatives au dit procès, adressées aux administrateurs de l'hôpital ou à leur avocat au Dorat par le sieur Constant Delisle, procureur au Parlement de Paris ; — douze mémoires et inventaires des actes relatifs à la dite procédure, desquels appert que le procès commença dès 1717, etc.

B. 10. (Liasse). — 12 pièces, papier.

1716-1717. — Procédures pour l'hôpital du Dorat, représenté par M° Pierre Vrignaud, chanoine et curé du Dorat, et M° Jean Laurent, conseiller du Roi, lieutenant criminel au siège du Dorat, administrateurs, syndics de l'hôpital en cette affaire, au sujet de l'acquisition poursuivie de deux maisons provenant de la succession de Joseph Peyrinaud et Antoine Bobeirot. Entre autres pièces figurent : deux ordonnances du lieutenant général au siège du Dorat, nommant un tuteur aux enfants de Joseph Peyrinaud et un curateur aux enfants d'Antoine Bobeirot, 1716 ; — une requête aux fins de comparoir, débutant ainsi : « Vous remontre maître Jacques Chaud, avocat et procureur du Roy en ce siège, que les administrateurs de l'hôtel-Dieu de cette ville estans dans un louable dessein de faire racommoder la maison du dit hôtel-Dieu qui se trouve dans un endroit malsain, ce qui fait que les malades ne peuvent point y recevoir de guérison, pour à quoi remédier, après une mûre délibération ils ont cru qu'ils ne pouvoient donner toute l'aisance à la dite maison, pour la rendre saine et habitable, que par le moyen de l'acquisition qu'ils estoient dans les sentiments de faire de deux petites maisons qui sont en très mauvais estat, situées à côté du dit hostel-Dieu.... »

B. 11. (Liasse). — 3 pièces, parchemin ; 50 pièces, papier.

1720-1766. — Procédures pour l'hôpital du

(1) Cf. l'*Invent. des Arch. communales de Bellac.*

Dorat représenté par Mᵉ Élie Jevardat, avocat, contre les prêtres de la Mission de Limoges, touchant la possession d'une rente de 5 setiers froment, 5 setiers seigle, 4 setiers 2 boisseaux avoine, mesure de Rochechouart, 40 sols argent, 4 poulets et demi et 2 gelines et demie sur le village de Chamauie, paroisse d'Oradour-sur-Vayres, provenant de la succession de feu Jean de Verdilhac, sieur du Montet.

B. 12. (Liasse). — 2 pièces, parchemin ; 14 pièces, papier.

1729-1781. — Procédures pour l'hôpital du Dorat, représenté par Mᵉ Élie Jevardat, avocat au siége du Dorat, administrateur, contre Mᵉ Léonard Pinaud, avocat, aux fins du paiement d'une rente de 55 ll. constituée en faveur du dit hôpital par feu Mᵉ Jean de Verdilhac, sieur du Montet.

B. 13. (Liasse). — 1 cahier in-8°, 12 feuillets, parchemin ; 1 pièce, papier.

1739. — Procédures pour l'hôpital du Dorat, représenté par Mᵉ Jean François Coussaud des Forges, avocat, contre Messire Israel Beslot, prêtre, prieur de l'hôtel-Dieu de cette ville, demandant l'exécution d'un contrat non rapporté.

C. 1. (Liasse). — 1 pièce, parchemin ; 3 pièces, papier.

1780-1783. — Cimetière. — Ventes faites à l'hôpital du Dorat : par Joseph Donnet, sieur de Létang, greffier en la sénéchaussée du Dorat, d'une terre sise au faubourg du château, de la contenance de quatre quartonnées, pour le prix de 360 ll., plus 36 ll. « pour épingles ou pot de vin, » avec tout droit de transformer la dite terre en cimetière pour la sépulture des morts de l'hôpital, 1780 ; — par Mᵉ Jacques Lesterp, avocat au siége du Dorat, et Mᵉ Benoist Lesterp de Beauvais, aussi avocat au dit siége, d'un pré sis près du Dorat et appelé le Borbotier, « lequel est un lavoir propre à laver les linges du dit hôpital, » pour le prix de 1114 ll., plus 48 ll. « pour épingles ou pot de vin, » et à charge d'une rente de 3 quartes froment en faveur du chapitre du Dorat dans la fondalité duquel se trouve le dit pré, la dite acquisition faite « pour y construire un cimetière pour la sépulture des pauvres ou autres qui décéderont dans le dit hôpital et pour le lavage de ses linges, » 1782. — Procès-verbal de bénédiction du terrain acquis, fait en vertu d'une commission de l'évêque de Limoges par un chanoine du chapitre du Dorat, en présence des administrateurs de l'hôpital, après enquête *de commodo et incommodo*, 1783. Superficie évaluée par le sieur Chamblet, arpenteur : 594 toises. — Lettre de l'évêque de Limoges au curé du Dorat, aux fins du susdit procès-verbal, 1782. Signée : ☩ L. C. *évêque de Limoges*.

D. 1. (Liasse). — 9 pièces, papier.

1733-1745. — Titres. — Procédures pour l'hôpital du Dorat, représenté par Mᵉ François Vrignaud, prêtre, sous-chantre et chanoine, l'un des administrateurs de l'établissement, contre Mᵉ Pierre Bouquet, avocat, et Silvine Jevardat, sa femme, refusant de restituer les titres de l'hôpital dont feu Élie Jeverdat, avocat, leur père et beau-père, avait la garde, et de venir arrêter les comptes de gestion du dit Jevardat. Entres autres pièces figurent deux délibérations du Bureau de l'hôpital donnant acte à Élie Jevardat de la remise de partie des titres de l'établissement et de la présentation de ses comptes.

E. 1. (Registre). — In-folio, 165 feuillets, papier.

1631-1792. — « Registre des délibérations, nominations, réglements, budgets, comptes, états des recettes et des dépenses, économat, fournitures, entretien des bâtiments » de l'hôpital du Dorat. — Fᵒ 1 rᵒ : « Établissement de l'hospital charitable du Dorat, du sabmedy second jour de mars 1658.... L'évidence des maux que produit la mendicité et les grands biens quy naissaient de l'établissement des hospitaux charitables nous ayans été conneus tant par l'exemple de Paris, la première ville de ce royaume, que par nostre propre expérience, augmentée du reflus des pauvres qui nous viennent par le renfermement de ceux de Poitiers et des autres villes voizines, nous nous sommes enfin rézolus de faire un effort pour établir un hospital charitable en cette ville du Dorat. La première proposition en ayant été faite en la maison de ville par MᴹJ. les consuls de l'an 1657 et par leur soin diverses assemblées été faites sur ce sujet et du depuis continuées, après une longue et meure délibération l'ordre de cet établissement a été rezolu de cette sorte : Afin que cet hospital puisse subsister aussy longtemps que cette ville du Dorat, les principaux officiers des corps quy la compozent en seront les administrateurs perpétuels. Et comme il y aura toujours une églize collégialle avec un scindic du chapitre d'icelle, un curé, un prieur de l'hostel-Dieu, un juge, un procureur fiscal et des consuls, on a jugé à propos que ceux à quy Dieu destinera l'exercice de ces charges soyent aussy les administrateurs nez de cet hospital. Et parce qu'ils ont d'autres occupations, on a trouvé nécessaire d'y adjouster un scindic et secrétaire et un receveur quy seront par eux éleus chasque année ou continués, selon qu'ils le jugeront convenable. Et afin que chascun sachant en particulier ce quy dépendra de son ministère y soit plus affectionné et fidèle, leurs fonctions ont été divizées en cette manière : MM. les abbés, chanoines et chapitre, seigneurs temporels de cette ville du Dorat par la concession et fondation de nos roys de plus de dix siècles, y ayant le plus contribué par leurs aumônes publiques et particulières, en seront les premiers administrateurs; et comme ils ne peuvent assister en corps aux assemblées, ils y seront tousjours représentés par un de leurs scindics ou député. Le soing du dit syndic ou député sera de raporter à mes ditz sieurs les bezoins de l'hospital et d'en solliciter envers eux le secours nécessaire et de faire savoir aux administrateurs dans leurs assemblées les rézolutions de mes dits sieurs du chapitre sur les affaires quy se présenteront. Il aura l'œil que chasque officier de l'hôpital s'acquitte de ce quy luy sera commis et suppléera de sa personne et de sa peine à ce quy se trouvera manquer en chasque particulier et comme le chef envoyra (*sic*) ses influences sur celluy des membres qu'il jugera en avoir plus de besoin. Il marquera le lieu et le jour de chasque assemblée quy se faira de huit ou de quinze en quinze jours.... Sa vigilance s'étendra particulièrement à procurer que les jeunes enfans capables de servir soyent mis entre les mains de bons maistres chez quy ils puissent apprendre à servir Dieu et gaigner leur vie.... M. le curé comme pasteur des pauvres à plus juste titre que des riches quy ont de quoy se faire instruire d'ailleurs, s'employera particulièrement à l'instruction spirituelle des pauvres nature's de la ville et paroisse, procurant qu'il n'y en aye aucun en santé quy ne se confesse et communie une fois le mois. Et afin qu'il en puisse avoir une plus parfaite connaissance et que pareillement les pauvres ayent plus de confiance en luy, il n'en sera admis aucun pour recepvoir sa nourriture de l'hospital qu'il ne soit prézenté par M. le curé et par luy examiné et interrogé de sa bonne vie et mœurs. Il prendra soin de faire ou procurer estre fait un catéchisme aux pauvres de temps en temps, selon sa prudence. Sa vigilance

s'étendra sur les pauvres malades de la ville et fauxbourgs pour leur procurer les secours spirituels et corporels et employer à cela la confrérye des dames de la Miséricorde dont il est le directeur perpétuel. Il prendra particulièrement peyne que par l'entremize des dittes dames de la Miséricorde, les jeunes filles soyent instruites et mizes ez mains de personnes quy leur apprennent la crainte de Dieu, l'amour de la pureté et à travailler pour gaigner leur vie.... Comme le logis de M. le prieur de l'hostel Dieu est joignant à l'hospital, son employ sera de ce quy se passe au dedans et prendra soin que chasque année il soit fait nouvel inventaire des meubles, que chasque pauvre y soit logé selon sa condition, les prebtres dans des chambres séparées pour l'honneur de leur caractère, et que les hommes soient séparés des femmes.... que l'ordre étably y soit bien observé et que les gagés et sergents de police fassent ponctuellement leurs visites le matin et le soir.... Il faira visiter ceux qui tomberont malades par le chirurgien de l'hospital avant que les y admettre.... Il aura soin aussi du spirituel et que les pauvres malades ne meurent point sans l'administration des sacrements. Et pour éviter aux (*sic*) surprises de la mort, quy nous arrive souvent à l'heure que nous n'y pensons pas, il n'admettra aucun pauvre malade quy ne soit premièrement confessé et vizité. M. le juge dont la juridiction s'étend au dehors prendra soing des pauvres forains des paroisses voizines pour les secourir du fondz de l'hospital s'il se trouve suffizant.... surtout que les jeunes enfans et les jeunes filles soient colloqués en des maizons ou les habitudes de la mendicité, oysiveté et du vice leur soient ostées et en leur place les semances et impressions du travail et de la vertu leur soient données.... M. le procureur fiscal soignéra que les comptes se rendent chasque année par les scindics et recepveurs.. . S'il se trouve dans la ville ou dans le ressort aucun pauvre quy ne puisse avoir ses biens à cauze de l'authorité et crédit de ses parties, il prendra les affaires en main pour y intervenir s'il y peut estre partie, sinon pour en estre l'agent et solliciteur.... Le scindic de l'hospital tiendra le registre et mettra par écrit les propositions et résolutions en chasque assemblée, écrira les lettres etc.... Le recepveur de l'hospital recevra les questes et aumosnes et le revenu de l'hospital etc.... MM. les consuls quy sont tousjours quatre en nombre se trouvent commodément estre tirés de chasque quartier de la ville pour la division des questes et à cette considération on les en a chargés. Les questes se fairont de mois en mois pour éviter à (*sic*) l'importunité.... La première queste se faira par MM. les administrateurs en corps afin de donner cœur aux autres par leur exemple et rendre cet employ honorable, comme il est méritoire, à ceux quy le fairont par après. » — Fº 5 rº : Service des gagistes de l'hospital : « Les gagez seront tenus d'aller tous les matins à l'hospital pour en faire déloger les pauvres quy y auront couché ; et sy quelqu'un refuze soubz prétexte de maladye, ils en advertiront M. le prieur de l'Hostel-Dieu et par son ordre le chirurgien pour estre visitez. Les jours ouvriers ils iront tous les matins à l'heure de matines à l'églize pour voir sy quelque pauvre mandye afin de l'empescher, et y retourneront à l'heure de la grand messe pendant le premier moys et jusques à ce que l'ordre y soit bien étably.... Ils iront tous les jours aux fours à ban de la ville pour empescher que les pauvres n'y mandient.... » — Fº 6 rº et ss. : Transcription d'actes divers concernant un legs fait à l'hôpital du Dorat : Testament de Jacques Barbou, marchand, léguant 4,000 ll. au dit hôpital : « Le testateur considérant ses moyens et facultés et que par aumosnes on peut achepter le ciel où nous devons tous aspirer.... » 1631 ; — transaction entre l'hôpital et les héritiers de Jacques Barbou, portant constitution de diverses rentes en faveur du dit hôpital, 1661 ; — constitution de 50 ll. de rente faite par Mᵉ Étienne Barbou, chanoine prébendé du Dorat, en faveur de Mᵉ Jean Barbou sieur de Chaumes, avocat en Parlement et juge sénéchal du Dorat, 1657 ; — constitution de 50 ll. de rente faite par Pierre Junien, marchand, en faveur du dit Jean Barbou, 1659 ; — transaction entre le dit Jean Barbou et Pierre de Fontréaux, sieur du Chiez, conseiller du Roi au siège du Dorat, en vertu de laquelle le sieur de Fontréaux consent à payer 96 ll. pour arrérages de la rente à laquelle son père avait été condamné en faveur de Jean Barbou, 1659, etc. — Fº 21 rº : Procès-verbal de visite des bâtiments de l'hôpital par les administrateurs en charge : « .... La maison qui compose le dit Hôtel-Dieu se trouve dans un endroit fort serré et où il y a peu de logement ; le lieu où on loge les malades est fort bas, obscur et humide ; cette situation rend les maladies incurables. » On conclut à l'achat des maisons voisines pour agrandir l'hôpital, 1716. = Fº 23 rº : « Registre pour servir au Bureau des pauvres, commencé aujourd'huy, 3 may 1733, le Bureau tenant ; paraphé par nous Étienne de Mallevaud, seigneur de Marigny, président, lieutenant général de la Basse Marche au Dorat. » On peut relever les

articles suivants : fº 23 rº : Nomination des administrateurs de l'hôpital par l'assemblée des habitants du Dorat : Étienne Laurent, lieutenant criminel au siège du Dorat, François de la Josnière, avocat ; — extrait des registres capitulaires de St-Pierre du Dorat portant nomination de MM. Boucquet et Nicaud de Vieillecour, chanoines, pour représenter le chapitre dans le Bureau de l'hôpital ; — vº : députation du Bureau au comte de Laval « au sujet du procès quy pend en la chastellenie royale du Dorat entre le sieur Delamothe, greffier du siège royal de cette ville, et le nommé Laguzet de Lavault, » l'hôpital intervenant ; — fº 25 vº : demande du sieur Vrignaud de Richefort, chanoine du chapitre et administrateur de l'hôpital, tendant à faire arrêter ses comptes ; — *ibid. et ss.* plusieurs délibérations relatives à la remise des titres de l'hôpital que le sieur Jevardat, ancien administrateur, avait entre les mains ; — fº 26 vº : arrêté de comptes du sieur des Terrières, receveur de l'hôpital, déclaré débiteur d'une somme de 199 ll. ; — fº 30 vº et ss. : délibérations relatives au différend survenu entre l'hôpital du Dorat et MM. de la Mission de Limoges au sujet du legs fait par M. Dumontet : — fº 32 rº : résolution du Bureau de fournir chaque jour un pain blanc du poids d'une livre à Dᵉˡˡᵉ Junien de Montomard, « attendu son besoin pressant de pauvreté où elle se trouve réduitte ; » — fº 33 vº : constitution de 150 ll. de rente au principal de 3,000 ll. faite par l'hôpital en faveur du sieur Étienne de Mallevaud, sieur de Marigny ; — fº 39 vº : avances faites à l'hôpital par M. de la Josnière, avocat, l'un des administrateurs, pour solder les arrérages de la rente due à MM. de la Mission ; — fº 41 vº : quittance délivrée au chapitre du Dorat de la rente de 40 setiers seigle qu'il sert chaque année à l'hôpital ; — fº 43 vº : (1736), nominations faites de MM. Teytaud de Marchain et Nicault, chanoines, par le chapitre et de MM. Jean de Mallevaud, conseiller, et J.-Fr. Coussaud des Forges, avocat, par la maison de ville comme administrateurs de l'hôpital ; — fº 44 rº : nomination d'Anne Sandemoy et Marie Chambellet comme sœurs hospitalières, sur le décès survenu de Jeanne Vaudon ; — fº 46 vº : distribution aux pauvres de l'hôpital de partie des effets de feu Jeanne Vaudon, hospitalière, et vente d'autre partie pour le produit être employé à faire célébrer des messes pour le repos de son âme ; — fº 48 vº : autorisation accordée par le Bureau de prêter 500 ll. à M. de Cleret, conseiller au siège du Dorat, conformément à la publication faite par le curé du Dorat aux messes paroissiales « que l'hôpital avait

une somme de 500 ll. à placer en rente constituée ; »
— f° 52 v° : requête du sieur Berneron aux fins de
recevoir de l'hôpital à rente constituée les 2,000 ll.
payées par Mad. de Lussac ; — f° 55 r° : « le Bureau
est convenu que de ce jour on ne donnera que 3 ll.
pour une semaine de messes, chaque semaine de sept
messes ; à quoy on a modéré la rétribution des messes,
attendu que plusieurs prestres se sont offerts de les
dire sur ce pied de 3 ll. par semaine ; » — f° 62 v°
(1742) : nomination faite par le chapitre du Dorat de
M. Guy Junien, chanoine, comme administrateur de
l'hôpital en remplacement de M. Léonard Nicaut,
chanoine ; — f° 63 r° : « aujourd'huy 15 mai 1742,
au bureau de l'hôpital de la ville du Dorat où a présidé
Mgr l'illustrissime et révérendissime évêque de
Limoges, auquel ont aussi assisté les administrateurs
en exercice et anciens soussignés, lesquels ont délibéré
de l'avis de Mgr. l'évêque : premièrement, qu'à
l'avenir et à compter de ce jour il ne sera fait des
revenus du dit hôpital aucune charité ny fourniture à
l'extérieur dudit hôpital à aucuns pauvres de cette
ville et paroisse ny étrangers sous quelque prétexte
que ce puisse être, et que ceux qui se trouveront en
avoir besoin seront tenus d'aller dans le dit hôpital où
ils seront receus sur les billets qui leur seront délivrés
par MM. les administrateurs.... » — f° 68 r° (1743) :
nomination de M° Pierre de Monsac comme chirurgien
de l'hôpital sur la présentation de Jacques Teytaud
du Bois de Lavaud, docteur en médecine ; — v° : délibération tendant à accepter le testament de feu M. de
la Josnière ; — f° 70 r° : « se sont présentés MM. Boucheuil et de Nesmond, prêtres, qui ont offert de dire
régulièrement les messes fondées au dit hôpital
pendant le cours de l'année, attendu que depuis
quelque tems les Pères Récollets de cette ville qui
étaient ci-devant chargés de dire les dites messes ne
peuvent plus servir le dit hôpital pour célébrer les
dites messes.... » — f° 72 r° (1745) : nomination par
la maison de ville de M° Jean de Mallevaud, écuyer,
président trésorier de France au Bureau des finances
de la Généralité de Riom, et M. J.-B. Coussaud Dupin,
avocat, comme administrateur de l'hôpital ; — f° 75
r° : nomination de Théobald Boucquet comme secrétaire de l'hôpital en remplacement de Jean Moreau,
notaire royal, décédé ; — f° 77 r° : mention d'une
donation anonyme de 500 ll. faite en faveur de
l'hôpital ; — f° 83 r° : entérinement du testament de
M. de la Josnière ; présent Mgr l'évêque de Limoges,
29 avril 1749 ; — f° 84 r° (1749) : nomination de Jean
David, notaire royal, comme receveur de l'hôpital en
remplacement de André Boucquet des Terrières,
notaire royal, démissionnaire ; — f° 87 v° (1750) :
nomination de M° Gabriel Lherbon comme chirurgien
de l'hôpital en remplacement du sieur de Monsac,
décédé ; — f° 93 v° : délibération tendant à arrenter
les bâtiments de l'ancien hôpital ; — f° 94 r° : bail des
dits bâtiments fait à M° François Turpin de Bussière,
chevalier, moyennant la rente annuelle de 45 ll. ; —
f° 96 v° et ss. : plusieurs délibérations relatives aux
réparations à faire aux bâtiments de l'hôpital ; —
f° 99 r° : délibération portant que les dimensions de
la chapelle à construire seront réduites au profit des
salles de malades ; — f° 104 v° : résolution prise par
le Bureau de placer sur le clergé de France la somme
de 9,000 ll. « provenant de remboursements de capitaux de rentes constituées ; » — f° 107 r° (1761) :
nomination faite par le chapitre du Dorat de MM. Guy-
Théobald Junien de la Bastide, chanoine, et de
M. Jacques Robert, conseiller du Roi, commissaire
aux saisies réelles, comme administrateurs de l'hôpital ;
— f° 110 r° : « ce jourd'huy 28 juin 1762, étant en cours
de nos visites épiscopales au Dorat nous nous sommes
transportés à l'hôpital de la dite ville où nous aurions
trouvé MM. les administrateurs assemblés pour nous
y recevoir et nous donner connaissance de l'état de
la dite maison ; et par l'examen que nous en aurions
fait nous avons reconnu le zèle de MM. les administrateurs pour le bien temporel et spirituel du dit
hôpital. Mais nous aurions remarqué en même temps
que leur indulgence et les égards qu'ils ont pour les
débiteurs de la dite maison, auroient laissé accumuler
des arrérages considérables dont l'hôpital souffre un
préjudice notable.... Nous étant informés des assemblées régulières de l'administration, il nous auroit
été dit qu'il n'y en avoit aucune dite à jour fixé et que
les circonstances et les besoins de l'hôpital décidaient
de la convocation. Sur quoy et pour pourvoir à
remettre les choses dans l'ordre et dans la règle la
plus exacte, il a été unanimement délibéré par les
dits sieurs administrateurs en la présente assemblée
à laquelle nous avons présidé : 1° que toutes diligences
et poursuittes seroient faites envers les divers débiteurs du dit hôpital.... 2° que le sieur de Nesmond,
chargé de la recette, rendra ses comptes en bonne
forme.... 3° que les assemblées de l'administration,
où les cas extraordinaires, se tiendront régulièrement
tous les premiers lundis de chaque mois à 2 heures
de relevée, à moins que le dit jour de lundi ne fut
empêché par quelque jour de fête chômée, auquel
cas l'assemblée sera renvoyée au premier jour suivant

libre....; » — f° 114 r° (1764) : nomination faite par la maison de ville de M° Pierre Sandemoy de Libaudière, avocat, comme administrateur de l'hôpital ; — f° 116 r° : réception d'Anne Dumonteil, de Châteauponsac, comme sœur hospitalière ; — v° : mention du droit reconnu à l'hôpital « de faire élaguer les arbres scitués sur la place publique au devant de l'hôpital ; » — f° 121 r° : réception de Marie Beaumont veuve Dumas comme sœur hospitalière ; — f° 124 r° (1774) : nomination faite par la maison de ville de M° J.-B. Vidard, avocat, comme administrateur ; — f° 125 r° : « aujourd'huy 15 juillet 1774, MM. les administrateurs assemblés en la manière accoutumée, a été représenté par l'un d'eux que la sœur Beaumont, ci-devant préposée au gouvernement des pauvres du dit hôpital, avoit demandé sa retraite et l'avoit obtenue et qu'il devenoit indispensable de la remplacer, qu'il étoit même nécessaire d'avoir deux personnes au lieu d'une, qui au moyen de ce dispenseroient d'avoir le nombre accoutumé de servantes, qu'on en tiendroit une de moins et que les pauvres seroient beaucoup mieux traités. Sur quoy le Bureau a délibéré de faire les démarches nécessaires pour obtenir deux filles de la Sagesse, de celles qui sont établies en la ville de Poitiers, et de faire les dépenses nécessaires pour les avoir et pour les garder suivant les conditions sous lesquelles elles seront demandées et accordées....; » — f° 126 r° : gratification de 30 ll. accordée par le Bureau au sieur Teytaud, garçon chirurgien, originaire de la Rochelle, « en considération des veilles, soins et services du dit sieur, qui a continué de résider au dit hôpital [du Dorat] depuis son rétablissement ; » — ibid. (1774) : nomination faite par le chapitre du Dorat des sieurs Vacherie et Junien de la Bastide, chanoines, comme administrateurs de l'hôpital ; — f° 127 r° : « .... M. Vételay de Montgomard, curé de cette ville [du Dorat] et l'un des administrateurs, nous a représenté et fait part des différentes lettres qu'il a reçues par le dernier courrier de M. Bénard, supérieur des filles de la Sagesse de St-Laurent et de M. Normand Dufrès à l'occasion des trois sœurs de la Sagesse qui ont été demandées de sa part, à la prière du Bureau, pour le service du dit hôpital ; suivant lesquelles [lettres] le Bureau ne peut espérer es dittes sœurs qu'elles ne soient nourries, éclairées, chauffées, logées, blanchies et médicamentées, en cas de maladie, aux frais du dit hôpital et qu'il ne leur soit donné en outre à chacune d'elles et par chaque année, la somme de 72 ll. pour leur vestiaire et entretien ; lesquelles sœurs seront encore fournies de facets, soie, fil, épingles et aiguil-

les et qu'en outre le dit hôpital fera les frais de leur voyage. Toutes lesquelles conditions le Bureau a accepté et accepte, ainsi que celles que mon dit sieur Vételay de Montgomart voudroit consentir et accepter aux charges, clauses et conditions qu'il verra de faire pour le plus grand bien et avantage du dit hôpital, sur ce s'en rapportant à sa prudence et à sa sagesse, le priant bien d'obtenir, s'il est possible, de mes dits sieurs Bénard et Normand, que dans l'envoy des dittes trois sœurs, l'une d'elles soit pharmacienne ou apothicaire.... » — v° : « ce jour 26 du mois de février 1775.... se sont présentées sœur Thérèse Alaire de la Résurrection, Olive le Chapelain surnommée sœur Gabrielle et Thérèse Clavaud surnommée sœur Thomas, toutes filles de la Sagesse de la maison de St-Laurent-sur-Sèvre en Poitou, lesquelles sont arrivées le jour d'hier en cette ville pour le service du dit hôpital.... Elles ont aussi présenté le mémoire des frais de leur voyage, séjour et de leurs chevaux, domestiques ou conducteurs, lesquels compris les frais de retour, leurs chevaux, domestiques ou conducteurs se sont trouvés monter, par le calcul qui en a été fait par le Bureau, à la somme de 175 ll. 18 sous qui leur a été remise. » La sœur Thérèse Alaire de la Résurrection est dite supérieure des deux autres ; — f° 128 r° : conditions de l'établissement des filles de la Sagesse : les trois premiers articles rappellent les conditions stipulées ci-dessus ; art. 4, l'une des trois sœurs aura soin de la pharmacie, l'autre de la lingerie, la dernière de la cuisine. On leur adjoindra un domestique et une ou plusieurs servantes pour veiller les malades pendant la nuit et pour s'acquitter des grosses besognes ; art. 5, on ne leur adjoindra aucune fille ni femme pour le gouvernement de la maison et des malades et l'on congédiera même celles qui pourraient s'y trouver actuellement ; art. 6, relatif aux dépenses de voyages ; art. 7, « qu'elles auront une entière liberté de vivre selon leur institut, sous la conduite et obédience du supérieur général de leur congrégation, qui pourra les visiter par luy même ou par tel autre qu'il jugera à propos, les confesser, leur désigner un confesseur approuvé dans le diocèse, etc. » — v° (10 septembre 1775) : réception de la sœur Esprit Marie Thérèse de Sapinaud de Boishuguet, au lieu et place de la sœur Thérèse Alaire de la Résurrection décédée ; — f° 131 r° : délibération tendant à laisser sur le clergé de France les rentes par lui dues au denier vingt à l'hôpital du Dorat, lesquelles rentes ne seront plus désormais qu'au denier vingt cinq ; — v° : « .... il a été considéré que le sieur Lherbon, chirurgien de l'hôpital, n'y étoit plus nécessaire, d'autant qu'une des sœurs qui le gouvernent en tenoit la place. A cette considération, le Bureau a prié et requis la dame du St-Esprit, supérieure des dittes sœurs, de l'en prévenir, afin qu'il eut à cesser ses visites, avec d'autant plus de raison qu'il arrive rarement que le ministère des chirurgiens soit nécessaire et que l'hôpital ou les dittes sœurs feront appeler celui des chirurgiens de cette ville qui leur plaira, lorsqu'il en sera besoin....; » — f° 132 v° : nomination par le Bureau de M° Jean Léonard Sandemoy, fils, avocat au siège du Dorat, pour avocat et procureur de l'hôpital, au lieu et place de M° François Sandemoy, son père, aussi avocat, non acceptant; — f° 133 r° (1778) : nomination par le chapitre du Dorat de MM. Junien et Chesne, chanoines, pour administrateurs de l'hôpital; — f° 134 r° : délibération qui autorise les sieurs Junien et Devérines, administrateurs, à signer seuls les mandats de paiement; — ibid : délibération invitant M. Aubugeois, conseiller du Roi, maire du Dorat et administrateur de l'hôpital, à veiller aux instances et procès du dit hôpital; — v° (1778) : nomination par la maison de ville de M. Lesterp de Beauvais, avocat en Parlement, comme administrateur de l'hôpital; — f° 137 v° : nomination de M. Lachaume de Peyrauche comme chirurgien de l'hôpital « à l'effet par lui de s'employer envers les pauvres malades du dit hôpital pour le fait des œuvres de la main ou art de chirurgie, pour et moyennant la somme de 60 ll.; » — f° 138 r° (1778) : nomination des sieurs Hubert Bonnet et Jean François Coussaud, prêtres de la communauté du Dorat, comme aumôniers de l'hôpital, « pour acquitter les messes du dit hôpital dans la chapelle d'icelui ez jours et heures accoutumées, sur la démission du sieur Nesmond du Monteil, prêtre de cette ditte ville, qui en étoit cy-devant chargé, sous la rétribution qu'il plaira au Bureau de fixer; » — f° 140 r° : nomination de M. de Nesmond comme receveur de l'hôpital en remplacement de M. de Nesmond de la Morlière, son père, démissionnaire; — v° (1781) : nomination par le chapitre de M. Teytaud de Razès, chanoine, pour administrateur de l'hôpital, et continuation de M. Junien dans cette charge; — f° 143 v° : délibération relative à l'acquisition du pré appelé le Barbotier, aux fins d'y établir un cimetière pour les malades qui décèdent à l'hôpital et de se conformer en cette matière à la déclaration royale de mars 1776; — f° 148 v° (1786) : nomination par la maison de ville du sieur Bouquet de Laclarière, conseiller du Roi, assesseur criminel au siège du Dorat, comme administrateur de l'hôpital; — ibid : projet de construction d'une étable, d'une grange, d'une buanderie et d'un pressoir. « De plus, le Bureau a arrêté qu'il seroit fait un établissement de filature en fil et coton dans le dit hôpital. A cet effet il a été convenu que l'on ne recommenceroit cet établissement qu'en petit, vu le peu de revenu du dit hôpital. MM. les administrateurs ont prié M. Dubost de vouloir faire part à M. l'intendant du projet et de le prier de le protéger et ont chargé M. Dubost de vouloir leur procurer par ses soins une fille intelligente et bonne fileuse, pour commencer et mettre en vigueur le dit établissement; » — v° : nomination de M° Martial Coudamy, prêtre du Dorat, comme second aumônier, pour acquitter les messes; — f° 151 r° : déplacement et nouvelle organisation des divers services de l'hôpital; — ibid. (1789) : nomination par le chapitre de M. Vacherie, chanoine, comme administrateur de l'hôpital et continuation de M. Junien dans cette charge; — f° 155 v° (20 août 1790) : compte rendu de la situation financière de l'hôpital pour le mois de juillet : dépenses, 400 ll., recettes, 375 ll., en caisse, 40 ll. 18 sols. « Le sieur Moreau a observé qu'il y a plusieurs fournisseurs et créanciers du dit hôpital, même les sœurs gouvernantes, qui réclament leurs honoraires et créances; pour quoi il a demandé que le Conseil municipal prit un parti pour faire rentrer des fonds; observant encore qu'il a pris, le premier de ce mois, connaissance des fonds de la filature de coton établie au dit hôpital, et qu'il lui a apparu que le dit établissement est suffisamment pourvu de coton et laine de toutes couleurs, pour l'espace de six mois au moins, qu'il n'y a d'autre dépense à faire pour son entretien, que le paiement des façons qui sont peu conséquentes, et que pour frayer à ces dépenses, il y avoit une rentrée de 285 ll. qui sont dues à cet établissement par différens particuliers qui y ont acheté du coton; qu'il y a en outre 30 ll. de coton prêt à vendre et dont les façons sont payées, suivant l'arrêté de compte qui en a été fait le premier de ce mois, et qu'enfin il y a en réserve une somme de 700 ll.; » — f° 158 r° : « aujourd'huy le premier janvier 1791, il a été rendu compte par le Bureau municipal au conseil assemblé au bureau de l'hôpital qu'il n'y avoit eu ni mise ni recette pendant le mois précédent; » — f° 160 v° : délibération tendant à modifier les êtres de l'établissement « pour la plus grande utilité et salubrité des salles et chapelle du dit hôpital; » — *ibid.* : « .... L'assemblée s'étant fait rendre compte par le Bureau municipal de l'état actuel de la filature du coton, par lequel il résulte qu'il y a actuellement en caisse une somme de 679 ll. 7 sous, qu'il y a de coton vendu pour la somme de 295 ll., et qu'enfin il y a en magasin de coton en laine environ 130 ll., en belle qualité et de toute couleur, a arrêté, etc.; » — f° 161 r° : comptes rendus de la situation financière : 1er septembre 1791 : dépense 6,194 ll., recette 36 ll.; 1er octobre 1791 : dépense 163 ll., recette 600 ll. : 1er novembre 1791 : dépense 480 ll. : recette zéro, etc.; — f° 164 r° (29 juillet 1792) : dernière délibération relative à la situation financière de l'hôpital; — *passim* : nombreuses délibérations, dont l'objet se retrouve ailleurs, relatives aux arrêtés de comptes, aux rentes de l'hôpital, à la remise des titres de l'établissement, aux procès pendants, aux aumônes de la porte, etc.

E. 2. (Liasse). — 3 pièces, papier.

1748-1760. — Bâtiments. — Procès-verbal fait par Joseph Couturier, maçon , et Pierre.....?..... mᵉ charpentier, de l'état de la maison léguée à l'hôpital du Dorat par Mᵉ François de la Josnière, avocat au dit siège, 1748. Les réparations à faire sont estimées à la somme de 350 ll. — Procès-verbal d'une assemblée des habitants du Dorat convoquée en la maison commune par Jean du Chaslard, conseiller du Roi, lieutenant particulier au dit siège et subdélégué de l'intendant de la Généralité de Limoges, pour délibérer sur le transfert de l'hôpital dans le château légué par feu M. de la Josnière, avocat, 1752. Il est dit que, « comme les administrateurs du dit hospital ont présenté à M. le comte de St-Florentin un placet affin d'obtenir la faculté d'acquérir une coupée de champ pour la construction d'un cimetière proche la dite maison léguée, » l'intendant de la Généralité a été saisi de toute l'affaire. La délibération porte sur six questions : utilité du transfert, solidité de la maison, frais de réparations, salubrité de l'emplacement, approvisionnement d'eau, convenance du public. Les habitants répondent négativement sur tous les points et demandent le maintien de l'hôpital actuel (1). Signé DE MALLEVAUD, trésorier de France; LEULIER DUCHÉ, médecin; COUSSAUD DU BOST, lieutenant particulier ; COUSSAUD DES FORGES, conseiller ;

(1) Leur vœu ne fut pas pris en considération, puisque l'hôpital fut en effet transféré dans le château de M. de la Josnière, dès 1753.

DELAGRANGE, secrétaire de la maison de ville, etc. — Requête de l'hôpital à l'intendant de la Généralité de Limoges, demandant décharge de l'impôt du vingtième auquel a été cotisée la maison de feu M. de la Josnière, occupée actuellement par l'hôpital, 1760.

E. 3. (Registre). — In-4°, 17 feuillets, papier.

1733-1749. — Comptes. — « Papier des mises faites par moy André Boucquet, [notaire royal], pour l'hôpital du Dorat comme receveur du dit hôpital. » — Parmi les articles figurent les suivants : 1733, 14 juin : « J'ay fait venir de Limoges par l'ordre de MM. les administrateurs du Dorat trois registres reliés en parchemin qui m'ont coûté 47 sols; » — 26 sept. : payé 97 ll. 16 sols à M. de Vieillecour, chanoine, l'un des administrateurs de l'hôpital, « pour les causes portées au mandement des sieurs administrateurs : » — 1734. 3 janvier : payé 18 ll. à Jeanne Vaudon, « sœur hospitalière; » — 1735, 18 février : « Je soussigné, médecin de l'hôpital du Dorat, reconnois avoir reçu de M. Desterrières à compter sur mes honoraires de l'année 1734 la somme de 3 ll. BOIS DE LAVAUD (?); « — 27 mai : payé 14 ll. à M. Sandemoy jeune, avocat; — 1736, 14 mars : payé 166 ll. à M. Neymond, conseiller ; — 20 juin : payé 70 ll. à M. de la Josnière, avocat; — 1737, 20 janvier : payé 29 ll. à M. Berneron, chanoine; — 15 mars : payé 120 ll. à MM. de la Mission de Limoges, « suivant le mandement de MM. les administrateurs ; » — 16 mai : payé 35 ll. à M. Texier, droguiste d'Angoulême, « pour drogues par luy fournies à l'hôpital; » — 24 juin : payé 500 ll. à Mᵉ Claude Théobald de la Josnière sieur du Cléret, pour la rente de 25 ll. qu'il a constituée ce jourd'hui au profit de l'hôpital; » — 1738, 3 août : payé 56 ll. au sieur Maurat, apothicaire; — 20 décembre : payé 85 ll. au sieur Lesterp, chanoine semi-prébendé, « faisant pour Mesdᵉˡˡᵉˢ ses sœurs; » — 1739, 21 janvier : payé 210 ll. à MM. Nicault et Desforges, administrateurs de l'hôpital; — 31 mars : payé 30 ll. au R. P. François Doudinet, récollet, prédicateur; — 14 avril : payé 300 ll. à Mad. Marguerite de Malevaud, veuve de Mᵈ Louis Jacques Estourneau, sgr. de Pinoteau et de la Bruneterie, pour la rente de 15 ll. que la dite dame a constituée au profit de l'hôpital; — 1740, 20 décembre : payé 120 ll. à M. de Richefort, chantre et chanoine du Dorat; — 1741, 3 février : payé 3 ll. à M. Dubois de Lavaud, docteur médecin, « à déduire sur ses gages et honoraires; » — 19 juillet : payé 1400 ll. à M. de St-Martin de

Bagnac, pour la rente de 70 ll. qu'il a constituée en faveur de l'hôpital ; — 1742, 12 juin : payé 700 ll. à M. Laurent de Nesmond, avocat, et à Marguerite Vacherie sa femme, pour la rente de 35 ll. qu'ils ont constituée en faveur de l'hôpital ; — 16 juillet : payé 1000 ll. à M. de Montbas, pour la rente non spécifiée qu'il a constituée en faveur de l'hôpital ; — 3 sept. : payé 20 ll. à M. Beslot, « prêtre et prieur de l'hôtel-Dieu du Dorat ; » — 11 sept. : payé 500 ll. à M. Jacques Aubugeois sieur du Genéteix, avocat, juge sénéchal du Dorat, pour la rente de 25 ll. qu'il a constituée en faveur de l'hôpital ; — 1743, 25 mars : payé 60 ll. à M. de Malevaud, trésorier et administrateur de l'hôpital ; — 13 décembre : payé 6 ll. à M. Vrignaud, chanoine, administrateur de l'hôpital, pour M. Delaporte, procureur à Bellac ; — 1744, 28 avril : payé 400 ll. à dame Marie Philippes, veuve de M. de Lézignat, pour la rente de 20 ll. qu'elle a constituée en faveur de l'hôpital ; — 1745, 13 novembre : payé 80 ll. à M Delapalisse, aubergiste du Dorat, pour le sieur Texier, droguiste ; — 1747, 17 mai : payé 57 ll. au sieur Quatrefages, droguiste ; — 18 septembre : payé 34 ll. au sieur Dumousseau, droguiste : — 1748, 17 avril : payé 100 ll. à M. Demonsac, chirurgien de l'hôpital ; — 1749, 7 avril : payé 486 ll. au sieur Neymond, contrôleur, « pour le centiesme denier de la donnation faite par feu M. de la Bussière au dit hôpital. »

F. 1. (Liasse). — 2 pièces, papier.

1775. — Filles de la Sagesse. — Lettre sans adresse, signée Besnard, supérieur général des filles de la Sagesse, de Niort, 24 janvier 1774 : « Monsieur, j'ai l'honneur de vous envoyer l'arrêté des clauses et conditions sous lesquelles je vous enverray trois filles de la Sagesse le plus tôt possible.... Je souhaite que MM. les administrateurs en soient contents, ainsy que vous. » — Lettre adressée au curé du Dorat, administrateur de l'hôpital, signée Normand, de Poitiers, 23 février 1775 : « J'ai l'honneur, Monsieur, de vous adresser les trois sœurs des filles de la Sagesse que vous m'aviez demandées pour votre hôpital de votre ville, que M. Besnard m'a adressées pour les faire rendre. Vous trouverez dans ces trois sœurs unesupé-

rieure, une pharmacienne et la troisième pour la cuisine.... »

F. 2. (Liasse). — 1 pièce, papier.

1787. — Admission. — Pièce contenant copie : d'un rapport rédigé par Me Jacques de Lesterpt, avocat, juge sénéchal et de police en la justice ordinaire du Dorat, à la requête de Me Gui Théobald Chesne, procureur fiscal et de police en la dite cour ; d'une ordonnace du même et d'un exploit adressé aux administrateurs de l'hôpital du Dorat, aux fins par eux de recevoir deux enfants en bas âge dont les pères et mères ont été emprisonnés pour cause de délit.

H. 1. (Liasse). — 1 pièce et 1 cahier in-8°, 14 feuillets, parchemin ;
8 pièces, papier.

1632-1762. — Cure de Vareilles. — Procédures : pour Me Jean Cujas, curé de Vareilles, contre Me Jean Gaucher, notaire, 1632 ; — pour Me Jacques Frogier, curé de Vareilles, contre Pierre et François Pertat, frères, 1716 ; — pour Me Joseph Hérié, curé de Vareilles, contre Jean Pertat, sieur de la Coste, 1745 ; — pour Me Jacques Compain, curé do Vareilles, contre Jean, Mathieu et Charles Pertat, 1747 ; — pour Me Jean Léonard Boussy de La Chaise, curé de Vareilles, contre Jean Pertat, 1762, au sujet des rentes dues au dits curés sur le ténement de la Villaubrun.

H. 2. (Liasse). — 2 pièces et 1 cahier in-8°, 10 feuillets, papier.

1781-1782. — Rentes particulières. — Reconnaissance du ténement de la Monteillerie, paroisse de Dinsac, faite par les tenanciers du lieu à M. Sandemoy de Libaudière, avocat en Parlement. — Arpentement dudit ténement fait par François Garraud, arpenteur juré. Contenance totale : 7 sesterées, sur lesquelles sont dues, de rente noble, une coupe froment, un setier seigle, une poule et 3 sols argent. — Reconnaissance des ténements de la Monteillerie et de la Féeauderie faite à la communauté des prêtres de St-Pierre du Dorat par M. Pierre Sandemoy de Libaudière, avocat en Parlement, demeurant au Dorat. (Copie du XIXe siècle.)

VILLE DE MAGNAC-LAVAL.

INVENTAIRE SOMMAIRE

DES

ARCHIVES HOSPITALIÈRES ANTÉRIEURES A 1790.

SÉRIE A.

(Actes de fondation.)

A. 1. (Liasse). — 1 pièce, parchemin ; 24 pièces, papier.

1707-1740. — Requête de Suzanne Marcoux, veuve de François de Pérelles, m° chirurgien de Magnac, et de dame Madeleine Bigotteau de Forges, adressée à l'évêque de Limoges pour obtenir l'autorisation de continuer le service de l'hôpital à la condition d'avoir la régie des biens, juin 1707. — Requête de dame Madeleine Bigotteau de Forges à l'évêque de Limoges, pour obtenir son décret sur l'établissement de l'hôpital, 11 janvier 1711. — Autorisation de l'évêque de Limoges pour l'établissement de l'hôpital de Magnac, 1711. — Copies de la requête adressée par la communauté au Conseil pour obtenir de nouvelles lettres patentes. — Copie des lettres patentes accordées par le Roi au dit hôpital, 1737 (1). — Pièces concernant la procédure entamée par l'hôpital et l'opposition faite par le sgr. de Magnac touchant l'enregistrement au présidial de Guéret des lettres patentes données en 1737 : communication des dites lettres ; consentement des habitants, de l'évêque et des religieuses ; information faite par le présidial de Guéret sur la commodité ou incommodité de l'hôpital et autres pièces y relatives.

(1) Impr. dans notre *Notice historique sur l'hôpital de Magnac-Laval*. (1880).

VILLE DE MAGNAC-LAVAL.

INVENTAIRE SOMMAIRE

DES

ARCHIVES HOSPITALIÈRES ANTÉRIEURES A 1790.

SERIE B.

(Donations, Testaments, Échanges, Baux, Revenus, Arpentements, Procédures.)

B. 1. (Liasse). — 4 pièces et 3 cahiers in-8º et in-4º, 27 feuillets, papier.

1689-1736. — Donations. — Donation d'une créance de 800 ll., d'un chetel de bestiaux de la valeur de 500 ll. etc., faite par dame Françoise Butaud pour fonder une école de filles à Magnac, laquelle école fut réunie plus tard à l'hôpital, 1689 (1). — Vidimus d'un acte portant cession de rente et de créances en faveur de l'hôpital par dlle Suzanne Marcoux, veuve de M. de Pérelles, chirurgien, août 1702. — Procès-verbal d'une donation faite par Madeleine Bigotteau, veuve de messire Jean Poute, chevalier, sgr. de Forges, et dlle Madeleine Poute sa fille, en faveur de l'hôpital et consistant en 4000 ll. d'argent ou d'effets mobiliers, et en deux métairies sises à St-Priest-le-Bétoux et à Peu-Marchoux, 21 nov. 1710. On y a joint la copie : du consentement préalable et des privilèges accordés par Henri-Joseph de Salignac-Fénelon, chevalier, comte de Fénelon, sgr. de Magnac,

sept. 1706 ; du procès-verbal de l'assemblée des notables de Magnac, approuvant la donation des dames de Forges et portant démission des anciens administrateurs, sept. 1707 ; de la confirmation donnée par le seigneur de Magnac, nov. 1710 (2). — Donation d'une rente annuelle de 80 ll. faite à l'hôpital par les héritiers de Léonard Nicaud de Gorses, prêtre, en exécution de son testament, 1713. — Don de la somme de 40 écus (120 ll.) de rente faite par l'évêque de Poitiers à l'hôpital en considération de ce que l'établissement a reçu comme professe la sœur Feuilletière, autrement Brissaud, jadis institutrice au diocèse de Poitiers et continuant ses fonctions à Magnac, 1728, etc.

B. 2. (Liasse). — 1 pièce, parchemin ; 14 pièces, papier.

1422-1744. — Testaments : de Périchon Poute, écuyer, sgr. de Château-Dompierre, léguant à Mondet Poute son fils et à ses enfants un quartier des dîmes qu'il perçoit à Dompierre-les-Églises, 1422 ; — de Françoise de Roche, demandant à être enterrée au cimetière de Tersannes et qu'il soit fait deux services

(1 et 2) Impr. dans notre *Notice histor. sur l'hôpital.*

pour le repos de son âme en l'église du dit lieu, etc., 1559; — de Claude Poute, écuyer, sgr. de Forges, réglant les cérémonies de sa sépulture et léguant ses biens à ses père et mère, à charge pour eux d'augmenter le douaire de sa femme : faisant en outre quelques dons à ses domestiques, 1609; — d'Antoine Touratier, laboureur de la Châtre, paroisse de Tersannes, réglant les cérémonies de sa sépulture et léguant à son père « tous et chacun de ses meubles acquets et conquets immeubles, » 1637; — de dame Gabrielle Barreau, femme en seconde noces de Guillaume Delessac, sergent royal de Magnac, réglant sa sépulture et léguant 10 ll. à l'hôpital de Magnac « pour aider à édifier et bâtir le dit hôpital, » 1648; — de Joseph Aubugeois de Pontailler, de Magnac, réglant les cérémonies de sa sépulture et léguant à l'hôpital de la ville la somme de 100 ll. en une fois et 100 sols de rente « pour la décoration du lieu où l'on mettra dans l'église du dit hôpital les reliques de Ste-Placide, » 1672; — de dlle d'Auberoche des Prugnes, réglant les cérémonies de sa sépulture et léguant à l'hôpital de Magnac la somme de 20 ll. et deux setiers blé de rente, 1704; — du sieur Marcoux de la Bresse, réglant les cérémonies de sa sépulture, faisant plusieurs dons aux prêtres de Magnac et assurant 1,000 ll. à l'hôpital, 1706; — de dame Marie Lesters, veuve d'Étienne de la Lande, réglant les cérémonies de sa sépultuture dans le cimetière de l'hôpital de Magnac et léguant au dit hôpital les créances à elle dues par le sieur Thomas Vauzelle, charron, 1719; — de dame Antoinette Ribardière, réglant les cérémonies de sa sépulture et léguant à l'hôpital de Magnac les créances qui pourront lui être dues à son décès, 1719; — d'André Mitraud, bourgeois, réglant les cérémonies de sa sépulture et léguant à l'hôpital de Magnac une vigne située au territoire des basses Tourelles, 1737, etc.

B. 3. (Liasse). — 30 pièces, parchemin.

1450-1552 (1). — Ventes faites : par Louis Estourneau de Tersannes à Jean Dunet, marchand du Dorat, de 7 setiers blé et 25 sols argent de rente, 1450; — par le même au même de 3 setiers seigle et 24 sols argent de rente, 1455; — par Michelet Gre-

(1) Les actes compris sous les cotes B 3.... B 14 sont les titres de propriété de plusieurs domaines de la paroisse de Tersannes et des paroisses environnantes, qui furent acquis par l'hôpital dans le courant du XVIIIe siècle. On y a joint divers contrats passés par les premiers possesseurs de ces domaines. Cf. B. 2.

nard, du Dorat, à Simone Duchiron, veuve de Jehan Delage, de ses droits sur la tenure du lieu Giraud, 1470; — par Pierre Filhoux, bachelier ès arts, à Odet Estourneau, écuyer, sgr. de Tersannes, de la tenure du lieu Giraud, 1476; — par Mareau et Jean Delage, demeurant au Lac, paroisse d'Arnat, au dit Odet Estourneau, de 4 sesterées de la terre appelée la Couljonnerie, 1481; — par Jean Dodin au dit Odet Estourneau, d'une sesterée de terre assise à la Forneu, 1498; = par Denis du Poyol au dit Odet Estourneau, de 6 quartiers de terre sis au bosc de la Toraterie, 1503; — par Valentin Polhau, demeurant au Nogier, paroisse de Tersannes, au dit Odet Estourneau de tous les biens qu'il possède au village de Nogier, 1504; — par Jean Dodin au dit Odet Estourneau de 6 sesterées de terre ou environ, 1508 (peu lisible); — par messire Jean Brachet, sgr. baron de Magnac, à Huguette de Chazerat, veuve de Odet Estourneau, sgr. de la Mothe, de 15 setiers seigle et 50 sols de rente, 1512; — par les fils de Mathurin de Coste, habitant de Tersannes, à Huguette Chazerat d'une maison avec ses appartenances sise au dit lieu, 1515. = Acte par lequel, à la requête de Louis Mousson, écuyer, sgr. de Teilhet et du Rochier, et devant les commissaires du garde du scel authentique de la baronnie de Magnac, les prêtres de la communauté de Magnac reconnaissent que 15 ou 16 ans auparavant, « autrement du temps ne se recordent, » feu Pierre Carboniau fonda dans la dite communauté une messe pour le repos de l'âme d'Adam Charpentier son oncle, laquelle messe se devait dire en l'autel de monseigneur St-Sébastien. Et pour ce, il légua à la dite communauté la somme de 100 ll. t., 1519. — Ventes faites : par Jean de Roche à Guy Estourneau, écuyer, d'une maison sise au bourg de Tersannes, 1529; — par Valentin Dupuy et Toinette sa femme au dit Guy Estourneau d'une terre sise à la Vergne, 1531; — par Étienne du Nogier, Michelle sa femme et Jeanne sa fille, à dlle Gillette Panier, veuve de Louis Estourneau, écuyer, sgr. de la Mothe, de leurs droits sur le lieu du Nogier et sur le mas Cornilh en la paroisse de Tersannes, 1534; — par Laurent de Marchivault à noble Claude Poute, curé de Tersannes, demeurant au château noble de Tersannes, d'une maison sise au bourg de St-Priest, 1546; — par Jean Guimbart dit Gros-Jean, au dit Claude Poute d'un journal de pré appelé le pré de la Font, sis au territoire de St-Priest, 1546; — par Mathurin Guimbart au dit Claude Poute, de la quarte partie d'une grange avec ses appartenances appelée la Maison-Neuve, 1547; — par François

Guimbart et sa femme au dit Claude Poute du pastural de la Ribière, 1549; — par Martial Guimbart au dit Claude Poute, d'un journal de pré appelé le pré de la Font, 1551; — par Peyrat Gaumont à.... d'une quarterée du verger dit de la Vigne, sis en la fondalité et justice du sgr. du Pin, 1551; — par Martial Guimbart à Claude Poute, curé de Tersannes, d'une terre sise au pré de l'Etang et autres biens sis en la fondalité du sgr. du Pin, 1552.

B. 4. (Liasse). — 10 pièces, parchemin; 2 pièces, papier.

1555-1567. — Ventes faites : à Claude Poute, chanoine du Dorat, par Jean Jourde, d'une terre sise au bourg de St-Priest, 1555; — à Pierre Jaument par Jourdain de Lézignac, prêtre, d'une sesterée de terre dite des Decoutres(?), 1555; — à Jean Barnay, de Sornin-Brissaud, par Jean Fordoysson, notaire royal à Châteauponsac, du champ appelé le Groschief, *alias* la Barre, 1559; — à François Guimbart par Louis Grellier, d'une maison sise au bourg de St-Priest, 1560; — à Étienne Maillac, marchand, par Léonard Lepetit demeurant aux Tourelles, de deux prés sis l'un au village de Villemond, l'autre au bourg de St-Priest, 1562; — à Laurent et Mathurin Jaumetz par Pierre Thomas, d'une maison « couverte à tuile courbe, » sise au lieu dit Arnauld, 1562; — à Françoise de la Flamanderie, femme d'Étienne Augros, demeurant au Poirier, par Pierre de Lagrange, demeurant au Mas-Coulx, de la moitié d'une grange « couverte à paille, » sise au village de la Coz-Chevrier, paroisse de Tersannes, 1563; = à Claude Poute par Louis Fenyer, notaire et greffier de Châteauponsac, d'une maison « couverte à tuile courbe, » sise au lieu dit Arnauld, paroisse de St-Priest, 1564; — à Jacques Laborie par Léonard Lepetit, procureur à Châteauponsac, du pré Linaud sis au territoire de St-Priest, fondalité de Villefavard, 1565; — à Jean Chérouneau prêtre, habitant de St-Sornin, par Denise de Lagorse, veuve de Grégoire Guimbard, d'une terre non dénommée sise au territoire de St-Priest, 1567; — par Micheau Patrier, hôtelier de Tersannes, à noble Jacques Estourneau, écuyer, sgr. de la Mothe, de trois quarterées d'une terre appelée le Puy-Virobet, 1567.

B. 5. (Liasse). — 10 pièces, parchemin; 6 pièces, papier.

1570-1578. — Ventes faites : à Claude Poute, chantre et chanoine du Dorat, par François et Jean Guimbard, d'un jardin appelé des Chaigneux au bourg de St-Priest, 1570; — au même par François Desassies, charpentier, du pré des Landes sis au bourg de ce nom, 1571; — au même par Itier Mailhard de Châteauponsac, du pré de la Planche sis au village de Villemur, 1571; — au même par Martial Guimbard, laboureur, du pré de la Font au territoire de St-Priest, 1572; — au même par les frères Guimbard, — par Michel Lepetit — et par Léonard Bonet, de biens sis à la fois dans les paroisses de St-Priest et de St-Sornin, 1572; — au même par Michel Lebort, laboureur, du droit qu'il percevait sur le pré du Ligaud en la paroisse de St-Priest, 1572; = au même par Louise de Laporte, de tous les droits qu'elle possède sur le lieu de Villemacheys, 1574; — au même par François Mathieu, d'un jardin sis au bourg de St-Priest, 1575; — au même par Pierre de la Courrière, des droits qu'il possède sur le village de Villemacheys, 1575; — à Étienne de Maillac par Étienne Lepetit, d'un jardin et d'une terre appelés des Hommeaulx, paroisse non dénommée, 1575; = à Claude Poute par Gabrielle Bacheler, femme de Colas Guimbard, d'une coupe de verger appelée l'Ort de l'Étang, 1576; — au même par François de Monteil, prévôt de Châteauponsac, du pastural de Terregrand(?), ès appartenances de St-Priest, 1578.

B. 6. (Liasse). — 8 pièces, parchemin; 29 pièces, papier.

1580-1699. — Ventes faites : à Claude Poute, écuyer, chanoine du Dorat, etc., par F. Lapenelle et sa femme du pré dit le Recloux des Bordes. La femme de F. Lapenelle déclare au préalable renoncer aux bénéfices de droit du sénatus-consulte velléien et à la loi *de fundo dotali*, 1580; — au même par Louis de Cher d'un jardin appelé de Derrière-la-Grange, 1585; — au même par Léonard Lepetit de la terre dite de la Guinière, 1585; — au même par Mathurin et Martial de l'Estang du pré dit de l'Estang, 1586; — au même par Pierre Pringaud du verger de la Vigne, 1586; — au même par Mathurin Rouffignac d'un jardin sis à la Croix de St-Pierre, 1587; = au même par Pierre Marsaud d'un pré et d'une terre appelés la Fontaine-du-Peux; — à Michau Rougier, de la paroisse de Tersannes, par noble François Chardebœuf, écuyer, d'une lande appelée la Marotière, 1601; — à François Estourneau, chevalier, baron de Ris, sgr. de la Peyrière, de la Mothe-Tersannes, etc., par Pierre Athimot. maçon, du pré de Ricoux, 1629; — au même par Denis Gerbaud, maître cordonnier, de plusieurs pièces de terres sises au village de Chez-Rochier, 1632; — au

même par Annet et Jean Coustin, sgrs. du Chassein
et de Puy-Martin, de la métairie de la Terrade, 1636;
— à M. de Tersannes par le baron de Ris de la métai·
rie de Chez-Sarlot, 1646; — au baron de Ris par
François Salomon d'un pré dit du Freysse, 1647; —
à M. de la Mothe par Pierre Athimot, maçon, d'une
terre dite de la Vergnade, 1647; — au baron de Ris
par Nicolas Guisnier et sa femme d'une rente de 26 ll.
9 sols 6 deniers assise sur leurs biens, meubles et
immeubles, dans les villages de la Conchebrier, la
Robinerie et la Bernarderie, 1649; — à Charles Chauvet, écuyer, sgr. de la Bruneterie, par Nicolas Lussac
et autres de biens sis aux villages de la Bernarderie,
la Robinerie et le Pouyaud dans la fondalité de la
Mothe-Tersannes, 1650; — à Pierre Bienvenu par
Pierre Brunet d'une maison, cour et jardin sis à
Argenton, 1662; = à M. de la Maison-neuve par
Louis et François Brillot frères, laboureurs, d'une
terre dite le Bétoullet, 1684; — à Madeleine Bigoteau,
veuve de Jean Poute, chevalier, sgr. de Forges, par
Jean Guimbard d'une maison sise à St-Priest-le-
Bétoux, 1691; — à M. Jean la Ramière, chevalier, sgr.
de Puycharnaud, par Michelle Tricaud, veuve de
Mathurin Tailletrou, d'une maison non désignée, 1699.

B. 7. (Liasse). — 1 pièce, parchemin; 30 pièces, papier.

1707-1784.—Ventes faites : à l'hôpital de Magnac
par Claude Tellières, marchand, et sa femme d'une
maison à plusieurs étages « couverte à tuile creuse, »
avec appentis et jardin, sise près le dit hôpital, 1707;
— à M. Léonard Nicaud des Gorses, prêtre de la communauté de Magnac, par Marie de Rouffignac, veuve
de messire Roland Pot, sgr. de Piesgut, de la rente
de 20 ll. à elle due par François Garissat, marchand
de Magnac, 1711; — à l'hôpital de Magnac par
Étienne Michelet et sa femme d'un pré dit de Chaumoulin sis près l'hôpital, 1713; — à l'hôpital par le
sieur Clavaud, de Bellac, du bois de la Marcane (?),
1715; — à l'hôpital par la dlle Catherine Bonnin d'une
maison à plusieurs étages avec ses appartenances
sise à Magnac, 1716; — à l'hôpital par Antoine Butaud
d'une vigne et d'un pré dits des Tourettes, à charge
par le dit hôpital de faire acquitter pour les fondations
établies sur la dite vigne quatre messes par an et de
payer au château deux chapons de rente, 1723; —
à l'hôpital par le sgr. de la Bannière de la métairie
de la Mothe-Tersannes, 1732. — Mémoires et requêtes adressés à l'évêque de Limoges, consultations,
avis, etc., concernant la dite acquisition; nouveau

contrat d'achat en 1743. — Acte par lequel les co-sei-
gneurs de la justice de Tersannes (entre lesquels
pour un sixième dame Henriette de Marans et de la
Mothe-Tersannes, supérieure de l'hôpital de Magnac),
vendent au sieur Grenard pour la somme de 180 ll. la
charge de juge sénéchal de Tersannes, 1739. — Vente
à l'hôpital de Magnac par dame Marie-Geneviève
Moreau, veuve de Jacques Estourneau, chevalier, sgr.
de Tersannes, d'une rente de huit setiers seigle à
elle due sur le village de Chez-Rocher, paroisse de
Tersannes, 1744, etc.

B. 8. (Liasse). — 25 pièces, parchemin; 10 pièces, papier.

1446-1587. — Transaction entre Jean de
Massignac, écuyer, maître Pierre de Pérelles et autres
touchant une rente de 10 ll. assise sur les biens de
M. de Monteil, 1446. — Appointement du juge de
Montmorillon pour le sgr. de Tersannes et le curé de
Verneuil sur le fait des dîmes prétendues par eux,
1452. — Échange du lieu de la Maubasière (?) et de
plusieurs vergers de la paroisse de Tersannes fait
entre Louis Estourneau, sgr. de Tersannes, et le sieur
Méry le Bourcanier, 1455. — Accord entre Louis
Estourneau, sgr. de la Mothe et de Tersannes, et Jean
Estourneau, sgr. de la Roche, au sujet du procès mû
entre eux touchant les excès et ravages commis en la
métairie de Tersannes, 1457. — Reconnaissance et
hommage faits par Jean Vachier au sgr. de Tersannes pour la terre de ce nom, 1463. — Cession du lieu
de Fouilhou faite par le sgr. de Tersannes à Jean
Micheau, 1464.—Accords : entre le sgr. de Tersannes et
Mathurin Grenard touchant les dîmes de Tersannes,
1465; — entre le sgr. de Tersannes et les frères Tellier
touchant la propriété d'une terre non dénommée,
1469. — Échange de rentes fait entre Jean de la
Lande, prêtre, et Georges Chevon, aussi prêtre, 1478.
— Accord entre les sgrs. de Tersannes et MM. du Dorat
touchant la propriété des landes de la Buxière, 1489.
— Cession faite par le sgr. de Tersannes à Pierre
Robin d'une terre sise au territoire de la Robinerie,
1490. — Baillette de deux setiers seigle de rente
payables aux sgrs. de la Mothe-Tersannes par les
habitants de la Bernarderie, 1490. — Partage par
transaction du domaine de Tersannes, fait entre
Antoine et Odet Estourneau, sgrs. de la Mothe, mars
1491 (1492). = Échanges faits entre Louis Estourneau,
sgr. de Tersannes, et Thévenot de Nouget d'une terre
sise au Peu-Glasy contre une autre terre sise au mas
de la Ligne, 1528 et 1531. — Échange entre les mêmes

d'un lopin de terre dit à la Croix contre un autre sis au lieu de la Ribière, 1531. — Accord entre les sgrs. de Tersannes et dame Gillette Panier, veuve de Louis Estourneau, écuyer, touchant le lieu de la Robinerie, 1532. — Échange fait entre dame Gillette Panier et Jean Tillier du pré Recloux au territoire de Nougier contre le pré des Coulx sis au même lieu, 1534. — Accord entre François du Ginest, écuyer, sgr. du Peu-Rageon, et dame Gillette Panier touchant la succession de feu Madame du Mas-Gillier, 1534. — Échange du lieu noble de la Peyrière contre celui de Lagrange-St-Savin fait entre Antoine Seichaud, écuyer, sgr. de la Peyrière, et Jacques de St-Savin, écuyer, 1559. = Accord entre Claude Poute, chevalier, chantre et chanoine du Dorat, et Martial Bonnet pour raison du retrait fait par ce dernier d'un pré sis à St-Priest par lui vendu au dit Poute, 1587.

B. 9. (Liasse). — 3 pièces, parchemin; 32 pièces, papier.

1601-1699. — Échange de rentes entre le sgr. de la Mothe-Tersannes et Charles Chauvet, écuyer, sgr. de la Bruneterie, 1631. — Retrait fait par Mathurin Lambert, sabotier, demeurant au Mas-Brunet, paroisse de Tersannes, d'un pré dit le Pré-Long vendu à Martin Disson, laboureur, demeurant au village de la Châtre, même paroisse, 1643. — Accord entre Jean de Coëtes, demeurant à la Dodinerie, paroisse de Tersannes, et Mathurin du Pignoux, laboureur, touchant la succession de Michelle Potier, mère du dit Pignoux, 1651. — Cession faite par dame Maguerite de Sévin, veuve de messire Joseph de Bernet, chevalier, à Jean Poute, sgr. de Dompierre et autres places, son gendre, d'une somme de 5,000 ll. t. en reconnaissance des soins, services et bons traitements qu'elle a reçus de lui, 1652. — Accord entre M. de Villepréau et M. le baron de Ris touchant les droits de Dlle Jeanne Estourneau, femme du premier, à une donation faite par feu M. de la Mothe, 1653. — Accord entre M. de Villepréau et M. de la Maisonneuve touchant la propriété de la métairie du Nougier sise au village de ce nom, 1663. — Partage du pré dit le Grand-pré sis près Magnac, fait entre Martial Michelet, notaire et sergent royal, et Joseph Rabillon, apothicaire, 1663. — Accord entre François Estourneau, baron de Ris, et Léon Durioux de Villepréau, son beau-frère, touchant le partage des biens de feu François Estourneau, sgr. de la Mothe-Tersannes, 1664. = Accord entre le sieur de la Bajoderie, curé de Tersannes, et les sgrs. de la Mothe-Tersannes au sujet des dîmes du dit lieu, 1671.

— Accord entre les héritiers de Jean Bigoteau, conseiller du Roi, pour le partage des biens du défunt, 1674. — Arrentement d'un setier de seigle, mesure de Tersannes, assigné par le sgr. de Tersannes aux prêtres de la communauté de Magnac, 1679. — Transaction entre la dame du Château-Dompierre et dlle Poute de Forges touchant la propriété des métairies de St-Priest et de Peu-Marchoux, 1679. = Échange entre Madame veuve de la Bruneterie et Jean de la Ramière, sgr de Puy-Charnaud (*alias* Peu-Charneau), d'une terre appelée le Bétoullet et autres domaines adjacents contre la terre du Pré-Tourteau, 1684. — Transaction entre M. Joseph Aubugeois, marchand, et Antoine Vételay, prêtre, touchant une rente de 72 ll. constituée en faveur du dit Vételay, 1685. — Accord entre messire Jean et autre Jean Poute frères, sgrs. de St-Sornin et de Forges, touchant la succession de leur père, 1685. — Transaction entre M. de la Maison-neuve de Puy-Charnaud, demeurant au château de la Mothe-Tersannes, et Martin de Geneteys, laboureur, touchant le paiement de la taxe des communaux, 1690. = Cession faite par dame M.-F. de Solignac-Fénelon-Monbron, marquise de Magnac, à Jean de Lalanne, secrétaire du feu marquis de Laval, d'une somme de 1,140 ll. à elle due par la veuve de Jacques Estourneau, sgr. de Tersannes, 1695. — Cession faite au profit de l'hôpital de Magnac d'une rente constituée en faveur de M. Chaudet par le sieur Feydeau, 1696. — Accord entre M. Tardy, curé de Verneuil, et M. de Puy-Charnaud au sujet des dîmes de Verneuil perçues par le sgr. de Tersannes, 1699.

B. 10. (Liasse). — 40 pièces, papier.

1700-1774. — Convention entre la dlle Marguerite de Beauregard, Léonard Brun, marchand, et dame Hilaire Brun, « fille dévote, » touchant la succession à échoir de la dite dlle de Beauregard, 1700. — Accord entre M. Desgorces, prêtre, et François du Dognon, cordonnier, touchant le délaissement d'une vigne fait à ce dernier en restitution de la somme de 200 ll. à lui due, 1709. — Arrentement constitué par J.-F. Gaillard de Polignac, demeurant à la Souterraine, en faveur de l'hôpital de Magnac, 1713. — Cession de rente faite au dit hôpital par M. Jean Nicaut sur les héritiers de Jean Néault, 1714. = Cession de droits faite en faveur de l'hôpital par le sieur Vineaudon, vitrier, demeurant à Dompierre, sur les bois non dénommés qu'il avait acquis de Jeanne Guimbard, 1715. — Accords : entre l'hôpital et Martial

Reclou, écuyer sieur de Fienas, touchant la jouissance du lieu et métairie de Faye, 1721 ; — entre l'hôpital et le sieur Léonard Rabillac, avocat en la justice du marquisat de Magnac, touchant la succession de dame Catherine Bertin, 1723. — Diverses transactions : entre l'hôpital et le sieur Mitraud, avocat, touchant les arrérages de la pension par lui promise pour sa fille Claire Mitraud, sœur hospitalière, 1730 et 1732 ; — entre l'hôpital et le sieur Deroche, demeurant à la Chassaigne, portant obligation en faveur du dit hôpital pour aider à l'admission de sa fille Anne Durieux, 1741 : — entre l'hôpital, messire François d'Auge et M. de la Maison-Rouge touchant la métairie du Chéroux, paroisse d'Oradour, 1743 ; — entre l'hôpital et les d^lles de Villemartin, filles de messire Pierre de Robert, écuyer, touchant la terre de la Mothe-Tersannes, 1743 ; — entre l'hôpital et M. Boussy, curé de Tersannes, touchant les dîmes de la paroisse de Tersannes, 1772. — Résiliation du moulin de la Basse-Roche consentie par le sieur Desnoyers, maçon, en faveur de l'hôpital, 1773. — Échange fait entre l'hôpital et M. de Tersannes des prés Roby contre le pastural de Pradoux, 1774.

B. 11. (Liasse). — 2 pièces, parchemin ; 19 pièces, papier.

1534-XVIIIe siècle. — Reconnaissances : de la tenure de la Robinerie faite par les Rouffarie en faveur des sgrs. de la Mothe-Tersannes, 1534 ; — du Gay-Salomon faite par les Grands-Gars au sieur de Latour, 1596 ; — d'une maison sise à la Croix St-Jean, faite par Jean Robinat à François Estourneau, chevalier, 1662 ; — du domaine de Tersannes faite par le sgr. du lieu au Roi à cause de sa châtellenie de Montmorillon, XVIIe s. ; — de la métairie de Peu-Marchoux, faite à Jean-Baptiste Poute, sgr. de Nieul, par l'hôpital de Magnac, 1736. — Promesse faite par M. la Mothe de compenser les dépens qu'il s'est réservés sur les droits à lui délaissés sur le sieur Fénigot, conseiller du Roi, lieutenant-général à Bellac, 1625. = Promesse réciproque entre M. de la Bruneterie, Mad. de Tersannes et Mad. de Villepréau de ne tirer aucun avantage de ce qu'ils envoient leurs bestiaux paître dans les brandes Giraud au préjudice d'un accord antérieur, 1658. — Promesse faite par Joseph Chadenier, ancien procureur de la communauté de Magnac, touchant le testament de M. de la Buxière, son oncle, en faveur de l'hôpital, 1736.

B. 12. (Liasse). — 40 pièces, parchemin ; 29 pièces, papier.

1432-1789. — Baux faits par les seigneurs de Tersannes : de divers domaines et terres de la métairie de la Roche, paroisse de Tersannes, 1432 ; — du lieu de la Roche, 1451 ; — de la tenure de Fouillou, 1464 ; — d'une métairie sise au village de Rochier, 1478 ; — de la quarte partie du lieu dit Mouraud, 1481 ; — de la tenure de la Martinerie possédée par les habitants de Guasalmon (alias Gay-Salomon), 1489 ; — du Mas-de-Lage, 1490 ; — d'une terre sise aux landes de Cages (?), 1490 ; — du moulin de l'étang de las Combas, 1491 ; — du moulin de la Basse-Roche, 1491. = Afferme de la métairie de St-Priest faite par Claude Poute, chevalier, 1572. — Baillette de la métairie de Chez-Estevent, 1573. — Bail de la maison des Simonet sise dans la mouvance des sgrs. de la Mothe, 1594.= Affermes : de la métairie de la Concherie faite par d^lle Madeleine de Savin (?), dame de la Mothe-Tersannes, 1634 ; — du moulin de la Basse-Roche, 1645 ; — de la métairie de las Filhoux, par M. de la Maisonneuve, 1664 ; — du moulin de Roche, par M. de Grange, 1668 ; — de la métairie du Mas-Cornu par M. de la Maisonneuve, 1679 ; — du pressoir de l'hôpital de Magnac, 1702 ; — du lieu de la Mothe-Tersannes par M. de Puycharnaud, 1703 ; — de la métairie de Peu-Marchoux par d^lle de Forges, 1705 ; — de la seigneurie de la Mothe-Tersannes par M. de la Maisonneuve, 1708 ; — de la métairie de Villechenon, 1710 ; — du moulin de la Basse-Roche, 1713. = Bail à rente d'une terre dépendant de la métairie de la Basse-Roche, fait par messire Jean de la Ramière, 1716. — Annulation consentie entre le sgr. de la Ramière et le sieur Chaume, demeurant à Tersannes, de l'afferme faite à ce dernier du lieu de la Mothe-Tersannes, 1724. — Affermes : de la métairie de St-Priest faite par l'hôpital de Magnac à Gaspard Leborlhe, sieur de Chégurat, 1736 ; — du pré Linaux faite par le dit hôpital à François Bonin, curé de St-Priest le Bétoux, 1739 ; — du moulin de Roche faite par le dit hôpital à Pierre Deshommes, meunier, 1747 ; — de la métairie de la Mothe-Tersannes, faite par le dit hôpital à Jacques Surein (?), intendant de M. de Lussac, 1773 ; — de la métairie de St-Priest, faite par le dit hôpital à Joseph et Léonard Cardinaud, 1788 ; — de la métairie de la Mothe-Tersannes, faite par le dit hôpital à Joseph Bonnet, 1789.

B. 13. (Liasse). — 1 pièce, parchemin ; 122 pièces, papier.

1631-XVIIIe siècle. — Constitutions de rente : de 23 ll. t. et 2 setiers de seigle faite par Collas Lussac en faveur de F. Estournean, sgr. de la Mothe, sur les domaines de la Bernarderie et de la Dodinerie, 1649 ; — de 11 sols t. par Mathurin Ausanet en faveur de l'hôpital de Magnac, 1663 ; — de 72 ll. t. par Joseph Aubugeois en faveur d'Antoine de Vételay, prêtre de Magnac, 1666 ; — de 40 sols t. par Charles Bordes en faveur de l'hôpital, 1668 ; — de 25 ll. t. par M. de S. Sévin en faveur de dame Françoise Butaud et Anne du Dongnon, 1675 ; — de 20 ll. t. par M. du Couret en faveur de François Nicault, 1704 ; — de 25 ll. t. par Étienne Michelet en faveur de Léonard Nicaud, prêtre, 1710 ; — de 22 ll. 8 sols t. par dame Marie Berneron en faveur de l'hôpital, 1713 ; — de 14 ll. 5 sols t. par les sieurs Hennelin et Néault en faveur de l'hôpital, 1714. = Obligations de diverses sommes aux noms suivants : Martial Coste, tailleur d'habits, au sgr. de Tersannes ; Léonard Dupin à Léonarde Périgau ; Jean de la Coste, laboureur, à Pierre Foulheu, maçon ; M. de la Maisonneuve à Mathurin Blanchet et à Denis Filhoux ; M. Béliot à Jean Saulcier ; dame Madeleine Poute de Forges à Jean Poute, chevalier, sgr. de Nieul ; Marie-Anne Mortegoute à Jean Dubrac, prêtre ; Léonard Jeannet, métayer, à l'hôpital de Magnac ; M. des Sallos à René de Marans, lieutenant-colonel au régiment de Mortemart ; Denis la Saugne, métayer, à l'hôpital de Magnac, 1631-1740. = Mémoires des arrérages de rente dus à l'hôpital par ses métayers — ou par l'hôpital à divers créanciers, fin du XVIIe-XVIIIe siècles. = Titre de la rente de 60 ll. qui fut fondée par le sieur Montandre pour l'instruction des jeunes filles de Magnac, 1682, rente qui passa à l'hôpital vers 1710. — Mémoires et extraits d'autres pièces, souvent informes, servant à établir les rentes actives et passives de l'hôpital et indiquant quelquefois la quotité de ces rentes par année, fin du XVII-XVIIIe siècles.

B. 14. (Liasse). — 21 pièces, parchemin ; 2 pièces, papier.

1376-XVIIe siècle. — Hommage du fief de Tersannes par-devant Jean, fils du roi de France, duc de Berry et d'Auvergne, comte de Poitou, à cause de sa châtellenie de Montmorillon, fait par Jean de Monteil, écuyer, au nom et comme tuteur de Bertrand et Thibaud de la Coudre, sgrs. de Tersannes, fils mineurs de feu Gaucelin de la Coudre. « Le vendredi après Pâques (18 avril), 1376. » — Réception de l'acte précédent : par Jean, fils du roi de France. « Donné en notre ville de Poitiers le 14 juin 1376 ; » — et par le receveur du Poitou, 17 avril 1377. = Aveu et dénombrement du fief de Bridiers par devant Jean, fils du roi de France, fait par Thibaud de la Coudre, écuyer, demeurant à Tersannes, 2 mai 1390. — Déclaration de Jean, fils du roi de France, portant qu'il a reçu à foi et hommage le dit Thibaut de la Coudre pour tout ce que celui-ci tient de lui au bailliage de Bridiers mouvant de la châtellenie de Montmorillon. « Donné en notre chastel de Poitiers, le 18e jour d'avril 1390. » — Réception de l'acte précédent par le lieutenant du receveur du Poitou, 17 mai 1390. = Vidimus d'un acte d'aveu et dénombrement passé devant le garde du scel au bailliage de Limoges par lequel Louis Estourneau, sgr. de Tersannes, reconnaît tenir du Roi à cause de sa châtellenie de Montmorillon, le château de Tersannes et ses appartenances, 1450. — Réception de l'acte précédent par Pierre de Brèze, sénéchal du Poitou, et par André Vernon, procureur des fiefs du Roi en Poitou. = Réception par le bailli de la Trémoille, sénéchal de Châtel-Guillaume, de l'offre de foi et hommage que prétend faire Odet Estourneau, sgr. de Tersannes, en faveur de Louis de la Trémoille, comte de Beuvon, etc., pour sa seigneurie de Lussac-les-Églises, déc. 1482. — Reddition de l'acte de foi et hommage offert précédemment, janvier 1482 (1483). = Hommage d'une terre sise à Azat fait par Blaise de la Gélie, écuyer, sgr d'Azat, en faveur de M. de Ville-favard, fév. 1489 (1490). — Hommage d'une maison sise à Azat fait par le même Blaise de la Gélie en faveur de M. du Mesnard, mai 1486. — Aveu et dénombrement fait par le sgr. d'Azat des terres dont il vient d'hériter au dit lieu, 1495. = Hommages du fief de la Grenarderie, et du lieu noble de Grenars faits par Guillaume Estourneau, sgr. de Tersannes, en faveur de madame la douarière de Lussac, 1509-1511. — Aveu du verger de la Tenandelle sis à Tersannes fait par Louis Grenier, habitant de Tersannes, en faveur de Louis Estourneau, sgr. du même lieu, par devant le notaire aux contrats de la seigneurie de Magnac, 1554. — Réception de l'acte précédent par le seigneur de Tersannes. — Hommage du fief de Mont, paroisse de St-Priest-la-Plaine, fait par Jacques Estourneau, sgr. de Tersannes, en faveur de René Brachet, sgr. de Salignac, 1555. — Copie de l'aveu et dénombrement du village de Lauvailles fait par Christine Fayaud en faveur du sgr. de St-Savin, 1570. — Copie de l'homm'age fait par le baron de Ris au sgr. de R\coux pour la moitié de la dîme de Tersannes qu'il tient de lui, 1663. — Déclaration des biens sujets à partage entre les enfants du sgr. de Tersannes, XVII° siècle.

B. 15. *(Liasse).* — 28 pièces et 7 cahiers in-8° et in-12, 113 feuillets, papier.

XVII°-XVIII° siècles. — Liève des rentes de blé dues à l'hôpital de Magnac par le fermier des dîmes en l'année 1649. — Autres lièves des rentes dues par les métayers de l'hôpital et par les tenanciers du Rauchez, de Bruez, de la Robinerie et de la Bernarderie, à partir de 1748. — Pièces portant estimation des grains et bestiaux des métairies de l'hôpital, à partir de 1660.

B. 16. *(Liasse).* — 17 pièces, papier.

1566-XVIII° siècle. — Arpentements et descriptions de domaines possédés par l'hôpital : du lieu dit de la Plaigne, pour la rente due aux Augustins de Montmorillon, 1566 ; — du village de Chez-Rochier, paroisse de Tersannes, 1621 ; — de la Bernarderie et de la Robinerie, 1630 ; — du domaine de la Mothe, 1649 ; — du village de Villetraud, paroisse de Dompierre, 1654 ; — du tènement des Champs, paroisse d'Arnat, 1655 : — de la Robinerie, XVII° s. ; — de la tenure de Joulhac, XVII° s.; — du village et tènement des Champs, 1703 ; — des tènements de Rouffarie et de l'Aumaillerie, 1715 ; — de la tenure des Moreaux, 1718 ; — du lieu dit de la Plaigne aux appartenances de Chez-Rochier, 1750, avec un mémoire des rentes dues à l'hôpital sur partie du village de Chez-Rochier ; — de la métairie de Chez-Sarlot, XVIII° s. = État des arpentements trouvés dans les papiers de l'hôpital, XVIII° s.

B. 17. *(Liasse).* — 19 pièces, parchemin ; 135 pièces, papier.

XV°-XVIII° siècles (1). — Pièces de procédures : assignations, inventaires de production, arrêts, sentences, etc., aux noms suivants : Claude Poute, curé de St-Priest, contre Martial Guimbard pour raison des rentes dues par ce dernier (peu lisible); — Roland Pot. chevalier, sgr. de Priégut, contre Simon de la Gorce et autres, ses tenanciers ; — les prêtres

<hr>

(1) Même observation pour les liasses B. 17.... B. 21 que pour les liasses B. 3.... B. 14. Les pièces qu'elles contiennent concernent les possesseurs de domaines acquis par l'hôpital au XVIII° siècle.

de la communauté de Magnac auxquels on défend de prendre sur les revenus de leur communauté au delà de ce qui leur a été distribué par les préposés ; — Jacques Estourneau contre Léger Guillet son tenancier, demeurant au Nougier ; — Dame Madeleine Bigoteau contre le sgr. de Dompierre son créancier ; — les héritiers de Joachim Mitraud, prêtre, l'un contre l'autre touchant la succession du dit Mitraud ; — M. de la Maisonneuve contre Jean de Neuféglises, sieur du Buisson, touchant les arrérages de la rente noble due au premier sur le domaine de la Mothe-Tersannes ; — M. de la Maisonneuve contre le curé d'Oradour (peu lisible); — Mad. de la Maisonneuve contre les héritiers de feu le greffier de Tersannes, touchant sa succession ; — M. de la Ramière de Puycharnaud contre madame de la Bruneterie pour raison des arrérages de rente par elle dus sur la Mothe-Tersannes ; — M. de la Maisonneuve contre les tenanciers des villages de l'Aumaillerie et de Crué touchant les arrérages des rentes qu'ils doivent, etc. — Grand nombre d'exploits qui n'indiquent pas l'objet de la cause.

B. 18. *(Liasse).* — 233 pièces, papier.

XVII°-XVIII° siècles. — Pièces de procédures : assignations, inventaires de production, arrêts, sentences, etc., aux noms suivants : M. de Puycharnaud contre François Piau, sieur de l'Osmone, touchant l'afferme de la Mothe-Tersannes ; — M. de la Maisonneuve contre le sieur Augros, tenancier de la Mothe, demeurant au village de Mas-Brunet, touchant la redevance qu'il doit ; — M. de Puycharnaud contre le baron de Ris touchant le partage du lieu noble de la Peyrière. — Mad. la baronne de Ris contre le sgr. de Puycharnaud touchant la succession du baron de Ris ; — M. de la Maisonneuve contre Denis Filloux son créancier.

B. 19. *(Liasse).* — 153 pièces, papier.

XVII°-XVIII° siècles. — Pièces de procédures : inventaires de production, arrêts, sentences, etc., aux noms suivants : M. de la Maisonneuve, 1° contre Guillaume Gorsier touchant la rente que doit ce dernier sur la seigneurie de la Mothe ; 2° contre Léonard et Marie Dousset touchant la tenure de Chainquieux ; 3° contre Martin Blanchet touchant la même tenure ; — le sgr. de Villepréaux contre Claude Ribaud et Pierre Rabilhac, marchant, touchant les droits de dame Marie Estourneau, femme du dit seigneur, sur la succession de M. de la Mothe ; — M. de Tersannes contre le baron de Ris-Chastel touchant les héritages du lieu des Fonblanches ; — François Chardebœuf, écuyer, sieur d'Estruchot, contre Madeleine Bigoteau, veuve de Jean Poute sgr. des Forges, touchant les droits des enfants mineurs de François et Jean Poute dont les plaignants sont tuteurs ; — Dame Madeleine Bigoteau, veuve de Jean Poute, contre dame Marie Arnoul de Château-Dompierre, veuve de François Poute, touchant la succession de Jean Poute.

B. 20. (Liasse). — 1 pièce et 1 cahier in-8°, 20 feuillets, parchemin ; 8 pièces et 6 cahiers in-8°, 122 feuillets, papier.

XVIIe-XVIIIe siècles. — Pièces de procédures : inventaires de production aux noms suivants : M. Jacques de la Ramière contre dame Marguerite Toreau touchant une créance par elle due, — et contre les d^{lles} de Robert, filles du sieur de Villemartin, touchant la tenure de l'Aumaillerie, paroisse de Tersannes ; — M. de la Maisonneuve contre ses tenanciers de la Bétoulle touchant les rentes par eux dues ; — Mathieu Moreau, laboureur, contre Joseph Grellier, sabotier, touchant les rentes qu'ils doivent solidairement sur le tènement de Villetreau à la commanderie de Morterol, à la cure de Dompierre et aux prêtres de la communauté de Magnac ; — Roland Pot, sgr. de Priégut, contre Mathieu de l'Écluse et autres tenanciers du lieu des Champs touchant les rentes qu'ils lui doivent.

B. 21. (Liasse). — 1 pièce et 1 cahier in-8°, 5 feuillets, parchemin ; 17 feuillets, papier.

XVIIe-XVIIIe siècles. — Pièces de procédures : inventaires de production aux noms suivants : François Estourneau, baron de Ris, contre Jacques de la Rivière, sgr. de la Maisonneuve, touchant le partage de la terre d'Usson et de la forêt de Belleperche ; — d^{lle} Françoise de St-Fayen contre le sgr. de Tersannes, touchant la succession de feu Louis Estourneau, sgr. de la Mothe ; — Jean de la Ramière et de Puycharnaud contre dame Marie de Nollet, veuve du sgr. de la Bruneterie, touchant la liquidation des arrérages de rente par elle dus ; — dame Jeanne Estourneau, veuve de Jacques de la Ramière, contre Clément Rousseau touchant la rente due par celui-ci sur le village des Gorses ; — dame Madeleine Poute de Forges contre les héritiers de Paul Lezeaud

et de Jean Persillé, touchant leur succession ; — J.-B. Rougier, sieur de la Bergerie, demeurant à Lussac-les-Églises, contre le sieur Pasquet, laboureur, et Geneviève, sa femme, pour raison de la créance par eux due.

B. 22. (Liasse). — 1 pièce, parchemin ; 85 pièces, papier.

XVIIe-XVIIIe siècles. — Pièces de procédures (inventaires de production, arrêts, sentences, etc.) pour l'hôpital de Magnac : contre Jean des Granges, charpentier, touchant le recouvrement des sommes à lui avancées ; — contre le curé de Tersannes touchant les dîmes du lieu de la Mothe ; — contre le même, touchant les dîmes de Tersannes ; — contre François Beillot, avocat, créancier ; — contre le sieur Chadenier, créancier ; — contre Claude Mitraud et Jean Michelet, créanciers ; — contre Pierre Moreau, sieur de la Jarrye, touchant les rentes de la métairie de Ruffacon ; — contre les héritiers du sieur de la Buxière ; — contre Gabriel Maisonnier, créancier ; — contre dame Marie de Rouffignac, veuve de Roland Pot, touchant la rente noble du lieu des Champs, paroisse d'Arnat ; — contre Joseph Hullin, juge, garde de la Monnaie, et le comte de Laval, créanciers ; — contre Jean Bigaud, marchand de meubles, créancier ; — contre Antoine Perronet, touchant la vigne des Pailles, sise près de l'hôpital ; — contre le sieur Dabadie, écrivain du Roi, demeurant à Rochefort, époux de Marie de la Coste, héritière de Pierre de la Coste, touchant la succession de ce dernier ; — contre dame Anne Murot, veuve de Jean Duclou, touchant les biens de François Gaumet, prêtre, provenant des biens de l'ordre de St-Lazare à Magnac ; — contre Silvain Estourneau, écuyer, sieur des Salles, créancier ; — pour M. Joachim Mitraud, prêtre, contre le curé de Magnac, touchant les services religieux à remplir dans la chapelle de l'hôpital.

B. 23. (Liasse). — 3 pièces et 1 cahier in-8°, 30 feuillets, parchemin ; 28 pièces, papier.

XVIIe-XVIIIe siècles. — Pièces de procédures (inventaires de production, arrêts, sentences, etc.) pour l'hôpital de Magnac : contre le sieur Rabillat, avocat, touchant la donation d'une métairie faite à l'hôpital par la dame Marcoux ; — contre messire François Devazeix, écuyer, sgr. de Puybernard, touchant la rente du lieu de Peu-Marchoux ; — contre Bruno Marcoux, sieur de la Prévotière, touchant le legs fait à l'hôpital par feu Jean Marcoux ; — contre Jacques Surin, fermier de la Mothe-Tersannes, pour le recouvrement de la rente par lui due ; — contre les héritiers de François Desbrousses touchant la dette du dit Desbrousses, leur père ; — contre Léonard Lagnemer et autres, touchant la propriété du lieu dit les Roulères, sis en la métairie de la Roche ; — contre les Augustins de Montmorillon touchant la rente du tènement de Chez-Rochier, paroisse de Tersannes ; — contre les collecteurs de la paroisse de St-Sornin-Magnazeix touchant le paiement de la taille due sur la métairie de St-Priest ; — contre le sieur Sandemoy, avocat, qui refusait de payer les 2,000 ll. de la dot de sa sœur, religieuse de la communauté de l'hôpital.

B. 24. (Liasse). — 156 pièces, papier.

XVIII⁰ siècle. — Requêtes au nom de l'hôpital de Magnac, adressées : au sénéchal de la ville, contre François Jaumet, prêtre, curé de St-Léger, débiteur ; — et contre le jugement qui condamne l'hôpital à payer la somme de 150 ll. à Jean Desgranges, m⁰ charpentier ; — au lieutenant-général de la Rochelle, pour faire assigner les héritiers de Pierre Delacoste, débiteurs, 1728 ; — au juge châtelain de Tersannes contre le métayer de la Dodinerie, débiteur, aux fins d'obtenir contre lui un exploit d'assignation, 1728. — Requête du sieur Pierre Martineau adressée au conservateur des privilèges royaux de l'université de Poitiers pour obtenir un exploit d'assignation contre la supérieure de la communauté de Magnac, aux fins de se faire payer par elle de la somme de 400 ll., 1729. = Requêtes de l'hôpital adressées : au sénéchal de Bridiers, pour faire saisir les débiteurs de M. Durieux, sieur de la Roche, 1741 ; — au sénéchal du marquisat de Magnac, pour obtenir qu'il pose les scellés sur les meubles de M⁰ André Mitraud, régent de Magnac, lequel en mourant a légué partie de ses biens à l'hôpital, 1737 ; — au Parlement de Paris, contre Joseph Chadenier, débiteur, 1749 ; — au sénéchal de Magnac, pour obtenir un exploit d'assignation contre Étienne Maraud, lequel s'oppose au transport des foins de l'hôpital dans une grange affermée. = Requête de l'hôpital contre François Poute, chevalier, sgr. de Puybaudet, touchant les revenus des deux métairies de Peu-Marchoux et de St-Priest-le-Betoux, 1769. — Requête de P. Jacques Boussy, prêtre, curé de Tersannes, contre l'hôpital, touchant la dîme de la terre de la Roche, 1782. = Requêtes diverses concernant les biens de l'hôpital, XVIII⁰ siècle.

B. 25. (Liasse). — 30 pièces, papier (5 imprimées).

XVIII⁰ siècle. — Mémoires, avis, consultations. — Mémoire de la supérieure de l'hôpital adressé à M. de Montaudon, procureur au présidial de Limoges, touchant la métairie de St-Priest acquise par l'hôpital, 1728. — Mémoire concernant les prévarications des sieurs Joseph Chadenier et Poiron, notaires royaux, vers 1734. — Mémoire rédigé au nom du duc de Laval, pour obliger les religieuses à rendre compte de leur administration et à reconnaître le dit duc comme premier fondateur de l'hôpital, 1733. — Autres mémoires, consultations, requêtes, dépositions pour et contre l'hôpital, touchant la reddition de comptes demandée par le duc de Laval, adressés au dit duc, au conseil du Roi ou à l'évêque de Limoges, 1733-1739. (Un de ces mémoires, daté de 1736 (1), contient sur l'hôpital quelques renseignements historiques que l'on peut compléter par un fragment distinct inséré à la dernière page et par un autre mémoire rédigé, à ce qu'il semble, vers 1724.) — Rapport du vicaire général du diocèse sur la situation de l'hôpital, 1735. = Divers autres mémoires informes et dépourvus de dates, mais appartenant au XVIII⁰ siècle, d'après l'écriture. Ils concernent divers biens acquis plus tard par l'hôpital.

(1) Impr. dans notre *Notice hist. sur l'hôpital.*

VILLE DE MAGNAC-LAVAL.

INVENTAIRE SOMMAIRE

DES

ARCHIVES HOSPITALIÈRES ANTÉRIEURES A 1790.

SÉRIE C.

(Matières ecclésiastiques, Aumôniers, Sépultures.)

C. 1. (Liasse). — 31 pièces, papier (1 imprimée).

1679-1782. — Mémoire de ce que M. de la Buxière a fait auprès de l'évêque de Limoges pour obtenir de lui une ordonnance autorisant le transfert provisoire, du château de Magnac à l'église de la paroisse, des reliques de St-Placide. Ce transfert se fera processionnellement, pour le temps de l'ostension seulement. Les reliques seront ensuite rapportées à la chapelle du château où elles doivent demeurer pendant la vie de M. le Marquis et de Mademoiselle, « cette grâce n'étant accordée qu'à leurs personnes en considération de ce que c'est Monsieur qui a pris le soin, la peine et la dépense de faire porter de Rome de si authentiques reliques par une voie très sûre. L'on est aussi convenu avec M. le curé qu'il sera à propos de mettre la principale fête de St-Placide au onzième octobre où le martyrologe romain fait mention d'un St-Placide martyr, qu'on peut croire être le nôtre, et de ne pas laisser faire une fête pour la translation de ces saintes reliques au quatrième dimanche d'après Pâques, à cause que les peuples auront pour lors une plus grande

commodité de vaquer à ces dévotions là, » avril 1679. — Requête adressée à l'évêque de Limoges par la supérieure des hospitalières de Magnac demandant confirmation de la licence à elle accordée par le comte de Fénelon et Madame la comtesse de faire transférer processionnellement de la chapelle du château dans l'église de l'hôpital la châsse contenant les reliques de St-Placide, pour y être exposées à la vénération publique pendant le temps de l'ostension, avril 1715. = Fondation de dix messes à célébrer par an en l'hôpital de Magnac, faite par une dame Catherine Bonnin, veuve de Jean Letter, et ce, moyennant la somme de 100 livres moins un liard, 1713. — Mémoire des messes fondées qu'a dites M. Giton, 1720. — Mémoire des messes fondées par Mlle de Couret dans l'église de l'hôpital, avec tableau indiquant les dates de célébration, 1720. — « État des messes fondées que M. Fournier et moi avons dites pour les dames religieuses de cette ville, depuis 1753. » Signé : Brun, prêtre de la communauté de Magnac. — Fondation de messes par Mlle de Couret, 1767. — Petit cahier sans date, indiquant le nombre de messes de fondation qu'il faut célébrer à certains jours et les revenus qu'on en tire, à raison de 10 sols la messe. = Mémoires et requêtes de l'hôpital à l'évêque de Limoges pour autoriser la construction d'une chapelle; avec le procès-verbal annexé de la visite de la dite chapelle par les délégués de l'évêque, 1708-1720. — Pièces concernant la cession à l'hôpital d'une partie du cimetière paroissial, 1715, etc.

C. 2. (Liasse). — 3 pièces, papier.

1715-1749. — Nominations d'aumôniers de l'hôpital faites par l'évêque de Limoges en faveur : de Joachim Mitraud, « prestre du collège de la dite ville de Magnac, » 1715; — de Joachim Mitraud, « prêtre de Magnac, » 1731; — de Jean Dubrac. aîné. prêtre, sur le décès survenu de Joachim Mitraud, 1733; — de Jean Dubrac des Forges, 1749.

C. 3. (Liasse). — 1 pièce, papier.

1780. — « Registre des sépultures des dames hospitalières de la maison et hôpital de la ville de Laval-Magnac pour l'année prochaine, 1780. » On y enregistre entre sept ou huit décès de pauvres de l'hôpital le décès de dame Marie Rose Vételay de Beaurepas, âgée d'environ 68 ans, † 27 janvier, inhumée dans le cimetière de la paroisse en présence de dame Henriette Lignaud, supérieure.

VILLE DE MAGNAC-LAVAL.

INVENTAIRE SOMMAIRE

DES

ARCHIVES HOSPITALIÈRES ANTÉRIEURES A 1790.

SÉRIE D.

(Néant.)

SÉRIE E.

(Délibérations, Comptes divers, Inventaires de mobilier.)

E. 1. (Liasse). — 8 pièces, papier (1 imprimée).

1660-1789. — Deux procès-verbaux de délibération des notables de Magnac assemblés pour rendre compte de l'administration de l'hôpital, 1669, — et pour aviser à l'établissement d'une communauté indépendante, 1737. — Acte de démission des anciens administrateurs, 1707. — Mémoires et requêtes adressés à l'évêque de Limoges et à l'intendant de la généralité touchant les biens amortis de l'hopital, 1716-1720. — Décharge de corvée pour les métayers de l'hôpital accordée par l'intendant de la généralité, 1756. — Assignation donnée à la communauté de l'hôpital de Magnac touchant l'élection d'un député aux États généraux de 1789.

E. 2. (Registre). — In-8°, 156 feuillets, papier.

1676-1721. — « Vieux livre de comptes. » — C'est un registre de dépenses et recettes commencé par Mad. Poute de Forges avant qu'elle entrât à l'hôpital. Cette partie s'arrête à 1712, peu de temps avant sa mort. Au rebours du registre, elle avait inscrit et on a continué d'inscrire jusqu'en 1721 les recettes provenant de la métairie de St-Priest-le-Bétoux, donnée par la dite dame Poute à l'hôpital. Les totaux de ces recettes ne peuvent être facilement établis, faute d'indication régulières. La plupart des pages sont biffées.

E. 3. (Liasse). — 7 cahiers in-folio et in-4°, 277 feuillets, papier.

1711-1738. — Registres des recettes pour les pauvres et les sœurs hospitalières. Ces recettes proviennent des rentes payées à l'hôpital par ses tenanciers et autres. Elles ne comprennent point, sauf indication contraire, le produit de la vente des grains recueillis dans les métairies. Voici quelques totaux : 1712, environ 953 ll. — 1718, environ 3358 ll. — 1722, environ 4910 ll. — 1729, environ 6080 ll. — 1733, environ 6638 ll. — 1735, environ 3744 ll. — 1738, environ 2950. ll. (1).

E. 4. (Liasse). — 7 cahiers in-folio et in-4°, 378 feuillets, papier.

1739-1782. — Registres des recettes pour les pauvres et les sœurs hospitalières. Même provenance que les précédentes. — 1739, 2667 ll. — 1744, 4515 ll. — 1751, 3669 ll. — 1755, 7093 ll. — 1760, 4172 ll. — 1763, 5658 ll. — 1768, 7334 ll. — 1774, 9939 ll. — 1780, 5798 ll.

E. 5. (Liasse). — 11 cahiers in-8°, 237 feuillets, papier.

1724-1773. — Registres des recettes provenant des métairies par vente de bestiaux. Ils mentionnent aussi les avances faites aux métayers et quelquefois diverses dépenses d'entretien. Métairie de la Basse-Roche, 1727 à 1773 (manque l'année 1754). 1727, 148 ll. — 1737, 427 ll. — 1747, 421 ll. — 1757, 449 ll. — 1767, 468 ll. = Métairie de Chez-Grenard, 1724 à 1773 (et, par erreur, métairie de la Dodinerie pour les années 1731 à 1735). 1727, 215 ll. — 1737, 424 ll. — 1747, 539 ll. — 1757, 165 ll. — 1767, 580 ll.

E. 6. (Liasse). — 20 pièces et 13 cahiers in-4° et in-8°, 222 feuillets, papier.

1724-1773. — Registres des recettes provenant des métairies par vente de bestiaux. Ils mentionnent aussi les avances faites aux métayers et quelquefois diverses dépenses d'entretien. Métairie de la Dodinerie, 1730 à 1773 (et, par erreur, métairie de Chez-Grenard pour les années 1733 et 1734) : 1733, 214 ll. — 1743, 794 ll. — 1753, 432 ll. — 1763, 227 ll. — 1773, 207 ll. = Métairie de la Mothe-Tersannes, 1724 à 1773 (manquent les années 1735, 1736, 1738 à 1742; cahier supplémentaire, hors série, pour les années 1763 à 1773 ; plus neuf pièces portant « dépouillement des recettes et dépenses » faites de 1726 à 1734). 1727, 1013 ll. — 1737, 39 ll. — 1747, 467 ll. — 1757, 446 ll. — 1767, 500 ll.

(1) Ces chiffres, comme les suivants, ont été établis aussi rigoureusement que possible, mais ne peuvent prétendre cependant à une valeur absolue.

E. 7. (Liasse). — 13 cahiers in-4° et in-8°, 271 feuillets, papier.

1717-1784. — Registres des recettes provenant des métairies par vente de bestiaux. Ils mentionnent aussi les avances faites aux métayers et quelquefois diverses dépenses d'entretien. Métairie de Peu-Marchoux, 1717 à 1773 : 1718, 132 ll. — 1728, 148 ll. — 1738, 208 ll. — 1748, 143 ll. — 1758, 80 ll. — 1768, 102 ll. = Métairie de St-Priest-le-Bétoux, 1718 à 1773 (manquent les années 1728 à 1730, 1737 et 1738) : 1718, 496 ll. — 1727, 234 ll. — 1736, 146 ll. — 1746, 699 ll. — 1756, 129 ll. — 1766, 264 ll. = Borderie de Laval, 1765 à 1784 (manquent les années 1675 et 1776): 1767, 123 ll. — 1774, 63 ll. — 1781, 300 ll. = Borderie de Magnac, 1739 à 1766 (manquent les années 1750 à 1757) : 1739, 3 ll. — 1743, 60 ll. — 1747, 60 ll. — 1758, 51 ll.

E. 8. (Liasse). — 9 cahiers in-4° et in-8°, 305 feuillets, papier.

1700-1746. — Registres des recettes courantes de l'hôpital. (Manquent les années 1710 à 1723). Ces recettes proviennent des collectes faites au château, à l'église, dans les cabarets ou auprès de diverses personnes dénommées; proviennent encore des confiscations faites par autorité de justice, des messes célébrées dans la chapelle, du travail des petites filles reçues dans l'établissement, du prix de pension payé par quelques malades (ce prix varie de 25 à 40 ll. par trimestre). Elles consistent souvent dans le prix de la vente des bestiaux ou dans les rentes payées à l'hôpital par ses tenanciers et autres. Les produits mensuels, difficiles à bien établir, semblent varier beaucoup.

E. 9. (Liasse). — 7 cahiers in 4°, 381 feuillets, papier.

1747-1784. — Registres des recettes courantes de l'hôpital. Ils mentionnent presque uniquement les recettes produites par la vente du poisson ou du bétail, mais sans indiquer de quelles métairies ils proviennent. Les articles sont excessivement nombreux, les totaux nulle part établis.

E. 10. (Liasse). — 8 cahiers in-8°, 421 feuillets, papier.

1706-1734. — Registres des dépenses courantes de l'hôpital. (Manquent les années 1707 à 1720). Ils mentionnent surtout, ainsi que les suivants, des dépenses de nourriture, chauffage, ameublement, construction et voyages. — Cah. I, f° 14 r° : payé à la servante pour son année de service 12 ll. == Cah. II, f° 1 r° : donné à M. Jaume (?) pour huit mois de messes pour le repos de l'âme de feu le sieur des Plaignes, 72 ll. *Ibid*, pour la dépense du valet au voyage de Limoges, 16 sols. F° 2 v° : donné à M. Martin, peintre de Limoges, pour la façon d'un tableau pour notre église et pour son voyage, 127 ll. 10 sols. F° 9 r° : donné à la Boussy pour les hosties que l'on prend pour l'église, 7 ll. 10 sols. F° 9 v° : donné à M. Courtin, de St-Benoist, pour avoir saigné des sœurs, 2 ll. 10 sols. F° 10 r° : donné 10 ll. à la Pourette pour ramener Suzon à la Rochelle. *Ibid*. donné à M. Saudemois, avocat au Dorat, « pour des consultations dans notre affaire avec le sieur Rabillac, 2 ll. » F° 17 v° : donné pour une neuvaine de messe, 3 ll. 12 sols. F° 20 r° : donné au valet pour aller chercher le sculpteur à la Souterraine, 8 sols. *Ibid*. donné à M. Martin, peintre de Limoges, 45 ll. pour dorer le cadre du tableau de la Ste-Vierge, et 25 ll. pour la façon. F° 22. r° : donné au maître de danse pour deux mois de danse pour la Jovion, 3 ll. F° 37 r° : donné de quête au R. P. prédicateur, 2 ll. 10 sols. == Cah. III, f° 14 r° : donné à M. Poiron pour payer l'insinuation du contrat du sieur Bezaud, 20 ll. 16 sols. F° 16 v° : donné à M. Barbut, « notre sculpteur, » 15 ll. *Ibid*. donné au fils de Busserolles du *Lion-d'Or* (1723) « pour un voyage qu'il a fait avec notre mère à St-Benoist », 1 l. 3 sols. F° 22 v° : donné à M. Martin, peintre de Limoges, « pour l'achat du tableau de la visitation de la Ste-Vierge pour notre église », 150 ll. F° 26 v° : donné à M. Barbut, « notre sculpteur, » la somme de 50 ll. 13 sols. « La dite somme fait la fin de tout ce que nous lui devons de toute la sculpture qu'il nous a faite de 1721 à 1724 pour le tabernacle. » == Cah. IV, f°° 8, 9, 12, 13, 15, et 16. Donné à M. Barbut, « notre sculpteur, » (diverses sommes fort minces). == Cah. V, f° 16 r° : donné à M. de la Chaintue (?), collecteur de Tersannes, pour la taille de la borderie de la Mothe-Tersannes, en l'année 1726, 45 ll. 10 sols. F° 26 r° : donné à M. le curé pour la rente que nous devions aux prêtres de la communauté de Magnac en 1725 et 1726, 30 ll. F° 42 v° : « donné à M. Mison, seul hôte du Dorat, pour la dépense de notre supérieur, sa compagne, son valet et ses trois chevaux, 4 ll. » == Cah. VI, f° 13 v° : payé à M. le comte de Laval et à Mad. la comtesse la somme de 389 ll. 11 sols, savoir 189 ll. 11 sols qui étaient dus sur la recette pour plusieurs marchandises et 200 ll. qu'ils avaient prêtées aux sœurs hospitalières en 1728. F° 18 r° : payé à l'hôtesse du *Point du Jour* (1729) à Bellac, 17 ll. F° 43 v° : payé à l'hôtesse

de la *Corne* (1730) au Dorat, 1 l. 10 sols. F° 49 r° : payé à M. Daucourt, de Limoges, la somme de 164 ll. 14 sols pour l'acquisition d'une terre (non dénommée), d'une rente et de quelques messes fondées pour les main-mortes. == Cah. VII, f° 4 v° : donné aux collecteurs de l'an passé (1730) la somme de 25 ll. c'est-à-dire 9 ll. 8 sols, pour toutes les tailles du moulin de Basse-Roche et 15 ll. 12 sols pour la capitation de la Mothe, « ce qui fait la fin de tout ce que nous leur devions de toutes les tailles de l'année 1730. » F° 21 r° : donné à l'armurier du Dorat, 11 sols pour avoir accommodé un fusil. F° 28 r° : « on a loué Mathurin Dunoyer depuis le premier de mars jusque à la Toussaint pour 52 ll. 10 sols et 2 setiers de seigle. On ne lui doit donner que de la soupe soir et matin et son pain à collation et on ne lui doit point de nourriture les fêtes et les dimanches. » == Cah. VIII, f° 10 r° : « donné à la forge du Dorat pour la couverture de nos juments de la métairie de Chez-Grenard, » 6 ll. F° 41 r° : donné au P. Alexis, capucin, la somme de 6 ll. « pour un petit ânon que l'on a acheté de lui. » F° 58 r° : donné à Louis Lessaud qui a fait une bière pour la sœur Lacoste (1734), 5 ll. dont 50 sols pour le bois.

E. 11. (Liasse). — 8 cahiers in-8° et in-4°, 463 feuillets, papier.

1735-1756. — Registre des dépenses courantes de l'hôpital, avec deux cahiers supplémentaires, hors série, pour les années 1748-1749 et 1752 à 1756. — Cah. I, f° 5 r° : donné aux collecteurs de la paroisse de Tersannes la somme de 22 ll. pour la capitation de la borderie de la Mothe et la somme de 50 ll. pour celle de la métairie de Chez-Grenard, et ce pour l'année 1731 (?). F° 25 v° : donné à MM. du clergé de la ville de Limoges, par les mains de M. Descourt et M. Nadaud, la somme de 100 ll. « à bon compte sur la rente que nous leur devons. » F° 53 v° : « nous devons à M. de Cressac (greffier), 59 sols pour notre inventaire, » (1756). == Cah. II, f° 14 r° : « donné à Baloufaud comme ayant procuration de M. l'abbé du Vigen, fondé aussi de celle de M. l'abbé de Beaumont, ci-devant prieur de Magnac, la somme de 21 ll. 16 sols pour la rente de 10 ll. que nous devons sur la métairie de Peu-Marchaut dès 1731 et 1732. » F° 16 r° : donné 3 livres « pour faire dire des messes qui sont fondées dans notre église pour Mlle Beauver. » F° 27 r° : donné à une femme de la paroisse de Villefavard 34 sols pour avoir filé un paquet d'étoupe de 17 ll. F° 32 r° : donné la somme de 150 ll. au présidial de Guéret « pour la consignation d'une enquête touchant les lettres-patentes de notre communauté et leur enregistrement » (1738). F° 57 v° : donné pour un missel, 16 ll. F° 59 v° : « nous avons loué pour notre servante, Marie Dougier. Nous lui donnons pour ses gages une robe : le corps de serge et la jupe de droguet foulé ; deux chemises : une d'étoupe [commune] et une de belle étoupe ; deux tabliers d'étoupe, une aune de brin pour ses cornettes, une demi-livre de laine, 15 sols pour ses sabots et une poupée (1) pour du fil à coudre » (1739).=Cah. III, f° 3 : donné à M. Vérignaux, chanoine du Dorat, la somme de 10 ll. pour des arrérages de rente qui sont dus au corps du chapitre du Dorat et sur les dîmes de la paroisse de Tersannes. F° 11 v° : donné 3 ll. « pour du papier marqué et pour les copies de nos actes d'établissement et lettres patentes que nous devons envoyer à M. l'évêque de Limoges » (août 1741). F° 18 v° : donné 23 ll. « pour acheter un livre de plaint chant pour notre communauté. » = Cah. IV, f° 13 r° : acheté à la foire de Bellac « une paire de bœufs pour nos métayers de St-Priest, qui ont coûté la somme de 215 ll. 4 sols. » F° 17 v° : donné 6 ll. pour « avoir une consultation de Poitiers et 12 sols pour le port, et ce pour le procès que nous avons avec M. de Cromat. » F° 35 r° : donné à Mgr. l'évêque de Limoges la somme de 600 ll. « ce qui est la fin du paiement des 1100 ll. qu'il avait eu la bonté de nous faire prêter pour finir de payer [le prix d'achat de la métairie de] la Mothe » (1747). F° 35 v° : donné la somme de 240 ll. pour finir de payer le tabernacle de notre église, (1747). F° 40 r° : donné à M. Duceux, consul, la somme de 6 ll. « pour taille de notre borderie de Magnac pour cette année 1747. » F° 53 r° : donné à MM. les arpenteurs royaux la somme de 33 ll. 16 sols pour l'arpentement des deux métairies de St-Priest et Peu-Marchoux (1748). F° 60 r° : donné 6 ll. « pour des messes que nous avons fait dire pour la consécration de nos bestiaux. » = Cah. V, f° 10 r° : donné la somme de 50 ll. à M. Bigaut, curé de Tersannes, et celle de 30 ll. aux collecteurs, le tout pour les réparations de l'église de Tersannes. F° 16 r° : donné 9 sols 6 deniers pour faire parapher le registre de l'hôpital. F° 19 r° : compte passé avec un charpentier de Magnac pour la construction d'un bâtiment (1751). Très longs détails. F° 25 v° : donné 35 sols à Depouge « pour faire signifier notre décharge de la taille de la Borderie à MM. les consuls. » = Cah. VI, f° 3 r° : donné à M. de Rochequéraut 6 ll. « pour des copies qu'il nous a faites de nos lettres patentes de l'arrêt d'enregistrement du

contrat de la Mothe » (1753). F° 16 v° : donné 9 sols 6 deniers pour faire parapher les registres des actes mortuaires. F° 17 et ss. Nombreuses dépenses relatives aux constructions de l'hôpital pendant les années 1755 et 1756.

E. 12. (Liasse. — 5 cahiers in-4°, 399 feuillets, papier.

1757-1784. — Registres des dépenses courantes de l'hôpital. — Cah. I, f° 4 v° : acheté onze couvertes pour garnir les lits de l'hôpital, 120 ll. F° 8 v° : donné 29 ll. 16 sols à plusieurs femmes pour faire bêcher les vignes. F° 21 r° : donné 6 ll. à M. Depouge, contrôleur des actes du bureau de cette ville, pour « droits d'insinuation des quittances d'amortissement de la fondation que M. de Lafond, archiprêtre de Rancon, avait faites dans notre église, » (1758). F° 25 v° : donné 24 ll. à M. Fournier « que nous sommes convenus lui payer en ce qu'il nous donne la messe tous les jours, et ce pour l'année dernière. » F° 28 r° : « nous avons pris la somme de cent pistoles provenant d'une partie de la dot de la sœur Lafond pour être placé sur le clergé par les mains de MM. les prêtres de la communauté de cette ville. » F° 28 v° : donné 15 sols « pour une messe et des chandelles à l'honneur de St-Pardoux, pour nos bestiaux de Chez-Grenard et de la Roche. » F° 34 r° : « nous avons fait marché avec Cardinaud de St-Priest, tailleur de pierre, pour tirer et tailler toute la pierre de taille nécessaire pour le bâtiment des pensionnaires, à huit sols le pied, » etc., (1759). F° 34 v° : donné pour les réparations de l'église de Tersannes la somme de 68 ll. à Léger, métayer de l'Aumaillerie, qui était chargé du rôle pour lever les taxes. Et ne devons plus rien. » = Cah. II, f° 4 v° : « compté avec M. Nitraud, chirurgien, de tous les remèdes et médicaments qu'il nous a fournis pour les religieuses et toutes les visites qu'il nous a faites du 1 mars 1757 au 17 mars 1762, 106 ll. 10 sols. » F° 16 r° : donné 6 ll. à M. Dupans, commis à la forêt de Magnac, 23 ll. pour un millier de petites lattes et 8 bottes de perches qu'il a livrées. F° 21 r° et 27 v° : donné à l'honneur de St-Roche 10 sols « pour faire dire une messe pour la maladie de nos bestiaux. » F° 32 r° : donné à M. le curé de Verneuil 15 ll. « pour notre portion des réparations qu'il a fait faire à la dite église de Verneuil, soit pour le chœur, la sacristie et les ornements nécessaires. » F° 38 v° : donné 38 ll. 9 sols pour les réparations de l'église du dit bourg (de Verneuil ?). = Cah. III, f° 5 r° : « arrêté compte avec M. Rabillac de Pontailler, sénéchal de cette ville, généralement de tous les arrérages de rente que nous lui devons, tant pour la tenure de Chez-Rochier que sur celle de la Dodinerie, » etc. F° 6 v° : « nous avons arrêté marché avec M. Bastide, vitrier en cette ville, pour le pensionnat. Il doit vitrer les croisées toutes, les unes portant les autres, à raison de 7 ll. 15 sols la croisée, etc. » (1766). F° 69 v° : nous avons payé à M. de Cressac, comme fermier de M. le duc de Laval, 4 ll. 19 sols 9 deniers, et ce pour l'année 1769, pour la rente que nous devons au château sur notre métairie de Peu-Marchoux et sur la tenure de Villetraud. » = Cah. IV, f° 6 r° : payé à M. de Pinateaux la somme de 125 ll. 14 sols « pour la rente que nous devons à la seigneurie de Ricoux à cause de son fief de Guetsalamont » (*alias* Gay-Salomon). F° 12 v° : donné à M. Duchet, médecin de la ville du Dorat, 6 ll. « pour une visite qu'il a faite à une de nos religieuses qui était malade.» F° 14 r° : donné 46 ll. « pour la dépense que la sœur Dubreuil et la Debrosse ont faite pour aller à Chalais voir nos religieuses » (1772). F° 28 r° : donné à Duvert, maréchal de cette ville, 6 ll. « pour les traitements et les médicaments qu'il a fournis à notre jument malade. » F° 36 r° : donné à M. Raimond, du Dorat, procureur fiscal de Tersannes, et à M. Pérauche, chirurgien, la somme de 7 ll. 16 sols pour les frais de la poursuite de voleurs et la levée d'un corps. F° 38 v° : payé au château de Dompierre 32 quartes avoine de rente, mesure de Magnac, et ce pour l'année 1773. F° 39 r° : « nous avons déduit et compensé la somme de 100 ll. que M. le duc de Laval nous doit par chaque année pour l'intérêt de la constitution dotale de la sœur de Villelion, religieuse parmi nous, » F° 81 r° : donné à Voisin, collecteur, 44 sols pour le vingtième de la borderie de Laval et ce pour l'année 1775. = Cah. V, f° 3 v° : donné à M. Guillot, supérieur du collège de cette ville, la somme de 86 ll. « pour deux barriques de vin qu'il nous avait cédées. » F° 19 r° : donné 8 ll. 5 sols 9 deniers à Lucour, du village de Champagne, et à Moutinaux chargés du rôle pour les réparations de l'église de Dompierre qui est leur paroisse, « et ce pour la taxe qui nous a été imposée sur les terres de Peu-Marchoux, que nous avons dans la dite paroisse. » F° 35 r° : donné à M. l'abbé Amadou, supérieur du collège de Magnac, la somme de 9 ll. 17 sols « pour deux missels qu'il nous a fait relier pour notre sacristie et deux autres petits livres qu'il nous a fait également relier. » F° 45 v° : donné à M. de Lacoste, orfèvre de Bellac, 3 ll. « pour notre custode qu'il raccommode. » F° 66 r° : donné 5 ll. 18 sols pour les frais funéraires de la sœur Fauvaud, 6 ll. pour sa bière, 20 ll.

en messes pour la défunte, y compris les services de huitaine, quinzaine, quarantaine et bout de l'an.

E. 13. (Liasse). — 9 cahiers in-folio et in-4°, 422 feuillets, papier.

1711-1740. — Registres des mises et dépenses pour les pauvres et les hospitalières (1). Cah. I, f° 4 r° : donné pour des cierges à la confrérie du St-Sacrement, 15 sols. — Cah. II, f° 5 v° : donné 13 ll. 10 sols pour le drapeau de St-Placide. *Ibid.* donné 11 ll. 5 sols pour l'ouverture des reliques de St-Placide. F° 6 r° : payé aux hautbois le jour de l'ouverture des reliques de St-Placide 16 ll. (avril 1715). F° 9 r° : payé à des hautbois et aux tambours le jour de la clôture [des reliques] de St-Placide la somme de 24 ll. « On a acheté un chapeau au servant de messe, payé le cuisinier qui avoir fait le dîner à MM. les prêtres pour la clôture [des reliques] de St-Placide, » 25 ll. (juillet 1715). — Cah. III, f° 19 v° : donné à M. Martin, peintre de la ville de Limoges, pour la façon d'un tableau de N.-D. de Pitié dans l'église et pour son voyage 127 ll. 10 sols (1720). F° 26 v° : « on a acheté le livre des œuvres de Grenade, 9 ll. » (2) ; plus une douzaine de catéchismes, 2 ll. 8 sols ; plus « donné d'arrhes à M. Barbut, notre sculpteur, sur le marché qu'on a fait avec lui pour l'église, » 15 ll. (1721).

E. 14. (Liasse). — 5 cahiers in-folio, 380 feuillets, papier.

1741-1782. — Registres des mises et dépenses pour les pauvres et les hospitalières (3).

(1) Malgré la différence des titres, les cahiers cotés E 13 et 14 ne sont que les doubles des cahiers cotés E 10, 11 et 12 précédemment analysés. Ces derniers semblent être la minute des suivants, ceux sur lesquels on inscrivait les dépenses au fur et à mesure qu'elles se produisaient. — Comme les années 1707 à 1720 manquent dans la liasse E 10, les extraits donnés pour ces mêmes années au présent article 13 sont destinés à combler cette lacune. Le gros registre E 15, pour lequel il n'y a pas de double, continue les deux séries.

(2) Il s'agit sans doute de Louis de Grenade, dominicain espagnol † 1588, dont les œuvres furent traduites en français vers le milieu du XVIIe siècle par Guillaume Girard, archidiacre d'Angoulême, suivant les uns, par un Père de l'Oratoire, suivant d'autres.

(3) Sur la consistance de ces registre, voy. la note 1 de l'art. précédent.

E. 15. (Registre). — In-folio, 121 feuillets, papier.

1783-1793-1841. — Registre des mises et dépenses pour les pauvres et les hospitalières. F° 26 r°: payé à M. Amadon, principal au collège de Laval, 36 ll. 9 sols, dont 10 ll. 3 sols pour avoir fait reblanchir les souches de l'église, (1786). — F° 29 r° : donné pour les étrennes des domestiques 5 ll. 12 sols; plus à Nanon, cuisinière, 3 ll. F° 34 v° : payé pour contribution aux travaux publics à la Mothe-Tersannes pour 1786 et 1787, 15 ll. 12 sols. F° 35 v° et ailleurs, *mutatis mutandis :* « Aujourd'hui ce 29° jour du mois d'avril 1788, en vertu de la commission à nous adressée par Mgr. l'évêque de Limoges en date du 8 du présent mois, signée L. de Maussac, vicaire général, nous avons arrêté le présent compte de dépense de la communauté pour les neuf années de supériorité et administration de dame Henriette Lignaud de Lussac, à commencer du 19 mai 1779 jusqu'à ce jour.... [Signé] Vacherie, chanoine, sous-ch., commissaire.» F° 42 v° : «Mad. la marquise de Lussac nous a prêté pour six mois une somme de 100 pistoles dont nous lui avons donné billet et dont nous avons acquitté quelques jours après partie d'une dette pour froment, cy 1,000 ll.» (1790). F° 55 r° : « certifié sincère et véritable par moi soussignée, La Breuille (supérieure de l'hôpital). Magnac-la-Montagne le six frimaire, l'an II de la République française une et indivisible.» (Nov. 1793). *Verso:* « Vu le présent état de dépense à commencer au mois de janvier 1788 jusques et compris le dernier septembre 1793, vieux style, dont l'état général s'élève à la somme de soixante-dix mille deux cent quatre-vingt dix-neuf livres, par nous, commissaires choisis par la municipalité pour recevoir les comptes de la citoyenne Labreuille, ex-supérieure de la cy-devant communauté hospitalière de cette commune. Magnac-la-Montagne, le sextixte de la première décade de frimaire de l'an II de la République française une et indivisible. [Signé] Arsenaud, commissaire, Voisin, commissaire.» — Les deux pages suivantes sont en blanc. Les dépenses recommencent sans préambule à la date du 3 vendémiaire an X (sept. 1801).

E. 16. (Liasse). — 13 cahiers in-8°, 164 feuillets, papier.

1721-1771. — Deux registres des comptes faits avec le chetellier d'Arcoulant, 1721-1723. — Quatre registres des comptes faits avec le meûnier de la métairie de la Basse-Roche, 1742-1771, dont un hors série pour les années 1754 à 1757. — Sept registres des grains recueillis dans les métairies de l'hôpital, 1724 à 1760. ⹀ (On mentionne simplement la quotité des revenus fournis par ces métairies ou les dépenses qu'elles occasionnent. Grand nombre de pages biffées. Les totaux ne sont nulle part établis, les particularités nulles.)

E. 17. (Liasse). — 2 pièces, parchemin; 18 pièces, papier.

1486-1649. — Quittances délivrées : par les possesseurs de rentes aux propriétaires primitifs de divers domaines acquis plus tard par l'hôpital; — par les fournisseurs et autres créanciers de l'hôpital.

E. 18. (Liasse). — 85 pièces, papier.

1650-1699. — Quittances délivrées à l'hôpital : par les possesseurs de rentes sur les domaines du dit hôpital; — par les fournisseurs et autres créanciers. (Cf. les registres de recettes et dépenses inventoriés ci-dessus, de E 2 à E 16).

E. 19. (Liasse). — 606 pièces, papier.

1700-1749. — Quittances délivrées à l'hôpital : par les possesseurs de rentes sur les domaines du dit hôpital; — par les fournisseurs et autres créanciers. (Cf. E. 2 à E. 16).

E. 20. (Liasse). — 355 pièces, papier.

1750-1790. — Quittances délivrés à l'hôpital : par les possesseurs de rentes sur les domaines du dit hôpital; — par les fournisseurs et autres créanciers. (Cf. E. 2 à E. 16).

E. 21. (Liasse). — 3 cahiers in-8°, 7, 30 et 18 feuillets, papier.

1631-1780. — Quittances. — Trois cahiers enregistrant : les quittances délivrées à Mad. Poute de Forges par dame Françoise de Razès pour les redevances dues par la première sur le domaine de St-Priest légué plus tard à l'hôpital, 1689-1698; — les quittances délivrées à la supérieure de l'hôpital par les possesseurs de rentes sur les divers domaines du dit hôpital, 1731-1780.

E. 22. (Liasse). — 172 pièces, papier.

XVII⁰-XVIII⁰ siècles. — Pièces de comptes souvent informes, concernant : la construction de la chapelle et des principaux corps de bâtiments de l'hôpital, — les dépenses occasionnées par les droits d'amortissement, — les médicaments fournis par le sieur Marcoux, maître chirurgien (1746), aux religieuses de l'hôpital et aux écolières, etc.

E. 23. (Liasse). — 45 pièces et 1 cahier in-8°, 18 feuillets, papier.

1646-1781. — Inventaires de papiers, meubles et effets mobiliers ; comptes-rendus synoptiques de l'administration de l'établissement ; états de biens, etc. divisés en trois parties : 1646 à 1689, 1711, 1723 à 1773. = Requête adressée à l'évêque de Limoges par François Gigaud, prêtre, Jean de la Laune, procureur fiscal de Magnac, administrateurs de l'hôpital, Françoise du Mourraud, demoiselle, et Marguerite Butaud, fille dévote, hospitalières au dit hôpital, pour réclamer l'enregistrement au greffe ecclésiastique de l'arrêt du Conseil, lettres patentes de Sa Majesté (2 sept. 1695 et nov. 1696) et arrêt du parlement de Bordeaux (15 déc. 1696) portant union à l'hôpital de Magnac des biens et revenus que possédait l'ordre de St-Lazare à Magnac, 1704. — Requête de dame Poute, supérieure des hospitalières de Magnac, adressée à l'évêque de Limoges pour obtenir application à l'hôpital de Magnac des legs fait par Jean Moreau sieur de la Jarrige en faveur des pauvres. Sans date. — Requête de la communauté hospitalière de Magnac au Conseil du roi pour obtenir la désunion de ses biens d'avec ceux de l'hôpital, 1736. — Requête de l'hôpital à l'évêque de Limoges pour obtenir l'autorisation de faire réédifier une grange qui tombe en ruine ; avec un certificat de Joseph Vételay sgr. de Beaurepas, juge sénéchal du marquisat de Magnac, et le consentement de l'évêque de Limoges, donné dans son château d'Isle, 1737. — Requête des religieuses de Magnac à l'évêque de Limoges pour faire augmenter la dot d'entrée en religion précédemment fixée à 2000 ll. de principal. Sans date. — Requête de l'hôpital de Magnac à l'intendant de la généralité de Limoges aux fins d'obtenir l'autorisation de prendre pour la construction de l'hôpital partie des bâtiments du sieur Lester. Sans date. — Différentes requêtes en modération de cote adressées à l'intendant des finances, aux intendants des généralités de Bourges et de Limoges, XVIII⁰ siècle. = Mémoire indiquant l'état présent de l'hôpital de Magnac, avec un court historique de l'établissement. 1715, complété en 1720. — Rapport du vicaire général du diocèse sur la situation de l'hôpital de Magnac, 1735. — Mémoire sur l'état présent de l'hôpital de Magnac adressé au duc de Laval, vers 1781 ; — autres mémoires analogues adressés à Mgr. le cardinal de Luynes « pour obtenir de sa bienfaisance les secours charitables que cette communauté sollicite dans son présent besoin, » vers 1781.

VILLE DE MAGNAC-LAVAL

INVENTAIRE SOMMAIRE

DES

ARCHIVES HOSPITALIÈRES ANTÉRIEURES A 1790.

SÉRIE F

(Registres d'entrée et de sortie des personnes admises dans l'établissement.)

F. 1. (Cahier). — In-8°, 84 feuillets, papier.

1711-1782. — Registre d'entrée des pensionnaires (c'est-à-dire des malades payants et quelquefois des postulantes.) Le nombre des jeunes filles et des femmes nobles admises à être soignées est considérable : elles appartiennent très fréquemment aux diocèses voisins de Bourges, Poitiers et Saintes. Le nombre des admissions se peut établir ainsi qu'il suit : du 10 mars 1711 au 5 octobre 1726, 100; au 9 juin 1743, 100; au 7 mars 1756, 100; au 21 février 1768, 100; au 29 mai 1775, 100; au 1er décembre 1782, 104; total 604. On remarque les noms suivants : Marie Anne Vételay, fille de M. de Bonrepas (*lisez* Beaurepas), sénéchal de cette ville, âgée d'environ neuf ans, entrée le 12 avril 1720 et sortie le 9 septembre 1722; — D[lle] Isabelle Martin, fille de M. Martin, peintre de la ville de Limoges, âgée d'environ 20 ans, entrée le 13 août 1721 et sortie le 16 novembre suivant; — Françoise Vételay, fille de M. le sénéchal de cette ville, âgée d'environ 8 ans, entrée le 13 novembre 1721 et sortie le 6 septembre 1724; —

Madame Marie Rabau, de Lille en Flandre, diocèse de Tournay, veuve de feu messire Louis de Nollet, âgée d'environ 45 ans, entrée le 14 mai 1724 et sortie le 16 juin 1726; — D[lle] Agathe Cherdebœuf, fille de M. Cherdebœuf, sieur de la Grande-Roche et de Mlle Marguerite Dobit, demeurant au lieu noble de la Grande-Roche en cette paroisse, entrée le 7 février 1732 et sortie le 7 mars suivant. Entrée une seconde fois le 18 juillet 1735 et une troisième fois le 15 novembre 1752. A cette dernière date, sa sœur Élisabeth fut également reçue; puis vint le tour d'Anne Lefebvre, fille d'Agathe Cherdebœuf, le 7 mars 1756; — D[lle] Marguerite Pontailler, fille de M. de Pontailler, sénéchal de cette ville, entrée le 22 avril 1750 et sortie le 9 novembre suivant; — Mad. de Marsans et ses deux filles, Mlle de Marsauge, sa nièce et sa servante, entrées toutes ensembles le 31 mai 1753. Mad. de Marsans n'en sortit que le 23 décembre 1757; — D[lle] Claire de Pontaillier, fille de M. Pontaillier, sénéchal de cette ville, entrée le 29 juillet 1756; — D[lle] Charlotte-Caroline Ficher, fille de messire James Ficher, commandant d'Yermouth en Angleterre, province de Norfolk, et d'Anne Stedman, native de

Londres, âgée de 11 ans, entrée le 29 octobre 1778 et sortie le 24 décembre suivant. (Le registre s'arrête au 1er décembre 1782).

F. 2. (Liasse). — 4 cahiers in-8°, in-4° et in-folio, 214 feuillets, papier.

1711-1827. — Registres d'entrée des pauvres malades admis dans l'hôpital. On indique leurs noms et conditions, leur âge, leur lieu d'origine, le genre de leur maladie, enfin la date d'entrée, de sortie ou de décès. Les entrées de l'année 1743 font défaut. Il y a un cahier supplémentaire pour les années 1748 à 1754. — Au premier cahier se trouve la liste des pauvres reçus chaque année depuis 1711, jusqu'en 1734, en la manière qui suit : 1711, 12. — 1712, 13. — 1713, 24. — 1714, 47. — 1715, 23. — 1716, 11. — 1718, 27. — 1719, 18. — 1720, 16. — 1721, 18. — 1722, 26. — 1723, 18. — 1724, 13. — 1725, 4. — 1726, 21. — 1727, 17. — 1728, 9. — 1729, 27. — 1730, 7. — 1731, 11. — 1732, 17. — 1733, 15. — 1734, 9 + 6. = Contrat de louage d'une servante pour l'hôpital de Magnac, à raison de six livres par an, plus la nourriture, le vêtement et le logis, 1764.

F. 3. (Liasse.) — 2 pièces, parchemin ; 79 pièces et 2 cahiers in-8°, 14 et 4 feuillets (1 imprimé), papier.

1711-1786. — Petit cahier imprimé contenant : 1° les cérémonies pour la vêture d'une religieuse de chœur ; 2° les cérémonies pour la profession d'une religieuse de chœur ; 3° la rénovation des vœux de religion. — Petit cahier enregistrant les prises d'habits faites dans l'hôpital. F° 1 r° : « Livre de l'établissement des sœurs hospitalières, le 19 mars 1711, par Mgr. Antoine de Genétines, évêque de Limoges, lequel a envoyé, le 19 mars 1711, M. de Tanoarn, docteur de Sorbonne, supérieur du séminaire de Limoges, vicaire général de Monseigneur. [Celui-ci] de son autorité privée a commencé l'établis-

sement des sœurs hospitalières à l'hôpital de Magnac, après l'inventaire des meubles et biens du dit hôpital et la démission des administrateurs qui étaient pour lors M. Giguaud, prêtre, M. de la Laune, procureur fiscal. Et les meubles et biens du dit hôpital et administrations furent remis ès mains de la sœur de Forges, supérieure de cet établissement à perpétuité, pour elle et celle qui lui succèderont à perpétuité. » Plus loin, à la date du 2 mai 1712, on lit : « Feu M. Léonard Nicaud Desgorce, prêtre, a donné l'habit d'hospitalière novice à sœur Marie Rabilhac et elle est sortie ayant été refusée de toutes les voix en plein chapitre assemblé. On lui a ôté l'habit d'hospitalière, du 20 avril 1713 ; elle est sortie en bonne santé. » De 1711 à 1781 il y eut environ 48 cérémonies de vêture et profession religieuse, qui firent entrer dans la communauté à peu près 70 hospitalières. Les contradictions qui existent entre les différentes listes où l'on retrouve ces détails ne permettent pas d'en affirmer la valeur absolue. — Actes de constitutions de dot pour les religieuses admises dans la communauté. Ces actes passés par devant les notaires royaux de la sénéchaussée de Basse-Marche contiennent souvent aussi l'acte d'admission des dites religieuses dans la communauté. Il y en a 38 jusqu'en 1782, dont 20 pour l'année 1712. Les 18 autres appartiennent aux années 1716, 1721, 1724, 1733, 1738, 1741, 1742, 1748, 1763, 1764, 1768, 1770, 1775 et 1782. — Ordonnance de l'évêque de Limoges portant que les élections de supérieures, d'assistantes et d'économes devront se faire tous les trois ans, 1734. — Procès-verbaux d'élection de supérieures : Anne Durieux en 1761, Rose Vételay de Beaurepas en 1764, Henriette Lignaud de Lussac en 1785. — Deux commissions données au curé de Magnac pour faire procéder à l'élection d'une supérieure, 1773 et 1779. — Autorisations accordées par l'évêque de Limoges : de congé à des religieuses de l'hôpital, — de réception de professe, — de confession à des prêtres missionnaires, 1712-1778.

.VILLE DE MAGNAC-LAVAL.

INVENTAIRE SOMMAIRE

DES

ARCHIVES HOSPITALIÈRES ANTÉRIEURES A 1790.

(Petites écoles, Saignées, Assistance.)

G. 1. (Liasse). — 3 cahiers in-4° ; 77 feuillets, papier.

1711-1749. — Registres d'entrée des écolières, ordinairement avec cette rubrique : « Registre des enfauts de notre sexe, tant pauvres que riches, qui viennent dans nos classes, de la ville ou de la campagne, pour apprendre à lire et à écrire, pour le catéchisme et pour prier Dieu. » Le catéchisme des paysannes, dit catéchisme des bergères, n'avait lieu que pendant le carême antérieurement à 1763. A partir de cette année il se fit aussi pendant l'avent. — Mouvement de l'école (1) : 1711, 48 élèves. — 1712, 49. — 1713, 60. — 1714, 57. — 1715, 57. — 1716, 60. — 1717, 54. — 1718, 45. — 1719, 50. — 1720, 45. —

(1) Cette statistique a été dressée en additionnant les noms des élèves mentionnées à chaque année. Le premier nombre après le millésime est celui des écolières ; le second, à partir de 1727 est celui des catéchumènes venues de la campagne. Aux années 1748, 1756 et 1758, les registres indiquent que les jeunes filles de la ville sont admises au catéchisme des bergères. Il y en avait 32 en 1758. En 1763 et 1765, les jeunes paysannes ne sont plus comprises dans les nombres donnés. Ces indications restrictives doivent s'appliquer aussi vraisemblablement à plusieurs autres années, quoique les registres n'en disent rien.

1721, 48. — 1722, 42. — 1723, 46. — 1724, 46. — 1725, 48. — 1726, 56. — 1727, 48 écolières, 57 catéchumènes. — 1728, 48, 48. — 1729, 43, 31. — 1730, 45, 24. — 1731, 71, 34. — 1732, 73, 72. — 1733, 74, 66. — 1734, 88, 91. — 1735, 88, ? — 1736, 88, 140. — 1737, ?, ?. — 1738, 179, 138. — 1739, ?, ?. — 1740, ?, ?. — 1741, ?, ?. — 1742, 115, 115. — 1743, ?, ?. — 1744, ?, ?. — 1745, 115, 103. — 1746, 124, ?. — 1747, 129, 135. — 1748, 102, 189. — 1749, 112, 146.

G. 2. (Liasse). — 3 cahiers in-4°, 46 feuillets, papier.

1750-1766. — Registres d'entrée des écolières (suite). — Mouvement de l'école : 1750, 118 écolières, 144 catéchumènes. — 1751, 91, 108. — 1752, 87, 89. — 1753, 82, 89. — 1754, 78, 50. — 1755, 73, 83. — 1756, ?, 105. — 1757, ?, ?. — 1758, 64, 63. — 1759, ?, ?. — 1760, 156, ?. — 1761, 190, ?. — 1762, 216, ?. — 1763, 62, 126. — 1764, 168, ?. — 1765, 70, 176.

G. 3. (Liasse). — 3 cahiers in-4°, 164 feuillets, papier.

1720-1738. — « Registres des saignées que l'on

fait aux pauvres du dehors et des médicaments qu'on leur donne. » — Portent indication des maladies, du genre de remède qu'on y applique outre la saignée, et du prix qu'on en exige. La saignée est pratiquée dans les cas les plus différents, même pour de simples maux de gorge ou de dents. Les malades appartiennent aux villages environnants dans un rayon de plusieurs lieues.

G. 4. (Liasse). — 3 cahiers in-4°, 135 feuillets, papier.

1739-1751. — Registres des saignées (suite).

G. 5. (Liasse). — 2 cahiers in-4°, 122 feuillets, papier.

1752-1762. — Registres des saignées (suite).

G. 6. (Liasse). — 2 cahiers in-4°, 120 feuillets, papier.

1763-1781. — Registres des saignées (suite).

G. 7. (Liasse). — 2 cahiers in-4°, 94 feuillets, papier.

1711-1725. — Registres des assistances, c'est-à-dire des dons en nature ou en espèces faits aux pauvres malades de la paroisse, en dehors de l'hôpital. Relevé du nombre des pauvres assistés : 1711, 31. — 1712, 44. — 1713, 58. — 1714, 168. — 1715, 158. — 1716, 141. — 1717, 151. — 1718, 81. — 1719, 57. — 1720, 60. — 1721, 71. — 1722, 77. — 1723, 179. — 1724, 229. — 1725, 156.

G. 8. (Liasse). — 2 cahiers in-4°, 82 feuillets, papier.

1726-1733. — Registres des assistances (suite). — Relevé du nombre des pauvres assistés : 1726, 270. — 1727, 182. — 1728, 192. — 1729, 148. — 1730, 165. — 1731, 156. — 1732, 128. — 1733, 124.

G. 9. (Liasse). — 2 cahiers in-4°, 91 feuillets, papier.

1734-1744. — Registres des assistances (suite). — Point de récapitulation.

G. 10. (Liasse). — 2 cahiers in-4°, 115 feuillets, papier.

1745-1755. — Registres des assistances (suite). — Point de récapitulation.

G. 11. (Liasse). — 3 cahiers in-4°, 196 feuillets, papier.

1756-1781. — Registres des assistances (suite). — Point de récapitulation.

VILLE DE MAGNAC-LAVAL.

INVENTAIRE SOMMAIRE

DES

ARCHIVES HOSPITALIÈRES ANTÉRIEURES A 1790.

SÉRIE H

(Papiers divers et correspondances ne rentrant pas dans les séries précédentes.)

H. 1. (Liasse). — 13 pièces, papier.

1725-1748. — Pièces concernant : 1° l'hôpital de la Souterraine : requête de la supérieure de la communauté de Magnac à l'évêque de Limoges pour obtenir l'autorisation d'établir quelques sœurs de la communauté dans le dit hôpital ; — autorisation de l'évêque ; — prise de possession par la supérieure, 1725 ; = 2° l'hôpital de Chalais au diocèse de Saintes : copie des lettres patentes de fondation du dit hôpital ; — autorisation donnée par l'évêque de Saintes à la supérieure de l'hôpital de Magnac d'envoyer quelques religieuses à Chalais ; — requête de la supérieure de Magnac au seigneur de Chalais aux fins d'établir quelques religieuses à Chalais ; — consentement du prince de Talleyrand-Périgord, seigneur de Chalais, au dit établissement ; — procès-verbal informe d'inventaire des meubles et biens de l'hôpital de Chalais, 1726-1727 ; = 3° l'hôpital de Bourganeuf : procès-verbal d'installation des sœurs de Magnac au dit hôpital, 1738 ; — procès-verbal de réception des religieuses dans l'hôpital de Bourganeuf, 1741-1748.

H. 2. (Liasse). — 198 pièces, papier.

1701-1755. — 125 lettres d'affaires adressées à Mesdames de Forges, mère et fille, (cette dernière ayant été supérieure de l'hôpital jusqu'en 1735) : 1705, 27 octobre, du sieur Buxière, prêtre de St-Sulpice : «Ne craignez pas d'employer en domaines et bâtiments pour l'hôpital de Magnac, à mes dépens, jusqu'à 6,000 ll. et plus s'il le faut, sur ce que Mad. la comtesse de Fénelon me doit.... » — 1709, Paris, 11 mai : du sieur Buxière, prêtre de St-Sulpice : « Le blé et le pain ont, aujourd'huy, jour de marché, diminué du tiers. On assure la paix signée le premier de ce mois entre la France et la Hollande.... » — 1709, 7 novembre, de l'abbé de Tanoarn : « J'ay aussi bien de la joye d'apprendre par M. des Gorses aussi bien que par vous même que vous tâchez de garder avec fidélité votre règlement, tant pour ce qui regarde vos exercices de piété que pour le service des pauvres et l'instruction des enfants. .. » — 1710, Paris, 11 janvier, du sieur Buxière, prêtre de St-Sulpice : « Je salue M. l'abbé du Dorat et toute votre communauté en tremblant de froid. Toutes choses sont ici hors de prix ; la rareté de l'argent augmente et je suis nécessité de me priver du nécessaire pour les affaires de M. le comte de Laval. » — 1710, 17 mai, de l'abbé de Tanoarn : « Rendez honneur et civilité à ceux que vous voyez avoir opposition à vos desseins, mais contentez vous de suivre les advis de M. des Gorses.... Monseigneur a dit ce matin à M. des Gorses qu'il veut absolument que l'école se rétablisse incessament dans l'hôpital et que vous soyez la maîtresse pour la faire par vous-même ou par quelque autre des sœurs que vous y destinerez.... » — 1711, 30 mai, de l'évêque de Limoges, Mgr. Charpin de Genétines : « Quand vous êtes entrée dans l'hôpital, vous n'y avez pas trouvé du bien pour nourrir un seul pauvre : les administrateurs, en vous remettant le soin de l'hôpital, vous ont déclaré que, depuis six ans qu'ils étoient administrateurs, ils n'avoient pas touché un sol du bien de l'hôpital.... » — 1722, 20 mai, du vicaire général du diocèse : « Monseigneur est bien aise, Madame, que vous mettiez les pauvres un peu mieux à leur aise, mais il appréhende que dans ce temps vous entreprenez des bâtiments dont vous ne pouvez venir à bout qu'en incommodant beaucoup votre maison. C'est à vous à examiner la chose avant de l'entreprendre....» — 1724, 17 avril, du vicaire général du diocèse : « Monseigneur notre prélat est tellement édifié de ce que je lui ay mandé sur votre zèle, Madame, et sur ce que vous avez fait et convenu de faire pour le service des pauvres que, non-seulement il vous accorde la permission que vous souhaitez de faire une acquisition pour l'hôpital, mais qu'il vous assure de sa protection dans toutes les occasions ou vous en aurez besoin.... » (1). — 1734, 7 mars, de l'évêque de Limoges, Mgr. de l'Isle du Gast : « Je différerai de vous la donner en forme (la lettre d'obédience réclamée par la supérieure) que je sache dans quelle communauté vous demeurerez à Paris et à condition que vous me promettrez d'aller à confesse ou à St-Sulpice ou aux Cordeliers ou aux Jésuittes, de peur que vous ne tombassiez en de mauvaises mains. Choisissez une communauté catholique et défiez vous de quiconque voudrait vous débiter quelque nouvelle doctrine ou vous donner quelque livre à lire : car Paris est plein de novateurs (les jansénistes) d'autant plus dangereux qu'ils se cachent sous l'extérieur de la piété et de la morale sévère.... » = 71 lettres d'affaires adressées à Mad. Dumont de Marans, supérieure de l'hôpital

jusqu'en 1755 : 1740, 3 février, de Camus, procureur de la communauté de Magnac près le Parlement de Paris : « Enfin, Madame, votre cause a été plaidée pour la seconde audience, ce matin, et décidée contradictoirement par arrêt qui porte que, sans s'arrêter à l'opposition de M. de Laval, il sera passé outre à l'enregistrement des lettres patentes que le Roy vous a accordées.... » — 1746, 3 février, de l'évêque de Limoges, Mgr. Gilles du Coetlosquet : « M. de Bolinard a une nombreuse famille et en particulier des filles auxquelles il ne peut donner une éducation convenable à sa naissance. Si vous voulez bien vous charger pendant quelque temps de l'aînée, nous nous accommoderons ensemble pour sa pension.... » — 1746, 28 juin, de l'évêque de Limoges, Mgr. Gilles du Coetlosquet : « J'ai une véritable compassion des filles de condition qui n'ont point d'éducation. Votre parente [Mlle de Bolinard] ne pouvait être en de meilleures mains pour en recevoir une convenable à sa naissance.... » — 1749, 11 mars, de l'évêque de Limoges, Mgr. Gilles du Coetlosquet : « Je suis touché depuis longtemps, Madame, du mauvais état de votre hôpital, surtout pour ce qui regarde le logement des pauvres. Je suis donc d'avis que, dans la suite et jusqu'à nouvel ordre, vous recevrez en argent la dot des sœurs pour commencer les bâtiments qui vous sont si nécessaires. »

* H. 3. (Liasse). — 84 pièces, papier.

1756-1791. — 32 lettres d'affaires adressées à Mad. de Roche, supérieure de l'hôpital jusqu'en 1764 : 1760, 15 février, du curé de Bourganeuf : « .... Il serait aussi très important, si cela est possible, comme je n'en doute pas, qu'elle (la religieuse demandée) fut de goût et de volonté à se donner la peine d'enseigner de jeunes filles, parceque nous travaillons à mettre cet hôpital (celui de Bourganeuf) sur le pied de sa première destination et nous espérons que nos chères religieuses connaîtront que ce pays n'est pas tant à fuir qu'on a voulu le débiter. Au moins contribuerai-je de toutes mes forces à en écarter tout ce qui pourrait être opposé à leur tranquillité.... » — 1762, 31 août, de l'évêque de Limoges, Mgr. Duplessis d'Argentré : « Je suis véritablement affligé, chère sœur, de la situation de vos sœurs de Bourganeuf et des désagréments qu'elles essuyent. J'en écrirai au nouveau curé, quand il y en aura un, et si MM. les administrateurs n'y mettent pas ordre, je vous permettray pour lors d'abandonner un

<hr>

(1) Impr. dans notre *Notice hist. sur l'hôpital.*

établissement où, faute d'être secondées, vous ne pouvez faire le bien que vous désirez.... » = 30 lettres d'affaires adressées à Mad. de Beaurepas, supérieure de l'hôpital jusqu'en 1773 : 1766, 23 septembre, de l'évêque de Limoges : « Si les parens à qui vous pouvez faire des représentations à cet égard veulent se prêter à l'augmentation de dot que vous souhaiterez établir, vous pourriez le faire. Si, au contraire, les parents refusent absolument et que les sujets qui postulent pour votre communauté soient bons, je crois que vous ferez bien de vous en tenir pour le présent aux arrengemens que vous avez déjà pris avec leurs familles, sauf à faire pour l'avenir les dots des filles qui se présenteront pour votre communauté, au taux convenable.... » (1) = 5 lettres d'affaires adressées à Mad. de Tersannes, supérieure de l'hôpital jusqu'en 1779. = 16 lettres d'affaires adressées à Mad. de Lussac, supérieure de l'hôpital jusqu'en 1788. = 2 lettres d'affaires adressées à Mad. de Labreuille, supérieure de l'hôpital jusqu'en 1793 : 1791 (?) 15 janvier ; de la sœur Gallocheau, supérieure, hospitalière à Chalais : « Mesdammes et chères sœurs, c'est pour entretenir l'hunion qui est entre nous en Jésus-Christ notre divin époux que je ne peux laisser passer ce renouvellement dannée non pour vous la souhaiter heureuse que par la patience dont nous avons tous grand besoin dans ces temps maleureux. Demandons la donc les unes pour les autres a ce Dieu de toute bonté, et surtout pour notre mère la Ste église que leufert persécute à toute outrance.... Nous voiyons des royaumes rebelles à Dieu qui ont atiré sa malediction et ont été privés de la foi ; nous havons tout sujet de craindre que le même chatiment arrive à la France coupable. Hunissons donc, nos chère sœurs, nos prières.... etc. »

H. 4. (Liasse). — 97 pièces, papier.

1637(?)-1790. — Lettres émanant de diverses personnes (deux de d'Aguesseau, une de Turgot, plusieurs de l'évêque diocésain, etc.) et adressées à diverses personnes autres que les supérieures de l'hôpital : à Mad. de la Maisonneuve de Puycharnaud, à M. Nicaud de Gorses, supérieur du séminaire de Magnac, à la marquise de Salignac-Fénelon, à l'évêque de Limoges, au marquis de Nieul, grand sénéchal de Saintonge, aux officiers de justice de Magnac, aux administrateurs de l'hospice, etc.: 1706 (?), lettre sans date, sans signature, sans adresse : « Mlle de Forges étant venue icy, il y a cinq ou six mois (?) avec Mad. sa mère entra dans notre église, je veux bien croire par l'ordre de la providence. Sans y connaître personne, [elle] s'adressa à moi et me pria, quelque temps après s'être confessée, de vouloir contribuer par mes conseils à l'affermir dans le dessein qu'elle avoit pris de se consacrer à Dieu. Je ne pus point refuser une demande aussi juste que celle-là, quoique je m'en connaisse très incapable par rapport à moi-même.... Tout cela étoit vague et sans aucune forme ; mais le Saint-Esprit, se promenant sur les eaux de son âme, les rendit fécondes par le projet qu'elle forma quelques temps après. Comme elle étoit fort jeune et d'un tempéramment tout de feu, je ne fis pas beaucoup d'attention à ce qu'elle me dit, me contentant de lui donner des conseils convenables à une âme qui me paraissait aimer Dieu plus que tout autre chose.... » — Lettre de M. Buxière à l'abbé de Gorses. Paris, 9 août 1710. « Il n'y a plus d'espérance de paix avec les ennemis. Il n'y a pas d'apparence de bataille entre les armées. Il y a nouvelle alliance offensive et défensive entre l'Espagne et nous. On dit fort que M. de Vendosme va faire le siège de Barcelone. Les ennemis continuent celui de Béthune, les tailles sont augmentées de six millions à dessein de les rendre réelles et de s'en payer en blé. On assure qu'on va publier une déclaration pour réduire en monnoye toute la vaisselle plate d'argent. Nonobstant la rareté d'argent, M. le Camus, lieutenant-civil, avait traité de sa charge de lieutenant-civil à 520,000 ll. avant mourir et ils se sont trouvés presque au nombre de 36 prétendants. »

H. 5. (Liasse). — 33 pièces, papier (14 imprimées) ; 4 plans.

1427-1785. — Contrats de mariage : entre Perrichon Poute et dlle Turpin, 1427 ; — entre M. Poute et dlle Souveraine de Boisay, 1472 ; — entre G. Poute et dlle Marie de Razaie, 1564 ; — entre Claude Poute et dlle Marie de Durfort, 1601 ; — entre Gilbert Poute et dlle Vincente Rance, 1609 ; — entre Jean Poute et dlle Antoinette de Segondet, 1627 ; — entre Mathieu Certot et dlle Marie Tillier, 1630 ; — entre Joseph Gornard et dlle Catherine de Costes, 1657 ; — entre Jean Poute et dlle René Vigeron, 1683. = Attestation de bonne conduite donnée par le curé d'Arfeuille à une compagnie de chevau-légers de passage dans la paroisse, 1655. — Arrêt du Conseil du

(1) Impr. dans notre *Notice hist. sur l'hôpital*.

roi portant règlement général au profit des juges et consuls du royaume contre les officiers des sièges royaux, 1670. — Acte de tutelle sur les enfants de feu Léon Durieux sgr. de Villepréau, accordé à M. de la Maisonneuve, 1674. — Acte baptistaire de Madeleine Poute de Forges, 1682. — Preuve de la noblesse de Jean Poute, son aïeul, 1599. — Quittance donnée à Jean Poute, écuyer, sgr. de Forges, habitant la paroisse de St-Priest, des droits perçus pour l'enregistrement de ses armes en l'armorial général, 1697. — Édits et déclarations du Roi touchant l'ordre de N.-D. du Mont-Carmel et de St-Lazare, XVIIe s. — Édits et déclarations du Roi, arrêts du conseil, etc., visant d'une manière générale les établissements hospitaliers du royaume. — Extrait des registres capitulaires de l'évêché de Limoges, duquel il appert que maître Jean Baju, prêtre, a été nommé titulaire de la vicairie perpétuelle fondée en l'église de St-Léger-Magnazeix, 1708. — Extraits des registres du Conseil d'état, relatifs au procès mû pour la succession du duc de Laval, 1748. — État imprimé des biens et revenus dont jouit l'hôtel-Dieu de Tulle, 1764. = Quatre plans différents des bâtiments de l'hôpital de Magnac. XVIIIe siècle.

VILLE DE SAINT-YRIEIX

INVENTAIRE SOMMAIRE

DES

ARCHIVES HOSPITALIÈRES ANTÉRIEURES A 1790.

SÉRIE A.

(Lettres patentes.)

A. 1. (Liasse). — 7 pièces, papier.

Vers 1783. — Pièces concernant l'obtention de lettres patentes par l'hôpital de St-Yrieix. — Note y relative, sans date : « L'hôpital de St-Yrieix existe depuis un tems immémorial; [mais] son établissement n'est point encore fixé d'une manière irrévocable. En un mot, des lettres patentes ne lui ont point encore assuré la protection royale qui seule peut donner à son état une consistance réelle. On a enfin senti combien il seroit à souhaiter qu'on put procurer un semblable avantage à cette maison de charité. Pour y réussir on a mis en usage les moyens les plus convenables (requête au Roi, intervention de l'évêque et de l'intendant de Limoges, état des revenus, etc.). On fit passer dans son temps ces pièces à M. Amelot, ministre, remplacé depuis par M. de Breteuil. Tous ces papiers sont encore dans les bureaux de ce ministre, et on attend depuis plus de deux ans une réponse définitive. » — Deux copies d'un mémoire sur la fondation de l'hôpital et son état présent. Sans date. Les revenus sont dits s'élever à la somme totale de 1,861 ll. « En 1778 tous les planchers, degrés et cheminées de l'hôpital ont été refaits à neuf, les croisées rétablies et tout l'intérieur recrépi, la chapelle rebâtie.... Il y a ordinairement de 15 à 18 pauvres et quelquefois 24 à 25, une servante et une religieuse pour avoir soin des malades. Le Bureau de direction est composé, depuis l'établissement de la sénéchaussée en cette ville [1750], de MM. le lieutenant général civil et de police, du procureur du Roi, du maire de la ville, de son lieutenant, d'un des curés des cinq paroisses, d'un autre prêtre séculier, d'un médecin, d'un avocat, de deux sindics pour la régie des revenus, d'un autre sindic pour la régie des enfants exposés et d'un secrétaire. Le Bureau nomme un chirurgien pour traiter les malades.... Il y a existé autrefois trois autres hôpitaux tels que l'hôpital St-André, l'hôpital Ste-Anne et l'hôpital St-Jean, fondés pour diverses maladies, le revenu desquels est en bénéfices simples possédés par des prêtres de cette ville qui sont d'ailleurs pourvus d'autres bénéfices. Il seroit à souhaiter que les susdits prieurés fussent joints à l'hôpital existant, ce qui contribueroit à fournir des moyens pour secourir un plus grand nombre de malheureux. » — Trois copies d'une requête de l'hôpital au Roi pour obtenir des lettres patentes. Sans date : « Les administrateurs ont l'honneur de représenter à votre Majesté.... que St-Yrieix est un lieu de passage et de garnison pour des détachements et que son hôpital a toujours été un asile secourable soit pour les soldats passagers soit pour ceux qui ont été détachés en garnison à St-Yrieix ; qu'il a aussy toujours pourvu à la subsistance et au soulagement des pauvres artisans qui ont été malades ou qui sans l'être gémissoient sous le poids de l'indigence ; qu'il a été également un refuge pour ceux que la misère et le besoin de secours étrangers attiroient à St-Yrieix, et que lorsqu'il n'a pas pu donner entrée aux uns et aux autres, il les a secourus au dehors ; que ces victimes du sort, dont l'existence a son principe dans la corruption des mœurs, ont toujours trouvé dans cet hôpital une ressource assurée pour la conservation de leurs jours malheureux ; qu'il a pu recevoir habituellement jusqu'au nombre de 25 pauvres par le concours de ses revenus fixes et des aumônes des fidèles, etc. » On énumère ensuite les divers avantages qui résulteraient de l'obtention des lettres patentes pour l'hôpital d'une ville d'environ 3,000 habitants : « .... Les administrateurs, médecins, chirurgiens rempliroient leurs fonctions avec plus de zèle, avec plus de goût et en seroient moins distraits par l'effet des privilèges et avantages qui sont attachés à ces places dans les hôpitaux patentés. Il n'est presque plus possible de trouver des sindics pour l'hôpital parce que un chacun cherche à se soustraire aux peines et aux risques du sindicat qui n'offre d'ailleurs dans l'état actuel des choses aucune perspective avantageuse, etc. »

VILLE DE SAINT-YRIEIX

INVENTAIRE SOMMAIRE

DES

ARCHIVES HOSPITALIÈRES ANTÉRIEURES A 1790.

SÉRIE B

(Revenus, Échanges. Terriers, Lièves, Procédures.)

B. 1. (Liasse). — 2 pièces, papier.

1729-XVIII° siècle. — Testament de François Gondinet, sieur du Verdier, léguant à l'hôpital une grange avec jardin et la somme de 150 ll. en argent comptant, à condition que l'hôpital abandonne ses droits au cas où il lui serait dû quelque chose par feu Jean Gondinet, médecin, père du testateur et ancien syndic de l'hôpital, 1729. — Requête de Pierre Pichon, chanoine du chapitre de St-Yrieix et administrateur de l'hôpital, au Parlement de Bordeaux, demandant si l'hôpital peut poursuivre le paiement d'un legs de 300 ll. fait au dit hôpital par D^{lle} Thérèse Cochard, femme de Pierre Gondinet, « lieutenant au commun pariage de cette ville avant l'érection du sénéchal. » Sans date; écriture de la fin du XVIII° siècle.

B. 2. (Liasse). — 7 pièces, papier.

1732-1749. — Rentes constituées en faveur de l'hôpital : par le sieur Hardy de Villeneuve, 9 ll. 3 sols au capital de 183 ll. 8 sols, 1732. — par François Combret, sieur de Fontbonne, 22 ll. 10 sols au capital de 450 ll., 1732 ; — par François Delafon, sieur de la Bachellerie, vicaire de Peyrat, 5 ll. au capital de 100 ll., 1744 ; — par Jean Barbary, sieur de Beaugerie, 15 ll. au capital de 300 ll. à lui donné par Pierre Malevergne de la Bachellerie, 1746 ; — par D^{lle} Marie Bellengard, 5 ll. au capital de 100 ll., 1748; — par Martial Meynier à la décharge des héritiers d'Urbain Hardy, 12 ll. au capital de 240 ll., 1748; — par D^{lle} Marie Martin, veuve de Jean Paignon, sieur de Laborie, 5 ll. au capital de 100 ll., 1749.

B. 3. (Liasse). — 3 pièces, papier.

1704-1720. — Contrats d'échanges. — Abandon fait à l'hôpital de St-Yrieix par Jean Leymarie, sieur de la Rochette, du borderage des Ayres en paiement de la somme de 1444 ll. par lui due, 1704. — Cession faite au dit hôpital par François Paignon, sieur de Vergnas, du jardin d'Andalou, confrontant au chemin de la chapelle du Mas-Chénieux et au jardin de Pardoux Gondinet, apothicaire, pour le prix de 280 ll., moyennant quoi le dit sieur Paignon est libéré de ce qu'il devait à l'hôpital, 1706. — Ventes faites au dit hôpital : par Marguerite Gillles, veuve de Louis Constant, d'un jardin sis près du borderage des Ayres, pour le prix de 160 ll., 1712 ; — par Anne Limousin, femme de Louis Mazeau, d'un jardin sis au faubourg des Ayres, pour le prix de 260 ll., 1713 ; — par D^{lle} Isabeau Dugarreau, du pré de Rochépine, pour le prix de 360 ll., 1720.

B. 4. (Liasse). — 4 pièces, papier.

1748-1765. — Transactions diverses : portant renonciation par Antoine Mazeau, sieur de la Trenchardie, en faveur de l'hôpital de St-Yrieix du droit par lui prétendu de construire un réservoir à poisson proche l'étang de Beaudy dans le pré du Pouyoulou, appartenant à l'hôpital, 1748 ; — portant modération à 600 ll. des intérêts et arrérages de la somme de 280 ll. que feu Yrieix Villemonneix et Guillaume de Guilhou de la Gondie, anciens syndics de l'hôpital avaient laissé prescrire, 1755 ; — relative à la cession faite à l'hôpital par le sieur Gueule du capital de 600 ll. à lui dû par Michel Bonaud pour la vente d'une maison sise aux Barris, 1759 ; — portant reconnaissance par Me Henry Jarrige de la Morélie, en faveur de l'hôpital d'un capital de 161 ll. 10 sols consenti par son père, 1765.

B. 5. (Liasse). — 3 pièces, papier.

1704-1788. — Abandon fait par François Bonhomme à l'hôpital des droits de lods et ventes dus sur une maison du faubourg de la Foire, 1727. — Droits de prélation accordés par l'hôpital : à messire Antoine de Jarrige, chanoine, pour un borderage par lui acquis aux Ayres, 1704 ; — à dame Françoise Justine Coquard, baronne de Beaupoil St-Aulaire, habitant le château du Mas, près St-Yrieix, pour un jardin par elle acquis à St-Yrieix de Antoine Sulpicy, potier d'étain, 1788.

B. 6. (Liasse). — 4 pièces, papier.

1691-1748. — Pré du moulin de la Foulie. — Contrats d'hypothèque consentis : par Antoine de Gontil, officier de Monseigneur, frère unique du Roi, en faveur de Paul Paignon, écuyer, sur le pré de la Foulie, pour la somme de 800 ll., 1691 ; — par Jean de Gentil, en faveur d'Étienne Mazard, sur le dit pré pour même somme, 1716. — Vente du dit pré faite par Étienne Mazard, aux syndics de l'hôpital, pour le prix de 800 ll., 1724, etc.

B. 7. (Liasse). — 2 pièces, papier.

1710-1728. — Arpentement du ténement de la Chabroulie par Faure, arpenteur, 1710. Contenance, 35 sesterées. — Piquettement du pré de las Ribieyras, 1728.

B. 8. (Liasse). — 2 pièces, papier.

1742-1766. — État des biens. — Déclaration des biens de l'hôpital de St-Yrieix fournie par Me Pierre Gondinet, lieutenant du commun pariage, coadministrateur de l'hôpital, à M. de Marcogniat, subdélégué, conformément à l'ordonnance de M. l'intendant, 1742. (Cf. pour le détail l'extrait de 1758, analysé ci-dessous. B. 12....) — État des biens et revenus du dit hôpital, dressé en 1766, pour satisfaire à la déclaration royale du 11 fév. 1764 (Cf. comme ci-dessus pour le détail.) On peut relever les passages suivants : « Le Bureau d'administration du dit hôpital est composé du lieutenant-général (1) et, à son défaut, de celui qui le représente, du procureur du Roy, du maire, du premier échevin, du curé de St-Pierre, aumônier actuel, de deux administrateurs élus et enfin de deux syndics qui sont, comme les administrateurs élus, alternativement nommés de 3 en 3 ans. Le Bureau tient ses assemblées dans une chambre de l'hôpital le premier et le troisième dimanche de chaque mois et extraordinairement quand les affaires le requièrent. On y traite et délibère des procès à intenter ou soutenir, des redditions et clôtures des comptes des précédans sindics, qui sont et ont toujours été chargés de la recette et employ des revenus. On y reçoit les enchères des revenus des fonds ; on y détermine l'adjudication par notaire en faveur du surdisant ; on y traite enfin de tout ce qui concerne l'intérieur et extérieur de cette maison, et on porte chaque fois les délibérations prises dans le Bureau sur un registre cotté et paraphé. » Le total de tous les revenus est dit monter à 1417 ll. 18 sols ; celui des dépenses à 1418 ll.

B. 9. (Cahier). — In-4°, 31 feuillets, papier.

XIVe siècle-1752. — Terrier de l'hôpital, sous ce titre : « Déclaration historique sur l'origine,

(1) L'établissement de la sénéchaussée de St-Yrieix date de 1750.

anciens fonds et revenus de l'hôpital de St-Yrieix, sur l'accroissement d'iceluy et les différentes formes d'administration qu'il a eues pendant cinq siècles depuis son establissement présuposé en 1250 jusqu'en 1750, et ce pour satisfaire à l'ordonnance de nos seigneurs du Conseil, marquée en 8 articles par Mgr. de St-Contest, intendant à Limoges en sa lettre du 12 décembre 1749 adressée à M. Paignon, avocat, son subdélégué au dit St-Yrieix ; auquel mémoire du Conseil on répond article par article. » Suit la teneur de la lettre de l'intendant en 8 articles. — F° 2 r° : réponse à l'art. 1 de la susdite lettre demandant un extrait des actes de fondation : « On ne voit point de fondation ny aucunes patentes du dit hôpital à cause des expillations et incendies que les guerres anciennes ont causé. On voit seulement qu'il a été établi sous le titre de prieuré ou aumônerie, *prioratus seu helemosinaria majoris hospitalis Sancti Aredii.* Ce sont les termes employés dans les assences et reconnaissances faites envers les prieurs ou aumôniers du dit hôpital des rentes et dixmes y attachées dont la plus ancienne qui pareît est une investiture de Guillaume Dayou, prieur de l'hôpital, à Jean Loupetit.... de l'an 1331. C'est acte prouve que l'hôpital existoit avant, et l'on se contente de remonter son origine à l'an 1250 quoy qu'elle puisse être plus reculée (1). Ce prieur ou aumônier a toujours été pourveu à chaque vacance par le chapitre de la ditte ville, patron et collateur. On croit que cet hôpital-aumônerie fut régi par les seuls aumôniers successifs depuis la fondation présuposée de 1250 jusqu'en 1567, c'est-à-dire pendant 317 ans. ce qui s'infère : 1° des assences et reconnoissances faites à l'aumônier en seul pendant cet intervalle, quelquefois même du consentement et aprobation du chapitre ; 2° de quinze apointements judiciels du 10 janvier 1556 intervenus contre les tenanciers sur les saisies et main-mises faites contre eux par Pierre Poumaud, lors aumônier ; 3° d'une déclaration judicielle que donna comme contraint en 1567 le dit Poumaud, aumônier des biens et revenus du dit hôpital.... Mais la régie des revenus du dit hôpital-aumônerie ayant entièrement passé de la main des aumôniers en celles de la communauté des habitants environ l'époque de 1567, ainsi qu'il résulte : 1° de la déclaration forcée rendue par Poumaud ; 2° des premiers actes où l'on trouve le ministère des sindics être intervenu.... 3°

enfin, de l'administration qui paroit par les cayers de comptes de deux sindics et trésoriers alternativement nommés de trois en trois ans, où l'on voit que le revenu a été par eux perçu en seul et l'aumônier pensioné.... » — F° 3 v° : Réponse à l'art. 2 de la susdite lettre, relatif à l'état des fonds (Cf. ci dessous, B. 12). — F° 6 v° : Réflexions au sujet des aumôniers tant pendant leur régie que depuis leur démission. « L'aumônier, outre les soins spirituels et l'administration des sacremens auxquels son ministère l'obligeoit, étoit obligé avec ce revenu d'entretenir et réparer la manse de l'hôpital, les murailles du jardin et du pré et la terre de la Borie, les chaussées des deux pêcheries, lors non accensées, de fournir et entretenir la maison du meuble, linge, ustancile, lits et couchettes nécessaires pour les pauvres, d'y nourrir [ou] au moins faire traiter et médicamenter les pauvres malades ou infirmes de la ville ou étrangers qui s'y retiroient malades ou qui y tomboient en recevant la passade, de fournir aux frais d'enterrement, pourvoir le dit hôpital de bois et paille, de payer un gouvernant et une gouvernante et les décimes annuellement imposées.... » — F° 20 r° : « Le bâtiment est susceptible à loger 18 pauvres et 6 petits outre ceux qui sont dehors aux nourrices.... On y loge même souvent par charité, lorsque les lits ne sont pas remplis, des cavaliers malades lorsqu'il y a quelques compagnies en quartier d'hiver, l'officier ne donnant que six sols de paye par jour pour chacun et faisant fournir les remèdes par le chirurgien major.... » — F° 20 v° : Réponse à l'art. 3 de la susdite lettre, relatif aux dépenses de l'hôpital. Ces dépenses sont dites mouter annuellement à la somme de 1,207 ll., dont 24 ll. pour les gages de la gouvernante. « Nota que cette gouvernante ne pourroit suffire seule, mais on la fait aider par une fille du nombre des dits pauvres habitués et on fait faire les messages de campagne ou de nuit en ville par un garçon du même nombre, lesquels d'ailleurs ont soin de cultiver le jardin. » — F° 24 r° : « Quoy que la chambre de direction [de l'hôpital] eut pu et puisse encore quand elle le jugera à propos diviser et distribuer plus amplement parmy les membres qui la composent les différents objets de cette régie, suivant les diverses dispositions de l'ordonnance de 1698, elle en a néantmoins laissé jusqu'à présent le soin au sieur Gondinet, sindic, trésorier et administrateur, dont le zèle et l'attachement pour les pauvres ont engagé la chambre de le requérir et continuer dans cette régie par des prolongations triannuelles pendant 23 ans écoulés. du 7 février 1727 au 7 février 1750. » — F° 24

(1) On devine que cette date de 1250 a été choisie pour pouvoir attribuer à l'hôpital une existence de 500 ans révolus.

v° : Réponse à l'art. 4 de la lettre susdite, relatif aux dettes de l'hôpital. On renvoie au détail des chapitres précédents. — *Ibid.* Réponse à l'art. 5 de la lettre susdite, relatif aux occupations des pauvres : « Comme les pauvres qu'on tient dans l'hôpital sont toujours plus que vieux, infirmes ou malades, ils sont par là dispensés du travail, et les occupations de ceux qui peuvent le faire sont : 1° à filer ou dévider pour la maison le peu de charnure ou de lin qu'on recueille dans le jardin, à travailler les uns pour les autres, à filer ou dévider charnure ou laine pour les gens du dehors, dont le produit se rapporte à une partie de leur entretien. Mais pour en bannir entièrement l'oysiveté, y tenir et occuper un plus grand nombre de pauvres et décharger par là le public de l'importunité de bien d'autres jeunes pauvres qui vaguent les rues, il conviendroit d'y établir une manufacture en coton et en laine.... » — F° 25 v° : Réponse à l'art. 6 de la susdite lettre relatif aux réunions d'hôpitaux faites à l'hôpital de St-Yrieix. Il n'y en a jamais eu. Les hôpitaux les plus rapprochés sont : en Limousin, ceux de Limoges, Uzerche, Tulle, Brive et Lubersac, ce dernier nouvellement établi ; en Périgord, ceux de Périgueux, Hautefort et Thiviers, ce dernier situé à 4 lieues, « ces lieux formant près du double de distance de celles de Paris. » On déclare ensuite qu'il serait utile : « 1° de pouvoir pensionner et établir un prêtre libre soit séculier ou récolet pour dire messe et vêpres dans la chapelle tous les dimanches et festes, y instruire et catéchiser les pauvres tant sains que malades, y dire même la messe les jours ouvriers à son intention particulière, y faire la prière à 5 heures du soir, etc.... 2° qu'il y eut deux sœurs grises ou de la charité ou de St-Alexis prises de l'hôpital de Limoges pour la régie de la maison et autres soins et devoirs de charité à exercer envers les pauvres.... » — F° 27 v° : Réponse à l'art. 7 de la susdite lettre, relatif à la comptabilité de l'hôpital. Antérieurement à 1727 les syndics rendaient leurs comptes à leurs successeurs tous les trois ans. Depuis 1727, époque à laquelle a été établi le Bureau de direction, les comptes du syndic ont été vérifiés tous les trois ans, par deux membres du dit Bureau à ce délégués. — F° 29 r° : Réponse à l'art. 8 de la susdite lettre relatif à la composition du Bureau d'administration, comprenant : deux délégués du chapitre, l'aumônier de l'hôpital, les officiers du pariage, le maire, le premier échevin et deux syndics-trésoriers. — F° 30 r° : Tableau de la situation de l'hôpital en 1752 : dépense 1.384 ll. ; recette 1,229 ll.

1750. — Terrier de l'hôpital. — (C'est une première mise au net du cahier inventorié ci-dessus. Mais les feuillets primitivement chiffrés 3-23 ayant été lacérés, il ne subsiste que le commencement et la fin de la déclaration de l'hôpital.)

1478-1748. — Copies souvent informes des titres de rente de l'hôpital, pour servir à dresser le terrier de 1750 (Cf. ci-dessus, B. 9 et 10).

1331-1758. — « Extrait des divers contrats qui prouvent l'établissement ou existence de l'hôpital-aumônerie de la ville de St-Yrieix en Limousin, ensemble des rentes, dixmes, héritages, rentes constituées, capitaux et intérêts à lui appartenants. Pris du terrier (1), contrats et autres documens du dit hôpital. » (Au dos du cahier) : « Le présent extrait fait [en 1758], en conséquence de l'avis de M° Regnard, avocat au Conseil, à qui nous avions écrit avant la suppression du pariage pour faire patenter notre hôpital. » — Parmi les actes analysés dans un ordre chronologique assez peu rigoureux, figurent les suivants : 1331, investiture faite par Guillaume, doyen prieur de l'hôpital de St-Yrieix, à Jean Loupetit d'une maison sise près l'église de la Haute-chapelle ; — 1433, testament de M° Pierre Montron, chanoine de l'église séculière et collégiale de St-Yrieix, léguant deux lits au dit hôpital et ses biens du Valoys et de la Chabroulie : « *Item, do et lego hospitali dicte ville Sancti Aredii duos lectos, quemlibet munitum cum uno pari lineamentorum, quorum unum habeo in villa Lemovicensi et alium habeo in mea domo; et ulterius totam hereditatem meam* deu Valoys *et* de la Chabroulie, *in recompensationem omnium in quibus dicto hospitali teneri possum quoquomodo....;* » — 1487, investiture faite par Gabriel Gentil, licencié ès lois et bachelier en décret, curé de St-Jal et aumônier du grand hôpital ou aumônerie de St-Yrieix, à Jean Gentil d'une maison sise près du rempart de la

(1) Il s'agit sans doute de l'état des biens de l'hôpital dressé en 1750. Voy. B. 10. Comme le cahier a été lacéré, le présent extrait a une grande valeur.

ville; — 1486, investiture faite par le dit Gabriel Gentil à Mᵉ Bernard Redon, prêtre, d'une maison avec jardin sise au territoire de la Foire proche l'église de la chapelle Notre-Dame; — 1489, accense faite par le dit Gabriel Gentil à Jean Gentil, vigier de la ville, de trois maisons sises au territoire de Lormond; — 1516, investiture faite par Jean Mouton, aumônier ou prieur du dit hôpital, à Michel Souve de plusieurs biens sis au village de la Chabroulie; — 1506, reconnaissance faite à M. Jean Mouton, aumônier du dit hôpital, par Pierre Queyroulet d'une maison sise près la croix de Verniaux et confrontant au chemin qui mène à l'église de la Chapelle; — 1545, investiture faite par le dit Jean Mouton, aumônier, à Jean Valade, couturier, d'une maison sise aux barris du faubourg de la Foire; — 1450, reconnaissance faite à Olivier Dalier, chanoine et prieur du dit hôpital, par Bardon las Vergnas, d'une maison sise près l'église de la Chapelle; — 1437, accense faite par Guillaume Durant, prieur du dit hôpital, à Bernard Meynier d'une terre sise au Puy de Royère; — 1558, main-mise par Pierre Poumeau, prêtre, aumônier du dit hôpital, sur divers biens sis au faubourg de la Foire, faute par les censitaires de payer les droits par eux dus; — 1618, procès-verbal de vidimus des titres de l'hôpital, non rapportés, fait à la requête de Mᵉ Antoine Mouton, prêtre, aumônier du dit hôpital, de François Mazeau et Pierre Legros, syndics; — 1567, déclaration des biens et revenus de l'hôpital de St-Yrieix et des obligations de l'aumônerie envers les pauvres, faite par Pierre Poumeau, prieur : 1° la maison du prieuré; autre maison avec jardin sis par derrière, tenue par Pierre Margueynon et sa femme, « lesquels gouvernent les pauvres, » le pré de Laborie et ses dépendances; deux petites pêcheries; une pièce de champs-froids appelés le bois des pauvres; « certaines dîmes » aux villages de la Chabroulie, Lavaud-Porcher et Voulparie; quelques terres appelées d'entre-les-deux-chemins, et la moitié des dîmes du village de Villeneuve ; 2° diverses rentes sur les villages voisins, montant à 16 ll. 13 sols argent, 1 setier froment, 4 setiers 10 quartes seigle, 1 setier avoine, 3 gelines et 3 journaux d'homme. *Nota :* « Le prieur et ses prédécesseurs prêtent gratis l'hospitalité aux allans et venans du soir au matin; [il] paye les décimes. pension à Messieurs du chapitre, doit assister à l'église collégiale du dit St-Yrieix les dimanches et fêtes annuelles de l'an; auxquels jours il prend distribution comme les autres du chœur, serviteurs ordinaires; » — 1577, accense faite par François Chapelle, aumônier du dit hôpital, à Jean

Piannaud, cordonnier, en présence de Paul Tenant, procureur du Roi, de Jean Jarrige et Joseph Barrière, syndics, du bois d'Aigueperse; — 1656, constitution d'une pension de 40 ll. faite par les syndics de l'hôpital à Pierre Lavergne, « curé de la Haute-chapelle et aumônier nouvellement pourvu par le chapitre de la dite ville de St-Yrieix, » à charge par lui d'administrer les sacrements aux malades et de dire le premier jour de chaque mois la messe *Pro defunctis*, récemment fondée par Pierre Gueyne, chevau-léger. — Fᵒ 8 vᵒ et ss. : Fonds acquis par les administrateurs de l'hôpital : le pré du Pouyoulou en 1627, le pré de Rochépine en 1720, le pré de Laborie, le bien des Mazeaux légué par Yrieix Bonnet en 1699, le borderage des Ayres acquis de Jean Leymarie en 1704, deux jardins contigus au dit borderage et acquis en 1712-1713, un autre jardin sis à la Faye acquis en 1706, le pré Lamothe acquis en 1724, le pré des Fieux acquis en 1734, une grauge avec jardin légués à l'hôpital par François Gondinet sieur du Verdier en 1729; « la maison du dit hôpital où logent les pauvres, scituée à la place du Marché, vis-à-vis le boulevard de la ville, composée de deux salles pour les différents sexes, de deux autres chambres sans parler des embas, d'une cour et portail au devant la dite maison, d'une jolie petite chapelle dans un coin de la dite cour, d'un jardin au dernier (*sic*) la dite maison servant pour le potage et légumage des pauvres et d'une belle grange à côté de la dite cour avec un jardin dernier joignant au susdit.... » — Fᵒ 10 rᵒ : Bail du revenu des fonds non accensés fait en 1756 pour une durée de trois années à Antoine Monfanger, Pierre Massy, Pierre Vilette et Aubin Bayle. moyennant la somme annuelle de 362 ll.; — autre bail des dits fonds fait en 1759 pour une durée de six années à Antoine Talet, marchand, moyennant la somme annuelle de 360 ll. — Fᵒ 10 vᵒ : Relevé des « capitaux portés par obligations ou condamnations, produisant intérêt; ensemble les capitaux établis en rentes constituées. » Parmi les débiteurs figurent les suivants : Jean Queyroulet, chanoine, chantre; Jean de Jarrige de la Morélie, écuyer; dame Marguerite de Sauzillon et messire Louis, chevalier, comte de Taillefer, son mari ; dⁱˡᵉ Marguerite Souve, femme de Jean Bosvieux, médecin; Jean d'Eychizadour, écuyer, sieur de Monfeau; François Lafon, prêtre; Antoine Bouhomme, sieur de Lavaud, médecin; dⁱˡᵉ Marie Martin de Laborie; Louis de St-Martin, écuyer; etc. — Récapitulation : 1° revenus des rentes foncières et directes, rentes foncières, dîmes, lods et ventes, 166 ll. 10 sols: 2° revenus des fonds affermés, 362, ll.; 3° revenus des capitaux ou rentes constituées, 664 ll. 9 sols; 4° intérêts des reliquats de comptes de certains administrateurs, 45 ll.; 5° revenu casuel des aumônes, permissions de faire gras, etc., 45 ll. Total général : 1,282 ll. 19 sols.

B. 13. (Cahier). — In-4°, 45 feuillets, papier.

1778-1780. — « Liève générale de l'hôpital de la ville de Saint-Yrieix, contenant les comptes faits pour chaque créancier tant des arrérages de rentes constituées que autres dûs.... » Joseph Morange, procureur au sénéchal et syndic trésorier de l'hôpital; Pierre Bloudy, cosyndic. — C'est le compte détaillé des arrérages dus par les créanciers énumérés dans le cahier précédent. — F° 34 r° : Liève générale des rentes foncières dues à l'hôpital sur divers tènements de la fondalité et directité de l'aumônerie de St-Yrieix : tènements de la Chabroulie, de Voulparie, des Mignots et des Rivières. Parmi les tenanciers figurent : M° Grangevieille de la Chabroulie, officier à l'hôtel des Invalides; le baron de Beaupoil, ancien lieutenant de vaisseau du Roi, chevalier de l'ordre de St-Louis. — F° 41 r° : Accenses de quelques biens, faites par l'hôpital : à M° Antoine Duburguet, avocat du Roi et son procureur au siège de St-Yrieix; à M° Jean de Foucauld, chevalier, seigneur de Malambert, Tourtil et autres lieux, maire breveté par le Roi pour la ville de St-Yrieix; à M° Grangevieille, sieur de la Chabroulie, ancien garde du corps du Roi « et à présent capitaine des invalides au quartier de Niort, » etc.

B. 14. (Liasse). — 2 pièces, papier.

1684-1764. — Extraits des lièves de l'hôpital. (Voy. l'art. précédent.)

B. 15. (Liasse). — 1 pièce, parchemin; 38 pièces, papier.

1658-1730. — Procédures pour l'hôpital de St-Yrieix : contre Jean Queyroulet, notaire royal, et Pierre son frère, procureur, héritiers de Joseph Queyroulet leur père, touchant le paiement de l'afferme des revenus de l'hôpital adjugée à ce dernier en 1605 pour quatres années, au prix de 210 ll. par an, 1658; — contre d^lle Marguerite Mazeau, veuve de M. des Fieux, et contre Bertrand Masgontier sieur des Fieux, touchant le paiement d'une obligation de 300 ll. consentie par Frontonne Delafon et Yrieix Masgontier, 1698-1730; — contre les héritiers de feu M° Delugin, curé

de Quinsac, touchant le paiement des arrérages de rentes légués à l'hôpital par le dit Delugin sur ses tenanciers de Labigourie, 1703-1710.

B. 16. (Liasse). — 1 pièce, parchemin; 25 pièces et 1 cahier in-4°, 14 feuillets, papier.

1732-175 1. — Procédures pour l'hôpital de St-Yrieix : contre Pierre Maytrand de Charveix, touchant le paiement d'une rente de 6 ll. 18 sols par lui constituée en faveur de l'hôpital, 1732-1740 ; — contre François Lafon, sieur de Lintra, touchant le paiement d'une obligation de 30 ll. 1738 ; — contre Pierre Malevergne de la Bachellerie, touchant le paiement d'une rente de 15 ll. par lui consentie à Jean Barbary, sieur de Beaugerie, et transportée par celui-ci à l'hôpital, 1748-1750; — contre le sieur Chastaignon, mari de d^lle Pichon, et Pierre Dujardin, mis en demeure de rendre compte du syndicat de leurs pères, 1742-1754.

B. 17. (Liasse). — 4 pièces, parchemin; 12 pièces, papier (2 imprimées).

1732-1754. — Procédures pour l'hôpital de St-Yrieix contre Pierre et Aubin Delage frères, touchant le paiement d'un legs fait au dit hôpital par Hélie Parreau, tanneur, leur père.

B. 18. (Liasse). — 42 pièces et 1 cahier in-4°, 9 feuillets, papier.

1740-1757. — Procédures pour l'hôpital de St-Yrieix contre M° Jean Queyroulet, chanoine et chantre de l'église collégiale, ancien curé de la Haute-Chapelle, touchant le paiement d'une obligation de 50 ll. consentie par feu son père en faveur du dit hôpital : délibération de la Sorbonne, consulte de M. d'Albessard, avocat et lieutenant général au sénéchal de Guyenne, mémoire de M. des Fossés, avocat, lettres diverses, etc., y relatifs.

B. 19. (Liasse). — 1 pièce, parchemin; 18 pièces, papier.

1765-1780. — Procédures pour l'hôpital de St-Yrieix : contre Jean Meynier, taillandier, touchant le paiement d'une rente de 12 ll. consentie par son père en faveur du dit hôpital, 1765 ; — contre Jean Teytut de la Jarrige, lieutenant général en la sénéchaussée de St-Yrieix, — les héritiers de feu Pierre Delafon du Repaire, la d^lle Gondinet et autres débiteurs du dit hôpital, 1769-1780.

B. 20. (Liasse). — 3 pièces, parchemin.

1778-1789. — Procédures. — Trois mandements *de debitis* accordés en la cour de Bordeaux à l'hôpital de St-Yrieix contre ses débiteurs.

B. 21. (Liasse). — 23 pièces, papier.

1700-1732. — Affaires litigieuses. — Avis, mémoires, consultes et délibérations de divers avocats touchant quelques affaires de l'hôpital : de M. Faute, concluant que l'hôpital ne peut se dispenser de faire abandon des dîmes de la Chabroulie au curé de St-Pierre pour parfaire sa portion congrue, 1700 ; — de M. Maignol, concluant qu'un particulier peut reconnaître les intérêts du capital qu'il doit au denier cinq quand l'obligation est antérieure à l'édit de 1679 qui règle l'intérêt au denier dix-huit, 1720 ; — de M. Beaune, établissant que les dettes ou créances de l'hôpital ne se prescrivent que par 40 années, 1728 ; — de M. Beaune, touchant la rente de 2 quarterons de bois due à l'hôpital, 1728 ; — de M. Beaune, touchant le mode de la reddition des comptes des syndics devant le Bureau, 1729 ; — de M. Beaune, concluant que le Bureau de l'hôpital peut modérer en certains cas les intérêts dus par les débiteurs sans le consentement des habitants, lequel n'est nécessaire que pour l'aliénations des fonds ou des capitaux, 1730 ; — des sieurs Beaune et Maignol, concluant que l'hôpital ne peut revendiquer les dîmes ci-devant démembrées des domaines de la Chabroulie, l'Étang et la Borie, 1732.

B. 22. (Liasse). — 21 pièces, papier.

1733-1771. — Affaires litigieuse (suite). — Avis, mémoires, consultes et délibérations de divers avocats touchant quelques affaires de l'hôpital : de M. Beaune, concluant à la nécessité de demander le consentement des habitants pour certaines modérations d'intérêts, 1733 ; — de M. d'Albessard au sujet des no-

vales, 1741 ; — de M. des Fossés, concluant que M. de la Trenchardie, domicilié dans sa propre justice, ne peut être cité devant la justice de celui qui a souffert par son fait, mais seulement devant la justice du lieu où le délit a été commis, 1748 ; — de M. des Fossés, portant que le paiement des intérêts prouvé par les lièves de l'hôpital empêche la prescription contre les débiteurs, 1753 ; — de M. Lamotte, déclarant inutile la substitution opposée en faveur de l'hôpital par Mᵉ Jean Marel, chanoine, en son testament, 1759 ; — de M. Duvergier, au sujet de la nomination de Mᵉ Dujardin Duclaud comme syndic trésorier, déjà chargé de la collecte des tailles de Quinsac et Glandon, 1768 ; — de M. Duvergier au sujet de ceux qui refusent de remplir les fonctions publiques qui leur sont déférées, 1771.

B. 23. (Liasse). — 3 pièces, papier.

1732-1740. — Mémoires adressés par l'hôpital de St-Yrieix au conseil de conscience de Limoges : touchant la perception des intérêts de l'hôpital, 1732 (en double) : «.... On prie le sieur *(sic)* conseil de réfléchir sérieusement sur le présent mémoire et d'y donner sa décision claire et distincte sur chaque circonstance, afin d'assurer le repos de conscience des proposans tant pour le passé que pour l'avenir. » Ce conseil de conscience était composé des PP. Jacobins de Limoges et de M. Juge, curé de St-Pierre, « homme très intelligent et ancien administrateur de l'hôpital du dit Limoges. » Plus loin : « MM. du Séminaire et de la Mission n'ayant pu me donner leur décision, j'ay, de l'advis du Bureau, reconsulté le tout à MM. de Masmichel, de Servientis, du Murat, de la Couture et autres Messieurs étant en mission en la ville de St-Yrieix sur la fin de mars 1733 ; » — touchant le sieur Queyroulet, curé de la Haute-chapelle, débiteur de l'hôpital, 1740. — Suivent deux décisions conformes, l'une signée SERVIENTIS, supérieur de la Mission, l'autre émanant de MM. du Séminaire.

VILLE DE SAINT-YRIEIX.

INVENTAIRE SOMMAIRE

DES

ARCHIVES HOSPITALIÈRES ANTÉRIEURES A 1790.

SÉRIE C.

(Matières ecclésiastiques.)

C. 1. (Liasse). — 1 pièce, parchemin.

1671. — Bref de Clément X autorisant l'exposition du S. Sacrement dans la chapelle de l'hôpital de St-Yrieix, avec indulgence plénière pour sept ans. *Datum Romæ apud S. Mariam Majorem sub annulo piscatoris, die XII julii M DCLXXI, pontificatus nostri anno secundo.*

C. 2. (Liasse). — 1 pièce, papier.

1733. — Aumônier. — Mémoire adressé par l'hôpital au Conseil touchant le droit de nommer l'aumônier; avec un avis y relatif du sieur Beaune, avocat, concluant que l'hôpital ou aumônerie de St-Yrieix ayant toujours été de la collation du chapitre de la ville, les administrateurs ne sauraient s'attribuer ce droit à l'exclusion du dit chapitre.

VILLE DE SAINT-YRIEIX.

INVENTAIRE SOMMAIRE

DES

ARCHIVES HOSPITALIÈRES ANTÉRIEURES A 1790.

SÉRIE D.

(Néant.)

SÉRIE E.

(Délibérations, Créances, Comptes divers.)

E. 1. (Registre). — In-4º, 95 feuillets, papier.

1698-1748. — « Registre des délibérations [du Bureau de direction] de l'hôpital de St-Yrieix. Gondinet, sindic. » — Fº 2 rº : Copie de la déclaration royale portant règlement en 23 articles pour l'administration des hôpitaux et léproseries de l'ordre de N.-D. du Mont-Carmel et de St-Lazare, 12 déc. 1698. — Parmi les délibérations enregistrées figurent les suivantes : 1728, fº 6 rº : délibération par laquelle on modère à 3,000 ll. la créance due par M. de Moissat, prêtre ; — 1729, fº 7 rº : délibération servant de règlement sur plusieurs chefs pour la conduite des syndics à venir ; — 1730, fº 11 vº : délibération portant confirmation de l'établissement du Bureau de direction et réglant que les assemblées auront lieu le premier jeudi de chaque mois ; — fº 12 rº : délibération portant que les assemblées du Bureau auront lieu les premier et troisième lundis de chaque mois ; — fº 15 rº : délibération servant de règlement pour la nomination des syndics à venir et portant nouvelle convocation des habitants pour la nomination d'un syndic, attendu qu'il ne s'est présenté personne que le sieur Jean Souve, procureur en la cour du commun pariage ; — fº 16 rº : procès-verbal d'installation du sieur Guillaume Souve, notaire et procureur, comme nouveau directeur ; troisième convocation des habitants pour la nomination d'un syndic ; — fº 19 rº : délibération portant que la somme de 800 ll. reçue du sieur Mazard sera employée à payer les 272 ll. d'indemnité due au chapitre, à servir les gages de la gouvernante, à raison de 4 ll. par mois, et à dresser des lits dans l'hôpital, « considérant la pauvreté et misère où sont les pauvres de cet hôpital pour le coucher, n'y ayant aucun lit convenable que de mauvais chalits délabrés et des paillasses fort usées en sorte que, outre la souffrance des pauvres qui y sont à présent, on est en peine de loger et recevoir les passans et les nouveaux de la ville dont le nombre s'accroît de jour à autre; » — f° 20 v° : délibération par laquelle le serment demandé au sieur Jean Granjaud, notaire et procureur, comme nouveau syndic de l'hôpital, est tenu pour prêté, faute par le dit Granjaud de s'être présenté; — 1731, f° 21 v° : délibération dans laquelle il est rappelé que l'hôpital de St-Yrieix ayant été érigé primitivement en aumônerie, « on ne peut y recevoir que les pauvres passans du soir au matin, ainsi qu'il conste par la déclaration judiciellement rendue par Pierre Poumaud, lors prieur et aumônier, ensuitte de celle des biens et revenus de la dite aumonerie de l'an 1567, et que tout au plus, suivant l'usage on ne peut garder dans le présent hôpital les dits pauvres passans que pendant trois jours au cas que le temps fut trop mauvais ou qu'ils eussent quelque incommodité qui les empeschat de se retirer le lendemain; » — 1733, f° 33 v° : délibération par laquelle « on commet le sieur Gondinet, sindic, pour se porter en la ville de Limoges afin de consulter MM. les casuistes sur les mémoires qu'il nous a communiqués, afin d'être certioré si l'on est bien fondé à percevoir les intérêts dus à l'hôpital en vertu de condamnation » (1); — f° 40 v° : délibération portant qu'il sera célébré un service funèbre pour le repos de l'âme de M° François Meunier, doyen, premier directeur de l'hôpital, et à l'avenir pour tous les autres directeurs qui décéderont; — 1735, f° 52 v° : délibération portant qu'on nourrira entièrement les pauvres logés actuellement à l'hôpital, au nombre de treize, en s'abstenant de donner aux pauvres du dehors, et qu'on chargera les députés du chapitre de visiter les pauvres de l'hôpital une fois par mois, « pour sur leur rapport estre pourveu par le Bureau ainsy qu'il appartiendra; » — 1736, f° 52 v° : délibération portant qu'on payera 15 sols de rente à la confrérie du Rosaire, érigée à l'autel du Moutier de St-Yrieix, à raison d'un obit fondé sur certain bien sis aux Mazeaux et dont l'hôpital possède une moitié; — f° 53 v° : délibération portant convocation des habitants pour faire décharger le sieur Gondinet, syndic de l'hôpital, de la corvée

des chemins royaux et logement des gens de guerre, « en considération des services fidelles et gratuits qu'il rend à l'hôpital et en cela à la communauté; » — 1740, f° 70 v° : transcription d'un mémoire envoyé au conseil de Sorbonne touchant même objet que ci-dessus; — f° 74 r° : transcription de la décision des docteurs de Sorbonne (1); — 1741, f° 76 v° : délibération portant que l'hôpital, à cause de la disette actuelle, portera de 16 à 22 le nombre de ses pensionnaires pendant trois mois, sans que cela tire à conséquence pour l'avenir; — 1743, f° 80 v° : délibération ramenant à 12 le nombre des pauvres que l'on recevra désormais dans l'hôpital, pour compenser les charges excessives des dernières années, les dits 12 pauvres devant appartenir aux juridictions de St-Yrieix; portant en outre que l'on continuera de donner la passade aux étrangers non vagabonds et que l'on fera nourrir les enfants orphelins légitimes par des nourrices jusqu'à l'âge de 2 ans: — 1744, f° 82 r° : délibération portant qu'on n'accordera désormais aucune aumône aux pauvres du dehors, à l'exception des enfants en nourrice, conformément à la recommandation de l'évêque de Limoges; — 1746, f° 87 r° : délibération portant que les assemblées du Bureau auront lieu les premier et troisième jeudis de chaque mois au lieu des premier et troisième lundis, outre les assemblées extraordinaires; — f° 90 r° : délibération par laquelle M° Jean de Jarrige de la Morélie, curé de St-Pierre et aumônier de l'hôpital, est chargé de tenir la main à ce que le nombre des pensionnaires de l'hôpital ne dépasse jamais celui de 12; — f° 92 r° : nomination de Marguerite Blondeau comme gouvernante « provisionnelle » de l'hôpital à la place de Marie Bosvieux, décédée, à charge por elle de « régir, soigner et gouverner les pauvres dans le présent hôpital, avoir soin de leur faire faire régulièrement la prière soir et matin et remplir les autres exercices et devoirs du christianisme, procurer leur avantage et éviter leur dommage tant par ses services que régie de leurs biens, meubles et effets.... faire même la lessive et blanchissage du linge tant de l'hôpital que de la chapelle.... donner avis de la conduite, deffauts et manquemens des pauvres.... et autrement se comporter en honneur et conscience, en bonne œconome et fidelle gouvernante pendant tout le temps qu'il nous plaira de luy laisser la dite régie et employ....; » — 1748, f° 93 r° : délibération portant qu'on fera avertir par affiches les chirurgiens de la

(1) Cf. ci-dessus art. B. 23.

(1) Cf. ci-dessus art. B. 23.

ville de la nomination à faire d'un chirurgien-apothicaire spécialement attaché au service de l'hôpital au lieu et place de l'apothicaire dont on s'était contenté jusqu'ici ; — *passim* : nombreuses délibérations relatives aux procès engagés, à l'afferme des biens de l'hôpital, aux réparations des bâtiments, aux redditions de comptes des syndics, etc.

E. 2. (Registre). — In-4°, 148 feuillets, papier.

1602-1759. — « Papier des scindicz des pauvres de l'hostel-Dieu de Sainct-Yrieys, commencé en 1602. » — F° 2 r° et ss. : Table des obligations transcrites dans le présent registre, au nombre de 65, dans leur ordre chronologique, des f°° 1 bis à 67 v°. Parmi ces obligations en faveur de l'hôpital figurent les suivantes : 100 ll. par Pierre Leymarie, marchand, 1602 ; 60 ll. par M° François Fabry, doyen de l'église collégiale, 1603 ; 96 ll. par M° Pardoux Delafon, notaire royal, juge du doyenné de St-Yrieix et syndic du chapitre de la ville, 1603 ; 40 ll. par Antoine Mognon, prêtre, 1609 ; 108 ll. par Yrieix Mazeau, sieur de la Pause et Jacques Paignon, bourgeois, 1616 ; 80 ll. par Pierre Dubourg, praticien, 1623 ; 104 ll. par Pierre Martin, « garde vaisselle de la cuisine [et] bouche du Roy, » 1624 ; 120 ll. par Jean Delafon, sieur des Rieux, notaire royal et secrétaire du chapitre de St-Yrieix, 1630 ; 200 ll. par François Dubourg, Jean Jarrige et Pardoux Roche, notaires royaux et procureurs en la cour royale de St-Yrieix, 1633 ; 100 ll. par Pierre Chiquet, sieur de las Meynias, avocat en Parlement, 1643 ; 60 ll. par Jean dé Jarrige, sieur de la Robertie et Pierre Thouron, greffier de la cour royale de St-Yrieix, 1647 ; 120 ll. par Pierre Queyroulet, notaire royal et juge de la juridiction ordinaire de la châtellenie de Peyssac, 1670 ; 165 ll. par Pierre Cramarigeas, fils de Jean Cramarigeas, garde-vaisselle du Roi, 1672. — F° 56 r° : Abjuration du calvinisme faite par David Oudain, natif de Bourg en Bourgogne, pauvre malade de l'hôpital, entre les mains de messire Pierre Lavergne, prêtre, docteur en théologie, vicaire perpétuel de l'église paroissiale N.-D. la Chapelle et aumônier du dit hôpital, 1658 : « .... Lequel après avoir esté interrogé par le dit sieur Lavergne de sa religion, luy déclara qu'il estoit de la religion prétendue réformée et avoit tousjours vescu dans icelle et mesmes issu de parans de la mesme religion, et que à present il estoit dans le dessein de quitter la dite religion et embrasser la religion catholique, apostolique et romaine pour en faire la profession le reste de ses jours, pour le salut de son âme et pour l'amour de Dieu.... » — F° 63 r° : « J'ay obtenu l'indult *sive* bulle du St-Père Clément X pour l'hostel-Dieu, pour pendant 7 ans advenir d'indulgence à chasque feste de St-Alexis. Icelle bulle date du 12 juillet 1671 ; et l'ay retirée des mains du sieur Poylevé, banquier, dans le mois de septembre au dit an, 1671. PINET, syndic. » — F° 70 r° : « Copie des patentes de l'hôpital de la ville d'Uzerche icy raportées dans la vue de parvenir à faire patenter le nôtre, en date de février 1749 » (1). « .... Les habitants de la ville d'Uzerche, diocèse de Limoges, nous ont fait exposer que depuis un tems immémorial l'hospitalité s'exerce dans la ville d'Uzerche pour les pauvres malades et autres et par des sœurs destinées à les servir ; qu'elle a été seulement interrompue dans l'intervalle de l'union des revenus qui en étoient le fondement à l'ordre de St-Lazare ; que cet hôpital qui a pour seul bien en fonds une maison et jardin joignant ensemble, le tout situé en la ville d'Uzerche, dont le produit en grains avec une redevance annuelle de 350 ll. sur l'abbaye d'Uzerche pour les aumônes dont la dite abbaye étoit tenue, ne pouvant subvenir qu'à une très légère partie de la dépense nécessaire, le feu Roy notre très honoré seigneur et bisayeul informé du besoin et de l'utilité de cet hôpital dans un lieu d'étape et un des plus grands passages de notre royaume, a bien voulu le secourir et luy donner des marques de sa protection par deux différents arrets rendus au Conseil le 17 sept. 1700 et 5 aoust 1701, le premier qui adjuge au dit hôpital une somme de 11,882 ll. provenante des abbayes d'Uzerche et de Bardelle, dont 800 ll. ont été employées en rentes constituées sur le clergé du diocèse de Limoges, depuis réduite à 240 ll., le surplus en autres rentes constituées sur particuliers ; et le second qui a remis et réintégré les directeurs du dit hôpital en la possession et jouissance tant de la maison servant à retirer les pauvres que des biens en dépendant qui avoient été précédemment unis à l'ordre de St-Lazare. Mais les nécessités de cet hôpital s'étendant chaque jour par la quantité des pauvres qui y accourt et que les malheurs des tems multiplient, les habitants de la ville d'Userche nous ont fait supplier d'en authoriser particulièrement l'établissement, de fixer la forme de son administration, assurer les privilèges, ensemble la

(1) L'original de ces lettres patentes paraissant aujourd'hui perdu, nous croyons devoir reproduire ici les principaux passages de la transcription du présent registre.

propriété du peu de fonds dont il est en possession ou qu'il acquerra par la suite, afin de prévenir les vicissitudes et les contestations qui pourroient survenir, ce qui d'ailleurs excitera les personnes charitables qui seroient dans l'intention d'y faire quelque bien par l'assurance qu'elles auront de l'exécution de la validité de leurs dispositions.... » Art. I. L'hôpital d'Userche s'appellera désormais hôpital général et ce titre sera gravé au-dessus de la porte principale avec l'écusson royal. Art. II. Le Roi en est le protecteur, mais la juridiction spirituelle appartient à l'évêque de Limoges et non au grand aumônier. L'hôpital reçoit les malades et les mendiants de la ville ou de la banlieue comme aussi les orphelins, « pour estre instruits à la piété de la religion chrétienne et aux métiers dont ils pourront être capables. » Art. III. Le Bureau de direction se compose du lieutenant-général de la sénéchaussée, du doyen des conseillers, du maire, du doyen des avocats et des trois curés de la ville alternativement. Il nomme trois administrateurs choisis parmi les notables de la ville pour une durée de 3 ans et exerçant alternativement. Art. IV. Le Bureau choisit les administrateurs à l'expiration des 3 années, le premier dimanche après la circoncision. Art. V. Les nouveaux administrateurs prêtent serment. Art. VI. Les administrateurs en charge se réunissent de 15 en 15 jours et même de 8 en 8 jours si les affaires l'exigent, à l'issue des vêpres. Les administrateurs sortant out voix délibérative. Art. VII. L'administrateur qui exerce la troisième année est de droit trésorier de l'hôpital. Art. VIII. Les directeurs assistent aux réunions des administrateurs quand bon leur semble avec voix délibérative. Ils y sont convoqués d'office quand l'importance des affaires l'exige. Art. IX. Les administrateurs sont autorisés à recevoir tous dons faits en faveur de l'hôpital et à aliéner les biens des pauvres en observant les formalités requises. Art. X. Les acquisitions précédemment faites par l'hôpital sont confirmées. Art. XI. L'hôpital est exempté de tous droits d'indemnité et d'amortissement envers le domaine du Roi. Art. XII. Toutefois les droits des seigneurs particuliers demeurent réservés. Art. XIII. Les adjudications d'amendes, les dons et legs faits précédemment dans l'étendue de la sénéchaussée aux pauvres et à l'hôpital sont attribués au nouvel hôpital général. La redevance de 350 ll. due par l'abbaye d'Userche, et toutes les aumônes générales et particulières faites ou à faire dans l'étendue de la sénéchaussée par les bénéficiers, chapitres et autres communautés ecclésiastiques sont unies à l'hôpital général. Art. XIV. Les greffiers des diverses juridictions ordinaires, et les notaires sont chargés de l'exécution du précédent article. Art. XV. Les exploits doivent être signifiés au Bureau des administrateurs et non aux administrateurs individuellement. Art. XVI. L'hôpital a droit de faire des quêtes et d'établir des troncs dans toutes les églises et lieux apparents de la sénéchaussée. Art. XVII. Les pauvres de l'hôpital capables de travailler y sont astreints proportionnellement à leurs forces et à leur capacité, au profit de l'établissement. Art. XVIII. L'hôpital et ses fermiers ou métayers sont exemptés du logement des gens de guerre et autres charges de cette nature. Art. XIX. L'hôpital est déchargé de tout droit d'octroi sur les denrées à son usage. Art. XX. Les particuliers et les corporations de la sénéchaussée sont invités à concourir par leurs aumônes au soutien de l'hôpital ; de même les officiers de judicature nouvellement pourvus. Art. XXI. Les causes concernant les biens de l'hôpital seront portées en première instance devant la sénéchausée d'Userche et en appel devant le parlement de Bordeaux ou devant les présidiaux « dans le cas de l'Edit. » L'hôpital jouit en outre du privilège de garde gardienne en la dite sénéchaussée. Art. XXII. Les expéditions d'actes judiciaires se feront sans autres frais que ceux du papier et de la main d'œuvre. Art. XXIII. Les administrateurs peuvent être continués une ou deux années seulement dans leur charge. Ils sont exempts des charges de tutelle, curatelle, collecte et gardes aux portes. — F^{os} 78 r° à 143 : « Copie des diverses consultes et décisions d'avocats et procureurs au sujet des affaires de l'hôpital, » de 1700 à 1759. Signé : GONDINET, syndic administrateur (Cf. *Invent.* B. 15-23).

1664. — Requête des syndics de l'hôpital au juge viguier de la cour du commun pariage de St-Yrieix pour obtenir le droit de lever 60 ll. de capital sur le sieur Thouron, notaire royal, débiteur de l'hôpital, disant les deux syndics « que, sur la disette générale arrivée en la présente province, de l'advis et délibération de nosseigneurs du chapitre, il seroit esté concludt et arresté que, pour subvenir aux urgentes necessitez de leurs paroissiens et aultres pauvres qui sont ordinairement dans la présente ville et pour ne les laisser dépérir de faim, appréhendant une maladie populaire qui se pourroit contracter pour raison de ce, les dits seigneurs du chapitre auroient bénignement ordonné qu'il seroit fait une aulmosne générale pour subvenir aux nécessités urgentes des dits pauvres et a cet effect qu'il seroit prins et levé des débiteurs etre devables du dit hostel-Dieu les sommes et intérêts d'icelles légitimement deubz, etc. » Suit l'autorisation du viguier.

E. 3. (Liasse). — 4 pièces, papier.

1733. — Règlement fait par MM. les fermiers généraux en faveur de l'hôpital, des actes du Bureau qui sont ou non sujets au contrôle ; — avec la lettre d'envoi, signée DES BRUNIÈRES, DE TRIBOIS (?), DE NEUVILLE, LECHÈNE D'AIREZAU, PARAT.

E. 5. (Liasse). — 9 pièces, papier (1 imprimée).

1649-1779. — Comptes divers. — Obligation de 120 ll. consentie par le sieur Calvan (?) à François Bellengard, syndic de l'hôpital, 1649. — Comptes de fournitures pharmaceutiques, 1696 et 1759. — Lettre d'avis signée MARCHANDON, syndic général du diocése de Limoges, portant que l'aumônerie de St-Yrieix, est cotée pour 5 ll. au rôle des décimes, 1742. — « Débats et impugnances » fournis par le syndic de l'hôpital aux comptes rendus de Me Pardoux de Jarrige, 1743. — Lettre de change à l'ordre du sieur Lagrange, syndic de l'hôpital de St-Yrieix, adressée à M. Pamphile, marchand à Tulle, par M. Teytut de la Jarrige pour la somme de 600 ll. 1769, etc.

E. 6. (Liasse). — 4 pièces et 1 cahier in-4°, 8 feuillets, papier.

1681-1784. — Créances. — État de ce qui est dû à l'hôpital de Saint-Yrieix « tant par obligations que interetz, » 1681. Point de récapitulation. Parmi les débiteurs figurent les suivants : Jean de Lafon, sieur de Moissac, pour une somme de 2,928 ll. ; Jean Grangevieille, sieur de las Planchas, pour 957 ll. ; François Mazeau, seigneur du Prévosté, pour 1,016 ll. ; Jacques de Joussineau, écuyer, sieur de la Meychenie, pour 368 ll. ; Pierre Leymarie, pour 600 ll. ; Peyronne de Lanson, veuve du sieur de Gensenas, pour 334 ll. ; Joseph Queyroulet, pour 566 ll. ; Antoine Bonhomme, chirurgien, et Pierre de Sanzillon, écuyer, sieur de Roulhac, pour 150 ll. ; François Masgontier, gardevaisselle du Roi, pour 340 ll. ; Noël Rochaud, avocat, pour 143 ll. ; les héritiers de feu Jean de Gentil, avocat, pour 50 ll. ; Pierre Bonnet, docteur en médecine, etc. — État des sommes dues à l'hôpital, depuis 1750. Parmi les 19 débiteurs figurent les suivants : messire Jean de Sanzillon de la Foucaudie, écuyer ; Teytut de la Jarrige, lieutenant général ; Combret de Fonbonne, sieur de Pissac ; Me Vallette, prêtre, grand chantre ; de Jarrige de la Morélie du Breuil, écuyer ; le sieur Crezeunet, lieutenant particulier, etc. — Relevé informe des débiteurs de l'hôpital, vers 1775. — Fragment d'un état général des débiteurs, rédigé vers 1784 : M. Paignon, avocat et subdélégué de l'intendant de la Généralité ; M. de la Vallade de Truffin, etc.

E. 7. (Liasse). — 9 pièces, papier.

1727-1751. — Créances particulières. — « Reflexions sommaires touchant ce qui est dù à l'hôpital de Saint-Yrieix tant en capital qu'intérêt par messire Léonard de Lafon, prêtre, sieur de Moissat, comme lieutenant de Yrieix Delafon son bisayeul, iceluy caution de Jacques Paignon, fermier du revenu des pauvres, » 1727. La dette s'élève à la somme de 4,201 ll. calculée sur les pactes des années 1617-1620, pendant lesquelles Jacques Paignon fut fermier des revenus de l'hôpital. — États des sommes dues à l'hôpital : par Mlle de las Meynias comme héritière de M. de las Meynias, tous deux bientenants de feu Me Pierre Chiquet, procureur du Roi et du chapitre, 1731. La dette s'élève à la somme de 321 ll. ; — par M. de la Trenchardie, comme héritier de François Mazeau, son père, 1736. La dette s'élève à la somme de 4,000 ll. Suit copie d'un « mémoire au conseil de conscience de Mgr. l'évêque de Limoges de la part de MM. les administrateurs de l'hôpital de St-Yrieix et d'Antoine Mazeau, sieur de la Trenchardie, débiteur du dit hôpital ; » — par Adrien Maytraud, sieur de Chauvieux, comme héritier de François Mazeau, son bisaïeul, et Léonard Mazeau, son grand oncle, « qui ont légué à l'hôpital 100 ll. chacun, » 1751. La dette s'élève à la somme de 526 ll.

E. 8. (Cahier). — In-4°, 8 feuillets, papier.

1778. — « Noms des redevables de l'hôpital de St-Yrieix, en rang de dattes. » Morange, syndic-trésorier ; Blondy, syndic. — Parmi les créanciers y enregistrés, au nombre de 55, figurent les suivants : Me Paignon, avocat, pour une rente constituée de 25 ll. ; Me Delavalade, seigneur de Truffin, pour une rente de 25 ll. ; Yrieix Rouffie, tonnelier, pour une rente de 50 ll.; M° Delafon, avocat, et ses filles, pour une rente de 40 ll.; M° de Senzillon, seigneur des Barrières, pour une rente de 50 ll.; M° Teytut de la Jarrige, lieutenant général en la sénéchaussée de St-Yrieix, pour une rente de 30 ll.; M° Joseph Queyroulet, sieur de la Combe, avocat, pour une rente de 5 ll.; M° Dugarreau, seigneur de la Méchenie, pour une rente de 16 ll.; M° Antoine Bonhomme, médecin, pour une rente de 5 ll.; M. Vallette, chanoine chantre, pour une rente de 18 ll., comme héritier de son frère, Élie Vallette, lieutenant criminel en la sénéchaussée de Saint-Yrieix ; M° Léonard de Jarrige de la Morélie, sieur du Cheyroux, pour une rente de 8 ll., etc. Les rentes dues s'élèvent à 991 ll., représentant un capital de 19,810 ll.

E. 9. (Liasse). — 2 pièces, papier.

1720. — Deux actes de remboursements faits à l'hôpital par Jean Nespoux, sieur de Mezurat, d'une somme de 689 ll. (229 + 460) due par Jean Nespoux de Mezurat, son petit-fils.

E. 10. (Liasse). — 12 pièces, papier.

1724-1759. — Indemnité de 40 ll. due au chapitre de St-Yrieix par l'hôpital pour cause de l'acquisition du pré de la Rochépine, du pré de la Mothe et du pré du Mazeau. — Pièces y relatives : quittances des paiements faits par l'hôpital, 1724-1759; — remboursement de la dite indemnité fait au chapitre par l'hôpital, 1759, etc.

E. 11. (Liasse). — 11 pièces, papier (4 imprimées).

1728-1752. — Décharge des décimes. — Requête de Pierre Gondinet, lieutenant de la cour du commun pariage et syndic de l'hôpital de St-Yrieix, à la chambre ecclésiastique de Limoges pour obtenir décharge de l'imposition des décimes, 1728. (En note) : « Laquelle requête on n'a pas voulu appointer en disant que l'aumonerie et revenu d'icelle avoit été jointe à la manse de l'hôpital ainsy que mes prédécesseurs syndics l'avoient anciennement déclaré; » — lettre du dit Gondinet à M. de Gains, syndic du clergé de Limoges, au sujet de la déclaration qu'on demandait des revenus du dit hôpital, 1728. Il établit ainsi que suit les dépenses ordinaires de l'hôpital : 40 ll. à l'aumônier, 36 ll. à la gouvernante. 15 ou 16 ll.

pour la célébration de la fête de St-Alexis; 60 ll. pour le chauffage : 25 ll. pour l'entretien des bâtiments et des deux pêcheries ; 25 ll. pour les médicaments nécessaires aux malades; 140 ll. pour le blanchissage et autres menues nécessités des pauvres; — lettre de M. Geoffre de Limoges, annonçant que la susdite requête a été repoussée par la chambre ecclésiastique, 1728 : « .... MM. de la Chambre l'ont rejettée après l'avoir lue. Je leur ay expliqué de quoy il était question, mais ils sont si fort prévenus des faux mémoires qu'on leur a donnés, qu'il n'y a pas moyen de leur faire entendre raison.... » Et plus loin : « A l'égard de ce que vous me marquès dans votre lettre, je ne crois pas qu'on puisse empêcher le particulier dont vous parlès de travailler, veu même qu'il ne travaille qu'en chambre; et quand il travailleroit en boutique. il n'y a jamais eu de maîtrise à St-Yrieix ; ce que je sçay sur cette affaire est que les gens de métier icy qui travaillent dans la cité, soit qu'ils travaillent en chambre ou en boutique, on ne les peut pas empêcher de travailler quoy qu'ils n'ayent passé maîtres; » — autre requête de Pierre Gondinet, ancien lieutenant au pariage et syndic de l'hôpital de St-Yrieix, à la chambre ecclésiastique de Limoges pour obtenir décharge de l'imposition des décimes, 1751; — mémoire explicatif à l'appui de la susdite requête, qui fut accordée; — lettre des administrateurs de l'hôpital de Guéret à M. Gondinet qui leur avait demandé quelques renseignements sur l'imposition des décimes, 1752 : « .... Nostre hôpital est proprement un hotel-Dieu quoyque administré par les lieutenants généraux de la sénéchaussée et de police, le procureur du Roy, le curé de la ville et deux particuliers nommés de trois en trois ans dans l'assemblée de ville. Il est gouverné par des dames hospitalières de St-Augustin fondées en lettres patentes de 1667. Nous ne connoissons pas son origine que nous croyons cependant d'environ 200 ans. Ses fonds ne sont autres que des libéralités des habitants de la ville qui y ont fait des legs en différents temps, convertis en rentes constituées, remboursées pour la plupart en 1720.... »

E. 12. (Liasse). — 16 pièces, papier (7 imprimées).

1653-1714. — Quittances des décimes payées par l' « aumonerie » de St-Yrieix, sise en l' « archiprêtré » de la Meyze; les dites décimes montant à 3 ou 4 ll. par semestre, pendant les années 1653-1658.

E. 13. (Liasse). — 43 pièces, papier (imprimées).

1728-1751. — Quittances des décimes payées par l' « aumônerie » de St-Yrieix, sise en l'archiprêtré de la Meyze; les dites décimes variant de 3 à 8 ll. par semestre.

E. 14. (Liasse). — 1 pièce, parchemin (imprimée); 33 pièces, papier.

1650-1779. — Quittances diverses délivrées à l'hôpital : par l'aumônier pour les quartiers de sa pension ; — par les chirurgiens pour leurs honoraires; — par l'apothicaire pour prix des médicaments fournis ; — par les gouvernantes de l'hôpital pour paiement de leurs gages (copies).

E. 15. (Liasse). — 1 pièce, parchemin ; 26 pièces, papier.

1760-1787. — Quittances diverses délivrées par l'hôpital à ses fermiers et autres débiteurs, entre autres Me François de Teytut, sieur de Villouvies, conseiller du Roi et assesseur au sénéchal de St-Yrieix, débiteur d'une somme de 300 ll., 1773 (copies).

E. 16. (Liasse). — 16 pièces et 1 cahier in-8°, 14 feuillets, papier.

1602-1690. — Clôture des comptes rendus devant la cour du commun pariage de St-Yrieix par les syndics de l'hôpital : Bernard Garabeuf, marchand, 1602, lequel eut pour successeurs : Me Jean Gondinet, notaire royal, et le sieur Grangeviaille; Paol (*sic*) Buisson, notaire et Jean Queyroulet, sieur de Veutoux, procureur d'office, 1660; François Thouron, notaire, et Jean de Gentil, avocat, 1664, etc.

E. 17. (Liasse). — 1 pièce, parchemin ; 111 pièces, papier.

1658-1709. — Pièces à l'appui des comptes rendus par les syndics de l'hôpital : feuillets de recettes et dépenses, quittances, prix faits avec les fournisseurs, factures, mandats de paiement et pièces analogues dont la teneur se trouve consignée aux registres de recettes et dépenses analysés ci-dessous.

E. 18. (Liasse). — 95 pièces, papier.

1709-1759. — Pièces à l'appui des comptes rendus par les syndics de l'hôpital (suite de l'article précédent).

E. 19. (Cahier). — In-8°, 23 feuillets, papier.

1585-1590. — Recettes et dépenses. — « Cahier de conte en recette et employ d'Antoine Rochaud, notaire royal, syndic de l'hôpital de St-Yrieix, avec Yrieix Mazeau, depuis la nomination qui fut faite de leurs personnes par les habitans en maison de ville, le 10 octobre 1585, jusqu'à leur sortie de charge du 7 juin 1590 que Jean Gondinet, notaire royal, et Jean Chouly, marchand, furent nommés à leur place. *Nota* : Léonard Aupetit, aumônier, Me Antoine Robert, fermier depuis 1574 ; il ne paroît pas qu'on donnat alors aucune pension à l'aumônier. Chaque sindic prenoit sa moytié de ce que les débiteurs payoient et donnoient chacun sa semaine pour la subsistance des pauvres passans étrangers et de la ville. Il y avoit lors un hospitalier dans la maison et on amassoit pour les pauvres, par la ville et dans les églises. *Nota* encore que les prédécesseurs sindics des dits Rochaud et Mazeau étoient sire Jean Meytraud et Me Martial Disnematin; et les plus anciens que je saiche furent Jean Jarrige et Joseph Barrière, en 1575, quoy qu'il y en eut auparavant. Le présent registre a été trouvé en maison bourgeoise et mis au trésor de l'hôpital par moy soussigné, le 23 janvier 1751. Gondinet, sindic administrateur » (1). = Parmi les recettes figurent les suivantes : 61 ll. du fermier des revenus de l'hôpital; 40 sols de sire Yrieix Boyer, marchand de Ségur, pour l'intérêt d'une rente constituée; 9 ll. de Me François Paignon, avocat, pour l'intérêt d'une somme de 74 écus à lui prêtée par l'hôpital. — Les dépenses consistent en distributions de pain aux pauvres, en achats de subsistances, en frais d'inhumations, etc. —. Fo 8 ro : « le 26° jour du moys d'aoust au dit an, MM. du chappittre de la présent ville par le rapport de M. Operary, chanoine et docteur théologal, ont commandé à Me Anthoinne Rochaud, conscindic avec le sire Yrieys Mazeau, de l'hospital de la présent ville, de balhier chascun jour pendant un moys à Léonard Faure et sa famille II sols V deniers. *Passim*. Comptes rendus annuels des deux cosyndics aux délégués du chapitre et de la maison de ville.

(1) Bon nombre des cahiers qui suivent sont également rentrés aux archives de l'hôpital par les soins du dit Gondinet, comme l'indiquent certaines annotations analogues à celle-ci. La plupart des autres cahiers ont été examinés aussi par Gondinet qui a relevé soigneusement les articles les plus intéressants et ajouté en marge des notes ou renvois souvent précieux.

E. 20. (Liasse). — 2 cahiers in-8°, 17 et 42 feuillets, papier.

1609-1618. — Recettes et dépenses. — Comptes rendus au juge et vigier de la cour royale du commun parlage de St-Yrieix par les sieurs Yrieix Mazeau et Noël Rouchaud, scindics pour les années 1609-1612. Les recettes consistent comme précédemment dans l'afferme du revenu de l'hôpital et dans le paiement des rentes constituées par diverses personnes non qualifiées. Les dépenses consistent comme précédemment en frais de nourriture et d'entretien. On peut relever les suivantes : Donné **4** sols à quatre pauvres passants ; 5 sols 4 deniers « pour mettre à la porte haulte du dit hostel-Dieu ung cadenas ; » 2 sols à un pauvre religieux ; 30 sols pour 200 fagots ; 2 sols « à ung pauvre malade du dit hostel-Dieu pour avoir des vivres ; » 10 sols à Valérie Paignon pour faire ensevelir sa sœur ; 9 sols pour une lettre monitoire, « pour faire publier contre ceux et celles qui retiennent le bien des pauvres ; » 1 sol à un pauvre espagnol ; 5 sols à Me Pierre Chappelle pour saigner un pauvre ; 22 ll. à Me Antoine Montron, aumônier, pour sa pension (1611) ; etc. — Autres comptes rendus au vigier de St-Yrieix par François Mazeau et Pierre Lesgron, cosyndics, pour les années 1616-1618. Mêmes remarques que ci-dessus. Parmi les dépenses figurent les suivantes : Donné 5 sols au marguillier de la chapelle pour faire enterrer une chauselle (?) ; donné 11 ll. à messire Antoine Moignon, aumônier de l'hôtel-Dieu, pour la moitié de la pension à lui due sur le revenu ; 47 sols au sieur Audoy, sergent royal de Limoges, « pour avoir payement des décimes dheues sur le dit hostel-Dieu ; » 29 ll. 5 sols à M. Maledent, receveur des décimes ; 4 ll. 5 sols à un paysan pour 12 aunes d'étoupe à faire des habits ; 102. ll. par prêt à Yrieix Dubourg et Jean Leymarie, etc.

E. 21. (Liasse). — 2 cahiers in-4°, 37 et 31 feuillets, papier.

1622-1624. — Recettes et dépenses. — Comptes rendus au vigier de la cour royale par MM. Yrieix Garreau et Annet Clergerie, notaire royal et procureur au siège de St-Yrieix, cosyndics de l'hôpital pour les dites années. Mêmes remarques que précédemment. Les dépenses ne consistent plus guère qu'en sommes distribuées chaque jour aux malades et pauvres de l'hôpital et de la ville dont les noms remplissent chaque page. — Autres comptes rendus par les dits cosyndics, sous même forme que les précédents.

E. 22. (Liasse). — 3 cahiers in-4°, 10, 79 et 59 feuillets, papier.

1625-1627. — Recettes et dépenses. — Comptes rendus au vigier de St-Yrieix par Jean Leymarie et Pierre Garebœuf, cosyndics pour les dites années ; Mêmes remarques que précédemment. Les dépenses ne consistent plus guère qu'en sommes distribuées chaque jour aux malades et pauvres de l'hôpital et de la ville, dont les noms remplissent chaque page. (Le premier cahier est au nom de Jean Leymarie seul).

E. 23. (Cahier). — In-4°, 15 feuillets, papier.

1635-1638. — Recettes et dépenses. — Comptes rendus au vigier de St-Yrieix par Jean Paignon et Jean Garreau du Masbarteix, syndics pour les dites années. Mêmes remarques que précédemment. Longues colonnes de noms propres, suivies de quelques menues dépenses de nourriture et d'entretien.

E. 24. (Liasse). — 2 cahiers in-4°, 19 et 21 feuillets, papier.

1639-1642. — Recettes et dépenses. — Comptes rendus au vigier de St-Yrieix par les sieurs Jean Rochaud, notaire royal et greffier de la prévôté de la dite ville, et Jean de Jarrige, syndics de l'hôpital pour les années 1639-1643. (En double). Mêmes remarques que précédemment. Parmi les dépenses figurent les suivantes : Donné 30 sols à un pauvre gentilhomme lorrain, suivant l'ordonnance de M. le vigier ; 9 deniers à un pauvre prêtre malade à l'hôpital ; 40 sols à deux ouvriers chargés de tirer de la pierre pour la chapelle, 1641 ; 5 sols à celui « qui a fait le trou » pour un enfant né à l'hôpital et décédé quelques heures plus tard, etc.

E. 25. (Liasse). — 3 cahiers in-4° et in-8°, 7, 8 et 21 feuillets, papier.

1643-1645. — Recettes et dépenses. — Comptes rendus au vigier de St-Yrieix par Jean Labrouhe, bourgeois, représentant feu Jean Barrière, son beau-père, en son vivant notaire royal, et par Pierre Chiquet, sieur de Leymarigie, tous deux sindics de l'hôtel-Dieu pour l'année 1643. Mêmes remarques que précédemment. — Autres comptes rendus par Jean Barrière et Pierre Chiquet, cosyndics, puis par François Bellengard, syndic, pour les années 1643-1645. Mêmes remarques que précédemment. Parmi les dépenses figurent les suivantes : Donné 2 sols 2 deniers de pourboire à un bouvier qui avait amené de la pierre pour la chapelle de l'hôtel-Dieu ; 3 sols à un pauvre honteux de la ville pour faire ensevelir son fils ; 26 sols pour réparer l'étang et la pêcherie de l'hôpital ; 17 ll. pour 2 setiers de seigle achetés de M. le chanoine Lafon ; 26 ll. à M. Pierre Lallet et à François Bouyer, fondeurs, pour faire la cloche de la chapelle (déc. 1645). 1643, 8 août, « est décédé M. Barrière [syndic] ; est entré en charge M. François Bellengard. »

E. 26. (Liasse). — 2 cahiers in-4º, 10 et 24 feuillets, papier.

1644-1649. — Recettes et dépenses. — Comptes rendus au vigier de St-Yrieix par François Bellengard aîné, notaire royal, Pierre Chiquet de Leymerigie et, après son décès, Pierre Queyroulet, aussi notaire royal, cosyndics de l'hôtel-Dieu pour les années 1644-1649. Mêmes remarques que précédemment. — Parmi les dépenses figurent les suivantes : Payé 16 ll. pour réparer l'étang appelé de l'Aumônerie ; 7 ll. 15 sols pour monter le chappial de la chapelle ; diverses autres dépenses pour l'achèvement de la dite chapelle (1645) ; donné 120 ll. par prêt à Martial Chiquet de Disnematin et à Pierre Disnematin, notaire royal ; 8 sols pour la copie d'un acte de procédure déposé au greffe par le sieur Goudinet, médecin ; 1649, 8 juillet, mention du procès de l'hôpital contre Mᵉ Hélie de la Crozetière, avocat, touchant le pré de Pouyoulou, etc. — Autres comptes rendus par Pierre Queyroulet, syndic, pour les années 1646-1649. Même remarques que précédemment. Parmi les dépenses figurent les suivantes : Payé 12 ll. pour les frais d'un voyage fait à Limoges à l'occasion du procès soutenu par l'hôpital contre le chapitre de St-Yrieix qui avait usurpé les droits d'investiture sur certaine maison ; 45 sols à un petit pauvre qui se disait d'Argenton, pour sa nourriture pendant 15 jours ; 12 ll. pour garnir deux nouveaux lits, « à cause de la grande quantité de malades qui sont dans le dit hostel-Dieu, » (déc. 1646) ; 10 sols à deux mendiants, mari et femme, qui disaient être de la Lorraine, etc. 1647, 20 août, mention que 22 pauvres étaient alors alités dans le dit hôpital.

E. 27. (Liasse). — 2 cahiers in-4º, 7 et 15 feuillets, papier.

1653-1656. — Recettes et dépenses. — Comptes rendus par Gabriel Dubourg, Joseph Queyroulet, avocat, et François Goudinet, sieur du Verdier, syndics de l'hôpital pour les dites années. Mêmes remarques que précédemment. Parmi les dépenses figurent les suivantes : Payé 41 ll. à M. Jean Faure, chirurgien ; 5 sols aux porteurs d'un pauvre que les soldats du régiment de M. de la Miliartie, de passage dans la contrée, avaient blessé d'un coup de mousqueton ; 6 sols à trois pauvres soldats de l'armée de M. de Caudalle, de passage, dans la ville (octobre 1653) ; 8 sols à deux mendiants, mari et femme, qui se disaient originaires de Normandie ; 7 ll. 7 sols pour un service fait dans la chapelle de l'hôpital en faveur des pauvres trépassés et des bienfaiteurs du dit hôpital ; 10 sols « à un pauvre gentilhomme de Champaigne qui a séjourné depuis dimanche à l'hostel-Dieu ; » 3 sols à un pauvre malade de Lorraine avec sa femme et ses deux enfants ; 10 ll. d'avances au sieur Lavergne, prêtre, aumônier du dit hôpital, en vertu du contrat passé le 1ᵉʳ juin 1656 entre lui et les syndics, « par lequel pour faire toutes fonctions et célébrer tout le premier jour de chasque mois une messe, lui avons promis annuellement 40 ll. payables par quartiers. » etc. — Autres comptes rendus par les mêmes pour les dites années 1653-1656. Mêmes remarques que précédemment. Fº 3 rº : « Lequel présent compte a esté rendu en présence de M. Bonneyrie, chanoine, député du corps de MM. du chapitre, de M. le juge-viguier, de M. le procureur du Roy, de M. Gentilz, advocat, et du sieur Thouron, avec leurs procureurs de part et d'autre. »

E. 28. (Liasse). — 2 cahiers in-4º, 12 et 17 feuillets, papier.

1657-1659. — Recettes et dépenses. — Comptes rendus par Yrieix Dujardin, « marchand, cy-devant scindicq du prioré et hostel-Dieu de la présant ville, et Pierre Chouly, bourgeois, aussi syndic, à leurs successeurs pour les dites années » (en double). Parmi les débiteurs figurent : Mᵉ Antoine du Garreau, prêtre, pour une somme de 81 ll. ; Mᵉ Jean Gentil, avocat, comme fermier du revenu de l'hôpital, pour la somme de 419 ll. ; Mᵉ Yrieix Lafon, notaire royal, pour un legs de 3 quarterées de bois fait par son frère François ; Pierre Bonhomme, mᵉ chirurgien, pour une somme de 116 ll. etc. Parmi les dépenses figurent les suivantes : Payé 25 sols à Aubin Mitraud, sergent royal, « pour faire les proclamations de l'afferme du revenu du dict hostel-Dieu ; » 20 sols « à un pauvre gentilhomme ayant sa femme malade ; » 15 sols « pour faire des assignations aux débiteurs du dict hostel-Dieu ; » 5 sols « à un pauvre gentilhomme de la Capelle pour se conduire ; » 3 ll. au sieur Chataing, notaire du bourg de Juilhac, « pour la levée de la coppie du testament de feu Johan Dumas affin de demander le légat de 60 ll. au dict hostel-Dieu ; » 10 sols à deux pauvres pèlerins ayant demeuré longtemps malades ; 5 sols à M. le juge de la prévôté « pour son droit d'assignation ; » 16 sols « à un gentilhomme engloys ; » 2 sols « à un pauvre pèlerin (mention fréquente) ; 9 sols « aux dames de la charité pour avoir des vivres à cinq pauvres malades. »

E. 29. (Liasse). — 2 cahiers in-4°, 33 et 38 feuillets, papier.

1660-1664. — Recettes et dépenses. — Comptes rendus à leurs successeurs, par Martial Chiquet de Disnematin, sieur de la Mothe, et Noel Meytraud, garde vaisselle du Roi, cosyndics pour les dites années (en double). Même nature de recettes que précédemment. Parmi les dépenses figurent les suivantes : Payé 10 sols « ung bénitier de pierre pour mettre l'eau béniste à l'esglise ; » 20 sols « à ung gentilhomme ybernois qui avoit quatre ou cinq enfans ; » 15 deniers une roquilhe de vin pour une pauvre femme, « qui estoit à l'extrémité ; » 5 sols « pour la passade à ung joune homme de bonne condition nommé Tiral qui estoit dans une grande nécessité ; » 20 sols « à ung nommé Vutaud, gentilhomme anglois, suivant l'ordonnance du dit seigneur viguier ; » 4 sols « à ung gentilhomme ybernois pour la passade ; » 5 sols « à ung honneste homme nommé Aubin Robert, de Normandie, et à sa famille ; » 3 sols à deux Milanais « qui ne sçavoient demander l'aumosne à cause de leur langage ; » 26 ll. au sieur Labrouhe, apothicaire, pour fournitures (1662) ; 30 sols à un gentilhomme, «suivant le billet de M. le viguier;» 10 sols pour enterrer « le bastard de l'appothiquaire Rochaud ; » 20 sols « à ung gentilhomme ybernois, suivant le billet de M. le viguier ; » 5 sols « à deux yvernois, et à leur famille ; » 5 sols « à un gentilhomme yvernois qui s'appelloit Esmeryc Cavacal ; » 2 sols à un soldat malade du régiment de Champagne (1664) ; 3 ll. « pour la musique, pour dire les vespres et la messe ou pour la procession du St-Sacrement ; » nombreuses dépenses pour réparation des bâtiments, pour frais de procédures, etc.

E. 30. (Cahier). — In-4°, 8 feuillets, papier.

1668-1670. — Recettes et dépenses. — Comptes rendus à Messieurs tenant la cour royale du commun pariage de St-Yrieix par François Thouron, notaire royal, et Jean de Gentil, avocat, cosyndics pour les dites années. Même nature de recettes que précédemment. Parmi les dépenses figurent les suivantes : Donné 12 ll. « à MM. les prestres, musique et luminaire pour le service de St-Alexis ; » 20 sols à Michel Chicot, « hermite ; » 15 sols à Philippe Ody, « pauvre gentilhomme ibernois ; » 25 sols pour enterrer une femme morte dans la maison de Yrieix Deshous, m° apothicaire ; 5 sols, à Charles Lacroix, pauvre chirurgien ; 15 sols à un soldat revenant de Candie ; 15 sols au sieur de Liger, « gentilhomme breton exilé ; » 4 sols à un pauvre soldat revenant de Flandre et allant à Sarlat ; 40 ll. au sieur Magontier, aumônier de l'hôtel-Dieu pour sa pension ; 80 ll. à Gabriel Dupeyron, héritier de feu M° Pierre Lavergne, aumônier de l'hôtel-Dieu, pour arrérages de la pension de ce dernier, etc.

E. 31. (Liasse). — 2 cahiers in-4°, 15 et 20 feuillets, papier.

1676-1680. — Recettes et dépenses. — Comptes rendus par M° Noel Rouchaud, avocat en parlement et juge de la prévôté de St-Yrieix, et par François Bouveyrie, marchand, cosyndics de l'hôpital pour les dites années. Même nature de recettes que précédemment. Parmi les dépenses figurent les suivantes : Payé 9 sols pour les porteurs de pain, « ayant esté ordonné par acte capitulaire des seigneurs du chapitre du présent ville, veu la disette du présent pays, que nous fairions l'aumosne generalle aux pauvres du revenu du dit hostel-Dieu, outre les 80 sestiers de bled que les dits seigneurs nous firent délivrer à cet effect. Nous commençâmes la dite aumône le 1ᵉʳ mai de l'année 1676....;» 22 sols pour le service de la fête de St-Alexis ; 31 sols à M. Pierre Nicolas, aumônier de l'hôtel-Dieu, « pour ses droits ; » 11 ll. 5 sols pour les frais du procès contre les sieurs Renaudie ; 15 sols à Dujardin, greffier, « pour expédier des actes contre les débiteurs de l'hostel-Dieu ; » 7 sols à Barry, sergent, pour proclamer le bail du bien des pauvres ; 3 ll. 10 sols à un pauvre honteux de la ville, « pour couvrir sa nudité ; » 4 sols à un pauvre pèlerin venant de Rome et qu'on avait volé en chemin ; 15 sols « au sieur Devaulx, escuyer, sieur de Nantilhac, rapelé du pays de Liège par la rigueur des guerres, suivant le billet du sieur viguier ; » (1677) ; 4 sols « à un gentilhomme yvernois classé de son pays par les ennemis de la foy catholique, suivant ses certificats ; » 15 sols au fils du sieur de Bresmond, « gentilhomme expellé de son pays ; » 20 sols « à Daniel Dracony, gentilhomme irlandois, chassé de son pays ; » 3 ll. à Pierre Gondinet, m° chirurgien, « pour avoir traité la femme du dit sieur Dracony ; » 4 sols pour enterrer un pauvre qui avait été tué dans la ville ; 10 sols pour expédition des actes demandés contre Renaudie par M. Jarrige « estant à la Reolle » (1) ; 3 sols 6 deniers « à un pauvre passant de condition ; » 15 sols au sieur Richard, gentilhomme du pays de Bourges (1680) ; 5 ll. pour planter douze noyers dans le pré des pauvres près St-Laurent ; 2 sols pour nettoyer la chambre haute afin d'y établir « deux filles dévotes pour avoir soin des pauvres ; » 3 ll. à la servante de l'hôpital ; 8 ll. « aux deux filles dévottes qui ont prins à gouverner le dit hostel-Dieu, pour faire une couverte ; » 20 sols à la veuve de M. de Muzigne, « pauvre honteuse ; » 7 ll. « pour avoir fait travailler pendant deux jours à l'inventaire de tous les titres, papiers, effets du dit hostel-Dieu. » (Chaque mois on distribuait quelques sols à chacun des pauvres de l'hôpital nommément désignés sur le présent registre. Le nombre de ces pauvres varie entre 13 et 20.) Récapitulation : recette 1,375 ll. ; dépense 1,324 ll. — Autres comptes rendus par les mêmes, pour les années 1676-1679. Même nature de recettes que précédemment. Parmi les dépenses figurent les suivantes : Payé 3 ll. à deux mendiants originaires de Picardie ; 3 ll. à Jeanne Dalmays, servante de l'hôpital ; 15 sols à un gentilhomme de Normandie appelé Veyxierre et à sa famille ; 8 sols pour une sommation faite à M. Jean Roch, curé de la Nouaillie ; 5 ll. 19 sols pour 7 quartes de fèves achetées pour faire l'aumône générale, suivant l'acte capitulaire ; 9 ll. au sieur Granjaud, procureur, pour les épices d'une sentence rendue contre Pierre Leymarie ; 15 sols « à deux gentilhommes passans ; » 15 sols à trois soldats estropiés ; 8 sols pour sommation faite à Pierre Queyroullet, notaire royal ; 14 ll. à Jacques Labrouhe, m° apothicaire, pour fournitures ; 10 sols à un gentilhomme de Picardie ; 15 sols à deux gentilhommes du Roussillon ; etc. Récapitulation : recette 733 ll. ; dépense 803 ll.

E. 32. (Cahier). — In-4°, 22 feuillets, papier.

1681-1683. — Recettes et dépenses. — Comptes rendus par Pierre Gueule, syndic pour les dites années. (Manque le cahier de Me François Thouron, notaire royal, cosyndic pour les dites années). Même

nature de recettes que précédemment. Parmi les dépenses figurent les suivantes : Payé 15 ll. à M. Nicolas, aumônier ; 5 ll. aux filles dévotes de l'hôpital ; 20 sols à la servante pour ses gages ; etc. (Rédaction confuse, orthographe défigurée, écriture souvent illisible.)

E. 33. (Liasse). — 2 cahiers in-4°, 17 et 23 feuillets, papier.

1684-1686. — Recettes et dépenses. — Comptes rendus par les sieurs Bernard Bosvieux et Pierre Souve, cosyndics pour les dites années. Même nature de recettes que précédemment. Parmi les dépenses figurent les suivantes : Payé 10 sols par ordre de M. Nicolas, aumônier, à Jeanne Marcelaud, pauvre fille aveugle, « pour le voyage de St-Roque ; » 15 sols aux deux marguilliers de l'hôtel-Dieu pour avoir enterré une pauvre femme ; 4 sols à un pauvre estropié « appuyé sur des potences ; » 3 ll. à Jean Bonhomme dit Rebeyreys, m° chirurgien, « pour avoir accouché Mathive Pion de son arrière-faix ; » 2 sols au gendre de la Rebeyrol, hospitalière, « homme malade à ne pouvoir travailler ; » 16 ll. à Étienne Mazeau, m° chirurgien, pour avoir traité quelques malades ; 47 sols à M. Nicolas, aumônier, pour dire une messe en faveur de M. Delugin, curé de Quinsac, décédé ; 10 sols pour une sommation faite au sieur Buisson, fermier de l'hôpital ; 3 ll. à Marie Ouzeau, « à présent hospitalière ; » 10 sols à l'aumônier pour avoir enterré un pauvre mort hors de l'hôpital ; 3 ll. à Antoine Carier pour les deux petites orphelines qu'il a en sa garde, etc. — Autres comptes rendus par les dits syndics pour les mêmes années. Même nature de recettes que précédemment. Parmi les dépenses figurent les suivantes : Payé 7 sols à un pauvre matelot se disant de Senlis ; 40 sols à Léonarde Rebeyrol, gardienne de l'hôpital ; 3 ll. à Guillaume Lamy, m° chirurgien, pour avoir traité quelques malades (1685) ; 3 ll. à Marie Louveau, hospitalière, après le décès de Léonarde Rebeyrol ; 5 sols à Barry, geôlier, « pour avoir gardé en prison, puis le jour précédent, trois passans qui s'estoient battus à l'hostel-Dieu ; » 2 sols pour médicaments à un malade soigné par Antoine Bonhomme, jeune, m° chirurgien ; 15 ll. à Jean Lespirre, m° apothicaire, pour fournitures ; 20 sols à un gentilhomme anglais et à un gentilhomme suisse voyageant avec leurs familles ; 60 ll. à M. Nicolas, aumônier, etc.

(1) Le parlement de Bordeaux avait été transféré dans cette ville vers 1676.

E. 34. (Liasse). — 2 cahiers in-4°, 13 et 34 feuillets, papier.

1687-1693. — Recettes et dépenses. — Comptes rendus par Paul Buisson, notaire, et Jean Queyroulet, sieur de Ventaux, procureur d'office, cosyndics de l'hôpital pour les années 1687-1690, et par le dit Buisson continué syndic et Jean Goudinet sieur du Verdier, médecin, pour les années 1691-1693. Même nature de recettes que précédemment. Parmi les dépenses figurent les suivantes : Payé 2 ll. à Yrieix Labrouhe, apothicaire, pour fournitures; 6 ll. au sieur Jean Queyroulet, chirurgien; 15 ll. à M. Nicolas, aumônier, « pour payer et retirer la bulle de l'indulgence pleinière pour le jour de la feste du glorieux St-Alexis, » (1689); 26 sols pour frais d'un voyage à Ségur (1), pour « consulter le sieur Toytoit, advocat, au sujet des intérêts que les débiteurs du dit hôtel-Dieu doibvent, ne les voulant payer; » 4 ll. pour sommation faite à Jean Maufanges, chirurgien ; 22 sols pour retirer des mains du sieur Dalesme, avocat à Limoges, « l'arrêt donné entre les chevaliers de St-Lazare et l'hôtel-Dieu.... dans le procès intenté par le sieur curé de St-Pierre au sujet des dîmes du village de la Chabroulie, » (août 1692); 7 ll. pour frais de procédures contre les sieurs Queyroulet et Bellengard, anciens syndics de l'hôpital; 36 sols pour frais de procédures contre le sieur Nicolas, aumônier, réclamant le paiement de sa pension de 40 ll. qu'on lui refusait sous prétexte que M. de la Chabroulie, curé de St-Pierre, ayant pris partie des dîmes des pauvres, on comptait l'obliger à servir l'hôpital au lieu et place du dit Nicolas; 20 sols pour la requête du fermier de l'hôpital demandant à être dédommagé des dîmes revendiquées par le curé de St-Pierre ; 2 sols pour faire assigner le curé de St-Pierre au sujet des dîmes qu'il a prises aux villages de l'Estaug et la Chabroulie; 30 ll. à Antoine Bonhomme et Étienne Mazeau, m^{es} chirurgiens, pour avoir coupé la jambe à une pauvre femme, etc. 31 déc. 1693 : « Nota que j'ai payé le mois de janvier à Marie Ouzeau, hospitalière...., attendu qu'il n'a pu estre faict d'autre nomination de scindicq en maison commune, veu que, suivant l'usage de la présent ville, les scindicqs se nomment le jour qu'on nomme les eschevins ; et comme M. l'Intendant prist des eschevins d'office, [ceci] a faict le retardement de la nomination des

scindicqs.... » — Autres comptes rendus par Jean Goudinet, sieur du Verdier, docteur en médecine, et Paul Buisson, notaire, cosyndics de l'hôpital pour les années 1691-1693. Même nature de recettes que précédemment. Parmi les dépenses figurent les suivantes : Donné 1 sol 6 deniers « à un chirurgien d'Orillac pour avoir un pain de froment pour sa nourriture; » 6 sols à une fille de condition de la ville; » 3 ll. 4 sols à Pierre Bonhomme, notaire, pour être distribués aux pauvres, etc.

E. 35. (Liasse). — 2 cahiers in-4°, 11 et 11 feuillets, papier.

1694-1696. — Recettes et dépenses. — Comptes rendus aux administrateurs de l'hôpital de St-Yrieix par Jean Goudinet, m° chirurgien, à la décharge de feu Yrieix Faure, m° chirurgien, son beau père, cosyndic avec feu Noël Grangevieille, sieur de la Chabroulie, pour les dites années. Même nature de recettes que précédemment. Parmi les dépenses figurent les suivantes : Payé 2 ll. à Marie Ouzeau, hospitalière ; 5 ll. à la Tapissière, gouvernante; 2 ll. « pour avoir fait sommer M. le maire et quatre eschevins et les messieurs du chapitre pour s'assanbler en maison de ville pour délibérer sur l'assignation que le sieur Grangevieille, curé de St-Pierre, nous a fait donner pour le délaissement des dixmes de la Chabroulie dépendant du dit hôtel-Dieu; » 10 sols « pour avoir fait faire un acte par Bauverie, notaire royal, comme quoy les habitants ne se sont voulus assambler en maison de ville pour délibérer sur la sommation [susdite] que je leur avais fait faire; » 10 ll. pour le quartier de la pension du sieur Nicolas, aumônier; 8 ll. pour la fête de St-Alexis célébrée en la chapelle de l'hôpital, à laquelle assistaient quatre prêtres, un choriste et des enfants de chœur (17 juillet 1694); 20 sols à Jouvy (?), apothicaire, pour fournitures ; 14 deniers pour sommation faite à Antoine Viguier, hôte, fermier des revenus de l'hôpital; 10 sols pour faire proclamer devant le portail de la grande église le bail du revenu des pauvres; etc. — Autres comptes rendus aux administrateurs de l'hôpital de St-Yrieix par Jean Grangevieille, sieur de la Chabroulie, l'aîné, à la décharge de feu Noël Grangevieille son père, cosyndic avec feu Yrieix Faure, pour les dites années. Même nature de recettes que précédemment. Parmi les dépenses figurent les suivantes : Donné 5 ll. à Marie Ouzeau, hospitalière, pour son salaire, « veu la grande infection du dit hospital; » 8 sols pour l'inhumation d'un pauvre mort « dans la chapelle appelée,

(1) Il y avait à Ségur une cour d'appeaux qui a duré jusqu'en 1750. Voy. R. Fage, *Bull. Soc. arch. du Limousin,* XXVIII.

de Richard, proche le cimetière, » *alias* au faubourg de la Foire; 8 sols « à une pauvre honteuse à demander, paroissant d'une honneste condition; » 3 sols pour l'acte d'abandon des dîmes de la Chabroulie au curé de St-Pierre; 3 ll. à la d^{lle} Saleys, « fille dévote servant l'hospital; » 8 sols aux six pauvres de l'hôpital, (déc. 1696).

E. 36. (Cahier). — In-4°, 25 feuillets, papier.

1697-1700. — Recettes et dépenses. — Comptes rendus par Yrieix Meusnier et le sieur Ladigue, cosyndics pour les dites années. (Manque le cahier du sieur Ladigue). Même nature de recettes que précédemment. Parmi les dépenses figurent les suivantes: Donné 35 sols à Marie Boyreau, nourrice des enfants exposés; 25 sols à Catherine Delage, aussi nourrice des enfants exposés; 10 ll. à M. Nicolas, « curé de la Haute-chapelle et aumônier de pauvres; » 10 ll. pour sommation au sieur Meyrand, médecin, et à Madeleine Mazeau, sa femme; 8 sols au marguillier pour ensevelir un enfant, etc.

E. 37. (Cahier). — In-8°, 10 feuillets, papier.

1700-1703. — Recettes et dépenses. — Comptes rendus par messire Marc de Jarrige de la Morélie, prêtre, et Hélie Dubourg, cosyndics de l'hopital pour les dites années. (Manque le cahier de ce dernier). « Nota qu'Yrieix Musnier sieur de Quinsac avoit géré et fourny, quoy que sorty de charge, en qualité de syndic rogatoirement prolongé depuis le 28 avril 1700, jusqu'au 15 août dite année. ». Même nature de recettes que précédemment. Parmi les dépenses figurent les suivantes : Payé 3 ll. à M. Faute, avocat à Bordeaux, pour sa consultation relativement aux dîmes de la Chabroulie ; 6 ll. « pour le proclamat (*sic*) des revenus de l'hôpital ; » 4 ll. au sieur Masgontier, apothicaire, pour fournitures; 3 deniers « à une pauvre damoiselle qui manquoit pour payer sa dépense en passant par ici ; » 42 ll. au sieur Nicolas, aumônier, etc.

E. 38. (Cahier). — In-4°, 19 feuillets, papier.

1703-1706. — Recettes et dépenses. — Comptes rendus par les feus sieurs Antoine Dismematin, docteur en théologie et doyen de la collégialle, et Antoine de Jarrige, docteur en théologie, chanoine de la collégiale et prieur de St-André de Chanaillac, et par Antoine de Labrouhe, avocat, et Guillaume Souve, notaire et procureur, cosyndics de l'hôpital pour les dites années. (Manque le cahier de l'un des deux syndics). Même nature de recettes que précédemment. Parmi les dépenses figurent les suivantes : Payé 12 ll. pour avoir fait raccommoder et redorer à Limoges le calice et la patène de la chapelle; 54 sols pour huit cierges blancs en l'honneur de St-Alexis; 10 ll. à M. Faure, chirurgien, pour avoir soigné un enfant du village de Montégut, mordu par un pourceau; 12 sols à un passant « qui se dit Irlandais, avec une femme et un enfant de l'âge de 16 à 17 ans » : 12 sols « à une femme passante ayant 5 petits enfants et une belle sœur; » 15 ll. à M. Madronnet, substitut du procureur du Roi, « pour ses conclusions dans l'affaire contre les mineurs du feu sieur de Moissat, ainsy qu'il est marqué sur les dites conclusions; » 9 sols 7 deniers à deux soldats irlandais, dont l'un était estropié; 17 sols à la femme du nommé Papiste; 9 sols à deux passants qui se disaient du Languedoc; 7 sols à deux passants qui se disaient de Flandre; 9 sols « à deux passans estropiés qui disoient venir de sur mer, travailler de leur mestier de charpantier et vouloir se retirer dans le Berry, leur pays natal : » 9 sols à trois pauvres passants qui se disaient irlandais; 4 sols à un mendiant estropié qui se disait du Béarn; 6 sols à un passant qui se disait de la Rochelle, avec sa femme et un garçon; 3 ll. au sieur Lespeau, apothicaire, pour avoir soigné une femme malade ; 6 sols à deux matelots estropiés qui se disaient de Nantes; 9 sols « à un officier, à sa femme et famille, qui se disoient de l'isle d'Oléron; » 6 sols à un passant qui se disait irlandais, avec sa femme et un enfant; 9 sols aux hospitalières « pour gouverner un pauvre Irlandais qui tomba malade dans l'hospital d'une fièvre continue, chargé d'une femme et d'un enfant; » 10 sols à un blessé « qui estoit chez le sieur Marsillion, chirurgien; 20 sols à Pierre Buisson, « demy frère de Queyroulet, régent, pauvre et cassé de maladie et vieillesse; » 4 sols « à un passant qui se disoit du pays de Marianne (*lisez* Maurienne), frontière du Dauphiné; 4 sols à un passant qui se disait de Bourges; 8 ll. pour diverses réparations faites à la chapelle et aux bâtiments de l'hôpital; 4 sols à un passant qui se disait de Rodez; 4 sols à un passant qui se disait de Bordeaux, etc.

E. 39. (Liasse). — 2 cahiers in-8°, 13 et 9 feuillets, papier.

1706-1709. — Recettes et dépenses. — Comptes

rendus par MM. Pierre Pichon, chirurgien, et Yrieix Bonhomme, marchand, cosyndics de l'hôpital pour les dites années. Parmi les recettes figurent les suivantes : 10 ll. léguées par Frontonne Rochaud ; 16 ll. reçues de Jean Delage, fermier des biens de l'hôpital ; 100 ll. de Marguerite Martin, veuve de Paul Buisson, ancien fermier des biens de l'hôpital ; etc. Parmi les dépenses figurent les suivantes : 25 ll. à M. Faure, mᵉ chirurgien, pour avoir traité un malade et fourni les médicaments ; 9 ll. à M. Bourgest, apothicaire ; nombreuses dépenses pour frais de procédures, aumônes à des soldats estropiés, gages d'Ysabeau Rilhac, gouvernante, etc. 8 mars 1708, « M. Delatreille, curé de la Haute-Chapelle est venu à l'hôpital à 5 heures du soir pour prendre position, en compagnie de M. de Bourdelas, curé, et d'un prêtre étant étranger et de son frère et aussi d'un notaire étranger. Et ils sont entrés dans la basse-cour de l'hôtel-Dieu et s'en sont retournés en même temps. » — Autres comptes rendus par les mêmes. Même nature de recettes que précédemment. Parmi les dépenses figurent les suivantes : 10 ll. à M. Nicolas, aumônier de l'hôtel-Dieu (1706) ; 2 ll. 10 sols à M. Marcilhon, chirurgien, pour avoir pansé une femme malade ; 10 ll. à M. Nicolas, curé de Magnac ; 5 sols à Nicolas Dupic, tambour, « pour battre la caisse et assembler la ville ; » 8 sols à un Irlandais estropié ; 10 sols à deux mendiants se disant bourguignons, etc. (D'après une note de la couverture, M. Nicolas, aumônier, eut pour successeur M. Ponchon, du 1ᵉʳ octobre 1706 au 1ᵉʳ février 1708, puis M. Latreille).

E. 40. (Liasse). — 5 cahiers in-8º et in-4º, 13, 16, 17, 11 et 10 feuillets, papier.

1709-1713. — Recettes et dépenses. — Comptes rendus par MM. Jean Dujardin, sieur Dumayne, et Disnematin, doyen, cosyndics de l'hôpital pour les dites années. — Cahier A. Même nature de recettes que précédemment. Parmi les dépenses figurent les suivantes : 25 ll. à M. Latreille, aumônier ; 2 ll. 4 sols pour la nourriture des huit pauvres de l'hôpital ; 3 sols à un mendiant qui se disait Polonais ; 3 sols à deux pauvres « qui avoient esté à St-Jacques [de Compostelle], disant qu'ils s'en retournoient du costé d'Angoulême ; 8 sols à la femme de Aubin Aymedieu, bordienne de M. Lafont, avocat ; 24 sols au sieur Jouvy, apothicaire ; 22 ll. à M. Ponchon, aumônier (1712), etc. — Cahier B. Point de recettes. Parmi les

dépenses ne figurent guère que des aumônes aux passants et des frais d'inhumation, sans particularités. — Cahier C. Mêmes remarques que pour le cahier précédent. — Cahiers D et E. « Brouillards » des cahiers précédents.

E. 41. (Liasse). — In-4º, 12 feuillets, papier.

1713-1716. — Recettes et dépenses. — Comptes rendus par MM. Labrouhé et Dujardin, cosyndics de l'hôpital pour les dites années. Point de recettes. Parmi les dépenses figurent les suivantes : 10 sols à Marie Bosvieux, gouvernante de l'hôtel-Dieu ; 30 sols à une mendiante, « par ordre de M. de Payredon, juge royal ; » 120 ll. à M. Ponchon, aumônier, « pour trois années de fonctions, » (1716) ; etc. (On enregistre 335 dépenses différentes, montant à la somme de 200 ll. et faites presque toutes par l'intermédiaire de la gouvernante).

E. 42. (Liasse). — 2 cahiers in-4º, 21 et 43 feuillets, papier.

1719-1722. — Recettes et dépenses. — Comptes rendus aux administrateurs et syndics trésoriers de l'hôpital par Denis Nespoux et François Gueule, bourgeois, cosyndics du dit l'hôpital et successeurs d'Hélie Monguionaud et Jean Chouly. Le présent cahier enregistre en détail la prise de possession des archives de l'hôpital et les recettes en argent, de même nature que précédemment. — Comptes rendus des dépenses par les mêmes pour les dites années. Parmi ces dépenses figurent les suivantes : 20 ll. à Mᵉ Piédemay, aumônier, pour la moitié de sa pension ; 3 ll. 10 sols à M. du Rayscix, avocat en la cour, habitant à Excideuil, « pour son honoraire ; » 8 ll. au nommé Jeantoux, pour la nourriture d'un bâtard qu'on lui a confié ; 9 ll. 9 sols pour une chasuble achetée au sieur Bonhomme, marchand ; 3 ll. à un avocat qui consulté sur l'usage qu'il fallait faire d'une somme de 600 ll. payée à l'hôpital en billets de la banque royale, conseilla « de les faire proclamer ; » 16 sols au sergent chargé de « proclamer » les dits billets ; 30 sols « pour faire deux tabliers à deux pauvres filles âgées de chacune 14 ans ou environ, montrant leurs corps tout découvert, n'osant mendier leur pain à cause de leur nudité ; » 24 sols pour acheter une chemise, du pain, de la vainde et du vin « à un pauvre prestre qui restoit dans la maison du sieur de Mavaleyx ; » etc.

E. 43. (Cahier). — In-4°, 12 feuillets, papier.

1722-1727. — Recettes et dépenses. — Comptes rendus par Yrieix Villemouneix et Guillaume de Guilhen, cosyndics de l'hôpital pour les dites années. — Même nature de recettes que précédemment. Parmi les dépenses figurent les suivantes : 4 ll. 8 sols à un pauvre innocent, « sur l'ordre de M. Piedemay, aumônier; » 3 ll. au sieur Gondinet, chirurgien, pour avoir soigné un cancer; 12 ll. pour célébrer la fête de St-Alexis; 3 ll. 15 sols « pour faire le carnaval des pauvres; » 3 ll. 17 sols au sieur Roche, scribe, pour avoir transcrit quelques titres de l'hôpital; 3 ll. à Guillen Quanty, tambour, « pour avoir convoqué les habitants à diverses fois pour les affaires du dit hôtel-Dieu, » etc. (La plupart des dépenses sont faites par l'intermédiaire de la gouvernante, Marie Bosvieux.)

E. 44. (Registre). — In-4°, 22 feuillets, papier.

1727-1730. — Recettes. — Comptes rendus par M. Gondinet, syndic de l'hôpital pour les dites années. — Parmi les recettes figurent les suivantes : 75 ll. du legs fait à l'hôpital par feu Dᴸᴸᵉ Marguerite Delafon; 53 sols d'une quête faite à St-Pierre dans les Murs, le Jeudi-Saint; 500 ll. de M. Meytraud de Laurières, à la décharge de M. de Foucaud; 30 ll. de M. Duverdier, chanoine, à compte sur les 150 ll. léguées à l'hôpital par feu François Gondinet, son neveu; 24 ll. et autres menues sommes de M. Gondinet, fermier du revenu des pauvres, etc. *Passim*. Très nombreuses recettes de menues rentes constituées en faveur de l'hôpital, etc. — F° 20 r° : total des recettes pour les années 1727-1730 : 2199 ll.

E. 45. (Registre). — In-4°, 128 feuillets, papier.

1727-1730. — Dépenses. — Comptes rendus par M. Gondinet, syndic de l'hôpital pour les dites années. — Parmi ces dépenses figurent les suivantes : 4 ll. 10 sols pour avoir donné à manger à M. Delassaigne et à son fils qui ont fait le procès-verbal de la remise des papiers de l'hôtel-Dieu et de l'état des bâtiments. « Nota que si j'ay donné à manger chez moi (aux dits Messieurs), c'a été pour épargner le bien des pauvres, parceque ne voulans pas d'argent pour leurs peines et vaccations et ayant fallu du moins leur donner quelques repas, il en aurait couté davantage si je les avois invités au cabaret; » 9 ll. pour le quartier des gages de Marie Bosvieux, « sœur gouvernante dans l'hôpital; » 15 sols pour l'enterrement de Léonarde Chaminade, « décédée fille, en très bonne chrétienne, pour ne pas dire en odeur de sainteté; » 2 ll. 2 sols à M. Piédemay, aumônier de l'hôpital, « pour ses droits des deux grands messes du jour de St-Alexis ou du lendemain *pro defunctis;* » 20 sols pour l'enterrement du « petit enfant des dragons et de cette prostituée, lequel avoit été donné en nourrice à Frontonne Bonnet; » 5 sols à un marin invalide se rendant de Bordeaux à Auxonne; 10 sols pour subvenir aux frais d'« encaissement » d'un malade décédé; 11 ll. au cousin Burguet, apothicaire, pour fournitures; 7 sols à Philippe Marcillon, mᵉ chirurgien, pour avoir accouché une femme originaire de Lorraine et lui avoir « retiré le fruit à divers morceaux; » 5 sols à Marie Petite, « femme sage; » 3 sols 6 deniers pour deux roquilles de vin; 2 sols à un passant nommé Dupuy, « se disant chirurgien réformé et s'en allant à Angoulême, lieu de sa naissance; » 5 sols pour la nourriture du sieur Guillaume Boutot, « cy-devant bourgeois et à présent sans aucun bien ny secours à cause de sa mauvaise conduite, et ce depuis 5 ans ou environ, fort vieux d'ailleurs et grandement incommodé de la vue, en sorte qu'il n'y voit presque pas; » 8 sols pour la nourriture d'un cuirassier de la compagnie qui est en quartier d'hiver à St-Yrieix; 58 ll. à Laroze, doreur, pour avoir doré le tabernacle de la chapelle; 5 ll. à Villemouneix, « sculpteur de cette ville, » pour avoir remis des pièces au tabernacle et aux statuettes de la chapelle (1728); 10 sols pour l'enterrement d'Antoine Langon, « pauvre passant aiguiseur de couteaux; » 3 ll. au sieur Marcillon, chirurgien, pour avoir commencé de traiter par saignées, purgations et cautérisations une femme atteinte d'un ulcère; la dite femme fut soigée ensuite par M. Lacombe, médecin, et Mᵉ Lefaure, chirurgien de Brive, lors à St-Yrieix; 10 sols à M. Bonhomme, chanoine, pour avoir célébré une messe en l'honneur de St-Alexis dont la fête avait été retardée de quelques jours en raison de ce que le St-Sacrement était exposé au Moutier, « à cause du St-Scapulaire; » etc. —*Passim*. Nombreuses dépenses pour frais de procédures, et pour aumônes à des malheureux privés de raison. — Fᵒ 44 rᵒ : « Le 5 du dit mois, j'ay reçu dans l'hôpital Jean Robert privé de raison, innocent. Nota que c'est seulement pour neufs jours…. afin d'aller pendant cette semaine à l'offrande de la relique du bon St-Yrieix et de St-Candide, pour intercéder pour la remise de son esprit ; » — f° 56 r° : « Nota que je discontinue de l'avis de MM. de la Chambre, à faire vivre à pot et à feu tous les pauvres de l'hôpital au nombre de 17, du légat de M. Duverdier, parcequ'on a estimé que ceux qui peuvent se promener trouveront facilement du secours à cause de l'abondance des châtaignes et qu'il sera mieux de les secourir par entier, s'il y a de quoi, dans le fort de l'hiver et au printemps, et nourrir seulement comme à l'ordinaire les pauvres alités et les petits enfants ; » — f° 63 r° : dénombrement des malades de l'hôpital en janvier 1730 : un homme, 9 femmes et 5 enfants ; avec indication du genre de leurs maladies ; — f° 63 v° : dénombrement des pauvres secourus hors de l'hôpital : 4 hommes, 9 femmes et 2 enfants. — Total des dépenses pour les 3 années : 2,193 ll.

E. 46. (Registre). — In-4°, 29 feuillets, papier.

1730-1733. — Recettes. — Comptes rendus par M. Gondinet, syndic de l'hôpital pour les dites années. — Parmi les recettes figurent les suivantes : 10 ll. de M. le comte de Taillefert, en déduction des intérêts par lui dus à l'hôpital ; 24 ll. de la vente d'un cochon ; 50 ll. de dame Gabrielle de Chabrignat veuve de messire Gabriel du Garreau seigneur de la Seynie, en déduction des 200 ll. léguées par le défunt aux pauvres honteux de la ville ; 12 ll. de M. de Moissat, curé de Quinsat, pour final paiement des intérêts par lui dus ; 30 ll. léguées à l'hôpital par feu Me François Meynard, chanoine de St-Yrieix ; 150 ll. à Mad. Gabrielle de Chabrignat de la Seynie, pour acheter du blé aux pauvres ; 60 ll. léguées à l'hôpital par feu François du Garreau, écuyer, sieur de Leyssard, et payées par Me Michel de Boisse sieur du Murat, missionnaire au séminaire de la Mission de Limoges, son héritier ; etc. — *Passim.* Très nombreuses recettes et menues rentes constituées en faveur de l'hôpital ; billets donnés à des mendiants sur les débiteurs de l'hôpital, etc. — F° 28 v° : total des recettes pour les années 1730-1733, 4,142 ll.

E. 47. (Registre). — In-4°, 96 feuillets, papier.

1730-1733. — Dépenses. — Comptes rendus par M. Gondinet, syndic de l'hôpital pour les dites années. — Parmi les dépenses figurent les suivantes : 5 sols à Jean Prat, garçon charpentier, qui se rend de Paris à Montauban ; 20 sols pour l'enterrement de Léonard Leymarie, décédé à *la Tête noire* ; 40 sols pour un enfant privé de raison ; 160 ll. pour achat de couvertures de lit et de rideaux chez M. Nouaillier, marchand à Limoges ; 50 sols pour réparation du calice qui s'était brisé entre les mains du curé de la Haute-Chapelle disant la messe le jour de la fête de St-Alexis ; 5 sols d'aumône « à une pauvre passante étrangère et nouvellement convertie à la mission dernière à Ladignac, cy-devant religionnaire, ainsy que Madlle Leymarie, fille dévote, m'a certifié ; » 8 ll. à deux passants, « dont l'un est aveugle et a resté 22 ans entre les mains des Turcs à Alger. Il s'appelle Pierre et est natif de Beaulieu près de Brives ; » 3 ll. au sieur Abbatut, chirurgien à Ségur, appelé à St-Yrieix en l'absence du sieur Gondinet ; 5 sols au tambour de ville, « aux fins de procéder avec MM. directeurs à la nomination d'un nouveau syndic ; » 6 sols à Lacombe, potier d'étain, pour échange d'écuelles ; 450 ll. prêtées en rente constituée à François Combret, sieur de Fontbonne, avocat et lieutenant aux appeaux de Ségur ; 30 sols pour un berceau « pour les pauvres petits enfans de l'hôpital. — » *Passim*. Très nombreuses aumônes aux pauvres honteux de la ville ; — f° 22 r° : reçu dans l'hôpital Anne Porchon, étrangère, native de la ville de Nyort en Poitou, âgée de 31 ans à ce qu'elle m'a dit, femme mariée, ayant un petit enfant qui a la picotte et son mary en Angleterre, religionnaire ; la dite femme pauvre mais nouvellement convertie à notre religion par un coup de la miséricorde divine et les soins des Messieurs de Limoges qui ont fait la mission dans le mois passé au bourg de Ladignac. Dieu en soit loué ! » — f° 24 r° : mention de la visite de la chapelle par les délégués du chapitre ; — f° 32 r° : dénombrement des pauvres nourris dans l'hôpital : un homme, 11 femmes, 7 enfants ; des pauvres secourus en ville, hommes ou femmes 16, sans compter les pauvres honteux ; des enfants en nourrice 6 ; — f° 61 v° : « Le 17 du dit mois de janvier 1732, je suis allé au village d'Ouzeillac, paroisse de Jumilhac, chez le sieur Roux, juge du dit Jumilhac, où il s'est retiré d'Exideuil pour y prendre l'air dans sa maladie depuis quelque temps, où étant j'ai cherché dans les ceddes de feu Rempnaud, notaire royal, dont il est détempteur, le contrat d'obligation consenty à notre hôpital par feu Pierre Meytraud sieur de la Gasne.... » ; — f° 88 v° : mention d'un voyage du syndic à Limoges « pour consulter les casuistes au sujet de la perception des intérêts dus à l'hôpital, avec l'avis de M. Juge, ancien curé de St-Pierre, homme très intelligent et éclairé. » Ces casuistes sont : MM. de la Mission, déjà consultés lorsqu'ils vinrent prêcher à St-Yrieix en mars 1733, les PP. Jacobins et les PP. Jésuites ; — f° 92 v° : 27 mars 1723, « est décédé et a été enterré sur le soir dans le grand chœur du Moutier, messire François de Musnier, très digne et excellent prêtre, doyen du chapitre et premier directeur-né de notre hôpital. Il est décédé chargé de mérites, âgé de 62 ans. Outre qu'il a été aumônier envers les pauvres pendant toute sa vie, il donne à l'hôpital et aux pauvres honteux 50 setiers de blé seigle ; » — f° 95 v° : total des dépenses pour les dites trois années : 4,056 ll.

E. 48. (Cahier). — In-4°, 28 feuillets, papier.

1733-1738. — Recettes. — Comptes rendus par M. Gondinet, syndic de l'hôpital. — Parmi les recettes figurent les suivantes : 360 ll. des fermiers de l'hôpital pour l'afferme des biens des pauvres ; 12 ll. de la vente d'un cochon ; 50 ll. pour un quartier du legs de 200 ll. fait à l'hôpital par M. de la Seynie ; 22 ll. de M. de Fontbonne, lieutenant aux appeaux de Ségur, pour rente constituée ; 35 ll. du sieur Mazard, lieutenant général de police, « mon cousin, » pour rente constituée ; 3 ll. de M. Magontier, apothicaire ; 560 ll. de M. Jean Souve, procureur, agissant au nom de d°lle Paule Dubourg, sa tante, à compte des 890 ll. par elle dues ; 1,100 ll. de M. Puyrodie, chanoine, pour final paiement du legs de 1,500 ll. fait à l'hôpital par feu Mᵉ Léonard Puyrodie, chanoine, son oncle ; 150 ll. d'une dame de qualité des environs de Saint-Yrieix, par l'entremise du sieur Chabrol, chanoine, pour se conformer à la volonté de feu son mari, etc. — *Passim.* Très nombreuses recettes de menues rentes constituées en faveur de l'hôpital ; billets donnés à des mendiants sur les débiteurs de l'hôpital, etc. ; — f° 28 r° : Total des recettes pour les années 1733-1738 : 7,547 ll.

E. 49. (Cahier). — In-4°, 74 feuillets, papier.

1733-1738. — Dépenses. — Comptes rendus par M. Gondinet, syndic de l'hôpital. — Parmi les dépenses figurent les suivantes : 15 sols à la nommée Jeanne, femme d'Antoine Sage, « pauvre vieux homme boyteux et infirme, restans tous deux dans le bas de la maison habitée par les bordiers du sieur Pichon, au pont de las Bordas ; lequel Sage, impotent et infirme, a fait diverses tentatives aussy bien que sa femme pour estre reçus l'un et l'autre dans l'hôpital. Et en effet il leur conviendroit à cause de leur pauvreté, excepté que la femme est servante du dehors, de la communauté des religieuses, ce qui renferme une raison pour empêcher l'hôpital de recevoir ces sortes de servantes, qui est que les religieuses tout comme les particuliers doivent fournir à leurs dépens à leur service. » On établit en outre que c'est une règle de bienséance de ne point recevoir gens mariés dans l'hôpital, à moins qu'ils ne soient tous deux malades ou « si caducs et décrépits qu'on put les recevoir sans aucun soupçon, séparément comme dit est, chacun dans la salle destinée à son sexe ; » 24 ll. à la catin du chapelier pour fournitures ; 30 sols d'aumône à la catin de Charles, « pauvre vieille femme alitée et fort misérable ; » 7 ll. à M. Beaune, avocat de Bordeaux, consulté « touchant la nomination faite par le chapitre de M. Mᵉ J.-B. de Burguet, sieur de Maillat, pour successeur aumônier, à la place du sieur Piedemay, dernier aumônier de l'hôpital, décédé le 5 d'août dernier, 1731 ; » 10 sols à Jean Sulpicy, boucher, pour chandelle par lui fournie ; 12 sols à Anne Pourieux dont le mari est en prison à Sarlat ; 30 sols à un pauvre honteux « et de famille, suivant les dispositions du légat de feu Mad. de la Seynie ; » 22 sols pour assignation aux appeaux de Ségur ; 10 ll. au sieur Gondinet, chirurgien, pour traitement d'un malade ; 8 setiers blé au sieur Autier, secrétaire du Bureau ; 17 sols pour l'enterrement de Marie Malardeau, nourrie pendant 18 mois à l'hôpital et ayant coûté de ce chef 80 ll. « qu'on pourra repéter sur quelque bien qu'elle avoit dans le village de la Vallade ; » 50 sols pour une chaise-percée, « n'y en ayant aucune ; » 5 ll. pour une chaise à porteurs pour les malades de l'hôpital, « n'y en ayant aucune jusqu'icy ; » 40 ll. à M. de Maillat, aumônier, pour sa pension ; 7 ll. au sacristain, « à la décharge de ce que la confrérie du Rosaire lui devoit ou quoy que soit le sieur Grangevieille, trésorier d'icelle, » etc. — *Passim :* nombreuses aumônes à des pauvres privés de raison ; nombreuses dépenses pour réparations aux bâtiments de l'hôpital en l'année 1736. — F° 4 v° : Copie d'une inscription sur carton rédigée par M. Gondinet, syndic, et placée dans le sanctuaire de la chapelle de l'hôpital, au jour de la fête de St-Alexis (1) : Intentions || dans lesquelles Messieurs les ecclésiastiques sont || priés d'offrir dans cette chappelle le St-Sacrifice || de la messe, le jour de la feste de St-Alexis. || 1° || Pour la gloire de Dieu et l'honneur du Saint. || 2° || Pour demander à Dieu, par les mérites de Jesus-Christ. ||

_____

(1) Cette inscription se trouve reproduite, avec quelques légères modifications, au cahier de l'année 1754. Voy. plus loin E. 62.

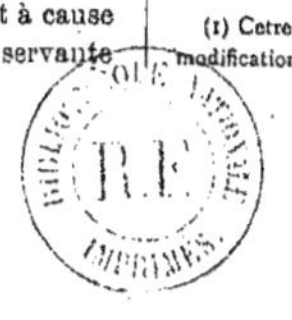

l'intercession de la très Ste-Vierge et du St-Patron, || l'accroissemement spirituel et temporel de || cet hôpital, || de bons aumôniers, administrateurs et gou || vernantes, la sanctification et bénédiction de || ceux d'à present, || les secours spirituels et tempo rels || necessaires à tous autres bienfaiteurs, || pauvres du dit hôpital et débiteurs d'iceluy. || La messe de *Requiem* || qu'on dit le lendemain est appliquée || pour la libération des âmes des bienfai || teurs, administrateurs et pauvres de || l'hôpital, décédés. || Dieu || qui counoit les plus secrets mouvements de || nos cœurs, reuille recevoir ces intentions || pour sa plus grande gloire. Ainsy soit-il. — F° 12 v° : « Le même jour, j'ay reçu un pauvre passant revenant de St-Hubert de Liège en pélerinage.... Le 1er jour do janvier de l'an de grâce 1734, j'ai reçu à coucher et souper dans l'hôpital Charles Marcel Lenoix, talonnier, natif de Paris, revenant du pélerinage de St-Jacques de Compostelle en Gallice, suivant les certificats en bonne forme qu'il m'a fait voir. » — F° 29 v° : « Le même jour, j'ay reçu et fait retirer dans l'hôpital Catherine Poumeyroulie, femme âgée, épouze de M° Jean de Veupeyre, notaire, habitans d'Oradour-sur-Vayre, gens pauvres; la dite Poumeyroulie ayant icy resté dans les cabarets, chez Massy ou chez Michon, 15 à 16 jours ou environ, en attendant son mary de retour du lieu de Ségur où il a procès pour avoir une provision alimentaire contre sa fille unique mariée qui l'a congédié; la dite Poumeyroulie aussy éconduite par les dits cabaretiers, n'ayant plus de quoy payer sa dépense après quelques hardes qu'elle a engagées, et ne pouvant, jusqu'à ce que le temps se sera un peu remis, aller trouver son mary au dit lieu de Ségur, à cause de la grande pluye qu'il y fait. » — F° 30 r° : « Le 14 du dit mois [de janvier 1735] est décédé à l'hôpital M° Jean de Veupeyre, notaire du bourg d'Ouradour-sur-Vayre, âgé de 80 ans ou environ. Nota que j'avois reçu ce notaire dans l'hôpital depuis le 11 du courant qu'il étoit venu de Ségur malade. » — F° 74 r° : « Le 18 du dit mois, j'ay fait reconnaître en rente constituée à Jean Gondinet, maître de forge et directeur des postes de la présent ville, mon cousin, la somme de 200 ll. que je lui avois prêtée à cette fin. » — F° 74 v° : Total des dépenses de 1733 à 1738 : 6,336 ll.

E. 50. (Cahier). — In-4°, 22 feuillets, papier.

1738-1741. — Recettes. — Comptes rendus par M. Gondinet, syndic de l'hôpital. — Parmi les recettes figurent les suivantes : 24 ll. de M. du Burguet, chanoine, « mon cousin, » à compte des arrérages de rentes par lui dus; 17 ll. du sieur Gondinet, m° chirurgien, directenr des postes de St-Yrieix, pour reliquat de dette; 315 ll. de M.. de la Trenchardie pour final paiement d'une rente constituée de 600 ll.; 25 ll. de M. de la Morélie du Puyredon, aumônier, à-compte des intérêts dus par feu son père Hélie de Jarrige de la Morélie, juge royal; 6 ll. du sieur de St-Aubin, maréchal de logis d'une compagnie de cavaliers du régiment de Clermont-prince, en quartier d'hiver à St-Yrieix, pour le traitement d'un cavalier resté 12 jours à l'hôpital; 222 ll. de M° Jean Queyroulet, curé de la Haute-Chapelle, comme héritier de Jean Queyroulet, m° chirurgien, son père; 1,132 ll. de M. l'abbé du Burguet, sieur des Farges, en remboursement de pareille somme à lui prêtée en rente constituée, etc. — Mêmes remarques que précédemment. Total des recettes pour les années 1748-1741 : 5,957 ll.

E. 51. (Cahier). — In-4°, 74 feuillets, papier.

1738-1741. — Dépenses. — Comptes rendus par M. Gondinet, syndic de l'hôpital. — Parmi ces dépenses figurent les suivantes : 40 ll. à M. de la Morélie, aumônier; 35 sols pour service de bout de l'an en faveur de M. de Puyrodie, chanoine, bienfaiteur de l'hôpital; 5 ll. pour la moitié des décimes; 3 sols à deux pauvres femmes de la ville. « Nota que je ne donneray plus de quelque temps aux pauvres de la ville, parcequ'on les a logés chez les habitants, le 6° du courant [mois de mai 1739], vu la misère; » 30 ll. pour une chasuble; 45 sols pour les frais de route d'un homme malade d'une jambs enflée, envoyé à Limoges, « pour par luy voir s'il pourra trouver dans l'hôpital général le secours nécessaire qu'il ne peut icy trouver, faute de chirurgien habile; » 10 ll. pour une romaine achetée à Limoges; 10 ll. au sieur Gondinet, chirurgien, pour l'amputation d'une jambe; 24 sols d'aumône à Pierre Dodet et à sa femme, « pauvres passans étrangers, juifs de nation et nouvellement convertis et baptisés, suivant leurs certificats, par M. l'évêque d'Angoulême; » 3 ll. pour une bassinoire, « meuble très nécessaire et dont il n'y en avoit jamais eu; » 30 sols d'aumône à une personne de coûdition de cette ville; 12 sols d'aumône au geolier de la prison et à sa famille; 45 sols « à une pauvre fille honteuse de cette ville et de bonne famille, pour se sustenter; » etc. — *Passim.* Nombreuses dépenses pour frais de procédures et aumônes aux pauvres honteux. — F° 5 v° (sept. 1738): Dénombrement des malades nourris dans l'hôpital, 15 hommes ou femmes et 2 enfants ; hors de l'hôpital, 12 hommes ou femmes ; — f° 27 r° (sept. 1739): autre dénombrement des pauvres nourris dans l'hôpital, 20 hommes ou femmes dont 2 soldats ; — f° 66 v° (mai 1741): autre dénombrement des pauvres nourris dans l'hôpital, 22 hommes ou femmes et 2 enfants. — F° 63 r° : « Le même jour j'ay reçu à souper et coucher à l'hôpital un passant de Vienne en Allemagne qui revenait de St-Jacques de Compostelle. » — Total des dépenses pour les années 1738-1741 : 6189 ll.

E. 52. (Liasse). — 2 cahiers in-4°, 8 et 33 feuillets, papier.

1742-1743. — Recettes et dépenses. — Comptes rendus des recettes par M. Gondinet, syndic de l'hôpital pour les dites années. Même nature de recettes que précédemment. — Comptes rendus des dépenses par le même. Parmi ces dépenses figurent les suivantes : 10 sols « à une veuve de condition de la présente ville, pauvre honteuse ; » 12 sols à une fille accouchée d'un enfant naturel qu'elle a aussitôt abandonné, le dit enfant né des œuvres du sieur Senzillon de Champs, « ainsy qu'elle a déclaré devant le juge; » 12 sols « à une pauvre honteuse de la présente ville et de bonne famille; » 12 sols d'aumône à Simon Rayet, de la paroisse de St-Jouvent, « homme de famille et de bonne vie et mœurs, mais pauvre mendiant, suivant le certificat qu'il m'a montré ; » 30 ll. au sieur Vallade, m° chirurgien, pour traitement de malades ; 8 sols d'aumône « à trois passans étrangers Vénitiens, pauvres esclaves qui se retirent de Turquie, suivant leurs certificats de Mons. le duc de Gesvres, gouverneur de Paris ; » 3 ll. à une femme traitée pour une maladie de son sexe par le sieur Beaulieu, « chirurgien de cette ville ; » 20 sols d'aumône « à une demoiselle de bonne famille, pauvre honteuse de la présent ville ; » 3 ll. au sieur Annet Rigaudie, m° chirurgien, pour traitement de malades ; 7 sols pour l'enterrement d'un petit enfant batard, « que Mademoiselle Senzillon de Champs a fait porter mort à l'hôpital, qu'on dit être des œuvres de son mary : » 2 sols 6 deniers d'aumône à un Piémontais revenant de St-Jacques de Compostelle; 15 sols pour l'assignation donnée contre Yrieix Pichon, médecin à Excideuil ; 20 sols à Marie Bosvieux, gouvernante, pour ses gages; etc.

E. 53. (Cahier). — In-4°. 46 feuillets, papier.

1744-1745. — Recettes et dépenses. — Comptes rendus par M. Gondinet, syndic de l'hôpital, pour les dites années. — Même nature de recettes que précédemment et en outre : 3 ll. données par M. de Grésignat, « dans l'intention de gaigner le jubilé. Et c'est le seul qui m'a donné pendant ce temps de jubilé. » — Parmi les dépenses figurent les suivantes : 24 sols à Anne Macary, « femme sage, » chargée de soigner une pauvre femme en état de grossesse avancée ; 2 sols à un pauvre passant, tapissier de la ville d'Aubusson ; 13 sols pour une présentation faite contre le sieur Delacombe, médecin ; etc.

E. 54. (Cahier). — In-4°, 29 feuillets, papier.

1746. — Recettes et dépenses. — Comptes rendus par M. Gondinet, syndic de l'hôpital pour la dite année. — Même nature de recettes que précédemment. — Parmi les dépenses figurent les suivantes : 7 ll. pour célébrer la fête de St-Alexis ; 20 sols pour frais de route d'un enfant de 6 ans qu'on envoie à Limoges, « lequel j'ay fait remettre à Ysabeau sa mère, servante à l'auberge de la *Tête noire* ; » 25 sols à Marie Bosvieux, gouvernante, « pour acheter du sucre, pour luy faire des confitures à cause de sa maladie ; » 4 ll. au sieur Verneil, chirurgien, pour un pansement; 16 ll. pour un missel in-folio de la nouvelle édition et réformation de 1731, faite par M. de l'Isle du Gast, précédent évêque ; le dit missel acheté à Limoges chez le sieur Boutineau, marchand, au faubourg Manigne, etc; — f° 9 r° : « Nota que la dite Bosvieux, [gouvernante]. m'a déclaré en ce jour.... donner tous arrérages [de ses gages] à l'hôpital, au cas qu'elle vienne à mourir dans cette année; » — f° 16 r° : « Le même jour j'ay reçu dans l'hôpital jusqu'à convalescence J.-B. Martin, pauvre peintre de toyle, natif de la ville de Roan, âgé d'environ 48 ans, passant par la présente ville et tombé malade chez Massy, hôte; » — f° 17 v° : « Le 24 septembre 1746 jour de samedy au soir, est décédée en très bonne chretienne et munie des sacremens de l'Église, Marie Bosvieux, ancienne gouvernante des pauvres dans le dit hôpital, âgée de près de 77 ans. Et le lendemain après vespres, elle a été enterrée, ainsy qu'elle l'avoit demandé, dans la chapelle du dit hôpital, au bas près le mur de la grange. J'ay fait faire son service aux dépens de l'hôpital ainsy qu'elle l'avoit demandé, en considération de ce qu'elle donne au dit hôpital, suivant un mémoire à moy remis par M⁰ Delagrange, chanoine, son directeur. » Son testament, rédigé par un tiers, est interfolié dans le présent cahier et porte donation de ses effets à ses nièces, de ses ustenciles de cuisine à la nommée Marguerite, sous *gouvernante* ; de grains, sabots, vêtements et autres objets aux pauvres de l'hôpital ; — f° 18 v° : Inventaire des meubles de l'hôpital et des ornements de la chapelle confiés aux soins de Marguerite Blondeau, nouvelle gouvernante de l'hôpital : 3 chasubles, 2 aubes, 3 corporaux, 12 purificatoires, un vieux missel, etc.

E. 55. (Cahier). — In-4°, 31 feuillets, papier.

1747. — Recettes et dépenses. — Comptes rendus par M. Gondinet, syndic de l'hôpital pour la dite année. — Même nature de recettes que précédemment. Parmi les dépenses figurent les suivantes : 20 sols pour un rituel ; 6 ll. au sieur Mazeau, chirurgien, pour traitement de malades ; 12 ll. au sieur Magontier, apothicaire, pour fournitures de drogues, etc. Nombreuses dépenses pour réparations aux bâtiments de l'hôpital et à la chapelle ; — f° 2 r° : « Nota qu'il y a actuellement 17 pauvres dans l'hôpital, contre le règlement de 12 cy-devant fixé, et sans parler des enfants en nourrice. Mais la mendicité et la pauvreté sont si grandes cette année qu'on est d'avis pendant quelque temps de passer au dela du règlement. »

E. 56. (Cahier). — In-4°, 27 feuillets, papier.

1748. — Recettes et dépenses. — Comptes rendus par M. Gondinet, syndic de l'hôpital pour la dite année. — Même nature de recettes que précédemment. Parmi les dépenses figurent les suivantes : 40 ll. pour droit d'indemnité au chapitre de Saint-Yrieix ; 20 sols pour une lanterne destinée à éclairer l'aumônier lorsqu'on va le chercher la nuit ; 10 ll. à Léonard Thény, m⁰ cirier, pour fournitures de cierges ; etc. — *Passim* : nombreuses dépenses pour réparations aux bâtiments de l'hôpital et pour frais de procédures.

E. 57. (Cahier). — In-4°, 28 feuillets, papier.

1749. — Recettes et dépenses. — Comptes rendus par M. Gondinet, syndic de l'hôpital pour la dite année. — Même nature de recettes que précédemment et en outre nombreuses aumônes faites à l'hôpital « pour permission de faire gras. » Parmi les dépenses

figurent les suivantes : 3 ll. au sieur Bonlieu, m⁰ chirurgien, pour fourniture de « graisse humaine » et autres drogues ; 4 ll. pour faire relier le registre des délibérations du Bureau ; 15 ll. au sieur du Verneil, chirurgien ; 210 ll. à M. de la Morélie, aumônier, en remboursement, etc. — *Passim* : Mentions de la réception à l'hôpital de cavaliers appartenant à la compagnie de M. de Romance, régiment de Moncalin, en garnison à St-Yrieix.

E. 58. (Cahier). — In-4°, 24 feuillets, papier.

1750. — Recettes et dépenses. — Comptes rendus par M. Gondinet, syndic de l'hôpital pour la dite année. — Même nature de recettes que précédemment. Parmi les dépenses figurent les suivantes : 12 sols pour frais de port de l'édit du Roi concernant les établissements hospitaliers (1749) ; 20 ll. à Marie Blondeau, gouvernante, pour arrérages de ses gages ; 10 ll. pour les décimes de deux semestres ; 3 ll. 18 sols pour achat d'un brancard ; 5 sols pour le transport d'un lit légué à l'hôpital par M. Blanchon, régent ; 16 sols pour le contrôle d'une délibération établissant M⁰ Jean Bosvieux comme premier médecin de l'hôpital et M⁰ Jean Bonhomme sieur de Lavaud, comme second, à leurs services devant être gratuits ; etc. » — *Passim.* Très nombreuses aumônes à des pauvres honteux de la ville.

E. 59. (Cahier). — In-4°, 25 feuillets, papier.

1751. — Recettes et dépenses. — Comptes rendus par M. Gondinet, syndic de l'hôpital pour la dite année. — Même nature de recettes que précédemment. Parmi les dépenses figurent les suivantes : 4 ll. au sieur Buis, « secrétaire du Bureau de l'hôpital, » pour le premier quartier de sa pension ; 10 sols pour une messe basse que « j'ay fait dire dans la chapelle de l'hôpital à l'honneur du St-Esprit pour implorer ses lumières dans les affaires du dit hôpital ; » 5 sols pour le port d'une lettre envoyée à Limoges ; 21 ll. pour une armoire destinée à contenir les archives de l'hôpital ; 43 ll. pour diverses drogues achetées au sieur Péret, marchand droguiste de Grenoble, « afin d'épargner l'excessive dépense envers l'appoticaire ; » 40 sols pour « un tableau en taille douce représentant le *Chrétien mourant*, et ce pour mettre sur la cheminée dans la chambre des hommes malades, n'y ayant aucune représentation de piété ; » 12 ll. pour un voyage à Limoges afin d'obtenir décharge des décimes,

« Nota, Mgr. l'évêque a promis d'avoir égard aux décimes. M. l'intendant s'étant trouvé en voyage, j'ay laissé ma requête à M. Bouillé son premier secrétaire, » etc. — F° 12 v° : « J'ay reçu à l'hôpital Jean Chariéras dit la Jeunesse, du bourg d'Hautefort, pauvre soldat du régiment de Chartres, accompagné de Blanche-Église, âgé de 20 ans.

E. 6o. (Cahier). — In-4°, 25 feuillets, papier.

1752. — Recettes et dépenses. — Comptes rendus par M. Gondinet, syndic de l'hôpital pour la dite année. — Même nature de recettes que précédemment. Parmi les dépenses figurent les suivantes : 24 sols d'aumône « à une d^{lle} de bonne famille, pauvre honteuse de cette ville ; » 45 sols pour avances à la nourrice chargée d'un enfant exposé à la porte de l'hôpital ; — f° 1 bis v° : « Le même jour, reçu dans l'hôpital le nommé Jean, marchand, avec des potences à cause d'une incommodité et enflure au-dessus le talon de la jambe droite, lequel j'ay fait inciser par Philippe Darnet, m° chirurgien et lieutenant de M. la Martinière, premier chirurgien du Roy, pour y être traité gratis par le dit Darnet jusqu'à convalescence, de même que les autres blessés qu'il y aura dans l'hôpital ; le dit Darnet ayant offert de faire ou faire faire gratis par ses correspondants les opérations chirurgicales dans le dit hôpital, ainsy qu'ils y sont tenus par l'art. 22 des statuts et règlements de chirurgie de 1730.... le sieur de Verneil, cy-devant chirurgien ordinaire, ayant refusé de prêter cette charité gratuite, quoy que luy et les autres y soient contraignables en par l'hôpital fournissant seulement les drogues ou onguens nécessaires ; » — f° 3 bis r° : « Réflexion » au sujet des 12 messes *pro defunctis* que l'aumônier doit dire annuellement dans la chapelle de l'hôpital conformément aux stipulations faites en 1656 avec M° Pierre Lavergne, lors aumônier ; — f° 9 v° : « Nota que hier 10 du courant, le sieur Avril, huissier ambulant aux décimes, faisant icy sa tournée, me déclara notre hôpital n'être plus imposé aux décimes et en avoir été déchargé sur la requête et mémoires que je fus à Limoges présenter à Mgr. l'évêque et Chambre ecclésiastique.... » — f° 12 v° : reçu à l'hôpital Yrieix Lavaud, pauvre bancal, âgé de 58 ans, « foytechien » (fouette-chiens ?) du chapitre ; — f° 22 r° : dénombrement des pauvres nourris dans l'hôpital pendant la dite année : 23 hommes, 21 femmes et enfants, 6 enfants légitimes mis en nourrice et 6 bâtards.

E. 6i. (Cahier). — In-4°, 17 feuillets, papier.

1753. — Recettes et dépenses. — Comptes rendus par M. Gondinet, syndic de l'hôpital pour la dite année. — Même nature de recettes que précédemment. Parmi les dépenses figurent les suivantes : 5 sols pour le port d'une lettre et de 4 aunes de toile envoyées au sieur Maysonnade, « peintre, faubourg Manigne à Limoges, pour faire trois tableaux pour la chapelle de l'hôpital, le vieux qui y est étant uzé, percé et presque pourri ; dans lesquels tableaux sera représenté, savoir dans celuy du milieu, de la hauteur de 5 pieds sur 4 de large, une belle N.-D, ou que soit l'intérieur de la Ste-Vierge ; et dans deux d'à coté, chacun haut de 3 pieds et demy sur 2 pieds et demy de large, le tout dans œuvre, savoir dans l'un l'image de St-Alexis et dans l'autre l'image de St-Jean-de-Dieu, fondateur de l'ordre de la Charité, le tout moyennant la somme de 50 ll. bon marché ; » 4 ll. 15 sols pour une demi livre de julep acheté au sieur Célérier, marchand droguiste de Montpellier, etc. — F° 11 r° : dénombrement des pauvres nourris dans l'hôpital pendant la dite année : hommes, 8 anciens et 10 nouveaux ; femmes, 8 anciennes et 10 nouvelles ; enfants légitimes mis en nourrice, 6 : batards 7.

E. 62 (Cahier). — In-4°, 21 feuillets, papier.

1754. — Recettes et dépenses. — Comptes rendus par M. Gondinet, syndic de l'hôpital pour la dite année. — Même nature de recettes que précédemment. Parmi les dépenses figurent les suivantes : 4 ll. au sieur Buis, secrétaire du Bureau, pour un quartier de ses appointements ; 16 sols pour messes célébrées à la décharge de M. de la Morélie, précédent aumônier, remplacé par M. Pichon après résignation faite le 1er mars de la dite année ; 2 ll. pour un crochet à peser ; 3 ll. pour épices à M. de Buat, rapporteur de l'arrêt rendu au Parlement de Bordeaux en faveur de l'hôpital contre Yrieix Lafon ; 33 ll. à M° Yrieix Pichon, bachelier en théologie, curé de St-Pierre et aumônier de l'hôpital, pour 10 mois de son traitement ; etc. — *Passim.* Nombreuses dépenses pour frais de procédures, réparations aux bâtiments, célébration des messes mensuelles, etc. — F° 7 v° : transcription d'un *Avis au public* affiché au portail de l'hôpital, le jour de la fête de St-Alexis patron : « Le bonheur des familles et des communautés dépend principalement du soin et de la charité qu'on a pour les pauvres et pour les hôpitaux. C'est pour cela qu'on prie tous les bons habitants de cette ville d'offrir en ce jour leurs vœux à Dieu pour l'accroissement spirituel et temporel de cette maison, pour la sanctification de ses administrateurs et bienfaiteurs et pour la conversion de ceux qui, par dureté ou indifférence, refusent aux pauvres les secours dont ils sont redevables soit par état, soit par justice ; » — f° 10 r° : « Le 4 du dit novembre sur le soir, j'ay, sur le requis de M. de Lourgerie, lieutenant de la compagnie de M. de Mainville au régiment de la Cornette générale dite la Cornette Blanche, reçu à l'hôpital le sieur Lemout, cavalier et premier brigadier ; » — f° 14 r° : dénombrement des pauvres nourris à l'hôpital pendant la dite année : hommes et garçons, 5 anciens et 14 nouveaux ; femmes, 7 anciennes et 4 nouvelles ; enfants légitimes mis en nourrice, 6 ; bâtards 6.

E. 63. (Cahier). — In-4°, 16 feuillets, papier.

1755. — Recettes et dépenses. — Comptes rendus par M. Gondinet, syndic de l'hôpital pour la dite année. — Même nature de recettes que précédemment. Parmi les dépenses figurent les suivantes : 100 ll. au sieur Darnet, chirurgien, pour fournitures de médicaments ; 40 ll. à Charles Vaucin, Suisse, m° vitrier, pour 12 panneaux de vitres ; 36 ll. d'acompte à Yrieix Villemouneix, m° sculpteur de cette ville, pour la construction d'un rétable qui doit contenir les trois tableaux commandés au sieur Maisonnade, peintre à Limoges ; etc. — Total des dépenses : 1,332 ll.

E. 64. (Cahier). — In-4°, 14 feuillets, papier.

1756. — Recettes et dépenses. — Comptes rendus par M. Gondinet, syndic de l'hôpital pour la dite année. — Parmi les recettes figurent les suivantes : 40 sols provenant de la confiscation de deux perdrix faite par le procureur du Roi ; 92 ll. pour l'afferme du borderage des Ayres ; 21 ll. pour la rente foncière du pré de Rochépine ; 6 ll. provenant de l'amende imposée au sieur Deschamps, aubergiste, « pour avoir donné à boire à des cavaliers après 8 heures ; » 3 ll. d'aumône faite à l'hôpital par M. de la Pomélie, seigneur de Chadefeyne, « pour permission qu'il demande à faire gras ce carême prochain, » (nombreuses recettes de ce chef) ; 24 ll. pour moitié du prix de vente de la cueillette provenant du pré Lamothe ; 600 ll. remboursées par M. Mazard du

Masbarteix ; 211 ll. remboursées par J.-B. Bonhomme sieur de la Vallade, comme petit fils et héritier de Pierre Bonhomme, notaire, son ayeul ; 85 ll. pour moitié du prix d'afferme de la terre de Laborie, etc. — Parmi les dépenses figurent les suivantes : 9 ll. pour un sommier de 300 feuillets destiné à la transcription des contrats de l'hôpital, « suivant l'avis de Mgr. l'évêque en sa dernière visite ; » 5 sols au tambour de ville « pour convoquer les habitans à une assemblée générale à l'hôpital où Mgr. Jean-Giles du Coëtlosquet, évêque de Limoges, de présent en cette ville pour la confirmation, a assisté et présidé à 2 heures de relevée ; » 51 ll. pour final paiement d'un rétable ; 26 sols au sieur Courtiau, secrétaire de l'hôpital, pour partie de ses appointements ; 4 ll. à Bernard Bonhomme de la Côte, nouveau secrétaire de l'hôpital, etc ; — f° 7 v° : mention du congé donné à la plupart des pauvres de l'hôpital, en vertu d'une délibération du Bureau. Restent 3 pauvres et la gouvernante ; — f° 8 r° : mention d'un pauvre admis à l'hôpital sur la recommandation de M. Nespoux de Marsat, curé de St-Pierre et aumônier de l'hôpital ; — f° 9 v° : dénombrement des pauvres nourris à l'hôpital pendant la dite année : 13 hommes, 7 femmes, 7 enfants légitimes mis en nourrice.

E. 65. (Cahier). — In-4°, 30 feuillets, papier.

1757-1758. — Recettes et dépenses. — Comptes rendus par M. Gondinet, syndic de l'hôpital pour les dites années. — Même nature de recettes que précédemment. Parmi les dépenses figurent les suivantes : 23 ll. à M. Nespoux de Marsac, curé de St-Pierre et aumônier de l'hôpital, pour portion de son traitement ; 10 ll. au sieur Bonhomme de la Côte, pour ses appointements de secrétaire du Bureau, « l'ayant suspendu de fonctions pour prendre un nouveau secrétaire ; » 24 ll. au sieur Darnet, lieutenant chirurgien, pour fournitures de drogues ; 6 ll. pour 6 aunes de droguet destinées à confectionner des polonaises pour les enfants de l'hôpital ; 8 ll. pour drogues achetées au sieur Célérier, « droguiste en tournée ; » 360 ll. prêtées en rente constituée au sieur Hélie Vallette, lieutenant criminel au sénéchal de St-Yrieix ; 18 sols au sieur Soubrie, « huissier, porteur du rolle de la cotisation de 1,000 ll. imposée sur les paroissiens et décimateurs de la paroisse de Moutiers ; » 24 ll. au sieur Lascoux, nouveau secrétaire de l'hôpital ; — f° 8 v° : décès de Marguerite Blondeau, gouvernante depuis décembre 1746, enterrée dans la chapelle du Scapulaire. Elle fut remplacée par Paule Crozetière, âgée de 46 ans ; — f° 13 v° : mention d'un voyage du syndic à Limoges pour demander à l'intendant et à l'évêque de s'employer à obtenir des lettres patentes en faveur de l'hôpital : « Mais l'intendant n'ayant été visible à cause de ses occupations pour le courrier, je ne l'ay non plus pu voir le lendemain, étant party à bonne heure pour Tulle et Brive pour le département des tailles. »

E. 66. (Cahier). — In-4°, 21 feuillets, papier.

1759. — Recettes et dépenses. — Comptes rendus par M. Gondinet, syndic de l'hôpital pour la dite année. — Même nature de recettes que précédemment. Parmi les dépenses figurent les suivantes : 2 ll. pour les frais de l'assignation faite en la cour de la Bourse de Limoges à Hélie Bordas, aubergiste, pour obtenir paiement d'une somme de 100 ll. à lui prêtée ; 5 ll. 6 sols d'aumône « à deux personnes honteuses et de famille en cette ville ; » 24 ll. au sieur Andrieu, secrétaire du Bureau, pour ses appointements de l'année, etc. — *Passim.* Très nombreuses dépenses pour frais de procédures ; — f° 17 r° : total des dépenses pour la dite année : 3,389 ll.

E. 67. (Cahier). — In-4°, 26 feuillets, papier.

1760. — Recettes et dépenses. — Comptes rendus par M. Gondinet, syndic de l'hôpital pour la dite année. — Même nature de recettes que précédemment. Parmi les dépenses figurent les suivantes : 5 ll. pour une lampe destinée à brûler dans la chapelle devant le St-Sacrement « où il n'y en avait jamais eu ; » 4 ll. pour un crucifix de cuivre, « garni de son pied et très bien travaillé, » acheté au sieur Chabonnel, chaudronnier de passage ; 36 ll. pour drogues achetées au sieur Roche, « droguiste provençal ; » 5 ll. pour frais d'un voyage à Limoges, pour faire retraite à la Mission et présenter au nouvel évêque les respects du Bureau de l'hôpital, ainsi qu'à Mgr. de Chaumont, nouvel intendant de la Généralité ; 4 ll. à Antoine Lascoux, pauvre du village de l'Hospital, paroisse de Freissinet ; 5 ll. à Jean Gondinet, secrétaire du Bureau à la place de Jean Andrieu, pour deux mois et demi de ses appointements, etc. — F° 18 r° : dénombrement des pauvres nourris dans l'hôpital pendant la dite année : hommes et garçons 25 ; femmes et filles 29 ; enfants légitimes mis en nourrice 21 ; — f° 22 r° : Paule Crozetière,

établie gouvernante en février 1757 fut remplacée en décembre 1760 par Françoise Brugeras qui décéda le 11 janvier 1761.

E. 68. (Cahier). — In-4°, 37 feuillets, papier.

1761-1762. — Recettes et dépenses. — Comptes rendus par M. Gondinet, syndic de l'hôpital pour les dites années. — Même nature de recettes que précédemment. Parmi les dépenses figurent les suivantes : 6 ll. pour une paire de chandeliers, « si bien qu'il y a présentement quatre chandeliers à l'autel de la dite chapelle ; « 20 sols pour deux messes dites dans la chapelle « pour implorer les lumières et le secours d'en haut pour les affaires de l'hôpital ; » 34 sols au messager qui a amené la sœur Lagrange, hospitalière de la Souterraine, envoyée pour régir l'hôpital par M. Servientis, vicaire général (17 mai 1761) ; 15 ll. pour un coffre à effets acheté à la communauté des religieuses de St-Yrieix pour la nouvelle hospitalière ; 8 ll. pour un tapis destiné à couvrir la table du Bureau, acheté à Felletin ; 12 ll. à Jacques Cournerie, nouveau secrétaire du Bureau, etc.

E. 69. (Cahier). — In-4°, 35 feuillets, papier.

1763-1764. — Recettes et dépenses. — Comptes rendus par M. Gondinet, syndic de l'hôpital pour les dites années. — Même nature de recettes que précédemment. Parmi les dépenses figurent les suivantes : 600 ll. prêtées à M. J.-B. Teytaud, sieur de la Jarrige, lieutenant-général au sénéchal de St-Yrieix ; 2 ll. 15 sols à Antoine Lascoux, de l'hôpital de Freissinet, pour la nourriture d'un pauvre ; 7 ll. pour drogues achetées au sieur Célérier, « droguiste du Languedoc ; » 9 ll. pour la célébration de la fête de St-Alexis ; 30 ll. à M° François Gondinet, « à present notaire royal, » pour ses appointements de secrétaire du Bureau ; 7 ll. pour les frais d'une condamnation obtenue à la Bourse de Limoges contre M. de Ladigné, syndic de l'hôpital, touchant le paiement d'une somme de 200 ll. à lui prêtée ; etc. — *Passim.* Nombreuses dépenses pour les pensions des bâtards en nourrice.

E. 70. (Cahier). — In-4°, 16 feuillets, papier.

Janvier-août 1765. — Recettes et dépenses. — Comptes rendus par M. Gondinet, syndic de l'hôpital pour les dits mois. — Même nature de recettes que précédemment. Parmi les dépenses figurent les suivantes : 74 ll. pour 6 couvertes d'Orléans, achetées au sieur Margerie, marchand forain de St-Flour en Auvergne ; 60 ll. à la sœur Lagrange, hospitalière, à compte sur ses gages ; 40 ll. à M⁰ Nespoux, aumônier, pour sa pension de l'année ; 8 ll. à M. Pierre Gondinet, commis du greffe au sénéchal de St-Yrieix, nouveau secrétaire de l'hôpital à la place de François Gondinet, son cousin, etc. — F⁰ 13 r⁰ : « Nota que le 1ᵉʳ octobre dit an 1765, Marie Mestadier sœur Lagrange, religieuse hospitalière, est tombée malade de la dyssenterie qui n'est partout que trop commune cette année, et est décédée le 11 du dit jour de vendredy à 3 heures de relevée.... » Elle légua à l'hôpital ce qui restait dû de ses gages et fut enterrée dans la chapelle.

E. 71. (Cahier). — In-4⁰, 12 feuillets, papier.

Septembre-décembre 1765. — Recettes et dépenses. — Comptes rendus par M. Bonhomme, sieur de Lacour, syndic de l'hôpital pour les dits mois (1). — Même nature de recettes que précédemment. Parmi les dépenses figurent uniquement les dépenses courantes de nourriture, pensions de nourrissons, aumônes, réparations aux bâtiments, etc.

E. 72. (Cahier). — In-4⁰, 28 feuillets, papier.

1766. — Recettes et dépenses. — Comptes rendus par M. Bonhomme de Lacour, syndic de l'hôpital pour la dite année. — Parmi les recettes figurent les suivantes : 180 ll. d'Antoine Lallet, fermier des revenus de l'hôpital ; 28 sols pour prix d'un paquet de chanvre que les pauvres ont filé ; 100 ll. de M. Pagnon, avocat, « à compte des intérêts qu'il peut devoir à notre hôpital ; » 3 ll. de M. Foucaud, « pour permission qu'il a obtenue à faire gras ; » 25 ll. à M. de St-Martin, écuyer, pour arrérages d'intérêts par lui dus à l'hôpital. *Passim.* Menus dons faits à l'hôpital par quelques habitants de la ville. Total des recettes pour la dite année : 1,584 ll. — Parmi les dépenses figurent les suivantes : 50 sols pour une jambe de bois ; 15 ll. à la Marianne, gouvernante de l'hôpital, pour 6 mois de gages ; etc. Total des dépenses pour la dite année, 1,340 ll.

(1) Ce cahier et les suivants jusqu'en 1770 inclusivement sont vérifiés et paraphés par le sieur Gondinet Dupuy, précédent syndic, comme commissaire délégué par le Bureau.

E. 73. (Cahier). — In-4⁰, 25 feuillets, papier.

1767. — Recettes et dépenses. — Comptes rendus par M. Bonhomme de Lacour, syndic de l'hôpital pour la dite année. — Même nature de recettes que précédemment. Parmi les dépenses figurent les suivantes : 80 ll. au sieur Darnet, chirurgien, pour traitement des malades de l'hôpital ; 6 ll. à compte sur les 12 ll. promises au sieur Darnet père, « demeurant chez son fils le jeune, » pour soigner une malade de l'hôpital atteinte de la teigne ; 20 ll. au sieur Granger, fournier, pour le pain cuit à son four ; 2 ll. pour 4 messes dites à l'hôpital en mémoire de M. Antoine Chiquet dit de las Meynias, donateur, par deux récollets et par MM. Poulier, curé de Ste-Catherine, et Renaud, prêtre, etc.

E. 74. (Cahier). — In-4⁰, 35 feuillets, papier.

1768. — Recettes et dépenses. — Comptes rendus par M. Bonhomme de Lacour, syndic de l'hôpital pour la dite année. — Même nature de recettes que précédemment. Parmi les dépenses ne figurent que les dépenses courantes : aumônes, frais de nourriture et d'habillement des pauvres, d'inhumations et de procédures, etc.

E. 75. (Liasse). — 4 cahiers in-4⁰, 8, 10, 8 et 11 feuillets. papier.

1769. — Recettes et dépenses. — Comptes rendus par M. Lagrange, syndic de l'hôpital pour la dite année. (Chaque cahier comprend à la fois les recettes et les dépenses d'un trimestre.) — Même nature de recettes que précédemment. Parmi les dépenses ne figurent que les dépenses courantes : aumônes, frais de nourriture et d'habillement des pauvres, d'inhumations, de procédures, etc.

E. 76. (Liasse). — 3 cahiers in-4⁰, 9, 11 et 8 feuillets, papier.

1770. — Recettes et dépenses. — Comptes rendus par MM. Lagrange et Ladigné, syndics de l'hôpital pour la dite année. — Même nature de recettes que précédemment. Parmi les dépenses figurent les suivantes : Cahier A (premier trimestre) : 8 sols pour conduire un pauvre à l'hôpital général de Limoges, par ordre de M. Teytut de la Jarrige, lieutenant général ; — Cahier B (deuxième trimestre) : 6 ll. pour 10 charretées de pierre destinées à la réfection des murs du jardin ; — Cahier C (second semestre) : 32 ll. pour la célébration de la fête de St-Alexis; 25 sols pour louage d'un cheval jusqu'au Châtenet : 45 sols pour louage d'un cheval jusqu'à Tourdonnet, etc.

E. 77. (Liasse). — 4 cahiers in-4°, 3, 7, 4 et 9 feuillets, papier.

1771. — Recettes et dépenses. — — Comptes rendus par M. Ladigné, syndic de l'hôpital pour la dite année. — Cahiers A et B (premier semestre) : Même nature de recettes que précédemment. Parmi les dépenses ne figurent que les courantes. — Cahiers C et D (second semestre) : Même nature de recettes que précédemment. Parmi les dépenses figurent les suivantes : 12 ll. « à la sœur de l'hôpital, » à compte sur ses gages. En marge : « C'est la Marianne gouvernante; » 11 ll. à un voiturier « pour avoir été chercher la sœur Auzanet ou pour luy avoir amené ses hardes ; » 15 sols au tambour de ville pour avoir convoqué les habitants pendant trois dimanches consécutifs aux fins d'élire un nouveau syndic de l'hôpital ; 3 ll. 7 sols à la Marianne « qui reste dans l'hôpital, » pour final paiement de ces gages.

E. 78. (Cahier). — In-4°, 18 feuillets, papier.

1771-1773. — Recettes et dépenses. — Comptes rendus par M. Voisin, syndic de l'hôpital pour les dites années. — Même nature de recettes que précédemment. Parmi les dépenses figurent les suivantes : 60 sols à la sœur Auzanet, gouvernante, pour trois mois de sa pension ; 6 ll. à M. Gondinet, secrétaire du Bureau ; 17 ll. au sieur Brande, apothicaire, pour fournitures de drogues; 15 ll. au sieur Mazeau, aubergiste, pour fourniture de vin ; 12 ll. à la Brunette, servante de l'hôpital, etc. — Total des dépenses pour la dite année : 2,341 ll.

E. 79. (Liasse). — 2 cahiers in-4°, 3 et 6 feuillets, papier.

1773-1774. — Recettes et dépenses. — Comptes rendus par M. Chargnac, trésorier de l'hôpital pour les dites années. — On enregistre les sommes reçues des divers débiteurs de l'hôpital, sans autre indication, et les sommes payées sur mandats présentés, sans indiquer l'objet de la dépense.

E. 80. (Liasse). — 2 cahiers in-4°, 13 et 27 feuillets.

1774-1778. — Recettes et dépenses. — Comptes

rendus par M. Mazeau, trésorier de l'hôpital pour les dites années. — Dans le cahier des recettes figurent les suivantes : 37 ll. de M. Burguet, procureur du Roi, pour prix de l'afferme du pré des Ayres ; 300 ll. de M. de Mazeaubret, procureur du Roi à l'Élection de Limoges, pour arrérages de rentes dus à l'hôpital ; 310 ll. de M. Giry, procureur au sénéchal de Périgueux, provenant d'une saisie faite sur M. du Repaire ; 66 ll. de M. Pagnon, subdélégué de l'intendant, pour prix de l'afferme du pré de la Mothe ; 15 ll. de Mᵉ François Delafon, avocat, pour arrérages d'intérêts ; 30 ll. de M. Buisson, curé du Moutier, de M. de Vilorne, assesseur au sénéchal, de Mᵉ le Doyen du chapître, de M. Fourestier, et de M. Lacotte, chanoines, « pour avoir fait gras le carême; » 50 ll. de M. de St-Grenat(?), maître de la manufacture de porcelaine de St-Yrieix. montant des amendes imposées à 5 de ses ouvriers ; 17 ll. de M. Morange, procureur au sénéchal, pour arrérages d'intérêts, etc. Total des recettes pour les dites années 5,846 ll. — Dans le cahier des dépenses figurent les suivantes : 18 ll. à M. Darnet jeune, chirurgien de l'hôpital ; 27 ll. au sieur Massy, aubergiste, pour fourniture de vin ; 5 ll. à M. Bouverie, aumônier de l'hôpital, pour la fête de St-Alexis ; 15 sols au tambour de ville pour avoir convoqué les habitants aux fins de nommer un nouveau syndic, etc. Total des dépenses pour les dites années, 5,332 ll. (Les paiements sont faits sur la présentation de mandats délivrés par l'un des administrateurs. Les indications relatives à l'objet des dépenses sont excessivement sommaires).

E. 81. (Cahier). — In-4°, 7 feuillets, papier.

1778-1779. — Recettes et dépenses. — Comptes rendus par M. Morange, trésorier de l'hôpital pour les dites années. — Le cahier des recettes fait défaut. Dans celui des dépenses figurent les suivantes : 30 sols pour sommation au sieur Audebert de Chargniac, ancien syndic de l'hôpital, aux fins de lui faire représenter ses comptes ; 500 ll. prêtées à M. Parouty, bourgeois d'Excideuil ; 2,000 ll. prêtées par moitié à M. Foucaud de Malambert, écuyer, et à M. Crezeunet, lieutenant particulier au sénéchal de St-Yrieix, etc.

E. 82. (Cahier). — In-4°, 16 feuillets, papier.

1778-1779. — Recettes et dépenses. — Comptes rendus par M. Morange, trésorier de l'hôpital, des dépenses faites sur mandats, consistant uniquement en frais d'inhumations et de voyages, pensions des enfants en nourrice, réparations aux bâtiments, etc. — F° 15 r° : Mention de la visite de l'évêque de Limoges (5 juin 1779).

E. 83. (Cahier). — In-4°, 10 feuillets, papier.

1779-1781. — Recettes et dépenses. — Comptes rendus par M. Morange, trésorier de l'hôpital pour les dites années.—Le cahier des recettes fait défaut. Dans celui des dépenses, faites sur mandats, figurent les suivantes : 80 ll. au sieur Bouverie, « vicaire régent de la paroisse de St-Pierre et desservant l'hôtel-Dieu pour M. Nespoux, aumônier, pour deux ans, à raison de 40 ll. par an ; » 3 ll. 12 sols pour le louage d'une voiture avec conducteur jusqu'à Excideuil ; 18 ll. à la servante de l'hôpital pour ses gages ; 72 ll. à M. Gondinet, secrétaire du Bureau, pour ses appointements de 3 années ; etc. — *Passim.* Nombreuses dépenses pour frais de commandements aux débiteurs de l'hôpital.

E. 84. (Cahier). — In-4°,-14 feuillets, papier.

1779-1781. — Recettes et dépenses. — Comptes rendus par M. Morange, trésorier de l'hôpital, des dépenses faites sur mandats, consistant uniquement en frais d'inhumations et de voyages, pensions des enfants en nourrice, réparations aux bâtiments, etc.

E. 85. (Cahier). — In-4°, 14 feuillets, papier.

1781-1784. — Recettes et dépenses. — Comptes rendus par M. Antoine Choury, trésorier de l'hôpital pour les dites années. — Le cahier des recettes fait défaut. Dans celui des dépenses figurent les suivantes : 119 ll. au sieur Brande, chirurgien, pour fournitures de drogues ; 9 ll. à Simon Sulpicy, boucher, pour fourniture de viande ; 15 ll. à M. Gondinet, docteur médecin, pour frais d'un voyage fait à Limoges dans l'intérêt de l'hôpital ; 15 ll. à M. Labrouhe, avocat, pour ses honoraires ; 9 ll. pour une charretée de bois envoyée par M. Lavaud, docteur médecin ; 40 ll. à M. Bouverie, curé de St-Pierre et aumônier de l'hôpital, etc. Total des dépenses pour les dites années : 1,703 ll.

E. 86. (Cahier). — In-4°, 7 feuillets, papier.

1784-1785. — Recettes et dépenses. — Comptes rendus par M. Robert, trésorier de l'hôpital pour les dites années. — Le cahier des recettes fait défaut.

Dans celui des dépenses on enregistre les sommes payées sur la présentation d'un mandat, sans indiquer l'objet de ces dépenses.

E. 87. (Cahier). — In-4°, 6 feuillets, papier.

1785-1787. — Recettes et dépenses. — Comptes rendus par M. Dujardin-Dumayne, trésorier de l'hôpital pour les dites années. — Le cahier des recettes fait défaut. Dans celui des dépenses ne figurent que les dépenses courantes. Total des dépenses pour les dites années : 3,650 ll.

E. 88. (Cahier). — In-folio, 9 feuillets, papier.

1787-1793. — Recettes et dépenses. — Comptes rendus par M. Sazerat, trésorier de l'hôpital pour les dites années. — Le cahier des recettes fait défaut. Dans celui des dépenses figurent les suivantes : 34 ll. au sieur Pichon, architecte, pour céréales par lui fournies ; 200 ll. à M. Pichon, chanoine, pour 40 setiers de seigle par lui fournis ; 20 sols aux collecteurs « pour les réparations de l'église St-Pierre ; » 36 ll. au Bureau de charité pour un mois et demi (décembre 1789) ; 40 ll. à M. Gondinet, médecin, pour honoraires ; 45 sols « aux batteurs qui ont battu la dîme de Lavaud, » (1790) ; 40 ll. à M. Bouverie, aumônier (1793) ; 518 ll. à M. Pichon, prêtre, pour avances de grains faites à l'hôpital ; 40 ll. au sieur Pichon, chirurgien, pour traitement des malades ; 32 ll. à la sœur Auzanet, pour avances faites à l'hôpital. — Total de la recette y rapportée : 12,195 ll. Total de la dépense : 12,340 ll. « Vu, vérifié et arrêté le cayer cy dessus de dépense, qui a excédé celui de la recette de la somme de 145 ll. qui sont redues au citoyen Sazerat, à St-Yrieix, ce 22 frimaire 1793 l'an second de la République française une et indivisible. MORANGE, DUJARDIN cadet. »

E. 89. (Cahier). — In-folio, 18 feuillets, papier.

1771-1795. — Recettes. — État des recettes de dame Auzanet, gouvernante de l'hôpital. — Les articles enregistrés figurent en menue monnaie pour aumônes, achats de denrées, d'étoffes d'habillement, de bois, etc. Comptes arrêtés le 20 fructidor, an III de la République. A la suite : « Il m'est dû pour les deux derniers quartiers de ma pension, à raison de 60 ll. par quartier, six vingts livres. AUZANET. »

E. 90. (Cahier). — In-folio, 44 feuillets, papier.

1771-1775. — Dépenses. — État des dépenses

de dame Auzanet, gouvernante de l'hôpital. — Les articles enregistrés consistent en aumônes, achats de denrées, d'ustensiles de cuisine, colifichets, fournitures de sacristie, médicaments, etc.

E. 91. (Cahier). — In-4°. 5 feuillets. papier.

1775. — Mobilier — « État du linge, meubles et effets, titres et papiers de l'hôpital de la ville de St-Yrieix, remis par J.-B. Audebert, sieur de Chargnac, et Mᵉ J.-B. Voisin, notaire royal, précédents syndics du dit hôpital, aux sieurs François Mazeau et Aubin Villemouneix, sindics mutuels. » — Parmi les objets d'ornement ou de culte figurent : 3 aubes, 3 chasubles, 4 amicts, 12 purificatoires, un calice avec sa patène d'argent, etc. Les titres, énumérés très sommairement, sont ceux qu'analyse le présent inventaire.

VILLE DE SAINT-YRIEIX.

INVENTAIRE SOMMAIRE

DES

ARCHIVES HOSPITALIÈRES ANTÉRIEURES A 1790.

SÉRIE F.

(Indigents, Décès.)

F. 1. (Cahier). — In-4°, 8 feuillets, papier.

1771-1779. — « Registre pour servir à constater les pauvres que moi sœur Auzanet ai trouvés lors de mon entrée dans l'hôpital de St-Yrieix et ceux qui y entreront à l'avenir. » — F° 1 r° : « Le 22 nov. 1771 s'y est trouvé dix-neuf pauvres tant hommes, femmes que enfans. » Suivent quelques enregistrements de nouveaux venus. Les récapitulations faites le 1er janvier de chaque année varient de 19 à 20 pour les années 1772-1775. Au 1er janvier 1776 restent vivants dans l'hôpital : 5 hommes, 5 femmes, 4 garçons et 2 filles, la servante et la sœur Auzanet, hospitalière ; au 1er janvier 1777 : 11 hommes, 3 femmes et 40 enfants à la mamelle, « non compris la servante et la sœur Auzanet, religieuse ; » au 1er janvier 1778 : 10 hommes, 3 femmes et 31 enfants trouvés ; au 1er janvier 1779 : 14 hommes ou garçons, 6 femmes ou filles. — 27 décembre 1774, « entré un garçon de 8 ans, fils d'une servante des religieuses de cette ville, par les ordres de M. le procureur du Roy ; » — 2 février 1775, « entré Denis Robert par les ordres de M. Lavaud, médecin ; — 26 juin 1776, « entré un enfant de 4 mois que M. Paignon

avoit reçu à la charge du Roy dans le temps qu'il fut exposé et qu'il a fait entrer malgré les représentations que j'ai pu lui faire que cet enfant périroit dans l'hôpital, n'y ayant qu'une nourrice pour trois enfants et celui-la faisant le quatrième ; » — 18 novembre 1778, entrée d'un vieillard de 75 ans par l'ordre de M. Gondinet, ancien administrateur.

F. 2. (Cahier). — In-4°, 34 feuillets, papier.

Septembre 1779-février 1794. — « Registre pour servir à constater les pauvres que moi sœur Auzanet ai reçus dans l'hôpital de St-Yrieix. » — On enregistre environ 550 entrées, qu'on récapitule ainsi qu'il suit : au 1er janvier 1780 il y a dans l'hôpital 9 hommes ou garçons et 8 femmes ou filles ; au 1er janvier 1781 : 4 hommes et 8 femmes ; au 1er janvier 1782 : 2 hommes et 10 femmes ; au 1er janvier 1783 : 3 hommes et 10 femmes ; au 1er janvier 1784 : 2 hommes et 9 femmes ; au 1er janvier 1785 : 8 hommes et 9 femmes ; au 1er janvier 1786 : 6 hommes et 9 femmes ; au 1er janvier 1787 : 8 hommes et 6 femmes ; au 1er janvier 1788 : 4 hommes et 6 femmes ; au 1er janvier 1789 : 7 hommes et 6 femmes ; au 1ᵉʳ janvier 1790 : 6 hommes et 7 femmes ; au 1ᵉʳ janvier 1791 et ss. : point de récapitulation ; au 1ᵉʳ janvier 1794 : 9 hommes et 8 femmes. — *Passim.* Mentions : de M. Gondinet, médecin et administrateur ; de M. Lavaud, administrateur ; de l'abbé Pichon, administrateur ; de M. Queyroulet, maire de St-Yrieix et administrateur de l'hôpital ; de M. Desbiards, maire ; du citoyen Suplicy (*sic*), administrateur, etc.—1787, 17 février, entrée de François Chateau, soldat du régiment de royale-infanterie, âgé de 48 ans, natif de la Rochefoucauld ; 3 avril, obligation de 15 ll. consentie par l'hôpital à Marie Dufour pour la nourriture d'un enfant de 7 ans pendant un an ; 9 septembre, entrée à l'hôpital d'un homme détenu à la prison de la ville ; 1793, 4 février : entrée de Mathurin Guilloufeau, domestique du curé constitutionnel de Sarlande.

F. 3. (Liasse). — 13 cahiers in-8º, 34 feuillets, papier.

1771-1790. — Décès survenus à l'hôpital. — Cahiers de quelques feuillets, tenus par sœur Auzanet, sœur hospitalière, sur papier timbré et paraphé par le lieutenant de la sénéchaussée à partir de 1779. Parmi les noms enregistrés figurent des mendiants, des enfants naturels, des enfants exposés, etc. 1779. 14 février, entrée d'Antoine Rosier, métayer de Mᵉ Linard, maître de forge, « qui fut tué par sa charrette aux environs de cette ville et transporté à cet hôpital ; » — 11 novembre, entrée d'Étienne Denis, âgé de 25 ans, métayer de M. Chézenet, lieutenant particulier : — 1780, 13 décembre, entrée de Marianne Théodery, native de Paris, « ancienne gouvernante du dit hôpital ; » — 1781, 3 mars, entrée d'un enfant dont la mère était nourrice résidente de l'hôpital ; — 1782, 4 février, entrée d'un enfant qui avait été exposé à la croix des Pénitents ; 1787, 14 mai, entrée d'un enfant de 8 ans, « ci-devant à la charge du Roi ; » — 1789, 25 février, entrée de Joseph Pejue, pionnier, natif du diocèse de St-Flour. — Du 19 décembre 1771 au 13 décembre 1778 il y a 77 décès enregistrés ; du 1ᵉʳ janvier 1779 au 28 décembre 1790 il y en a 198. Antérieurement à 1780, les inhumations se font principalement au cimetière St-Pierre ; à partir de 1780 elles se font toujours au cimetière de la Nouaille.

VILLE DE SAINT-YRIEIX.

INVENTAIRE SOMMAIRE

DES

ARCHIVES HOSPITALIÈRES ANTÉRIEURES A 1790.

SÉRIE G.

(Enfants exposés, Filature.)

G. 1. (Liasse). — 28 pièces, papier.

1703-1757. — Enfants exposés. — Lettres des intendants de la généralité ou de leurs subdélégués à divers magistrats de St-Yrieix, relatives à la nourriture des enfants exposés : de M. d'Orsay : « Il est sans difficulté, Monsieur, que l'enfant, dont une femme qui a suivy depuis Douay jusqu'icy le régiment de dragons de la Reyne, est accouchée à St-Yrieix, doit être noury aux dépens du Roy et du chapitre, comme enfant exposé, puisqu'il y a apparence que plusieurs dragons y ont part, » 1727; — de M. de Tourny : « Des cinq enfants, Monsieur, que vous faites nourrir à l'hôpital, il n'y en a qu'un qui étant bâtard doive être à la charge du Roi et du chapitre de St-Yrieix ; c'est celuy des deux domestiques de M. de Puyredon.... » 1739, etc. — Requêtes du syndic de l'hôpital : au chapitre pour être remboursé des frais de nourriture de l'enfant issu des deux domestiques de M. de Puyredon, 1740 ; — au lieutenant général de la sénéchaussée de St-Yrieix, 1754, — et à l'intendant de la généralité, 1755, pour être remboursé des frais de nourriture de quelques autres enfants exposés, 1754-1757. — Lettres des subdélégués de l'intendant répondant aux réclamations de l'hôpital de St-Yrieix au sujet de la nourriture des enfants exposés, 1750-1854. La lettre de 1757, signée de Lespine, porte en post-scriptum : « M. Delaforest, maire de votre ville, m'avoit promis de m'envoier de la mine d'antimoine et de l'antimoine préparé, environ une livre de chaque espéce. Si vous le voiés, je vous prie de lui rappeller sa promesse; je lui en paierai la valeur. »

G. 2. (Cahier). — In-4º, 44 feuillets, papier.

Janvier 1781-février 1790. — « Registre des procès-verbaux des enfants exposés à l'hôpital de St-Yrieix. » — Il y a 258 procès-verbaux rédigés ordinairement sous cette forme, *mutatis mutandis* : « Aujourd'hui 26 janvier 1781, nous, Jean Teytut de la Jarrige, conseiller du Roy, lieutenant général civil et de police en la sénéchaussée de St-Yrieix, sur le requis du procureur du Roy, nous sommes transporté à l'hôpital de cette ville, où étant la sœur Auzanet nous aurait présenté une fille âgée d'environ 8 mois qui fut exposée le jour de hier, environ les 8 heures du soir, au portail du dit hôpital, ayant les cheveux et sourcils blonds, les yeux gris, la peau blanche et fraîche, le nez et la bouche bien faits, le menton allongé et le front grand; le dit enfant enveloppé dans une mauvaise bourrasse de droguet brun; de tout quoy nous avons dressé le procès-verbal et ordonné que le dit enfant serait présenté au curé de la paroisse pour le sacrement du baptême luy être administré. Fait au dit hôpital en présence du substitut du procureur du Roy qui a signé avec nous et le greffier, les dits jour et an que dessus. » En marge à gauche, on inscrit la date de la mort de l'enfant ou de sa remise à l'âge de sept ans; à droite, les noms de l'enfant, ceux de sa nourrice et la date du jour où celle-ci s'en est chargée.

G. 3. (Liasse). — 1 pièce, papier.

1751. — Filature. — Requête de Pierre Gondinet, syndic de l'hôpital, à l'intendant de la généralité de Limoges pour obtenir l'établissement d'une filature dans l'hôpital, aux fins d'augmenter les revenus de l'établissement.

VILLE DE SAINT-YRIEIX.

INVENTAIRE SOMMAIRE

DES

ARCHIVES HOSPITALIÈRES ANTÉRIEURES A 1790.

SÉRIE H.

(Correspondance, Papiers divers.)

H. 1. (Liasse). — 13 pièces, papier.

1727-1730. — Correspondance. — Lettres d'affaires adressées à M. Gondinet, lieutenant de la cour du commun pariage et syndic de l'hôpital : par le sieur Boisse, fournissant quelques renseignements sur l'organisation de l'hôpital général de Limoges, 1727; — par M. Juge, curé de St-Pierre de Limoges, conseillant d'accepter la donation de 3,300 ll. que M. Lafont de Moissat veut faire à l'hôpital de St-Yrieix, 1727; — par le sieur Dumont de Limoges, déclarant qu'on peut remettre à huitaine la célébration de la fête de St-Alexis s'il n'y a pas d'indulgence attachée à un jour spécial, 1729 ; — par M. du Vigier, procureur général au parlement de Bordeaux, approuvant la résolution prise par le Bureau de l'hôpital de St-Yrieix de régler son administration « suivant les dispositions de la déclaration du 12 décembre 1698, » et déclarant, en outre, qu'un particulier ne peut se soustraire à l'obligation de remplir les fonctions de syndic en raison du nombre de ses enfants, 1730 ; —

par Mad. Dupéret, sœur du St-Esprit, hospitalière de l'hôpital de Limoges, fournissant quelques renseignements sur la literie de l'établissement, 1730; — par le sieur Reynard, indiquant les moyens à tenter et les pièces à produire pour obtenir un secours d'argent en faveur de l'hôpital, 1730 ; — par le même, indiquant la procédure à suivre pour obtenir des lettres patentes en faveur de l'hôpital, 1730.

H. 2. (Liasse).— 9 pièces, papier.

1733-1740. — Correspondance. — Lettres d'affaires adressées à M. Gondinet, syndic de l'hôpital : par le sieur du Vigier, procureur : « Il est d'usage, Monsieur, que les baux des revenus des hôpitaux ne doivent être passés que pour trois années au plus offrant et dernier enchérisseur. Cependant, lorsqu'on s'aperçoit qu'un plus long terme est profitable aux pauvres et procure l'augmentation de leur revenu, on est dispensé de suivre scrupuleusement cette règle.... » 1733; — par le sieur Garat, de Limoges, déclarant qu'en 1720 l'hôpital de Limoges a été contraint, par

l'intendant de la généralité, d'accepter des remboursements en billets de banque de 1,000 ll., 100 ll., 50 ll. et
10 ll. pour près de 20,000 écus, 1735 ; — par le sieur
Dureau, procureur à Bordeaux : « On ne peut obliger
les administrateurs à recevoir dans un hôpital que les
pauvres dont est fait mention dans l'érection en lettres
patentes. Il n'est pas qu'il n'y en aye pour le vostre.
Ainsi, il faut que le seigneur des lieux profitte de cette
aubaine comme il profitte des autres ; s'il a du profit
dans l'un, il faut qu'il supporte la perte dans l'autre.
Vous sentés bien que s'il eut été permis de mettre les
enfans trouvés au grand hôpital St-André [de Bor-
deaux], on n'y eut pas manqué. Je trouve dans les
statuts [de l'hôpital] de la ville de Bordeaux (1) que les
pauvres natifs de cette ville y sont receus sans préférence ; que les malades attaqués d'un mal extraordinaire n'y sont pas receus ny les boiteux et aveugles,
et tous ceux en état de travailler en sont exclus.... »
1739 ; — par le sieur Lavaud, « greffier des chasses
de Vincennes, » demandant qu'on retrouve l'arrêt
rendu en faveur de l'hôpital de St-Yrieix contre MM. de
St-Lazare, 1739, etc.

H. 3. (Liasse). — 11 pièces, papier.

1742-1749. — Correspondance. — Lettres
d'affaires adressées à M. Gondinet, syndic de l'hôpital :
par le sieur Étienne, de Limoges : « Je vois, Monsieur,
bien de la difficulté de procurer à votre hôpital le
remboursement de ce qui lui en a couté pour la
nourriture des enfans exposés depuis 1700 jusqu'en
1727. Vous sentez que le receveur des domaines a rendu
ses comptes depuis bien du tems.... » 1743 ; — par le
sieur Lavaud : « .... A l'égard de M. votre cousin
Pichon, je vous diray naturellement que je n'ay
aucune connoissance particulière d'aucun chirurgien
à présent. J'en ai connu deux : ils sont morts il y a
longtemps. J'en ay été si peu scavant quand mon
neveu est venu, que je n'ay pu faire autre chose que
de le mener sans aucune connoissance chez un chirurgien près de l'hôtel-Dieu, le mettre là en pension, la
payer à condition qu'il auroit la liberté d'aller le
matin et l'après-midy au pansement des malades
du dit hôtel-Dieu, où il a été deux ou trois ans.
S'estant ensuite marié avec une fille nièce d'un curé
de village, il s'y est établi moyennant 50 écus qu'il
faut payer au prévôt des chirurgiens. Dans ces villages

1) Cf. ci-dessous, H. 12.

ils n'ont guères besoin de garçons ; à peine peuvent
ils gagner leur pain. A l'égard de Paris j'ay demandé
comment il falloit s'y prendre. Ils m'ont dit s'adresser
à St-Cosme où les chirurgiens s'assemblent toutes les
semaines et où les garçons ont droit de se trouver, et
entre eux ils se communiquent des places vacantes
s'il y en a ; ou s'adresser rue de la Huchette chez un
couteilhier à l'enseigne de *la Mussette*. Icy ou à Paris,
quand j'ay besoin d'une saignée, j'envoye chercher le
chirurgien voisin. Il fait son office ; on le paye sur le
champ. Voilà la connoissance faite et finie.... » 1745,
etc.

H. 4. (Liasse). — 12 pièces, papier.

1751-mai 1758. — Correspondance. — Lettres
d'affaires adressées à M. Gondinet, syndic de l'hôpital :
par le sieur Desfossez, avocat à Bordeaux : « Je vous
renvoye le mémoire que vous m'aviez adressé dans
l'intérêt de l'hôpital de St-Yrieix, avec mon avis
au bas. Vous ne devez pas être surpris si je ne l'ai
pas signé ; car quoique les avocats se soient détermi-
nés à se prêter au besoin du public, ils ont en même
temps résolu de ne point signer ni de ne mettre point
leurs honoraires.... » 1751 ; — par le même : « J'au-
rois été aussi flatté si vous m'aviez appris que
MM. Lagrange et Paignon se portent bien et qu'ils
sont l'un et l'autre revêtus des premières charges du
sénéchal. Vous m'obligerés infiniment, la nomination
des officiers une fois faitte, de m'en faire part.... Je
sais un particulier qui a une rente sur les aides et
gabelles de 114 ll. 15 sols 5 deniers au capital de
5,498 ll. Ces rentes sont des mieux établies et les gens
de main-morte les recherchent avec avidité à Paris.
Elles se négocient à 50 °/₀ du capital et ceux qui veulent s'en défaire les premiers les donnent à 48 °/₀,
moyennant quoy, si votre hôpital étoit en état de
l'acheter, ce seroit une affaire de 2200 ll.... » 1753 ; —
par le sieur Gallois, de Paris : « Rien n'est plus vray,
Monsieur, que j'ay, il y a quelques années, obtenu les
lettres-patentes de l'hôpital d'Userche. Cela n'a point
esté aisé et a demandé alors bien des mémoires, soins
et mouvemens. Mais enfin la réquisition que vous
voulez faire est aussi légitime et de droit. Il fault s'y
livrer. Je me persuade même que l'établissement de
la nouvelle sénéchaussée dans votre ville pourra vous
aider.... » 1756 ; — par le sieur Étienne, de Limoges,
démontrant que les syndics de l'hôpital en 1720-1722
n'ont pu échapper à l'obligation de recevoir des billets
de banque et sont par conséquent à l'abri de toute sus-

picion, 1757 ; — par M. Clédat de Laborie, procureur du Roi à Uzerche : «.... Je pense que la haute justice appartenant au Roi dans la ville et banlieue de St-Yrieix, la nourriture des enfans exposés dans l'étendue de cette justice doit être à la charge du Roy, parce que la jurisprudence a, dans ce royaume, fait des épaves un droit de haute justice a pour motif l'obligation où est le seigneur justicier de nourrir les enfans exposez.... » 1758 ; — par M. Fargeaud, syndic de l'hôpital de St-Léonard : « M. Pour répondre un peu régulièrement à votre lettre, je crois qu'il est bon de distinguer ici l'usage que nous observons pour l'hôpital de notre ville d'avec le droit qui peut lui appartenir. Dans le fait notre hôpital a été anciennement fondé par les consuls et notables habitants de cette ville qui lui ont attaché un petit revenu honnête pour faire subsister les pauvres malades de la ville et banlieue, et l'on y donne la passade aux allans et venans du soir au matin. Les revenus en sont perçus et régis par un syndic laïque nommé de trois en trois ans par les consuls et notables habitans dans une assemblée de ville ; et pour le spirituel la direction en appartient à un ecclésiastique qui, sur des provisions de M. l'évêque et sous le titre de prieur de l'hôpital, a soin d'administrer les sacremens aux pauvres malades et d'enterrer les morts. Il y a une redevance d'un certain nombre de setiers de bled qui lui est assignée pour cela. Notre hôpital n'est point patenté pas plus que le votre, quoique plusieurs de MM. les intendants de la province ayent successivement promis d'agir pour cela. M. de la Milière en dernier lieu avoit assuré qu'il obtiendroit des lettres à ce nécessaires ; mais tout est demeuré sans effet. Notre justice est en partage entre le Roy et l'évêque de Limoges ; mais les officiers de la justice n'assistent point aux assemblées non plus que les curés de la ville. On regarde les seuls consuls comme administrateurs nés du dit hôpital. Ce sont eux qui de tems en tems font des assemblées à cet égard et qui visent les comptes du sindic. Cela supposé, il semble facile dans le droit de décider à qui appartient la nourriture des enfans exposés, qui paroît être le motif de votre lettre, et l'on peut dire que les seigneurs hauts justiciers ayant le droit de prendre les biens vacans, les droits de deshérence, de batardise et autres, la nourriture des enfans exposés doit les regarder en seul.... » 1758.

H. 5. (Liasse). — 8 pièces, papier.

Juin 1758-1761. — Correspondance. — Lettres d'affaires adressées à M. Gondinet, syndic de l'hôpital : par M. Dissandes de Bogenest, « avocat et l'un des administrateurs élus » de l'hôpital de Guéret : «.... L'hôtel-Dieu ou hôpital de charité de notre ville est également que le votre très ancien. Il n'a cependant été autorisé par lettres patentes de sa Majesté qu'en 1667. tems auquel la ville invita des religieuses hospitalières de l'ordre de St-Augustin, de la ville de Riom en Auvergne, de venir avoir soin des pauvres malades. Il paroît par les registres qui furent tenus depuis 1667 jusqu'en 1698 que le temporel de notre hôtel-Dieu étoit régi et administré par deux notables que la ville nommoit ou continuoit de tems à autre. Depuis 1698 l'on s'est exactement conformé à la disposition de la déclaration du mois de décembre, même année, surtout lorsque l'exécution en eut été ordonnée par un arrêt du 3 may 1707, sur le réquisitoire de M. le procureur du Roy en notre siège présidial, en sorte que notre Bureau ordinaire de direction est composé de M. le lieutenant général, ou, en son absence, de M. le lieutenant particulier, de M. le procureur du Roy, de M. le lieutenant général de police, du maire, de M. le curé et de deux administrateurs élus ou continués dans un Bureau général de trois en trois ans, ce qui fait en tout sept administrateurs ayant voix. Quant au spirituel, les pauvres sont administrés par l'aumônier des dames religieuses, auquel, depuis la dernière visite de M. l'évêque, nous payons 80 ll. annuellement pour raison de ce. Mais pour la célébration des messes, fêtes et dimanches et quelques autres jours de fêtes retranchées ou autres indiquées par des fondations, nous avons trois chappellains parcequ'il y a deux salles et deux autels. Deux de ces chappellains disent la messe à l'un de ces autels, l'un le dimanche et l'autre les fêtes ; pour l'autre autel, c'est le même chappellain pour les dimanches et fêtes. Aucun de ces chappelains pas plus que l'aumônier n'assistent jamais qu'aux Bureaux généraux, s'ils le jugent à propos.... » 1758 ; — par M. Servientis, supérieur de la Mission à Limoges, conseillant de remplacer la gouvernante de l'hôpital décédée par quelque religieuse hospitalière de la Souterraine : « Ces filles sont employées utilement à Turenne, à Eimoutiers et ailleurs. Si même il vous en falloit deux, on pourrait les y trouver ; et dans le cas que vous prissiez une de ces hospitalières, il suffiroit de lui donner 150 ll. ou environ pour sa nourriture et entretien sans vous charger de la nourrir hors le cas de maladie.... » janvier 1761 ; — par le même touchant même objet que dessus : «.... J'en écrivis tout de suite à M. le curé de la Souterraine qui a la direction des sœurs hospitalières de la Souterraine, qui me manda qu'il y avoit dans la communauté de St-Alexis nombre de sujets de bonne volonté capables de répondre à vos pieuses intentions. Je vous le fis scavoir sans délai. J'ajoutai même que, pour la nourriture et l'entretien de la sœur. 150 ll. seroient plus que suffisant. Vous ne m'avés pas répondu là-dessus, et la sœur qu'on destinoit pour diriger votre hôpital m'a fait marquer par son curé sa surprise, ajoutant que, si la somme de 150 ll. pour sa nourriture, honoraire et entretien vous faisoit de la peine, vous pourriés en retrancher ce que vous jugeriez à propos, qu'elle offroit même de se nourrir à ses dépens trois et six mois et servir gratuitement vos pauvres pendant ce temps et au delà, après que vous auriés éprouvé la sagesse de sa conduite.... » avril 1761 ; — par le même annonçant qu'il va presser le départ de la sœur Lagrange, choisie par la communauté de la Souterraine pour diriger l'hôpital de St-Yrieix, et donnant quelques conseils sur une autre affaire : « Quant à cette fille dont la chute est un grand sujet de scandale, il ne convient pas de la placer dans l'hôpital de Limoges, et quand même on voudroit l'y envoyer elle n'y seroit point recue, suivant le règlement que MM. du Bureau ont fait depuis quelque temps. Vous ne devés pas non plus penser à l'envoyer au Refuge si elle n'y est condamnée par sentence de M. le lieutenant général, et de plus payer une pension dont on conviendrait avec la supérieure du Refuge.... » août 1761 ; — par l'évêque de Limoges demandant si l'on fait rentrer les arrérages de rentes dus à l'hôpital et recommandant de placer les capitaux de l'hôpital sur les communautés ecclésiastiques, conformément à l'édit de 1749 et non sur des particuliers, 1761.

H. 6. (Liasse). — 14 pièces papier.

1727-1761. — Correspondance. — Minutes de lettres adressées par M. Goudinet, syndic de l'hôpital, à M. Juge, curé de St-Pierre de Limoges, pour obtenir son avis sur le cas de M. Moissat, prêtre, débiteur de l'hôpital : « La bonté que vous avés toujours témoignée à feu M. Gondinet, curé du Moutier, mon oncle, dans les occasions où il a eu recours à vos lumières, me fait espérer que vous aurés la charité de m'éclairer par les mêmes lumières sur le fait que j'ay l'honneur de vous proposer.... » 1727 ; — à une personnne non dénommée pour lui demander si l'hôpital pourrait obtenir des lettres patentes avec attribution d'amendes et le

droit pour les juges de la ville de poursuivre les débiteurs des pauvres en quelque juridiction qu'ils demeurent. Le signataire fournit à cette occasion quelques renseignements nouveaux sur la situation de l'hôpital : « J'ay l'honneur de vous dire, Monsieur, que nostre hôpital a tousjours été et est encore imposé aux décimes sous le nom d'aumônerie, en sorte qu'il faut les payer sur le tant-moins de son revenu qui est très médiocre, ainsy que je vous l'ay desja expliqué ; et encore d'avantage, MM. les curés s'étant fait adjuger presque tout le peu de dixme qui en dépendoient pour le remplissement de leurs portions congrues. J'ay à cette occasion présenté requête à la Chambre ecclésiastique de Limoges, notre capitale, pour avoir décharge de cette imposition sur la remontrance des raisons cydessus et de la misère où sont nos pauvres, étant obligés de mandier la plupart du temps ; mais inutilement, car la chambre nous a dit ne pouvoir décharger de l'imposition aux décimes, qu'il falloit pour cela se pourvoir au Grand Conseil.... Cet hôpital est d'un éloignement considérable des autres hôpitaux, si bien que le plus près est celuy de Limoges quoy que distant de sept grandes lieues, en sorte qu'il y a tousjours une affluence de pauvres dans la ville, soit de la province ou du Périgord limitrophe, qui accablent par leurs importunités le petit nombre de nos habitans, ne pouvant les loger dans l'hôpital qui à peine a de quoy en nourrir douze pendant l'année.... J'ajoute encore, Monsieur, à vous exposer que nostre hôpital a tousjours été régi par deux sindics en seul, qui en nommoient à leur sortie autres deux devant le juge pour régir à leur place, jusqu'en 1727 que M. d'Orsay, cy-devant intendant de notre province, instruit de la négligence des sindics et du dérangement de nostre hôpital, écrit à nos Messieurs du chappitre en leur remontrant qu'il seroit de leur charité d'établir une chambre pour l'inspection et gouvernement du dit hôpital. Nos Messieurs ne manquèrent pas de s'assembler là-dessus et le chappitre depputa pour assister à cette chambre M. le doyen et un chanoyne, lesquels avec le procureur du Roy, le juge viguier et procureur fiscal du chappitre, le maire et le premier échevin commencèrent dès lors à s'assembler dans un lieu destiné, comme ils ont fait jusqu'a présent, pour délibérer avec les syndics dans les différentes occurrances des affaires des pauvres.... Comme il convenoit de nommer un autre sindic à la place de François Moureau, cy-devant mon collègue, le Bureau de direction après avoir tenu trois fois assemblée et fait interpeller à chaque fois les habitans au son de la caisse, négligens à se présenter, à nommé la troisième fois avec deux habitans seulement présens, après avoir donné deffaut contre les absens et défaillans, Jean Graujaud, notaire de cette ville, pour consindic à la place du dit Moureau.... » 1730 ; — à M. de Fonjaudran pour obtenir copie des règlements, actes de fondation et autres titres de l'hôpital général de Limoges, 1730 ; — au procureur général [de Limoges] pour lui demander avis sur quelques points d'administration. Le signataire déclare qu'ayant été nommé d'office syndic de l'hôpital par le juge royal, le 7 février 1727, il fut « continué du depuis, sur les prières et réquisitions des Messieurs qui composent le Bureau ou chambre de direction du dit hôpital, » 1730 ; — à l'évêque de Limoges pour lui rendre compte de la situation de l'hôpital, selon l'ordre qu'il en avait donné au sieur Gondinet, et pour lui demander son avis sur quelques points d'administration, 1740 ; — à M. Gallois pour lui demander les voies et moyens de faire patenter l'hôpital de St-Yrieix à l'exemple de celui d'Uzerche : « .... J'ay oublié de vous observer que depuis l'établissement du Bureau de 1727, les députés du chapitre y ont présidé, sauf depuis 1750 que le nouveau sénéchal étably en cette ville, les députés du chapitre n'y ont plus paru, n'y ayant que M. le lieutenant général qui y préside, M. le procureur du Roy, M. l'aumônier, le maire, un échevin et le sindic trésorier, » 1756 ; — à M. Laloubie, avocat au parlement de Bordeaux, au sujet de la nourriture des enfants exposés. Le signataire rappelle que ceux-ci étaient nourris autrefois *pro media* par le Roi et le chapitre, coseigneurs de la justice de St-Yrieix. Le Roi étant devenu seul seigneur haut justicier de la ville par la suppression du pariage et l'établissement de la sénéchaussée en janvier 1750, la charge des enfants exposés revient au domaine. « Mais comme le sénéchal établi a demeuré 5 ans en vacance sans être pourvu d'officiers et que, pendant cet intervalle, il fut exposé sept enfans, le Bureau de direction ordonna pour pourvoir à une nourriture si précieuse que le sindic en fairoit les avances par provision, sauf de se pourvoir pour la décharge d'abord qu'il y auroit des officiers...., » ce qui a eu lieu sans obstacle dès la fin de 1754 jusqu'en la présente année 1758 ; — aux administrateurs de l'hôpital d'Angoulême, touchant même objet que ci-dessus, 1760 ; — à l'évêque de Limoges en réponse à la lettre par laquelle il recommandait de faire rentrer les arrérages de rentes et de ne placer les revenus de l'hôpital que sur les communautés ecclésiastiques. Dont acte, 1761.

H. 7. (Liasse). — 10 pièces, papier.

1729-1783. — Correspondance. — Lettres diverses concernant les affaires de l'hôpital : de M. d'Ormesson à M. Chouly de Mesurat, ancien syndic, touchant le cours des billets de 20 ll. 1729 : — du sieur des Fossés, avocat à Bordeaux, au R. P.... au sujet des paiements en billets de banque reçus en 1720 par l'hôpital, 1740 ; — de M. St-Contest de la Châtaigneraye, intendant de la généralité de Limoges, à M. Paignon, subdélégué à St-Yrieix, demandant : 1° un extrait des lettres de fondation des hôpitaux de sa subdélégation ; 2° un état de leurs revenus ; 3° un état de leurs dépenses ; 4° un état de leurs dettes ; 5° des observations « sur les occupations ordinaires des pauvres et celles que l'on pourrait y ajouter eu égard à la situation des lieux et aux propriétés du pays ; » 6° des observations sur les réunions qui ont pu être faites de plusieurs hôpitaux ; 7° un mémoire sur la comptabilité des dits hôpitaux ; 8° la composition des bureaux, 1749 ; — du sieur Clédat, d'Uzerche, à M. Peyroudie, chanoine de la collégiale de St-Yrieix, analysant en gros les divers mémoires « sur lesquels furent formées les lettres patentes pour l'hôpital d'Uzerche, » et déclarant qu'on ignorait l'époque de sa fondation, 1754 ; — des sieurs Faure et Lafon à M. Morange, procureur au sénéchal de St-Yrieix, touchant quelques procès de l'hôpital, 1778-1781 ; — de l'évêque de Limoges au doyen [de St-Yrieix], au sujet des lettres patentes réclamées par l'hôpital : « Les mémoires qui y sont relatifs sont depuis plus de 18 mois dans les bureaux de M. Amelot, sans qu'on puisse venir à bout de les en tirer.... » Séez, 3 octobre 1783.

H. 8. (Liasse). — 3 pièces et 1 brochure in-5°, 14 pages, papier (imprimées.)

1720-1742. — Arrêts du Conseil d'État : portant règlement en 15 articles pour les billets de banque et les actions de la Compagnie des Indes, 15 septembre 1720 ; — portant suppression des billets de banque, 10 octobre 1720 ; — portant règlement pour le recouvrement des droits d'amortissement et francs-fiefs, 21 janv. 1738. (Impr. à Limoges chez la veuve de Jean Barbou); — portant que tout propriétaire qui doit rente ou pension au clergé adressera sa requête en déduction des dixièmes à l'intendant de la généralité, 1742.

H. 9. (Brochure). — In-4°, 8 pages, papier (imprimée).

1726. — « Extrait des avis et observations données par l'assemblée générale du clergé de France de 1726 sur la manière dont les déclarations doivent être fournies par nos seigneurs les archevêques et évêques, messieurs les abbés, prieurs et autres bénéficiers, par les communautez séculières et régulières de l'un et de l'autre sexe et généralement par tous les contribuables aux impositions du clergé.... »

H. 10. (Liasse). — 21 pièces et 1 cahier in-8°, 21 feuillets, papier.

1734-1777. — Religieuses de Ste-Claire de St-Yrieix. — Deux obligations d'une somme de 307 ll. consenties en faveur des dites religieuses contre d^lle Marie Lagratte, veuve du sieur Massy, 1734 et 1760. — Procédures pour les dites religieuses contre d^lle Marie Lagratte et Me Robert Massy, notaire royal à la Roche-l'Abeille, touchant le paiement de la susdite obligation, 1751-1777.

H. 11. (Liasse). — 3 pièces, parchemin ; 3 pièces, papier.

1737-1752. — Procédures pour le baron d'Abzac contre MM. Teytut père et fils, touchant le paiement d'une rente de 100 ll. constituée par ces derniers.

H. 12. (Brochure). — In-8°, 22 pages, papier (imprimée).

1720. — « Statuts de l'hôpital St-Louis pour les enfans trouvez de la ville de Bordeaux, du 3 mars 1720, homologuez par arrêt du parlement de Bordeaux du 23 mars 1720. A Bordeaux, chez Guillaume Boudé-Boé, imprimeur de la cour de parlement et de l'hôtel-de-ville près du grand marché. M.D.CC XXI. » (En marge) : « Reçu de Bordeaux par voye particulière le 4 janvier 1741. GONDINET, syndic » de l'hôpital de St-Yrieix. — Ces statuts sont divisés en 12 titres : I. du bureau, II. de l'écclésiastique, III. du trésorier, IV. du syndic, V. du greffier, VI. des sœurs de charité destinées au service des enfants trouvés, VII. de la réception des enfants, VIII. du procureur au parlement, IX. des chirurgiens, X. des quêtes et aumônes, XI. des biens temporels de l'hôpital, XII. des malades.

TABLE DES MATIÈRES

N.-B. — Les indications A. 1, A. 2, B. 1, B. 2, etc. se réfèrent à l'Inventaire des Archives de l'hôpital général de Limoges.

Quand elles sont précédées d'un chiffre romain I A. 1, II A. 2, III B. 1, IV B. 2, etc., elles se réfèrent à l'Inventaire des fonds particuliers qui complètent celui de l'hôpital général.

Quand elles sont précédées d'une abréviation (B^c) A. 1, (D¹) A. 2, (M-L) B. 1, (S-Y) B. 2, elles se réfèrent aux fonds de Bellac, Dorat, Magnac-Laval et St-Yrieix, inventoriés à la suite des précédents.

Un même nom reparaissant souvent plusieurs fois dans le corps d'un article, il importe de parcourir entièrement les articles auxquels renvoie la présente table, si l'on veut éviter les omissions.

A

ABJURATIONS. E. 2; — (S-Ÿ) E. 2.

ACCOUCHEUSES, SAGES-FEMMES, E. 1, 2, 11, 35, 48; — G. 59, 67.

ACHAT D'OFFICE. B. 496.

ADJUDICATIONS. B. 495; — IV B. 3; — (S-Y) H. 2.

ADMISSIONS DANS LES HOPITAUX. III F. 1; — (D¹) F. 2; — (M-L) F. 1; — (S-Y) E. 49; — (S-Y) F. 2.

AFFARIA. B. 415.

AFFICHES. E. 1.

AIDES ET GABELLES. (S-Y) H. 4.

ALIÉNÉS. E. 2, 116; — G. 63; — (B^c) E. 6; — (S-Y) E. 45, 47.

ALIMENTATION DE L'HOPITAL. E. 81, 87, 92, 93, 100, 111.

AMENDES ET CONFISCATIONS (Attribution d'). A. 6; — B. 413, 422, 496, 523; — E. 20; — I 41; — (B^c)C. 1; — (S-Y) E. 2, 64, 80; — (S-Y) H. 6.

AMIRAUTÉ DES ILES DE SAINTONGE. B. 5.

AMORTISSEMENTS. H. 14, 15; — (S-Y) H. 8.

AMPHITHÉÂTRE. B. 526.

ANNIVERSAIRES. II B. 6; — III B. 6, 10.

ANTIMOINE. (S-Y) G. 1.

APOTHICAIRES EN GÉNÉRAL. F. 30; — (S-Y) E. 1, 14.

ARBITRAGES (Greffier des). B. 493.

ARBRE OU ORMEAU DE VIEILLE-MONNAIE. B. 154.

ARCHER EN LA GRANDE PRÉVÔTÉ. B. 525.

ARCHERS D'HOPITAUX. A. 2, 3.

ARCHITECTES. A. 525; — E. 2, 31, 48, 50, 94, 125; — (S-Y) E. 88.

ARCHIVES. B. 526; — E. 1; — VIII E. 2; — (B^c) D. 1; — (D¹) D. 1; — (D¹) E. 1; — (S-Y) E. 19, 42, 45, 59, 91.

ARCHIVISTES. E. 2, 30 (*Voy.* Féodistes).

ARGENTIER. II H. 5, 8; — VIII B. 9.

ARMOIRIES. B. 496; — E. 2, 39, 41; — I E. 5; — (M-L) H. 5.

ARPENTEMENTS. (M-L) B. 16; — (S-Y) B. 7.

ASSEMBLÉES DU CLERGÉ. E. 1; — (S-Y) H. 9.

ASSEMBLÉES DE NOTABLES. (M-L) B. 1; — (M-L) E. 1.

ASSEMBLÉE DES PAROISSES. E. 1.

ASSEMBLÉES DE VILLE. A. 1; — (D¹) E. 2; — (S-Y) E. 11, 19, 35, 43, 67, 77, 80; — (S-Y) H. 6.

ASSISES. B. 232, 355, 430; — I E. 5; — I H. 2.

ASSISTANCE DES PAUVRES. (M-L) G. 7, 11.

ATTESTATION DE BONNE CONDUITE. II B. 7; — (M-L) H. 5.

ATTRIBUTION DE JURIDICTION. (S-Y) E. 2.

AULA EPISCOPALIS. B. 232.

AUMONERIES. A. 2; — B. 29, 525, 538; — E. 32; — I A. 2 et ss.; — II B. 3; — (S-Y) B. 9, 12; — (S-Y) E. 1, 5, 11, 12, 13; — (S-Y) H. 6.

AUMONES GÉNÉRALES. A. 2; — B. 302, 328, 431, 528, 541; — C. 16; — E. 1; — H. 6; — I B. 4; — (S-Y) B. 12; — (S-Y) C. 2; — (S-Y) E. 2, 3, 31.

AUMONIER (Grand) DE FRANCE. A. 2.

AUMONIERS. E. 2; — I E. 5, 8; — (M-L) C. 2; — (S-Y) B. 8, 9; — (S-Y) E. 9, 11, 14, 19, 20, 27, 30, 31, 32, 33, 34, 35, 37, 39, 40, 41, 42, 43, 45, 47, 49, 50, 51, 55, 60, 62, 64, 65, 70, 80, 83, 85, 88; — (S-Y) H. 5.

AVEUX ET DÉNOMBREMENTS. (M-L) B. 14.

AVOCATS. B. 526, 535, etc.; — VIII E. 2; — (B^c) B. 4; — (B^c) E. 3, 6; — (B^c)G. 5; — (D¹)B. 2, 5, 9; — (D¹) E. 3; — (M-L) B. 10, 23.

B

BAILIA SIVE SERVIENCIA. B. 447.
BAILES. A. 2; — (Dr) B. 4.
BAILLIAGES. B. 384, 439; — VIII B. 25; — (M-L) B. 14.
BALANCIER. B. 236, 306.
BANCS CHARNIERS. B. 19, 23, 495, 496, 497, 498, 510, 525, 529, 535; — D. 4, 5; — III B. 6; — VIII B. 9.
BANC PANETIER. III B. 6.
BANQUE ROYALE (Billets de la). (S-Y) E. 42; — (S-Y) H. 2, 4, 7, 8.
BANQUET DE CONFRÉRIE. VI B. 1; — VI E. 1.
BARBIER DE SON ALTESSE ROYALE. B. 5.
BATARDS. E. 48; — G. 93, 110; — (Be) E. 6; — (S-Y) E. 42, 45, 52, 60, 61, 62, 69; — (S-Y) F. 3; — (S-) G. 1. (*Voy*. Enfants exposés.)
BATIMENTS. (Dr) B. 10; — (Dr) E. 1, 2; — (M-L) H. 2.
BATTEUR D'OR. B. 152.
BATTEURS DE DÎMES. (S-Y) E. 88.
BÉNÉFICES CONSISTORIAUX. H. 5.
BÉNÉFICES VACANTS. B. 9.
BEURAGE OU POT DE VIN. B. 195, 282, 498; — (Dr) C. 1.
BIENFAISANCE (Maison de). E. 2.
BIENFAITEURS D'HOPITAUX. (S-Y) E. 51.
BILLARD. B. 8.
BLANCHISSERIE DE CIRE. B. 498.
BLASPHÉMATEURS. G. 64; — I F. 1.
BLÉ D'ESPAGNE. E. 99.
BOIS DE LA VRAIE CROIX. B. 4.
BORNAGE DE TERRES. B. 443.
BOUCHERS EN LUTTE AVEC LES BOULANGERS. B. 20.
BOURSE DE LIMOGES. (S-Y) E. 66, 69.
BOURSE DES PAUVRES. III F. 1.
BREFFANIA = ÉPIPHANIE. VIII B. 7.
BREFS PONTIFICAUX. I. B. 11; — II C. 1; — (S-Y) C. 1.
BRIGANDINIER. B. 128.
BULLES. I B. 11; — II A 1; — (S-Y) E. 2, 34.
BUREAU A L'ANGLAISE. B. 10.
BUREAU DE CHARITÉ. (S-Y) E. 88.
BUREAU DE CORRESPONDANCE. E. 31.
BUREAU DE DIRECTION. A. 2; — B. 495; — E. 1, 4; — F. 24, 25; — (Dr) E. 1; — (S-Y) A. 1; — (S-Y) B. 8, 9; — (S-Y) E. 1, 2, 11; — (S-Y) H. 1, 4, 5, 6.
BUREAUX DE L'ÉLECTION. B. 496.
BUREAU DES FINANCES. B. 29.
BUREAU DES LETTRES. C. 16.
BUREAU DES PAUVRES. G. 36.

C

CADRAN SOLAIRE. B. 8.
CANOLLES. B. 497; — C. 6.
CAPITAUX (Placement de). (S-Y) H. 5, 6.
CARCAN (Peine du). A. 2; — E. 1.
CARNAVAL. (Be) E. 6.
CARRIÈRE DE PIERRES. B. 263.
CARTES GÉOGRAPHIQUES. B. 8, 10.
CARTULAIRES. I A. 2, 3.
CATÉCHISME DES BERGÈRES. (M-L) G. 1.
CATÉCHISME DES PAUVRES. (S-Y) B. 9.
CASUISTES. (S-Y) E. 1, 47.
CATHÉDRALE DE LIMOGES. B. 541.
CAVE A LIQUEURS. B. 10.
CÈNE. E. 90.
CHAISE A PORTEURS, CHAISE DE POSTE, LITIÈRE. B. 8, 10; — (S-Y) E. 49.
CHAMBALLON *sive* BATON A PORTER LES SEAUX. I E. 7.
CHAMBRE DE L'ARSENAL. H. 18.
CHAMBRE ECCLÉSIASTIQUE. B. 137, 528; — (S-Y) E. 11, 45, 60; — (S-Y) H. 6.
CHAMOISEUR. I B. 33.
CHAMPS-FROIDS. (S-Y) B. 12.
CHANCELLERIE DE LIMOGES. II B. 10.
CHANTOIS (Aumône du). A. 2.
CHAPELAINS D'HOPITAL. (S-Y) H. 5. (*Voy*. Aumôniers.)
CHAPELLE (Construction de). (S-Y) A. 1; — (S-Y) E. 24, 25, 26.
CHARGES ET FONCTIONS HOSPITALIÈRES. E. 1, 2.
CHASSES DE VINCENNES. (S-Y) H. 2.
CHATELLESIE DE LIMOGES. B. 269.
CHAUCHIÈRE. B. 193, 194.
CHIENS DE GARDE. G. 6.
CHIROGRAPHES. II B. 3; — III B. 10.
CHIRURGIENS EN GÉNÉRAL. A. 3; — B. 496, 525; — E. 1, 2; — F. 29; — (Dr) E. 1; — (S-Y) E. 1, 14; — (S-Y) H. 3, 12.
CIMETIÈRES. B. 17, 57, 162, 166, 192, 197, 198, 303, 333, 349, 497, 498, 526, 542; — C. 18; — D. 5; — E. 1, 2, 48; — G. 70; — I D. 5; — II B. 11; — VIII B. 1; — (Dr) C. 1; — (Dr) E. 2; — (M-L) B. 2; — (M-L) C. 2, 3; — (S-Y) F. 3.
CIRE D'ESPAGNE. E. 50.
CIVORIUM = OSSUAIRE. III C. 3.
CLOCHES D'ÉGLISES. (Be) E. 5; — (S-Y) E. 25.
CLOCHETTES, SONNETTES (Droit de). C. 7, 8, 9, 11, 12, 15, 16.

CLOITRE AU BLÉ. B. 24, 495.

CLOITRE BOURSIER. B. 24, 495.

COFFRE-FORT D'ALLEMAGNE B. 8.

COLLATIONS ECCLÉSIASTIQUES. III C. 2.

COLLECTEURS DE TAILLES. (M.-L) E. 10, 11 ; — (S-Y) B. 22.

COLLÈGES. (Bᶜ) B. 2 ; — (Bᶜ) G. 5 ; — (M-L) C. 2 ; — (M-L) E. 15.

COLLÈGE DE MÉDECINS. C. 8 ; — E. 1, 2.

COMÉDIENS. E. 30 ; — G. 60.

COMITÉ DE SUBSISTANCES. (Bᶜ) G. 2.

COMMISSAIRE DES GUERRES. B. 531 ; — E. 2 ; — F. 23.

COMMISSAIRES A LEVER LES FRUITS. III B. 13.

COMMISSAIRE AUX MONTRES. B. 327, 526.

COMMISSAIRE POUR LA RÉCEPTION DE FOY ET HOMMAGE. I B. 19.

COMMISSAIRES DU ROI. III B. 2.

COMMISSAIRE AUX REVENUS. B. 280, 377.

COMMISSAIRE AUX SAISIES RÉELLES. B. 350 ; — (Dᵗ) E. 1.

COMMISSAIRES DES SECOURS PUBLICS. E. 2.

COMPAGNIE ÉCOSSAISE. B. 14, 498.

COMPAGNIE DES INDES (Actions de la). (S-Y) H. 8.

COMPTES DIVERS. I E. 1, 8 ; — II E. 1, 3, 4, 5 ; — (M-L) E. 16 et ss.

CONDAMNATION A MORT. B. 523.

CONFISCATIONS. E. 49, 103.

CONFRÉRIES. A. 2 ; — II B. 1, 4, 6, 13 : — II H. 2 à 12 ; — III C. 3 ; — V A. 1 et ss. ; — VI B. 1 et ss. ; — VII A. 1 et ss. ; — VIII B. 1 et ss. ; — (Bᶜ) E. 6 ; — (Dᵗ) B. 4 ; — (Dᵗ) E. 1 ; — (S-Y) E. 1, 49.

CONGRÉGATIONS LAÏQUES. B. 543 ; — E. 2.

CONNÉTABLIE DE FRANCE. B. 67, 498.

CONSÉCRATION DE BESTIAUX. (M-L) E. 11, 12.

CONSEIL DE CONSCIENCE. (S-Y) B. 23 ; — (S-Y) E. 7.

CONSIGNATIONS (Revenus des). B. 493.

CONSTRUCTIONS. E. 42, 47, 48, 114 à 129 ; — I B. 16 ; — II H. 7.

CONSTRUCTION D'ÉGLISE. VI B. 1.

CONSUETUDINES. I A. 3.

CONSULS. (S-Y) H. 4.

CONTAGION. II B. 8.

CONTRAT D'APPRENTISSAGE. B. 496.

CONTRATS DE MARIAGE. (M-L) H. 5.

CONTRAVENTIONS DE POLICE. B. 25, 26, 27.

CONTROLEUR DES DENIERS PUBLICS. I B. 7.

CONVOIS FUNÈBRES. B. 495.

CORRECTION DES MENDIANTS. A. 2.

CORBEAUX, autrement dit CROQUEMORTS. I E. 5.

CORRETARIUS. B. 53, 58.

CORROYEURS B. 497.

CORVÉES. (M-L) E. 1 ; — (S-Y) E. 1.

COUR D'APPEAUX. (S-Y) E. 48.

COUVERTES D'ORLÉANS. (S-Y) E. 70.

CRIEUR JURÉ. B. 525 ; — C. 2.

CROCHET A PESER. (S-Y) E. 62.

CROISÉS. B. 398, 464 ; — II B. 3.

CROIX (Dans les) = DANS LES LIMITES. III F. 1.

CUILLERÉE (Droit de). B. 24 à 28, 495 ; — I B. 16.

CURÉS DE PAROISSES (Concours réclamé des). G. 36, 54, 57 et ss.

D

DAMES DE CHARITÉ. (Bᶜ) E. 3 ; — (S-Y) E. 28.

DANSES. VI E. 1.

DÉCIMES. B. 525, 528 ; — E. 14, 23, 30, 41 ; — (S-Y) E. 5, 11, 12, 13, 20, 51, 58, 59 ; — (S-Y) H. 6.

DEJECTI = LÉPREUX (Voy. ce mot).

DÉLIBÉRATIONS DE LA SORBONNE. (S-Y) B. 18 ; — (S-Y) E. 1.

DÉNOMBREMENTS DE LA POPULATION DES HOPITAUX. E. 2, 5, 100, 112, 113, 129 ; — F. 1 ; — G. 10, 35, 38, 41, 43, 44, 74, 77, 81, 113, 118, 123 ; — H. 1 ; — I A. 1 ; — II E. 2 ; — II H. 5 ; — (Bᶜ) E. 7 ; — (Bᶜ) G. 1, 2 ; — (M-L) F. 2, 3 ; — (M-L) G. 1, 2, 7 ; — (S-Y) E. 1, 26, 45, 47, 51, 55, 60, 61, 62, 64, 67 ; — (S-Y) F. 1, 2, 3.

DÉPOT DE MENDICITÉ. G. 3.

DESCRIPTION D'HOPITAL. (S-Y) B. 12.

DÉVASTATIONS DE GUERRE. (S-Y) B. 9.

DEVOIRS RELIGIEUX. E. 5 ; — II F. 1 ; — (Dᵗ) E. 1 ; — (S-Y) E. 1. (Voy. Instruction religieuse.)

DIME DES PAUVRES B. 403.

DIMES. B. 17, 398, 400, 403, 404, 405, 406, 420, 422, 424, 425, 426, 427, 434, 447, 448, 464, 469, 470, 471, 472, 489, 495, 496, 498, 502, 513, 524, 525, 531 ; — E. 14, 20, 94 ; — III B. 5, 6, 10, 11 ; — (M-L) B. 2, 8, 9, 10, 22, 24 ; — (M-L) E. 11 ; — (S-Y) B. 21 ; — (S-Y) E. 34, 35, 37 ; — (S-Y) H. 6.

DIRECTEURS DE POSTES. (S-Y) E. 49.

DISETTES. B. 270 ; — E. 90 ; — H. 1 ; — (S-Y) E. 1, 3.

DISTRIBUTION DE RIZ. E. 1.

DOCTEUR EN DROIT. B. 497.

DOCTEURS EN MÉDECINE. B. 114, 124, 152, 187, 196, 496, 497, 498, 528, 531 ; — C. 4, 5, 8, 12, 14, 16 ; — D. 4 ; — E. 1, 2, 7, 94 ; — (Dᵗ) E. 1, 3 ; — (S-Y) E. 6, 34, 85.

DOCTEURS EN THÉOLOGIE. B. 2, 19, 221, 374, 477, 497, 498, 525 ; — E. 1, 2 ; — G. 37 ; — (M-L) F. 3 ; — (S-Y) E. 2, 19, 38.

Doléances des administrateurs d'hopitaux. E. 2, 112; — I F. 1.
Domaine du Roi. B. 404, 496; — E. 2; — (Bᶜ) B, 1; — (S-Y) E. 2; — (S-Y) H. 3.
Domaines et bois (Receveur des). B. 9.
Domaines (Fermier des). B. 20.
Domino (Jeu de) B. 4.
Don patriotique. E. 2.
Donations. B. 1; — I B. 1; — (M-L) B. 2.
Donation de personnes. B. 433; — II. B. 3.
Doreurs. (S-Y) E. 45.
Dots de religieuses. (M-L) B. 23; — (M-L) E. 12, 23; — (M-L) F. 3; — (M-L) H. 2, 3.
Drapiers. B. 69, 200; — D. 4; — II H. 8.
Droguistes. B. 525; — (Dᵗ) E. 3.
Droit d'élaguer les arbres. (Dᵗ) E. 1.
Droits d'exemption pour les fermiers de l'hopital. A. 6.
Droit d'obole sur les monnaies fabriquées. III. B. 1.
Droits d'octroi. (S-Y) E. 2.
Droit de patronage. III C. 1.
Droit des pauvres. C. 2.
Droit paroissial. III B. 5.

E

Eaux de Barèges et du Montdor. E. 47, 48, 50.
Eaux publiques. B. 495, 497, 498; — E. 127.
Eaux et forêts. B. 367; — (Bᶜ) E. 1; — (Bᶜ) G. 5.
Ecluses. E. 1, 20, 39.
Écoles de filles. (M-L) B. 1, 13; — (M-L) G. 12; — (M-L) H. 2, 3.
Ecrivain du Roi. (M-L) B. 22.
Ecu au coin du Roi. B. 423, 453.
Edits royaux concernant les hopitaux. (S-Y) E. 58.
Edule, monnaie. B. 387.
Egouts. B. 199.
Election (Palais de l'). 531.
Élections ecclésiastiques. (M-L) F. 3.
Emailleurs. B. 123, 212, 284, 525, 526; — D. 4; — E. 2, 12; — II B. 10; — II H. 6; — V B. 3; — VIII B. 23.
Emprunts. B. 498; — E. 2, 7.
Encens (Rente d'). II H. 1.
Enfants exposés. E. 1, 2, 48; — G. 38 à 76; — (S-Y) E. 36, 60; — (S-Y) F. 1, 3; — (S-Y) G. 1, 2; — (S-Y) H. 2, 3, 4, 6, 12. (Voy. Bâtards.)
Enfants naturels de la patrie. E. 2.
Enfants en nourrice (Voy. Nourrissons).

Enluminures VIII B. 3.
Enquête sur les hopitaux. (S-Y) H. 7.
Enseignement religieux. F. 26. (Voy. Instruction religieuse)
Enseignes. B. 23, 158, 162, 187, 203, 250, 497, 498, 525, 526, 529, 530, 535, 536; — D. 4, 5; — G. 54; — I B. 7, 16, 33; — I H. 2; — VIII D. 2; — (M-L) E. 10; — (S-Y) E. 47, 54; — (S-Y) H. 3.
Énumération d'hopitaux. D. 5; — (S-Y) B. 9.
Epaves (Droit d'). (S-Y) H. 4.
Epices judiciaires. VIII E. 2; — (S-Y) E. 31, 62.
Epidémie. (S-Y) E. 3. (Voy. Contagion.)
Epigraphe en vers. II H. 8.
Epileptique. E. 9.
Epingles (Fabrication d'). E. 1.
Epingliers. B. 50.
Ermites. II B. 1; — (S-Y) E. 30.
Estampes. B. 8.
Etapiers. B. 498; — E. 51.
Etat religieux des personnes. C. 19, 20, 21; — H. 17; — (M-L) H. 5.
Etat ruineux du bourg de Solignac. E. 112.
Etats généraux. (M-L) E. 1.
Evasions de prisonniers. E. 1; — F. 1; — G. 8.
Evêques de Limoges. B. 392, 404, 437, 496, 498, 525, 538; — C. 1, 8, 10, 13, 16, 18; — D. 1; — E. 1, 112; — F. 24, 26; — G. 60; — H. 1, 3, 27; — II B. 3, 4, 8; — III C. 1; — VI B. 1; — VIII B. 3; — (Bᶜ) E. 1, 7; — (Dᵗ) C. 1; — (Dᵗ) E. 1; — (M-L) A. 1; — (M-L) C. 1; — (M-L) E. 1, 11, 15, 23; — (M-L) F. 3; — (M-L) H. 1, 2, 3, 4; — (S-Y) E. 60, 65, 67; — (S-Y) H. 4, 5, 6, 7.
Excommunications. B. 390, 430; — II A. 1; — II B. 3.
Exécuteurs testamentaires. B. 216, 253; — III B. 7, 8; — III C. 3.
Expéditionnaire de cour de Rome. H. 6.
Expositions du S. Sacrement. C. 1; — E. 45, 67.

F

Fabriciens. (Bᶜ) E. 1.
Fabrique d'église. B. 224, 268.
Faction (Droit de). B. 409.
Féodistes. E. 48, 50. (Voy. Archivistes.)
Feumes (Capitaine des). B. 529.
Fermiers généraux. (S-Y) E. 4.
Fêtes patronales. E. 48, 50, 100; — (Bᶜ) É. 6; — (M-L) E. 13; — (S-Y) E. 11, 29, 30, 31, 34, 35, 43, 45, 47, 49, 54, 69, 76, 80; — (S-Y) H. 1.

FÊTES SOLENNELLES. VIII B. 9.
FILATURES DE COTON, DE LIN OU DE CHANVRE. E. 1, 129;
  — (D¹) B. 5; — (D¹) E. 1; — (S-Y) B. 9; — (S-Y)
  E. 72; — (S-Y) G. 3. (Voy. Manufactures.)
FILLES DÉVOTES. A. 1; — B. 13, 110, 526; — II F. 1;
  — VIII E. 2; — (M-L) B. 10; — (M L) E. 23; —
  (S-Y) E. 31, 32, 35, 45.
FILLES REPENTIES. B. 497. (Voy. Refuge.)
FOIRES ET MARCHÉS. E. 100.
FONCTIONS CURIALES. B. 498, 542.
FONCTIONS PUBLIQUES (Refus de). B. 22.
FONDATION PIEUSE. (M-L) E. 12.
FONTAINES. E. 1, 2, 125, 126; — D. 5.
FORÊTS. III B. 10, 11; — (M-L) B. 21.
FORLÉAUX. B. 523.
FORMALITÉS D'ADMISSION. E. 1.
FOUET (Peine du). E. 1.
FOUETTE-CHIENS. (S-Y) E. 60.
FOURNITURES D'HOPITAL. E. 60, 79; — (B⁰) E. 4.
FRAIRIES. E. 20, 31, 30, 114; — I B. 7, 16; — I D 6; —
  I E. 5.
FRANCS-FIEFS. B. 56; — H. 14; — (S-Y) H. 8.
FROMAGE DU CANTAL. E. 47.
FUSTIGATION (Peine de la). E. 1.

G

GAGES D'EMPLOYÉS. E. 65, 66.
GARDE-GARDIENNE (Privilège de). (S-Y) E. 2.
GARDE-MALADES. E. 2.
GARDE NATIONALE. E. 2.
GARDE-VAISSELLE DU ROI. (S-Y) E. 2, 29.
GÉNÉALOGIE DE N.-S.-J.-C. II H. 5.
GENTILSHOMMES MENDIANTS : BRETON, NORMAND, PICARD,
  ROUSSILLONNAIS, ANGLAIS, HIBERNOIS, MILANAIS, etc.
  (S-Y) E. 20, 24, 27 à 31.
GEÔLIERS. G. 57; — (S-Y) E. 33, 51.
GONELAS. VIII B. 9.
GOUVERNANTES D'HOPITAL. E. 1; — F. 1; — G 54; —
  (B⁰) E. 1, 5; — (S-Y) B. 9; — (S-Y) E. 1, 11, 14,
  35, 39, 41, 45, 54, 58, 65, 67, 72, 77, 78, 89, 90; —
  (S-Y) F. 3.
GOUVERNEURS MILITAIRES. B. 303; — II B. 11.
GRAS (gradus) DE ST-PIERRE. III B. 6, 7.
GRAVEUR. E. 48, 50.
GRILLES DE CLOTURE. E. 1.
GUET (Droit de). B. 409.
GUIANEYS (Deniers). B. 274.

H

HALLES. (Voy. Bancs charniers.)
HISTORIQUES. (D¹) E. 1; — (M-L) B. 25; — (M-L) E. 23.
HOMMAGES. B. 11, 393, 394, 497; — I B. 19; — III B. 5;
  — (S-Y) B. 8, 14.
HOMMES LIGES. II B. 3; — III B. 5.
HONORAIRES DE MÉDECIN. B. 497.
HOPITAL MILITAIRE. E. 2.
HOPITAUX DE LIMOGES EN GÉNÉRAL. H. 24, 27.
HOPITAUX DISPARUS. (S-Y) A. 1.
HORLOGER. II H. 6.
HOSPITALIERS ET HOSPITALIÈRES. B. 538; — E. 1, 11; —
  F. 26, 27, 28; — H. 18; — I B. 35; — I E. 5; —
  (D¹) B. 5; — (D¹) E. 1, 3; — (M-L) B. 10; — (M-L)
  H. 2; — (S-Y) E. 2, 33, 34, 35, 68, 70; — (S-Y) F. 1,
  2, 3; — (S-Y) G. 2; — (S-Y) H. 1, 2, 5.

I

IMAGES DE SAINTS AUX CARREFOURS DES VILLES. D. 4, 5.
IMPOSITIONS EN FAVEUR DES PAUVRES. E. 1.
IMPRIMEURS ET LIBRAIRES. B. 4, 19, 26, 50, 77, 78, 221,
  285, 496, 497, 498, 525, 526, 529, 535; — D. 4; —
  E. 1, 47; — I E. 7; — II E. 5.
INCARCÉRATION DES MENDIANTS. A. 1, 2; — E. 1; —
  G. 1; — H. 3.
INCENDIÉS DE 1790. E. 99.
INCURABLES. B. 498.
INDIGENTS SECOURUS. (B⁰) G. 1, 2, 3, 4, 5.
INDULGENCES ECCLÉSIASTIQUES. II H. 4; — (S-Y) C. 1;
  — (S-Y) E. 2, 34; — (S-Y) H. 2.
INFIRMERIES. B. 497.
INGÉNIEURS. E. 1, 2, 30, 116.
INHUMATIONS (Monopole des). A. 2.
INHUMATIONS. B. 496, 523; — C. 2 à 17; — (M-L) C. 3.
  (Voy. Clochettes.)
INJURES. E. 1.
INSCRIPTIONS. A. 2; — E. 2; — VIII B. 3; — (S-Y) E. 2,
  49, 62.
INSINUATION (Bureau d') E. 9.
INSTRUCTION DES FILLES DE CONDITION. (M-L) H. 2.
INSTRUCTION RELIGIEUSE. (D¹) E. 1; — (S-Y) E. 2.
INTENDANCE. B. 67, 498; — C. 16; — D. 5.

INTENDANTS DE LA GÉNÉRALITÉ DE LIMOGES. A. 6; — B. 20, 26. 56, 473, 496, 497, 498, 523; — C. 2; — E. 1, 2, 6, 52, 113; — F. 19; — G. 2, 3, 22, 35, 55, 60, 63, 64; — H. 3; — I B. 16; — II B. 11; — (D') E. 1, 2; — (M-L) E. 1, 2, 3; — (S-Y) E. 34, 59, 65, 67; — (S-Y) G. 1, 3; — (S-Y) H. 2, 4, 6, 7, 8.

INTERDICTION D'AUMÔNE. B. 495.

INVALIDES (Hôpital des). B. 15.

INVENTAIRES DE MEUBLES. B. 8, 10; — E. 1, 2, 128, 129; — I A. 1; — II B. 7; — (D') B. 1; — (M-L) E. 23; — (S-Y) E. 54, 91.

INVENTAIRES D'ORNEMENTS. B. 8; — E. 1, 128, 129; — (B°) E. 7; — (S-Y) E. 54, 91.

INVENTAIRES DE TITRES. (S-Y) E. 31.

INVENTAIRES D'USTENSILES. B. 498; — E. 1.

J

JADILHE (Droit de). I B. 16.

JARDIN BOTANIQUE. E. 48, 50.

JARDIN DE L'HOPITAL. E. 121, 124.

JEU D'ÉCHECS, DE TRICTRAC, DE DAMES, D'OIE, DU BLASON, DE LA MARINE, DE LA GUERRE. B. 8, 10.

JEU DE PAUME. B. 113, 132, 152, 179, 498, 507, 526, 529; — D. 4; — II B. 11.

JUBILÉ. E. 2, 34; — (S-Y) E. 53.

JUGES-CONSULS. (M-L) H. 5.

JUIFS CONVERTIS. (S-Y) E. 51.

JURIDICTION (Droits de). H. 2, 26; — I H. 1, 2; — II C. 1.

JURIDICTION (Privilèges de) A. 3, 4.

JURIDICTION CONSULAIRE. B. 498, 529.

JURIDICTION CURIALE. E. 1.

JURIDICTION ÉPISCOPALE. A. 1.

JURISTES, JURISCONSULTES. B. 147, 226, 229, 415.

JUSTICE (Droit de). B. 430.

L

LABORATOIRE DE PHARMACIE. E. 129.

LAVEMENT DES PIEDS. E. 41.

LAVOIR. (D') C. 1.

LEGS. (B°) B. 1; — (B°) D. 1; — (D') E. 2. (Voy. Testaments.)

LÈPRE, LÉPREUX. A. 2; — B. 496; — D. 6; — E. 100; — H. 25; — II B. 1; — III B. 1 et ss.

LÉPROSERIES, MALADRERIES. A. 2; — B. 525, 538; — H. 18, 24; — (S-Y) E. 1.

LETTRES DE CACHET. E. 2; — G. 123.

LETTRES DE CHANCELLERIE. B. 106; — I B. 17.

LETTRES DE CHANGE. B. 525; — H. 7; — (S-Y) E. 5.

LETTRES DE MAITRISE. B. 496.

LETTRES PATENTES. A. 1, 2, 3, 4, 6; — B. 495 à 498, 525; — E. 1, 41, 47, 114; — F. 24; — G. 119; — H. 2, 22; — (B°) E. 1; — (M-L) A. 1; — (M-L) E. 11, 23; — (S-Y) A. 1; — (S-Y) E. 2, 65; — (S-Y) H. 1 à 7.

LETTRES DE RESTITUTION. B. 437.

LETTRES DE SAUVEGARDE. B. 339, 404; — H. 1.

LETTRES DU GRAND SCEAU. B. 405.

LETTRES A TERRIER. B. 5.

LIBERTINAGE. A. 1, 2; — E. 1, 5; — G. 119, 120; — I F. 1; — II F. 1; — (S-Y) H. 5.

LIBRAIRES. (Voy. Imprimeurs.)

LICENCIEMENT DES PAUVRES. E. 1, 112.

LIEUX DE PASSAGE, DE GARNISON OU L'ÉTAPE. (S-Y) A. 1; — (S-Y) E. 2.

LIMES ANGLAISES. E. 50.

LIMITES CONTESTÉES. B. 249, 338.

LIONS DE PIERRE. B. 61; — D. 5.

LIQUIDATION D'ARRÉRAGES DE RENTE. B. 507.

LITIÈRE. H. 5.

LIVRES LITURGIQUES, DE LITTÉRATURE, D'HISTOIRE, DE PIÉTÉ, etc. B. 8; — C. 6; — E. 129; — G. 60; — II B. 11; — (M-L) E. 13.

LODS ET VENTES. B. 19, 52, 67, 72, 84, 105, 122, 124, 136, 140, 190, 206, 216, 221, 227, 233, 258, 266, 288, 316, 320, 345, 369, 374, 382, 384, 385, 388, 397, 399, 407, 408, 429, 435, 445, 467, 477, 482, 495, 525, 535; — D. 5; — E. 2, 14; — I B. 19; — (S-Y) B. 5.

LOGEMENT DES GENS DE GUERRE. (S-Y) E. 1, 2.

LOTERIES. B. 525; — E. 2, 6; — H. 8 à 13.

LOUAGE DE SERVANTES. (M-L) E. 11; — (M-L) F. 2.

LUMINAIRES D'ÉGLISE. B. 62, 72, 74, 162, 191, 195, 268; — D. 5; — II H. 4; — VIII B. 9; — (D') B. 4.

M

MAINMORTE (Gens de). (S-Y) H. 4.

MAIRES DE VILLES. C. 16; — G. 70, 72, 74; — (D') E. 1; — (S-Y) A. 1; — (S-Y) B. 13; — (S-Y) E. 1, 2, 35; — (S-Y) F. 2; — (S-Y) G. 1; — (S-Y) H. 5, 6.

MAISON DE FORCE. E. 2, 48; — G. 1.

MAITRE DE CHANTRES. VI E. 1. (Voy. Maître de psallette.)

MAITRE DE DANSE. (M-L) E. 10.

MAITRE D'ÉCRITURE. B. 498, 525.

MAITRE D'ÉCOLE. (B°) G. 5. (Voy. Régents.)

Maître de forge. (S-Y) E. 49 ; — (S-Y) F. 3.

Maître de poste. B. 345, 497.

Maître de psallette. C. 16 ; — I E. 8.

Maîtrise professionnelle. (S-Y) E. 11.

Malades (Statistique des). F. 1, 18.

Maladies recueillies dans les hopitaux. F. 12, 23.

Malversations. II B. 4 ; — II H. 5.

Mandats de paiement. E. 60, 64.

Mandement de Debitis. (S-Y) B. 20.

Mandement royal. I B. 18.

Manse de l'hopital. (S-Y) E. 11.

Manufacture de porcelaine. (S-Y) E. 80.

Manufactures de coton, de laine, de bas, etc. A 2 ; — B. 497, 525 ; — C. 7 ; — E. 1, 34 ; — G. 125 à 130 ; — (S-Y) B. 9. (*Voy.* Filatures.)

Marais salants. B. 7.

Marbre presse-papier. B. 8.

Mariage des filles pauvres. II B. 1.

Marins mendiants. E. 58, 59 ; — (S-Y) E. 33, 38, 45.

Médecin du Roi. B. 31 ; — II B. 3 ; — II H. 7.

Médecins. B. 54, 63, 328, 497, 498, 525, 526, 535 ; — D. 4 ; — E. 1, 2, 11, 20, 30, 32, 34, 47 ; — G. 70 ; — (Bᶜ) G. 5 ; — (Dˡ) E. 3 ; — (M-L) E. 12. (*Voy.* Docteurs en médecine.)

Mémoires historiques. B. 538 ; — D. 5 ; — (S-Y) A. 1 ; — (S-Y) B. 9.

Mémoires juridiques. B. 2, 142, 392, 403, 420 ; — (S-Y) B. 18, 21, 22, 23 ; — (S-Y) C. 2 ; — (S-Y) H. 4.

Mendiants en général. G. 1, 35 ; — (Dˡ) E. 1.

Mendiants irlandais, juifs, polonais, vénitiens, etc. (S-Y) E. 38, 39, 40, 51, 52. (*Voy.* Gentilshommes mendiants.)

Mendiants (Statistique des). F. 1, 18.

Ménestriers. VI E. 1.

Menottes. I F. 1.

Messe du St-Esprit. (S-Y) E. 59.

Messe matutinale (Vicaire de la). B. 74, 158, 218, 497.

Messes fondées. B. 359, 421, 469, 498, 525 ; — C. 1, 6, 7 ; — E. 1, 2, 34, 42, 47, 76 ; — H. 4 ; — I C. 1 ; — VII E. 1 ; — (Dˡ) B. 5 ; — (Dˡ) E. 1 ; — (M-L) B. 2, 7 ; — (M-L) C. 1 ; — (M-L) E. 10, 11, 12 ; — (S-Y) E. 60, 62, 68, 73 ; — (S-Y) H. 5.

Mesures locales. B. 524, 525.

Méthode curative de Keyser. G. 3.

Meuniers d'hopital. E. 88, 89.

Meurtre. B. 339.

Missarum commissio seu vicaria. B. 437.

Missels. (M-L) E. 11, 12 ; — (S-Y) E. 54.

Missions ecclésiastiques. B. 4 ; — (Dˡ) B. 2, 4 ; — (S-Y) E. 47.

Monnaie (Hôtel de la). B. 2, 531 ; — E. 2, 114 ; — H. 3 ; — I B. 7 ; — III B. 1 ; — VIII D. 2 ; — (M-L) B. 22.

Monnayeurs. B. 497, 498.

Montre de poche. B. 8.

Montrées de terres. B. 399, 411, 485, 486.

Mortalité des bestiaux. (Bᶜ) E. 6.

Mortalité des enfants. E. 2 ; — G. 36 ; — H. 1.

Moulins. B. 112, 113, 158, 360, 422, 440, 477, 494, 495, 497, 498, 525 ; — D. 6 ; — E. 88 ; — (M-L) B. 12 ; — (S-Y) B. 6.

Mulets, muletiers. B. 8, 17, 498.

Municipalité. (S-Y) B. 8.

N

Nomination (Droit de). H. 27 ; — I B. 35.

Notables. (S-Y) E. 2.

Nourrices. E. 1, 48 ; — F. 26 ; — G. 54 à 112 ; — H. 6 ; — (S-Y) E. 1, 36 ; — (S-Y) F. 1, 3.

Nourrissons. E. 1 ; — G. 113, 118 ; — (S-Y) E. 55, 82, 84. (*Voy.* Dénombrement.)

Nouveaux acquêts. H. 14 ; — III B. 1.

Nouveaux convertis. (S-Y) E. 47. (*Voy.* Religionnaires.)

Nouvelles de Paris. (M-L) H. 2, 4.

Novales. B. 424, 426 ; — (S-Y) B. 22.

O

Obit. (S-Y) E. 1.

Occupations des pauvres recueillis dans les hopitaux. (*Voy.* Manufactures de coton, etc.)

Oculiste. E. 34.

Officier mendiant. (S-Y) E. 39.

Officiers municipaux. E. 2.

Oraison funèbre. B. 4.

Oraison latine. II B. 6 ; — VIII B. 9.

Ordres hospitaliers. (*Voy.* Hospitaliers *et* St-Lazare (Ordre de).

Ordres mendiants. B. 506.

Ordres militaires. H. 18.

Orfèvres. B. 37, 43, 44, 58, 61, 63, 77, 82, 162, 178, 179, 182, 193, 194, 196, 213, 223, 236, 249, 250, 284, 497, 498, 525, 526, 535 ; — C. 7, 14, 16 ; — D. 4 ; — E. 47 ; — II B. 8, 10 ; — II H. 6 ; — III B. 8 ; — VIII D. 1, 2 ; — (Bᶜ) E. 6 ; — (M-L) E. 12. (*Voy.* Émailleurs.)

ORMEAU PUBLIC. B. 154, 211, 378.
ORNEMENTS D'ÉGLISE. B. 429. (*Voy*. Inventaires d'ornements.)
ORPHELINS. G. 36, 37.
OSTENSIONS. E. 1, 2; — (M-L) C. 1.

P

PAPIER IMPÉRIAL. E. 50.
PAQUES (Célébration des). E. 48, 50.
PARASOLEIL. B. 10.
PARCHEMINIERS. B. 34, 73, 166; — VIII B. 9.
PARIAGES. B. 160, 174, 232, 233, 282, 283, 307; — (S-Y) B. 1, 3, 8, 12; — (S-Y) E. 1, 11, 20 et ss., 30; — (S-Y) H. 1, 4, 6.
PAROISSES ALTERNATIVES. B. 417.
PASSADES. (S-Y) E. 1.
PASSAGE (Droit de). B. 259.
PASTOURREAUX (Confrérie des). A. 2; — VI B. 1; — VI E. 1.
PAUVRES HONTEUX, PAUPERES VERECUNDANTES. B. 84; — E. 1; — VIII E. 2; — (S-Y) E. 31, 34, 35, 37, 38, 42, 45, 47, 51, 52, 58, 66.
PAUVRES A VÊTIR. VIII B. 1 et ss.
PÊCHE (Droit de). B. 430.
PÊCHERIES. B. 361; — (S-Y) B. 9, 12; — (S-Y) E. 11, 25.
PEINTRES. B. 63, 110, 529; — C. 7; — D. 4; — E. 47; — II H. 6; — III B. 8; — VIII E. 2; — (B^c) E. 5; — (M-L) E. 10, 13; — (S-Y) E. 54, 61.
PÈLERINAGES, PÈLERINS. I E. 5; — (S-Y) E. 28, 31, 40, 45, 49, 51.
PÉNITENTS. (S-Y) F. 3.
PENSIONS ECCLÉSIASTIQUES. B. 490, 491, 524, 525; — E. 47; — H. 4; — I B. 36.
PILORI. B. 106.
PIPE A FUMER EN ARGENT. B. 8.
PITTA SIVE PAGESA LEMOVICENSIS MONETE. B. 69.
PLACARDS SUR LES MURAILLES. B. 497.
PLANS GÉOMÉTRAUX. B. 23, 242, 411, 483; — E. 116; — (M-L) H. 5.
POLICE DES HOPITAUX. E. 2.
POLICE MUNICIPALE. B. 530.
POLICE RÉGLÉE SUR LES MAXIMES DE L'ÉVANGILE. A. 2.
POLONAISE, vêtement. (S-Y) E. 65.
PONTS ET CHAUSSÉES. B. 77, 530, 532; — E. 2, 116; — H. 6.
PORTICUS ECCLESIE. III B. 10.

PORTION CONGRUE. B. 420, 427, 432; — E. 42; — (S-Y) H. 6.
PORTRAITS PEINTS. B. 8. (*Voy*. Tableaux décoratifs.)
POSE DE PREMIÈRE PIERRE. E. 2.
POSTES. C. 16.
POT DE VIN. (*Voy*. Beurrage.)
POUDRES ET SALPÊTRES (Inspecteur des). B. 498; — E. 30.
POUILLÉ ECCLÉSIASTIQUE. B. 6, 8.
POURCEAUX ERRANTS. A. 6.
PRÉCEPTEURS. E. 1, 48, 100; — F. 1; — G. 130. (*Voy*. Régents.)
PRÉLATION (Droits de). B. 101, 374.
PRÉSÉANCE (Droits de). E. 1.
PRESTATION D'EMBUCHES (Droit de). B. 409.
PRÊTRE CONSTITUTIONNEL. (S-Y) F. 2.
PRÊTRES RÉFRACTAIRES. E. 2.
PRÊTS D'ARGENT. E. 1, 2; — (B^c) B. 2; — (B^c) E. 6; — (D') E. 1; — (M-L) E. 15.
PREUVE DE NOBLESSE. (M-L) H. 5.
PRÉVARICATION. (M-L) B. 25.
PRÉVOTÉ (Grande). B. 3, 525, 526.
PRÉVOTÉ ECCLÉSIASTIQUE. B. 491, 525.
PRIÈRES (Fondation de). B. 498.
PRINCIPAL DE COLLÈGE. C. 16.
PRISEUR JURÉ. E. 30.
PRISONNIERS. B. 106; — II B. 1.
PRIVILÈGES D'HOPITAUX. A. 3, 4, 5, 6; — D. 5; — (S-Y) E. 2.
PROCÉDURES. B. 6, 7, 8, 11, 12, 14, 33, 35, 38, 41, 42, 43, 45, 55, 56, 58, 60, 64, 65, 70, 73, 75, 78, 80, 83, 85, 86, 88, 90, 92, 95, 104, 107, 109, 111 et ss., 537 à 544; — E. 123, 124; — G. 122; — H. 24; — I B. 35, 36, 37; — II B. 14, 15; — III B. 12, 13; — IV B. 2; — (B^c) B. 3, 4; — (B^c) E. 2, 6; — (D') B. 1, 2, 7 à 13; — (M-L) A. 1; — (M-L) B. 17 à 25.
PROCESSIONS. C. 6; — E. 1, 2, 41, 48, 50; — (S-Y) E. 29.
PROMOTEUR DE DIOCÈSE. B. 374.
PROSES LATINES. II H. 5; — VIII B. 9.

Q

QUARTERIES. B. 28, 497; — D. 5.
QUARTIERS D'HIVER. (S-Y) E. 45, 50.
QUÊTE (Droit de) B. 450.
QUÊTES. E. 1, 34; — II E. 3; — VIII E. 1, 2; — (B^c) C. 1; — (D') E. 1; — (S-Y) E. 2.

R

RACHAT DES CAPTIFS. B. 498.

RACHAT DES GREFFES. E. 112.

RAMPANS = RAMEAUX. II H. 8.

RAVAGES DE GUERRE. B. 162, 177, 270, 276; — (M-L) B. 8.

RECLUSES. B. 106, 108, 162, 526; — II B. 1. (*Voy.* Ermites.)

RÉCONCILIATION PUBLIQUE. B. 433.

REDDITIONS DE COMPTES. (Bᶜ) E. 2, 7; — (Dᵗ) E. 1; — (M-L) B. 25; — (S-Y) B. 8, 9; — (S-Y) E. 1, 5, 16, 17 et ss., 81.

RÉFORME DE PRIEURÉ. II B. 9.

REFUGE DE FILLES REPENTIES. B. 496, 525, 539, 540, 542; — C. 6, 16, 18; — D. 1; — E. 1, 2, 30, 34, 41, 90, 100, 112, 113, 129; — F. 26; — G. 3, 119 à 124; — H. 19, 20; — (S-Y) H. 5.

RÉGENTS. B. 529; — (M-L) B. 24; — (S-Y) E. 38, 58, 83. (*Voy.* Maître d'école.)

RÉGIMENTS MILITAIRES. E. 53.

REGISTRE DE LA MAISON DE VILLE. (Bᶜ) B. 3; — (Bᶜ) E. 1.

RÈGLEMENT DE CONGRÉGATION. F. 26.

RÈGLEMENT ÉPISCOPAL. B. 421.

RÈGLEMENT DE LA MAISON DU BON PASTEUR. H. 23.

RÈGLEMENT DES FILLES DE STE-MARTHE. H. 21.

RÈGLEMENT DE STE-PÉLAGIE. H. 20.

RÈGLEMENTS. (*Voy.* Statuts.)

RELIGIONNAIRES. B. 277; — (S-Y) E. 47.

RELIQUES. B. 4; — G. 69; — (M-L) B. 2; — (M-L) C. 1; — (M-L) E. 13; — (S-Y) E. 45.

REMPARTS DE VILLE. B. 23; — (S-Y) B. 12.

RENONCIATION (Clauses de). (M-L) B. 6.

RENTE OBITUAIRE. B. 539.

RENTES CONSTITUÉES. B. 13 à 16, 30, 496, 498; — E. 7; — II B. 4; — (Bᶜ) B. 2; — (Bᶜ) D. 1; — (Dᵗ) E. 1; — (M-L) B. 13; — (S-Y) B. 2; — (S-Y) E. 2; — (S-Y) H. 11.

RENTES SUR L'ÉTAT. (S-Y) H. 4.

REPAIRE NOBLE. B. 216.

RÉPARATION DE MURAILLES. II B. 5.

RÉPARATIONS D'ÉGLISES. B. 420; — (M-L) E. 12; — (S-Y) E. 38, 88.

REPAS (Fondation de). B. 29, 34, 266, 418, 496, 523, 524, 525, 533, 539; — D. 6; — E. 14; — I B. 2, 6, 7 à 10; — I E. 5; — II B. 1, 2, 4, 13; — II E. 3; — II H. 6.

REPRÉSENTANT DU PEUPLE. E. 2.

RÉSERVOIR A POISSON. (S-Y) B. 4. (*Voy.* Pêcheries.)

RESTITUTION POSTHUME. II B 4.

REVENUS ECCLÉSIASTIQUES. B. 422.

REVENUS D'HOPITAL. E. 112, 113.

REVENUS DES PAUVRES. (S-Y) E. 7, 35, 44, 45.

RITUEL. (S-Y) E. 55.

RÔLES D'IMPOSITION. (S-Y) E. 65.

ROMAINE et CROCHET A PESER. B. 498; — (S-Y) E. 51, 62.

ROUE DE CIRE. II H. 4, 5, 8.

S

SABOTS (Fabrique de). G. 130.

SAGES-FEMMES. (*Voy.* Accoucheuses.)

SAIGNÉES. (M-L) G. 3, 6.

SAINT-SUAIRE. G. 60.

SALAIRE D'AVOCAT. II B. 3.

SALINIER. B. 525.

SALLE DE SPECTACLE. B. 134, 498.

SCELLÉS (Apposition de). B. 8; — (M-L) B. 24.

SCIES D'ALLEMAGNE. E. 50.

SCRIPTOR FORME. VIII D. 1.

SCULPTEUR. B. 187, 525, 526, 529; — C. 7; — D. 4; — (M-L) E. 1, 3, 10; — (S-Y) E. 45, 63.

SECRÉTAIRE D'ÉTAT DE LA GUERRE. E. 1, 2, 52.

SECRÉTAIRE DE LA REINE. B. 310.

SEDE VACANTE. B. 464; — II B. 6.

SÉMINAIRE DE LA MISSION. E. 2.

SÉNÉCHAL. B. 386.

SÉNÉCHAL DE LA JURIDICTION TEMPORELLE DE L'ÉVÊQUE. B. 155.

SÉNÉCHAL DE MARCHE ET LIMOUSIN. III B. 2.

SÉNÉCHAL DE POITOU ET LIMOUSIN. II B. 5.

SÉNÉCHAUSSÉE DE ST-YRIEIX. (S-Y) H. 4, 6.

SERMENT. B. 168; — I B. 1; — II B. 11; — III B. 7; — III C. 1; — III F. 1; — VI E. 1; — (S-Y) E. 1, 2.

SERRURERIE (Atelier de). B. 497, 498; — E. 1; — G. 131, 132.

SERVICE DIVIN. B. 420, 421; — (M-L) B. 22.

SERVICES FUNÈBRES. E. 1, 2, 34, 42; — (Bᶜ) E. 6; — (Dᵗ) B. 2, 3, 4; — (M-L) B. 2, 12; — (S-Y) E. 1.

SERVICES PUBLICS. B. 52; — (Dᵗ) E. 1.

SERVITEUR DE CHAMBRE DU ROI. B. 284.

SOCIÉTÉS POPULAIRES. E. 2.

SŒURS DE CHARITÉ. H. 12. (*Voy.* Hospitalières.)

SOLDATS EN GARNISON. (S-Y) E. 57, 62.

SOLDATS DANS LES HOPITAUX. E. 1, 2, 41, 52 à 57; — F. 21, 22, 23.

SOLDATS DE PASSAGE. A. 1; — B. 9.
STATUES DE SAINTS. B. 497. (*Voy*. Images de saints.)
STATUTS DE CHIRURGIENS. (S-Y) E. 60.
STATUTS DE CONFRÉRIES. II H.5, 8; — V B.2; — VI B.1;
   — VI E. 1; — VIII B. 9, 10.
STATUTS ET RÈGLEMENTS D'HOPITAUX. A. 2; — E. 1, 4,5;
   — II F. 1; — (S-Y) H. 2, 12. (*Voy*. Règlements.)
STATUTS SYNODAUX. B. 8.
SUAIRES DES PAUVRES. (Chieiras ou Chieizas) VIII B. 6, 9.
SUBDÉLÉGUÉS. G. 2, 72; — (D¹) E. 2; — (S-Y) B. 8; —
   (S-Y) E. 6, 80; — (S-Y) H. 7.
SUBSIDES DE L'ÉTAT AUX HOPITAUX. E. 1, 112.
SUISSE DE L'INTENDANCE. C. 10.
SYNODE ECCLÉSIASTIQUE. B. 431.

T

TABAC (Bureau et entreposeur de). B. 498, 525; —
   C. 16; — E. 100.
TABATIÈRE D'ÉCAILLE. B. 10.
TABLEAUX DÉCORATIFS. B. 77, 359; — E. 2, 48, 129; —
   I A. 1; — VIII E. 2; — (B⁰) E. 7; — (M-L) E. 10,
   13; — (S-Y) E. 59, 61, 63.
TAILLE AUX QUATRE CAS. B. 395.
TAILLES. B. 101, 424; — (S-Y) E. 65.
TAILLEUR D'HABITS POUR FEMMES. B. 284, 498.
TAILLON (Contrôleur du). B. 82, 389, 498, 526; — I B. 7,
   33; — II B. 1, 9; — V B. 3; — VI E. 1; — VIII
   B. 23.
TAMBOUR, TROMPETTE OU CAISSE DE VILLE. B. 228; —
   E. 47; — VI E. 1; — (S-Y) E. 39, 43, 47, 64, 77;
   — (S-Y) H. 6.
TANNEURS, TANNERIES. B. 54, 110, 166, 193, 497, 498;
   — D. 5; — II B. 10; — (S-Y) B. 17.
TAPIS DE FELLETIN. (S-Y) E. 68.
TAPISSERIE D'AUBUSSON. B. 8.
TAPISSERIES DE BERGAME. B. 8, 10.
TAPISSIERS. B. 103, 498; — C. 2, 8; — E. 2; — F. 1; —
   (S-Y) E. 53.
TEMPLE DES RELIGIONNAIRES DE LIMOGES. B. 277, 495.
TENTURES FUNÈBRES. C. 2, 3, 10, 16. (*Voy*. Inhumations.)
TERRIERS et LIÈVES. B. 495 à 498; — B. 499 à 536; —
   I B. 8 et ss.; — II B. 6 et ss.; — II H. 5 et ss.; —
   III B. 3, 4; — V B. 2, 3; — VI B. 1; — VIII B. 3
   et ss.: — (M-L) B. 15; — (S-Y) B. 11, 12.
TESTAMENTS. B. 2, 3, 4, 8, 30, 34, 79, 91, 96, 98, 101,
   106, 129, 145, 147, 193, 200, 359, 389, 457, 474,
   475, 496, 497 et ss.; — E. 1; — G. 121; — I B. 2;
   — II B. 1 à 10; — VIII B. 1; — (D¹) B. 1 à 4; —
   (D¹) E. 1; — (M-L) B. 2, 3; — (S-Y) B. 1. (*Voy*. Legs.)

THÈSES. C. 10.
TITRES (Répertoires de). B. 495 à 498; — D. 1 et ss.; —
   I B. 7, 15, 16; — I D. 1 à 9; — VII D. 1; — VIII
   D. 1, 2; — (B⁰) D. 1.
TOILE DE ROUEN. B. 8, 10.
TOUR D'HÔPITAL. G. 67.
TRÉSORERIE NATIONALE. E. 2.
TRÉSORIERS GÉNÉRAUX. A. 1.
TROUSSE, mesure. B. 417.
TUMBA AD LEGALEM FORMAM. II B. 1.

U

UNION DE BIENS. E. 23.
UNION DE SÉMINAIRES. B. 4.
UNIONS D'AUMÔNES FONDÉES. E. 1, 112.
UNIONS DE CONFRÉRIES. B. 496, 522; — II H. 11; —
   V A. 1; — VII A. 1.
UNIONS D'HOPITAUX. A. 1, 2; — B. 496, 498, 522; —
   D. 5; — I A. 1.
UNIONS DE PRIEURÉS. B. 498, 513; — E. 1; — H. 1; —
   II A. 1.
USTENSILES DE MÉNAGE. B. 193.
USURE. B. 279.

V

VAGABONDS ET MENDIANTS EN GÉNÉRAL. A. 1.
VÉNÉRIENS. E. 1, 2, 48, 54; — F. 12, 23; — G. 3, 59,
   60, 62, 63.
VENTE DE PERSONNES. III B. 5.
VENTE DE CHARGE JUDICIAIRE. (M-L) B. 7.
VÉTÉRAN (Chanoine). B. 2.
VÊTURES ECCLÉSIASTIQUES. (M-L) F. 3.
VIANDE (Prix de la) E. 2.
VIANDE EN CARÊME (Droit de manger ou de vendre
   de la). A. 6; — B. 497; — E. 20, 72, 80, 85; —
   (S-Y) E. 57.
VICAIRES ÉPISCOPAUX. E. 2; — G. 74.
VICOMTE ET VICOMTESSE. B. 190, 386; — D. 4.
VIGNERONS (Confrérie du grand cierge des). B. 72.
VILLE FRANCHE. B. 384.
VIN BLANC POUR LES MESSES. E. 48.
VIOLENCES CONTRE LES PERSONNES. B. 433; — I E. 7.
VISÉNÉCHAL DU LIMOUSIN. B. 63, 525.
VISITES PASTORALES. B. 420; — (D¹) E. 1; — (S-Y) E. 64,
   82; — (S-Y) H. 5.
VOL. B. 541.

TABLE DES NOMS DE PERSONNES

A

ABAILARD. B. 8.
ABBATUT, chirurgien. (S-Y) E. 47.
ABRIAC, élève chirurgien. E. 2.
ABZAC (Baron d'). (S-Y) H. 11.
ADALGARDE. I A. 2, 3.
ADÉMAR DE SABAZAC, aumônier. B. 126, 338, 339, 379, 439 ; — I B. 1.
ADÉMAR DE SOLIGNAC. B. 132.
ADHÉMAR, vicomte de Limoges. I A. 2, 3.
ADJUTOR (Pierre). B. 247.
AGATHE (Frairie de Ste). B. 498.
AGE (Sieur de l'). II. B. 8.
AGNÈS. III B. 10.
AGOBERT (Michel). II B. 7.
AGUESSEAU (Mgr d'), chancelier. B. 523 ; — E. 1 ; — (M-L) H. 4.
AGUESSEAU (M. d'), intendant de justice. B. 523.
AINE (d'), intendant. E. 2.
AJOSTA (Pierre), sergent. B. 464.
ALAIRE (Jean). B. 231.
ALAIRE (Thérèse), sœur de la Résurrection. (D') E. 1.
ALAMIC (Pierre). B. 444.
ALAYDIS (Gérald). B. 417.
ALBÉRONI, cardinal. B. 8.
ALBESSARD (d'). (S-Y) B. 18, 22.
ALBIAC (François), marchand. B. 239.

ALBIAT, vicaire. G. 57.
ALBIAT (Martial), notaire. B. 324.
ALBIAT (Pierre), notaire. B. 112.
ALBOIN (Léonarde). B. 497.
ALESME (Jean), marchand. B. 308.
ALESME (Marie). D. 4.
ALESME (Mathieu). B. 309.
ALESME (Claude d') DE GOURCEIX. B. 496.
ALEXANDRE III, pape. II A. 1.
ALEXIS (P.), capucin. (M-L) E. 10.
ALEXIS (St.). (Be) E. 6.
ALLEMAUD (Jean), sr. DU GUESPARD ET DU CHATELET. B. 457.
ALLUAUD, ingénieur géographe. E. 30.
ALPADIE. B. 369.
ALPADIE DE JOUGNAC. B. 395.
ALPHONSOU (Jeanne). G. 63.
AMADON, abbé. (M-L) E. 12, 15.
AMALVI (Guillaume). B. 433.
AMALVI (Raynaud), chevalier. B. 430, 413.
AMELOT, ministre. (S-Y) A. 1 ; — (S-Y) H. 7.
AMES DU PURGATOIRE (Confrérie des). B. 268.
ANCELIN, évêque. H. 22.
ANCELLIER (Gilles), notaire. B. 178.
ANDELI (Bernard). B. 131.
ANDRÉ DE LAS AYRAS. B. 213.
ANDRIEU (Jean). (S-Y) E. 66, 67.
ANIEL (Bernard). III B. 10.
ANIEL (Hélie). III B. 10.
ANIEL (Pierre). B. 147.

Annonciation (Mad de l'). E. 20.
Apersenmut (Pierre) B. 94.
Arbellot. (B⁰) E. 6.
Arbellot des Bordes. (B⁰) G. 5.
Arbellot de la Gasne. G. 70; — (B⁰) E. 1.
Arbellot du Repaire. (B⁰) G. 5.
Arbellot de Vacqueur. (B⁰) G. 5.
Arboint, chirurgien. II B. 7.
Arbonnaud, chanoine. C. 5.
Arbonnaud (Michel), contrôleur en la maréchaussée et docteur en médecine. B. 497, 525, 526; — G. 5, 8; — E. 1, 2, 11, 32, 47.
Archambaud de Lastours. I A. 3.
Archambaud de Mauriac, chevalier. B. 432.
Ardant, famille. C. 14, 16; — D. 3; — E. 31, 35, 48, 50, 96; — G. 127; — H. 4.
Ardant, curé. E. 1; — G. 69, 73.
Ardant (d⁰ˡˡᵉ), orfèvre. C. 7.
Ardant (Barbe), marchande. B. 497, 498.
Ardant (François), écuyer, secrétaire du Roi. B. 498, 529.
Ardant (François), marchand. E. 1.
Ardant (Isaac), chirurgien. E. 1, 2.
Ardant (Isaac), notaire. B. 498, 529; — E. 2.
Ardant (Isaac), orfèvre. B. 37, 77, 526.
Ardant (Jacques), orfèvre. B. 497, 535.
Ardant (Jean), orfèvre. B. 498, 526.
Ardant (Jean), procureur du Roi. VI B. 1.
Ardant (Joseph), chanoine de St-Étienne. B. 497.
Ardant (Mathive) B. 42.
Ardant (Pierre), écuyer. E. 2.
Ardant (Pierre), négociant. E. 1.
Ardant (Pierre), avocat. B. 435.
Ardant (Pierre), orfèvre. B. 526.
Ardant (Pierre), notaire. B. 260.
Ardant de Bréjon. E. 2, 46.
Ardant de la Grénerie. C. 16.
Audant du Picq. B. 498; — E. 2, 97.
Audiller, famille. G. 59.
Ardiller (Antoinette). C. 4; — G. 59.
Ardillier (Jean). II B. 11.
Ardillier (Pierre), tondeur. B. 216; — VIII B. 23.
Ardit (Albert). B. 194.
Arfeuille (d'), curé. B. 531.
Arfeuille (Bernard d'). II B. 3.
Arfeuille (Gilles d'). II B. 3.
Arfeuille (Jean d'), ser. de la Baconnie. (D¹) B. 6.
Arfeuille (Jeanne d'). B. 525.
Arfeuille (René d'), ser. de Villeneuve, lieutenant au régiment de la Fère. B. 497.

Argenteau (Jean d'), contrôleur du taillon. B. 389.
Argenteau (Martial d') B. 389.
Argenteau (Paul d'). B. 173, 174.
Arlier, receveur de l'hôpital. E. 33.
Armagaud (Mathieu). I B. 6.
Arnaud (Mariotte). B. 79.
Arnaud (Martial), greffier. B. 240.
Arnaud (Pierre), vicaire. I A. 6.
Arnaud de St-Denis, chapelain. B. 440.
Arnaut (Jean) B. 72, 304.
Arnoul (Marie) de Chateau-Dompierre. (M-L) B. 19.
Arnould (Guillaume), chanoine. B. 187.
Arragon (Martial). B. 328; — E. 16.
Arsenaud, commissaire. (M-L) E. 15.
Ausens. II B. 3.
Artisans (Congrégation des). E. 2.
Astay (Jean), prêtre, alias notaire. B. 178, 180, 183; — II H. 5.
Astay (Léonard) de Puymarat. B. 333.
Astays (Jacques). B. 253.
Astays (Jean), bourgeois. B. 253.
Astays (Magdeleine). B. 299.
Astorge (Pierre), aumônier. B. 190, 261, 328, 439.
Atrimot (Pierre), maçon. (M-L) B. 6.
Auberoche (d'). (B⁰) E. 6.
Auberoche (d⁰ˡˡᵉ d') des Prugnes. (M-L) B. 2.
Auberoche (François d'), conseiller du Roi. (B⁰) E. 1.
Aubert (Jean). III B. 6.
Aubert (Urbain). E. 1.
Aubeyron (Antoine). VIII D. 1.
Aubeyron (Léonard), prêtre. B. 110.
Aubugeois, conseiller du Roi. (D¹) E. 1.
Aubugeois (Catherine). (D¹) B. 6, 7.
Aubugeois (Jacques), avocat. (D¹) E. 3.
Aubugeois (Joseph), marchand. (M-L) B. 9, 13.
Aubugeois (Joseph) de Pontailler. (M-L) B. 2.
Aubusson (Bernard), aumônier. B. 335, 399; — H. 26.
Aubusson (Élisabeth d'), abbesse. E. 12.
Aubusson (Jean), chapelier. VIII D. 2.
Aubusson (Marie). B. 249, 469, 496.
Aubusson (Philibert). B. 68.
Aucamus (Michel), garçon chirurgien. E. 2.
Auconsul (Léonard). B. 156.
Auconsul (Guillaume), boucher. B. 147.
Audebert (Antoine). F. 1.
Audebert (d⁰ˡˡᵉ). B. 541; — E. 20.
Audebert de Chargniac. (S-Y) E. 81, 91.
Audebert de Fontmaubert. H. 6.
Audeteau (Louis), prêtre. III C. 2.
Audier. III B. 10.

Audier (Balthazard), bourgeois. B. 136.
Audier (Barthélemy). B. 134.
Audier (Gui), bourgeois. B. 214.
Audier (Martial). B. 56, 68, 194; — VI B. 1.
Audier (Pierre). VI B. 1.
Audoin (.....). D. 4; — G. 57.
Audoin (Guillaume), prêtre. III B. 6. ·
Audoin (Guy), clerc, *alias* chanoine. B. 53, 58, 154, 525.
Audoin (Pierre), clerc. B. 306.
Audoucet (Jacques), relieur. B. 498.
Audouret (Joachim). (Dᵗ) B. 6.
Audoy (.....). (S-Y) E. 20.
Audoy (Guy), prêtre. VIII E. 1.
Audoy (Jean). VIII B. 56.
Audoyn (Martial), monnayeur. B. 96.
Audoyn (Pierre), bourgeois. B. 337, 498.
Audoyn d'Auvergne. B. 163.
Audoyn de Pierrebuffière, abbé. B. 131, 314.
Aufebmenin. G. 62.
Augros (Étienne d'). (M-L) B. 4, 18.
Augustin (Mad. de St-). E. 41.
Aupetit (Léonard), aumônier. (S-Y) E. 19.
Aureil, curé. B. 530.
Aury (Barthélemy). B. 197.
Aury (Guillaume). B. 279.
Aury (Jeannette). B. 279.
Aury (Pierre), licencié ès lois. VI. B. 1.
Ausanet (Mathurin). (M-L) B. 13.
Autefaye (Valérie d'). B. 56.
Autier, secrétaire du Bureau. (S-Y) E. 49.
Auvergne (Gaspard d'), avocat du Roi. B. 163.
Auzanet (sieur). (S-Y) E. 77.
Auzanet, gouvernante d'hôpital. (S-Y) E. 78, 88, 90;
    — (S-Y) F. 1, 3; — (S-Y) G. 2.
Averos (Pierre). B. 169.
Avril, curé. B. 525.
Avril, huissier. (S-Y) E. 60.
Avril (Joseph), commis du greffe. B. 525.
Avril (Pierre), avocat. B. 37, 525.
Avril (Pierre), garçon chirurgien. E. 1, 2.
Ayguedousse (Pierre). B. 266.
Aymard (Étienne), mᵉ cordonnier. B. 203.
Aymedieu (Aubin). (S-Y) E. 40.
Aymeric (Hélie), prieur de la Maison-Dieu. III B. 6, 10.
Aymeric (Laurent), bourgeois de la Rochelle. B. 479.
Aymeric (Pierre), bourgeois. B. 177, 204.
Aymeric d'Éjaux. B. 430.
Aymeric de la Motte, damoiseau. B. 489.
Azac (Guillemot d'). (Dᵗ) B. 5.
Azao (Jean d'), charpentier. B. 467. ·

B

Babaud. (Bᶜ) E. 6.
Babin (Daniel), procureur fiscal. B. 5.
Baconia (Barthalmieu de la). II H. 5.
Baconnie (sgr. de la). (Dᵗ) B. 6.
Bachelier (Gabrielle). (M-L) B. 5.
Bachellerie, lieutenant. B. 525.
Bachellerie, syndic. C. 1.
Bachellerie (de la), prieur. G. 70.
Bacque (Guillaume). B. 142.
Badou, chirurgien, *alias* médecin. (Bᶜ) E. 6; — (Bᶜ)
    G. 5.
Badou (Jacques), prêtre. (Bᶜ) B. 3.
Badou (Jean), prêtre. (Bᶜ) E. 1.
Bagot. B. 496; — F. 29.
Baignat (sœur de). (Bᶜ) B. 3.
Paignol (dam⁻). B. 117.
Baignol (Albert), notaire. I B. 16, 20.
Baignol (Jacques), garçon chirurgien. E. 2.
Bailhet (Jacques). II B. 8.
Baillarget (Bernard). B. 112.
Baillart (Pierre), marchand. B. 50.
Bailleul, abbé. B. 8.
Baillot (Jean), notaire. B. 178.
Baillot (Laurent), praticien. B. 181.
Baillot (Martial), apothicaire. B. 182; — II B. 10.
Baillot des Combes, vicaire. G. 72,
Baillot d'Estivaux, conseiller du Roi. B. 497, 529;
    — E. 2.
Baillot, sgr. du Queyroix, trésorier de France. C. 16.
Baju (J.). H. 16.
Baju (Jean), damoiseau. VIII D. 1.
Baju (Jean), prêtre. (M-L) H. 5.
Baju (Joseph), garçon chirurgien. E. 2.
Baju (Marie). B. 498.
Baju (Pierre). E. 114.
Baju (Joseph) de la Chaize. B. 498; — E. 115.
Balazis (Jean de), orfèvre. III B. 8.
Balestier (Jacques), médecin. B. 196.
Balestier (Martial), licencié ès lois. B. 196.
Balezis (Pierre). B. 306.
Balezy (Gaucher). B. 233.
Balhat (Valérie), hospitalière. I E. 5.
Balian (Pierre). B. 59.
Balliot (Martial) de la Valette, receveur des déci-
    mes. B. 525.

BALME (La), avocat. H. 7.
BALOUFAUD. (M-L) E. 11.
BALUZE. E. 41.
BANCS (Alexandre des). III B. 7.
BANCS (Hugues des). B. 204.
BANDEL (Léonard), chanoine. B. 469.
BANDET, curé. G. 68.
BANIIOL (Jean). I B. 12.
BANXATGIER (Pierre, Gui, Jacques et Marie de) ou DE BANXANGERIIS. B. 190, 479.
BARAILLER (Jean), marchand. B. 77.
BARALIER (J.-B), curé. B. 221, 477, 498 ; — E. 2.
BARBAROT (les). B. 497.
BARBARY (Jean). (S-Y) B. 2, 16.
BARBERIE (de) SGR. DE ST-CONTEST, intendant. B. 496.
BARBIER, ingénieur. E. 1, 116.
BARBOU (.....). B. 498 ; — E. 1, 31 ; — F. 28.
BARBOU (Étienne), chanoine. (D¹) E. 1.
BARBOU (Hugues), imprimeur et libraire. B. 221 ; — II E. 5.
BARBOU (Jacques), marchand. (D¹) B. 1 ; — (D¹) E. 1.
BARBOU (Jean). B. 114 ; — E. 1 ; — (D¹) B. 1 ; — (S-Y) II. 8.
BARBOU (Léonard), colonel de la garde nationale. E. 2.
BARBOU (Martial), imprimeur. B. 78, 496, 497.
BARBOU DE CHAUMES, avocat. (D¹) E. 1.
BARBOU DES COURIÈRES. B. 77 ; — C. 16 ; — E. 2, 50 ; — G. 37, 43, 93.
BARBOU DE MONIMES. B. 221, 498 ; — C. 9.
BARBUT, sculpteur. (M-L) E. 10, 13.
BARDAUDE (Mariotte). B. 525, 536.
BARDET (François), chirurgien. E. 1.
BARDET (Jacques), chirurgien. B. 496 ; — C. 16.
BARDET (Jean), muletier. B. 17, 498 ; — E. 30.
BARDETTE (Mariotte). B. 304.
BARDIN (Antoine). B. 234.
BARDIN (Jean). B. 91, 147.
BARDIN (Martial), juriste. B. 147.
BARDIN (Pierre). notaire. B. 36.
BARDINET (.....). G. 58, 59.
BARDINET (François), m⁰ de poste. B. 497.
BARDINET (Jacques), boucher. III B. 8.
BARDINET (Jean), marchand. B. 19, 149, 280.
BARDINET (J.-B.), chapelier. B. 249.
BARDINET (J.-B.), curé. B. 498 ; — G. 68, 71.
BARDINET (Laurent), épinglier. B. 526.
BARDINET (Léonard), dit PAPAUD. B. 327.
BARDINET (Marie). B. 325.
BARDINET (Mathieu), boucher. B. 324.
BARDINET (Noël), prêtre. B. 324.

BARDINET (Paulie). B. 327.
BARDINETTE (La). E. 48.
BARDONNAUD (Antoine), garçon chirurgien. E. 2.
BARDONNEAU (J.-B.), garçon chirurgien. E. 1.
BARDOT (Pierre). B. 147, 306.
BARDY, notaire de l'hôpital. E. 2, 20 ; — G. 58, 610.
BARDY (François), notaire royal. B. 498.
BARDY (Hélie). B. 320.
BARDY (Jean). B. 232.
BARDY (Léonard). B. 320.
BARDY (Martial). B. 232.
BARET (François). G. 63.
BARET (Marc), prêtre. B. 270.
BARET (Pierre). B. 235.
BARGEAS, balancier. B. 497.
BARGEAS (Étienne), libraire. B. 284.
BARGEAS (Martial), libraire. B. 526.
BARGIÈRE (Catherine). B. 253.
BARIL (Jeanne). B. 5.
BARLANGES. (D¹) B. 4.
BARNAY (Jean). (M-L) B. 4.
BARNY, abbé. B. 525.
BARNY, avocat. E. 12.
BARNY, conseiller. B. 526 ; — C. 6.
BARNY (Jacques), garçon chirurgien. E. 2.
BARNY, juge de Grandmont. C. 16.
BARNY (Léonard), juge de Limoges. B. 279, 525 ; — I B. 7.
BAROLIÈRE (de la). E. 30:
BARRAUD (Nicolas), arpenteur. B. 5.
BARREAU (Gabriel). (M-L). B. 2.
BARRÈGE (Antoine), prêtre. B. 239.
BARRÈGE (Denise). B. 239.
BARRÈGE (Léonard), bonnetier. B. 239.
BARRETIER (J.). II H. 5 ; — VIII B. 9.
BARRET (Pierre), sergent. VIII D. 2.
BARREU (Pierre et Jean). B. 328.
BARREYRO (Jeanne). B. 260.
BARRIÈRE (d⁰ⁿᵉ). I E. 5.
BARRIÈRE, vicaire. G. 60.
BARRIÈRE (Jean). B. 260, 310 ; — (S-Y) E. 25.
BARRIÈRE (Jeannette). B. 310.
BARRIÈRE (Joseph). (S-Y) B. 12 ; — (S-Y) E. 19.
BARRY (d⁰ⁿᵉ). B. 470.
BARRY, geôlier. (S-Y) E. 33.
BARRY, sergent. (S-Y) E. 31.
BARRY (Jean), capitaine. D. 4.
BARTHÉLEMY, émailleur. D. 4.
BARTHÉLEMY (Guillaume). III B. 8.
BARTHON (Jean). II H. 8.

Barthon (Pierre). VI B. 1.
Barthon (Roland), abbé. B. 491.
Basselin (Jacques), arpenteur. B. 435, 467.
Basset (François), garçon chirurgien. E. 2.
Bastide, vitrier. (M-L.) E. 12.
Bastide (François). B. 245.
Bastide (Jean), prêtre. D. 4; — I B. 14, 16.
Bastide (Pierre). I B. 14.
Bastide (de la). C. 16; — E. 1, 15; — (D') E. 1.
Bastide de Cubsat. C. 16.
Bastien, notaire. (B') G. 5.
Bastien (Hymbert). VIII B. 9.
Bastien (Léonard). B. 349.
Bastien (Pierre), bourgeois. B. 162.
Batiste (Jean), prêtre. B. 418.
Batiste (Marie). B. 418.
Baud (.....). C. 7; — D. 4.
Baud (Denise). B. 324.
Baud (Jean) de Lesserie, receveur. B. 525, 526.
Baud de Leysseuie, chanoine de St-Junien. B. 497, 530.
Baudet (Antoine), élève chirurgien. E. 2.
Bauer (Jean), sieur de la Borderie, bourgeois. B. 385.
Baussagier (Pierre). III B. 3.
Bauverie, notaire royal. (S-Y) E. 35.
Bauvy (Étienne). B. 118.
Bauzelle, syndic de la Mission. E. 20.
Bayard (François), bourgeois. B. 313.
Bayard (Jacques). B. 168; — I B. 2.
Bayard (Jean). B. 103, 106, 131; — I B. 2.
Bayard (Laurent), drapier. D. 4.
Bayard (Louis), prévôt. B. 338.
Bayard (Pierre). B. 132.
Bayarde (Almodie). B. 131.
Bayaut (Jacme). VIII B. 9.
Bayaud (Jean), tailleur de la Monnaie. VIII D. 2.
Bayle (Aubin). (S-Y) B. 12.
Bayle (Pierre). B. 110, 212; — E. 94.
Bayleblat (Simon), vigneron. B. 270.
Bayol (Élie). B. 220.
Bayraud (Martial), garçon chirurgien. E. 2.
Bazile, prieur. B. 531.
Bazin de Puyfaulcon. B. 409, 416, 427, 450, 498.
Beaubreuil (.....). B. 526; — C. 14, 16; — D. 4; — E. 20, 48.
Beaubreuil (Hyacinthe), bourgeois. E. 2.
Beaubreuil (Joseph). B. 2; — E. 114, 497.
Beaubreuil (Jérôme de). B. 91.
Beaubreuil (Léonard de). B. 122, 526.
Beaubreuil (Simon de). II. B. 10.

Beaubrun (Jean). B. 249.
Beaubrun (Joseph), élève chirurgien. E. 2.
Beaubrun (Pierre), fourbisseur. B. 497.
Beaudinet (Jacques), boucher. VIII D. 2.
Beaudinet (Jean), boucher. VIII D. 2.
Beauday. G. 60.
Beaugaillard (J.-B. Nicolas de). E. 2, 96.
Beaugerie (sieur de). (S-Y) B. 16.
Beaulieu, chirurgien. (S-Y) E. 52.
Beaulieu (Jean), meunier. E. 88.
Beaulieu (François), cardeur. B. 498.
Beaumie (Thomas), notaire. E. 94.
Beaumond (Marie). (D') B. 5; — (D') E. 1.
Beaumoulin (Martin de), écuyer. B. 532.
Beaune (Adhémar de). B. 337.
Beaune (François de la), sgr. d'Escabillon, conseiller du Roi. B. 531.
Beaunon (Dominique de) dit Losbeu. B. 53.
Beaupeyrat (Constant de), conseiller. B. 531.
Beaupré. (B') E. 6.
Beaupré (de). C. 16; — E. 1, 8, 48, 129; — H. 7.
Beaure. B. 91; — G. 61; — (S-Y) E. 49.
Beauregard, hôte. B. 526.
Beauregard (Antoine), m° bassinier. B. 497, 535.
Beauregard (Marguerite de). (M-L) B. 10.
Beaurepas, sénéchal de Magnac. F. 1.
Beaurepas (sgr. de). (M-L). E. 23.
Beaurepas (Mad. de). (M-L) H. 3.
Beauver (d'elle). (M-L) B. 11.
Bécan. B. 8.
Béchadie (sieur de). II B. 8, 10.
Béchameil (François). I B. 7.
Béchameilh (Jean), marchand. B. 233.
Bégogne, abbé. C. 9.
Beillot (François). (M-L) B. 22.
Béliot (M-L) B. 13.
Bellegard (Jean), huissier. B. 497.
Bellegarde (Marie de). B. 218.
Bellengard (François). (S-Y) B. 2; — (S-Y) E. 5, 25, 26, 34.
Bellot, notaire. B. 266.
Belut, notaire. B. 496, 497, 525.
Bélut, vicaire. G. 57.
Bélut, supérieur du Refuge. E. 30; — H. 6.
Belzunce (régiment de). E. 53.
Benayr. G. 67.
Benoist (.....). B. 51, 497; — E. 16; — G. 72; — II B. 2; — VIII B. 25.
Benoist (Anne). II B. 10.
Benoist (Audoin). B. 135; — E. 3.

BENOIST (Barbe). B. 249.
BENOIST (Gaspard), trésorier de France. B. 364, 470.
BENOIST (Grégoire). E. 34.
BENOIST (Jean). VIII E. 2.
BENOIST (Jacques), conseiller du Roi. II B. 4.
BENOIST (Jacques), marchand. B. 250.
BENOIST (Léonard), marchand. B. 324.
BENOIST (Marie). B. 364.
BENOIST (Mathieu), bourgeois. B. 134, 170, 453; —
 I E. 5.
BENOIST (Pierre), official de Limoges. VIII B. 1.
BENOIST (Pierre), prêtre. B. 497.
BENOIST (Pierre), trésorier de France. B. 364.
BENOIST (Pierre). B. 198, 248; — I B. 16; — I E. 2; —
 VIII B. 23.
BENOIST DE BLÉMONT, bourgeois. E. 1.
BENOIST, SGR. BARON DE COMPREIGNAC. B. 363, 525.
BENOIT (Jacques), prêtre. VIII D. 1.
BENOIT (J.-B), garçon chirurgien. E. 2.
BENOIT (Léonard), élu en l'Élection. B. 40.
BENOIT (Martial), bourgeois. B. 129, 168, 364; — II B. 4;
 — VI E. 1.
BENOIT (Pierre), prieur. II. 26.
BENOIT DU BUIS. E. 2, 90.
BENOIT DE LOSTENDE. B. 498. E. 2.
BENOIT DE VENTAUX. E. 2.
BÉRAUD (François), greffier. B. 498.
BÉRAUD (Pierre), sergent. II H. 1.
BÉRENGIER (Jean). B. 102.
BERGER (Étienne). B. 39, 156.
BERGIER (Martin). B. 254; — F. 16.
BERMONDET (......). II H. 5; — III E. 1.
BERMONDET (Françoise de). B. 457, 458.
BERMONDET (Gautier de), lieutenant général. B. 457,
 458.
BERMONDET (Jean), chanoine de Limoges. B. 216.
BERMONDET (Martial), lieutenant général. B. 160.
BERMONDET (Pierre), lieutenant général. B. 296.
BERMONDET (Jean de), SGR. DE LA QUINTAINE. B. 457.
BERNARD, notaire. B. 525.
BERNARD, procureur à la cour. (B⁰) E. 6.
BERNARD (François), m⁰ sculpteur. B. 498.
BERNARD (Pierre). B. 228, 369; — F. 1.
BERNARD DE GRAYLHO, aumônier. B. 337.
BERNARD DE GRIAL, aumônier. B. 422.
BERNARD DE MAYRAS, clerc. B. 430, 447.
BERNARD DE SALVANHAC. B. 154.
BERNARD DE SAVENNE, évêque. II C. 1.
BERNARDIE (Pierre de la). B. 395.
BERNERON. (D¹) E. 1, 3.

BERNERON (Marie). (M-L) B. 13.
BERNET (Joseph de). (M-L) B. 9.
BERNYS (Thomas), SR. DE NOYERAS, juge. B. 416.
BERNIVIER (Gérald), aumônier. B. 433.
BERTIN, abbé. H. 7.
BERTIN (Catherine). (M-L) B. 10.
BERTRAND (Jean), dit PATISSOU ou BATISSOU, orfèvre.
 B. 63; — II B. 8, 10; — II H. 5, 6.
BERTRAND (Pierre). B. 34.
BERTRAND DE LA COUDRE. (M-L) B. 14.
BERTRAND DE LA GENEYTOUSE, damoiseau. B. 443.
BERWICK (Mgr. de), gouverneur du haut et bas Limou-
 sin. E. 1.
BESLOT (Israël), prêtre. (D¹) B. 13; — (D¹) E. 3.
BESNARD, supérieur général des Filles de la Sagesse.
 (D¹) E. 1; — (D¹) F. 1.
BESSAC (Mathieu de). B. 165.
BESSAS. G. 57.
BESSE (.....). G. 61, 63.
BESSE, chanoine. E. 34.
BESSE, syndic du clergé. E. 13.
BESSE (François, Jacques et Jean), m⁰ˢ du jeu de pau-
 me. B. 132, 134, 310, 498.
BESSE (Joseph), garçon chirurgien. E. 2.
BESSE (Guillaume), notaire. B. 296.
BESSE (Marguerite). B. 477.
BESSON, curé. G. 70, 71.
BÉTOULAS (François), garçon chirurgien. E. 1.
BEUVON (comte de). (M-L) B. 14.
BEYRAUD (Pierre), aubergiste. B. 498, 530.
BEYROUX (Martial), marguillier. B. 92.
BEYSSAC (Pierre de), apothicaire. B. 341.
BEZAUD. (M-L) E. 10.
BIAIS (Jean). I B. 6, 7; — I E. 8.
BIAIS (Joseph) DE NOUATRE, bourgeois. B. 103; — E. 1.
BICARD, maréchal. C. 7.
BICHE (dame Claire de la). B. 2, 3.
BICHE (Pierre de la), SGR. DE MARSAC, trésorier de
 France. B. 528.
BICHE (Pierre de la), SGR. DE REIGNEFORT, conseiller du
 Roi. B. 496, 525.
BICQUET (Mathieu). B. 34.
BIDON (Guillaume). B. 333, 334, 335; — VI B. 1.
BIDON (Pierre et Jean). B. 334, 335, 336.
BIENVENU (Pierre). (M-L) B. 6.
BIERNEIX (Gaspard). B. 340.
BIGAUD (Jean), marchand. (M-L) B. 22.
BIGAUD (Pierre), garçon chirurgien. E. 2.
BIGAUT. (M-L) E. 11.
BIGNET (Martial), hôte. B. 525; — VIII B. 3.

Bigoteau (Jean), conseiller du Roi. (M-L) B. 9.
Bigotteau (Madeleine) de Forges. (M-L) A. 1; — (M-L) B. 1, 6, 17, 19.
Bilhou (Gilbert). B. 232.
Billanges (Hilaire de). B. 301.
Billanges (Jean). B. 103.
Billard (Barthélemy). B. 268.
Billiou (Marie). F. 1.
Blanc (Aymeric), prêtre. B. 221, 222.
Blancas de Grasée, sénéchal. B. 386.
Blanchard (.....). C. 6.; — H. 26.
Blanchard (Claude), marchand. B. 103.
Blanchard (Jean). B. 462; — F. 1.
Blanchard (Pierre), contrôleur du taillon. B. 525.
Blanchaud (Pierre), notaire. B. 74; — II H. 8.
Blanchardon (Pierre), ceinturier. II B. 11.
Blanche (Marile). B. 221.
Blanche-église (compagnie de). (S-Y) E. 59.
Blancher (Mathieu). B. 477.
Blanchet (Martin). (M-L) B. 19.
Blanchet (Mathurin). (M-L) B. 13.
Blanchier (Guillaume). B. 99.
Blanchon, régent. (S-Y) E. 58.
Blanchon (Jean). B. 202.
Blanchon (Léonarde). B. 526.
Blanchon (Madeleine). B. 59.
Blanchon (Martin), notaire. B. 103.
Blanchon (Pierre), contrôleur général du taillon. B. 82, 526; — VIII B. 23.
Blanchon (Martial), sieur de Paignat. B. 28, 497, 526.
Bland (Pierre). B. 253.
Blémont (de), ancien administrateur. C. 8.
Blémont (de), conseiller. B. 525, 526.
Bleynie, curé. G. 71.
Blondeau. G. 58.
Blondeau (Marguerite). (S-Y) E. 1, 54, 58, 65.
Blondeau, sgr. de Compreignac. B. 531.
Blondeau, sgr. de Laumière. B. 497.
Blondy (Pierre). (S-Y) B. 13; — (S-Y) E. 8.
Bloumel (Jean), curé. VIII B. 3.
Bloy (Denys), curé. VIII D. 1.
Bocaus (Aymeric). III B. 5.
Bocaus (Étienne). III B. 5.
Bochier (Jean le). B. 63.
Bodoier (Hélie) ou Bodoyier, damoiseau. B. 398, 433.
Boëce. B. 8.
Boignaud (Martial), balancier. B. 236.
Boileau (Nicolas). B. 8.
Boileau (Mathieu), lieutenant de juridiction. E. 14.
Boiniccu. B. 18.

Bois de Lavaud. (Dʳ) E. 3.
Boisay (dᵉˡˡᵉ Souveraine de). (M-L) H. 5.
Boisse (.....). (S-Y) H. 1.
Boisse, greffier de la sénéchaussée. E. 30.
Boisse, médecin. C. 12.
Boisse, syndic. E. 1.
Boisse (Gabriel). B. 316.
Boisse (Léonard) dit Massy, orfèvre. B. 223, 497.
Boisse (Marie). B. 456.
Boisse (Michel de), sieur de Murat. (S-Y) E. 46.
Boisseuil (Léonard). B. 222.
Boissou (Léonard), capitaine de la ville. B. 529.
Boissou (Marie). C. 16.
Bolho (Geoffroi). B. 302.
Bolho (Pierre). B. 59.
Boluut (Pascal le). II H. 5.
Bolixard (de). (M-L) H. 2.
Bolun (Guillaume). VIII D. 1.
Bonac (Pierre). B. 372.
Bonafond. G. 64.
Bonaud (Michel). (S-Y) B. 1.
Boneffax (Valentin). II H. 5.
Bonhomme, chanoine. (S-Y) E. 45.
Bonhomme, économe. B. 528.
Bonhomme, marchand. (S-Y) E. 42.
Bonhomme (François). (S-Y) B. 5, 12; — (S-Y) E. 6, 8, 33, 34.
Bonhomme (Jean). (S-Y) E. 33.
Bonhomme (Pierre), mᵉ chirurgien. (S-Y) E. 28, 34, 64.
Bonhomme (Yrieix). (S-Y) E. 39.
Bonhomme, sieur de la Côte. (S-Y) E. 64, 65.
Bonhomme, sieur de Lacour. (S-Y) E. 71, 72, 73, 74.
Bonhomme (Jean), sieur de Lavaud. (S-Y) E. 58.
Bonhomme (J.-B.), sieur de la Vallade. (S-Y) E. 64.
Boniface (Guillaume), prieur. III B. 8.
Bonlieu, mᵉ chirurgien. (S-Y) E. 57.
Bonne (François de la), sgr. d'Escabillon. B. 498.
Bonneau (Guillaume), chevalier. B. 384.
Bonneau ou Bonnaud (Jacques), curé. B. 498; — E. 2, 7.
Bonnecoste (Laurent), curé. E. 14.
Bonneffan (Jean et Valentin). B. 19, 156; — II H. 5.
Bonnefond (Léonard), praticien. B. 30, 493.
Bonenfant (Martial). B. 87, 112.
Bonenfant (Pierre et Jean). B. 136, 137, 479.
Bonenfant (Valérie). B. 39.
Bonnellie (Pierre), notaire. B. 525.
Bonnet, élève chirurgien. E. 2.
Bonnet, prêtre. B. 525; — E. 1; — G. 73.
Bonnet (Antoine), entrepreneur du Roi. E. 15.
Bonnet (Antoine), notaire. B. 197.

Bonnet (Féréol), laboureur. B. 417.
Bonnet (François), trésorier de France. B. 525.
Bonnet (Frontonne). (S-Y) E. 45.
Bonnet (Hubert). (D¹) E. 1.
Bonnet (Jean) dit Talabot. B. 284 ; — VII E. 1.
Bonnet (Jean), prieur. H. 26.
Bonnet (Joseph). (M-L) B. 12.
Bonnet (Léonard). (M-L) B. 5.
Bonnet (Martial). (M-L.) B. 8.
Bonnet (Pierre). B. 306 ; — (S-Y) E. 6.
Bonnet (Yrieix). (S-Y) B. 12.
Bonnetaud (Jacques), élève chirurgien. E. 2.
Bonneyrie, chanoine. (S-Y) E. 27.
Bonneval, m° bassinier. B. 187.
Bonnin (.....). E. 94 ; — VIII D. 1.
Bonnin, avocat. VIII E. 2.
Bonnin, docteur en médecine. E. 2.
Bonnin (Catherine). (M-L) B. 7 ; — (M-L) C. 1.
Bonnin (François), curé. (M-L) B. 12.
Bonnin du Fraisseix, conseiller du Roi. E. 2, 28.
Bonrepas (de). (M-L) F. 1. (Voy. Beaurepas.)
Bony. VIII. D. 2.
Bordais (Pierre), receveur du taillon. II B. 10.
Bordas (Hélie). (S-Y) E. 66.
Borde, hôte. B. 525.
Borde (Pierre), garçon chirurgien. E. 2.
Borde (J.-B.), garçon chirurgien. E. 2.
Bordeau (Jean). B. 475.
Borden (Jacques). B. 482.
Bordes, greffier. E. 30.
Bordes (Charles). (M-L.) B. 13.
Bordes (Pierre), faiseur de canolles. B. 497.
Bordes (Pierre des), prêtre. B. 411, 417.
Bordette (Mariotte). B. 72.
Bordier (J.-B. Pierre), prêtre. B. 498.
Borie, hôte. B. 498, 529.
Borie, médecin. C. 4.
Borie, vicaire. E. 14.
Borlier (de), sieur de Chégurat, avocat. B. 498.
Borrel (J.-B.), capitoul. B. 498.
Borrilau (Aymeric). B. 341.
Bouzès (Hugues), clerc. B. 387.
Bouzès (Jean). B. 387 ; — III B. 11.
Bossu (Bernard), damoiseau. B. 154.
Bourn (Pierre de). B. 191.
Bourt (Antoine de). B. 34.
Bos. II H. 5.
Bosc (Mathieu du). VIII B. 15.
Bosc (P. deu), argentier. VIII B. 9.
Boscaud (Bernard). B. 355.

Boschala (Guillaume). B. 79.
Boscmaresche (Pierre de). B. 409.
Bosmarein (Reculé de). H. 5.
Bosmie (Pierre de). B. 475.
Boson (Jean), bourgeois. B. 259.
Boson de Mauriac, chevalier. B. 433.
Bosrichard (Étienne). B. 415.
Bossuet. B. 8.
Bost (Marsau deu). VIII B. 14.
Bosvieux (Bernard). (S-Y) E. 33.
Bosvieux (Jean). (S-Y) B. 12 ; — (S-Y) E. 58.
Bosvieux (Marie), gouvernante d'hôpital. (S-Y) E. 1,
    41, 43, 45, 52, 54.
Boti (Mathieu). VIII B. 9.
Boti (P). VIII B. 9.
Botin (François), orfèvre. VIII D. 1.
Botin (Guillaume), curé. D. 4.
Botin (Mathieu). B. 170.
Botin (Pierre). II B. 13.
Bory (Martial), prévôt. II H. 8.
Bouchaud, avocat. (Bᵉ) B. 4.
Bouchaud (Jacques), sgr. des Étangs. B. 413.
Bouchaud (Renée du) des Étangs. B. 413.
Bouchaud (Jean), sgr. des Roches. B. 413.
Bouchault (Thomas). II B. 6.
Boucher (Pierre), économe. B. 374.
Boucher (Pierre), sgr. de Cordelas. B. 374.
Boucher d'Orsay (Charles), intendant. B. 473.
Boucheuil, prêtre. (D¹) E. 1.
Boucheuil (Henry), avocat. (D¹) B. 5.
Boucheys (Joseph du), procureur. B. 112.
Boucquet, chanoine. (D¹) E. 1.
Boucquet, notaire royal. (D¹) B. 5 ; — (D¹) E. 3.
Boucquet (Théobald), secrétaire de l'hôpital. (D¹) E. 1.
Boucquet (André) des Terrières. (D¹) E. 1.
Bouctaud (Marie). G. 87.
Boudin-Boie (Guillaume). (S-Y) H. 12.
Boudeau (Léonard), porte-robe. B. 497.
Boudet, médecin. B. 535 ; — C. 16 ; — E. 2.
Boudet, notaire. B. 496.
Boudet (Jean), hôte. B. 525, 526.
Boudet (Joachim), négociant. B. 59.
Boudit (Vincent). B. 96.
Boudonne, accoucheuse. E. 2.
Boufflers (régiment de). E. 53.
Bouillière, élève chirurgien. E. 2.
Bouillon (Marguerite). B. 539.
Bouillon (sgr. de). B. 11 ; — E. 1.
Bouillon (dame de). I B. 6.
Boulangers (conf. érie des). B. 226, 304.

Boulaud, curé. G. 68.
Boulaud (Jean), marchand. B. 218.
Boulesteys. I B. 33.
Boulestier, juge. B. 531.
Boulet (Pierre), notaire. B. 40.
Boullet (Jean), prêtre. (B°) E. 1.
Boulleys (Philippe), femme. III F. 1.
Bouquet (Pierre), avocat. (D¹) B. 6, 9; — (D¹) D. 1.
Bouquet de Laclarière, conseiller du Roi. (D¹) E. 1.
Bourbon (duc de). B. 497.
Bourbon (Jeanne de). III F. 1.
Bourbon (régiment de). E. 53.
Bourdaloue. B. 8.
Bourday (Pierre), receveur du taillon. I B. 33.
Bourdeau (.....). E. 31, 48; — G. 57.
Bourdeau (Léonard), négociant. E. 2.
Bourdeau (Martial), bourgeois et marchand. E. 1, 53; — G. 7.
Bourdeau (Pierre), écuyer, secrétaire du Roi. E. 1.
Bourdeau de la Judie, écuyer, E. 2.
Bourdeau du Mas. E. 2, 42.
Bourdeau de Razeix, écuyer. E. 2.
Bourdeaux, mᵉ ès arts. B. 498.
Bourdeille (Adrienne de), dame de St-Bonnet. B. 486.
Bouudeis, desservant. G. 74.
Bourdelas (de). (S-Y) E. 39; — VI E. 1; — (S-Y) E. 39.
Bourdeleix, chirurgien. G. 63.
Bourdeyrou (Jean). serrurier. B. 34.
Bourdichon, curé. B. 532.
Bourdier (Jacques). B. 455.
Bourgade (Martin François de la). E. 47.
Bourgeois (Hélie). B. 62.
Bourgeois, sieur de la Joffrenie, écuyer. B. 497.
Bourgest, apothicaire. (S-Y) E. 39.
Bouriaud (Simon). B. 298.
Bouricaud (Martial et Jean), tuiliers. B. 310.
Bournazeau (Pierre), prêtre. B. 154.
Bourriana (P.). VIII B. 9.
Bourrié, receveur des tailles. B. 525.
Bouslet (Marie) des Martinières, supérieure. (B°) E. 1.
Bousquet (Jean-Joseph du), chevalier, sgr. de St-Pardoux. B. 543.
Bousquet (Julien du). B. 543.
Bousserly, curé. G. 71.
Boussy (P. Jacques), prêtre. (M-L) B. 24.
Boussy de Fromental. G. 71.
Boussy de Lachaize, curé. G. 71; — (D¹) H. 1.
Boutaud, aumônier. I E. 5.
Boutaud (Jacques). I B. 16.

Boutaud (Liton). II H. 6.
Boutaudon. G. 58.
Boutillou (François), garçou chirurgien. E. 2.
Boutin (Guillaume), bourgeois. B. 138.
Boutin (Jean). B. 71, 179, 298.
Boutin (Léonard), garçon serrurier. E. 1.
Boutin (Marguerite). B. 178.
Boutin (Mathieu), bourgeois. B. 96, 138.
Boutin (Pierre), bourgeois. B. 81, 96, 180, 216; — II B. 1, 8; — III B. 6.
Boutinaud, garde-palais. B. 497.
Boutineau ou Boutinaud. E. 42; — G. 61; — (S-Y) E. 54.
Boutineau (Jean), garçon chirurgien. E. 2.
Boutineau (Jean), manœuvrier. B. 323.
Boutot (Guillaume). (S-Y) E. 45.
Bouverie, aumônier de l'hôpital. (S-Y) E. 80, 83, 85, 88.
Bouveyrie (François). (S-Y) E. 31.
Bouvier (Aymeric), curé. E. 423.
Bouyer (François). (S-Y) E. 25.
Boyer (.....). E. 2.
Boyer, receveur des décimes. B. 528.
Boyer (Aymeric), vigneron. B. 237.
Boyer (Jean), médecin. E. 2.
Boyer (Yrieix), marchand. (S-Y) E. 19.
Boyleau (Mathieu), lieutenant de justice. B. 525.
Boyol, official. II E. 3; — II H. 7.
Boyol (Bernard), clerc. B. 39.
Boyol (dame Galyane). II B. 2.
Boyol (Jacques), doyen. VI E. 1.
Boyol (Jean). B. 131, 302.
Boyol (Martial). D. 4; — VI B. 1; — VIII B. 9.
Boyol (Pierre), bourgeois. B. 154, 186, 213; — VIII B. 9.
Boyon (Jean), argentier. II H. 8.
Boyreau (Marie). (S-Y) E. 36.
Boys (Jean du), prieur. VI E. 1.
Boys (Joseph du). VI E. 1.
Boyssa (Pierre). B. 211.
Boysse, notaire. I D. 4.
Boysse (Léonard), prêtre. B. 221.
Boysset (Jean), imprimeur. B. 50.
Bozeu (Martial). II B. 3.
Bozeu (Pierre). II B. 3.
Bozon (Bernard), damoiseau. B. 162.
Bozon (Hélie). B. 69.
Bozon (Jean). II B. 1.
Brachet (Jean). (M-L) B. 3.
Brachet (René, sgr. de). (M-L) B. 14.

BRANCALIOU. G. 130.
BRANDE, apothicaire et chirurgien. (S-Y) E. 78, 85.
BRAZHS (Jean de), curé. D. 4.
BRÉGEVER (Jean). B. 290.
BRÉGEFORT (Jeanne). B. 227.
BREILHAUD (Étienne), grand vicaire. B. 92; — II B. 10.
BREIX (Adrienne). G. 82.
BRENO (Jacques de), chanoine. III B. 10.
BRESMOND (de). (S-Y) E. 31.
BRETEUIL (de). (S-Y) A. 1.
BRETON, arpenteur. B. 367, 497.
BRETONVILLIERS (de). B. 4.
BREU (Jean). VIII B. 9.
BREU (Peyr). VIII B. 9.
BREUIL (de). D. 5.
BREUIL (Christophe), garçon chirurgien. E. 2.
BREUIL (Claude) dit LINDOYS. B. 138.
BREUIL (Jean) dit LINDOYS. B. 139.
BREUIL (Léonard), vigneron. B. 239.
BREUIL (Martial). B. 240.
BREUILH (Laurent de) dit FÉMINAS, peintre. D. 4.
BREUILLE (La), supérieure. (M-L) E. 15.
BREVIS (Guillaume). marchand. B. 103.
BRÈZE (Pierre de). (M-L) B. 14.
BRIANCE (Antoine). B. 136.
BRIDERIE (de la), conseiller du Roi. B. 497; — C. 14.
BRIE (Antoine de), sgr. de LASCAUX. B. 528; — C. 9.
BRIGNAC (de). E. 94.
BRIGUEIL (Martial). B. 234.
BRILLOT (Louis et François), laboureurs. (M-L) B. 6.
BRINGAUD. G. 62.
BRIQUET, curé. G. 72.
BRISSAUD (.....). (D¹) B. 4; — (M-L) B. 1.
BRISSAUD, archiprêtre. G. 73.
BRISSAUD, juge. B. 455; 531.
BRISSAUD (Blaise et Pierre), laboureurs. B. 244, 268, 388.
BRISSET. C. 12; — G. 65.
BRISSET DU PUYBUTOUR. E. 2.
BROSSAUD (Bernard) contrebasse. VI E. 1.
BROULHAUD (Jean), vigneron. B. 266.
BROUSSE, curé. G. 69.
BROUSSE (Victurnien de la). B. 218.
BROUSSEAU, entrepreneur *alias* architecte. B. 536; — E. 2, 31.
BRUAL (Nicolas), m° de la manufacture des bas. E. 34.
BRUDIRU (Catherine). B. 39.
BRUGEIROU (Jean de). B. 435.
BRUGERAS (Françoise). (S-Y) E. 67.
BRUGÈRE, prêtre. C. 12; — E. 1.

BRUGÈRE ou BRUGIÈRE (Durand), juge. B. 29, 465; — E. 47; — I H. 2,
BRUGÈRE ou BRUGIÈRE (Michel), juge. B. 29; — E. 32; — H. 2.
BRUGEULH. B. 196.
BRUGIÈRE (.....). G. 68, 72.
BRUGIÈRE (Gui, Pierre, Guillemine et Hélie). B. 472.
BRUGIÈRE (Hélie la). B. 81.
BRUGIÈRE (Michel), marchand. B. 258; — E. 127.
BRUGIÈRE (Pierre la). B. 81.
BRUGIEYRAS (Pierre de las). B. 444.
BRUN. prêtre. (M-L) C. 1.
BRUN (Hilaire), femme. (M-L) B. 10.
BRUN (Hugues). III B. 1.
BRUN (Jean) dit TAPISSIER. B. 261.
BRUN (Léonard), marchand. (M-L) B. 10.
BRUNAUS (Gérald). B. 156.
BRUNE (Guillaumette). B. 113.
BRUNE (Marie). B. 52.
BRUNEAU (Antoine). II B. 11.
BRUNEAU (Penot), orfèvre. VIII D. 1.
BRUNEAU (Pierre), orfèvre. D. 4.
BRUNET (.....). G. 59.
BRUNET (confrérie des). B. 101.
BRUNET (vicairie des). D. 4.
BRUNET, prêtre. B. 101, 102.
BRUNET (Étienne). VIII D. 1.
BRUNET (François), trésorier de France. B. 498, 526, 529.
BRUNET (Martial), conseiller du Roi. B. 145.
BRUNET (Pierre). (M-L) B. 6.
BRUNETERIE (de la). (M-L) B. 9, 17.
BRUNETTE (la) (S-Y) E. 78.
BRUNICHIER (Pierre). B. 433.
BRUNICHIÈRE (Pétronille). B. 433.
BRUNIER (.....). (D¹) B. 6.
BRUNIER (François). B. 179.
BRUNIER (Jean), ceinturier. D. 4.
BRUNIÈRES (des). (S-Y) E. 4.
BRUNOT (Jean). B. 72, 176.
BRUNOT (Hélie), bourgeois. B. 101.
BRUNOT (Pierre), prêtre. B. 74.
BRUYAS (Jacques). (D¹) B. 9.
BUAT (de). VI B. 1; — (S-Y) E. 62.
BUIS. (S-Y) E. 59, 62.
BUISSON, vicaire. G. 60.
BUISSON (sgr. du). B. 497.
BUISSON (sieur du). (M-L) B. 17.
BUISSON (Paul), notaire. (S-Y) E. 16, 33, 34, 39, 80.
BUISSON (Pierre). (S-Y) E. 38.

Bullio (Pierre de), prêtre. B. 337.
Buquet, graveur. E. 50.
Buraud, trésorier de France. E. 1.
Burguet, apothicaire. (S-Y) E. 45.
Burguet (du), chanoine. (S-Y) E. 50, 80.
Burguet (Jean), bouvier. E. 119.
Burguet, sieur des Farges, abbé. (S-Y) E. 50.
Burguet (J.-B.), sieur du Maillat. (S-Y) E. 49.
Bus (César de). (L^r) E. 7.
Busserolles. (M-L) E. 10.
Busset (régiment de). E. 53.
Busseyron (Antoine), notaire. B. 335, 400; — I E. 4.
Bussière. G. 68.
Bussière, avocat. (B^e) G. 5.
Bussière (de la). (D^t) E. 3; — (M-L) C. 1.
Butaud, chirurgien. (B^e) E. 6.
Butaud (Antoine). (M-L) B. 7.
Butaud (Marguerite). (M-L) E. 23.
Butaud (Françoise). (M-L) B. 1, 13.
Butaud (Pierre). VIII B. 9.

C

Cabas (Jacques), procureur. B. 286.
Cabouty (Jean), meunier. VIII D. 2.
Cacate, priseur juré. E. 30.
Cacate (Simon), aubergiste. B. 497.
Cajon, architecte. E. 48.
Calhou (Pierre). B. 484.
Calmels, curé. G. 70.
Calvan. (S-Y) E. 5.
Camus (le), lieutenant civil. (M-L) H. 2, 4.
Candalle (de). (S-Y) E. 27.
Canthillon de la Couture. C. 16.
Cantillon. G. 64.
Capellle (de la), gentilhomme. (S-Y) E. 28.
Caraveys (Jean), voiturier. B. 122; — VIII D. 1.
Carboineau. G. 57.
Carboniau (Pierre). (M-L) B. 3.
Carbonnel de Canisy, évêque. B. 2, 8, 13, 496, 525;
 — C. 1, 13, 16; — E. 2, 48, 129.
Carbonnières. H. 4.
Carbonnières (François de), écuyer. B. 497.
Carboynaud, Carboyneau ou Carbonnaud (François),
 procureur. B. 93, 467, 498; — C. 16.
Cardaire. B. 543.
Cardinaud (Léonard et Joseph). (M-L) B. 12; — (M-L)
 E. 12.

Carier (Antoine). (S-Y) E. 33.
Carolie (de la), directeur des postes. C. 16.
Carrette (Jean, prêtre, et Marguerite). B. 255.
Cars (comte et comtesse des). B. 464, 486; — G. 58; —
 VI B. 1.
Cartouche. B. 8.
Castanier, curé. G. 62, 69.
Catherine (confrérie de Ste-). B. 268.
Catherine. III B. 7.
Cathurr (Jean), imprimeur. D. 4.
Catin (la), gouvernante. G. 54.
Catinaud, curé. G. 72, 74.
Catinaud (Guillaume). E. 2.
Caton. E. 48.
Cavacal (Esmeryc). (S-Y) E. 29.
Caze, curé. G. 73.
Caze, vicaire régent. G. 74.
Célérier (.....). (S-Y) E. 61, 65, 69.
Célérier (Pierre), garçon chirurgien. E. 2.
Célier (Aymeric, Jean et François). B. 149, 328, 415.
Celle (Pierre la), chevalier. B. 398.
Cellerier. H. 4.
Cerclier (Jacques). B. 134.
Cerclière (de la). (B^e) E. 6.
Ceristit (d^{elle}). G. 123.
Certain (Jean), abbé. B. 7, 497.
Certot (Mathieu). (M-L) H. 5.
César (Auguste). H. 8.
Cessat (Jean). B. 414.
Ceyrat, avocat. E. 14.
Cezerat alias Sazerat (Léonard de), notaire .....?.
Chabanier (Léonard). E. 91.
Chabanis (Jean de), missionnaire. III B. 11.
Chabaud (Pierre). B. 319.
Chabaude (Marie). B. 319.
Chabaudie (François), vicaire. B. 525.
Chabecier (Pierre). VIII B. 25.
Chabelard, père et fils, chirurgiens. B. 496; — E. 1; —
 F. 29.
Chabernaud (de). B. 2.
Chabessier (Jean et Jacques). B. 197.
Chabessier alias Marrotaud (Nicolas), orfèvre. B. 196.
Chabessier (Pierre). B. 196.
Chabonnel. (S-Y) E. 67.
Chabrignat (Gabrielle de). (S-Y) E. 46.
Chabrix (Étienne). E. 8.
Chabrodel (Joseph), marchand. B. 144.
Chabrol (.....). B. 286; — G. 61, 69; — (S-Y) E. 48.
Chabrol (J.-B. et Michel), élèves chirurgiens. E. 2.
Chabrol (Marie), accoucheuse. E. 35.

CHABROL (Marguerite), meunière. E. 88, 98.
CHADARTA (Jean), sergent. II H. 1.
CHADELAUD, vicaire. G. 66.
CHADENIER (d^lle). E. 2.
CHADENIER (Joseph). (M-L) B. 11, 22, 24, 25.
CHAISEMARTIN (Henri), élève chirurgien. E. 2.
CHAIZE (Simon la). B. 361.
CHALUSSOT (Agnès). B. 142.
CHAMAN DU PERCHE. E. 9.
CHAMBARET (Jean de), bourgeois. B. 318.
CHAMBART (Bernard). B. 210.
CHAMBELLET (Marie). (D^t) E. 1.
CHAMBELLY (Charles), chirurgien. E. 32, 47.
CHAMBERNAUD (dame de). B. 14.
CHAMBINAUD (.....). I E. 8.
CHAMBINAUD (Gérald), notaire. B. 470.
CHAMBINAUD (Jean), notaire. B. 477.
CHAMBINAUD (Pierre), chanoine. B. 496.
CHAMBLET, arpenteur. (D^t) C. 1.
CHAMBLET, curé. G. 73.
CHAMBON (Jean de). B. 40.
CHAMBON (Laurent). B. 173.
CHAMBON (Léonard). B. 47.
CHAMBON (Mathieu), huissier. B. 283.
CHAMBON (Marguerite). B. 123.
CHAMBON (Pierre), élu. B. 497, 526.
CHAMBORANT (comte de). G. 72.
CHAMINADE (Léonarde). (S-Y) E. 45.
CHAMINADOUR (Pierre), vigneron. VIII D. 1.
CHAMPAGNE, notaire royal. (D^t) B. 5.
CHAMPALIMAUD (Baptiste, Louis et Marguerite). B. 526;
— E. 1; — G. 8, 62.
CHAMPANHOL (Hélie et Pierre). B. 69, 156.
CHAMPEYRE, chanoine. B. 530.
CHAMPEYRE, notaire. B. 525; — E. 1.
CHANDELLES (confrérie des). B. 94.
CHANDELLE N.-D. (confrérie de la). B. 74.
CHANTOYS (Jean, Jeanne, M..... et Pierre). B. 223, 485,
489, 522; — I B. 20.
CHAP DE REYS (Martial). VIII B. 5, 6.
CHAPEAU (Mathieu). B. 77.
CHAPELA. B. 155.
CHAPELAIN (Olive le). (D^t) E. 1.
CHAPELAS (Étienne), m^e tapissier. B. 103, 498.
CHAPELAS (Guillaume de). B. 136.
CHAPELLE (François), aumônier. (S-Y) B. 12.
CHAPELLE (Pierre). (S-Y) E. 20.
CHAPELLE (de la). E. 96.
CHAPEVEYRE, notaire. E. 11.
CHAPOUL (Jean), blanchisseur. B. 496.

CHAPOULAUD, clerc. VIII E. 2.
CHAPOULAUD, imprimeur. B. 497; — E. 47.
CHAPTARD (Léonard), patissier. B. 117.
CHAPTELAT (Guillaume et Douce). B. 260.
CHARBONNIER (Pierre), bachelier ès lois. B. 74.
CHARBONNIER-PACHI (François), imprimeur. B. 4, 26.
CHARDADIE (Jean la). III B. 8.
CHARDEBUF ou CHERDEBUF (François, écuyer, et
Agathe). (M-L) B. 6, 19; — (M-L) F. 1.
CHARGNIAC, trésorier. (S-Y) E. 79.
CHARMIÉRAS (Jean) dit LA JEUNESSE. (S-Y) E. 59.
CHARLES (Jean, Martial et Pierre). B. 160, 303; —
E. 32; — III B. 8.
CHARLONIE (Guillaume et Pierre de), notaires. B. 222;
— D. 4; — I B. 16, 20; — II H. 8.
CHARLONNYE (Jean de), contrôleur. B. 221, 223, 525; —
I B. 7; — II B. 10, 11.
CHARLONYE (Léonard de la). B. 182.
CHARLONYE (Pierre de la), clerc de chancellerie. B. 232.
CHARLONYE (Mad. de la). B. 183.
CHARON (Bertrand). B. 114.
CHARPENTIER (Adam). (M-L) B. 3.
CHARPIN DE GENÉTINES, évêque. E. 1; — H. 3; — (M-L)
F. 3; — (M-L) H. 2.
CHARRAING (Jean), vicaire. (B^c) G. 1, 3, 4.
CHARRON DE LA MOTHE (d^lle). (B^c) E. 1, 7.
CHARROS (Adémar). B. 195.
CHARTRES (Mad. de). (B^c) E. 6.
CHARTRES (Mathieu de). B. 145.
CHASAUD (Martial), notaire. VIII B. 23.
CHASLARD (Jean du), conseiller. (D^t) E. 2.
CHASSAIGNE. (M-L) B. 10.
CHASSANENT, trésorier de France. E. 11.
CHASSIN, orfèvre. C. 7.
CHASTAGNAC, curé. E. 1.
CHASTAIGNAC (François). I B. 10.
CHASTAIGNAC DE COMBARD (Charles de), chevalier.
B. 498.
CHASTAIGNAT, chanoine. B. 497, 525.
CHASTAIGNAT, grand prévôt. B. 523, 525.
CHASTAIGNET (Pierre), SIEUR DE MARLIAGUET, trésorier
de France. B. 496.
CHASTAIGNON, curé. G. 73.
CHASTAIGNON. (S-Y) B. 16.
CHASTELUS ou CHASTELUT (Étienne), épinglier. B. 50;
— II B. 10; — II H. 6.
CHASTEN (Jean-Toni). B. 228.
CHASTENET. III B. 10.
CHAT (Guilhem). VIII B. 9.
CHATAING, notaire. (S-Y) E. 28.

Chatalat (Jean de). B. 19.
Chatard (Adémar), damoiseau. III B. 10.
Chataudie (Joachim de la), chevalier. B. 525.
Chateau (Martial), m° tailleur de pierres *alias* architecte. E. 50, 116, 125.
Chateau (François). (S-Y) F. 2.
Chateau (Pierre du), curé. B. 431.
Chateaudeau (Pierre et Jean de). B. 430.
Chateauneuf (Gaucelin de), chevalier. B. 430.
Chateauneuf (Jean de). B. 433.
Chateauneuf (Madeleine de), dame de Murat. B. 425.
Chatenet (François, chirurgien, et Guillaume). B. 398, 473, 497; — D. 4; — E. 2; — (S-Y) E. 76.
Chatre (la) de Legraud. B. 498; — E. 30, 31.
Chaud (Jacques), avocat. (D¹) B. 3, 10.
Chaudet. (M-L) B. 9.
Chaume. (M-L) B. 12.
Chaumensouze (Jean de). B. 390.
Chaumes (de). (D¹) E. 1.
Chaumette (François), élève chirurgien. E. 2.
Chaumont (de). C. 2.
Chaumont (Mgr. de), intendant. (S-Y) E. 67.
Chaunilha (Pierre), notaire. B. 110.
Chausellis (Nicolas de). B. 433.
Chaussade, vicaire. B. 438.
Chaussade ou Choussade (Antoine, Jean et Pierre), aumôniers. B. 46, 141, 190, 285, 337, 340, 381, 399, 406; — I B. 20.
Chausse (Léonarde). G. 59.
Chauvel (Élie). B. 204.
Chauvet (Charles), écuyer. (M-L) B. 6, 9.
Chauvrt (Charlotte de), dame de Fredaigne. B. 408, 531.
Chauvin, représentant du peuple. E. 2.
Chavaille (Étienne de), doyen. B. 496.
Chavaille (François). B. 496.
Chavau (Jean de). B. 172.
Chavebessier (Hélie le). B. 479. (*Voy.* Chabecier *et* Chabessier.)
Chavemous-euse (Gérald de). B. 195.
Chavepeyre, chanoine. B. 535; — C. 6 (*Voy.* Chapeveyre.) .
Chazaud (Léonard), prêtre. B. 197, 526.
Chazerat (Huguette). (M-L) B. 3.
Chazettes (Jeanne de). B. 213.
Chechand (Aubert). E. 1.
Chef de Roy ou Cap de Rey. B. 136, 257. (*Voy.* Chap de Reys.)
Cheffort (Jean). B. 225.
Chégurat (de). (M-L) B. 12.
Chenaud (Jean). B. 167.
Chenaud (Léonard), receveur. B. 223.
Chenaud (Moreil), bourgeois. B. 19.
Chénevières. G. 66.
Cheny (Mathurin de la), vicaire. B. 58.
Cher (Louis de). (M-L) B. 6.
Chéronneau (Jean), prêtre. (M-L) B. 4.
Cheruier, représentant du peuple. E. 2.
Chesne, chanoine. (D¹) B. 5; — (D¹) E. 1.
Chesne (Gui Théobald), procureur fiscal. (D¹) F. 2.
Chétardie (Joachim de la). B. 2.
Chevaille (Jean de), sgr. de Frugeras, conseiller. B. 526; — D. 4.
Chevalet (Martin du). I B. 33.
Chevalier (Jean-Godefroy), arpenteur. B. 367, 497, 536.
Chevalier, apothicaire. B. 497, 498, 525, 526.
Chevalier (Louis), garçon chirurgien. E. 2.
Chevalière (Madeleine), hospitalière. I B. 35.
Chevon (Georges). (M-L) B. 8.
Cheyrou ou Cheyrout (d°ⁱᵉ Dauphine du). B. 335; — E. 47.
Cheyrou, curé. G. 69.
Cheyroux (du). (S-Y) E. 8.
Chez (sieur du). (D¹) B. 5.
Chézaud (Aubert), m° sargetier. B. 497.
Chèze-Martin (J.-B. de). B. 498.
Chèzenet, lieutenant particulier. (S-Y) F. 3.
Chez-Tandeau, syndic. D. 4.
Chichaud, curé. C. 8.
Chicot (Michel). (S-Y) E. 30.
Chieiras (confrérie de las). B. 72, 118, 127.
Chièze (Pierre la), damoiseau. III B. 11.
Chinquioux (Martial de). (D¹) B. 9.
Chioche (Aymeric, François, Jean et Thibaud), écuyers. (D¹) B. 6, 7.
Chiquet (Georges), balancier. B. 306.
Chiquet (Martial) de Disnematin. (S-Y) E. 26, 29.
Chiquet (Pierre) de Leymarigie. (S-Y) E. 2, 7, 25, 26.
Chiquet (Antoine) de las Meynias. (S-Y) E. 73.
Chizadour. B. 543.
Chleubergh (Marguerite). G. 61.
Choada (André). B. 186.
Choiseul (duc de). E. 2, 52.
Choisy (abbé de). B. 8.
Chouly (Jean), marchand. (S-Y) E. 19, 42.
Chouly (Pierre), bourgeois. (S-Y) E. 28.
Chouly de Béchadie. B. 413.
Chouly de Mesurat. (S-Y) H. 7.
Chouly de Permangle (Anne-Thérèse), marquise de Sauverœuf. B. 14.

CHOUMENSOUZE. E. 14. (*Voy*. Chaumensouze.)

CHOURY (Antoine). (S-Y) E. 85.

CHOUSSADE (Barthélemy), prêtre. B. 298.

CHOUSY dit TREIZE-MÉTIERS. B. 525, 526.

CHOUVAUD (Noël). B. 367.

CHOUVET (Étienne), bourgeois. B. 187.

CHRÉTIEN (Jean), marchand. B. 61.

CIBOT (.....). E. 25; — C. 4.

CIBOT, ancien administrateur. C. 16.

CIBOT (les frères), bouchers. B. 95.

CIBOT, cartier. B. 498.

CIBOT dit FIFRE, prêtre. B. 497.

CIBOT dit MALINVAUD. B. 535.

CIBOT (Antoine), boursier. VIII. D. 2.

CIBOT (Aurélien), boucher. B. 497.

CIBOT (François), garçon chirurgien. E. 2.

CIBOT (Jean), boucher. B. 148.

CIBOT (Jean), curé. E. 1, 2.

CIBOT (François), boucher. B. 32, 327, 497, 498; — E. 85.

CIBOT (Isaac), avocat. B. 526; — VIII E. 2.

CIBOT (Jean), hôte. D. 4.

CIBOT (Louis), dit LAS VACHAS, boucher. B. 221.

CIBOT (Martial), dit LAS VACHAS, boucher. B. 322, 497.

CIBOT (Maureil) dit PAPAUD. B. 327.

CIBOT (Pierre), tondeur de draps. B. 497, 498.

CIBOT (Pierre). B. 138, 139, 221, 539.

CIERGE DES BOULANGERS (confrérie du). B. 72, 73, 109, 120.

CIERGE DES VIGNERONS (confrérie du grand). B. 72.

CIRAT (Antoine), prêtre. VIII D. 1.

CIRAT (Laurent), boulanger. B. 127.

CLAIRE (sœur Ste-). E. 48, 50, 129.

CLAIRVAL (sœur). C. 16.

CLAIRVAL (de). F. 28.

CLARIE (M. du). B. 498.

CLARY (Charles de), BARON DE ST-ANGEL. B. 136, 525; — D. 4.

CLAUDIEN. B. 8.

CLAVAUD (Thérèse). (D') E. 1.

CLAVAUD. (M-L) B. 7.

CLAVEAU (Pierre). (B°) D. 1.

CLAVIÈRES (Pierre). IV B. 1.

CLÉDAT DE LABORIE. G. 58, 59; — (S-Y) H. 4, 7.

CLÉDEL, représentant. E. 2.

CLÉMENCEAU (Marie-Jeanne). G. 59.

CLÉMENT X, pape. (S-Y) E. 2.

CLÉMENT, garde. C. 4.

CLÉMENT (Albert). II B. 10; — VI B. 1.

CLÉMENT (Jean), notaire. B. 100, 374; — D. 4; — II B. 10; — II H. 6.

CLÉRET (de), conseiller. (D') E. 1, 3.

CLERGERIE (Annet), notaire. (S-Y) E. 21.

CLERJAUD (Pierre), laboureur. B. 5.

CLERMONT (Pierre de). B. 72.

CLUSEAU (François). E. 47; — G. 120.

CLUZEAU (sieur du), conseiller. (B°) C. 1.

COCHARD (Thérèse). (S-Y) B. 1.

CODOINH (Estève), clerc. VIII B. 5, 6.

COËTES (Jean de). (M-L) B. 9.

COËTLOSQUET (de), évêque. C. 8.

CŒURDENZ, prieur-curé. H. 5.

CŒUR-DE-ROY, prieur. E. 2.

COGNASSE, chanoine. C. 14.

COGNIASSE, médecin. B. 498; — E. 2.

COLHO (Laurent lo). II H. 5.

COLIN (.....). B. 495.

COLIN (Adhémar), curé. B. 53; — D. 4.

COLIN DE PUYFAULCON, damoiseau. B. 423.

COLLIN (Anne). B. 2.

COLLIN (Denis), licencié ès lois. (D') B. 6.

COLLIN (Martial), théologal. B. 507, 525, 526.

COLLUSSON (Jean), prêtre. B. 497.

COLLUSSON (Madeleine). B. 497.

COLLUSSON (Marcelle). B. 497.

COLOMB (.....). C. 4; — E. 45.

COLOMB, procureur. B. 498.

COLOMB (Antoine et François), apothicaires. B. 161; — D. 4; — VIII D. 1.

COLOMB (Jean), marchand. B. 291; — E. 1.

COLOMB (Marguerite). B. 498; — G. 57.

COLOMB (Siméon), écuyer. E. 2.

COLOMB (Jean), SGR. DE PROXIMARD. B. 418.

COLOMBIER (Jacques du). III B. 7.

COLOMBIÈRE (Marie). III B. 7.

COMBORN (dame Catherine de). III B. 8.

COMBRET (Jean Peyr de). B. 436.

COMBRET (François). B. 113.

COMBRET (François), SIEUR DE FONTBONNE. (S-Y) B. 2; — (S-Y) E. 6, 47.

COMPAGNON (Pierre). B. 63.

COMPAIN (Jacques), curé. (D') H. 1.

CONCEPTION N.-D. (confrérie de la). B. 103, 279, 496.

CONDAT (Jean). B. 333; — VIII D. 1.

CONDÉ (régiment de). E. 53.

CONGE (dame). B. 433.

CONIL (Jean). B. 171.

CONON (Joseph), marchand. B. 40.

CONSTANT (de). C. 7, 13.

CONSTANT, procureur. B. 526.
CONSTANT (Guillaume), chanoine. B. 532.
CONSTANT (J.-B. et Joseph), garçons chirurgiens. E. 2.
CONSTANT (Louis). (S-Y) B. 3.
CONSTANT, SGR. DE BEAUPEYRAT. B. 37, 497; — E. 1, 20, 21.
CONSTANT, SGR. DE PRESSAC. B. 37, 467, 498.
CONSTANTIN (Baptiste). E. 1.
CONSTANTIN (Étienne). B. 312.
CONTEST (SAINT) DE LA CHATAIGNERAYE, intendant. (S-Y) H. 7.
COQUARD (Françoise). (S-Y) B. 5.
CORDE (Pierre). E. 2.
CORDES (dame des). C. 16; — D. 4.
CORNEILLE (Pierre). B. 8.
CORNETTE (régiment de la). (S-Y) E. 62.
CORPS DE DIEU (confrérie du). B. 158.
CORRIVEAU (Guillaume), dit LE RICHE. B. 298.
CORTEYS (Jacme). VIII B. 9.
COSSAS (Anne). B. 249.
COSSAS (Léonard), garçon chirurgien. E. 2.
COSSE (Jean et Louis), garçons chirurgiens. E. 1.
COSSE (Pierre). B. 195.
COSTE, apothicaire. II E. 3.
COSTE (Mad. de la). (Be) E. 6.
COSTE (sieur de la). (Dt) H. 1.
COSTE (Gérald), me tanneur. B. 110.
COSTE (Jean de la). (M-L) B. 13.
COSTE (Marie de la). (M-L) B. 22.
COSTE (Martial), tailleur d'habits. (M-L) B. 13.
COSTE (Mathurin de). (M-L) B. 3.
COSTE (Pierre de la). M-L) B. 22.
COSTES (Catherine de). (M-L) H. 5.
COUDAMY (Martial), prêtre. (Dt) E. 1.
COUDERC (Jean et Pierre du). B. 243.
COUDERT (Pierre), peigneur de laine. B. 529.
COUHET DE LA MOTTE (Jacques), SGR. DE CHAMBERNAULT. B. 2.
COULHON (Micheau). B. 286.
COULOMB (Mathieu), marchand. B. 160, 316; — E. 1.
COULOMB (Michel), vicaire. B. 324.
COURBELOBE (Léonard), prêtre. B. 479.
COURCET (sgr. de). (Dt) B. 6.
COURDENT (Jean du). B. 411.
COURET (du). (M-L) B. 13; — (M-L) C. 1.
COURNEL DE LAVERGNE, curé. G. 73.
COURNERIE (Jacques). (S-Y) E. 68.
COURRIÈRE (Pierre de la). (M-L) B. 5.
COURTAUD (Mariotte). B. 77.
COURTAUD (Martial). B. 206.

COURTEIX, notaire. B. 529.
COURTÊTE (Jacques), vigneron. VIII D. 2.
COURTETTE (Jean). II B. 7.
COURTIAU, secrétaire. (S-Y) E. 64.
COURTIN DE ST-BENOIST. (M-L) E. 10.
COUSIN (François), garçon chirurgien. E. 2.
COUSIN (J.-J.), aumônier. E. 2.
COUSSAT (Jacques), cordonnier. B. 155.
COUSSAUD (Jean-François), prêtre. (Dt) E. 1.
COUSSAUD (Madeleine). (Dt) B. 6.
COUSSAUD DU BOST, lieutenant particulier. (Dt) E. 2.
COUSSAUD-DUPIN (J.-B.). (Dt) B. 2, 7, 9; — (Dt) E. 1.
COUSSAUD DES FORGES. (Dt) B. 1, 3; — (Dt) E. 1, 2.
COUSSY, épinglier. B. 497.
COUSTIN (Annet du). (M-L) B. 6.
COUSTIN (Jean du). (M-L) B. 6.
COUSTURE (de la), trésorier de France. B. 525, 536.
COUTAUD (J.-B.), corroyeur. B. 497.
COUTERIE (Pierre de la). E. 42.
COUTURIER (Joseph), maçon. (Dt) E. 2.
COUTY (Catherine). E. 2.
COUTY (François), sergent. B. 455.
COUTY (Pierre), notaire. B. 456.
COUX (Charles-Roch de), chevalier. B. 498.
COUX (de), SGR. DU BOUCHET. B. 366.
CRAMAILLE (Catherine). B. 56; — G. 61.
CRAMARIGEAS (Jean et Pierre). (S-Y) E. 2.
CRAMOUZAUD (Melchior), chanoine. B. 97, 498; — E. 2, 94; — G. 71.
CRÉQUY (duc de). B. 7.
CRESSAC (de), greffier. (M-L) E. 11, 12.
CRÉZEN (de). E. 1.
CREZEUNET, lieutenant particulier. (S-Y) E. 6.
CRISPIAN (Barthélémy). B. 134.
CROCHE (Étienne de). B. 385.
CROISIER (Étienne), SIEUR D'AUBIAT, conseiller. B. 249, 250.
CROISIER (Joseph), conseiller et receveur. B. 525; — E. 14; — I B. 7, 10, 16, 63.
CROIZIER, juge prévôt. B. 525, 526.
CROPTE DE ST-ABRE (Marie-Louise de la). B. 473.
CROS (Bernard de), journalier. B. 124.
CROS (marquis du). E. 95.
CROSAT (François), élève chirurgien. E. 2.
CROSRIEU (Joseph), clerc. B. 496.
CROUCHAUD (Jean), procureur. B. 105.
CROUSILLE. B. 63.
CROUZEAU (Be) E. 6.
CROUZEL, médecin. B. 152.
CROZEIL, prévost consul. A. 1.

CROZETIÈRE (Paule). (S-Y) E. 65, 67.
CUJAS (Jean), curé. (D¹) H. 1.
CURZAC, administrateur. E. 96; — II H. 5.

D

DABADIE, écrivain du Roi. (M-L) B. 22.
DACHÈS. B. 12, 498.
DADA (J.-B.), élève chirurgien. E. 2.
DAGUAUD (Jeanne). II B. 8.
DALESME (.....). C. 6; — B. 20, 48; — (S-Y) E. 34.
DALESME (Jean), chanoine. B. 477, 526.
DALESME (Jean), bourgeois. I B. 16.
DALESME DE CHAVAN, maire. G. 72.
DALESME DE GORCEIX (Joseph), bourgeois. B. 498.
DALESME (Yrieix), chevalier, SGR. DE SALVENET. B. 498.
DALIRE (Olivier), chanoine. (S-Y) B. 12.
DALMAYS (Jeanne). (S-Y) E. 31.
DAMET (Pierre). B. 483.
DANGEAU (Mᵐᵉ de). B. 8.
DANGREZAS (Jean). B. 333; — I B. 7.
DANIEL, curé. G. 69.
DANIEL (Étienne), juge. B. 283.
DANIEL (Guillaume), chevalier. B. 385.
DANIEL (le P.) B. 8.
DANIEL (Pierre), SGR. DE PUYFAULCON. B. 424.
DANTAN (Élie). B. 199.
DARDENNE (Léonard et Pierre). B. 75.
DARFEUILLE (.....). B. 497; — I B. 7; — 1 D. 6, 7; —
VIII D. 2.
DARFEUILLE (Louis et Pierre), procureurs. B. 118, 498;
— D. 4.
DARGENTAN (Mad.). C. 6.
DARGOUGES. H. 7.
DARLAN (Jean), claveurier. II B. 10.
DARNET (Catherine). E. 122.
DARNET (Philippe), mᵉ chirurgien. (S-Y) E. 60, 63, 65,
73, 80.
DARTIGRAS (Martial), prêtre. B. 2, 497.
DASLZ (Jean). I B. 20.
DAUBART, curé. B. 434.
DAUBEROCHE, administrateur. (Bᵉ) E. 6.
DAUBIAS (Étienne), prêtre. B. 526.
DAUCOURT. (M-L) E. 10.
DAUCOURT (Jean), élève chirurgien. E. 2.
DAUDET, curé. G. 72.
DAUDET (Jean), chirurgien. B. 525.

DAUPHIN (régiment). E. 53.
DAUPHIN (Mgr. le). E. 2.
DAURAT (J.-B.), écuyer. B. 498; — D. 4.
DAURAT (Pierre de). B. 302.
DAURIAC (Jeanne). G. 59.
DAURIAT (Jean). E. 100.
DAURIN (J.), mᵉ sellier. B. 498.
DAURY (Albert), vigneron. B. 118.
DAURY (Marguerite). B. 284; — E. 34.
DAUVERGNE (Audoin), prévôt. VI B. 1.
DAUVERGNE (Jean), avocat. B. 526.
DAVID (.....). B. 497; — E. 31; — G. 57, 59.
DAVID, avocat. B. 529.
DAVID, prieur. B. 532; — E. 1. 23.
DAVID (sœur), supérieure du Refuge. E. 1, 35.
DAVID (Aymeric), ceinturier. D. 4.
DAVID (Barthélemy). B. 81.
DAVID (Étienne), mᵉ fondeur. B. 526.
DAVID (Geoffroi), bourgeois. B. 81.
DAVID (Hélie), bourgeois. B. 227.
DAVID (Jacques), bourgeois. B. 114, 502; — E. 11.
DAVID (Jean), chanoine. B. 497, 498; — D. 4.
DAVID (Jean), mᵉ épinglier. B. 525, 526, 529; — VII
B. 1.
DAVID (Jean), médecin. B. 114.
DAVID (Jean), notaire. (D¹) E. 1, 13.
DAVID (Julien). B. 114.
DAVID (Louis), apothicaire. B. 114.
DAVID (Martial), prêtre. B. 92, 114.
DAVID DES ÉTANGS. C. 8.
DAVID (Jean-François), chevalier, SGR. DE LASTOURS.
B. 427.
DAVID (Pierre de), écuyer, SGR. DE VENTOUX. B. 413,
525.
DAVINUN (Pierre), SGR. DE PUYFAULCON. B. 415.
DAYEN (Guillaume). (S-Y) B. 9.
DAZAT (François), arpenteur. B. 353.
DEAU (Pierre). B. 103, 525.
DEBAY, écuyer, SGR. DU CLUZEAU. B. 525.
DEBEAUBREUIL. B. 496; — VIII D. 2.
DEBEAUNE (Pierre) DE LA GAUDY. G. 68.
DEBETTE, curé. G. 69, 74.
DEBRIE, SGR. DE LASCAUX. C. 9.
DEBROSSE (la). (M-L) E. 12.
DÉCHEVAILLE (Jean), SGR. DE FAUGERAS. B. 105.
DECLAREUIL (Élisabeth). B. 67.
DECLAREUIL (Étienne), huissier. B. 67, 498.
DECLAREUIL (Pierre), avocat. B. 498.
DECARS (Michel), clerc. B. 72.
DECHAMPS (Jacme). II H. 8.

DÉGUAUD (Marcelle), sage-femme. E. 2.
DECHEZ, receveur. E. 23.
DECHEZ (Hyacinthe). E. 99.
DECORDES (dame). E. 11.
DECORDES (Jacques), receveur général. VI E. 1.
DECORDES (Martial et Pierre). B. 83.
DECORDES (Pierre). II B. 2.
DECOUX, curé. G. 69, 74.
DEFFORCELAS (B. de), bourgeois. B. 176.
DEGAIN (Pierre), chanoine. B. 30.
DEGORSES (Isabeau). B. 497.
DELABRANCE, curé. G. 66.
DELACHASSAIGNE. G. 60.
DELACHENAUD (Jean), fondeur. I B 33.
DELACOMBE, médecin. (S-Y) E. 53.
DELACOSTE (Pierre). (M-L) B. 24.
DELACOURT (Jean), barbier. B. 279.
DELACROIX, avocat. (Bᶜ) G. 5.
DELAFON (François), SIEUR DE LA BACHELLERIE. (S-Y)
    B. 2; — (S-Y) E 8, 80.
DELAFON (Frontonne). (S-Y) B. 15.
DELAFON (Marguerite). (S-Y) E. 44.
DELAFON (Pardoux), notaire royal. (S-Y) E. 2.
DELAFON (Yrieix). (S-Y) E. 7.
DELAFON (Pierre) DU REPAIRE. (S-Y) B. 19.
DELAFON (Jean), SIEUR DES RIBOX. (S-Y) E. 2.
DELAFOREST. (S-Y) G. 1.
DELAGARDE, prêtre. E. 1; — G. 57.
DELAGE (.....), assesseur. B. 525.
DELAGE (Aubin). (S-Y) B. 17.
DELAGE (Catherine). (S-Y) E. 36.
DELAGE (Jean). B. 74; — (M-L) B. 3; — (S-Y) E. 39.
DELAGE (Mathieu), notaire. B. 72.
DELAGE (Pierre). (S-Y) B. 17.
DELAGE DE COMPREIGNAC. C. 6.
DELAGEY (François), meunier. E. 88, 98.
DELAGRANGE, chanoine. (S-Y) E. 54.
DELAGRANGE, secrétaire. (Dᵗ) E. 2.
DELAGRANGE DE JUNIAC, conseiller. (Bᶜ) G. 5.
DELAJOUMARD, trésorier de France. E. 94.
DELALOGE, directeur du tabac. C. 16; — E. 100.
DELAMOTHE, greffier. (Dᵗ) E. 1.
DELAMOTTE, assesseur. E. 34.
DELAPALISSE, aubergiste. (Dᵗ) E. 3.
DELAPLACE, vicaire. G. 59.
DELAPLAIGNE (Pierre), mᵉ apothicaire. (Dᵗ) B. 1.
DELAPLANCHE. E. 1.
DELAPORTE, procureur. (Dᵗ) E. 3.
DELASAIGNE. (S-Y) E. 45.
DELATREILLE. (S-Y) E. 39.

DELAUNE (Pierre-Barthélemy). G. 55.
DELAUSE. E. 1.
DELAUZE (Charles), marchand. B. 87.
DELAUZE (François), hôte. B. 526; — I H. 2.
DELAUZE (Jean). I B. 33.
DELAUZE (Joseph), fondeur. II B. 10.
DELAUZE (Léonard), SIEUR DE VILLEMAZET. B. 87, 88.
DELAVALADE, SGR. DE TRUFFIN. (S-Y) E. 8.
DELAVAULT (Melchior), marchand. I B. 16.
DELESTINE, directeur des étapes. E. 51.
DELESSAC (Guillaume). (M-L) B. 2.
DELHORT (Simon), administrateur. C. 3.
DELIGNAC, notaire royal. E. 30.
DELIGNAC (Thérèse). E. 7.
DELISLE (Constant), procureur. (Dᵗ) B. 9.
DELOMÉNIE, SGR. DU CLOUD, conseiller. B. 526.
DELOR ou DELORD, chanoine. B. 10; — E. 16.
DELORME. VIII D. 1.
DELPECH. E. 31.
DELUGIN, curé. (S-Y) B. 15; — (S-Y) E. 33.
DELURET. G. 58.
DEMAISON, vis-sénéchal. B. 526.
DEMALLEVAUD. (Bᶜ) E. 6.
DEMARSIAT, curé. G. 69.
DEMONDION, caissier. H. 6, 7.
DEMONS (Pierre). B. 171.
DEMONSAC, chirurgien. (Dᵗ) E. 3.
DEMONT (Léonard). B. 184.
DENGRESAS (Martial). B. 306.
DENGUYNIER (Thyphaine). B. 53.
DENIS (Étienne). (S-Y) F. 3.
DENIS (Pierre et Martial), chirurgiens. B. 225, 496,
    497, 525; — E. 1; — F. 29.
DENISET, argentier. II H. 8.
DENOUVEAU (Jean), fondeur. D. 4.
DENOYER (F.). G. 63.
DEPÉRET, médecin. B. 535; — E. 94.
DEPÉRET, vicaire régent. G. 57; — H. 4.
DEPOUGE. (M-L) E. 11, 12.
DERÈNE (Martial), garçon chirurgien. E. 2.
DEREULHAC. G. 57.
DEROCHE (sieur). (M-L) B. 10.
DESANDELLES (Jean), marchand. B. 495.
DESASSIES (François), charpentier. (M-L) B. 5.
DESAZARS (Jeanne-Thérèse). B. 498.
DESBANCAUD (Joseph), garçon chirurgien. E. 2; — G. 57.
DESDIARDS, maire. (S-Y) E. 2.
DESBORDES, vicaire G. 68, 70.
DESBROUSSES (Jean et François). (Dᵗ) B. 6; — (M-L)
    B. 23.

DESCARS (Anne). B. 77.

DESCHAMPS (.....). I B. 7; — VIII D. 1, 2; — (S-Y) E. 64.

DESCHAMPS, administrateur. E. 96.

DESCHAMPS (Antoine), prêtre. B. 1.

DESCHAMPS (Grégoire), chanoine. B. 359, 360, 525.

DESCHAMPS (Jacques), apothicaire. B. 356.

DESCHAMPS (Jean). B. 356; — II E. 4.

DESCHAMPS (Léonard), garçon chirurgien. E. 2.

DESCHAMPS (Marie). B. 1, 496.

DESCHAMPS (Martial). B. 359.

DESCHAMPS (Martin). E. 98.

DESCHAMPS (Mathieu), meunier. E. 88.

DESCHAMPS (Pierre), m° imprimeur. B. 19.

DESCHAMPS (Pierre), sculpteur. B. 525; — D. 4.

DESCHAMPS (Valérie). B. 261, 359.

DESCHAMPS (J.-B.), sgr. de BELLEGARDE. E. 1.

DESCORDES (Antoinette). B. 105.

DESCORDES (Martial). B. 34, 365, 366.

DESCORDES (Pierre). E. 35; — II B. 13.

DESCORDES de FÉLIX. C. 16.

DESCORDES du GRIS, receveur. B. 525.

DESCORDES de PARPALIAC, conseiller. C. 14; — E. 2.

DESCOULX (Léonard), notaire et praticien. I B. 2, 7, 36.

DESCOURT. (M-L) E. 11.

DESCOUTURES, juge. E. 13.

DESCOUTURES (Antoine), maçon. B. 324.

DESCOUTURES (Pierre). E. 47.

DESFLOTTES, hôte. I B. 16.

DESFLOTTES (Jean). B. 526; — I B. 7.

DESFLOTTES (Léonard). B. 212, 526.

DESFLOTTES du FOMBUSSE. E. 94; — G. 64.

DESFORGES, administrateur (D¹) E. 3.

DESFOSSEZ. (S-Y) B. 4.

DESMOUCHES, prêtre. (M-L) B. 10.

DESORANGES, vicaire. G. 68.

DESORANGES (Jean), m° charpentier. (M-L) B. 24.

DESHOMMES (Pierre), meunier. (M-L) B. 12.

DESHOUS (Yrieix), m° apothicaire. (S-Y) E. 30.

DESMAISONS, chevalier. E. 114.

DESMAISONS, conseiller. B. 525.

DESMAISONS, visénéchal. B. 183.

DESMONTS (Jeanne). B. 74.

DESMONTS (Pétronille). B. 39.

DESMONTS (Pierre), marchand. B. 74, 193.

DESMOULINS (.....). B. 34, 498.

DESMOULINS (Marie ou Marite). B. 114, 355.

DESNOYERS, maçon. (M-L) B. 10.

DESPLAS (Bernard). B. 313.

DESPORTES, curé. G. 69.

DESROCHES, commissaire. E. 23.

DESROCHES (Guillaume), marchand. B. 56.

DESSAGNES (Mad.). B. 525.

DESTHÈVES, curé. G. 71.

DESSOU (Pierre). m° tanneur. E. 14.

DESTERRIÈRES. (D¹) E. 3.

DESVEUX. G. 57.

DESVIGNES, notaire. B. 496, 525, 526.

DEVAUX (Martial), élève chirurgien. E. 2.

DEVAULX, écuyer, sieur de NANTILLAC. (S-Y) R. 31.

DEVAULX (Jean), bonnetier. VIII D. 2.

DEVAZEIX (François), écuyer, sgr. de PUYBERNARD. (M-L) B. 23.

DEVÉRINES, administrateur. (D¹) E. 1.

DEVILLEGOURBIX, maire. G. 73.

DEVOYON (.....). E. 48, 50, 90; — G. 6. 7.

DEVOYON, curé. G. 70.

DEVOYON, supérieur de la Mission. H. 5.

DEVOYON, ancien procureur du Roi. C. 16.

DEVOYON (Léonard), chanoine. B. 497.

DEVOYON (Marie). E. 115.

DEVOYON de BAJU. H. 16.

DEVOYON de la PLANCHE. avocat. E. 2.

DEZILLE, juge. E. 94.

DHÉRALDE ou D'HÉRALDE, chirurgiens. B. 496, 498, 529; — C. 7, 10, 11; — E. 1, 2, 30; — F. 29.

DHOUET, président. B. 497.

DISNEMATIN (.....). B. 29; — G. 57, 58; — II H. 5; — (S-Y) E. 40.

DISNEMATIN (Albert), marchand. B. 114.

DISNEMATIN (Antoine). (S-Y) E. 38.

DISNEMATIN (Étienne), marchand. B. 539; — I B. 2.

DISNEMATIN (Guillaume). B. 246.

DISNEMATIN (Jean). B. 162, 453; — VIII D. 2; — II H. 8.

DISNEMATIN (Jeannette). B. 178.

DISNEMATIN (Martial), bourgeois. B. 52, 145, 454; — (S-Y) E. 19.

DISNEMATIN (Pierre). (S-Y) E. 26.

DISNEMATIN des SALLES, chanoine. E. 94.

DISSANDES de BOGENEST. (S-Y) H. 5.

DISSON (Martin). (M-L) B. 9.

DOBIT (Marguerite). (M-L) F. 1.

DODET (Pierre). (S-Y) E. 51.

DODIN (Jean). (M-L) B. 3.

DODUN, contrôleur général. G. 2; — H. 3.

DOGNON (François du), cordonnier. (M-L) B. 10.

DOUHET (dame Marie). I B. 7.

DOUHET de la COURTAUDIE. B. 497.

DOUHET de la COUTURE. C. 5.

Doignon (le comte du). E. 16.
Dolmède (Jacques), graissier. D. 4.
Dominique, chirurgien. G. 69.
Dominique (Pierre), notaire. B. 110, 160, 193, 306.
Donard, receveur. V B. 3.
Donarel (Jean), aumônier. B. 114, 260, 406; — I B. 12.
Donarel (Raymond), aumônier. B. 214, 381, 398, 406, 415; — E. 124.
Dongnon (Anne du). (M-L) B. 13.
Donnet, lieutenant général. B. 525.
Donnet, sieur de Lambertie. B. 525; — E. 14.
Donnet (Joseph), sieur de Létang. (Dʳ) C. 1.
Donzen (Gérald). B. 328.
Dorat, administrateur. E. 116.
Dorat, prêtre. B. 498, 507, 525, 526.
Dorat (Isabeau). B. 495.
Dorat (J.-B.), écuyer. B. 529; — E. 23.
Dorsonval (Simon), procureur. B. 456.
Dossau (Jean), journalier. B. 132.
Douce (Étienne). B. 260.
Doudet, vicaire. G. 65.
Doudet (Jean), mᵉ chirurgien. B. 465.
Doudet (Mathieu), médecin. E. 2; — G. 60.
Doudinet (François), récollet. (Dʳ) E. 3.
Dougier (Marie). (M-L) E. 11.
Douhet (.....). B. 525, 526; — C. 7.
Douhet (Guillaume de). I B. 7.
Douhet (Jacques de), lieutenant criminel. B. 526; — VIII B. 23.
Douhet (Jean de). B. 29.
Douhet (Jeanne de). B. 364; — II B. 4.
Douhet de la Gorce. B. 496, 525, 526; — C. 7.
Douhet de Puymoulinier. B. 77, 469, 496.
Doulhac, vicaire. G. 66.
Doulhac (Martial). C. 2.
Douquet (Hélie), passementier. B. 525.
Dousset (Léonard). (M-L) B. 19.
Dousset (Marie). (M-L) B. 19.
Douvernha (Audoy). VIII B. 9. (Voy. Dauvergne.)
Douze (Gabriel de la), baron de Lastours. B. 416, 452.
Douzeau (Pierre et Étienne). B. 387.
Doyneix, notaire. B. 525.
Doyneys (Léonard), hôte. B. 250.
Doyrat (André), notaire. B. 470.
Dracony (Daniel). (S-Y) E. 31.
Drapier (Jean). III B. 3.
Drohet (Antoine), menuisier. VIII D. 2.
Droit (Léonard), laboureur. B. 497.
Dromaud, curé. G. 68.
Drouichaud (Pierre), clerc juré. (Dʳ) B. 6.

Drouille (Barthélemy de). II B. 6; — III C. 3.
Drouille (Mathieu de). III C. 3.
Droulhes (Léonard de), consul. B. 338.
Dubart, curé. B. 525.
Dubay, gentilhomme. B. 525.
Dubois ou Duboys (.....). B. 497, 507, 523, 526; — E. 47; — G. 59, 62, 120.
Dubois, garde-marteau. (Bᶜ) G. 5.
Dubois, juge. B. 525.
Dubois, prêtre. G. 65, 68; — H. 5.
Dubois, secrétaire. E. 1.
Dubois (Anne). B. 2, 471.
Dubois (Balthazard), sieur de St-Léger. B. 275.
Dubois (Bonnet). B. 131.
Duboys (Clément), procureur. II B. 11.
Dubois (François). E. 2; — I B. 7; — II B. 10; — VIII D. 2.
Duboys (Gabriel), huissier. B. 500.
Dubois (Guillaume), receveur. B. 101.
Dubois (Hugues), sergent. B. 447.
Dubois (Jean). B. 263, 275, 279; — II B. 11; — IV B. 3.
Dubois (Jean), juge. B. 525, 526.
Dubois (Jean), avocat. B. 495, 526.
Dubois (Jeanne). B. 497, 528.
Duboys (Joseph), chanoine. I B. 33.
Dubois (Joseph), garde de la Monnaie. I B. 7.
Dubois (Louise). B. 182.
Dubois (Martial). B. 93, 103, 275, 279.
Dubois (Martin), curé. B. 1, 496, 525.
Dubois (Mathieu). B. 279.
Duboys (Paul), prieur. II B. 11.
Dubois (Pierre). B. 341; — II E. 3.
Duboys (Yrieix). I H. 1.
Dubois-Debette (J.), curé. G. 74.
Dubois-Delaplanche. E. 1.
Dubois de Lavaud. (Dʳ) E. 1, 3.
Dubois de Maumont, bourgeois. B. 523.
Duboys de la Thulière. (Dʳ) B. 8.
Dubois de la Tronchère. B. 497.
Dubost. (Dʳ) E. 1.
Dubost, chanoine. B. 532; — C. 16.
Dubost, curé. II B. 7.
Duboucheix (Joseph), officier de la chancellerie. B. 526.
Dubouchey (Joseph), procureur. VIII B. 23.
Duboucheys (Jean). B. 190.
Dubouscheix (Cécile). B. 308.
Duboucheron (Durand), conseiller. B. 532.
Dubourg (François). (S-Y) E. 2.
Dubourg (Gabriel). (S-Y) E. 27.
Dubourg (Hélie). (S-Y) E. 37.

Dubourg (Marie). G. 37.
Dubourg (d^{elle} Paute). (S-Y) E. 48.
Dubourg (Pierre), praticien. (S-Y) E. 2.
Dubourg (Yrieix). (S-Y) E. 20.
Dubrac, vicaire. G. 72.
Dubrac (Jean) des Forges, prêtre. (M-L) C. 2.
Dubreuil (sœur). (M-L) E. 12.
Dubreuil (André), prêtre. B. 464.
Dubreuil (Antoine), curé. B. 306.
Dubreuilh (Laurent), peintre. B. 110.
Dubuisson. G. 66.
Dubourguet (Antoine). (S-Y) B. 13.
Ducoux, consul. (M-L) E. 11.
Duchamp (Jean). B. 253.
Duchateau. G. 59, 66.
Duché (Leulier), médecin. (D') E. 2.
Duchêne ou Duchesne, sculpteur. B. 526, 529.
Duchen (Pierre), charpentier. B. 124.
Duchet, médecin. (M-L) E. 12.
Duchiron (Simon). (M-L) B. 3.
Duclos, administrateur. G. 68.
Duclos, conseiller. (B^c) G. 5.
Duclou (.....). G. 61.
Duclou (Jean) M-L) B. 22.
Duclou (Léonard), garçon chirurgien. E. 1, 2.
Duclou (d^{elle} Martiale). B. 343.
Ducluzaud (Guilhaud). G. 70.
Ducluzeau de Feytiat. E. 50.
Ducouret. G. 58.
Ducros. E. 95.
Dufour (Marie). (S-Y) E. 2.
Dufour (Pierre). B. 100.
Dufrès (Normand). (D') E. 1.
Dugarreau (d^{elle} Isabeau). (S-Y) B. 3.
Dugarreau, sgr. de la Méchenie. (S-Y) E. 8.
Dujardin (.....). (S-Y) E. 31, 41, 87, 88.
Dujardin (Pierre). (S-Y) B. 16.
Dujardin (Yrieix). (S-Y) E. 28.
Dujardin-Duclaud. (S-Y) B. 22.
Dujardin (Jean), sieur du Mayne. (S-Y) E. 40, 87.
Dulac, curé. G. 69.
Dulac (Marie). E. 2.
Dumareix, subdélégué. G. 70.
Dumas (veuve). (D') B. 5; — (D') E. 1.
Dumas, chirurgien. E. 34.
Dumas, lieutenant particulier. E. 2.
Dumas, président. E. 2.
Dumas (Jean). B. 196; — (S-Y) E. 28.
Dumas (Laurent), procureur. I H. 2.
Dumas (Martial). B. 196; — I H. 2.

Dumas (Michel), chirurgien. B. 72, 477.
Dumas (Pétrouille), aubergiste. B. 497.
Dumas (Pierre). B. 40, 474, 496.
Dumas-Boucher, trésorier de France. B. 525.
Dumay, négociant. E. 30.
Dumay (Léonard), garçon chirurgien. E. 2.
Dumay (Pierre), tapissier. C. 2.
Dumény, capitaine. B. 498.
Dumont. (S-Y) H. 1.
Dumont, lieutenant. VII B. 1.
Dumont de Marans. (M-L) H. 2.
Dumonteil (Anne). (D') E. 1.
Dumonteil-Decous, curé. G. 74.
Dumontet. (D') E. 1.
Demousseau, droguiste. (D') E. 3.
Duneau (Faure), curé. G. 67.
Dunet (Jean), marchand. (M-L) B. 3.
Dunoyer, greffier. (B^e) G. 5.
Dunoyer, receveur. (B^e) D. 1.
Dunoyer (Mathurin). (M-L) E. 10.
Dupans. (M-L) E. 12.
Dupéret. E. 20.
Dupérat (Mad.). (S-Y) H. 1.
Dupeyrat, trésorier de France. B. 442, 451, 455, 484, 488, 497, 526.
Dupeyrat (François). B. 180, 223.
Dupeyrat (Jacques). B. 74.
Dupeyrat (Jean), bourgeois. B. 264.
Dupeyrat (Jeannette). B. 82.
Dupeyrat (Joseph). B. 122.
Dupeyrat (Marguerite). B 232, 282.
Dupeyrat (Martial), dit Genève, bourgeois. B. 82.
Dupeyrat (Simon), notaire et arpenteur. B. 358, 464.
Dupeyrat (Ymbert). B. 182.
Dupeyrat de Beaupré, official. B. 2; — E. 1, 2.
Dupeyrat de Masjambost, procureur. B. 122.
Dupeyron (Gabriel). (S-Y) E. 30.
Dupeyroux, abbé. H. 7.
Dupic (Nicolas). (S-Y) E. 39.
Dupin, vicaire. B. 498.
Dupin (Jean), conseiller. B. 525.
Dupin (Laurent), notaire et praticien. VIII D. 1.
Dupin (Léonard). (M-L) B. 13.
Dupin (Pierre), procureur. B. 398; — VIII D. 2.
Duplessis d'Argenté, évêque de Limoges. (M-L) H. 3.
Dupont, chirurgien. C. 4.
Dupont (Martin), administrateur. G. 127.
Dupont (Pierre). B. 103, 274.
Dupré (.....). G. 62.
Dupré, prêtre. B. 525, 526; — G. 57, 69, 120.

Dupré (Arnaud), *alias* Usanch, parcheminier. B. 166, 306.
Dupré (Jacques). B. 152.
Dupré (Simon). B. 526.
Dupuy (.....). B. 23; — (S-Y) E. 45.
Dupuy, archer. E. 30.
Dupuy, conseiller. (Be) G. 5.
Dupuy, prêtre. B. 530; — (Be) E. 6.
Dupuy (Martial), procureur. B. 498; — E. 114.
Dupuy (Pierre), sergent. B. 417.
Dupuy (Valentin). (M-L) B. 3.
Dupuytren (Catherine et Gabrielle). B. 465.
Dupuytren (Léonarde). B. 410.
Dupuytren (Pierre), sieur de Leyssard. B. 465.
Durand (.....). E. 96, 127. 525.
Durand, évêque de Limoges. B. 392; — III C. 1.
Durand, marchand. (Be) E. 6.
Durand, prêtre. G. 67.
Durand, trésorier de France. B. 529; — C. 16; — E. 1.
Durand (Jean). I B. 20.
Durand (Jean), notaire. B. 333.
Durand (Jean), orfèvre. B. 182.
Durand (Joseph). B. 343; — E. 13.
Durand (Joseph), contrôleur de la monnaie. B. 497, 498, 525; — C. 11.
Durand (Joseph), prévôt. B. 2, 13, 497, 525, 532; — C. 4, 16.
Durand (Pierre). B. 57, 274, 333, 497.
Durand (Simon), chanoine. B. 2, 497; — E. 1.
Durand (Joseph) de Salesse. B. 106; — E. 41.
Durans (J). II B. 3.
Durant (Guillaume). (S-Y) B. 12.
Durbec (delle). H. 8.
Dureau, procureur. (S-Y) H. 2.
Duret (Geoffroi et Jean). B. 165.
Durfort (Marie de). (M-L) H. 5.
Durieu (Barthélemy), manouvrier. B. 310.
Durieu (Joseph). G. 131, 132.
Durieux (Anne). (M-L) D. 10; — (M-L) F. 3.
Durieux de la Roche. (M-L) D. 24.
Durieux (Léon) de Villepréau. (M-L) B. 9; — (M-L) H. 5
Durou ou Durout (Jean), entrepreneur *alias* architecte. B. 525. 532.
Duroux, archiviste. B. 433; — E. 30.
Duroux, vicaire. G. 58.
Duroux (Vincent) B. 212.
Dusolier (Guillaume), laboureur. B. 306.
Dussoub, curé. G. 68.
Dussoubs (Léonard), bourgeois. B. 249.

Duteil (.....). E. 32; — I D. 4.
Duteil (Grégoire), élève chirurgien. E. 2.
Duteil (Pierre), procureur. B. 497; — G. 120.
Duteil (François), sieur des Salles. E. 1.
Duteillet. G. 19.
Dutemple, syndic. G. 71.
Dutheil (François), procureur. VI E. 1.
Dutreix. B. 498.
Dutreix (Isabeau et Marie). G. 10, 82.
Duverdeix (Jeanne). G. 64.
Duverdeix (Pierre–Philippe), bijoutier. G. 64.
Duverdey (Mitraud). (D¹) B. 5.
Duverdier (.....). (S-Y) E. 44.
Duverdier, avocat. B. 525.
Duverdier, chanoine. B. 525.
Duverdier (François), évêque d'Angoulême. B. 497.
Duverdier (Jean), prêtre. B. 114.
Duverdier (Pierre), abbé. B. 394.
Duverdier de l'Aumônerie. B. 525.
Duverger, abbé. E. 41.
Duverger (J.-B.), médecin. B. 121, 498; — E. 30.
Duvergier, receveur. B. 525.
Duvergier. (S-Y) B. 22.
Duvert. (M-L) E. 12.

E

Ébraud (Geoffroi). B. 425.
Écluse (Mathieu de l'). (M-L) B. 20.
Écoliers (congrégation des). E. 2.
Édouard d'Aquitaine. H. 1.
Élisabeth. (M-L) F. 1.
Entraygues (J.-B. d'), tailleur d'habits. B. 497.
Ensalut (Aymeric). B. 228.
Escalier (Jean), notaire. B. 426.
Escars (d'). G. 58. (*Voy.* Cars.)
Eschanvre (Jean), manouvrier. B. 306.
Essarts (Mad. des), lieutenante générale. G. 54.
Essarts (Roger des). C. 12, 16; — E. 1.
Estang (Martial et Mathurin de l'). (M-L) B. 6.
Étangs (baron des). E. 31.
Étangs (David des). C. 8.
Estevenon (Gérald). III B. 7.
Estienne (.....). (S-Y) H. 3, 4.
Estienne, notaire. B. 497.
Estier, receveur. C. 16.
Estourneau (Antoine). (M-L) B. 8.

ESTOURNEAU (François). (M-L) B. 6, 9, 11, 13, 21.
ESTOURNEAU (Guillaume). (M-L) B. 14.
ESTOURNEAU (Guy), écuyer. (M-L) B. 3.
ESTOURNEAU (Jacques), écuyer. (M-L) B. 4, 7, 9, 14, 17.
ESTOURNEAU (Jean). (M-L) B. 8.
ESTOURNEAU (d^elle Jeanne). (M-L) B. 9, 21.
ESTOURNEAU (Louis) DE TERSANNES. (M-L) B. 3, 8, 14, 21; — (D^t) E. 3.
ESTOURNEAU (Marie). (M-L) B. 19.
ESTOURNEAU (Odet), écuyer. (M-L) B. 3, 8, 14.
ESTOURNEAU (Silvain), écuyer. (M-L) B. 22.
ESTRUCHOT (d'). (M-L) B. 19.
ÉTIENNE, prieur. III B. 6, 10.
ÉTIENNE, président. C. 16.
ÉTIENNE D'AIXE. B. 479.
ÉTIENNE DE L'AUMÔNERIE. B. 184.
EUTROPE (confrérie de St-). B. 77.
EXCHAMPVRE (Jean), auditeur des comptes. E. 12.
EXPERT, vicaire. G. 58.
EXTRADIER (Jacques), prêtre. B. 5.
EYCHIZADOUR (Jean d'). (S-Y) B. 12.
EYCHOISIER (de l'). C. 16.

F

FABRE (Guillaume). B. 101, 162.
FABRE (Jean). B. 162.
FABRE (Pierre). B. 122.
FABRE (Raimond). B. 131.
FABRY (François). (S-Y) E. 2.
FAGE (Henri-Joseph de la), syndic général. B. 498.
FAIGE (Aymard). I B. 20.
FALLOT (Léonard), prêtre. B. 236.
FALLOT (Pierre). E. 14.
FARGAULT (Pierre). B. 50.
FARGE (Pierre de). B. 252, 254.
FARGEAUD. (S-Y) H. 4.
FARGES (Pierre des), aumônier. B. 372.
FARGES (abbé de). B. 328.
FARLIER (Jean). B. 525.
FARNE (.....). C. 10; — E. 1, 20; — G. 42.
FARNE, curé. B. 526.
FARNE (Héliot), prêtre. VI B. 1.
FARNE (Jacques), imprimeur. B. 497, 498.
FARNE (Pierre), greffier. B. 526.
FARNE DE COUZEIX, administrateur. C. 16.
FAUCHEN, prêtre. G. 73.
FAUCHER (Jean), garçon chirurgien. E. 2.

FAUCHERIE (Jean de la). B. 347.
FAUCHET (Pierre), damoiseau. B. 398.
FAUCON (Philippe). B. 405.
FAUCON (Antoine). SGR. DES LÈZES. B. 404, 405; — I B. 7.
FAUCON (Foucaud). SGR. DE THOURON. B. 469.
FAUCONNERIE (Jean de la). B. 79.
FAUCONNET (Jean), fermier général. B. 496.
FAUCONNIER (François de), lieutenant particulier. (D^t) B. 5.
FAUGERAS (Jean et M.). B. 495; — C. 2.
FAUGERAS (sgr. de). D. 4.
FAUGÈRES (de), conseiller. E. 11.
FAUGÈRES (Guillaume de). B. 162.
FAURE. B. 39, 498; — (S-Y) H. 7.
FAURE (Adhémar) DU RILHAC. B. 414, 417, 423, 464.
FAURE (Bernard), bourgeois. B. 302.
FAURE (Catherine). G. 87.
FAURE (François), arpenteur-géomètre. B. 23, 242, 498.
FAURE (Gui). B. 460.
FAURE (Hélie). B. 460.
FAURE (Jean). B. 162.
FAURE (Jean). III B. 7.
FAURE (Jean), chirurgien. (S-Y) E. 27; 38, 39.
FAURE (Léonard). B. 529; — (S-Y) E. 19.
FAURE (Martial). B. 345, 432.
FAURE (Perrotin). B. 109.
FAURE (Pierre). B. 443, 464; — F. 1; — VIII D. 1.
FAURE (Symon). II H. 5.
FAURE (Yrieix). (S-Y) E. 35.
FAURE DE ROYRETTE. E. 1.
FAUTE, FAUTTE ou FAULTE (.....). B. 497; — G. 58, 82; — (S-Y) B. 21; — (S-Y) E. 37.
FAUTTE, prêtre. B. 529; — C. 12.
FAUTE (Guillaume), bourgeois. B. 495.
FAUTTE (Martial), vicaire. B. 498.
FAULTE (Psaulmet). I B. 16.
FAULTE (Roch), curé. B. 334.
FAUTTE, SGR. DU BUISSON. B. 498.
FAUTE DE POULOUZAT. B. 497; — E. 1, 16, 17, 18.
FAULTE DE PUYDUTOUR. B. 249, 531; — E. 1.
FAUVAUD (sœur). (M-L) E. 12.
FAVARD (.....). G. 57, 60.
FAVARD (Jean), ou DE FAVARDS, conseiller. B. 497; 526; — VIII B. 23.
FAVARD (Joseph) DES FAYES, chanoine. B. 79.
FAVELON (Martial), apothicaire. I B. 10; — I E. 3.
FAYAUD (Christine). (M-L) B. 14.
FAYDIT (Pierre). B. 56.
FAYE (Martial de la). I C. 1.

Faye (sœur de la). H. 21.

Faye (Marguerite de la). I C. 1.

Fayen (Joseph), médecin. B. 54; — D. 4.

Fayen (d^lle Françoise de St-). (M-L) B. 21.

Fayole, procureur. C. 16.

Fayolle (François). B. 59.

Félines (Antoine), droguiste. B. 525.

Fénelon. B. 8.

Fénelon (comte et comtesse de). (M-L) B. 1; — (M-L) C. 1; — (M-L) H. 2.

Fenyer (Louis), notaire. (M-L) B. 4.

Fermy (Jean). III F. 1.

Fermy (Audoin de St-). B. 63.

Fermy (Jacques de St-), menuisier. B. 63, 79.

Férouillac (Adrien). B. 1.

Ferrant (Mad.). C. 3.

Feuillade (de la), abbesse. B. 525.

Feuilletière (sœur). (M-L) B. 1.

Freydeau. (M-L) B. 9.

Freydit (Jean). notaire. B. 187.

Ficher (d^lle Charlotte-Caroline). (M-L) F. 1.

Ficher (James). (M-L) F. 1.

Ficquet (Jean), orfèvre. B. 43.

Fieux (Marie des). B. 540.

Filhoulaud (François), garçon chirurgien. E. 2.

Filhoux (Denis). (M-L) B. 13, 18.

Filhoux (Pierre). (M-L) B. 3.

Filiatre, curé. G. 69.

Finet (Étienne), prêtre. B. 497.

Fizot-Lavergne, élève chirurgien. E. 2.

Flacard (Maurice), garçon chirurgien. E. 2.

Flassetière (Almodie). B. 131.

Fléchier. B. 8.

Fleurat (Pierre), garçon chirurgien. E. 1.

Fleury (cardinal de). B. 8; — E. 112.

Florent de Bar, écuyer, sieur de Meymac et du Cluzeau. B. 523.

Florentin (comte de St-). (D^l) E. 2.

Flory (Albert), tambour. E. 47.

Flottes (Clément des). E. 96.

Flottes (François des), greffier. B. 525.

Flottes (Jean des), sieur des Bordes. B. 454.

Flottes (Léonard des), sgr. de Leychoisier. B. 343, 345.

Flottes (des) de Fontbesse ou de Fombesse. C. 9, 10; — E. 1, 19.

Fogassier (Gérald lo). III B. 7.

Fogassier (Jehan). VIII B. 9.

Fondiou (Étienne), curé. B. 525.

Fons (Léonard de la). (B^c) E. 7.

Fonssèques (Jean de), abbé. B. 65.

Fontaine (François de la), prêtre. (D^l) B. 9.

Fontbesse (de), curé. B. 530, 536.

Fontbonne (de). (S-Y) E. 48.

Fontjaudran, tapissier. C. 8.

Fontjaudran (de). (S-Y) H. 6.

Fontréaux (Pierre de), sieur du Chiez. (D^l) E. 1.

Fordoysson (Jean), notaire. (M-L) B. 4.

Fordoysson (Martial). B. 179.

Fordoysson (Pierre), marchand. B. 178.

Forest (Catherine). B. 309.

Forest (Guinot), procureur. B. 308; — VIII D. 2.

Forest (Jean), garçon chirurgien. E. 2.

Foresta (Pierre), notaire. B. 54.

Forgemol (Jean), procureur. B. 469.

Forges (d^lles de). (M-L) B. 12; — (M-L) F. 3; — (M-L) H. 2, 4.

Fornier (Jorda). VIII B. 9.

Fossés (des), avocat. (S-Y) H. 7.

Foucaud ou de Foucaud. (S-Y) E. 44, 72.

Foucaud (Guillaume), aumônier. B. 63, 370.

Foucaud (J.-B.), garçon chirurgien. E. 2.

Foucaud de Lage, aumônier. B. 435.

Foucauld (m^e Jean de). (S-Y) B. 13.

Foucher de Meiras. III B. 10.

Foucher (Léonard), laboureur. VII E. 1.

Fouchier (Gérald), sergent. III B. 10.

Fouchier (Pierre), chanoine. VI B. 5.

Fougère, médecin. B. 498; — C. 16; — E. 2, 7; — G. 70.

Fougeyrat (Gérald), prêtre. II B. 11.

Fougieras. VIII B. 6.

Fougieyres (Guillaume de). B. 163.

Foulheu (Pierre), maçon. (M-L) B. 13.

Foulques, aumônier. B. 422.

Foulques d'Ache, damoiseau. B. 379.

Foulques de Royère, damoiseau. B. 379, 380.

Foulques (Jean), sgr. de Thouron. B. 469.

Fouquet (Léonard). B. 197.

Fourestier, chanoine. (S-Y) E. 80.

Fournaud (Étienne), caissier. B. 497.

Fourneau (Léonarde). G. 54.

Fournier. (M-L) C. 1; — (M-L) E. 12.

Fournier, chirurgien. E. 2, 48, 50; — G. 6, 67.

Fournier (Gérald), garçon chirurgien. E. 2.

Fournier, papetier. B. 498.

Fournier, syndic. E. 1, 90.

Fournier (Guillaume). B. 40.

Fournier (Jacques). B. 386.

Fournier (Joseph), notaire. B. 350, 497, 498; — E. 1.

FOURNIER (Louis le), SIEUR DE LA SABLIÈRE. B. 5.
FOURNIER (Martial), marchand. B. 358; — E. 88, 98.
FOURNIER (Pierre). B. 239; — E. 2.
FOURNIÈRE (Étienne). B. 40.
FOUSCHIÈRE (Jeanne). B. 369.
FOUSSAT (Michel et Martial), bouchers. B. 193.
FOUSSAT (Pierre). B. 191.
FOUSSAT (Simonet). B. 190.
FRAISSEIX. G. 58.
FRAISSEIX (Bernard), praticien. B. 525.
FRANÇOIS-XAVIER (SAINT). (Bᶜ) E. 7.
FRANÇOIS (Mad. ST-). E. 129.
FRANHOL. B. 87, 170; — VIII E. 1.
FRAUX (Pierre du), prêtre. B. 303.
FRAXINET (Pierre de), sergent. B. 339.
FRAY DE FOURNIER, chirurgien major. E. 2; — G. 71.
FRAYSSEIX, mᵉ chapelier. B. 497.
FRÉAULT, greffier. II B. 10.
FREISSINAUD, prêtre. B. 525.
FRÉNAULT (Jullien). B. 110.
FRÉRY (Dominique), mᵉ fondeur. (Bᶜ) E. 5.
FRESSANGES (de). C. 14; — E. 1, 2.
FREYSSIGNAC (de). C. 7.
FREYSSINAUD (Charles), prêtre. B. 238.
FREYSSINAUD (Jean), épinglier. B. 526.
FREYSSINAUD (Léonard). B. 238.
FREYSSINAUD (Martial). B. 494.
FREYSSINET. G. 62.
FRIQUET (Jean), orfèvre. B. 179; — II B. 10.
FROGIER (Jacques), curé. (Dᵗ) H. 1.
FROMAGE (Jean). B. 145.
FROMAGIER (Jean le). B. 50.
FROMENT (Jacques), bourgeois. B. 541.
FROMENT (Jean), pâtissier. B. 497.
FROMENTAL (Morel). E. 9.
FRUGIER (François). B. 266.
FUNDEYRITZ (Jeanne). III B. 7.
FURSAC (Jacques de). B. 53.
FURSAC (Jeannette de). B. 324.
FURSAC (Martial de). VI B. 1.
FURSAC (Pierre de). II H. 1.
FUSIBAY (Joseph). (Bᶜ) G. 1, 5.

G

G. DE AHNACO. B. 433.
G. DU BARRI, damoiseau. B. 464.
GABORDIL (Pierre). B. 52.

GADARDE, chanoine. C. 13.
GADAUD, prêtre. B. 525.
GADAUD, notaire. I D. 1, 3, 4.
GADAULT (Martial), notaire. II B. 6.
GADEAU (Léonard), vicaire. E. 127.
GAGNANT (Léonard), tailleur. B. 541.
GAILLARD DE POLIGNAC (J.-F). (M-L) B. 10.
GAIN (Pierre de). E. 1.
GAINS (de), syndic. (S-Y) E. 11.
GALEIX, notaire. B. 525.
GALLICHER (Guillaume), drapier. II H. 8.
GALLICHER (J.), administrateur. (Bᶜ) E. 6.
GALLICHER (Pierre), prêtre. (Bᶜ) E. 2.
GALLICHIER (Pierre), conseiller du Roi. (Bᶜ) E. 1.
GALLOCHEAU (sœur). (M-L) H. 3.
GALLOIS (sieur). (S-Y) H. 4, 6.
GALOT (Guy), écuyer, SGR. DE LA GARDE. B. 435.
GANNY, vicaire épiscopal. G. 74.
GARABEUF (Bernard), marchand. (S-Y) E. 16.
GARAT (.....). B. 495, 497; — C. 6, 15; — E. 2, 14, 34, 53, 95; — G. 6, 59; — (S-Y) H. 2.
GARAT, commissaire aux montres. B. 327, 526.
GARAT (Mad.). C. 16.
GARAT (François, Jean, Martial ou Nicolas), prêtre. B. 187, 310; — D. 4; — E. 1, 31; — G. 68.
GARAT (Gautier), notaire. B. 187, 498; — E. 2, 34.
GARAT (Jacques), écuyer. B. 535, 536; — C. 7, 14; — E. 2, 27; — G. 45, 50, 84, 99.
GARAT (Martial), teinturier. B. 507, 526.
GARAT (Nicolas), commissaire en la sénéchaussée du Limousin. B. 525.
GARAT (Pierre). B. 212.
GARAT (Raymond), bourgeois et marchand. C. 7; — E. 1.
GARAT DU BUISSON. B. 135.
GARAT DE ST-YRIEIX, SGR. DE ST-PRIEST. B. 275; — C. 16; — E. 50; — G. 44, 57.
GARAUD (Françoise). G. 40.
GARDEAU (Guy). B. 40.
GAREBŒUF (Pierre). (S-Y) E. 22.
GARIOL, archer. E. 14.
GARISSAT (François), marchand. (M-L) B. 7.
GARLANDIER (Paul), procureur. B. 477.
GARNIER (Léonard). VIII D. 1.
GARNIÈRE (Marie). B. 101.
GARRAUD (François), arpenteur. (Dᵗ) H. 2.
GARREAU, potier d'étain. B. 122.
GARREAU (Antoine, François, Gabriel et Jean du). (S-Y) E. 21, 23, 28, 46.
GARSON (Jean), notaire. B. 5.

Gary, sonneur. C. 16.
Gaschon (Marc), notaire. B. 63.
Gasne (de la). (S-Y) E. 47.
Gasnhac (Jean) dit Gaspy, chirurgien et barbier. B. 103.
Gasnjadour (Albert), fondeur. D. 4.
Gassion (de), sgr. de St-Laurent-de-Gorre. B. 525.
Gaston (André). B. 282, 283.
Gatavy (Jean). E. 100.
Gatherie. G. 66.
Gatte, vicaire. G. 72.
Gaucelin d'Ahen, alias de Aento, chevalier. B. 433, 443.
Gaucelin de la Coudre. (M-L) B. 14.
Gaucelin de Mauriac. B. 443.
Gaucelin de Pierrebuffière, damoiseau. B. 314.
Gaucelin de Ste-Marie, chevalier. B. 433.
Gaucher (Jean), notaire. (D') H. 1.
Gaudin (Pierre), clerc. B. 339.
Gaudit (Pierre), aguillotier et boursier. VIII D. 1.
Gaudon. E. 49.
Gaudy (Laurent), prêtre. B. 262; — VIII D. 1.
Gaulieux (J.-B.), garçon chirurgien. E. 2.
Gaume. (M-L) E. 10.
Gaumet (François), prêtre. (M-L) B. 22, 24.
Gaumont (Peyrat). (M-L) B. 3.
Gautier (Mariote). B. 136.
Gautier (Martial). B. 190.
Gautier (Pierre), bourgeois. B. 199.
Gaux, faiseuse de canolles. B. 497.
Gay, chanoine. V B. 2.
Gay, conseiller au grand Conseil. VIII B. 23.
Gay (Léonard), lieutenant de Guyenne. VI B. 1.
Gay (Héliot). B. 303.
Gay (Jehan), charpentier. II H. 5.
Gay (Paul), conseiller au Présidial. B. 129, 525, 526; — D. 4.
Gay (Paul), apothicaire. B. 525; — D. 4.
Gay (Pierre), conseiller. B. 198; — VI B. 1.
Gay de Vernon. G. 71.
Gayat. (B') G. 4.
Gayo (Pierre). B. 108.
Gayou (Bernard). B. 72.
Gazon, architecte. E. 94.
Granty (J.-B. Charles), garçon chirurgien. E. 2.
Granty (Joseph). B. 40.
Grlé (Nicolas), capitaine des fermes. B. 529.
Gélie (Blaise de la). (M-L) B. 14.
Genalhac (A. et J. de). III B. 11.
Génébrias. (B') E. 2, 6, 7.

Génébrias du Mazard. (B') E. 6.
Genel (Pierre), vicaire. B. 385.
Genest (Guillaume du). B. 473.
Geneste (Antoine et Guy), sgrs. d'Aigueperse et de Bort. B. 384.
Genesty (Jean de). B. 162, 498.
Genétrix (du). (D') E. 3.
Geneviève (Sainte). E. 2.
Geneviève. (M-L) B. 21.
Geneytouse (Pierre de la). B. 370, 379.
Gensenas (de). (S-Y) E. 6.
Gentaude (Jeanne). B. 194.
Gentil (Antoine de). (S-Y) B. 6.
Gentil (Françoise), dame de Lastours. B. 416, 425.
Gentil (Gabriel), licencié ès lois. (S-Y) B. 12.
Gentil (Jean). B. 324.
Gentil (Jean de), avocat. (S-Y) B. 6. 12; — (S-Y) E. 6, 16, 28, 30.
Gentil (Joseph), mᵉ cordonnier. B. 37.
Gentilz, avocat. (S-Y) E. 27.
Genty, faiseur de cordes. B. 536.
Genty de la Borderie, président. (B') G. 5, 70.
Geoffre. (S-Y) E. 11.
Geoffroi (Gérald), aumônier. B. 337.
Geoffroi (Jean). B. 47.
Geoffroi de Lastours, damoiseau. B. 409.
Geoffroy (Hélie), bourgeois. B. 195.
Geoffroy (Pierre), aumônier. B. 259, 298, 337, 379, 383, 423, 440.
Georges (Louis), dit le Breton. B. 497.
Georges (confrérie de St-). B. 268.
Georges (chevalier de St-), maire. G. 74.
Georges (Jacques de St-), écuyer, sgr. de Peyrasseix. B. 408.
Gérald, abbé. B. 306.
Gérald, curé. G. 70.
Gérald, évêque de Limoges. B. 392, 538.
Gérald, official de Limoges. B. 430.
Gérald (Jacques), bourgeois. B. 195.
Gérald (Léonard), jardinier. E. 122.
Gérald (Pierre). B. 193.
Gérald de Bré, curé. B. 422.
Gérald de Domps, prêtre. III B. 10.
Gérald de Lanhélia. B. 150.
Gérald de Laron. I A. 2.
Gérald las Molieiras. B. 433.
Gérald de Nieul, damoiseau. B. 337.
Gérald du Verdier, prêtre. B. 205.
Géraldy (Martial), élève chirurgien. E. 2.
Gerbaud (Denis), cordonnier. (M-L) B. 6.

GERDAULT (Michel), procureur d'office. I H. 2.
GERGOT (Pierre). B. 189.
GERGOTE (Magdelcine). VIII B. 3.
GERMAIN (Jean), curé. III B. 6.
GERMAIN (Joseph), tailleur pour femmes. B. 284, 498.
GERMAIN (Léonard), relieur. B. 497, 529 ; — D. 4.
GERMAIN (Pierre), boulanger. B. 247.
GERMO (Mathieu). VIII B. 14.
GERVEYS (Guillaume). I B. 16.
GESVRES (duc de). (S-Y) E. 52.
GIGAUD (François), prêtre. (M-L) E. 23 ; — (M-L) F. 3.
GILBERT (Maurice). B. 141.
GILET (Bonnet). B. 199.
GILLE (Gaucelin). B. 302
GILLE (Guillaume), clerc. B. 302.
GILLES (Marguerite). (S-Y) B. 3.
GILLES DU COËTLOSQUET, évêque de Limoges. C. 8 ; —
    (M-L) H. 2 ; — (S-Y) E. 64.
GINEST (François du). (M-L) B. 8.
GIQUET (Pierre), lieutenant du visénéchal. B. 526.
GIQUET (Joseph), SIEUR DE LA GAUDIE, capitaine. B. 528.
GIQUET DE PREYSSAC, procureur. B. 528.
GIRARD (Antoine), barbier de S. A. R. B. 5.
GIRI (Gilbert), secrétaire. VIII B. 3.
GIROARD (Aymeric). B. 171.
GIROARTZ (Étienne). III B. 6.
GIROILM (Jean de). III B. 6.
GIROT. II H. 5.
GIRY. (S-Y) E. 80.
GITON. (M-L) C. 1.
GLANDON. (S-Y) B. 22.
GODAPERDUS. B. 433.
GONDAUD (Jacques). B. 34.
GONDRYS (Antoine). B. 141.
GONDINET (.....), syndic de l'hôpital. (S-Y) E. I, 44 à
    70, 78, 83 ; — (S-Y) F. 1 ; — (S-Y) H. 1 à 6, 12.
GONDINET (d^{elle}). (S-Y) B. 19.
GONDINET (François). (S-Y) B. 1, 12 ; — (S-Y) E. 27,
    44, 69, 70.
GONDINET (Jean), médecin *alias* chirurgien. (S-Y) B. 1 ;
    — (S-Y) E. 26, 34, 35, 43, 85, 88 ; — (S-Y) F. 2.
GONDINET (Jean), notaire royal. (S-Y) E. 16, 19, 67.
GONDINET (Pierre). (S-Y) B. 1, 3, 8 ; — (S-Y) E. 11, 31,
    70 ; — (S-Y) G. 3.
GONTIER (Simon). VIII B. 9.
GORCE (Simon de la). (M-L) B. 17.
GORNARD (Joseph). (M-L) H. 5.
GORRE (Jean de), boulanger. B. 127.
GORSAS (Marguerite). B. 238.
GORSES (abbé de). (M-L) H. 2, 4. (*Voy.* Desgorces.)

GOSSIER (Guillaume). (M-L) B. 19.
GOSSELIN (Jean). B. 101.
GOUDIN, marchand. E. 11.
GOUDIN (Martial), prêtre. B. 525.
GOUDIN DE LA BORDERIE, trésorier de France. B. 136,
    183, 498, 525 ; — D. 4 ; — E. 1, 36, 37, 129 ; —
    G. 59, 83, 86.
GOUGET (Jeanne). B. 219.
GOUILLAUD (François), *alias* GOUTIAUD, GOULLINAUD,
    tailleur de limes. B. 140, 498, 529.
GOULMY (J.-B), négociant. B. 44.
GOURCEYROL (Mathieu), épinglier. B. 498 ; — E. 1.
GOURSAUD, prêtre. C. 14 ; — E. 42.
GOURSAUD (Pierre-Joseph), élève chirurgien. E. 2.
GOUTEU (Jean de la). B. 190.
GOUZON (Jean), huissier. B. 498.
GRAMAGNAC, prêtre. G. 60, 65, 67.
GRAMAGNAT (Pierre), *alias* GRASMAIGNAT, greffier. B.
    497, 525, 526.
GRANCHAULT (Pierre de), chanoine. E. 124.
GRANCHAUT (Pierre), licencié ès-lois. B. 8, 10 ; — II
    H. 8.
GRANDCHAMP (Pierre), éperonnier. B. 526.
GRANDJEAN (Gérard). E. 51.
GRANDMONT (Jean de). B. 94.
GRANGE (de). (M-L) B. 12.
GRANGEAUD (Jeanne). B. 120.
GRANGER. (S-Y) E. 73.
GRANGES (Jean des). (M-L) B. 22.
GRANGEVIEILLE (Jean et Noël). (S-Y) E. 6, 16, 35, 49.
GRANGEVIEILLE DE LA CHABROULIE, officier à l'hôtel des
    Invalides. (S-Y) B. 13.
GRANIER (Jean), argentier. II H. 8.
GRANIER (Pierre), hôte. B. 191.
GRANIEU (Martial), épinglier. VIII D. 2.
GRANJAUD (Jean), notaire et procureur. (S-Y) E. 1, 31 ;
    — (S-Y) H. 6.
GRANSAULT (Marie-Anne-Rose). B. 15, 498.
GRATEYROLLE, procureur. (B^e) G. 5.
GRÉGOIRE (Jacques). I B. 7 ; — II B. 8 ; — VI E. 1.
GRÉGOIRE (Jean). B. 338.
GREGORE (Marsau). VIII B. 14.
GRÉGOIRE (Martial), apothicaire. B. 100 ; — II H. 6.
GRÉGOIRE (Pierre). II B. 3.
GRÉGOIRE (Psaulmet), apothicaire. II B. 8, 10.
GRELLET, administrateur. E. 119 ; — G. 59 ; — H. 7.
GRELLET (Françoise), mendiante. B. 498, 542 ; — E. 1,
    2.
GRELET (Guillaume). B. 399.
GRELLET (Jean), curé. B. 498.

Grellet (Joseph), conseiller. E. 1, 43, 114.
Grellet (Pierre). E. 2.
Grellet-Fleurelle, négociant. E. 2.
Grellet des Prades. E. 2. 30.
Guellier (J.-B.), élève chirurgien. E. 2.
Grellier (Joseph), sabotier. (M-L) B. 20.
Grellier (Louis). (M-L) B. 4.
Grenade. (M-L) E. 13.
Grenard (Mathurin). (M-L) B. 8.
Grenard (Michelet). (M-L) B. 3.
Grenet (François). E. 2.
Grenier (Charles), écuyer, sgr. de Bosmard. B. 389.
Grenier (Louis). (M-L) B. 14.
Grenier (Pierre). E. 49.
Grésignat (de). (S-Y) E. 53.
Grenyl (Jean). B. 113.
Gros (Léonard de). II B. 7.
Grouchaud, avocat. C. 16.
Groulier (Jean). B. 89.
Groulière (Jeannette). B. 89.
Gaudi (Jacques), huissier. VIII B. 23.
Gaudy (Martial), pâtissier. B. 498.
Guabordilh (Peyr). II H. 5.
Guadaine (Adémar). III B. 5.
Guarin de St-Martin, damoiseau. B. 195, 211.
Guaspy. II B. 11.
Gudin (Jacques). (Bᶜ) B. 3.
Guérin, administrateur. C. 13; — G. 61.
Guérin (François), prêtre. B. 525.
Guérin (Jacques), marchand. (Bʳ) E. 1 à 4.
Guérin (Jean), médecin du Roi. B. 31; — I B. 16; — II E. 3; — II H. 7.
Guérin (Jean), cartier. B. 135.
Guérin (J.-B.), négociant. E. 2.
Guérin du Mas-Genest, négociant. E. 2.
Guéry (Nicolas), marchand. B. 308.
Guéry (Martial), procureur. VI E. 1.
Gueule (François et Pierre). (S-Y) B. 4, 12; — (S-Y) E. 32, 42.
Gui, abbé de St-Martial. B. 431.
Gui, vicomte de Limoges. H. 1.; — I H. 3.
Gui de Brusac, templier. B. 433.
Gui de Cluzel. II C. 1.
Gui de Fondom. II B. 3.
Gui de Grandmont. B. 430.
Gui de Périgord. B. 422.
Guibert (André), orfèvre. B. 525.
Guibert (Aymeric), avocat du Roi. B. 114.
Guibert (Aymeric), dit Mérigot, orfèvre. B. 194.
Guibert (François), orfèvre. B. 61.

Guibert (Jean), teinturier. B. 101, 526.
Guibert (Jean), orfèvre. D. 4.
Guibert (Marie), garçon chirurgien. E. 1.
Guibert (Pierre), orfèvre et propriétaire du Jeu de Paume. D. 4; — II H. 8; — VIII D. 2.
Guibert de Leysenne, chanoine. II B. 8, 10.
Guido et Gaubertus de Noalac. B. 433.
Guilhaud du Cluzaud, curé. G. 70.
Guilhen (Guillaume) de la Gondie. (S-Y) B. 4; — (S-Y) E. 43.
Guillaume (.....). G. 63; — III B. 6.
Guillaume, aumônier. B. 433.
Guillaume, curé. B. 328.
Guillaume (Jean). B. 154.
Guillaume et Florence de Banc-Latgier. B. 66.
Guillaume de Bellac, cordonnier. B. 398.
Guillaume d'Éjaux, prêtre. VI B. 1.
Guillaume de la Marche, aumônier. B. 190.
Guillaume de Nieul, sergent. B. 422.
Guillaume de Paris, prêtre. B. 152, 156.
Guillaume de Pennevaire, damoiseau. B. 156.
Guillaume de Périgord. B. 190, 261.
Guillaume de Puyfaulcon. B. 423, 472.
Guillaume de Razès, damoiseau. B. 337.
Guillaume le Teinturier. B. 202.
Guillet (Jean), corroyeur. B. 497.
Guillet (Léger). (M-L) B. 17.
Guillot. (M-L) E. 12.
Guillot (Antoine), notaire. B. 5.
Guillou (J.-B.) de St-Priest. E. 1.
Guilloufeau (Mathurin). (S-Y) F. 2.
Guimbard (Colas). (M-L) B. 5.
Guimbard (Grégoire). (M-L) B. 4.
Guimbard (Jeaune). (M-L) B. 10.
Guimbard (Martial) ou Guimbart. (M-L) B. 3, 5, 17.
Guimbart (François). (M-L) B. 3, 4, 5.
Guimbart (Jean). (M-L) B. 3, 5, 6.
Guimbart (Mathurin). (M-L) B. 3.
Guinard (Jean). B. 398.
Guinaud (François). B. 397.
Guineau (frères). E. 24.
Guineaud (Jean) du Pré, administrateur. E. 96.
Guingamp de Jansignac. B. 532; — E. 23.
Guingand de St-Mathieu, curé. E. 2.
Guinot (Pierre), sergent. B. 466.
Guiot du Doignon, maire. G. 70.
Guischard (Léonard), maître d'hôtel. VIII D. 1.
Guischard (Léonard), voiturier. B. 142.
Guisnier (Nicolas). (M-L) B. 6.
Guitard (.....). B. 113; — C. 10.

GUITARD (Joseph), fondeur. B. 526; — D. 4.
GUITARD (Pierre), huissier. B. 529, 535.
GUITARD (Pierre), prêtre. B. 497.
GUITARD (Pierre), écuyer, SGR. DE MONTGEOFFRE. B. 434, 495.
GUITARD (Siméon), prêtre. VIII B. 23; — VIII E. 2.
GUY (.....). G. 58.
GUY II, évêque de Limoges. B. 392.
GUY (Bernard), bourgeois. B. 62.
GUY (J.-B.), garçon chirurgien. E. 2.
GUY-DUTOUR, élève chirurgien. E. 2.
GUY DE NOBLAC, chevalier. B. 433.
GUY DE PEIRIGUOS, chevalier. B. 450.
GUY DE PIERREBUFFIÈRE, damoiseau. B. 314.
GUY DE PUYFAUCON, damoiseau. B. 395, 409.
GUY DE LA RÔCHE, damoiseau. B. 435.
GUYBERT (Georges). E. 1.
GUYBERT (Jacques), monnayeur. B. 497, 525, 526; — VI E. 1.
GUYBERT (Jean-François), conseiller du Roi. B. 498.
GUYNIER (Typhayne de). B. 54.
GUYONE (Catherine). B. 479.
GUYONNAUD-DUPRÉ. E. 1.
GUYOT, vicaire, G. 58, 59.
GUYOT (François), notaire et procureur. B. 412.
GUYOT DE LA FOREST, notaire et praticien. B. 63.
GUYTARD (Marc-Antoine de), écuyer, SGR. DE MONTGEOFFRE. B. 525.

H

HALEIN (Germain), rôtisseur. B. 529.
HARDIT (Albert), marchand. B. 68.
HARDY (Léonard). B. 497.
HARDY (Madeleine). VIII D. 1, 2.
HARDY (Marie). G. 55.
HARDY (Pierre), trésorier de France. B. 497, 526.
HARDY (Urbain). (S-Y) B. 2.
HELLA (Joseph). G. 61.
HÉLIE. III B. 6.
HÉLIE DE BERUIL, damoiseau. C. 84.
HÉLIE DES MONTS, damoiseau. B. 398.
HÉLIE DE RAZÈS, noble homme. B. 433.
HÉLIE DE ST-MARC. B. 430.
HÉLIE DE VISIOU, damoiseau. B. 447.
HENNELIN. (M-L) B. 13.
HENNEQUIN, prêtre. E. 1; — G. 57.

HENRI III, roi. I B. 18.
HÉRIÉ (Joseph), curé. (D¹) H. 1.
HERMITE (Pierre de l'). B. 448.
HERVY, prêtre. E. 31; — G. 68.
HERVY (J.-Pierre), élève chirurgien. E. 2.
HEYRAUD, curé. B. 477; — G. 62.
HONORIUS III, pape. II A. 1; — II C. 1.
HUARD (Antoine), notaire. B. 197.
HUBLE (Guillaume), archiprêtre.. (D¹) B. 6.
HUGO. B. 433.
HUGON. B. 526.
HUGON, conseiller. C. 16.
HUGONET DE TEYSSONIÈRES. B. 367.
HUGONNEAU (Jean). E. 2.
HUGUES, aumônier. B. 190.
HUGUES DE CHARRIÈRES, aumônier. B. 385, 398, 417, 472.
HUGUES DE CHATEAUNEUF, pitancier. B. 142.
HUGUES DE LASTOURS. B. 422.
HUGUES DE PEIRIGUOS. B. 450.
HUGUON (Herman). B. 8.
HULLIN (Joseph). (M-L) B. 22.
HUPAGNA (Guillaume), bourgeois. B. 101.
HUPAGNE (Pierre). B. 475.
HYLAIRE (Pierre). B. 294.
HYMBERT (Pierre), dit PATAUD. B. 256.
HYMBERT DE VILLEYRENT et DULCIE, sa femme. B. 324.
HYTIER, chirurgien. B. 497.
HYVERNAU, prêtre. G. 54.
HYVERT (Antoine), huissier. B. 491.

I

IMBERT, vicaire. G. 66, 74.
IMBERT (René), apothicaire. B. 526.
IMBERT DE VERNEUIL, damoiseau. B. 398.
ISCHE (Gilbert), garçon chirurgien. E. 2.
ISLE DU GAST (de l'), évêque de Limoges. B. 8, 9, 10, 11; — E. 1; — (M-L) H. 2; — (S-Y) E. 54.
ISLE DU GAST (Catherine-Anne de l'). B. 8, 9, 10.
ISLES (Guillaume des), médecin. B. 497.
ISNARD (dom). H. 4.
ITIER (Alpinien), garçon chirurgien. E. 2.
ITIER (Audier), bourgeois. B. 221.
ITIER (Hélie). B. 204.
ITIER (Jacques), m° chirurgien. E. 2.
ITIER DE VESIO. B. 433.

J

JABEILLAC. (Bᶜ) B. 4.
JABESSIER (Martin), prêtre. VIII D. 1.
JACOBUS, monachus. B. 433.
JACQUELI. II H. 3.
JACQUES, mᵉ tailleur. B. 237.
JACQUES (Pierre). B. 395.
JACQUES (image de St-). B. 526.
JACQUES DE CHAUCHEGRUE, moine. B. 433.
JACQUES D'EYMERIC, damoiseau. B. 160.
JACQUES DE St-MARTIAL, moine. B. 433.
JACQUES DE SOLEMPNIAC. II H. 5.
JACQUETON (Jean), brigadier. D. 4
JAFFETA (Aymeric), bourgeois. B. 242.
JAHU (J.-B.), garçon chirurgien. E. 1.
JANAILHAC (Léonard de), bourgeois. B. 282.
JANAILLAC (Audoin de). B. 193.
JANAILLAC (Catherine de). B. 70.
JANAILLAC (Eustache de), bourgeois. B. 52, 56, 69, 194, 232, 282.
JANAILLAC (Guillem de), épinglier. B. 526.
JANAILLAC (Jacques de). B. 232, 234, 236, 237, 282.
JANAILLAC (Jean de). B. 52, 53, 57, 68, 136, 137, 193, 194, 232, 282, 283.
JANAILLAC (Martial de), bourgeois. B. 55, 193, 194.
JANAILLAC (Maurice de), bourgeois. B. 235.
JANAILLAC (Pierre de). B. 58, 193.
JANAILLAT (Jacques), orfèvre. VIII D. 1.
JANDAUD (Barthélemy). B. 227.
JANETTE. VIII B. 14.
JANSÉNISTEˢ. (M-L) H. 2.
JAQUET, secrétaire. C. 16.
JARRE (Martin). B. 233.
JARRET (Jean). B. 406.
JARRIGE (.....). (S-Y) E. 31.
JARRIGE (Antoine de). (S-Y) B. 5; — (S-Y) E. 38.
JARRIGE (Hélie de). (S-Y) E. 50.
JARRIGE (Jean). (S-Y) B. 12; — (S-Y) E. 2, 19, 24.
JARRIGE (Pardoux de). (S-Y) E. 5.
JARRIGE DE LA MORÉLIE. (S-Y) B. 4, 12; — (S-Y) E. 1.
JARRIGE DE LA ROBERTIE. (S-Y) E. 2.
JARRY (Martin). B. 243.
JARRYE (sieur de la). (M-L) B. 22.
JAU (Pierre). B. 231.
JAUMENT (Pierre). (M-L) B. 4.
JAUMETZ (Laurent). (M-L) B. 4.

JAUMETZ (Mathurin). (M-L) B. 4.
JAUNHAC (Pierre de). B. 430.
JAVAUD (J.-B.), jardinier. B. 498.
JAY (Martial). B. 31.
JAYAC (de). VIII D. 1, 2.
JAYAC (François et Pierre de). B. 68.
JAYAC (Jehan de). I B. 16.
JAYAC (Antoine), SGR. DE LAGARDE. E. 2.
JAYAT, trésorier de France. C. 16.
JAYAT (Mad.). E. 42.
JAYAT (Gérald de), procureur. B. 470; — II E. 3.
JAYOS (Gérald). III B. 6.
JEAN (frère), commandeur. III B. 5.
JEAN, marchand. (S-Y) E. 60.
JEAN, prieur. III B. 6, 11.
JEAN, fils du roi de France. (M-L) B. 14.
JEAN DE L'AGE. B. 274.
JEAN D'EYJAUX. B. 154.
JEAN DE MASSIGNAC, écuyer. (M-L) B. 8.
JEAN DE PIERREBUFFIÈRE, chevalier. B. 447.
JEAN (Nicolas de). prévôt. B. 338.
JEAN, alias JANICOS COA. B. 159.
JEANDAISE (Marie). F. 1.
JEANNE DE LASTOURS. B. 416, 452.
JEANNET (Léonard), métayer. (M-L) B. 13.
JEANNOT (Jean), mᵉ boulanger. B. 118.
JEANTON (Jean). B. 110.
JEANTOUX. (S-Y) E. 42.
JEANTY. B. 498; — C. 16; — F. 20.
JEVARDAT (Élie), avocat. (Dᵗ) B. 2, 11, 12; — (Dᵗ) D. 1; — (Dᵗ) E. 1.
JEVARDAT (Silvine), (Dᵗ) D. 1.
JOHANEN (J.). VIII B. 9.
JOHANNEAU (Joachim), élève chirurgien. E. 2.
JOHANNEAU (Jean). B. 235.
JOHANNISSAU (Mérigot), bonnetier. VIII D. 1.
JOHANNISSAUD (Guillaume). B. 237.
JOLAIN, desservant. G. 70.
JOLI DE FLEURY. G. 2; — H. 7.
JOLLIVET, tanneur. (Bᶜ) G. 5.
JOLY (Pierre), boulanger. B. 127.
JONCHADE, vicaire. G. 68, 69.
JORNET (Pierre). B. 460.
JOSEPH (Mad. St-). E. 129.
JOSÉPHE (l'historien). B. 8.
JOSNIÈRE (de la). (Dᵗ) B. 5; — (Dᵗ) E. 1, 2, 3.
JOSSE (Albert), licencié ès lois. B. 77.
JOSSE (Aubert). VIII B. 9.
JOUBERT (.....). E. 1, 96; — G. 66.
JOUBERT (Aymeric), sellier. B. 103.

JOUBERT (Jean), épinglier. B. 497, 525.
JOUBERT (Philippe) DE LA BRIAUDIÈRE, receveur. B. 404.
JOUHANNAUD (Pierre), fripier. B. 529.
JOUHAUD (Jean), garçon chirurgien. E. 2.
JOUHAUD (Léonard), procureur. E. 2.
JOUHAUD (Martial). B. 416.
JOUHAUD DE BOULEYSTERR, juge. B. 525.
JOUMARD. G. 59.
JOUMARD (de la). B. 445, 531.
JOUMART (Laurent). B. 50.
JOURDAIN, évêque de Limoges. I A. 2, 3.
JOURDAIN D'AIXE alias DES BANCS. B. 126.
JOURDAIN SGR. DE CHATEAUNEUF. B. 430.
JOURDAIN DE LÉZIGNAC. (M-L) B. 4.
JOURDAIN DE PENNEVAYRE. B. 121.
JOURDAINE (sieur de la). II E. 3; — III B. 10.
JOURDAN, mᵉ chirurgien. C. 11; — E. 2.
JOURDE (Jean). (M-L) B. 4.
JOUSSINEAU (Marie de), MARQUISE DE FAYAT. B 396.
JOUSSINEAU (Philibert de), MARQUIS DE FAYAT. B. 396.
JOUSSINEAU (Jacques de), SIEUR DE LA MEYCHENIE. (S-Y)
    E. 6.
JOUVERT, notaire. B. 497.
JOUVIOND (Albert de), abbé. B. 63; — II H. 8.
JOUVIOND (Jacques). aumônier. B. 381, 415.
JOUVY, apothicaire. (S-Y) E. 40.
JOVION (la). (M-L) E. 10.
JUBERT DE BOUVILLE, intendant. B. 26.
JUGE (.....). C. 16; — (S-Y) E. 47, 52; — (S-Y) H. 1.
JUGE, avocat du Roi. B. 529, 535; — E. 23.
JUGE, prêtre. B. 497, 529; — C. 7, 10; — (S-Y) B. 23.
JUGE (Aurélien). B. 535.
JUGE (Gabriel), avocat. B. 498.
JUGE (Guillaume). B. 535.
JUGE (Jean), marchand. B. 282, 289.
JUGE (Jean), licencié en décret. II B. 8, 10; — II H. 8.
JUGE (Léonard), bourgeois. B. 467.
JUGE (Magdelaine), B. 535.
JUGE (Sibille). I B. 6, 7.
JUGE DE LA BORIE. C. 10; — E. 2. 28.
JUGE DE ST-MARTIN. B. 136, 497; — C. 16; — E. 1, 31, 94.
JUIF (Gui et Raymond). B. 450.
JULES II, pape. II H. 8.
JULHIER (Hélie), bourgeois. B. 266.
JULHIER (Mathieu). B. 266.
JULIE (Jean de), bourgeois. VIII D. 1.
JULIEN (François de), marchand. B. 192.
JULIEN (Jacques de). B. 334.
JULIEN (Jean et Guillaume). B. 53.
JULIEN (Martial), orfèvre. B. 162.

JULIEN (Martial), prêtre. B. 82, 156.
JULLIEN (Joseph de), trésorier de France. B. 145, 193,
    525; — I B. 7; — VI B. 1.
JUMILHAC (Anne). B. 498.
JUMILHAC (Marguerite de). B. 540; — G. 121.
JUMILHAC (Philippe de). B. 525; — G. 121.
JUNIAC (de). (Bᵉ) G. 5.
JUNIEN (Guy), chanoine. (Dᵗ) B. 4; — (Dᵗ) E. 1.
JUNIEN (Pierre), marchand. (Dᵗ) E. 1.
JUNIEN DE MONGOMARD (Dˡˡᵉ). (Dᵗ) E. 1.
JUNIEN (Jean), SIEUR DE LA VILLEAUROY. (Dᵗ) B. 4.
JURNHAC (Jehan de). VIII B. 6.
JUST (Léonarde). E. 91.
JUTGLAR (Pierre). B. 229.
JUVÉNAL. B. 8.

                    K

KEYSER. G. 3.

                    L

LABATIDE (M. de) DE CURZAT, administrateur. B. 544.
LABBE (le P.). B. 8.
LABROYS (Pierre), boulanger. B. 195.
LABICHE, marchand. B. 183.
LABICHE (Mad. de). H. 4.
LABICHE (Étienne), auditeur des comptes. B. 333.
LABICHE (Valérie de). B. 279, 497.
LABICHE DE MARSAC, trésorier. B. 496.
LABICHE DE REIGNEFORT. C. 11; — H. 1, 2, 4.
LABIGNE. VIII D. 1.
LABIGOURIE. (S-Y) B. 15.
LABORDERIE (de). B. 10.
LABORIE (.....). G. 58; — II B. 2, 4.
LABORIE (Jacques). (M-L) B. 4.
LABORIE (Marie-Martin de). (S-Y) B. 12.
LABORIE (Pierre). B. 161; — III B. 8.
LABORIE (Pétronille et Pierre). B. 162.
LABORLHE (Jacques), SIEUR DE CHÉGURAT. B. 496.
LABOSCHA (Jean), clerc. B. 131.
LABOTMIE (Jean). B. 91.

LABOULINIÈRE, *alias* LABOULLENIÈRE, prêtre. E. 2; —
G. 72.
LABOULLINIÈRE (Pierre), élève chirurgien. E. 2.
LABREUILLE (Mad. de). (M-L) H. 3.
LABROUHE (.....). (S-Y) E. 29, 41. 85.
LABROUHE (Antoine de). (S-Y) E 38.
LABROUHE (Jacques), mᵉ apothicaire. (S-Y) E. 31.
LABROUHE (Jean), bourgeois. (S-Y) E. 25.
LABROUHE (Yrieix), apothicaire. (S-Y) E. 34.
LABROUSSE, conseiller. B. 23, 31.
LABROUSSE DE TEYXONNIÉRAS..B. 217.
LABRUGIÈRE (Jean). B. 190.
LABU (Marie). G. 57.
LACATE (Jean), boulanger. B. 184.
LACHALME (Guillaume). B. 369.
LACHASSAIGNE (J.-B.), élève chirurgien. E. 2.
LACHAUD, juge. G. 64.
LACHAUD (Catherine de). B. 543.
LACHAULT (Françoise). B. 324.
LACHAUME DE PEYRAUCHE, chirurgien. (Dˡ) E. 1.
LACHENAUD, fondeur. B. 497, 526.
LACHENIE (Jean), chanoine. B. 154.
LACHÈZE (Gérald), chevalier. B. 422.
LACHÈZE (Pierre), damoiseau. B. 422.
LACOMBE, médecin. (S-Y) E. 45.
LACOMBE, potier d'étain. (S-Y) E. 47.
LACOMBE (J.-B.), surnuméraire. E. 2.
LACONQUE, médecin. B. 526.
LACONQUE (Mad.). C. 1.
LACOSTE (sœur). (M-L) E. 10.
LACOSTE (de), orfèvre. (M-L) E. 12.
LACOTTE, chanoine. (S-Y) E. 80.
LACOTTE (François), meunier. E. 88, 94.
LACOULERIE (Pierre), curé. E. 2; — G. 59.
LACOUR. (M-L) E. 12.
LACOUTURE DE MAZEROLLES. (Bᶜ) E. 6.
LACOUX. B. 18.
LACROIX (Charles). (S-Y) E. 30.
LACROIX (Valérie et Catherine). B. 498.
LACROT (Pierre). VIII B. 9.
LACROZE (Gaucelin). B. 199.
LADIGNAC (Étienne de), prêtre. B. 50.
LADIGNÉ, syndic. (S-Y) E. 36, 69, 76, 77.
LAFAYE (de). B. 397.
LAFAYETTE (de), évêque de Limoges. B. 4 à 7; — C. 1;
— E. 2, 112; — F. 24.
LAFLEUR-THOVEYRAT. (Bᶜ) D. 1.
LAFON, chanoine. (S-Y) E. 25; — (S-Y) H. 7.
LAFON (François), prêtre. (S-Y) B. 12, 16; — (S-Y) E. 28.
LAFON (Léonard de). (S-Y) E. 7.

LAFON (Marguerite). III F. 1.
LAFON (Yrieix), notaire royal. (S-Y) E. 28, 62.
LAFON (Jean de), SIEUR DE MOISSAC. (S-Y) E. 6; — (S-Y)
H. 1.
LAFOND (de), archiprêtre. (M-L) E. 12.
LAFOND. curé. G. 74.
LAFOND (sœur). (M-L) E. 12.
LAFONT (.....). B. 433.
LAFONT, avocat. (S-Y) E. 40.
LAFOREST (J.-B.), garçon chirurgien. C. 16; — E. 1, 2;
— G. 129.
LAFOSSE, archiprêtre. G. 58.
LAFOSSE (Mathieu). E. 1.
LAFOSSE (Grégoire) DE CHAMPDORAT, bourgeois. B. 15,
498.
LAGARDE (Mad. St-Augustin de). E. 39, 41.
LAGARDE (Léonard de), tanneur. B. 166.
LAGASNE (de), procureur. (Bᶜ) E. 6.
LAGASNE, curé. G. 68.
LAGE (de). E. 47; — F. 28; — II B. 2.
LAGE (Pierre). B. 175.
LAGEPONNET. I B. 7.
LAGNEMER (Léonard). (M-L) B. 23.
LAGORCE, président. G. 57.
LAGORCE, (Giraud), marchand. B. 279.
LAGORSE, dit PEYRON, juge. II B. 11.
LAGORSE (Aymeric). II B. 3.
LAGORSE (Denise de). (M-L) B. 4.
LAGORSE (Martial), prêtre. VIII D. 1.
LAGORSE (Mathieu de), prieur. E. 31.
LAGORSE DE LA COURTAUDIE. E. 20.
LAGORSE (Léonard de), SIEUR DE MERDALON. B. 197.
LAGRANGE (dᵉˡˡᵉ). E. 48, 50.
LAGRANGE, sœur hospitalière. (S-Y) E. 68, 70; — (S-Y)
H. 5.
LAGRANGE (.....). (S-Y) E. 5, 75, 76; — (S-Y) H. 4.
LAGRANGE (Jean de), meunier. B. 494.
LAGRANGE (Martial de). B. 494.
LAGRANGE (Pierre de). (M-L) B. 4.
LAGRANGE-ST-SAVIN. (M-L) B. 8.
LAGRATTE (Marie). (S-Y) H. 10.
LAGUENIE, pâtissier. C. 16.
LAGUIER (Hilaire), cordelier. G. 58.
LAGUZET DE LAVAULT. (Dˡ) E. 1.
LAJAUMONT (Marguerite de). B. 457.
LAJOUMARD (Jean), procureur. B. 525; — II E. 3.
LAJOURDANIE (dᵉˡˡᵉ). E. 129.
LAJUDIE (Martial). G. 59.
LALANNE (Jean de). (M-L) B. 9.
LALLET (Antoine). (S-Y) E. 72.

LALLET (Pierre). (S-Y) E. 25.
LALOUBIE, avocat. (S-Y) H. 6.
LAMARCHE (Guillaume), aumônier. B. 489.
LAMBIN (Guillaume), tondeur. II H. 3.
LAMBRYNIAS (Pierre). B. 443.
LAMBYZE (Bernard). B. 217.
LAMBYZE (Étienne). B. 57.
LAMIRAUD (Guillaume). D. 4.
LAMOTTE. (S-Y) B. 22.
LAMOTTE (de). G. 54.
LAMY (.....). B. 87; — E. 32; — G. 61.
LAMY (le P.). E. 14.
LAMY, patriarche. B. 268, 310; — E. 20. 32.
LAMY (François), licencié. B. 303.
LAMY (Guillaume). B. 495; — (S-Y) E. 33.
LAMY (Jean), élu. B. 129; — VI B. 1.
LAMY (Joseph), conseiller. III E. 1.
LAMY (Léonard), notaire. B. 236.
LAMY (Mathieu), bourgeois. B. 129.
LAMY (Marguerite). B. 145.
LAMY (Marie). B. 129.
LAMY DE LA CHAPELLE. E. 1, 94.
LAMYE (Léonard). VI E. 1.
LANDAUD (Jeanne). E. 12.
LANDE (Étienne et Jean de la). (M-L) B. 2, 8.
LANDRIENNE. III B. 6.
LANDRY (Marie). G. 82.
LANGON (Antoine). (S-Y) E. 45.
LANIER. E. 20.
LANOUAILLE DE LACHÈZE. curé. G. 74.
LANSADE, notaire. I B. 33.
LANSON (Peyronne de). (S-Y) E. 6.
LANSSADE (Mathieu), bastier. B. 270.
LAPENELLE (F.). (M-L) B. 6.
LAPEYRE, cavalier. E. 41.
LAPINE (Jean), notaire. B. 467.
LAPINE (Martial), élu. E. 47.
LAPITAU (Pierre). B. 36.
LAPLACE (Martial de). B. 182.
LAPLAGNE (J.-B.), élève chirurgien. E. 2.
LAPLAIGNE (Pierre), garçon chirurgien. E. 1, 59.
LAPLEU (Coulaud). B. 476.
LAPLEU (Pierre). B. 475, 476.
LAPLOU (Marie). B. 268.
LAPORTE (Adémar). B. 190.
LAPORTE (Louise de). (M-L) B. 5.
LAQUAYRE (Jean). B. 246.
LARBONOT (de). H. 7.
LARGOT (Pierre), imprimeur. I E. 7.
LARMAT (Jean). B. 133.

LAROCHE (Mathieu de), prêtre. B. 308.
LAROCHE (Gui de). B. 430.
LAROCHE (Marie de). B. 526.
LAROCHE (Philippe de), sgr. DE LA MONDIE. B. 445, 497.
LAROQUE, curé. G. 67.
LAROQUE, subdélégué. G. 72.
LAROUDIE (Jean de), médecin. B. 528.
LAROZE. (S-Y) E. 45.
LARUE. H. 2.
LASCHAMPS (Martial), laboureur. B. 342.
LASCOULY, curé. G. 68.
LASCOUX (Antoine). (S-Y) E. 65, 67, 69.
LASCURE, bourgeois. H. 26.
LASCURE (Gérald). B. 272.
LASCURE (Jehan). II H. 6.
LASCURE (Pierre), aumônier. B. 260, 337, 370; — E. 124.
LASERRE, vicaire. G. 66.
LASSAIGNE (J.-B.), élève chirurgien. E. 2.
LASSALLE-GALLICHER (Jean de). (B°) E. 3.
LASSIS (J.-B. de), garçon chirurgien. E. 2.
LATOUR (de). (M-L) B. 11.
LATREILLE, aumônier. (S-Y) E. 40.
LATREILLE (Isabeau). B. 497.
LATREILLE (Jean) chirurgien. B. 526.
LAUDERS (Pierre). B. 195.
LAUDIN, chirurgien. G. 70.
LAUDIN (Jeanne). B. 238; — E. 47.
LAUDON (François). B. 496.
LAUDON (J.-B.). E. 1.
LAUNE (Jean de la). (M-L) E. 23; — M-L F. 3.
LAURENS (.....). E. 1; — F. 1, 16.
LAURENS (Léonard) sieur DE FONBUSSEAU. (D°) H. 2.
LAURENT, vicaire. G. 60.
LAURENT (Jacques). B. 140.
LAURENT (Étienne), lieutenant criminel. (D') E. 1.
LAURENT (Jean), conseiller du Roi. (D') B. 10.
LAURENT (Jean de), m° charpentier. B. 497.
LAURENT-DES-TRÉPASSÉS (confrérie de St-). B. 284, 327.
LAURIER, curé. G. 72, 74.
LAURION (Marie-Anne). E. 2; — G. 123.
LAUVIE (Léonard). greffier. B. 54.
LAUZE (François de), hôte. B. 525. (Voy. Delauze.)
LAUZE (Nicolas de), vicaire. B. 498.
LAVAU (Pierre). B. 40.
LAVAUD (de), administrateur. (S-Y) B. 12; — (S-Y) F. 1, 2; — (S-Y) H. 2, 3.
LAVAUD, chirurgien. E. 14.
LAVAUD, confiseur. B. 526.
LAVAUD, médecin. (S-Y) E. 85.

Lavaud (Bernard), procureur. B. 525.
Lavaud (Charlotte). B. 347, 498.
Lavaud (Guillaume). E. 2.
Lavaud (Jean de), marchand. B. 201, 496.
Lavaud (Louis). B. 322.
Lavaud (Yrieix). (S-Y) E. 60.
Lavaud (M. et M᷎ᵉ) de Blanzac. (Bᵉ) E. 6.
Lavaud-Salesse (Aymeric de). B. 343.
Lavault (Jean de), hospitalier. I B. 35.
Lavault (Jeannette de). B. 236.
Lavault de Laguzet (Dᵗ) E. 1.
Lavergne, prêtre. G. 71. 74; — (S-Y) E. 27.
Lavergne (Pierre). (S-Y) B. 12: — (S-Y) E. 2, 30, 60.
Lavergne (Catherine). G. 44.
Lavergnolle (Gautier). B. 383.
Lavie (Adémar). B. 190.
Lavigerie (Bernard de). B. 72.
Lavigerie (de), chevalier de St-Louis. (Bᵉ) G. 5.
Lavignat, curé. E. 2.
Laville (Jean). B. 283, 479.
Laviolette. E. 50.
Lazignac (Étienne de), prêtre. B. 142.
Lebeau (Étienne), garçon chirurgien. E. 2.
Lebeau (Pierre). B. 162.
Leblanc (Étienne), garçon chirurgien. E. 2.
Lebloy (Mathieu). III B. 8.
Lebloys (Jehan), brigandinier. VIII B. 3.
Lebon, directeur des poudres. E. 30.
Lebouchier (Jean), marchand. B. 63.
Leborlhe, avocat. B. 353.
Leborlhe (Gaspard). (M-L) B. 12.
Lebort (Michel), laboureur. (M-L) B. 5.
Lebrelhet (Pierre de), prêtre. III B. 7.
Lechandelier (Guillaume). B. 142.
Léchauzier (Martial de). B. 256.
Lechêne d'Airezau. (S-Y) E. 4.
Lecler, mᵉ jaugeur. B. 529.
Lecomte (Étienne) d'Ourtigières. B. 190.
Ledot (Jean), sieur de Puyjoubert. B. 384.
Lefaure, chirurgien. (S-Y) E. 45.
Lefebvre (Anne). (M-L) F. 1.
Léger (.....). E. 100; — (M-L) E. 12.
Léger (François). B. 525.
Légier président de la Monnaie. B. 497.
Légier (Jean), cordonnier. B. 77.
Légier (Phélipot), argentier. VIII B. 9.
Legros (Jean), épinglier. B. 526.
Legros (Pierre). (S-Y) B. 12.
Legure (Perrette). VIII D. 1.
Leluc (Guillaume). B. 298.

Lemaçon, curé. G. 70.
Lemaire (Claude), supérieur du séminaire. B. 525.
Lemasson. E. 2; — G. 60.
Lemoine (Catherine). C. 20.
Lemoine (René). H. 8.
Lemont, cavalier. (S-Y) E. 62.
Lemoyne (Hilaire), imprimeur. B. 497, 525, 526.
Lenoir (François), entreposeur. B. 498.
Lenoix (Charles-Marcel), talonnier. (S-Y) E. 49.
Léobardy (Léonard et Pierre de). I B. 2, 16.
Léobardy (Pierre de), notaire. I B. 2.
Léobardy (Léonard de), sgr. du Vignaud. B. 498.
Léonard (sœur). E. 50.
Léonard (Jean), trésorier de France. G. 42.
Léonard (Ursule de). G. 120.
Lepage (J.-B), élève chirurgien. E. 2.
Leparfait (Pierre et Jean). B. 399, 400, 496, 498, 525.
Lepetit (Étienne). (M-L) B. 5.
Lepetit (Léonard). (M-L) B. 4, 6.
Lepetit (Michel). (M-L) B. 5.
Lequart (Marie). B. 101; — II B. 8.
Lescalopière. H. 7.
Lescours (de), sgr. d'Oradour-sur-Glane. B. 531.
Lesgron (Pierre). (S-Y) E. 20.
Lespeau, apothicaire. (S-Y) E. 38.
Lespire (Jean). (S-Y) E. 33; — (S-Y) G. 1.
Lessaud (Louis). (M-L) E. 10.
Lessitat (Jean), lieutenant civil. G. 72.
Lesterp (Jacques), avocat. (Dᵗ) C. 1; — (Dᵗ) F. 2.
Lesterp (Benoist) de Beauvais. (Dᵗ) C. 1.
Lesterps, Lesters ou Letter. G. 72; — (Dᵗ) E. 3; — (M-L) B. 2; — (M-L) C. 1; — (M-L) E. 23.
Lestrade (Nicolas), procureur. B. 526.
Lestrade (Pierre), pâtissier. B. 497.
Létang (de). (Dᵗ) C. 1.
Letellier (Marie-Anne). E. 1.
Letournier (Jean). B. 138.
Leychoisier (de). E. 1, 96. (Voy. Eychoisier.)
Leylaneyre (Paschal). VIII B. 9.
Leyma (Jacques et Pierre). B. 34; — D. 4.
Leymarie, prêtre. B. 525.
Leymarie (Aymeric). B. 36, 38, 261.
Leymarie (Jean), sieur de la Rochette. (S-Y) B. 3. 12; — (S-Y) E. 20, 22.
Leymarie (Léonard). (S-Y) E. 47.
Leymarie (Pierre), marchand. (S-Y) E. 2, 6, 31.
Leyraud de la Chatre. E. 30, 31.
Leyssard (de). (S-Y) E. 46.
Leyssène (.....). G. 57; — H. 3.
Leyssène (Pierre), marchand. B. 82, 249.

Lézbaud (Paul). (M-L) B. 21.
Lézignat (de). (D^t) E. 3.
Lhéran (de). E. 34.
Lheudon (Gabriel), chirurgien. (D^t) B. 5 ; — (D^t) E. 1.
Lhuilier, prêtre. B. 497.
Lhulier (Joseph), sieur du Chez. (D^t) B. 5.
Lignaud (Henriette) de Lussac. (M-L) C. 3 ; — (M-L) E. 15 ; — (M-L) F. 3 ; — (M-L) H. 3.
Limosin, peintre. VIII E. 2.
Limosin (Léonard), m^e émailleur. B. 123, 284.
Limousin, trésorier de France. C. 14, 16.
Limousin (Anne). (S-Y) B. 3.
Limousin (Jean), émailleur. B. 526 ; — V B. 3.
Limousin (Jean), tanneur. B. 54.
Limousin (Joseph). B. 2, 497, 498, 525 ; — E. 42 ; — G. 126.
Limousin (Marguerite), hôtesse. B. 162, 526.
Limousin (Pierre), élève chirurgien. E. 2.
Limousin de Neuvic. B. 14, 498 ; — E. 2 ; — H. 17.
Linard, m^e de forge. (S-Y) F. 3.
Lingaud. E. 48.
Lintha (de). (S-Y) B. 16.
Lionet. E. 2.
Lisle (Jean de), élève chirurgien. E. 2.
Lizée (Jean), libraire. B. 253.
Lombaud (Agnès). B. 328.
Lombard (Marie-Catherine). G. 64.
Lombardie, balancier. D. 4.
Lombardie, curé. G. 68.
Lombardie, notaire. B. 497.
Lombardie (Jean), garçon chirurgien. E. 1, 2.
Lombardie (Pierre de). B. 236.
Loménie (de). B. 497 ; — C. 1. 4.
Loménie (Charles de), marchand. B. 234.
Loménie (François de), receveur. D. 4.
Loménie (Léonard de), procureur. B. 497.
Loménie (Simone de). B. 54.
Londeix, m^e de psallette. C. 16.
Londeix, perruquier. B. 498.
Longaud (Pierre). B. 308.
Loproux (Michel et Pierre). B. 44.
Lortcornet (Léonard de), procureur. B. 250.
Lostende (Benoist de). B. 10, 59 ; — E.
Louis XII, roi. II H. 8.
Louis XV, roi. B. 497 ; — E. 1.
Louis (Hélie), aubergiste. B. 497.
Loupetit (Jean). (S-Y) B. 9, 12.
Lourgerie (de). (S-Y) E. 62.
Louveau (Marie). (S-Y) E. 33.
Lubercie (Jourdain de), conseiller du Roi. B. 384.

Lubersac (Pierre et Jean de). B. 302, 485 à 489.
Luc (ordre du). H. 18.
Lucian (Étienne). IV B. 1.
Lucius III, pape. II A. 1.
Luneau (Pierre), curé. B. 433.
Luneu (P.), capellanus. B. 433.
Lusignan (Hugues de). III B. 1.
Lussac (Mad. de). (D^t) E. 1.
Lussac (Nicolas). (M-L) B. 6, 12, 13.
Lutin. E. 1.
Luynes (cardinal de). (M-L) E. 23.
Lyron (Mad.). C. 16.

M

Macary (Anne). (S-Y) E. 53.
Machaguet (Hélie). B. 204.
Madame, sœur du Roi. B. 20 ; — D. 4.
Madronnet. (S-Y) E. 38.
Magdeleine, supérieure. H. 23.
Mage (Guillaume). B. 96.
Mage (Louis), perruquier. B. 497.
Magnac (Léonard). I B. 6.
Magne (Pierre), boursier. D. 4.
Magnoski (de), capitaine. C. 16.
Magontier apothicaire. (S-Y) E. 48, 55.
Magontier, aumônier. (S-Y) E. 30.
Mahenybert (Jean). B. 127.
Maignol. (S-Y) B. 21.
Mailhot, prêtre. B. 525.
Maillac (Étienne), marchand. (M-L) B. 4, 5.
Maillard, official. B. 4.
Mailhaud (Itier). (M-L) B. 5.
Maillard (Joseph), apothicaire. D. 4.
Maillard (Paul), marchand. B. 280.
Maillard des Chapelles. C. 16.
Maillard de la Couture, trésorier de France. B. 279, 280, 497, 532 ; — C. 7 ; — E. 23, 94.
Maillat (de), aumônier. (S-Y) E. 49.
Maillot, trésorier. B. 525, 526.
Maimbourg (le P.). B. 8.
Mainville (de). (S-Y) E. 62.
Maiou (Marie). F. 1.
Maisongrande (Léonard), salinier. B. 497, 525.
Maisondieu (Pierre). B. 236.
Maisonnade, Maysonnade ou Meyjonnade, peintre. B. 529 ; — (S-Y) E. 61, 63.

MAISONNEUVE DE PUYCHARNAUD (de la). (M-L) B. 9, 12, 13, 18, 19, 20 ; — (M-L) H. 4, 5.
MAISONNIER (Gabriel). (M-L) B. 22.
MAJOU (Arnaud et Jean), marchands. B. 5.
MALAMBERT (de). (S-Y) E. 81.
MALAUDEAU (Marie). (S-Y) E. 49.
MALDEN. [Voy. MALEDENT.]
MALDONAT. B. 8.
MALEDEN (Audoyn), receveur des décimes. B. 250.
MALEDENT (.....). B. 10, 498, 507, 524 ; — C. 11, 16 ; — E. 47 ; — I H. 2 ; — (S-Y) E. 20.
MALEDENT (Anne). B. 220.
MALEDENT (Balthazard). B. 495.
MALEDENT (Jehan). II E. 3.
MALEDENT (Louis), chanoine. B. 498.
MALEDENT (Louis). marchand. I B. 7.
MALEDENT (Martial), curé. B. 29.
MALEDENT (Marie). B. 29.
MALEDENT (Maureille). B. 153.
MALEDENT (Mathieu de). B. 106, 454, 493.
MALEDENT (Pierre), bourgeois. B. 40.
MALEDENT DE BALEZY, écuyer. E. 2.
MALEDENT DE BONNABRY, chanoine. E. 1 ; — G. 37, 43.
MALEDENT DE LA BORIE, trésorier. B. 496.
MALEDENT DE FEYTIAT. E. 1, 2, 31, 38, 94.
MALEDENT DE FONTJAUDRAN. B. 29 ; — D. 4 ; — E. 1, 22 ; — G. 10.
MALEDENT DE GENESTY. B. 29.
MALEDENT DE PUY-IMBERT, chanoine. B. 525.
MALEDENT DE PUYTISON. E. 12, 13.
MALEDENT, SGR. DE SAVIGNAC ET DE MEILHAC. A. 1 ; — B. 453, 456, 493, 495.
MALEFON (Marie) B. 225, 497.
MALEFONT (Martial). B. 300.
MALEIX (Isaac), notaire. B. 498.
MALERBAUD, notaire. I B. 7 ; — I D. 5.
MALET, marchand. B. 526.
MALET (Guillaume), taillandier. B. 72.
MALEVAUD (Étienne et Jean). (D¹) B. 5 ; — (D¹) E. 1, 2, 3.
MALEVAUD (Marguerite de). (D¹) E. 3.
MALEVERGNE (.....). E. 1, 31, 95 ; — G. 60.
MALEVERGNE, curé C. 8 ; — E. 41.
MALEVERGNE (Anne). B. 291, 292, 496.
MALEVERGNE (Bernard de). B. 193.
MALEVERGNE (Pierre). (S-Y) B. 2.
MALEVERGNE DE LA BACHELLERIE. (S-Y) B. 16.
MALEVERGNE DE FREYSSIGNAC. C. 14 ; — E. 2.
MALIGNAULT, notaire royal. V B. 3 ; — VIII D. 2.
MALINVAUD (Jean), bassinier. B. 288.

MALINVAUD (Jean), dit le JALAT, boucher. E. 85.
MALINVAUD (Jean), prêtre. VI B. 1 ; — VIII B. 25.
MALINVAUD (Pierre), boutonnier. B. 525.
MALISSEN (Jean et Pierre), arquebusiers. B. 152, 525, 526 ; — E. 14.
MALISSIN, graveur. E. 48.
MALLAVERGNE (Joseph). VIII B. 23.
MALLEBAY, maître d'école. (Bᶜ) G. 5.
MALLEBAY, procureur du Roi. (Bᶜ) E. 6 ; — (Bᶜ) G. 5.
MALLEBAY (François), conseiller. (Bᶜ) E. 1, 6, 7.
MALLEBAY DE CHABANNES, avocat. (Bᶜ) G. 5.
MALLEBAY DU CLUSEAU, administrateur. G. 68.
MALLEBAY (François) DE LA THIBAUDERIE. (Bᶜ) G. 1.
MALOUZIEUX (François-Joseph de) DE LAGANE. B. 543.
MANDAT, prêtre. B. 103.
MANDAT (Jean). écuyer. B. 528.
MANDAT (Pierre), laboureur. B. 363.
MANDAVY, vicaire. G. 58, 59.
MANDONAUD (Pierre). B. 156.
MANENT. chanoine. B. 526.
MANET (Hyacinte), prieur. F. 44, 106, 403.
MANEUF, prieur. E. 2.
MANHAIN (Pierre). B. 52.
MANHANIA (Jacine de). VIII B. 5, 6.
MANHIBERT (Martial). clerc. III B. 7.
MANIGNE (Simon de) B. 36.
MARAND (Joseph). contrôleur. I E. 5.
MARANS (dame de). (D¹) B. 5 ; — (M-L) B. 7 ; — (M-L) E. 9.
MARANS (René de). (M-L) B. 13.
MARAT (Jean). III B. 7.
MARATON (Pierre). B. 40.
MARAUD (Étienne) (M-L) B. 24.
MARBODIE D'ESCHEZADOUR. B. 433.
MARBOTIN. curé G. 64, 72.
MARCELAUD (Jeanne). (S-Y) E. 33.
MARCELLOU, accoucheuse. E. 48.
MARCHAL (Sébastien), conseiller. B. 9.
MARCHAND (Jean). manouvrier. B. 195.
MARCHANDON (.....). B. 525, 535 ; — (S-Y) E. 5.
MARCHANDON (Pierre), dit le MONARD, laboureur. B. 84.
MARCHANDON (Jacques-Joseph) DE NAUGEAT, bourgeois. B. 498.
MARCHE (Claude de la), écuyer. B. 525.
MARCHES (Guillaume), grand maître de l'ordre de St-Jean. B. 3.
MARCHIVAU (Laurent de). (M-L) B. 3.
MARCILHON, chirurgien. (S-Y) E. 39, 45.
MARCOGNE (de). (S-Y) B. 8.
MARCOUX, chirurgien. (M-L) E. 22.

Marcoux (dame). (M-L) B. 23.
Marcoux (Bruno). (M-L) B. 23.
Marcoux (Jean). (M-L) B. 23.
Marcoux (Suzanne). (M-L) A. 1 ; — (M-L) B. 1.
Marcoux de la Bersse. (M-L) B. 2.
Mardieu (Pierre). B. 37.
Mareau. (M-L) B. 3.
Marel (Jean), chanoine. (S-Y) B. 22.
Marensau (Jean), vigneron. B. 273.
Maréschal (Jean). II B. 10 ; — II H. 8.
Maret, avocat. G. 54.
Margerie. (S-Y) E. 70.
Marginier, prêtre. B. 525 ; — E. 34.
Marguerite (confrérie de Ste-). B. 268.
Marguerynon (Pierre). (S-Y) B. 12.
Marianne, gouvernante. (S-Y) E. 72, 77.
Marigny (de). (Dr) E. 1.
Marlanges (Albert de), prêtre et notaire. B. 54.
Marlanges (Jacques). B. 52.
Marmond (dame de). B. 498.
Marviénas, notaire. B. 525.
Marquet, vicaire. G. 58.
Marquet (Jean). B. 215.
Marquet (Martial). E. 100.
Mars (Jean de). B. 34.
Marsandon (Jean). E. 1.
Marsange (dlle de). (M-L) F. 1.
Marsans (Mad. de). (M-L) F. 1.
Marsat, huissier. (Bc) G. 5.
Marsaud (Pierre). (M-L) B. 6.
Marsault (Olympe de St-), dame de la Feuillade. B. 486.
Marsicas (Bernard). B. 290.
Marsicas (Pierre), aubergiste. B. 249.
Marsillat, curé. G. 74.
Marsillon, chirurgien. (S-Y) E. 38.
Marsiquat (Jean). E. 12.
Marteau (Jean), bourgeois. B. 177, 455.
Marteau (Pierre). B. 44, 94.
Marteau (Pétronille et Martial). B. 177.
Marteau (Silvain), clerc. B. 101.
Marteau (Valérie de). B. 106.
Martelles (Jeanne et Valérie). B. 492.
Martelly, curé. G. 72.
Marten (Valérie de). VIII B. 9.
Marthom (Guillaume). III B. 3.
Marti (Martial). II H. 5.
Martial (.....). B. 8, 197.
Martial (Pierre, Jacques et Jean). B. 39 ; — E. 1 ; — III B. 7, 8.

Martial de Jourgnac. B. 156.
Martial (Louis de St-), marquis de Couros. B. 539.
Martial (Pierre de St-), clerc. B. 190, 398.
Martial de la Courtine (confrérie de St-). B. 106, 275.
Martial de la Fenêtre (confrérie de St-). B. 40, 77.
Martial en l'église Montjauvy (confrérie de St-) B. 298, 310.
Martialot (François), sieur du Puy-Mathieu, conseiller. B. 531.
Martier (Colas). II H. 8.
Martin (.....). B. 18, 507, 522, 526 ; — G. 57, 65.
Martin (dame). C. 16 ; — E. 49.
Martin, conseiller. B. 496.
Martin, lieutenant de juridiction. B. 525.
Martin, notaire. I D. 2.
Martin, peintre. C. 7 ; — (M-L) E. 10, 13 ; — (M-L) F. 1.
Martin (le président). B. 349.
Martin, prêtre. B. 497 ; — E. 1, 2, 30.
Martin (François). B. 279, 530.
Martin (Gaucelin). B. 19.
Martin (Henri). H. 16.
Martin (Isabelle). (M-L) F. 1.
Martin (Jacques). B. 316, 542 ; — D. 4.
Martin (Jean). B. 99, 285, 408, 526 ; — I B. 1, 7 ; — (S-Y) E. 54.
Martin (J.-B.), prêtre. B. 59, 498.
Martin (Joseph), garçon chirurgien. E. 1.
Martin (Laurent). B. 279.
Martin (Marguerite). (S-Y) E. 39.
Martin (Marie). (S-Y) B. 2.
Martin (Martial), chanoine. I B. 1, 16.
Martin (Pierre). B. 82, 409 ; — D. 4 ; — VIII D. 1 ; — VIII E. 2 ; — (S-Y) E. 2.
Martin de l'Age. B. 543.
Martin de la Bastide, trésorier de France. B. 496, 498, 526, 531.
Martin de la Bourgade, conseiller au Présidial. B. 270 ; — E. 47.
Martin du Chevalet, conseiller. I B. 33.
Martin de Compreignac. B. 14, 498.
Martin de Cubzac. E. 2.
Martin de Fontjaudran. C. 16.
Martin de la Plaigne. C. 7 ; — E. 2.
Martin du Raynaud. E. 1, 96 ; — G. 127.
Martin de Redon, juge. B. 5.
Martin du Rouveix. B. 496.
Martin (Jean de St-). (Bc) B. 3.
Martin (Louis de St-). (S-Y) B. 12.

MARTIN (St-) DE BRAGNAC. (D¹) E. 3.
MARTINAUD (Pierre). (M-L) B. 24.
MARTINE. III B. 7.
MARTINIÈRE (M. la), premier chirurgien du Roi. (S-Y) E. 60.
MARTINOT. G. 60.
MARTONIE (Henri de la), évêque. III C. 2.
MARVILLE (de). H. 7.
MARZAT (de). C. 3.
MASBARET (Martial), apothicaire. B. 525, 526.
MASBATEN (Jean et Pierre du). B. 50, 162, 496.
MASCARON. H. 22.
MASOOT, conseiller. B. 525.
MASGONTIER (François). (S-Y) E. 6, 37.
MASGONTIER (Yrieix). (S-Y) B. 15.
MASGUYNIER (Pierre de). II H. 6.
MASJAMBAUD (Ardant), négociant. E. 2.
MASMICHEL (de). (S-Y) B. 23.
MASSARD (Pierre), licencié ès lois. B. 235.
MASSÉ (frère). II B. 7.
MASSÉ (Ytier), farinier. B. 5.
MASSÉ (Héliot), épinglier. VIII D. 1.
MASSIAT (Marie), hôtesse. B. 497.
MASSIN (Marie). III B. 3.
MASSOLARD (Pierre), procureur. B. 469.
MASSOLAS (Léonard de). B. 233.
MASSON (Simon), chirurgien. (D¹) B. 5.
MASSOS (Rainold lo). B. 337.
MASSOULARD (Jacques), mᵉ chirurgien. I B. 7.
MASSY (Bertrand), élève chirurgien. E. 2.
MASSY (Jean), emballeur. B. 525.
MASSY (Joffre), notaire et procureur. B. 498.
MASSY (Pierre), hôte. (S-Y) B. 12; — (S-Y) E. 49, 54, 80; — (S-Y) H. 10.
MATBRRE, curé. B. 525; — E. 13.
MATHÉON (Léonard), mᵉ armurier. B. 526.
MATHERON, tapissier. E. 2.
MATHIEU (.....). G. 62.
MATHIEU (Anne). II B. 6.
MATHIEU (François). (M-L) B. 5.
MATHIEU (Jean), orfèvre. B. 77, 440, 497, 526.
MATHIEU (Jean). (D¹) H. 1.
MATHIEU (Martial), vicaire. B. 152.
MATHIEU (Mad. St-). E. 129.
MATTER (Léonard). F. 1.
MAUBAYE (Pierre). B. 308.
MAUBERT (du), avocat. (Bᶜ) G. 5.
MAUD (Geoffroi), curé. B. 424, 498; — E. 31; — G. 65.
MAUFANGES, chirurgien. (S-Y) E. 34.
MAULMY (Joseph). B. 496.

MAUMET (Laurent), curé. B. 178, 204.
MAUMONT (de), prêtre. G. 62.
MAUMONT (Charlotte de), directrice de la Maison-Dieu. H. 26.
MAUMY (Jean), prêtre. B. 497.
MAUMY (François). G. 8.
MAUPLE (François). B. 193.
MAUPLE (Guillaume), SGR. DE PLENNEVEYRE. B. 87, 530.
MAUPLE (Pierre). B. 539; — I B. 6.
MAUPLE (Jean), SIEUR DE PLENNEVAYRE alias DE LABORIE, trésorier. B. 87, 525, 526, 541; — I B. 6; — II B. 2, 4; — II E. 3; — II H. 7.
MAURAT, apothicaire. (D¹) E. 3.
MAURICE (Pierre). B. 398.
MAURIN (Pierre). B. 202.
MAURY (Jean), imprimeur. B. 529.
MAUSSAC (L. de). (M-L) E. 15.
MAVALEYX (de). (S-Y) E. 42.
MAY (Anne de). II B. 11.
MAYNADA (dame). III B. 10.
MAYNO (Martial lou), coutelier. B. 304.
MAYTRAUD (Adrien). SIEUR DE CHAUVIEUX. (S-Y) E. 7.
MAYTRAUD (Pierre), SIEUR DE CHARVEIX. (S-Y) B. 16.
MAZARD (.....). G. 53, 59, 60.
MAZARD (Étienne). (S-Y) B. 6; — (S-Y) E. 1, 48.
MAZARD DU MASBARTRIX. (S-Y) E. 64.
MAZAUD. H. 2.
MAZAUD (Étienne), prêtre. B. 74.
MAZAUREIX (Édouard), garçon chirurgien. E. 1.
MAZEAU, aubergiste. (S-Y) E. 78.
MAZEAU, trésorier de l'hôpital. (S-Y) E. 80.
MAZEAU (Antoine). (S-Y) B. 4; — (S-Y) E. 7.
MAZEAU (Étienne), mᵉ chirurgien. (S-Y) E. 33, 34, 55.
MAZEAU (François). (S-Y) B. 12; — (S-Y) E. 6, 7, 20, 91.
MAZEAU (Léonard du). B. 444.
MAZEAU (Léonard). (S-Y) E. 7.
MAZEAU (Louis). (S-Y) B. 3.
MAZEAU (Madeleine). (S-Y) E. 36.
MAZEAU (Marguerite). (S-Y). B. 15.
MAZEAU (Yrieix), SIEUR DE LA PAUSE. (S-Y) E. 2, 19, 20.
MAZEAUBRET (de). (S-Y) E. 80.
MAZEAUD (Jacques). E. 50.
MAZEAUX (les). (S-Y) B. 12.
MAZENTIN (Mathieu), avocat. B. 526; — I B. 16, 20.
MAZEVAT (de), avocat. G. 73.
MAZUBERT, curé. G. 74.
MAZURIER (Denis). B. 142.
MEAUMONT (de), SGR. DE BUJALEUF. C. 16.
MEILHAC (Jean de), menuisier. II B. 6.
MEILLAC (Joseph), élève chirurgien. E. 2.

Meilhaud (Jean). (B^e) B. 3.
Meilhaud (Pierre), prêtre. II H. 8.
Meillaud. (B^e) B. 4; — (B^e) E. 2.
Melhac (Gérald et Marie). B. 226.
Méline (Jean-François), meunier. E. 88.
Menier, curé. G. 73.
Mensac (Bernard et Jean), vignerons. B. 17.
Mercier (.....). G. 61.
Mercier (Anne). G. 87.
Mercier (Audoy), prêtre. D. 4.
Mercier (Barthélemy), orfèvre. B. 525, 526.
Mercier (Coulon). VIII B. 14.
Mercier (Guichard). I B. 12.
Mercier (Guillaume), prêtre. VIII D. 1.
Mercier (Hélène), sœur. B. 4, 497, 526; — G. 121.
Mercier (Jean et P.), argentiers. II B. 5.
Mercier (Jean), bourgeois. B. 293, 370, 398.
Mercier (Martial). B. 63; — VIII D. 14; — VIII D. 1.
Mercier (Mathieu). B. 216; — VIII B. 3.
Mercier (Narde). II E. 2.
Mercier (Nicolas). B. 63, 79; — VIII D. 1.
Mercier (Pierre), marchand. B. 5.
Mercier (Pierre), clerc. I B. 1.
Merofroide. B. 477.
Mérigot, chanoine. C. 13.
Merlin (Anne). (B^e) E. 5.
Merlin (Pierre). B. 145, 496.
Mériol (Jean de). B. 257.
Méry le Bourganier. (M-L) B. 8.
Mesclajoch (Jourdain). B. 433.
Mesnager (Pierre), cartonnier. B. 525.
Messieurs (congrégation des). E. 2.
Mestadier (Marie Anne). (S-Y) E. 70.
Métadier (Pierre), tailleur. B. 404.
Meulan d'Anlois, intendant. B. 498; — E. 6.
Meunier (François). (S-Y) E. 1.
Meusat, cordonnier. I. E. 7.
Meusnier (Yrieix). (S-Y) E. 36.
Meym (Jean), baile. VI B. 1.
Meynard (Catherine). B. 283.
Meynard (François), chanoine. (S-Y) E. 46.
Meynard (Jean), médecin. B. 258, 279, 496, 525, 526.
Meynard (Mathurin), prêtre. II B. 6.
Meynard (Philippe), marchand. B. 161.
Meynard de Chabannes. G. 64.
Meynard (P.). VIII B. 9.
Meynias (Mlle de las). (S-Y) E. 7.
Meynier (Bernard). (S-Y) B. 12.
Meynier (Jean), taillandier. (S-Y) B. 19.
Meynier (Martial). (S-Y) B. 2.

Meynieux, tailleur. E. 1.
Meyrand, médecin. (S-Y) E. 36.
Meyranges (Jacques et Pierre), prêtres. B. 308.
Meytadier, vicaire. G. 69.
Meytraud (Jean). (S-Y) E. 19.
Meytraud (Noël). (S-Y) E. 29.
Meytraud (Pierre). (S-Y) E. 47.
Meytraud de Laurière (S-Y) E. 44.
Meyza (Guillaume). VIII D. 1.
Meyze (Gérald), chanoine. B. 453, 455, 456.
Meyze (Guillaume et Jean), marchands. B. 453, 455, 456.
Meyze (Pierre), marchand. B. 453, 454, 455, 492, 493.
Meyze (Simon). III B. 11.
Mianas (Jean de), vicaire. B. 438.
Michalet (Jean), prêtre. B. 91.
Micheau (Jean). (M-L) B. 8.
Michel (.....). C. 5, 12, 16; — E. 1.
Michel (Antoine), écuyer. B. 498.
Michel (Claude), bourgeois. B. 297.
Michel (Guillaume de St-). B. 479.
Michel (Henri), négociant. E. 2, 53; — G. 7.
Michel (Léonard). B. 496; — E. 1.
Michel (Marie). B. 498.
Michelet (Étienne). (M-L) B. 7, 13.
Michelet (Fiacre), cardeur. B. 111.
Michelet (Jean). (M-L) B. 22.
Michelet (Martial), notaire et sergent royal. (M-L) B. 9.
Michelon (l'abbé). B. 525.
Michelon, procureur. B. 528.
Michelon (Hélie), marchand. B. 70.
Michelon (Jean), conseiller. B. 525.
Michelon (Léonard), marchand. B. 69.
Michelon du Masbaten, capitaine. B. 215.
Michon. (S-Y) E. 49.
Midy (Pierre). C. 10; — G. 86, 126.
Mignaud. G. 64.
Mignon (Joseph), garçon chirurgien. E. 2.
Mignot, contrôleur. (B^e) G. 5.
Mignot (Jean). II B. 10.
Mignot (Léonard). B. 497.
Mignot (Martial), meunier. B. 498; — E. 88, 98.
Mijounet (Aimé), garçon perruquier. C. 20.
Miliart (E. de la). (S-Y) E. 27.
Millenvaud (Mathieu), hôte. B. 255.
Millière (de la). C. 2; — (S-Y) H. 4.
Milsonneau, jésuite. E. 47.
Mingaud (Catherine). B. 498.
Minouret (Gabriel), chamoiseur. I B. 33.
Miséricorde (dames de la). (D^e) E. 1.

Mison. (M-L) E. 10.
Mitraud, avocat. (M-L) B. 10.
Mitraud (André), bourgeois. (M-L) B. 2, 24.
Mitraud (Aubin). (S-Y) E. 28.
Mitraud (Claire), hospitalière. (M-L) B. 10.
Mitraud (Claude). (M-L) B. 22.
Mitraud (Joachim), prêtre. (M-L) B. 17, 22; — (M-L) C. 2.
Mitraud (Simon), chirurgien. (D¹) B. 5.
Mitraud-Duverdey. (D¹) B. 5.
Mognon (Antoine), prêtre. (S-Y) E. 2, 20.
Moissat (de), prêtre. (S-Y) E. 1, 7, 38, 46; — (S-Y) H. 6.
Molhera (Jehan). VIII B. 6.
Molière. B. 8.
Moline (Jean de la), épinglier. B. 324.
Molinier (Jean). B. 196.
Moncalin (régiment de). (S-Y) E. 57.
Monceau (Gui), dit Lachardie, prêtre. B. 270.
Mondie (Richard de la). B. 525; — I B. 16.
Mondot (Anne). (Bᶜ) E. 5.
Moneyron (Barthélemy), prêtre. VI E. 1.
Monfanger (Antoine). (S-Y) B. 12.
Monfeau (de). (S-Y) B. 12.
Monguionaud (Hélie). (S-Y) E. 42.
Monneron (Jean), garçon chirurgien. E. 1.
Monneyron (Guillaume), apothicaire. B. 299, 300; — VIII D. 2
Monneyron (Simon). B. 300.
Monsac (Pierre de), chirurgien. (D¹) E. 1.
Montailler (Guillaume), charpentier. B. 34.
Montalembert (de). C. 12.
Montalescot (Guy de), curé. B. 437, 438.
Montandre (M-L) B. 13.
Montaudon (.....). E. 48; — VIII D. 1; — (M-L) B. 25.
Montaudon (Jacques), notaire. B. 308.
Montaudon (J.-B.), conseiller. B. 498.
Montaudon (Martial), marchand. B. 270.
Montaudon-Dumont, sous-ingénieur. E. 2.
Montbas (comte de). (Bᶜ) G. 5; — (D¹) B. 3; — (D¹) E. 3.
Montégut (dame de). G. 120.
Montégut. D. 4.
Montégut, prêtre de St-Michel. B. 497.
Montégut (Jean), mᵉ horloger. B. 61.
Monteil (François de). (M-L) B. 5.
Monteil (Jean de), écuyer. (M-L) B. 8, 14.
Monteil (Michel du). B. 34.
Monteilhe (Jehan). VIII B. 14.
Monteilhe (Héliote). VIII B. 14.
Montis-cot (Durand de), conseiller. VIII D. 1.

Montesquiou-Poylebon, abbé. B. 2; — C. 6.
Montezy (Jean de), procureur. B. 395.
Montpayon (de). F. 28.
Montgeorges (Agnès de). B. 101.
Montjoffre. H. 4.
Montraud (Jeanne). B. 266.
Montrebert (Jean et Bonnet). B. 62.
Montron (Antoine), aumônier. (S-Y) E. 20.
Montron (Pierre), chanoine. (S-Y) B. 12.
Monts (Christophe des). B. 53, 54.
Monts (Martial des), prêtre. B. 53.
Monts (Pierre des). B. 52.
Morange (Joseph). B. 299; — (S-Y) B. 13; — (S-Y) E. 8, 80 à 84, 88; — (S-Y) H. 7.
Moreau (Marie-Geneviève). (M-L) B. 7.
Moreau (Mathieu), laboureur. (M-L) B. 20.
Moreau de la Jarrige. (D¹) B. 3; — (D¹) E. 1; — (M-L) B. 22; — (M-L) E. 23.
Moreil. E. 1.
Morel (Étienne), garçon chirurgien. E. 1.
Morel (Mathieu), médecin. B. 187, 526; — D. 4.
Morel de Fromental, recteur du collège. B. 531.
Morel de Fromental, trésorier de France. B. 525.
Morélie (de la) du Puyredon. (S-Y) E. 50, 57, 62.
Morelliéras (Marie de). B. 473.
Morellet, vicaire. G. 69, 72.
Morichon (Jean). (Bᶜ) E. 1.
Morin, chirurgien. B. 530.
Morin, matronne. B. 526.
Morin (Pierre), praticien. B. 477.
Moriseau, sculpteur. C. 7.
Mornaud (Jeanne). B. 34.
Mortegoute (Marie-Anne). (M-L) B. 13.
Mosnarie (Plaisance de la). B. 484.
Mosnier, prêtre. B. 356; — I B. 16, 20; — (D¹) B. 2.
Moston (Vincent). B. 296.
Motte (Gui de la), damoiseau. B. 121.
Motte (de la) de Gain, assesseur au Présidial. B. 526.
Mouange (Jacques). B. 496.
Moufle (J.-B.). B. 445.
Moulin (.....). C. 1; — G. 72.
Moulin (Jean). B. 154, 484.
Moulin (Raymond). B. 132.
Moulinaud (Jean). B. 84.
Moulinier, chevalier de St-Louis. (Bᶜ) G. 5.
Moulinier, médecin. (Bᶜ) B. 3; — (Bᶜ) G. 5.
Moulinier (Antoine). E. 32.
Moulinier (Barthélemy), procureur. B. 526.
Moulinier (François). E. 1.
Moulinier (Jean), écuyer. B. 2.

MOULINIER (Marianne et Marguerite). B. 366.
MOULINIER (Martial). B. 342.
MOULINIER, SGR. DE BEAUVAIS. B. 497.
MOULINIER, SGR. DU PUY-DIEU. B. 2.
MOULINIER, SGR. DE ROUZIERS. B. 526.
MOULINS (Pierre et Laurence des). B. 190.
MOUMY. III B. 8.
MOUNIER (Bernard). B. 337 ; — III B. 11.
MOUNIER (Martial). B. 337.
MOUNIER (Pierre), prêtre. B. 337.
MOUNIÈRE (Marie). III B. 11.
MOUNISME (de). E. 1.
MOURREAU (Denis). B. 270.
MOURREAU (François). (S-Y) H. 6.
MOURREAU (Jean). B. 106, 179.
MOURET (Dominique), orfèvre. B. 178, 182, 236.
MOURET (Guillaume), orfèvre. B. 526 ; — VIII D. 2.
MOURET (Jacques), orfèvre. B. 250.
MOURET (Jean). B. 32, 218.
MOURET (Pierre), procureur. B. 526.
MOUREAU (Jehan). II H. 5, 8.
MOURI (Pierre). B. 131.
MOURIER (Pierre), élève chirurgien. E. 2.
MOURIN (Pierre). B. 85.
MOURINAUD (Léonard). B. 77.
MOURINEAU (P.). VIII B. 9.
MOURRAUD (Françoise du). (M-L) E. 23.
MOURRIER (Pierre), procureur. B. 525.
MOURY (Jean), imprimeur. B. 236, 525, 526.
MOUSNIER, curé. G. 72.
MOUSNIER (Anne). G. 87.
MOUSNIER (Jean), dit LOMBARD. B. 134.
MOUSNIER (Louis), juriste. D. 4.
MOUSNIER (Michel), procureur. B. 79.
MOUSNIER (Pierre), apothicaire. B. 84.
MOUSSON (Louis), écuyer. (M-L) B. 3.
MOUTINEAUX. (M-L) E. 12.
MOUTON (Antoine). (S-Y) B. 12.
MOUTON (Jean). (S-Y) B. 12.
MOYRAN (Jean), journalier. B. 498.
MURAT (du). (S-Y) B. 23.
MURAT (Jacques), corroyeur. VIII D. 1.
MURAT (Marguerite). B. 34.
MURET (.....). E. 2, 20.
MURET (J.-B.), garçon chirurgien. E. 2.
MURET (Pierre), écuyer. E. 2.
MURET (François) D'ESPAGNAT. E. 1.
MURET DE PAGNAS, avocat de l'hôpital. E. 1 : — G. 71.
MURET DE PAIGNAC, avocat du Roi. E. 1, 2, 31, 44.
MUROT (Anne). (M-L) B. 22.

MURUS (Jean de), passementier. D. 4.
MUSNIER (François de). (S-Y) E. 47.
MUSNIER (Yrieix), SIEUR DE QUINSAC. (S-Y) E. 37.
MUZAC, vicaire. G. 61.
MUZIGNE (de). (S-Y) E. 31.
MYETE (Grégoire), émailleur. II H. 6.

N

N. DE SANCTO-MARTINO. B. 432.
NADALIE (Marie). B. 229.
NADAUD (.....). (M-L) E. 11.
NADAUD, prêtre. B. 530, 536; — D. 4; — E. 1, 23; — G. 69.
NADAUD (Catherine), dite CATHON. B. 333.
NADAUD (François). III F. 1.
NADAUD (Guillaume), marchand. B. 235.
NADAUD (Jacques), greffier. B. 219, 530; — E. 11.
NADAUD (Jeanne et Étienne). B. 85.
NADAUD (Pierre), tamisier. B. 195.
NADAUD (Pierre), vicaire. B. 233.
NADAULT, notaire. B. 496.
NANON, cuisinière. (M-L) E. 15.
NANOT (Martial), garçon chirurgien. E. 2.
NANTIAT (Jean), procureur. VIII D. 2.
NANTILHAC (de). (S-Y) E. 31.
NARDE (Philippe). B. 89.
NARDY. E. 129.
NARMOND (Mad. de). B. 525.
NARMOND (de), conseiller. B. 525, 526.
NATIVITÉ N.-D. (confrérie de la). B. 80.
NAUCLAS (de). F. 28.
NAURISSARD, directeur de la Monnaie. E. 2, 30.
NAVIÈRES, prêtre. C. 16; — E. 2.
NAVIÈRES (François). B. 197.
NAVIÈRES (J.-B.), greffier. B. 530, 536; — E. 94.
NAVIÈRES (Joseph). E. 8.
NAVIÈRES (Pierre), garçon chirurgien. E. 2.
NAVIÈRES DE LA BOISSIÈRE, conseiller. E. 94.
NAVIÈRES DE BRÉGEPORT, conseiller. E. 2, 94.
NAVIÈRES DU TREUIL, négociant. E. 2, 94.
NEAULME (Gérald), mᵉ chirurgien. I D. 6.
NÉAULT (Jean). (M-L) B. 10, 13.
NECKER. E. 2; — G. 3.
NÉGRAUD (Jean), prêtre. B. 110.
NÈGRE (Jacques), bourgeois. III B. 12.
NÈGRE (Jehan), clerc. VIII E. 1.
NÈGRE (Philippe). B. 204.

NÉGRIER (.....). B. 525; — E. 14.
NÉGRIER, notaire. (Bc) G. 4, 5.
NÉGRIER (Noële) ou NEGRIEYRA (Nadala). B. 34; — VIII B. 9.
NEIROS (Humbert de). II B. 3.
NESMON (de), prêtre. G. 68, 70; — (Bc) E. 6; — (Dt) E. 1.
NESMOND (de), receveur. (Dt) E. 1.
NESMOND (Laurent de), avocat. (Dt) E. 3.
NESMOND DU MONTEIL, prêtre. (Dt) E. 1.
NESMOND ou NEYMOND DE LA MORLIÈRE. (Dt) B. 5; — (Dt) E. 1.
NESPOUX, aumônier. (S-Y) E. 70, 83.
NESPOUX (Denis). (S-Y) E. 42.
NESPOUX DE MARSAT. (S-Y) E. 64, 65.
NESPOUX (Jean), sieur DE MEZURAT. (S-Y) E. 9.
NEUFÉGLISES (Jean de). (M-L) B. 17.
NEUVILLE (de). (S-Y) E. 4.
NEXON (Aymeric). B. 202.
NEYMOND, conseiller. (Dt) E. 3,
NEYMOND, contrôleur. (Dt) E. 3.
NEYMOND (Jean), sieur DE PEZARD. (Dt) B. 1.
NEYRAUD (Jean), prêtre. B. 39.
NICARD, prieur. G. 60.
NICARD, sonneur. C. 16.
NICAUD. E. 31.
NICAUD (Léonard), prêtre. (M-L) B. 13.
NICAUD (J.-B.), maire de Limoges. E. 2.
NICAUD (Jeannette). B. 132.
NICAUD DES GORSES, prêtre. (M-L) B. 1, 7; — (M-L) F. 3; — (M-L) H. 4.
NICAUD DE VIEILLECOUR, chanoine. (Dt) E. 1.
NICAULT. (Dt) E. 3; — (M-L) B. 13.
NICAUT (Jean). (M-L) B. 10.
NICOLAS (.,...). B. 496; — C. 16; — G. 59.
NICOLAS, aumônier. (S-Y) E. 32 à 39.
NICOLAS, chirurgien. II B. 11; — II E. 3.
NICOLAS (Étienne), marchand. B. 97.
NICOLAS (François-Placide), monnayeur. B. 498.
NICOLAS (Jean). B. 173.
NICOLAS (Martial), boucher. B. 19.
NICOLAS (Pierre). (S-Y) E. 31.
NICOLAS DE LA MOTE. B. 58.
NICOLAS DE PUYFAULCON, damoiseau. B. 409.
NICOLAS (Pierre), sieur DE LA RIGAUDIÈRE. B. 5, 526.
NICOLAS (confrérie de St-). B. 279.
NICOLLÉT (Aymard), marchand. E. 47.
NICOT (Guillaume), prêtre. B. 258.
NICOT (Marguerite), sacristaine. F. 1.
NICOT, sieur DE LA LOGE. B. 525.
NITRAUD, chirurgien. (M-L) E. 12.

NIVET (Jérémie), élève chirurgien. E. 2.
NIZAUD (Jacques). D. 6.
NÔ (Jean de), alias DE LA MONGIE. B. 91.
NOAILHER (Jacques), émailleur. B. 525.
NOAILHES (Albert de), prêtre. B. 221.
NOAILLER (Pierre), vicaire. B. 507.
NOAILLES (sgr. de). II B. 2.
NOALHRE (Jacques), vicaire. D. 4.
NOALUER (Simon). B. 476.
NOALHIER ou NOALHER (Antoine), sieur DES BAILES. B. 2, 497, 498.
NOALHIER ou NOUALHIER (Pierre), émailleur. B. 14, 525; — E. 2.
NOGIER (Étienne du). (M-L) B. 3.
NOIR (Jean), bourgeois. B. 195.
NOIR (Martial), clerc. B. 195.
NOIR (Pierre), archiprêtre. B. 195.
NOLLET (Louis de). (M-L) F. 1.
NOLLET (Marie de). (M-L) B. 21.
NORIE (Marie). E. 20.
NOTRE-DAME (confrérie de). B. 273.
NOTRE-DAME DES AYDES (confrérie de). B. 498.
NOTRE-DAME LA JOYEUSE (confrérie de). B. 184, 269, 319; — D. 4; — VI B. 1; — VI E. 1.
NOUAILLE (la), curé. E. 2.
NOUAILLES (sieur de). II B. 8.
NOUALHER ou NOUAILLIER. C. 16; — E. 12, 41 : — (S-Y) E. 47.
NOUGAT (Jean de), prêtre. VIII B. 9; — VIII D. 1.
NOUGIER. (M-L) B. 17.
NOUHAILLE (Joseph de la), sieur DE PUYJOUBERT, juge. B. 531.
NOUHAUD (Joseph), garçon chirurgien. E. 2.
NOUJRAT (Guillaume de). B. 179.
NOYÉRAS (de), juge. B. 525.

O

ODY (Philippe). (S-Y) E. 30.
OGLER. H. 7.
OLIVIER (Barthélemy), boursier. VIII D. 1.
OLIVIER (Jean), boursier. VIII D. 1.
OLIVIER (Pierre). B. 145.
OLIVIER DE NOBLAC. B. 430.
OPERARY, chanoine. (S-Y) E. 19.
ORIGET, vicaire. G. 69.
ORIGET (François), coutelier. B. 59.
ORMESSON (d'). H. 3; — (S-Y) H. 7.

Orsay (d'), intendant. G. 36; — (S-Y) G. 1; — (S-Y) H. 6.
Osmonu (de l'). (M-L) B. 18.
Oudain (David). (S-Y) E. 2.
Oudoy (Guy), prêtre. VIII B. 9.
Ouzeau (Marie), hospitalière. (S-Y) E. 33, 34, 35.
Ovide. B. 8.

P

P. de Subtusrua, clericus. B. 433.
P. de Villaivenc et Gaucelin son fils. B. 433.
Pabot, administrateur. E. 15.
Pabot (Martial et Pierre), chanoines. B. 40.
Pabot, sgr. du Breuil et de Chavagnac. B. 3, 498, 528.
Pacaille. G. 57.
Pageas. G. 61.
Pagnon (Marie). B. 480.
Pagnon (Pierre), conseiller. B. 270.
Pagnon de Breuil. B. 482, 525.
Pagnon de Beie. B. 97.
Paignon ou Pagnon (....). (S-Y) B. 3, 9; — (S-Y) E. 6, 8, 72, 80; — (S-Y) F. 1; — (S-Y) H. 4, 7.
Paignon (François). (S-Y) B. 3; — (S-Y) E. 19.
Paignon (Jacques). (S-Y) E. 2, 7.
Paignon (Jean). (S-Y) B. 2; — (S-Y) E. 23.
Paignon (Paul). (S-Y) B. 6.
Paignon (Philippe), procureur du Roi. B. 481, 525; — E. 14.
Paignon (Valérie). (S-Y) E. 20.
Pailler (J.-B), élève chirurgien. E. 2.
Paillier (Catherine), fille dévote. B. 526.
Pains de Noël (confrérie ou aumône des). B. 190, 202, 265, 276, 302, 303.
Pajas (Blonde de). B. 282.
Pajot, intendant. E. 1.
Palays (Hugues), notaire. B. 249.
Palays (Simon), prêtre. B. 249.
Palet (Raymond). B. 131.
Palladieu (Pierre). B. 39.
Pallette (Jean), cordonnier. VIII D. 1.
Pallier (veuve). B. 526.
Pallier (J.-B.), élève chirurgien. E. 2.
Pallier (Laurent), prêtre. VIII B. 23.
Pamphile, marchand. (S-Y) E. 5.
Panabuou (Gaucelin), chevalier. B. 379, 383, 384.
Panabuou (Gilbert), damoiseau. B. 379.

Panier (Gillette). (M-L). B. 3, 8.
Papaud (Moreix), boucher. B. 497.
Papiste (le). (S-Y) E. 38.
Papon (Benoit), gardien des Récollets. (D¹) B. 4.
Papon (Guillaume). (Bᶜ) B. 1.
Parat. (S-Y) E. 4.
Parat (Anet), élève chirurgien. E. 2.
Parc (Jeanne de). III B. 7.
Pardoux (le chevalier de St-). B. 469, 498.
Pardriger (Martial), tailleur de pierre. E. 119.
Parreau (Hélie). (S-Y) B. 17.
Parreton (Robert). VIII B. 14.
Parfait, notaire. B. 496.
Parlier (Laurent). D. 4; — VIII D. 1.
Parlier (Pierre), prêtre. D. 4; — VI E. 1.
Parot (Audoin), boucher. E. 1.
Parot (Étienne), notaire. B. 258.
Parot (Maureil), boucher. B. 498.
Parouty. (S-Y) E. 81.
Parquier (Jean le). B. 330.
Parui, boulanger. (Bᶜ) G. 3.
Parein (Pierre et Étienne). B. 337.
Partonnaud (Laurent). B. 497.
Pascal. B. 8.
Pasquet, laboureur. (M-L) B. 21.
Pasquet (Maureil), dit Birngou, épinglier. B. 50; — II H. 6.
Pasquête (Jean la), chausselier. I B. 16.
Passaga (Jean). B. 156.
Pastalot, cordonnier. B. 270.
Pastouneau. C. 4.
Pastoureau, boucher. B. 496.
Pastoureaux (confrérie des). B. 268, 496; — D. 1; — VI B. 1; — VI E. 1.
Patieu, prêtre. B. 497.
Patilhaud (Martial), épinglier. B. 236.
Patrenostrien (Raoul le), marchand. B. 100; — D. 4.
Patrus (frairie des). B. 495.
Patrier (Micheau). (M-L) B. 4.
Paul (Jean de St-). B. 162.
Paulmy (de), ministre de la guerre. E. 52.
Pautet (Bernard). B. 302.
Pauvres honteux (confrérie ou aumône des). B. 156, 172, 216, 227, 247, 276, 312, 314, 319.
Pauvres a vêtir (confrérie des). D. 5, 6; — E. 113; — H. 25; — VIII B. 1 à 25; — VIII D. 1, 2; — VIII E. 1, 2.
Pauzat (Jean) dit l'Orgueilleux. B. 497.
Pauzet (Férol), châtreur. B. 497.
Paval, curé. G. 67.

Pavillon (confrérie du). B. 119, 497.
Paycacs (Jean). III B. 6.
Péconnet (.....). E. 30, 31, 91 ; — G. 71.
Péconnet (d^lles). B. 498.
Péconnet, conseiller du Roi. E. 2.
Péconnet (Bernard), élève chirurgien. E. 2.
Péconnet (J.-B.), orfèvre. B. 249, 498.
Péconnet de Chatendeau, avocat. E. 2.
Pédard (Martial), prêtre. B. 482.
Peirat (Jean de). B. 305 ; — III C. 3.
Peirat (Léonarde). G. 44.
Peirat (Umbert de). II B. 3.
Peirot (Jehan). VIII B. 6.
Pejus (Joseph). (S-Y) F. 3.
Peleta (Jean), cordonnier. B. 136.
Pelette (Jean), orfèvre. D. 4.
Pelletier, prieur-curé. E. 42 ; — H. 5.
Pellette (Arnaud), prêtre. B. 236.
Pénicaille (Jean). B. 34.
Pénicaud (.....), prieur-curé. B. 525 ; — E. 13, 47.
Pénicaud (d^lle). B. 10.
Pénicaud (Antoine). B. 498.
Pénicaud (Jean), émailleur. VIII B. 23.
Pénicaud (Léonard), orfèvre. B. 306 ; — VIII D. 1.
Pénigot, conseiller du Roi. (M-L) B. 11.
Penot (Jeanne). G. 54.
Penot (Pierre du). II B. 2.
Penye (Pierre). B. 303.
Pérauche, chirurgien. (M-L) E. 12.
Pérelles (François de), m° chirurgien. (M-L) A. 1 ; — (M-L) B. 1.
Pérelles (Pierre de). (M-L) B. 8.
Péret, marchand. (S-Y) E. 59.
Perier (Françoise). B. 198.
Périer (Pierre), étapier. B. 498.
Périère, chantre de St-Martial. B. 446.
Périgau (Léonarde). (M-L) B. 13.
Périgord (Junien), chirurgien, *alias* officier de santé. E. 2 ; — G. 72.
Péron (Gérald de). B. 328.
Perrest (Gilles de), marchand. B. 525.
Perrin (Pierre), boucher. B. 147.
Perronet (Antoine). (M-L) B. 22.
Persillé (Jean). (M-L) B. 21.
Pertat (Charles, François, Jean et Pierre). (D^l) H. 1.
Pérusse (Jean de). B. 91.
Peschier (Jacques). E. 31.
Pestelle (Jeanne). VIII D. 1.
Pétiniaud (.....). C. 8 ; — E. 31, 53, 96 ; — G. 6, 7, 46, 47, 49, 66.

Pétiniaud, curé. G. 72.
Pétiniaud, secrétaire du Roi. C. 16.
Pétiniaud (Jacques), bourgeois. B. 498 ; — E. 1, 2.
Pétiniaud (Joseph). G. 36, 39, 85.
Pétiniaud de Beaupeyrat. E. 2.
Pétiniaud de la Bourgade. C. 16.
Pétiniaud du Garaud. C. 16.
Pétiniaud de Jourgnac, écuyer. E. 2.
Petiot (.....), trésorier au bureau de Poitiers. B. 525, 526 ; — E. 11.
Petiot (Jacques). B. 526 ; — II B. 15 ; — VIII B. 23.
Petiot (Jean), notaire. B. 453 ; — H. 26.
Petiot (Madeleine). B. 245.
Petiot (Marc-Antoine de), assesseur. B. 525.
Petiot (Marie de). B. 217, 497.
Petiot (Pierre), bourgeois et marchand. II B. 1.
Petiot de Gains. B. 497, 526.
Petiot du Masbouchet. B. 266, 539.
Petit, administrateur du bureau de tabac. C. 16.
Petit, garde-palais. B. 497.
Petit (Pierre), fondeur. B. 497.
Petit-Jean. B. 198.
Petit-Pierre de Peyriceyx. B. 406.
Pety (Jeanne). E. 48.
Peumarot (Hélie de). III B. 6.
Peyramont (de). C. 10.
Peyrat, curé. B. 498 ; — C. 1.
Peyrat (du). C. 16.
Peyrat (Antoine), marchand. B. 50.
Peyrat (Antoine du). VI E. 1.
Peyrat (Guillaume). B. 3 ; — E. 20.
Peyrat (Jacquette du). B. 163.
Peyrat (Jean), tailleur de pierre. E. 116.
Peyrat (Jean du). III B. 6.
Peyrat (Maurineau). VIII B. 4.
Peyrat (Nicolas), m° chirurgien. I E. 5.
Peyrat (Antoine du), sgr. de Masjambost, marchand. B. 179.
Peyraud de la Geneytouse, laboureur. B. 381.
Peyrichon (Jeanne). (B°) B. 1.
Peyrichon (Michel). B. 348.
Peyrière, président au siège présidial. B. 525, 526.
Peyrière de la Gardelle. C. 5, 10, 16 ; — E. 1.
Peyrière de Proximard. E. 1, 15 ; — F. 3, 4.
Peyrière du Vignaud. E. 1, 19.
Peyrigort. E. 50 ; — VIII B. 9.
Peyrinaud (Joseph). (D^l) B. 10.
Peyroche, marchand. E. 1.
Peyroche, secrétaire du Roi. C. 16.
Peyroche (Anne). B. 389.

Peyroche (Jean), avocat. B. 144.

Peyroche (Léonard), prêtre. II H. 8.

Peyroche (Louis), curé. B. 144.

Peyroche (Pierre). I B. 6.

Peyroche du Reynon. E. 1.

Peyron (abbé du). E. 2.

Peyronne. G. 55.

Peyronne (Sardine). II B. 7.

Peyrot, élève chirurgien. E. 2.

Peyrot (Antoine). H. 16.

Peyroudie, chanoine. (S-Y) H. 7.

Peyroux (abbé du). E. 30.

Peysonnerie (Julien de la). B. 340

Peyssac (Jean de), prêtre. B. 77.

Peytavy, économe. B. 528.

Peyteau (Guillaume), prêtre. I B. 16, 20.

Peyteau (Martial), orfèvre. D. 4.

Peyteau (Pierre), orfèvre. B. 44; — VIII D. 2.

Peyzac (Jean de), chanoine. B. 145.

Pezarde (de). (D¹) B. 1.

Philippe des Moulins, damoiseau. B. 328.

Philippeaux (Antoine) du Fresnoy, receveur. B. 525.

Philippes (Marie). (D¹) E. 3.

Piannaud (Jean), cordonnier. (S-Y) B. 12.

Piau (François). (M-L) B. 18.

Picat (Joseph), prêtre. B. 497, 525, 528.

Picat (Pierre), charpentier. B. 135.

Pichon (.....). (S-Y) E. 49, 62; — (S-Y) F. 2; — (S-Y) H. 3.

Pichon (d^elle). (S-Y) B. 16.

Pichon, architecte. (S-Y) E. 88.

Pichon, chanoine. B. 497; — C. 7.

Pichon, docteur en Sorbonne. E. 2.

Pichon, prévôt de St-Martial. E. 90.

Pichon, receveur des tailles. E. 20.

Pichon (Étienne), conseiller. B. 497, 525, 528, 531; — E. 1.

Pichon (Pierre), garçon chirurgien. E. 2; — (S-Y) B. 1; — (S-Y) E. 39.

Pichon (Yricix). (S-Y) E. 52.

Pichot, inspecteur des manufactures de Nîmes. C. 7.

Picmaur (Joscelanus). B. 433.

Picon, écuyer, sgr. des Lèzes. B. 404, 525.

Picquet (Germain), archer. B. 63.

Piédemay, aumônier. (S-Y) E. 42, 43, 45, 49.

Pierre, abbé de St-Martial. B. 63.

Pierre, prieur de la Maison-Dieu. III B. 6, 7, 11.

Pierre, vicomte de Limoges. I A. 3.

Pierre d'Ahien, jurisconsulte. B. 229.

Pierre d'Aixe, bourgeois. B. 193, 231, 261.

Pierre de l'Aumônerie, prêtre. B. 180.

Pierre d'Auvergne. B. 131, 186.

Pierre de Jougnac, chevalier. B. 395.

Pierre de Malamas, prêtre. B. 439, 443.

Pierre des Monts, damoiseau. B. 449.

Pierre de Syrac. III B. 6.

Pipre (Jean), sargetier. B. 525.

Pigné (de). C. 7.

Pigné (J.-B.), curé. B. 19, 529.

Pigné (J·-B.), élève chirurgien. E. 2.

Pigné de Mandalèze, conseiller du Roi. B. 525.

Pigné de Montignac. B. 498, 529.

Pignoux (Mathurin du). (M-L) B. 9.

Pin (Pierre du) II B. 8.

Pinarde (Audoyn). B. 58.

Pinart (Pierre), marchand. B. 82.

Pinat (Hélie). B. 365.

Pinateau (de). (D¹) B. 5.

Pinateaux (de). (M-L) E. 12.

Pinaud (Jean), chirurgien. (D¹) B. 5.

Pinaud (Léonard), avocat. (D¹) B. 12.

Pinchaud, orfèvre. E. 47.

Pinchaud (J.-B.), garçon chirurgien. E. 2.

Pinchaud (Léonarde), fille dévote. B. 13.

Pinchet (Pierre). B. 328.

Pineau, *alias* Pinot, capitaine de la Maison de ville. B. 163, 525, 526; — E. 14.

Pineau, curé. G. 67.

Pinet, syndic. (S-Y) E. 2.

Pinheta (Jourdain et Léonard). B. 341; — III B. 7.

Pinot (.....). B. 496; — E. 23, 24, 34, 47, 96.

Pinot, élu et receveur. B. 498.

Pinot (Germat). VI E. 1.

Pinot (Jean). E. 121; — II B. 1, 9, 13, 15.

Pinot (Marie), servante. G. 54; — II B. 13.

Pinot (Maureil), bourgeois. B. 221.

Pinot (Morel), avocat. B. 91.

Pinot de Magré. B. 498; — E. 1, 2.

Pinoteau (de). (D¹) E. 3.

Pinso (Léonard), prêtre. B. 62.

Pinson (Guillaume), boulanger. B. 226.

Pion (Mathive). (S-Y) E. 33.

Pionac (Nicolas de), prêtre. B. 142.

Pioufre (Joseph), aubergiste. (B^e) G. 5.

Pipey (Jacques), blanchisseur. B. 118.

Piquat (Martial), charpentier. B. 497.

Piquet (Germain), archer. VIII D. 2.

Piqueur (Jeanty). E. 48.

Pitrau (Guy et Pierre). B. 260.

Place (Martial de la), clerc. B. 179.

PLACE (Robert de la), docteur. VI B. 1.
PLAIGNES (des), (M-L) E. 10.
PLAINEMAISON (.....). G. 62.
PLAINEMAISON, prêtre. B. 497, 529.
PLAINEMAISON (Guillaume de). B. 201.
PLAINEMAISON (Jean), dit JAMBON, boucher. E. 85.
PLAINEMAISON (Marie). B. 497, 498.
PLAINEMAISON (Pierre de), *alias* DE PLEINASMEIJOUX, archer. B. 221.
PLANCHADEN (Pierre du). B. 322.
PLANCHAS (Jean), prêtre. B. 330.
PLANCHAT (Perrot), damoiseau. B. 455.
PLANHAU (Pierre), prêtre. B. 91.
PLANTADIS. D. 4.
PLATON (Jacques). B. 184, 255.
PLAYNEVAYRE (Guillaume de). B. 29.
PLEINASMEIJOUX (Jean et François de). B. 19, 148; — II B. 9.
PLÈQUE (Pierre), cordonnier. B. 136.
PLUTARQUE. II B. 11.
PLUOU (Pierre la). B. 482.
PODAVINHA (Gérald). B. 190.
PODIO (Marie de). B. 58.
POILLEVET, SIEUR DE BONDY. B. 525.
POILLEVET, SIEUR DES FREXINES. B. 525.
POI-OLZIL (G. de). III B. 5.
POIRON. (M-L) B. 25; — (M-L) E. 10.
POLHAN (Valentin). (M-L) B. 3.
POLLET (Louis). B. 496.
POMÉLIE (de la). (S-Y) E. 64.
POMMERAUD (François). apothicaire. B. 498.
POMMIER (Bonaventure), peintre. E. 47.
POMMIER (Gabriel), bourgeois. B. 447.
POMMIER (Jacques), cordonnier. B. 63, 238.
POMMIER (Pierre), tanneur. B. 236.
POMMIER (Pierre), garçon chirurgien. E. 2.
PONCET (Simon, Philippe et Reynier), marchands. B. 61, 268; — E. 20; — F. 28; — G. 58.
PONCHON, aumônier. (S-Y) E. 39, 40, 41.
PONNET DES LÈZES, SGR. DE L'AGE. B. 404.
PONTAILLER (de). (M-L) F. 1.
PONTAILLER (Claire et Marguerite de). (M-L) F. 1.
PONTCHARAUD (Léonarde de). (Bc) E. 2.
PORCHER (Martial), soldat. B. 498.
PORCHON (Anne). (S-Y) E. 47.
PORTE (de la). H. 7.
PORTEFAIX (Jean). B. 162.
POT (Roland). (M-L) B. 7, 17, 20, 22.
POTIER (Michelle). (M-L) B. 9.
POUGET (Louis-Claude du). E. 1.

POUGET DE NADAILLAT (Louis-Claude de), chevalier de St-Pardoux. B. 498.
POUILLOT (Marie). E. 1.
POULARD (Jean), notaire. E. 2, 114.
POUMAUD (Pierre). (S-Y) B. 9, 12; — (S-Y) E. 1.
POUMEAU (Jean), prêtre. (Bc) D. 1.
POUMEYROULIER (Catherine). (S-Y) E. 49.
POUMIEU (Étienne). B. 86.
POURADE, faiseur de crochets. B. 498.
POURET (Aurélien), boucher. E. 85.
POURETTE (la). (M-L) E. 10.
POURIEUX (Anne). (S-Y) E. 49.
POURRET (Antoinette). G. 56.
POURTEYRON (Jean), prêtre. B. 165.
POUSSE (André de la). B. 196, 197, 338.
POUSSE (Jean de), procureur. B. 196.
POUSSE (Théodore de), licencié ès lois. B. 196.
POUTE (Madeleine) DE FORGES. (M-L) B. 1, 9, 13, 21; — (M-L) E. 2, 21, 23; — (M-L) H. 5.
POUTE (Claude), écuyer. (M-L) B. 2 à 8, 12, 17; — (M-L) H. 5.
POUTE (François). (M-L) B. 19, 24; — (M-L) H. 5.
POUTE (Gilbert). (M-L) H. 5.
POUTE (Jean), chevalier. (M-L) B. 1, 9, 13, 19; — (M-L) H. 5.
POUTE (Jean-Baptiste). (M-L) B. 11.
POUTE (Mondet). (M-L) B. 2.
POUTE (Périchon), écuyer. (M-L) B. 2; — (M-L) H. 5.
POUTET, écrivain. B. 525, 526.
POUTIGNOUX (Jeanne de). E. 39.
POUYAT (.....). G. 59, 63.
POUYAT (Jean), marchand. B. 136.
POUYAT (Jeanne). B. 120.
POUYAT (Nicolas). B. 496.
POUYAT (Simon). C. 4.
POUZOL (Vaulry et Jean). B. 296, 297.
POUZOUX (Jean). B. 279.
POYET (Pierre). B. 173.
POYLEVÉ, banquier. (S-Y) E. 2.
POYLEVÉ (Guillaume), avocat au Présidial. B. 37, 283, 361; — I B. 16, 20.
POYLEVÉ (Jean), chanoine. B. 40.
POYLEVÉ (Jeanne-Rose). B. 39.
POYLEVÉ (Joseph). B. 37.
POYLEVÉ (Martial). B. 289.
POYLEVÉ (Paulie). I B. 36.
POYLEVÉ (Pierre), apothicaire. VIII D. 2.
POYOL (Denis du). (M-L) B. 3.
POYOL (Héliot du), brigandinier. B. 129.
PRADEAU. G. 61.

PRADEAU (Bernard). G. 54.
PRADEAU (Bertrand de). B. 291.
PRADEAU (Jean). B. 152.
PRADELAS (Maurice), vicaire. B. 525.
PRADET DE LAVAUD, vicaire. G. 61.
PRAT (Colin deu). VIII B. 14.
PRAT (Jean). (S-Y) E. 47.
PRÊCHEURS (frères). VIII B. 3.
PRÉVOST (Jean), dit BELLEFLEUR. F. 21.
PRÉVOST, SGR. DE WAILLY EN TREUIL. B. 15, 498.
PRIEST (Mad. de St-). E. 16.
PRIEURE (Léonarde), fille dévote. B. 110; — E. 11.
PRINGAUD (Pierre). (M-L) B. 6.
PROMEYRAT (Jacques), boucher. B. 136.
PROUET (Jean). H. 8.
PROUHET (Jean de). I B. 16, 20.
PROUHET (Philippe de), chevalier. II B. 8, 10.
PROXIMARD (dame de). II B. 6.
PRUGNAUD (Jean). B. 471.
PUCAULNIC (Pierre), chirurgien. II B. 11.
PUISNÈGE, vicaire. G. 58.
PUY-ANDREAU (Agnès du). B. 374.
PUYCHARNAUD (de). (M-L) B. 12, 17, 18, 21.
PUYFRANC (Gérald de). B. 363.
PUYMAROT (Léonard de). B. 376, 531.
PUYMOREL (Nicolas du). B. 498.
PUYPONCHET (Étienne de). B. 34.
PUYRAVEAU (Guillen de), prêtre. B. 411.
PUYREDON (de). (S-Y) E. 41; — (S-Y) G. 1.
PUYRODIE (Léonard), chanoine. (S-Y) E. 48, 51.
PUYTISSEN (du), trésorier de France. B. 525.
PUZILHON (Jean de), doyen. B. 491.
PYCARD (Jean), horloger. II H. 6.

Q

QUALAIS (François), mᵉ chirurgien. B. 5.
QUANTY (Guillen). (S-Y) E. 43.
QUADRIS (Catherine de), prieure. B. 106.
QUARRÈTE (Marguerite). B. 184.
QUART (Michel le), cordonnier. B. 136.
QUARTIER (Jean). B. 34; — VIII B. 9.
QUATREFAGES, droguiste. (Dᵗ) E. 3.
QUERCIN (Jean). B. 216.
QUERCIN (Pierre), bourgeois. B. 318.
QUERCINE (Mariote). B. 374.
QUERCY (Pierre). B. 101.

QUEYROULET (.....). (S-Y) B. 23; — (S-Y) E. 38; — (S-Y) F. 2.
QUEYROULET (Jean). (S-Y) B. 15, 18, 34; — (S-Y) E. 16, 50.
QUEYROULET (Pierre), notaire. (S-Y) B. 12, 15; — (S-Y) E. 2, 26, 31.
QUEYROULET (Joseph), SIEUR DE LA COMBE. (S-Y) B. 15; — (S-Y) E. 6, 8, 27.
QUÉROY (Jean). F. 16.
QUINQUET (Pierre), lieutenant. B. 525.

R

RABAU (Marie). (M-L) F. 1.
RABAUD (frères). B. 289.
RABAUD (Jean). B. 24.
RABAUD (Mathieu), meunier. B. 285.
RABAUDE (la). I E. 7.
RABEAUD, huissier. B. 497.
RABÈTHE (Pierre), arpenteur. (Dᵗ) B. 2.
RABILHAC (Marie). (M-L) F. 3.
RABILHAC (Pierre), marchand. (M-L) B. 19.
RABILHAC, SIEUR DE PONTAILLER, sénéchal. (Dᵗ) B. 4; — (M-L) E. 12.
RABILLAC (Léonard). (M-L) B. 10.
RABILLAT, curé. G. 54, 57, 68, 71.
RABILLAT, avocat. (M-L) B. 23; — (M-L) E. 10.
RABILLON (Joseph), apothicaire. (M-L) B. 9.
RABY (de). C. 3.
RABY (J.-B.), garçon chirurgien. E. 2.
RAFFANEL (Jean), vicaire. B. 160.
RAFFANEU (Martial), prêtre. B. 34.
RAFFARD DE PANISSAT, syndic. G. 68.
RAFFARDI (David). B. 191.
RAIMBAUX (Jean), trésorier des ponts et chaussées. B. 530.
RAMBRAT (Isaac-Jacques de), écuyer, SIEUR DE LA COUR. B. 101.
RAMEREU, commis au bureau de tabac. B. 525.
RAMIÈRE (Jean et Jacques) (M-L) B. 6, 9, 12, 17, 20, 21.
RAMNAC (Jean de). B. 433.
RAMPNOUX. VIII D. 1.
RAMNULPHE DE ST-VIT, chevalier. B. 122.
RAMNULPHE DE LASTOURS, damoiseau. B. 422.
RANCH (Vincent). (M-L) H. 5.
RANGOT (Catherine). G. 87.
RANJOU, curé. G. 68.
RANSÈS (Gérald de). II H. 1.

RANTY (Martial), m° menuisier. B. 190.
RAOUL (Gonde). B. 333.
RATHON DE MONTROCHER, chevalier. B. 453.
RATIER (Martial), aubergiste. B. 249.
RATIER ou RATIÈRES (Michel), orfèvre. II B. 10; — II H. 6.
RAYET (Simon). (S-Y) E. 52.
RAYMOND ou RAIMOND. VIII D. 2; — (M-L) E. 12.
RAYMOND, capitaine. II B. 11.
RAYMOND, notaire. I D. 2.
RAYMOND (Adhémar et Jean). B. 422.
RAYMOND (Jean). B. 417.
RAYMOND (Léonard), notaire. B. 37.
RAYMOND (Martial), m° chirurgien. B. 496; — E. 1.
RAYMOND (Pierre, Gérald, Aymeric et Lucie). B. 423.
RAYMOND DU BRÉAU. B. 101.
RAYMOND DE MONROCHIER, prévôt. B. 62.
RAYMOND DE LA REBIÈRE. B. 384, 386.
RAYMONDEAU, curé. G. 69.
RAYNAUD (Jacques). B. 19.
RAYNAUD (Honoré), garçon chirurgien. E. 2.
RAYNAUD (Jean). B. 58, 121, 147.
RAYNAUD (Pierre), boucher. B. 19.
RAYSEIX (du). (S-Y) E. 42.
RAZAIX (Marie de). (M-L) H..5.
RAZÈS (Françoise de). (M-L) E. 21.
RAZÈS (Pierre), contrôleur. B. 526.
RAZET. VIII B. 4.
REBELIN (Jean). B. 228.
REBEYROL (François), dit PÉRIGORD, clerc. B. 233.
REBEYROL (Léonarde). (S-Y) E. 33.
REBIÈRE, curé. G. 72.
REBIÈRE (François). B. 313.
REBIÈRE (Gérald), boulanger. B. 267.
REBIÈRE (Pierre). B. 287.
REBLER, curé. G. 68.
RECHILHAC (Antoine), chirurgien. II B. 10.
RECLOU (Martial). (M-L) B. 10.
RÉCOLLETS DE STE-VALÉRIE. E. 42.
RECOQUILLÉ (Pierre), négociant. E. 2.
RECOQUILLEZ. E. 31.
RECORQUILLET (Bertrand), SGR. DE POMMARET. B. 496.
RECULÉ DE BOSMAREIN, secrétaire du Roi. II. 5.
RECULET (François-Gabriel), apothicaire. B. 498.
RECULET (Gabriel), garçon chirurgien. E. 1.
RECULET (Jean), bourgeois et marchand. B. 183.
RECULET (Jeanne). B. 498.
RECULET (Joseph), médecin. B. 497, 528; — D. 4; — E. 1, 34.
REDON (Bernard). (S-Y) B. 12.

RÈGLE (confrérie de N.-D. de la). B. 224, 230, 306.
REGNARD, avocat au Conseil. (S-Y) B. 12.
REGNAUD (Paulic). B. 152.
REGNAUDIN, curé. B. 525; — E. 14.
REGNAUDIN (Mad.) DE NEUVIC. G. 71.
REGNAUDIN DE PUYNÈGR, trésorier de France. B. 14, 497, 498, 526; — E. 1.
RÈGNEFORT (Mad. de). C. 12.
REGNIER, essayeur de la Monnaye. B. 536.
REGNIER (les frères). B. 241.
REMBYS (Jehan de). II H. 8.
REMPNAUD, notaire royal. (S-Y) E. 47.
RENARD. E. 1.
RENAUD, prêtre. (S-Y) E. 73.
RENAUD DE SALVANHEC. II B. 3.
RENAUDIE. (S-Y) E. 31.
RENAUDIE (Guillaume). E. 1.
RENAUT (Noël), boucher. VIII D. 1.
RENODYE, agent de l'hôpital. E. 14.
REPAIRE (du). (S-Y) E. 80.
REPAYRE (Étienne du). (D¹) B. 6.
RESTAIX (Joseph), écuyer, secrétaire du Roi. B. 498.
RETGLA (Guillaume). B. 164.
RÉVEILLARD (Jean), chirurgien. B. 197.
REVERDY (Jean), dit ROY, peintre. B. 63.
REYMOND (Gabriel). B. 102.
REYMOND (François de). (B°) C. 1.
REYMOND, SGR. DE MONTMORT. B. 497.
REYNARD. (S-Y) H. 1.
REYNAU (Pierre), boucher. B. 94.
REYNAUD, aumônier. E. 2.
REYNAUD (Barthélemy). D. 4.
REYNAUD (Guillaume), notaire. B. 121.
REYNAUD (Jean), épinglier. II B. 11.
REYNAUD (Peyronne). B. 148.
REYNAUD (Pierre). B. 199, 260.
REYNAULT (Louis), chevalier, SGR. DE L'AGE. B. 2.
REYNIER (Catherine). B. 341.
REYNIER (Guillaume). B. 268.
REYNIER (Pierre). B. 136.
REYS (Jeanne). B. 482.
REYS (Jeannette Petite). B. 482.
REYTEAU (Bertrand), licencié ès lois. B. 88.
REYX (Léonard). B. 475.
REZIS (Jean). B. 147.
RIBAIGNAC (Martial). B. 284.
RIBAIGNAC (Mathieu et Jean de). B. 284.
RIBAIGNON (J.-B.). B. 284.
RIBARDIÈRE (Antoinette). (M-L) B. 2.
RIBAUD (Claude). (M-L) B. 19.

RIBAUD (Gabriel), notaire. (D¹) B. 4.
RIBAUD (Jean). (D¹) B. 4.
RIBAUD DU BARRI DE LASTOURS. B. 464.
RIBIRIRAS (Jean et François de las). B. 187; — D. 4.
RIBIÈRE (.....). C. 11; — G. 58.
RIBIÈRE (Gérald), boulanger. VIII D. 1.
RIBIÈRE (Louis), mériglier. B. 525.
RIBIERRE (Michel), marchand. B. 67.
RIBOURGEON (Robert du). G. 72.
RICHARD DE LA MONDIE (Jacques, Jourdain et Louis).
 B. 393; — I B. 20.
RICHARD (.....). (S-Y) E. 31, 35.
RICHARD, curé. G. 74.
RICHARD (Louis), damoiseau. B. 393.
RICHEHOMME (Pierre). B. 247.
RICHET (Antoine), orfèvre. B. 526.
RIDENSELHS (Pierre). II B. 3.
RIEZ (de la), SGR. DE SÉREMY. (D¹) B. 4.
RIFOND, maréchal. (Bᶜ) E. 6.
RIGAUDIE (Annet). (S-Y) E. 52.
RIGAUDIE, *alias* RIGONDIE (Étienne et Martial) DE LES-
 PINASSE, garçons chirurgiens. E. 2.
RIGOULÈNE (Madeleine). B. 34.
RILHAC (Ysabeau). (S-Y) E. 39.
RIMBEUF ou RIMBEF (Martial), précepteur d'enfants.
 E. 1; — F. 1.
RIMBEUF (Michel), pâtissier. B. 122.
RIMBEUF (Michel), bas-officier des invalides. B. 529.
RIMOUR. (Bᶜ) B. 4.
RINBAULT (Philippe), mᵉ de chantres et chanoine. VI
 E. 1.
RINGUET, régent. E. 14.
RIPAU (P.). II H. 5.
RIPPE (Léonarde de la). B. 136.
RIS-CHASTEL (baron de). (M-L) B. 18, 19, 21.
RIVAUD, lieutenant à la maîtrise des eaux et forêts.
 (Bᶜ) G. 5.
RIVAUD (Denis de). II B. 8.
RIVET (Pierre), tailleur. B. 497.
RIVIER (François), laboureur. B. 400.
RIVIÈRE (.....). G. 64.
RIVIÈRE (sœurs de la). B. 498.
RIVIÈRE (Étienne de la). E. 2, 94, 97.
RIVIÈRE (Jacques de la). (M-L) B. 21.
RIVIÈRE (Jean), médecin. B. 526.
RIVIÈRE DE TREYMON, curé et baron. G. 62.
ROBBIHOT (Antoine). (D¹) B. 10.
ROBBRT (.....). G. 63, 71; — (S-Y) E. 86.
ROBERT (dᵉ¹ˡᵉˢ de). (M-L) B. 20.
ROBERT (Antoine). (S-Y) E. 19.

ROBERT (Aubin). (S-Y) E. 29.
ROBERT (Denis). (S-Y) F. 1.
ROBERT (Guillaume). B. 484.
ROBERT (Guillemot). B. 253.
ROBERT (Jacques), conseiller du Roi. (D¹) E. 1.
ROBERT (Jean). (S-Y) E. 45.
ROBERT (Pierre de). (M-L) B. 10.
ROBERT (Simon), garçon chirurgien. E. 2.
ROBIN (Augustin). B. 190.
ROBIN (Jean), notaire. B. 5.
ROBIN (Pierre). B. 190; — (M-L) B. 8.
ROBIN, SGR. DE FOREST-VIEILLE. B. 63.
ROBINAT (Jean). (M-L) B. 11.
ROBINE (Valérie). B. 190.
ROBY (Mad.). C. 10.
ROBY, pelletier. B. 497.
ROBY (J.-B.), prêtre. B. 498.
ROBY (Pierre). B. 190.
ROBY DE GOT. B. 494.
ROCARD (Élisabeth de). B. 427.
ROCH (Jean). (S-Y) E. 31.
ROCHA (Guilhem la). VIII B. 9; — VIII E. 1.
ROCHAUD, apothicaire. (S-Y) E. 29.
ROCHAUD (Antoine), notaire royal. (S-Y) E. 19.
ROCHAUD (Frontonne). (S-Y) E. 39.
ROCHAUD (Jean). (S-Y) E. 24.
ROCHAUD (Noël), avocat. (S-Y) E. 6.
ROCHE (.....). (M-L) E. 12; — (S-Y) E. 43, 67.
ROCHE (Mad. de). (M-L) H. 3.
ROCHE, capitaine de ville. C. 14.
ROCHE, chirurgien. B. 530, 536; — D. 4.
ROCHE (Étienne de la), sergent. B. 468.
ROCHE (Françoise de). G. 87; — (M-L) B. 2.
ROCHE (Gédéon de la), écuyer, SIEUR DE LA MONDIE.
 B. 394.
ROCHE (Jean de). (M-L) B. 3.
ROCHE (Jonas de la), écuyer, SIEUR D'ORADOUR. B. 394.
ROCHE (Joseph de la). B. 135.
ROCHE (Léonarde de la). I B. 16.
ROCHE (Marie de la). B. 82, 119; — VIII B. 23.
ROCHE (Michel de la), bourgeois. B. 54, 56, 136, 194.
ROCHE (Philippe de la), chevalier, SGR. DE LA MONDIE.
 B. 393, 531.
ROCHE (Pierre), mᵉ perruquier. B. 497.
ROCHE (Pierre de la), dit VOUZELLE. B. 54.
ROCHE (Pardoux). (S-Y) E. 2.
ROCHE-AYMOND (de la). E. 1.
ROCHEBRUNE (de), écuyer, commissaire des guerres.
 B. 531; — E. 94.
ROCHEQUÉRANT (de). (M-L) E. 11.

Rochette (Léonard), médecin. B. 63.
Rochette (sieur de la). (S-Y) B. 3.
Rodye (Jean de la), médecin. B. 328.
Roffignac (Claude de), écuyer, sieur de la Grimaudie. B. 523.
Roger (citoyenne), supérieure de la Maison de bienfaisance. E. 2.
Roger, curé. G. 69.
Roger (Gui et Agnès). B. 343.
Roger (Jean), bourgeois. B. 106, 450.
Roger (Martial), marchand. B. 184.
Roger (Pierre), prêtre. B. 82.
Roger (Pierre) de la Pleu, clerc. B. 450.
Roger ou Rogier des Essarts. B. 497, 498, 526; — C. 12, 16; — E. 1; — G. 59.
Roger de Labont, damoiseau. B. 435; — I A. 2, 3.
Rogier (.....). B. 125; — I B. 7.
Rogier (François), marchand. B. 261.
Rogier (Jean), notaire et praticien. B. 179, 254.
Rogier (Micheu). VIII B. 15.
Rogier (Mariotte). B. 58.
Rogier (Martial), marchand. B. 136, 306.
Rogier (Pierre), chanoine. B. 49.
Rogier (Pierre), juriste. B. 226.
Rogier (Valérie). B. 37.
Rogier de Beaune, sgr. de Janaillac, conseiller du Roi. B. 497.
Rogier du Buisson. C. 16; — E. 1.
Rogue, élève chirurgien. E. 2.
Rohan (Madame, le cardinal et le prince de). B. 8.
Roi (Pierre). B. 385.
Rolé. G. 10.
Romance (de). (S-Y) E. 57.
Romanet (.....). B. 540; — C. 6, 7; — E. 1, 20, 34, 96; — G. 48, 59.
Romanet (.....), prêtre. C. 16; — E. 1; — F. 6, 17; — G. 57.
Romanet (Albert). VI B. 1.
Romanet (Catherine). B. 167.
Romanet (Étienne). B. 152, 526; — II H. 8.
Romanet (François), orfèvre. B. 213.
Romanet (Jean). B. 196, 216, 320, 525; — G. 121; — I B. 7, 10; — II B. 2, 8.
Romanet (Louis), greffier criminel. I B. 7; — VI E. 1.
Romanet (Marc-Antoine), curé. B. 30, 528.
Romanet (Marie-Marguerite). B. 497.
Romanet (Marsau). II H. 8; — VI E. 1.
Romanet (Martial), lieutenant du visénéchal. B. 526.
Romanet (Martial), prêtre. B. 166; — II B. 11.
Romanet (Pierre). B. 34, 40, 103, 166, 212, 448, 464; — E. 8; — G. 121.
Romanet (Simone). I B. 7.
Romanet de la Briderie, prêtre. B. 497.
Romanet du Caillaud. E. 1, 2.
Romanet, sgr. de Noalhes et de Lageponnet. I B. 7.
Romanet, sgr. de St-Priest. B. 540.
Romanet de Salesse, alias de Salettr. B. 217, 497.
Rooves, vicaire. G. 64.
Ros (Jehan). VIII B. 9.
Ros (Martial lo). B. 108.
Ros (Pierre), manouvrier. B. 224.
Rosaire (confrérie du). (D¹) B. 5; — (S-Y) E. 49.
Rose (Pierre de la), doreur. B. 498.
Rosier (Antoine). (S-Y) F. 3.
Rouard (.....). B. 498.
Rouard (Claude). B. 469, 471.
Rouard (Jean), élu. B. 469, 477; — D. 56.
Rouard (Joseph), bourgeois. B. 347.
Rouard (Léonard). B. 347, 470.
Rouard de la Boissarde, juge. B. 497.
Roubadaud, élève chirurgien. E. 2.
Rouchaud (Antonin), récollet. G. 56.
Rouchaud (Noël). (S-Y) E. 20, 31.
Rouchaud de la Boissaude. E. 1.
Rouffignac (Marie de). (M-L) B. 7, 22.
Rouffignac (Mathurin). (M-L) B. 6.
Rouffie, greffier. E. 30.
Rouffie (Yrieix), tonnelier. (S-Y) E. 8.
Rouger, curé. B. 525.
Rougerie (Joseph), serger. B. 498.
Rougier, notaire. B. 496.
Rougier (Antoine). B. 182.
Rougier (Hélie), marchand. B. 110.
Rougier (Jacques), chanoine. VI E. 1.
Rougier (Jean). B. 182, 299.
Rougier (J.-B.). (M-L) B. 21.
Rougier (Joseph), bourgeois. B. 129.
Rougier (Léonard). B. 495; — II B. 4.
Rougier (Louis), mᵉ chirurgien. (Bᶜ) G. 1.
Rougier (Martial), prieur. B. 306.
Rougier (Michel ou Michau). B. 182; — II H. 6; — (M-L) B. 6.
Rougier (Moïse), notaire. B. 526.
Rougière (Antoine). II H. 6.
Rougière (Jehan). II H. 6.
Rougière (Michel). II H. 6.
Rouillac (Martial). B. 526.
Roulet (Jean), prêtre. (Bᶜ) D. 1.

ROULHAC (.....). B. 525; — C. 1, 16; — E. 1, 20; — (S-Y) E. 6.
ROULHAC, prêtre. B. 2, 190, 437, 525, 526, 541; — C. 4, 16; — E. 11; — H. 7; — VIII B. 23.
ROULHAC (Catherine). B. 448.
ROULHAC (Jean de). VIII D. 1.
ROULHAC (Marguerite). B. 2.
ROULHAC DE ROULHAC. B. 498; — E. 41, 94, 97.
ROULHAC DU CLUZEAU. B. 497, 498, 533; — C. 18; — E. 21, 94, 114.
ROULHAC D'ESTIVAUX. B. 366.
ROULHAC DE GONDAUD, procureur du Roi. B. 525, 526.
ROULHAC, SGR. DE RAZEIX, conseiller du Roi. B. 498; — E. 95.
ROULHAC DE ROUVEIX, conseiller du Roi. E. 2.
ROULHAC DU ROZEAU. B. 223.
ROULHAC DE THIAS. E. 1, 22, 49.
ROULHAC DE TRASCHAUSSADE. B. 525; — C. 10; — E. 1, 2.
ROULHAT (Pierre-Grégoire de), marchand. B. 496.
ROULIAC (Jean), arpenteur. B. 417.
ROUMILLAC, maire. E. 31.
ROUSSAC. H. 5.
ROUSSARIAS (Martial), prêtre. B. 437.
ROUSSEAU, secrétaire. B. 525.
ROUSSEAU (Clément). (M-L) B. 21.
ROUSSEAU (Itier), official. B. 448.
ROUSSEAU (Jean), passementier. B. 526.
ROUSSEAU (Mathieu). G. 37.
ROUSSEL ou ROUSSELLE, avocat. B. 526; — E. 1.
ROUSSEL, marchand. B. 525.
ROUSSELET (Ramnion). B. 260.
ROUSSET (.....). E. 2; — G. 57.
ROUSSET, femme-sage. E. 11.
ROUSSET (Bernard), garçon chirurgien. E. 1, 2.
ROUSSET (Jean), mᵉ chirurgien. B. 219, 526.
ROUSSET (Mathive). B. 266, 267.
ROUSSET DE MÉRIGNAC. B. 14.
ROUSTIN DE LA BAROUILLÈRE. H. 6.
ROUVEIX (Jacques). B. 496.
ROUVELIN (Étienne). B 473.
ROUVEY (Léonard), voiturier. B. 270.
ROUVEYE (du), auditeur des comptes. D. 4.
ROUX (.....). VIII E. 2; — (S-Y) E. 47.
ROUX, chanoine de St-Étienne. B. 227.
ROUX (Claude), épinglier. II B. 10.
ROUX (François). B. 215.
ROUX (Jacques). B. 324.
ROUX (Jean), SIEUR DU MASBATEIN. B. 215, 301.
ROUX (Martin), parcheminier. B. 73.

ROUX (Michel lo). B. 108.
ROY (Aymeric). B. 112.
ROY (Étienne), prêtre. B. 74.
ROY (Jean). B. 74, 190, 403.
ROY (Martin). B. 374.
ROYÈRE. G. 58.
ROYS (comte de). E. 30.
ROZE (Jean), curé. B. 432.
ROZIERS. G. 74.
RUAUD (.....). F. 29; — H. 5.
RUAUD, chanoine. B. 529; — E. 16.
RUAUD (Bernard), licencié ès lois. B. 246; — VIII B. 9; . — VIII E. 1.
RUAUD (Colin). B. 189; — VIII B. 3.
RUAUD (Étienne), bourgeois. B. 200.
RUAUD (Guillaumette). B. 200.
RUAUD (Jean). B. 69, 70; — D. 4; — VIII D. 2.
RUAUD (J.-B.), garçon chirurgien. E. 2.
RUAUD (Joseph). B. 189, 268, 498.
RUAUD (Martial). VIII B. 3, 14.
RUAUD (Pierre), drapier. B. 69.
RUBEN (François). E. 2.
RUBEN (dame Jeannette). I B. 7.
RUBEN DE L'OMBRE. E. 28, 29.

S

SABBAT (Pierre). B. 260.
SADEIX (Guillaume), orfèvre. B. 525.
SADRE (Jean). B. 246.
SAGE (Antoine). (S-Y) E. 49.
SAGE (Christian). B. 52.
SAGE (Pierre), grassetan. III B. 6.
SAIBRAND, évêque de Limoges. B. 392.
SAILLANT (du), sénéchal. B. 525.
SAINTOURS (dᵒˡˡ de). G. 123.
SAINT-AMABLE (Bonaventure de). B. 8.
SAINTE-BEUVE. B. 8.
SAINTS-ANGES (confrérie des). B. 106.
SALAGNIAT (de). II B 11.
SALARDI (Pierre), couturier. B. 152.
SALEIX (Guillaume), orfèvre. B. 525.
SALENCIEL (Laurent) VIII B. 5, 6.
SALESSE (Durand Joseph de). E. 41.
SALET, aumônier. C. 10.
SALEYS (dᵉˡˡ). (S-Y) E. 35.
SALEYS (Bartholomé), chanoine. I B. 16, 20.

SALEYS (Jean). prêtre. VIII D. 1.

SALEYS (Laurent). VIII B. 9.

SALEYS, SALLEIX ou SALÈS (Pierre), marchand. B. 44, 94, 100, 223, 230; — I B. 2, 7; — VIII B. 9.

SALIGNAC-FÉNELON (Henri-Joseph de). (M-L) B. 1, 9; — (M-L) H. 4.

SALLÉ, receveur. E. 30.

SALLES (des). (M-L) B. 13.

SALMODIEYBAS ou SALMONDIEYBAS. B. 195; — VIII B. 1.

SALOMON (François). (M-L) B. 6.

SALOND (Pierre). B. 265.

SALOT ou SALLOT (.....). H. 26; — II. B. 7.

SALOT (Guillaume), conseiller. B. 526; — D. 4.

SALOT (Jean), élu. B. 280.

SALVANH (Pierre), damoiseau. B. 413.

SAMIE, fermier. B. 525.

SAMPSON (Pierre), clerc. B. 423.

SANDELLES (Jean de), marchand. B. 24.

SANDÉMOY, avocat. (D¹) E. 1, 3; — (M-L) B. 10, 23.

SANDEMOY, curé. G. 72.

SANDEMOY (Anne). (D¹) E. 1.

SANDEMOT DE LIBAUDIÈRE (Pierre), avocat. (D¹) E. 1; — (D¹) H. 2.

SANSON (Jean), conseiller du Roi. B. 249; — II E. 3.

SANSON (Guillaume), SGR. DE ROYÈRE. B. 249.

SANTEUIL. B. 8.

SANZILLON (Marguerite de). (S-Y). B. 12.

SANZILLON (Pierre de). (S-Y) E. 6, 8.

SANZILLON DES CHAMPS (de). (S-Y) E. 52.

SANZILLON DE LA FOUCAUDIE (Jean de), écuyer. (S-Y) E. 6.

SAPEYS (Pierre). B. 72.

SAPINAUD (Esprit-Marie-Thérèse) DE BOISHUGUET. (D¹) E. 1.

SAQUET. B. 190.

SARAZINAUDE. D. 4.

SARDAIGNE (Jean). B. 52.

SARDINE (Martial), imprimeur. B. 498.

SARLANDI (de). (S-Y) F. 2.

SARNA (Jean), couturier. VIII D. 2.

SARRAZIN, curé. B. 528.

SARRAZIN (Jacques), bourgeois. B. 75, 76.

SARRAZIN (Léonard). B. 266.

SARRAZIN (Martial). B. 75, 355.

SARRAZIN (Pierre). B. 266, 528.

SAUGNE (Denis la). (M-L) B. 13.

SAULCIER (Jean). (M-L) B. 13.

SAULTIER (Aymeric et Guillaume), clercs. B. 398.

SAULTIER (Albert), damoiseau. B. 398.

SAURY, avocat. (Bᶜ) E. 6.

SAUVAS (Françoise las). B. 496.

SAUVEBŒUF (marquise de). B. 16, 525; — E. 12, 14.

SAUVIAT (Jacques), marchand. B. 13.

SAUXON (Jean). II E, 3.

SAVAGIN (Jean), prêtre. I B. 33.

SAVIGNAC. II E. 3.

SAVIGNAC (de). B. 4; — C. 1.

SAVIN (Madeleine de). (M-L) B. 12.

SAVIN (Jacques de St-). (M-L) B. 8.

SAVINAU (Jean), voiturier. B. 195.

SAVOYE (Michel). I D. 8.

SAVOYE (Pierre). I D. 8.

SAVY (Pierre). B. 80.

SAVYE (Jourdaine). B. 80.

SAZERAC ou SAZERAT (Léonard), alias CÉZERAT, notaire. B. 464, 496.

SAZERAT. (S-Y) E. 88.

SAZERAT (J.-B.), maréchal. B. 160, 498.

SAZÔNES (Philippe des). B. 444.

SCHLEUSSER (J.). G. 61.

SECOND (Jean), bourgeois. B. 424.

SÉGLIÈRE, curé. B. 525.

SEGOND (.....). B. 18, 532.

SEGOND (Étienne). E. 1.

SEGOND (Hélène). B. 19.

SEGONDET (Antoinette de). (M-L) H. 5.

SEGONT (Jean). II H. 6.

SÉGUE, maçon. E. 126.

SEGUIN DE MULHAC. B. 415.

SEGUIN DE LAS TOURS, damoiseau. B. 415.

SEICHAUD (Antoine), écuyer. (M-L) B. 8.

SÉMENTERY (Jacques). B. 236.

SÉMENTERY (Jean). II H. 12.

SÉNAMAUD (Gabriel). III C. 2.

SÉNAMAUD (Léonard). VIII B. 23.

SÉNAMAUD (Martin), marchand. B. 84.

SÉNAMAUD (Nicolas), hôte. B. 526.

SÉNEMAUD, prêtre. C. 14; — E. 2; — G. 61, 68, 69.

SÉNEMAUD ou SÉNAMAUD (Joseph). B. 117, 254, 525, 526.

SÉNEMAUD-BEAUFORT (J.-B.), garçon chirurgien. E. 2.

SENÈQUE, curé. B. 8; — G. 73.

SENSELLES (Martial), marchand. I E. 5.

SERCLIER (Jean), huissier. B. 103.

SERUMY (de). (D¹) B. 4.

SERGENT (Bernard). B. 142.

SERGENT (Pierre). B. 72.

SERIEZ (Antoine). G. 64.

SERMADIEYRAS (Blaise de). B. 198.

SERRE (Gabriel), boulanger. G. 54.

SERRE (Marie de la). B. 496.

SERVIENTIS (de). (S-Y) B. 23; — (S-Y) E. 68; — (S-Y) H. 5.
SÉVIN (Marguerite de). (M-L) B. 9.
SÉVIN (M. de St-). (M-L) B. 13.
SEYNIE (de la). (S-Y) E. 46, 48, 49.
SICARD (Jacques et Bernard). B. 417.
SICART (Pierre et Agnès). B. 414.
SICART (Jean et Laurence). B. 231.
SICBERT (Giroux). B. 450.
SIDEESE (Jean et Simone). B. 343.
SILHOUETTE (Armand de), receveur. B. 525; — E. 14.
SILHOUETTE (Mad.). C. 10.
SILVESTRE (St). G. 61.
SIMON, curé. C. 14; — E. 1.
SIMONET (les). (M-L) B. 12.
SIMONET (François), curé. B. 432.
SIMONET (Jean), curé. C. 435.
SINGAREAU, curé. G. 71.
SIRAT (Laurens). I B. 12.
SIROLE (Pierre). III B. 7.
SIXTE-QUINT, pape. I B. 11.
SOBET-THIBAUD, père et fils, chirurgiens. B. 89, 498; — E. 1, 2.
SOLIER (Martial), prieur. B. 330.
SOLIGNAC (Guillaume), orfèvre. D. 4.
SOLIGNAC (Pierre de), clerc. B. 229.
SOLIGNAC (S. de). B. 216.
SOMBREUIL. C. 16.
SORNIN-BRISSAUD. (M-L) B. 4.
SOSMANA (Michelle de). B. 142.
SOUBREVAS, curé. VIII B. 3.
SOUBRIE, huissier. (S-Y) E. 65.
SOUCHE dit le CHAT. B. 418.
SOUCIÈRE (Valérie). B. 154.
SOUDANAS, chirurgien. G. 79.
SOUDANAS, relieur. E. 30.
SOUFFRON, religieuse. G. 58.
SOULIER, curé. (S-Y) E. 73.
SOULIGNAC (Pierre), négociant. B. 15, 498; — E. 2.
SOULIGNAT. E. 31.
SOULX (Jean et Pierre du). B. 464.
SOUTERRE (Martial), prêtre. B. 154.
SOUVAIGE (Jacquette), servante. I B. 35.
SOUVE (Guillaume). (S-Y) E. 38.
SOUVE (Jean). (S-Y) E. 1, 48.
SOUVE (Marguerite). (S-Y) B. 12.
SOUVE (Michel). (S-Y) B. 12.
SOUVE (Pierre). (S-Y) E. 33.
STEDMAN (Anne). (M-L) F. 1.
SUDRAU (Guy), clerc. B. 190.

SUDRAUD DES ISLES, curé. G. 72.
SUDRAUD DES ISLES (Guillaume), médecin. B. 531.
SUDRAUD DES ISLES (Martial), juge. B. 341, 498.
SUIDUYRAUD (François), licencié ès lois. VIII D. 1.
SUDUYRAUD (Jean). I E. 7.
SUDUIRAUD (Pierre). B. 101; — II B. 1.
SUGER. B. 8.
SULPICY (Antoine). (S-Y) B. 5; — (S-Y) F. 2.
SULPICY (Jean et Simon), bouchers. (S-Y) E. 49, 85.
SURDOUX. G. 62.
SURBIN (Jacques), intendant. (M-L) B. 12.
SURIN-HUGON, maire. G. 74.
SURIN (Jacques). (M-L) B. 23.
SURNIN (Léonard). III F. 1.
SUSSAC, curé. E. 2.
SUZON. (M-L) E. 10.
SYBOT (Loys). VIII B. 14.
SYRAT (Pierre), boulanger. B. 79.

T

TABARAU, vicaire. E. 42.
TAFFARD. H. 7.
TAILHON (Pierre). I B. 13.
TAILLADOURS (confrérie des). B. 136, 256; — VII A. 1; — VII B. 1; — VII D. 1; — VII E. 1, 2.
TAILLANDIER, hôte. B. 526, 535.
TAILLANDIER (Bartholomé), mᵉ clavetier. VIII D. 2.
TAILLANDIER (Louis), curé. B. 498.
TAILLEFERT (comte de). B. 452; — (S-Y) E. 46.
TAILLETROU (Mathurin). (M-L) B. 6.
TALET (Antoine). (S-Y) B. 12.
TALIERS (Pierre). III B. 10.
TALLEYRAND-PÉRIGORD, SGR. DE CHALAIS. (M-L) H. 1.
TALOIS (Jacques), chanoine. II B. 9.
TALOYS (Gilbert), maçon. I B. 16.
TAMAIN (Jeanne). B. 306.
TAMAING (Valérie). B. 456.
TAMANGIN (Pierre et Jean). B. 492.
TANCHON (.....). E. 50; — F. 28.
TANCHON, prêtre. B. 529; — G. 69.
TANCHON, procureur. B. 498.
TANCHON (Jean), avocat. B. 534; — E. 1, 2, 26.
TANCHON (Jean), contrôleur. B. 119.
TANCHON DE LAGE, avocat. E. 2.
TANDEAU (Marie). B. 455.
TANOARN (abbé de). (M-L) F. 3; — (M-L) H. 2.

Tardieu, curé. VII B. 1.

Tardieu (François). B. 316.

Tardy, curé. (M-L) B. 9.

Tarnaud, élève chirurgien. E. 2.

Tarneau. E. 1.

Tarneau (Jacques), m° arquebusier. B. 5.

Tarrade (.....). B. 361, 390.

Tarrade ou Tharade (Annet), notaire. B. 417, 497, 528, 531.

Tarrade (J.-B.). B. 451.

Teilhaud (Jean). B. 347.

Teilher (Guillaume). B. 307.

Teilhet (Mariote). B. 124.

Teilhet (Pierre). B. 324.

Tellier. (M-L) B. 8.

Tellières (Claude), marchand. (M-L) B. 7.

Teillou (François du). B. 53.

Teinturier (Jean), alias Tenchurier. B. 202.

Temaignon (Jean) ou Tamaignon, éperonnier. B. 63; — II H. 6.

Tenant (Paul). (S-Y) B. 12.

Tercinier (Étienne-Augustin), procureur. B. 498.

Térence. B. 8.

Terrasson (Jeanne), fille dévote. B. 13, 496.

Teurier (Martial), marchand teinturier. B. 497, 498, 529.

Tersannes (Mad. de). (M-L) H. 3.

Tesseron (Mathieu). VIII D. 1.

Tessier, notaire. I D. 1.

Testas (Jean et Pierre). B. 200, 201, 331.

Teste (Pierre), bourgeois. B. 173.

Testut (François), m° charpentier. B. 526.

Teulier, Trullier ou Teulhier (.....). B. 289; — G. 59.

Trulier (Anne et Catherine). B. 137; — D. 4.

Teulier (Hélie), notaire. B. 526; — VIII B. 23.

Teulier (Jean), couturier. G. 58; — I C. 1.

Trulier (Petit-Jean). B. 46.

Texandier ou Texendier (.....). C. 9, 10; — E. 1, 2, 16, 48, 129; — F. 29; — G. 73, 127.

Texandier (Jean), orfèvre. B. 77.

Texandier, sgr. de l'Aumônerie. B. 525.

Texeron (Catherine). B. 34.

Texier. B. 14; — G. 58; — VIII D. 1; — D¹ E. 3.

Texier (Albert), dit Pénicaille. B. 258.

Texier (Françoise et Léonarde). B. 34.

Texier (Jean), argentier. I B. 7; — II H. 8.

Texier (Léonarde). I B. 7.

Texier (Louis), procureur. B. 497, 498; — E. 1, 2.

Texier (Pierre), notaire. I D. 4; — II H. 8.

Texier (Pierre), dit Limousin, tailleur. B. 163.

Teyssendier (Jean), clerc. B. 156.

Teysseuil (Martial de). B. 233, 234.

Teyssonières (Jean). B. 236; — VIII B. 14.

Teytaud, garçon chirurgien. (D¹) E. 1.

Teytaud (Hélie), m° perruquier. B. 497.

Teytaud, prêtre. (B°) G. 1.

Teytaud (Jacques) du Bois de Lavaud. (D¹) E. 1.

Teytaud de Marchain, chanoine. (D¹) E. 1.

Teytaud de Razès, chanoine. (D¹) E. 1.

Teytoit. (S-Y) E. 34.

Teytut (François de). (S-Y) E. 15; — (S-Y) H. 11.

Teytut de la Jarrige. (S-Y) B. 19; — (S-Y) E. 6, 8, 69, 76; — (S-Y) G. 2.

Thaloys (Guillaume), serrurier. B. 79.

Thaloys (Jean), sergent royal. B. 79.

Thamain (J.-B.), sgr. de Cressac. B. 498.

Tharaud, chirurgien. G. 59, 67.

Theillet. G. 57.

Theny (Léonard). (S-Y) E. 56.

Théodery (Marianne). (S-Y) F. 3.

Thévenin (.....). G. 66.

Thévenin, chanoine. B. 531; — E. 94.

Thévenin (Germain), hôte. B. 526.

Thévenin (Jacques Basile), ancien curé. B. 467.

Thévenin (Jean). m° éperonnier. B. 525.

Thévenin (Philippe), garçon apothicaire. E. 1, 2.

Thévenin du Genéty. B. 498; — E. 1; — G. 129.

Thévenin (Gabriel) du Masbatin. B. 528, 531.

Thévenot du Nouget. (M-L) B. 8.

Thèves (Léonard des), élève chirurgien. E. 2.

Thibaud ou Thibault, chirurgien. B. 79, 498; — E. 2; — G. 70; — (D¹) B. 6.

Thibaud de la Coudre. (M-L) B. 14.

Tholoza (Jehan). VIII B. 9.

Thomas (.....). B. 498; — C. 6; — G. 54.

Thomas (sœur). (D¹) E. 1.

Thomas (François). E. 1.

Thomas (Giraut). II H. 5.

Thomas (Jean), m° charpentier. B. 497.

Thomas (J.-B), imprimeur. B. 529.

Thomas (Pierre). B. 75; — (M-L) B. 4.

Thomas de Boumie, sgr. de la Chèze, notaire. D. 4.

Thoniau (Jean), prêtre. VIII D. 1.

Thonye (Catherine). I E. 7; — II B. 8.

Thormaignon, vicaire. G. 72.

Thouniaud (Catherine). B. 307.

Thouniaud (Claude). B. 283.

Thouniaud (Jean), prêtre. B. 307.

Thouniaud (Jeanne). B. 306.

THOUNIAUD (Martial), marchand. B. 282, 283.

THOURON (François), notaire royal. (S-Y) E. 3, 16, 27, 30, 32.

THOURON (Pierre), greffier. (S-Y) E. 2.

THOUVENET, curé. G. 72.

THOUVENIN (Joseph), meunier. E. 88.

THUILIER, aumônier. E. 2.

THUILIER, batteur d'or. B. 152.

THUMERY DE BOYSICE, intendant. II B. 11.

TIENDET (Balthazard), couturier. B. 141 ; — I B. 16.

TIENDET (Jean). B. 526.

TILHET (Antoine), orfèvre. B. 345, 525 ; — D. 4 ; — E. 47.

TILHIA (Jean de). B. 276.

TILLET-DELALOGE. C. 16.

TILLIER (Jean). (M-L) B. 8.

TILLIER (Marie). (M-L) H. 5.

TINDARAUD (Martial), mᵉ serrurier. B. 497, 498 ; — E. 1 ; — G. 131.

TINDARAUX, SGR. DE LA BOISSIÈRE. C. 9.

TIRAL. (S-Y) E. 29.

TIREBBAS (Pierre), notaire. B. 497, 525.

TIREBAS (Simon), procureur. B. 526.

TIXIER. E. 20.

TONNELI (Jean), orfèvre. VIII D. 1.

TORAU (Jean). B. 195.

TORAUD (Pierre). B. 395.

TORCHES (confrérie des). B. 268.

TOREAU (Marguerite). (M-L) B. 20.

TORNIER (Simon), prêtre. B. 92.

TOUCHE (de la), avocat. (Bᶜ) G. 5.

TOULHE (Bernard). B. 280.

TOULLA (Bernard). VIII B. 9.

TOULOUSE (Jean), manouvrier. B. 71.

TOUR D'AUVERGNE (Mgr. Charles Godefroy de la), duc de Bouillon, vicomte de Turenne. B. 11.

TOURATIER (Antoine), laboureur. (M-L) B. 2.

TOURNIOL, archiviste du district de Limoges. B. 526 ; — E. 2.

TOURNOIS, aubergiste. (Bᶜ) G. 5.

TOURKOIS (Jean), manœuvre. F. 1.

TOURNY (de), intendant. B. 497 ; — E. 1, 20 ; — G. 37, 55 ; — (S-Y) G. 1.

TOUSSAINT (J.-B.) DE LA BOULINIÈRE, bourgeois. B. 462.

TOUZAC DE ST-ÉTIENNE. B. 528, 535 ; — E. 1, 2, 41.

TRACCOSOUEZ. I E. 5.

TRAMONTEIL, curé. G. 69.

TRANCHAND, chanoine. E. 1, 2.

TRANCHANT. E. 1 ; — H. 6.

TRANCHILLON (Étienne Marcelin) DE LA BASTIDE. E. 7.

TRASLAGE (Nicolas de). V B. 3.

TRAVERSE, chirurgien. C. 16.

TRAVERSIER (Claude), avocat. B. 526.

TREIZE-CHANDELLES (confrérie des). B. 72, 303.

TRÉMOILLE (Louis de la). (M-L) B. 14.

TRENCHARDIE (de la). (S-Y) E. 50.

TRENCHELION (Aymeric). III B. 6.

TRÉPASSÉS (confrérie des). B. 72, 111, 303.

TRÉSAGUET, ingénieur. E. 2, 116.

TRIBOIS (de). (S-Y) E. 4.

TRICAILLON (Pierre). B. 498.

TRICAUD (Mathieu). B. 455.

TRICAUD (Michelle). (M-L) B. 6.

TRIMOUILLE (duc de la). B. 7 ; — E. 20.

TROCHE. G. 81.

TROEL (P. deu). VIII B. 5.

TROTAU (Hélias) ou TROTEAU. VIII B. 9 ; — VIII E. 1.

TROTTY DE LA CHÉTARDIE (Jacques, Françoise et Renée). B. 2.

TROUTAUD (Mathieu), apothicaire. II B. 10.

TUILIER (Jeanne). G. 55.

TUILLIER, chanoine. C. 16.

TULLIER (Catherine), bourgeoise. B. 498.

TURGOT, intendant. E. 1, 2 ; — G. 64 ; — (M-L) H. 4.

TURPIN (dᵉˡˡᵉ). (Dᵗ) B. 6 ; (M-L) H. 5.

TURPIN (François), écuyer. (Dᵗ) B. 6, 7 ; — (Dᵗ) E. 1.

TURPIN (René), chevalier. (Dᵗ) B. 6.

TURPIN DU BUSSIÈRE. (Dᵗ) E. 1.

TURQUANT (Charles), conseiller. I B. 16.

U

UNION CHRÉTIENNE (dames de l'). (Bᶜ) E. 1, 6 ; — (Bᶜ) G. 5 ; — (Dᵗ) B. 5.

URFÉ (d'), évêque de Limoges. B. 6 ; — F. 24.

USSEL (Mᵐᵉ d'), abbesse. B. 13 ; — D. 4.

USSEL DE CHATEAUVERT. B. 396.

UZURAT. G. 81.

V

VACAN, chanoine. B. 529.

VACHERIE, chanoine. (Dᵗ) E. 1 ; — (M-L) E. 15.

VACHERIE (Jean), juge. (Dᵗ) B. 4.

Vacherie (Marguerite). (D¹) B. 4; — (D¹) E. 3.
Vachier, économe. B. 525.
Vachier (Jean). (M-L) B. 8.
Vacquan. E. 98.
Vadier (Étienne du). III B. 11.
Valade, chanoine. C. 12.
Valade (Jean), couturier. (S-Y) B. 12.
Valade (Martial), chirurgien. B. 455.
Valade (Mathurin), serrurier. G. 131.
Valade (Pierre). B. 206, 526; — G. 131.
Valat (P. et G. du). III B. 5.
Valeix (Guillaume de). B. 415.
Valentin (Pasquet). II H. 8.
Valeys (Jean), prêtre. B. 63.
Valiaud (Pierre), serrurier. F. 1.
Vallade, chirurgien. (S-Y) E. 52.
Vallade, médecin. B. 498; — E. 2.
Vallade (de la) de Truffin. (S-Y) E. 6.
Vallérie. E. 129.
Vallette, prêtre. (S-Y) E. 6, 8.
Vallette (Hélie). (S-Y) E. 65.
Valuers (Guillaume). B. 424.
Vantière (Charles de), écuyer. B. 409.
Vantière (François de), écuyer. B. 409.
Vantière (Louis de), écuyer. B. 409.
Vaquoire (delle de). (Bᶜ) E. 6.
Varachaud (Paule), fille dévote. B. 525.
Varacheau (Catherine). B. 56.
Varacheau (François), sergent. II H. 6.
Varacheau (Mathieu), sergent. I B. 7.
Varacheau (Nicolas), marchand. B. 140.
Varacheau (Pierre), boulanger. VIII D. 1.
Varagne (Noël), fondeur. VII B. 1.
Varat, notaire. B. 496.
Vareilles (baron de). F. 23.
Varennes (de). E. 48.
Vaucin (Charles), suisse. (S-Y) E. 63.
Vaucoubray (de) sieur du Puy-Bareau. B. 525.
Vaucourbeil (Antoine de), marchand. B. 491.
Vaudon (Jeanne). (D¹) E. 1, 3.
Vaultier (Guillaume), notaire. B. 5.
Vaultier (Julien), praticien. B. 5.
Vaulx (Jean de), vicaire. VIII D. 1.
Vautour (Jean), cavalier. G. 55.
Vauzelle (Jean), vicaire. II B. 11.
Vauzelle (Thomas), charron. (M-L) B. 2.
Vaux (Guillaume de). VI B. 1.
Vaux (Pierre des). B. 444.
Vaychière (Guillaume). B. 195.
Vayne, curé. G. 67.

Veden (Jean). VIII B. 9.
Ventenat, régent. B. 529; — C. 4.
Ventenat (Guillaume), bonnetier. B. 497.
Verdier (du), évêque d'Angoulême. B. 3, 496, 531.
Verdier (sieur du). (S-Y) B. 12.
Verdilhac (de), trésorier. E. 30; — (Bᶜ) E. 6; — (Bᶜ) G. 5.
Verdilhac (Jean de). (D¹) B. 2, 5, 7, 11, 12.
Verdilhac du Montet. (D¹) B. 2, 6, 7, 11, 12.
Verdis (Jacques et Pierre). I H. 3.
Vergas (Jean las), laboureur. B. 381.
Vergier (Jean du), prêtre. I B. 12.
Vergier (Simon du). B. 428.
Vergnas (Bardon las). (S-Y) B. 3, 12.
Vergnaud (.....). G. 66, 70; — (Bᶜ) E. 6.
Vergnaud, arquebusier. B. 526, 530; — E. 16.
Vergnaud (Barthélemy), émailleur. B. 525, 526; — D. 4; — VIII B. 23.
Vergnaud (François). (D¹) B. 6.
Vergnault (Jean). I B. 13.
Vergne (Martial de). B. 257.
Vergnolle. B. 497.
Vérignaux, chanoine. (M-L) E. 11.
Vernajoux (Pierre), sieur de Chambéret, avocat. B. 221, 526.
Verneil, chirurgien. (S-Y) E. 54, 57, 50.
Verneuil (François de), sieur de Lage. B. 496; — E. 47.
Vernon (André). (M-L) B. 14.
Verny (Martial). B. 408.
Verthamond (.....), trésorier de France. B. 169, 525; — E. 15.
Verthamond (..... de). B. 149, 496, 497; — C. 5; — H. 3.
Verthamond (Barthélemy de). D. 4.
Verthamond (François de), clerc. B. 496.
Verthamond (Françoise de). B. 525.
Verthamond (Jacques), prieur. B. 525.
Verthamond (Martial), marchand. B. 221.
Verthamond (Martial de), chantre. B. 497.
Verthamond (Pascal de), boucher. B. 19.
Verthamond des Cars. H. 3.
Verthamond (Grégoire de), sieur de Fougeras. B. 497.
Verthamond de Chez-Tandeau (M. de), doyen de St-Étienne. B. 528.
Vessières. B. 16.
Vételay (Antoine) prêtre. (M-L) B. 9, 13.
Vételay (François), prêtre. (D¹) B. 5.
Vételay (Françoise). (M-L) F. 1.
Vételay (Joseph). (M-L) E. 23.

VÉTELAY (Marie-Anne et Marie-Rose). (M-L) C. 3; — (M-L) F. 1, 3.
VÉTELAY DE MONGOMARD, curé. (Dt) B. 4; — (Dt) E. 1.
VEUPEYRE (Jean de), notaire. (S-Y) E. 49.
VEYGAT, notaire. II B. 7.
VEYRIER (Cécile). B. 53.
VEYRIER (Jacobus). B. 58.
VEYRIER (Léonard). B. 193.
VEYRIER (Mathieu), orfèvre. B. 193; — II H. 8.
VEYRIER (Pierre), orfèvre. B. 53, 82, 284, 525.
VEYRIER (Pierre), prêtre. B. 52, 525; — C. 13.
VEYRIER (Léonard) DU BREUIL, prêtre. E. 1.
VEYRIER (Léonard) DE LA QUINTAINE, chanoine. B. 497.
VEYRIER DE MALEPLANE, prêtre. G. 72, 73.
VEYRINAUD (Albert), teinturier. VIII D. 2.
VEYRINAUD (Jean), boulanger. B. 179, 236.
VEYSSIÈRE (Léonard), curé. B. 498.
VEYSSIÈRE (Philippe), marchand. B. 165, 166.
VEYSSIÈRE (Pierre), conseiller du Roi. B. 2.
VEYSSIÈRE, écuyer. E. 2.
VEYXIERRE. (S-Y) E. 31.
VIARMES (de). H. 7.
VICAU (Marguerite et Barthélemy). B. 40.
VICHARDE (Jeanne). B. 482.
VICQ (marquise de). C. 16.
VIDAL, *alias* VIDARD, avocat. (Dt) B. 5, 8; — (Dt) E. 1.
VIDARD (Marie de). III C. 2.
VIDAUD (.....). E. 2; — G. 61, 70.
VIDAUD (Anne). B. 496.
VIDAUD (Barthélemy). B. 282, 283.
VIDAUD (Bernard). B. 36.
VIDAUD (Guillaume). B. 378.
VIDAUD (Guy). B. 282.
VIDAUD (Jean), promoteur du diocèse. B. 183, 374.
VIDAUD (Jean), greffier. B. 467, 526; — H. 8.
VIDAUD (Joseph). B. 445.
VIDAUD (Léonard), orfèvre. B. 62.
VIDAUD (Marsault). VIII B. 15.
VIDAUD (Michel). B. 37.
VIDAUD (Sibille). B. 336.
VIDAUD (Simon), aumônier. B. 383, 398.
VIDAUD (J.-B.) DE LA BARRE. B. 15, 498.
VIDAUD (Jean) SIEUR DE BEAUVIGIER. B. 525.
VIDAUD DU CARIER. E. 11.
VIDAUD DU DOGNON. B. 496, 498, 526.
VIDAUD D'ENVAUX. B. 315.
VIDEIX ou VIDEYX (Vincent), épinglier. B. 525; — VIII B. 23.
VIDEUIL (Pierre), épinglier. B. 525, 526; — II B. 10.
VIEILLECOUR (de), chanoine. (Dt) E. 3.

VIEULX (Guillaume de). III B. 11.
VIGENAUD (Jean du). B. 239.
VIGENAUD (Paule). E. 127.
VIGENAUD (Pierre), dit LOU NÉGRE. B. 525.
VIGERON (delle Renée). (M-L) H. 5.
VIGIER (du). (S-Y) H. 1, 2.
VIGIER (Adémar), chevalier. III B. 10.
VIGIER (Hélie), chevalier. B. 122; — III B. 6.
VIGIER (Jean), émailleur. B. 212; — II B. 10; — VIII D. 1.
VIGIER (Pierre), boucher. B. 190, 430.
VIGIÈRE (dame). III B. 10.
VIGNAUD. G. 61.
VIGNEAU (du), abbé. B. 7.
VIGNEAU (marquise de). B. 7.
VIGOUREUX (Martial), marchand. B. 498.
VILAIN, me des enfants de chœur. I E. 8.
VILATEYS (Jean). II H. 5.
VILETTE (Pierre). (S-Y) B. 12.
VILLAIN (Pierre), aumônier. B. 190.
VILLARD. (Be) E. 6.
VILLEAUROY (sieur de la). (Dt) B. 4.
VILLECHENOUR (Jean de), prieur. B. 406.
VILLECHENOUX (Léonard-Martin), écuyer. B. 14, 16.
VILLEDON (sœur de). (M-L) F. 12.
VILLEFELIX (Coulaud et Penot de). B. 367.
VILLEGOUREIX (Jean), me charpentier. B. 124, 498.
VILLEJOUBERT (Pierre de), tisserand. B. 444.
VILLEMARTIN (de). (M-L) B. 10, 20.
VILLEMOUNEIX (Yrieix). (S-Y) B. 4; — (S-Y) E. 43, 45, 63, 91.
VILLENEUVE (Hardy de). (S-Y) B. 2.
VILLENEUVE (Jeanne de). G. 55.
VILLEPRÉAU (de). (M-L) B. 11; — (M-L) H. 5.
VILLETTE (Antoine et Barthélemy), traiteurs. B. 179, 203, 498, 530, 536.
VILLOUTREYS (Guillaume et Pierre de). B. 464.
VILLOUVIES (sieur de). (S-Y) E. 15.
VILOMB (de). (S-Y) E. 80.
VINÇANDON, vitrier. (M-L) B. 10.
VINCENDON, peintre. (Be) E. 5.
VINCENS, abbé. E. 30.
VINCENT (Aymeric), prêtre. B. 323.
VINCENT (Jean). B. 164, 325.
VINCENT (Martial), vicaire. B. 437.
VIRAT (sieur de). (Be) B. 1.
VIRIEUX (Étienne de), prêtre. VIII D. 1.
VIS (B.). III B. 5.
VITRAC, cordonnier. B. 496.
VITRAC, prêtre. G. 71, 72.

VITRAT (François), apothicaire. II B. 11.
VOISIN (.....), commissaire. (M-L) E. 12, 15.
VOISIN, syndic. (S-Y) E. 78.
VOISIN (Catherine). G. 37.
VOISIN (Jacques de), garçon chirurgien. E. 2.
VOISIN (J.-B.), notaire. (S-Y) E. 91.
VOISIN, imprimeur. B. 498, 526, 529, 535.
VOLI (Jean et Guillaume). B. 101.
VOLLONDAT DE LA BOYSSERIE, *alias* DE LA BOYSSIÈRE.
    B. 525.
VOLONDAT (Balthazard de), prieur. B. 435.
VOLONDAT, prêtre. B. 525; — G. 72.
VOLUDA (Jean), manouvrier. B. 34.
VOREL (Jean), garçon chirurgien. E. 1.
VOULTE (Léonard de la), prêtre. B. 132, 134; — VIII
    D. 1.
VOULTE (Martial de la). B. 187; — D. 4.
VOULTE (Nicolas de la). B. 297.
VOURBYS (Jacques). B. 292.
VOUZELA (Lieunart). VIII B. 9.
VOUZELLE (Guillaume). VI E. 1.
VOUZELLE (Jean), prêtre. VIII E. 2.
VRIGNAUD DE RICHEFORT, chanoine. (D') B. 4, 10; —
    (D') D. 1; — (D') E. 1, 3, 29.

Y

YDEUX ou IDEUX (Jean), B. 103, 526.
YDEUX ou IDEUX (Pierre), brodeur. B. 529; — D. 4.
YDEUX (Rolland), barbier. D. 4.
YPRIANAU (Déodat). III B. 7.
YRIEIX (Mad. de St-). G. 57.
YSABEAU. (S-Y) E. 54.
YTIER (Audier). III B. 6; — III C. 3.
YVERN (Aymeric). B. 212.
YVERN (Jean). B. 213.
YVERNAUD (Étienne), marchand. B. 191, 469.
YVERNAUD (Martial), notaire. II B. 7.

W

WILLELMUS CHABROL. B. 433.
W. DE VIOYS, chevalier. III B. 10.

TABLE DES NOMS DE LIEUX

(Même mode de renvois et mêmes observations que pour la table des noms de personnes.)

A

Abelha (Clos). VIII B. 9.

Abondance (Vicairie de N.-D. d'). B. 467.

Abre (Pré de l'), *alias* de Talabre, près le Mas-Blanc. B. 206, 207.

Absines des Consuls (Les). B. 211.

Agathe (Ste-), frairie. E. 114.

Age (Mas de l'). II B. 4.

Agonat, prieuré. II B. 3.

Aides (Frairie de N.-D. des). B. 59.

Aigoulène (Etang d'). E. 127.

Aigueperse. B. 526; — G. 77.

Aigueperse (Bois d'). (S-Y) B. 12.

Aigueperse au Treuil de Janailhac (Chemin qui mène d'). B. 235.

Aigueperse aux Tuileries (Chemin du pont d'). B. 310.

Aigueperse (Pré d'). II B. 9.

Aigueperse (Territoire d'). B. 208, 209.

Aiguille (Moulin de l'). E. 88.

Aine (Place d'). D. 5.

Aixe (Hôpital et maladrerie d'). B. 497; — III F. 1.

Aixe (Ville et paroisse d'). B. 20, 328, 329, 330, 497, 523; — E. 2, 13, 30; — G. 61, 68, 74, 93, 99; — I B. 20.

Aixe (Tènement d'). I D. 1.

Albiat. B. 195.

Albignac, prieuré. II H. 1.

Alexis (Hôpital général de St-), à Limoges. A. 2; — B. 13, 515, 524, 525; — C. 4, 6, 7, 8, 10, 16; — D. 1, 5, 6; — E. 1, 2, 5, 11, 20, 41, 47, 48, 50, 90, 129; — F. 1 à 19, 26, 27, 28; — G. 3, 22; — H. 6; — I A. 1.

Alger. (S-Y) E. 47.

Allemagne (Coffre-fort d'). B. 8.

Allemagne (Papier d'). E. 50.

Alloix (Abbaye des). B. 74; — II B. 1; — II H. 5.

Amand (St-). C. 5.

Ambazac. B. 331, 332, 496, 498; — E. 100; — G. 61, 77, 99; — H. 2; — I B. 16, 20.

Ambeys (Village d'). (D') B. 5.

Anastasie (Ste), paroisse. G. 77.

Andalou (Jardin d'). (S-Y) B. 3.

Andeix-Manigne. B. 31, 497; — D. 5.

Andrix du Vieux-Marché. B. 32, 33, 497, 526; — II H. 8.

André (Fabrique de St-). B. 224.

André (Hôpital de St-). (S-Y) A. 1; — (S-Y) H. 2.

André (Prieuré de St-). B. 282; — (S-Y) E. 38.

Angel (Prieuré de St-). B. 534; — D. 4; — H. 4.

Anglaud, mas. B. 369.

Angleterre. (V.-L) F. 1; — (S-Y) E. 47.

Angoulême. B. 523; — E. 1; — III B. 1; — (D') E. 3; — (S-Y) E. 40, 45, 51; — (S-Y) H. 6.

Angoumois. G. 70.

Anne (Ste-), rue. H. 7.

Anne (Ste-), hôpital. (S-Y) A. 1.

Antony, clos. B. 497.

Arbre (Pré de l'). B. 498.

Arbre-Peint (Rue de l'). B. 34, 35, 155, 497, 498, 526; — VIII B. 9.

ARCHAMBAUD, clos. B. 210.

ARCOULLANT (Chetel d'). (M-L) E. 16.

ARÈNES (Barri des). B. 162.

ARÈNES (Cimetière des). B. 497, 498.

ARÈNES (Creux des). B. 162.

ARÈNES (Église des). B. 75, 162, 178; — D. 5; — III B. 6; — IV B. 3.

ARÈNES (Faubourg des). B. 162, 163, 178, 306, 497, 498, 526; — D. 5; — I D. 2; — IV B. 3.

ARÈNES (Hôpital des). B. 74, 162; — II B. 1; — II H. 5; — IV B. 1, 2, 3.

ARÈNES (Porte des). B. 74, 162, 453, 497, 498, 526; — D. 5; — VIII B. 9.

ARÈNES (Prieuré des). B. 497, 524, 525, 534; — E. 1; — G. 121; — H. 26; — II B. 14.

ARÈNES (Rue des). B. 36, 37, 38, 498; — D. 5.

ARFEUILLE. E. 20; — (M-L) H. 5.

ARGENTON. (M-L) B. 6; — (S-Y) E. 26.

ARNAT (Paroisse d'). (M-L) B. 3, 16, 22.

ARNAULT, lieu-dit. (M-L) B. 4.

ARTIGE, prieuré. B. 40, 221, 444; — D. 5; — G. 74; — II B. 1.

AUBIN (St-). (S-Y) E. 50.

AUBUSSON. B. 8; — E. 1, 2; — (S-Y) E. 53.

AUDEGUERS, mas. B. 472.

AUDOYNARIE ou DU MOULIN-MOREAU (Clos). B. 212, 213.

AUDOYNARIE (Fontaine d'). B. 212.

AUGUSTIN (Abbaye de St-). B. 106, 114, 197, 279, 306; — II B. 1.

AUGUSTIN (Ordre de St-). B. 4, 13, 221, 327; — C. 6, 7; — H. 1; — (S-Y) E. 11; — (S-Y) H. 5.

AUGUSTINS (Clos des). VII D. 1.

AUGUSTINS (Maison des). B. 13, 158, 327; — G. 121; — II B. 1; — (M-L) B. 16, 23.

AULAIRE (St-). (S-Y) B. 5.

AULIERAS (Las). B. 397, 498.

AUMAILLERIE (Village et ténement de l'). (M-L) B. 16, 17, 20; — (M-L) E. 12.

AUMÔNE (Terre de l'). B. 378.

AUMÔNERIE (L'), étang. (S-Y) E. 26.

AUMÔNERIE (L'), ténement. B. 214, 215, 329, 444, 484 à 489, 497, 534; — D. 6; — H. 2.

AUMÔNES (Clos des). D. 6.

AURANCE (Ruisseau de l'). B. 497; — D. 6.

AURANCES (Les). B. 526.

AUREIL (Chemin d'). B. 282.

AUREIL, prieuré. B. 37; — E. 47; — G. 71, 77; — II B. 1.

AURÉLIEN (St-), église. B. 497, 526; — C. 1, 10; — D. 5; — E. 1.

AURENZ, bois. B. 422.

AURILLAC. (S-Y) E. 34

AUSTRICLINIEN (St-). B. 191.

AUVENT (St-). E. 2; — G. 77.

AUVERGNE. E. 53; — I B. 7; — II H. 6, 8; — (M-L) B. 14; — (S-Y) E. 70; — (S-Y) H. 5.

AUXONNE. (S-Y) E. 45.

AUZETTE, rivière. B. 272.

AVAILLE. G. 72.

AYMARDS (Les). B. 531.

AYMERIGOUS (Les). B. 231.

AYRES (Les), borderage. (S-Y) B. 3, 5, 12; — (S-Y) E. 64, 80.

AZAT. (M-L) B. 14.

B

BACHELLERIE (Clos de la), alias Clos QUERCY, au-delà du Pont-St-Martial. B. 216, 217.

BACHELLERIE (Repaire de la). B. 216.

BACQ (Rue du). B. 496.

BADEIX, prieuré. E. 31.

BAILEBAT alias PELLISSON, rue. B. 526.

BAILLET, rue. II B. 6.

BALESME (Ténement des). B. 531.

BANC-LÉGER alias BACLATGIER (Maisons sises rue). B. 39 à 43, 156, 497, 498, 526; — D. 5; — II B. 10; — VIII B. 9.

BANCLÉGIER (Tour de). D. 4.

BANCS (Fontaine, place et rue des). B. 44, 45, 97, 495, 497, 498, 526; — C. 4; — D. 5; — E. 2, 127; — II B. 10; — II H. 8.

BANNIÈRE (La), fief. (M-L) B. 7.

BANXOTGIER (Barri de). B. 164.

BARBOTIER (Le), pré. (Dt) C. 1; — (Dt) E. 1.

BARCELONE. (M-L) H. 4.

BARDELLE (La), abbaye. (S-Y) E. 2.

BARESGE, paroisse. G. 58; — H. 7.

BARHYRETTE, rue. B. 497, 498, 526; — D. 5.

BARONNYS, ténement. B. 415, 416.

BARRAS (Las), ténement. B. 218, 219, 299, 477, 478, 496, 526; — D. 6; — III B. 12.

BARRES (Rue et fontaine des). B. 497, 526; — II H. 6.

BARRIÈRES (Les), fief. (S-Y) E. 8.

BARRIS (Les), ténement. (S-Y) B. 4.

BARRIS DE ST-GÉRALD (Les). B. 498.

BAS-AZIS, fief. I B. 7.

BASSE-MARCHE, sénéchaussée. (M-L) F. 3.

Bassk-Roche, métairie et moulin. (M-L) E. 5, 10, 16.
Bastide (La), fief. C. 10.
Basveau, tènement. B. 446.
Bayardie, rue. B. 46.
Béarn. (S-Y) E. 38.
Beaubreuil, tènement. B. 220, 498; — E. 1; — II B. 11.
Beaudy (Étang de). (S-Y) B. 4.
Beaujallet, tènement. B. 497, 531.
Beaujalois, tènement. E. 94.
Beaulieu. (S-Y) E. 47.
Beaumard, village. B. 497.
Beaumont, paroisse et fief. G. 64; — (M-L) B. 11.
Beaune, bourg et paroisse. B. 17, 333 à 339, 496, 497, 523, 531; — G. 59, 72, 77, 93, 99; — H. 2; — I A. 2; — I B. 16, 20; — (S-Y) B. 21 22; — (S-Y) C. 2.
Beaune (Cimetière de). B. 333.
Beaupeyrat, territoire. B. 221, 222, 223, 498, 526; — C. 7; — E. 20, 21; — I D. 6; — II B. 10; — II H. 8; — VIII E. 2.
Beaupoil, fief. (S-Y) B. 5, 13.
Beaupuy, rue. B. 47, 498; — D. 5.
Beaupuy (Clos de). B. 129; — I D. 5.
Beaupuy (Tour de). B. 112, 150, 151, 507; — D. 5; — VIII B. 9.
Beauséjour (Lieu-dit de) alias du Prèche, près Limoges. B. 495, 497.
Beausoleil, clos. B. 513.
Beauvais. B. 431; — (Dt) C. 1; — (Dt) E. 1.
Belagras (Rue de las). B. 497.
Bellac (Collège de). (Bc) B. 2, 5; — (Bc) E. 6.
Bellac (Église de). (Bc) B. 1; — (Bc) E. 1; — (Bc) G. 1; — (Dt) B. 9.
Bellac (Hôpital de). G. 68, 70; — (Bc) B. 1, 3, 4; — (Bc) D. 1; — (Bc) E. 2, 4, 5, 6, 7.
Bellac (Sénéchaussée de). (Bc) C. 1; — (Bc) E. 1, 3; — (Dt) B. 2; — (Dt) E. 3.
Bellac (Ville de). B. 523; — E. 14; — G. 63, 70, 72; — H. 6; — I B. 7; — (Bc) B. 2; — (Bc) E. 1, 6; — (Bc) G. 1; — (Dt) B. 5; — (M-L) B. 7, 11; — (M-L) E. 11, 12.
Bellegarde, fief. E. 1.
Bellegarde, lieu-dit. B. 497; — E. 9.
Bellegarde, prieuré. B. 431.
Belleperche (Forêt de). (M-L) B. 21.
Bergame (Tapisserie de). B. 8, 9.
Bernarderie, domaine et village. (M-L) B. 6, 8, 13, 15, 16.
Bernard-Mayne (Queyroix de). B. 62, 79.
Berneuil, paroisse. B. 340; — I B. 20.

Berry. E. 53; — (M-L) B. 14; — (S-Y) E. 38.
Berthus, tènement. B. 385, 531.
Bertrandie, tènement. B. 444.
Bessines, paroisse. G. 73, 81.
Béthune. (M-L) H. 4.
Bétoulle (La), tènement. (M-L) B. 20.
Bétoullet, domaine. (M-L) B. 6, 9.
Beumont, tènement. I A. 3.
Beuveyr (Rue du), au-dessous du Murier. B. 48, 49.
Beylotau, tènement. B. 444.
Beynac ou Beynat, paroisse. B. 341, 342, 531; — G. 58, 77, 99; — I B. 16, 20.
Beynac (Champs de). B. 497; — E. 20.
Beysson, pré. II B. 6.
Biard ou Biards, village. B. 417, 497.
Biaux (Tènement des). B. 361, 362.
Biche (Maison appelée de la). B. 63.
Billanges (Les), paroisse. G. 77.
Biscole, rue, près la Croix-Neuve. B. 50, 51, 495, 497, 498; — II B. 10; — II H. 6, 8.
Blachault (Ruisseau de). B. 337.
Blanchard, mas. (Dt) B. 9.
Bocharia (L'arbre de). VIII B. 6.
Bocharia. Voy. Boucherie.
Boissbuil, paroisse. B. 494; — G. 62, 69, 74, 77, 87, 93, 99.
Boissou (Tènement de). B. 385.
Bomard, métairie. B. 497.
Bonnac, tènement. I A. 2.
Bonnat, paroisse. B. 17, 343, 344 à 348, 498; — E. 100; — G. 59, 69, 77; — H. 2; — I B. 16, 20.
Bonnebourse, clos. B. 526; — D. 6.
Bonnesaigne, abbaye. B. 534.
Bonnet (St-), paroisse. G. 61, 68, 77, 99; — V B. 3.
Bon-Pasteur (Maison du). H. 23.
Bordarias (Territoire de las). B. 224; — VII D. 1.
Bordas (Pont de las). (S-Y) E. 49.
Bordeaux. A. 1, 3, 5; — B. 56, 70, 82, 106, 113, 165, 194, 245, 404, 405, 495 à 498, 541; — D. 4; — E. 1, 5, 20, 47, 114; — G. 119; — H. 1; — I B. 16, 17; — III B. 13; — VIII D. 1; — (M-L) E. 23; — (S-Y) B. 1, 20; — (S-Y) E. 2, 37, 38, 45, 49, 62; — (S-Y) H. 1, 2, 4, 6, 7, 12.
Borderie (La), village. B. 498; — D. 6; — (M-L) E. 11.
Borie (La), domaine. (S-Y) B. 9, 21.
Born ou Borniou, prieuré. B. 498; — H. 1.
Bort. E. 47.
Bosc-Alacuz, tènement. I A. 3.
Boscalay. B. 489.

Bosc-de-Mouly, territoire. B. 498, 526, 536; — E. 100.

Bosc-Maresche *alias* Boumarriche, ténement. B. 390, 409, 410, 415, 416, 497, 498, 531; — I A. 2, 3.

Bosmard, métairie. B. 389, 497.

Bosmir. G. 58.

Bosquolo (La rua de). II H. 5.

Bostalaiz, ténement. I A. 2, 3.

Botardeu (Forêt de). III B. 10.

Botrtarir, ténement. B. 379.

Bouchaud *ou* de las Vergnas (Pré de). B. 467.

Boucherie *alias* Bocharia, faubourg. B. 165, 166, 167, 498, 526; — D. 5; — II H. 5.

Boucherir *alias* Bocharia, porte. B. 166, 497, 535; — E. 2; — VIII B. 9; — VIII E. 1, 2.

Boucherie *alias* Bocharia, rue et place. B. 52 à 56, 69, 498; — D. 5; — II H. 5; — III B. 3.

Bouchbyron, ténement. B. 385.

Boudonne (La), lieu-dit. E. 48.

Bouffarie (La), ténement. B. 497.

Bouillé. (S-Y) E. 59.

Bourdellas (Las), ténement. B. 350, 351, 497, 498.

Bourdesir (Terre de la). VII B. 1.

Bourg (en Bresse). (S-Y) E. 2.

Bourganeuf. D. 4; — E. 1; — G. 64; — III B. 10; — (M-L) H. 1, 3.

Bourges. C. 20; — (M-L) E. 23; — (M-L) F. 1; — (S-Y) E. 31, 38.

Bourgneuf (Territoire de), *alias* de Saint-Gérald et de Bancxotgier. B. 168.

Bourgogne. H. 15; — (S-Y) E. 2.

Boutinarir *alias* Boutinerie, clos. B. 225, 497, 498, 526, 536; — III B. 8.

Bouvirrs (Lieu-dit des). B. 415.

Boyols (Clos aux). B. 226, 526; — D. 6.

Brrtanha = Bretagne. VIII E. 1.

Breuil (Le), ténement. B. 385, 415.

Breuilaufa. B. 340; — I B. 20.

Brruilchaud, ténement. II B. 11.

Breuil-Maurr (Le), ténement. III B. 10.

Brick (St-). G. 72, 77.

Br:diers, fief. (M-L) B. 14, 24.

Brillac. G. 72.

Brivr. E. 20; — G. 121; — (S-Y) B. 9; — (S-Y) E. 45, 47, 65.

Brossas (Las), village. B. 464.

Brousses (Les). (D¹) B. 6, 7.

Bruch, lieu-dit. (D¹) B. 6.

Brurz, lieu-dit. (M-L) B. 15.

Brugièr (La), bourg. B. 349, 498, 523, 526; — G. 57, 77.

Brugière *ou* Brugieyra (La). D. 6; — VIII B. 9.

Brunas (Las), clos. B. 227, 498, 526; — D. 6; — II B. 10; — II H. 7.

Bruneterir (La), fief. (M-L) B. 6, 9, 11, 21.

Brunias (Las), clos. B. 255.

Buchillen *ou* Buchilhen, clos. B. 497; — D. 6.

Bugue (Le). B. 534.

Buis (Le), village. H. 5.

Buisson (Le), ténement. I D. 3.

Bujalbuf. C. 16; — G. 59, 66, 77.

Buou (Maison dite de). VIII B. 6.

Burgnac, paroisse. E. 1; — G. 58, 77, 87, 93, 99.

Busserolle, ténement. (D¹) B. 2, 6.

Bussière-Boffy. G. 74.

Bussière-Galant. B. 426; — G. 57, 58, 61, 70, 72, 77, 99.

Bussière-Poitevine. (D¹) B. 6.

Buxière (La). (M-L) B. 8, 11; — (M-L) H. 4.

C

Cages (Landes des). (M-L) B. 12.

Cahors (Diocèse de). G. 70.

Calaus (Ténement des). B. 385, 531.

Calvaire (Le), lieu-dit. B. 526.

Cardinal (Chapelle du). (Bc) E. 1.

Carier (Le), fief. E. 11.

Carmélites (Couvent et jardin des). B. 169, 495, 497, 498; — E. 2, 15; — G. 121.

Carmes (Chemin allant aux). B. 526.

Carmes à la Mission (Chemin des grands). B. 498.

Carmes de Limoges (Couvent des). B. 4, 170, 283, 497, 534; — D. 5; — E. 1, 30; — G. 121; — II B. 1, 9.

Carmes de Mortemart (Couvent des). E. 20.

Carmes (Croix des). B. 249.

Carmes (Moulin à vent des PP.). B. 477.

Carmes (Place des grands). B. 170.

Carmes (Pré des grands). D. 5.

Carparie (Village de la). (D¹) B. 5.

Cars (Village des). B. 450, 469; — G. 57.

Casseaux *ou* Cassauds (Les). D. 6; — E. 113.

Catherine de Saint-Martial (Chapelle Ste-). B. 165.

Celle (La), bourg. G. 70.

Cessateur *ou* Cessadre (Paroisse de St-). B. 497, 498, 526; — C. 18; — E. 1; — G. 77; — II C. 1.

Cessateur *ou* Cessadre (Clos de St-). B. 200, 201.

Chabanas (Mas de las). III B. 11.

Chabane (Ténement de la). II B. 11.

Chabbeyroux, village. (D¹) B. 5.

CHABROULIE (Tènement de la). (S-Y) B. 7, 12, 13, 21; — (S-Y) E. 34, 35, 37.
CHADEFEYNE, seigneurie. (S-Y) E. 64.
CHAIGNEUX (Jardin appelé des). (M-L) B. 5.
CHAINQUIEUX, tènement, (M-L) B. 19.
CHAINTUE, lieu-dit. (M-L) E. 10.
CHALAIS. (M-L) E. 12; — (M-L) H. 1, 3.
CHALARD-PEYRONILLE. G. 77.
CHALUS (Haut et bas). G. 60, 69, 70, 77; — III F. 1.
CHALUS (Hôpital de). B. 538.
CHAMANIE (village de). (D¹) B. 11.
CHAMBARDIERAS (Tènement de). II B. 11.
CHAMBARET. B. 195.
CHAMBON (Sgrie de). I B. 7.
CHAMBON (Tènement de). III B. 11.
CHAMBORANT (Prieuré de). E. 2.
CHAMBOUET. G. 67, 69; — I B. 20.
CHAMBOUREIX. G. 77.
CHAMPAGNAC. G. 70, 71, 77.
CHAMPAGNE, province. E. 53; — (S-Y) E. 27, 29.
CHAMPAGNE, village. (M-L) E. 12.
CHAMPARDY, lieu-dit. B. 408.
CHAMPBAUDRIE (Territoire de). D. 6.
CHAMPCHOUVEAU. D. 6; — VIII B. 9.
CHAMPLANDRY (Clos de). B. 228, 229, 526, 536.
CHAMPMÉNESTERY. G. 77.
CHAMPMOUBY. B. 195, 536; — II B. 11.
CHAMPS (Tènement des). B. 341, 342, 498, 531; — I A. 2; — (M-L) B. 16, 20, 22.
CHAMPSAC. G. 59, 70, 77; — I B. 7.
CHANAILLAC. (S-Y) E. 38.
CHANCELADE (Prieuré de). E. 47; — II B. 9.
CHANDELLES (Confrairie des). B. 39, 40, 195; — D. 5.
CHANTECROS près le MAS-ROME) Clos du petit). B. 230; — D. 6.
CHANTEGRAULE. B. 195.
CHANTELOUP, village. B. 5.
CHANTEROL. B. 526.
CHANTILLY. G. 1.
CHANTOIS ou CHANTOU (Clos). B. 526, 536.
CHANTOIX (Aumône des). A. 2; — B. 524, 525.
CHANTRAS (Pré de las). B. 531.
CHANTRE au-delà du pont SAINT-MARTIAL (Clos au). B. 231.
CHANUT (Tènement de). I A. 2.
CHAPELLE (Église de la). (S-Y) B. 12; — (S-Y) E. 2, 47, 50.
CHAPELLE (Rue de la). (Bᶜ) G. 1, 2.
CHAPELLE-BRULÉE (La). B. 526.
CHAPELLE-MONTBRANDEIX. G. 72.

CHAPTELAT, paroisse. B. 350, 351, 352, 497, 498; — E. 30; — G. 62, 77; — H. 4; — I B. 6, 16, 20; — II B. 8, 10.
CHARCEYS (Ruisseau de las). B. 165.
CHARITÉ (Ordre de la). (S-Y) E. 61.
CHARLES (Salle St-). E. 129.
CHARMENSOUZE (Tènement de). B. 497.
CHARMONT (Bois de). B. 423.
CHAROLAIS (Fief de). B. 497.
CHARREYRON, clos. B. 72.
CHARSEIX (Rue des). B. 171; — D. 5.
CHARTRES. B. 497; — (S-Y) E. 59.
CHASSEIN (Sgrie du). (M-L) B. 6.
CHASTANET, mas. III B. 5.
CHATART (Bois du). III B. 11.
CHATEAU-CHERVIX. B. 386, 396; — G. 57, 59, 69, 77, 93; — I B. 20.
CHATEAUDEAU (Chapelle de). B. 433.
CHATEAUDEAU (Forêt de). B. 435, 436.
CHATEAUDEAU alias CHEZ-TANDEAU (Tènement de). B. 435, 436; — I A. 2.
CHATEAU-DOMPIERRE (Sgrie de). (M-L) B. 2, 9. (Voy. DOMPIERRE-LES-ÉGLISES.)
CHATEAUNEUF. G. 81.
CHATEAUPONSAC, paroisse. B. 353, 354; — I B. 20; — (D¹) E. 1; — (M-L) B. 4.
CHATEL-GUILLAUME (Sénéchal de). (M-L) B. 14.
CHATELUS-MARCHEIX. G. 72.
CHATENET (Le), bourg. G. 68, 77.
CHATOU, pré. B. 489, 491.
CHATRE (Village de la). (M-L) B. 2, 9.
CHAUCHIÈRES (Les), lieu-dit. B. 165.
CHAUDRON alias CHAUDEYRON (Clos). B. 13, 197, 497, 498; — D. 5.
CHAUME (Rue de la). (Bᶜ) G. 1, 2.
CHAUMENSOUZE (Tènement de). B. 390, 391, 497, 498, 531.
CHAUMOULIN (Pré dit de). (M-L) B. 7.
CHAUSSADAS (Clos de las). B. 232, 233, 234, 282, 495 à 498, 526; — D. 6; — I D. 3; — II B. 11.
CHAZELLES (Village de). B. 464.
CHÉNEVIÈRES. G. 77.
CHERMAGAULT (Tènement de). I D. 3.
CHÉBOUX (Métairie du). (M-L) B. 10.
CHERVIX. G. 71, 81.
CHEVALET (Fontaine du). B. 128, 427; — D. 5; — II H. 6.
CHEZ-ESTEVENT (Métairie de). (M-L) B. 12.
CHEZ-GOUNOT (Lieu-dit de). H. 2.
CHEZ-GRAS (Métairie de). B. 385.

CHEZ-GERNARD (Métairie de). (M-L) E. 5, 6, 10 à 12.

CHEZGURAT, CHEYGURAT *et* CHÉGURAT *alias* DES MA-
THIEUX (Tènement de). B. 353, 354, 497, 498.

CHEZ-RIBIÈRE (Clos de). B. 526, 536; — R. 94; — G. 121.

CHEZ-ROCHER (Village de). (M-L) B. 6, 7, 12, 16, 23.

CHEZ-ROMANET (Clos de). B. 526, 536.

CHEZ-SARLOT (Métairie de). (M-L) B. 6, 16.

CHEZ-TANDEAU (Tènement de). B. 495, 497, 531.

CHIBRAS (Confrérie de las). B. 155, 162, 195, 200, 204,
266; — VIII B. 5 à 12.

CHIÈRE (Ruisseau de). III B. 10.

CHINA (Tènement de). I A. 3.

CHINCHAUVEAU (Territoire de). B. 235, 236, 237, 238,
282, 497, 526; — II B. 6; — VII D. 1.

CHOUCHIÈRES (Rue des). I D. 5.

CHOUX (Rue des). B. 190.

CHRISTOPHE DU DOGNON (St-). D. 5; — G. 60, 77.

CIERGE DES BOULANGERS (Confrérie du). B. 190, 191.

CIEUX; paroisse. G. 67, 71, 77.

CIGOGNE (Rue de la). B. 57, 58.

CIMETIÈRE (Terre du). B. 443.

CITÉ DE LIMOGES (Rue, porte et place de la). B. 27,
160, 282, 307, 526; — D. 5, 6; — III B. 3.

CLAIRE (Bourg de Ste-). D. 6; — G. 54, 61, 77.

CLAUD (Tènement du pré). II B. 11.

CLAUBTRAS (Tènement de las). I D. 4.

CLAVIÈRES (Tènement de). B. 398, 399, 400, 401, 402,
403, 407, 495, 497, 498; — H. 2; — I D. 1, 4; —
I E. 5.

CLÉDAT, prieuré. B. 498; — H. 1.

CLERMONT. (S-Y) E. 50.

CLOCHER (Rue du). B. 59, 60, 61, 82, 125, 497, 498, 507,
526, 535; — D. 5: — I B. 16; — III B. 3; — II
H. 5; — VIII B. 9.

CLOS-AU-GEAY. B. 498.

QOGNAC. G. 68, 77.

COLE (Chapitre de). II C. 1.

COLOMBIER, lieu-dit. B. 195, 497.

COMBALANDE (Borderie de). III B. 10.

COMBAS (Étang de las). (M-L) B. 12.

COMBE-AUBERT (Terre de la). B. 450.

COMBES (Juge des). B. 211, 298; — E. 2, 26, 47.

COMBES (Juridiction des). B. 46, 51, 85, 109, 127, 151,
240, 252, 307; — E. 124, 127.

COMBES (Rue des). B. 62 à 65, 497, 498, 507, 526; —
D. 5; — II H. 5 à 8; — VII B. 1; — VIII D. 1; —
(Bᶜ) G. 1, 2.

COMBES (Territoire des) *alias* de las COMBAS. B. 129,
469, 497; — I A. 2; — II H. 5; — VIII B. 6, 9,
14, 20.

COMBE-VINEUSE *alias* clos THOUMY (Clos de). B. 239,
240, 497; — D. 6.

COMMINGES. B. 4.

COMPIÈGNE. G. 1.

COMPREIGNAC (Terre de). B. 497, 498; — C. 6; — E. 16;
— G. 61, 71, 77; — II B. 4; — III B. 11.

CONCEPTION N.-D. (Confrérie de la). B. 65, 155; —
D. 1, 5, 6; — E. 113; — I B. 6, 7; — V A. 1; —
V B. 1, 2, 3; — VII E. 1.

CONCHAS (Tènement de las). B. 387, 531.

CONCHEBRIER (Village de). (M-L) B. 6.

CONCHERIE (Métairie de la). (M-L) B. 12.

CONDADILLE (Territoire de). B. 241, 526, 536.

CONDAT (Paroisse de). B. 355, 356, 357, 358, 359, 360,
497, 531; — E. 2; — G. 60, 65, 67, 69, 73, 77; —
I A. 2, 3; — I B. 16, 20; — II B. 1, 11.

CONFOLENS. B. 538; — (Bᶜ) E. 6; — (Dᵗ) B. 8.

CONORE, village. G. 81.

CONSULAT (Rue du). B. 82, 145, 497, 498, 507, 525, 526,
535; — D. 5.

CONZERANS. B. 4.

COQ (Rue du). (Bᶜ) G. 1, 2.

CORBASURE, CORBASURIT *ou* CORBASURIER (Rue de). B. 39,
66; — D. 5; — II H. 5; — VIII B. 6.

CORDELAS (Moulin de). E. 100.

CORGNAC *alias* CORGNAT, village. D. 6; — I B. 16, 20.

CORGNAC A LA CROIX DES CARMES (Chemin de). B. 249.

CORNILH, mas. (M-L) B. 3.

COROLLE (Chapelle de N.-D. de la). D. 4.

COSME (St-), hôpital. (S-Y) H. 3.

COSTANTI (La font). II H. 5.

COSTAS *et* BIAUX (Tènement de las). B. 497.

COTES DE VIENNE (Les). B. 242, 406, 498.

COUDERC (Lieu-dit du). B. 243, 498; — I A. 2.

COULJONNERIE (Terre appelée la). (M-L) B. 3.

COULX (Pré des). B. 472; — (M-L) B. 8.

COURBEFY. G. 62, 69, 77.

COURCELLAS (Tènement de). I A. 2.

COURTINE (Chapelle de la). B. 103; — VIII B. 9.

COUSSAC-BONNEVAL, paroisse. B. 498; — G. 77.

COUTURAS (Clos de las). B. 306, 526.

COUTURE (La). B. 536; — II B. 6; — (S-Y) B. 23.

COUX-MARTY (La). H. 2.

COUZEIX, paroisse. B. 361 à 369, 443, 497, 523; — C.
16; — D. 6; — E. 94; — G. 58, 59, 73, 77; — H. 2;
— I B. 16, 20.

COUZEIX (Chemin de). B. 211, 253.

COUZEIX (Cimetière de). VIII B. 1.

COZ-CHEVRIER (Village de la). (M-L) B. 4.

CRESSAC. B. 195.

CREUSE (Département de la). E. 2.
CREZENNET. (S-Y) E. 81.
CROCHAT (Tènement de). II B. 11.
CROIX (La), lopin de terre. (M-L) B. 8.
CROIX (La), paroisse. (D^t) B. 4, 5.
CROIX-BUCHILIEN (Clos de la). B. 244.
CROIX DE L'ESCALIER (La), carrefour. B. 327.
CROIX-MALECAYRE (Pacage de la). B. 498.
CROIX-MALLET (Clos de la). D. 6.
CROIX-MANDONAUD (La), lieu-dit. B. 212, 308.
CROIX-NEUVE, rue. B. 67, 497, 498, 526 ; — D. 5.
CROIX-ST-JEAN (Maison sise à la). (M-L) B. 11.
CROIX-ST-LÉONARD ou DE VILLAS-REINAS (Clos de la).
    B. 497 ; — D. 6.
CROIX DE ST-PIERRE. (M-L) B. 6.
CROIX (Autel et confrérie des aumônes Ste-). B. 19, 20,
    34, 35, 36, 37, 40, 52, 53, 54, 59, 60, 61, 62, 67, 77,
    78, 82, 88, 97, 101, 104, 109, 112, 122, 123, 124,
    129, 132, 137, 138, 139, 149, 152, 153, 156, 162,
    163, 178, 179, 182, 183, 184, 187, 211, 212, 216,
    217, 241, 248, 258, 263, 270, 271, 279, 280, 287,
    291, 301, 302, 303, 308, 315, 481, 495, 496, 497,
    498, 522, 525, 526, 535, 536 ; — D. 1, 4, 56 ; —
    E. 20, 113 ; — I B. 16.
CROMAT, village. (M-L) E. 11.
CROUSEIL alias CROSEIL et CROUZEIX (Tènement de).
    B. 371.
CROUZILLE (La), bourg. G. 77.
CRUCHEDOR alias CROCHEDOR, rue. B. 68, 69, 70, 497,
    498, 507, 526, 535 ; — II B. 10.
CRUÉ, village. (M-L) B. 17
CRUHEBEILLE (Moulin de). B. 497.
CURE (Vigne de la). B. 349.
CUSSAC. G. 77.
CYR (St-), paroisse. G. 67, 72, 77.

D

DALON, abbaye. B. 4 à 7 ; — E. 112.
DARNAC, paroisse. (D^t) B. 2, 6.
DARSAS, lieu-dit. B. 484.
DAUPHINE, place et rue. D. 5 ; — H. 6.

DAUPHINÉ. (S-Y) E. 38.
DAVID, clos. B. 497 ; — D. 6.
DECOUTRES (Terre des). (M-L) B. 4.
DELHOTE (Terre de). B. 472.
DENIS-DES-MURS (St-), paroisse. B. 430 à 446, 524, 525,
    531 ; — G. 71, 81 ; — H. 2 ; — I A. 2, 3 ; — I B. 20 ;
    — I D. 4.
DERRIÈRE-LA-GRANGE (Jardin appelé de). (M-L) B. 6.
DESCENDANT-MANIGNE, rue. B. 498.
DESSOUS-LE-BOST (Pré de). D. 6.
DESSOUS-L'ORT (Pré de). B. 355.
DESSOUS-LES-ARBRES (Place de). B. 497.
DESSUS-L'ARBRE ou PUY D'EYGOULÈNE (Rue). B. 526.
DESSUS-LA-VILLE (Tènement de). B. 423.
DIEU D'AMOUR (Lieu-dit du). B. 71, 81, 96, 99 ; — VIII
    B. 9.
DINSAC, paroisse. (D^t) B. 5 ; — (D^t) H. 2.
DODINERIE, village. (M-L) B. 9, 13, 24 ; — (M-L) E. 5,
    6, 12.
DOGNEIX alias DOUGNEIX et DOMPNEIX (Le), tène-
    ment. B. 453.
DOGNON, DOIGNON ou DONGNON (Le), prieuré et fief.
    B. 498 ; — G. 77 ; — H. 1, 8 ; — II H. 1.
DOLIETA (Tènement de). I A. 2.
DOMENT (Tènement de). B. 459.
DOMNOLET (Paroisse de St-). D. 5, 6 ; — E. 1 ; — G. 77.
DOMPIERRE-LES-ÉGLISES, paroisse et seigneurie. (M-L)
    B. 2, 9, 10, 16, 17, 20 ; — (M-L) E. 12.
DONZENAC. II B. 1.
DORAT (District du). E. 2.
DORAT (Église du). (B°) B. 1 ; — (D^t) H. 2, 4, 7.
DORAT (Hôpital du). (D^t) B. 1 à 13 ; — (D^t) C. 1 ; —
    (D^t) D. 1 ; — (D^t) E. 1, 2, 3 ; — (D^t) F. 2.
DORAT (Prieuré du). (D^t) B. 3, 4.
DORAT (Sénéchaussée du). B. 394 ; — (D^t) B. 3, 12 ; —
    (D^t) C. 1 ; — (D^t) E. 1, 3.
DORAT (Le), ville et communauté. E. 2 ; — G. 60 ; —
    (D^t) B. 2 et ss. du fonds de l'hôpital du Dorat ; —
    (M-L) B. 3 à 8, 10 à 12 ; — (M-L) H. 2.
DOSSE (Forêt de). B. 398.
DOUAI. (S-Y) G. 1.
DOURNAZAC, bourg. G. 61, 70, 77.
DROUILHE-BLANCHE. B. 343, 345, 347, 349, 543 ; — II
    B. 1.
DROUX, paroisse. G. 72 ; — (D^t) B. 6.
DUFÉ (Vigne de). B. 388.
DUPUY, pré. B. 275.

E

ÉCOLES *ou* de BISCOLE (Rue des). D. 5.

ÉCOLIÈRE *alias* LA CROIX DU CRIBLE (Clos de l'). B. 513.

ÉGLISES (Les). G. 61.

ÉGLISES-EN-DOIGNON (Les), paroisse. B. 498.

ÉJAUX, paroisse. G. 58, 61, 64, 72, 77.

EMBRUN (Concile d'). B. 8.

ÉMILION (St-). E. 30.

ENCOMBE, lieu-dit. B. 526.

ENTRE-LES-DEUX-VILLES (Jardin d'). B. 173, 174.

ENVAUD (Mas d'). D. 6; — (D^t) B. 6, 7.

ESCUDIER (Rue d'). B. 160; — D. 5.

ESCURE-NEUVE (Tènement de l'). II B. 11.

ESPAGNAT (Sgrie d'). E. 1.

ESPAGNE. C. 7; — E. 99; — (M-L) H. 4.

ESPRIT (Halles du St-). B. 497, 498, 535.

ESPRIT (Rue du St-). B. 23, 140, 497, 498, 526; — D. 5; — II H. 6, 7.

ESPRIT (Tour du St-). B. 497, 526.

ESTÈPHE (St-). G. 73.

ÉTAGNAC, prieuré. E. 1.

ÉTANG (Domaine de l'). (M-L) B. 3; — (S-Y) B. 21; — (S-Y) E. 34.

ÉTANG (Rue du Petit-). II H. 7, 8.

ÉTANGS (Rue des). B. 497.

ÉTANGS *ou* FRÈGEBISE (Les), lieu-dit. B. 526.

ÉTIENNE DE LIMOGES (St-), église et chapitre. B. 13, 20, 106, 469, 471; — C. 7, 11, 13; — E. 1, 14, 16, 39, 41, 100, 113; — I B. 16; — I F. 1; — II B. 1, 8, 11; — II H. 8; — VII E. 1.

ÉTIENNE DE LIMOGES (St-), pont. A. 2; — B. 26, 306, 526.

EUTROPE (Confrérie et prieuré de St-). B. 134, 498; — D. 4; — H. 1.

EXCIDEUIL, paroisse. (S-Y) E. 42, 47, 52, 81, 83.

EYDOULEUF, paroisse. B. 370, 524, 531; — I B. 20.

EYCENAT, seigneurie. B. 464.

EYGOULÈNE (Fontaine et étang d'). B. 36, 74, 497.

EYGOULÈNE *alias* DES ARÈNES (Rue et arbre d'). B. 72, 73, 497; — D. 5; — I D. 2; — II H. 7, 8; — III B. 3.

EYMOUTIERS, ville et paroisse. C. 12; — E. 2; — G. 81; — III B. 10; — VIII E. 2; — (S-Y) H. 5.

EYSSURAT (Moulin d'). B. 82.

F

FA (Paroisse de la). (D^t) B. 6.

FADAT (La meigo). VIII B. 6.

FARGEAS (Moulin de). B. 291.

FARGES (Tènement des). B. 531; — I A. 3.

FAUCHERIE (La), tènement. B. 497, 498; — H. 2.

FAUCILLE (Clos de la). B. 497.

FAUCONNERIE (Rue de la). B. 75, 76, 526; — D. 5.

FAUGÈRES (Mas de). B. 398; — II H. 1.

FAVARGES (Tènement de). I A. 2.

FAYDAUD (Rue). B. 526.

FAYE (Métairie de). (M-L) B. 10; — (S-Y) B. 12.

FEIX (Prévôté de). B. 448.

FÉLICITÉ (Ste-), paroisse et église. B. 132, 196, 197, 198, 497, 498; — G. 77; — I D. 5; — VIII D. 1.

FELLETIN. (S-Y) E. 68.

FÉRAUDERIE (Tènement de la). (D^t) H. 2.

FERRERIE (Rue). B. 77, 78, 96, 497, 498, 507, 526, 535; — D. 5; — III B. 3, 8; — VIII B. 9.

FERRIÈRE, bourg. F. 21.

FEURIE (Tènement de). B. 497.

FEYTIAT (Paroisse et tènement de). B. 371, 372, 373, 374, 375, 376, 377, 524, 531, 534; — C. 14; — E. 31, 38, 50, 58; — G. 66, 77; — I B. 16; — I D. 1.

FIEUX (Pré des). (S-Y) B. 12, 15.

FILHOUX (Métairie de las). (M-L) B. 12.

FIRBEIX, paroisse. G. 77.

FITZ-JAMES (Place), à Limoges. D. 5.

FLANDRE. (M-L) F. 1; — (S-Y) E. 30, 38.

FLAVIGNAC, paroisse. B. 378; — G. 54, 57, 58, 62, 68, 72, 77.

FLOUR (St-). (S-Y) E. 70; — (S-Y) F. 3.

FOIRE (Faubourg de la). (S-Y) B. 5, 12; — (S-Y) E. 35.

FOLLES (Paroisse de). G. 68.

FONT (Pré de la). B. 287; — (M-L) B. 3, 5.

FONTBELION, tènement. B. 408.

FONTBLANCHES (Lieu des). (M-L) B. 19.

FONTBONNE *ou* de la CROIX-MALET (Clos de). B. 247; — D. 6; — (S-Y) B. 2.

FONT-DU-CERF (Tènement de la). I A. 2.

FONTPOUCAUD (Pré de). B. 406.

FONTGROULEAU *alias* DU CONSULAT (Rue). B. 81, 82, 83.

FONT-PÉCHADE (La). B. 513, 526, 536.

FONTAINEBLEAU. G. 1.

FONTAINE DES BARRES *alias* SERVIÈRE, rue. B. 79, 80, 497, 498; — D. 5.

FONTAINE-DU-PRUX, (M-L) B. 6.

FONTANELLAS (Territoire de las). B. 246.

FONTAURE. B. 526.

FONTEVRAULT. B. 543.

FONTS ST-PEYR (Las), *alias* FONTAINES ST-PIERRE (Les), territoire. B. 245; — D. 6; — I B. 16.

FORGEAS (Tènement de las). I D. 3, 4.

FORGES (Sgrie des). (M-L) A. 1; — (M-L) B. 1, 2, 6, 9.

FORNEU (Las), lieu-dit. (M-L) B. 3.

FORT (Quartier du). (B°) G. 1, 2.

FOSSÉS (Rue des). B. 84, 85, 495, 497, 526; — II B. 10; — II H. 7, 8.

FOSSÉS (Les), lieu-dit. (S-Y) B. 18, 22.

FOUILLOU (Tenure de). (M-L) B. 8, 12.

FOULIE (Moulin de la). (S-Y) B. 6.

FOURIE, rue. B. 86; — D. 5; — II H. 5.

FRANCE. E. 11, 13, 15, 20, 30, 47, 94, 113; — F. 25; — G. 3, 42, 44; — H. 7; — I B. 7; — II B. 2, 4; — II H. 8; — (M-L) H. 2.

FRANCE (Bénéfices de). B. 8.

FRANCE (Clergé de). B. 531, 534; — (D¹) B. 5; — (D¹) E. 1; — (M-L) B. 14; — (S-Y) H. 9.

FRANCE (Congrégation de). B. 284.

FRANCE (Évêques de). B. 8.

FRANCE (Pairs de). B. 497.

FRANCE (Trésoriers généraux de). A. 1; — B. 497, 523; — C. 18; — D. 4; — E. 1, 2; — (D¹) B. 5; — (D¹) E. 1, 2.

FRANÇOIS (Hospice et église de St-). B. 93, 497; — D. 5; — E. 1.

FRÉGÉBISE, LANSECOT *ou* DES ÉTANGS (Rue). B. 87, 88, 96, 170, 497; — D. 5.

FRÈRES (Lieu-dit des). B. 195.

FREYSSE (Pré dit du). (M-L) B. 6.

FREYSSINET (Hôpital de). B. 249, 498; — (S-Y) E. 69.

FREYSSINET (Paroisse de). B. 498; — G. 77; — (S-Y) E. 67.

FROMENT *ou* FAUCONNERIE (Rue). B. 63, 79, 89, 90, 497, 526; — D. 5; — II B. 8, 10; — II H. 8.

FROMENTAURE (Tènement des). B. 497.

G

GABIAS (Las), lieu-dit. E. 94.

GAIGNOLLE *alias* GASNIOLLE, rue. B. 91, 92, 114, 497,

498, 507, 526, 535; — D. 5; — II B. 8, 10; — II H. 8.

GALH (Clos du). B. 248.

GALLICE. (S-Y) E. 49.

GAPONNERIE (La). B. 526.

GARDE (Domaine de la). B. 445.

GARDE (Moulin de la). E. 100.

GARDE (Pont de la). B. 287.

GARDE (Tènement de la). B. 498.

GARDE-GIBOUX (Moulin de la). II B. 11.

GARDE-AU-RICHE (La). H. 2.

GARDE-ST-GÉRALD (La). B. 398, 408; — H. 2; — I B. 20.

GAY-SALOMON (Le). (M-L) B. 11 (*Voy.* GUA-SALMON).

GEAI *alias* DU PUY DES CARMES (Clos au). B. 249, 250, 251, 498.

GEMATAS (Tènement de las). II B. 11.

GENCE (St-), paroisse. G. 69, 77; — I B. 20.

GENELHAC (Treuil de). III B. 11.

GENEST (Tènement du). B. 531.

GENEST (St-), paroisse et mas. B. 447, 448, 467, 497, 498; — E. 94; — G. 59, 64, 77; — I A. 2; — I B. 20.

GENEST-ST-PAUL (St-), paroisse. B. 531.

GENEYTOUSE (Paroisse de la). B. 379 à 386, 524, 531; — G. 57, 69, 77; — H. 2; — I B. 20; — I D. 1.

GENIES (St-), paroisse. B. 524.

GÉRALD (St-), hôpital. A. 1, 2; — B. 29, 31, 38, 39, 40 et la plupart des articles suivants jusqu'à B. 522 inclusivement; — D. 1, 5, 6; — E. 1, 2, 23, 30, 42, 94, 100, 113, 114, 115, 126, 127; — G. 54, 57, 120; — H. 1, 5, 25, 26, 27; — I B. 2; — II A. 1; — II B. 1 à 15; — II C. 1; — II E. 1 à 5; — II F. 1; — II H. 1, 2, 6 à 9, 11; — III B. 6, 7, 8; — III C. 3; — VI E. 1.

GÉRALD (St-), paroisse et prieuré. A. 1, 2, 17; — B. 30, 106, 139, 154, 178, 217, 242, 249, 392, 495, 497, 498, 513, 524, 525, 528, 531, 538; — C. 18; — G. 77; — H. 26.

GÉRALD (St-), place et faubourg. B. 202, 497.

GÉRALD (St-), pré, vigne, clos, étang. B. 17, 164, 221, 313, 359, 498, 536.

GERMAIN-LES-BELLES (St-), paroisse. G. 57, 60, 73, 77; — II B. 1; — II H. 1.

GERMAIN-EN-LAYE (St-). A. 3; — B. 496; — F. 24.

GIBAUD, pré. D. 6.

GIGOGNE (Rue de la). D. 5.

GINTRAC (Église de). B. 6.

GIRAU (St-), place. VIII B. 9.

GIRAUD, lieu-dit. (M-L) B. 3, 11.

GIRAUD ET SIMONNET (Ténement des). B. 497.
GIROURTAS (Maison de las). B. 498.
GISTE-LES-FORÊTS (St-). G. 77.
GLANGES, paroisse. G. 58, 77.
GORRE, paroisse. G. 61, 64, 77.
GORSE (Ténement de). B. 497.
GORSES (Village des). (M-L) B. 21.
GOTAS (Pré de las). B. 305, 328.
GOUFFIER, clos. B. 498.
GOULE-DE-BŒUF (Ténement de). B. 494, 497, 498.
GOULLESVGNOUX (Lieu de). B. 399.
GOURAUD, pré. B. 497; — D. 6.
GOURRAUD (St-). G. 69, 77.
GOUTENÈGRE (Clos de). B. 252; 447; — D. 6.
GOUTTE-AU-ROUSSEAU (Mas de la). B. 340.
GOYRELLE (Ténement de la). I D. 3.
GRANDAS-PESSAS (Las), territoire. B. 369.
GRANDMONT, abbaye. B. 131; — C. 16; — D. 4; — E. 2.
GRAND-PRÉ (Le), lieu-dit. (M-L) B. 9.
GRANDS-CARS (Les), bourg. (M-L) B. 11.
GRAND-TREUIL (Ténement du). B. 498.
GRANGE (N.-D. de la), église. B. 6.
GRANGE-BOURLHE (Ténement de). B. 453.
GRAS (Mas de). B. 398.
GRAUTÉ, lieu-dit. D. 6.
GRELLE (Domaine de la). B. 419, 497; — D. 6.
GRENARD, lieu noble. (M-L) B. 7, 14.
GRENARDERIE (Fief de la). (M-L) B. 14.
GRENAT (St-). (S-Y) E. 80.
GRENOBLE. (S-Y) E. 59.
GROSCHIEF (Champ appelé le). (M-L) B. 4.
GROSSARRIX, ténement. I A. 2.
GUASALMON *alias* GUETSALAMON, fief noble. (M-L) B. 12.
GUÉRET. G. 121; — (Be) B. 4; — (M-L) A. 1: — (M-L) E. 11; — (S-Y) E. 11; — (S-Y) H. 5.
GUIBERT, clos. B. 498.
GUINAMAR, mas. B. 422.
GUINIRRE (Terre de la). (M-L) B. 6.
GUITHON, prieuré. G. 66.
GUYENNE. VI B. 1; — (S-Y) B. 18.
GUYERCH (La), seigneurie. (Dt) B. 6.

H

HAUTEFORT, bourg. (S-Y) B. 9; — (S-Y) E. 59.
HILAIRE-BONNEVAL (St-), paroisse. G. 56, 58; — G. 77.

HILAIRE-LASTOURS (St-), paroisse. B. 417, 449 à 452, 498, 524, 531; — G. 58, 77; — H. 7; — I B. 20.
HOLLANDE. E. 129; — (M-L) H. 2.
HOMMEAULX (Terre des). (M-L) B. 5.
HORTS (Mas des). B. 525, 528.
HOSPITAL (Village de l'). (S-Y) E. 67.
HUCHETTE *sive* PEYRAUBOIS, rue. B. 498; — D. 5; — (S-Y) H. 3.

I

IMBERT (Portail). B. 127; — D. 5.
INDES (Compagnie des). (S-Y) H. 8.
INTENDANCE (Place de l'). D. 5.
ISLE (Paroisse et château d'). B. 8, 10, 387, 388, 523, 531; — D. 6; — E. 1, 57, 58, 67, 73, 77, 94; — (M-L) E. 23.
ISLE-JOURDAIN (Châtellenie de l'). (Dt) B. 6.

J

JABREILLES, paroisse. E. 41; — G. 64, 69, 77.
JACQUES (Hôpital et infirmerie de St-). B. 106, 187, 495, 496, 497, 538; — D. 5; — E. 1, 2; — H. 18; — IV B. 3.
JACQUES DE COMPOSTELLE (St-). (S-Y) E. 40, 49, 51, 52.
JAL (St-). (S-Y) B. 12.
JALINIÈRE (Porte). D. 5.
JAMME (St-) LE TIGNEUX. VII B. 1.
JANAILHAC, paroisse. B. 389, 390, 391, 498, 524, 531; — G. 57, 61, 68, 71, 77; — I B. 20.
JAVERDAT, paroisse. G. 81.
JAY (Bois de). B. 450.
JEAN (St-), galerie. E. 129.
JEAN (St-), hôpital. (S-Y) A. 1.
JEAN (St-), chapelle. B. 152; — G. 77; — II B. 11; — VI B. 1.
JEAN D'ANGÉLY (St-). E. 1.
JEAN-LAFONT (St-), prieuré. B. 498; — H. 1.
JEAN-LIGOURE (St-), paroisse et fief. B. 160; — E. 48; — G. 57, 59, 66, 70, 77; — VII B. 1.
JEAN DE MUREAU (St-). E. 42.

JÉRUSALEM. H. 18.
JOFFRENIE (Tènement de la). B. 497, 498, 531, 534.
JOIX (Les). B. 399.
JONCHÈRE (La), paroisse. B. 392; — G. 77; — VI G. 2, 9.
JOSEPH (Chapelle de St-). (Dt) B. 4.
JOUBERT, mas. B. 369.
JOUFFRE-DAVID, près MONTJAUVY, clos. B. 253, 254, 299, 406.
JOUFFRENIE *alias* JAUFRENIE (Tènement de la). B. 395, 396, 497,
JOULHAC (Tenure de). (M-L) B. 16.
JOUMARD, rue. B. 93, 498, 507, 526; — D. 5; — II 4, 5.
JOURGNAC, paroisse. G. 57, 60, 66, 77.
JOUVENT (St-), paroisse. B. 453 à 456; — G. 59, 77, 120; — (S-Y) E. 52.
JOUVIOND, rue. B. 94, 95, 106, 498, 526; — D. 5.
JOYEUSE (Autel et confrérie de N.-D. la). B. 101, 255, 522; — D. 1, 5, 6; — E. 113; — G. B. 1; — G. E. 1.
JOYEUSE (Pré de la). B. 255; — III B. 11.
JUGE (Cure de). (S-Y) H. 6.
JUILHAC (Bourg de). (S-Y) E. 28.
JULHAC (Tènement de). B. 385.
JULIEN-ST-AFFRE (St-), paroisse. G. 77.
JULIEN (Prieuré de St-). B. 91; — G. 58, 62, 71, 81; — II B. 3.
JUMILHAC (Paroisse de), (S-Y) E. 47.
JUNIAT (Grand et petit) *alias* JUGNAC. B. 331, 332, 496 à 498; — H. 2; — I D. 6.
JUNIEN (Château de St-). B. 8.
JUNIEN (Hôpital de St-). B. 497, 538.
JUNIEN (Ville de St-). D. 6; — E. 30; — G. 54, 74, 77; — III F. 1.
JUST (St-), paroisse. G. 58, 73, 77.
JUTGIE (Mas de la). B. 255.

K

KARMONT (Tènement de). I A. 3.

L

LABORIE (Terre de). (S-Y) B. 2, 12; — (S-Y) E. 64.
LAC (Le), lieu-dit. (M-L) B. 3.
LAC-ANADIER (Territoire de). B. 324.
LADIGNAT, paroisse. G. 77; — (S-Y) E. 47.
LAFONT, pré. B. 472.
LAGARDE (Village de). B. 497.
LAGE (Mas de). B. 175.
LAGE-MITOUT (Tènement de). B. 446.
LAGEMOUCHE (Village de). (Dt) B. 3.
LAGEYRAT *ou* LAGERAT. G. 69, 77.
LAGLAUD, pré. B. 497.
LAGORCE *alias* LAVIALLE, mas. B. 462, 463.
LAGORSE (Hôpital de). B. 195.
LAGRANGE, lieu-dit. B. 534.
LALEU (Mas de). B. 398.
LALUE (Ort de). B. 443.
LAMARTINIE (Mas de). B. 176.
LAMONGERIE. G. 67.
LAMOTHE (Pré de). (S-Y) B. 12, 64.
LAMOTTE (Place de). B. 498.
LANDAS (Pacage de las). B. 498.
LANDE (Terre de la). B. 397, 497.
LANDES (Pré des). (M-L) B. 5.
LANGLADE (Tènement de). I D. 3.
LANGUEDOC. (S-Y) E. 38, 69.
LANSECOT *ou* LANSAQUOD (Porte et queyroix de). B. 96, 204; — II H. 5.
LANSECOT, rue. B. 71, 81, 96 à 98, 497, 498, 526; — — D. 5; — II B. 10; — II H. 5, 6; — VIII B. 9.
LANSECOT *alias* de las TOUZAS (Clos). B. 177 à 183, 496 à 498, 526; — E. 114; — II H. 8.
LAPINE (Vicairie de). B. 467.
LAPLAUD (Village de). B. 497.
LAPOT *ou* LASPOSTS (Clos de). B. 497, 498.
LARCHENA (Mas de). B. 443.
LARDONS (Clos des). B. 255; — D. 6.
LARMONT (Tènement de). I A. 2.
LARONT, bailliage et bourg. B. 384; — G. 71.
LASCOULX. B. 398, 399, 407, 408; — G. 62; — I D. 3; — II B. 11.
LASBLAS, lieu-dit. VII B. 1.
LASTOURS (Paroisse de). E. 47; — G. 73.
LASTOURS (Châtellenie de). B. 409, 422.
LASTURGARIAS (Mas de). B. 328.

LASVAUX DES ARÈNES *alias* DU THOURONDEAU (Clos de). B. 184, 185.

LAURENT-SUR-GORRE (Paroisse de St-). B. 457, 458, 531; — G. 77; — (S-Y) E. 31.

LAURENT DE GORRE (Terre et seigneurie de St-). B. 497.

LAURENT-SUR-SÈVRE (Communauté de St-). (D¹) E. 1.

LAURENT DES TRÉPASSÉS (Confrérie de St-). B. 155; — D. 1, 5, 6; — V A 1; — V B. 1, 2, 3.

LAURIER. B. 526.

LAURIÈRES. (S-Y) E. 44.

LAUVAILLES (Village de). (M-L) B. 14.

LAUZELLAS, clos. B. 497.

LAVAL-MAGNAC. B. 353; — G. 68, 72 (*Voy*. MAGNAC-LAVAL).

LAVAUD-PORCHER (Village de). (S-Y) B. 12; — (S-Y) E. 88.

LAVAUD-SALESSE (Tènement de). B. 343, 344, 497, 498; — H. 2; — I D. 1, 6.

LAVAUX-CROSE (Tènement de). B. 453, 455, 456, 531.

LAVIGNAC (Cure de). E. 42; — G. 72, 77.

LAYGAS (Las), lieu-dit. B. 349.

LAZARE (Territoire de St-). B. 291, 292, 497, 498, 526; — D. 6; — III B. 11.

LAZARE (Ordre de St-). E. 34; — H. 18; — III B. 9; — (M-L) B. 22; — (M-L) E. 23; — (M-L) H. 5; — (S-Y) E. 1, 2, 34; — (S-Y) H. 2.

LAZEYS (Tènement de St-). II B. 11.

LÉGER (St-), paroisse. G. 72, 74, 77; — (D¹) B. 2; — (M-L) B. 24; — (M-L) H. 5.

LÉONARD (St-), ville et paroisse. B. 233, 459, 460, 461, 524, 538; — E. 100; — G. 58, 60, 63, 72, 74, 77; — I B. 20; — (S-Y) H. 4.

LESSENIE. H. 2.

LEVADAS (Tènement de las). B. 355.

LEYCHOISIER (Fief noble de). B. 345.

LEYLIE (Territoire de). B. 34.

LEYSSART (Lieu noble de). B. 335; — D. 6.

LEYSSINE *alias* LEYSSIÈNE (Tènement de). B. 435, 436; — E. 94; — I A. 2, 3; — I D. 1.

LÈZES (Tènement des). B. 404, 405, 495, 497; — I B. 7.

LHERMITERIE (Domaine de). B. 498.

LIBERSAC (Paroisse de). B. 534.

LIÈGE. (S-Y) E. 31, 49.

LIGAUD (Pré du). (M-L) B. 5.

LIGNE (Mas de la). (M-L) B. 8.

LILLE. (M-L) F. 1.

LIMOGES (Bailliage de). (M-L) B. 14.

LIMOGES (Bénéfices de). B. 8.

LIMOGES (Bureau des finances de). A. 5; — B. 2.

LIMOGES (Chambre ecclésiastique de). B. 13.

LIMOGES (Château de). B. 52, 162, 170, 190.

LIMOGES (Châtellenie de). B. 38.

LIMOGES à AIXE (Chemin de). B. 247, 308, 324.

LIMOGES à la BORIE de COURGNAC (Chemin de). B. 497.

LIMOGES à CORGNAC (Chemin de). B. 255.

LIMOGES à COUZEIX (Chemin de). B. 497.

LIMOGES à EYMOUTIERS (Chemin de). B. 370.

LIMOGES à FARGEAS (Chemin de). B. 320.

LIMOGES au GOT DE VERTHAMOND (Chemin de) B. 497.

LIMOGES à la croix de pierre de MONTJAUVY (Chemin de) B. 260.

LIMOGES au PALAIS (Chemin de). B. 497.

LIMOGES à PANAZOL (Chemin de). B. 224.

LIMOGES à la métairie de PENOT-SALEYS (Chemin de). B. 239.

LIMOGES à SOUBREVAS (Chemin de). B. 482.

LIMOGES à ST-JUNIEN (Chemin de). B. 249.

LIMOGES à ST-MARTIN-DE-FAULX (Chemin de). B. 245, 253.

LIMOGES à VENTAUX (Chemin de). B. 303.

LIMOGES (Collège de). B. 13, 56, 498, 534.

LIMOGES (Consulat de). A. 1; — B. 19, 20, 24, 26, 34, 37, 52, 53, 55, 59, 60, 61, 68, 77, 78, 82, 103, 112, 122, 133, 136, 137, 139, 156, 162, 169, 178, 179, 184, 187, 193, 194, 211, 212, 216, 241, 258, 263, 270, 271, 279, 280, 287, 291, 301, 302, 303, 308, 309, 387, 478, 496, 497; — C. 2.

LIMOGES (Cour de). B. 36, 71, 88, 99, 124, 125, 155, 156, 159, 255, 262, 269 339.

LIMOGES (Couvents et monastères de). B. 1, 15, 29, 59, 106, 209, 498, 531, 534, 538; — (D¹) B. 2.

LIMOGES (Diocèse et clergé de). B. 8, 9, 365, 497, 498, 528, 531, 534, 538.

LIMOGES (Élection de). A. 6.

LIMOGES (Environs de). B. 512, 523 à 528, 531 à 533, 536.

LIMOGES (Évêques de). A. 1, 2; — B. 155, 195, 216, 265, 420, 430, 489; — C. 11; — (M-L) B. 7; — (M-L) C. 2; — (M-L) H. 5; — (S-Y) A. 1; — (S-Y) E. 7, 64, 82; — (S-Y) H. 7 (Complète l'article *Évêques de Limoges* de la Table des Matières).

LIMOGES (Faubourgs de). A. 2.

LIMOGES (Fossés ds). B. 184.

LIMOGES (Généralité de). A. 1, 6; — B. 20, 56, 496; — C. 2; — (D¹) E. 2.

LIMOGES (Halles de). B. 496, 529, 533.

LIMOGES (Hôpitaux de). A. 1, 3; — B. 11, 16, 25, 59, 60, 389, 455, 496 à 498, 502, 522, 533, 538, 543.

LIMOGES (Juridiction ordinaire de). B. 20, 26, 49, 83, 86, 162, 168, 179, 213, 307, 456, 493.

LIMOGES (Maison de ville de). B. 495, 497.
LIMOGES (Mesure de). B. 484, 524, 525.
LIMOGES (Monnaie de). B. 2, 190.
LIMOGES (Official de). B. 52, 228, 380, 421.
LIMOGES (Pariage de). B. 160, 166, 174, 233.
LIMOGES (Présidial de). A. 6; — B. 2, 225, 375, 432, 493, 495, 523; — (M-L) B. 25.
LIMOGES (Recluse de). B. 106.
LIMOGES (Repenties de). B. 497, 525.
LIMOGES (Sénéchal de). A. 3, 6; — B. 85, 245, 403, 404, 413, 496, 497, 523, 541.
LIMOGES (Vicomté de). B. 20, 156, 190.
LIMOGES (Ville de), en général..... (Très nombreuses mentions à recueillir presque dans chaque article).
LIMOUSIN (Prévôté du). B. 3.
LIMOUSIN (Province du). A. 2; — B. 525, 538; — G. 59; — I B. 7, 16, 18; — II B. 5, 8, 10; — (S-Y) B. 9, 12.
LIMOUSIN (Religieux et religieuses du). B 328.
LIMOUSIN (Saisies réelles du). B. 350.
LIMOUSIN (Sénéchaussée du). B. 25; — V B. 3; — VIII D. 2.
LINARS. G. 77; — II B. 10.
LINAUD, pré. (M-L) B. 4, 12.
LISSAC (Cure de). B. 539.
LONDRES. (M-L) F. 1.
LORMOND (Territoire de). (S-Y) B. 12.
LORRAINE. (S-Y), E. 26, 27, 41, 45.
LOUBARDS (Tènement des). B. 428.
LOUBIER, mas. D. 6.
LOUBRIAT, lieu-dit, G. 62.
LOUCHONA ou de BAREYRETTE (Rue de). B. 96, 99, 526; — D. 5.
LOUCHOYER près CHAPTELAT, lieu-dit. B. 193.
LOUIS (St-), hôpital. (S-Y) H. 12.
LOUIS (St-), ordre militaire. C. 16; — E. 23; — (Bᶜ) G. 5; — (S-Y) B. 13.
LOUIS DE BOUCHERAUMONT (Ordre de St-). H. 18.
LOUYAT, lieu-dit. III B. 10.
LUBERSAC, paroisse. B. 534; — G. 68; — (S-Y) B- 9.
LUCIE (Bois de Ste-). B. 8.
LUMINAIRE (Confrérie du). B. 74, 191; — D. 5.
LUSSAC-LES-ÉGLISES, paroisse. (Dᵗ) B. 6; — (M-L) B. 14, 21.
LUXEMBOURG (Palais du). H. 6.
LUZIGNAN (Ville de). H. 21.
LYON. G. 120.

<h2 align="center">M</h2>

MAGNAC-BOURG, paroisse. G. 70, 77; — (S-Y) E. 39.
MAGNAC-LAVAL, alias MAGNAC-LA-MONTAGNE, paroisse. B. 538; — E. 2; — F. 1; — G. 66; — (Dᵗ) B. 4; — (M-L) A. 1 et tous les articles suivants du fonds de Magnac-Laval.
MAGRET (Tènement de). E. 1; — II B. 11.
MAILHAC alias MAILLAT, tènement. B. 450, 451, 497, 498, 531.
MAISONDIEU, village. G. 74.
MAISON-DIEU (La), léproserie de Limoges. A. 2; — B. 106, 235, 306, 538; — III B. 1, 2, 3 et tous les articles du fonds; — VIII B. 9.
MAISON-DIEU au GRAND-TREUIL (Chemin de la). B. 526.
MAISON-NEUVE, fief. (M-L). B. 3, 6, 21.
MAISONS-NEUVES (Rue des). B. 526; — D. 5.
MAISON-ROUGE, seigneurie. (M-L) B. 10.
MALACARRE ou MALECARE, clos. D. 6; — VII D. 1.
MALAMAS (Vicairie et tènement de). B. 437, 438, 439.
MALAMBERT (Sgrie de). (S-Y) B. 13.
MALEDENT, village. B. 195.
MALEGORSE ou MALEVIALLE (Tènement de). B. 498.
MALEMORT (Baronnie de). B. 11; — E. 1.
MALEPRISE, lieu-dit. I D. 8.
MANENT. G. 121.
MANIGNE (Faubourg). B. 186, 187, 188, 189, 497, 498, 526; — D. 4, 5; — E. 14, 100; — VIII B. 3; — VIII D. 2; — (S-Y) E. 54, 61.
MANIGNE alias MANHANIE (Porte et place). B. 101, 186, 497, 498, 535; — II B. 8, 10, 11; — VIII B. 6, 9.
MANIGNE (Rue Montant ou Descendant) B. 69, 70, 100 à 105, 134, 495, 497, 498, 526; — D. 5; — E. 1; — II H. 5, 6; — III B. 3, 6; — VIII B. 14.
MARBOIX, pré. D. 6.
MARCANE (Bois de la). (M-L) B. 7.
MARCEILH (Tènement de). B. 372, 373.
MARCHE (Province et comté de). B. 538; — III D. 1; — (Bᶜ) B. 1; — (Dᵗ) B. 4; — (Dᵗ) E. 1.
MARCHÉ (Rue et place du). B. 106, 107, 108; — II H. 5, 8; — III B. 3; — (S-Y) B. 12.
MARCUEL (Tènement de). I A. 2.
MARENNES (Sénéchaussée de). B. 5.
MARIDATGE (Forêt del). II B. 3.
MARIE-DE-VAUX ou d'ÉVAUX (Ste-), paroisse. B. 462, 463, 531; — G. 66, 72, 77; — I B. 16.

MARIE (Chapelle de Ste-) à Limoges. II B. 1.

MARGOT *ou* de la CROIX-ST-LÉONARD (Clos). B. 497.

MARGUERITE (Autel Ste-). B. 92.

MARLY. H. 1.

MAROTIÈRE (Lande appelée la). (M-L) B. 6.

MARSAC (Tènement de). B. 460, 461; — I A. 2, 3; — I B. 20.

MARSAUD (Tènement de St-). B. 370, 531.

MARSEIX (Tènement de). B. 497, 531, 534.

MARSIAT (Tènement de). I D. 3.

MARTINET (St-), paroisse. G. 60, 77.

MARTHAUX (Vicairie des). B. 212, 497; — D. 4.

MARTHE (Couvent de Ste-). H. 21.

MARTIAL (St-), abbaye, monastère ou communauté. A. 2; — B. 11, 62, 64, 106, 145, 154, 162, 190, 191, 195, 226, 339, 393, 394, 398, 422, 431 à 433, 443, 454, 495 à 497, 524, 525, 531, 537.

MARTIAL (St-), aumônerie. B. 158, 204, 214, 260, 286, 289 et la plupart des articles suivants jusqu'à B. 526.

MARTIAL (Autel de St-). B. 168.

MARTIAL (Cellérerie de St-). B. 377.

MARTIAL (St-), chapitre. A. 2; — B. 16, 20, 103, 433, 495, 496, 531.

MARTIAL (Clos de St-) B. 293, 385, 386.

MARTIAL (St-), église. B. 24, 62, 72, 141, 304, 359, 526.

MARTIAL (Fontaine de St-). B. 495.

MARTIAL (St-), hôpital. A. 2; — B. 17, 24, 27, 29, 31, 34 et la plupart des articles suivants jusqu'à B. 539; — I B. 35, 36, 37 et les autres articles du fonds du dit hôpital.

MARTIAL (Pitancerie de St-). B. 158, 298.

MARTIAL (St-), pont, rue du pont et faubourg du pont. A. 3; — B. 155, 497, 498, 525, 526, 533, 536; — D. 5, 6.

MARTIAL (St-), salle d'hôpital. B. 497.

MARTIAL (Vicairie de St-). B. 173; — (Dt) B. 4.

MARTIN (St-), abbaye de Limoges. B. 162, 208, 333, 469, 524, 525; — II B. 7; — III B. 10; — VI B. 1.

MARTIN (Clos de St-). B. 294, 295; — D. 6.

MARTIN (Fontaine de St-), à Limoges. B. 294.

MARTIN (St-), paroisse. E. 13.

MARTIN (Tour de St-), à Limoges. B. 110.

MARTIN (Rue neuve du bourg St-). B. 57.

MARTIN-DU-FAUX *alias* DE LAS GENOUILLERAS (Chapelle de St-). B. 369.

MARTIN-DE-JUSSAC (St-), paroisse. G. 71.

MARTIN-DU-TEMPLE (St-), paroisse. B. 464, 465, 498, 531; — I B. 20.

MARTIN-TERRESSUS *alias* TERRASSON (St-), paroisse. G. 60, 77.

MARTIN-LE-VIEUX (St-), paroisse. B. 466; — E. 94; — G. 65, 71, 77.

MARTINERIE (Tenure de la). (M-L) B. 12.

MARTY. B. 398, 407.

MAS (Château du). (S-Y) B. 5.

MAS (Prieuré du). G. 70.

MAS-AVALUR (Tènement du). I A. 2, 3.

MAS-BATENT (Tènement du). D. 6; — I B. 16.

MAS-BATON (Tènement du). II B. 11.

MAS-BAYA (Clos du). B. 257; — D. 6.

MAS-BÉRAUD (Tènement du). B. 363, 364; — I A. 2.

MAS-BLANC (Lieu-dit du). B. 422.

MAS-BLANQUET (Clos du). B. 258, 526; — D. 6.

MAS-BONEL (Tènement du). I A. 2.

MAS-BOUCHARD (Tènement du). B. 387.

MAS-BRENIER (Tènement du). I D. 3.

MAS-BRUNET (Village du). (M-L) B. 9, 18.

MAS-CHARRETIER (Tènement du). B. 335, 336; — I D. 1, 4.

MAS-CHÉNIEUX (Tènement du). (S-Y) B. 3.

MAS-CORNU (Tènement du). (M-L) B. 12.

MAS-COULX (Tènement du). (M-L) B. 4.

MAS-DAVID (Tènement du). B. 531.

MAS-DE-L'ÉCLUSE (Tènement du). I A. 2.

MAS-GOULET (Clos du). B. 497; — D. 5.

MAS-JAMBOST (Tènement du). B. 259; — D. 6.

MAS-LAGORCE (Tènement du). B. 498, 531.

MAS-LARUE (Tènement du). B. 385.

MASLÉON (Ville franche de). B. 384.

MAS-LOGE (Tènement du). II B. 11; — (M-L) B. 12.

MAS-MARTEAU (Tènement du). B. 453.

MAS-MOUZIER (Dîmes du). B. 489.

MAS-DU-PUY (Tènement du). B. 453, 495.

MAS-RAMBOST (Sgrie du). VI E. 1.

MAS-ROCHER (Baronnie du). B. 2.

MAS-ROME (Tènement du). D. 6.

MAS-SARRAZIN (Territoire du). D. 6.

MAS-VEYRIEUX (Tènement du). B. 531.

MAS-LA-VIALLE (Tènement du). B. 381.

MASSERET (Juridiction de). G. 64.

MASSIGNAC, paroisse. G. 69.

MAUBASIÈRE (Lieu-dit de la). (M-L) B. 8.

MAULT (Pré de). (Dt) B. 6.

MAUBIAC en Auvergne. B. 525; — E. 13, 14.

MAURICE-LES-BROUSSES (St-), paroisse. B. 34; — G. 57, 59, 63, 72, 77.

MAURICE EN LA CITÉ (St-), église et cimetière. B. 166, 192, 497, 525; — C. 7, 9, 13, 16; — D. 4, 5, 6; —

E. 1, 2; — G. 10, 77, 121.
MAURIENNE. (S-Y) E. 38.
MAUVISTY (Clos de). D. 6.
MAŸRABEU (Porte de). VIII B. 4.
MAYBAC. G. 70.
MAZAUD, village. G. 69.
MAZEAU (Le), lieu-dit. G. 121.
MAZEAU (Pré du). (S-Y) E. 1, 10.
MAZELLE (Bois de la). III B. 11.
MAZET (Tènement du). I D. 3.
MÉARD (St-), paroisse. G. 72, 77.
MÉDOC. E. 53.
MEILHAC ou MEILLAC, paroisse et seigneurie. B. 393, 394, 496; — E. 2, 35; — G. 57, 58, 60, 65, 77; — I B. 16.
MEILLARS, paroisse. G. 71, 73.
MEIZE (La), lieu-dit. B. 498.
MELHAN. I B. 20.
MENESCHEYRA (Vigne de la). B. 328.
MERCHADEL (Vigne de). II B. 3.
MERCHAT (Lo vieilh). VIII B. 6, 9.
MÉRIGNAT (Moulin de). E. 100.
MESNARD (Le). (M-L) B. 14.
MESNIEU (Tènement du). II B. 11.
METZ (Généralité de). B. 9.
MEURIER (Rue du). D. 5.
MEUSAC ou MEUZAC, paroisse. B. 395, 396, 524, 531; — G. 59, 66, 77; — I B. 16, 20.
MEYCONTAUD, pré. B. 280.
MEYMAC (Vicairie de). E. 30.
MEYMI, rue. B. 109; — D. 5.
MEYNARD, pré. B. 406.
MEYNESSAS (Vigne de las). VII D. 1.
MEYRIGLIER (Tènement de). B. 444, 446.
MEYZE (La), paroisse. B. 397, 498, 523; — E. 31; — G. 57, 58, 60, 68, 77; — (S-Y) E. 12, 13.
MICHEL-DE-LAURIÈRE (St-), paroisse. G. 77.
MICHEL-DES-LIONS (St-), église et paroisse de Limoges. B. 37, 38, 74, 89, 91, 92, 158, 163, 190, 218, 268, 467, 496, 497, 522, 526; — C. 3, 4, 8, 10, 14, 16; — D. 5, 6; — E. 1, 2, 23, 35, 48, 91, 100, 129; — F. 1, 16; — G. 37, 43, 77; — I D. 6; — II B. 6, 10; — II H. 6, 8; — III B. 6; — VIII D. 1.
MICHEL-DE-PISTORIE (St-), paroisse et territoire. B. 203, 497, 498, 526; — G. 64, 77.
MIGNOTS (Tènement des). (S-Y) B. 13.
MIREBŒUF, rue. B. 110, 111; 497, 526; — D. 5; — III B. 3, 6, 7, 8, 9.
MISSION (Séminaire et église de la). B. 4, 17, 450, 452, 495 à 498, 531; — E. 1, 2, 15, 20, 42, 48, 50, 121, 122, 123, 125; — G. 54, 121; — H. 1, 5; — (Dt) B. 5, 11; — (Dt) E. 1, 3; — (S-Y) B. 23; — (S-Y) E. 46, 47, 67; — (S-Y) H. 5.
MONBRON, paroisse. G. 70.
MONDIR (Fief noble de la). B. 393, 394, 496, 497; — I B. 20.
MONNAIR (Hôtel de la), à Limoges. B. 496.
MONT (Fief de). (M-L) B. 14.
MONTADAU (Terre de). B. 498.
MONTAIGUT (Prieuré de). II B. 1.
MONTATEN (Mas de). B. 398.
MONTARGIS (Manufacture royale de). G. 59.
MONTAUBAN. (S-Y) E. 47.
MONT-CARMEL (Ordre de N.-D. du). B. 538; — H. 18; — (M-L) H. 5; — (S-Y) E. 1.
MONTCHENY, tènement. I D. 3.
MONTDORE (Eaux du). E. 50.
MONTÉGUT (Village de). (S-Y) E. 38.
MONTEILLERIE (Tènement de la). (Dt) H. 2.
MONTGIBAUD, paroisse. G. 77.
MONTJAUVY alias MONTJOVIS (Territoire de). B. 190, 260, 261, 293, 306, 497, 526; — C. 6; — D. 5, 6; — E. 1, 12; — G. 77; — I B. 16; — VIII B. 9.
MONTMAILLER (Faubourg et porte). B. 1, 62, 128, 190, 191, 232, 293, 327, 497, 498, 507, 526; — D. 5, 6; — E. 41; — H. 2; — I H. 2; — VIII B. 9
MONTMORILLON. (M-L) B. 8, 11, 14, 16, 23.
MONTPELLIER. B. 8; — E. 2; — H. 18; — (S-Y) E. 61.
MORCHAVAU près Chaptelat. B. 195.
MOREAUX (Tenure des). (M-L) B. 16.
MORINARIE, tènement. B. 526.
MORTEMART. (Bc) E. 6; — (M-L) B. 13.
MORTEROL (Commanderie de). (M-L) B. 20.
MOTHE-TERSANNES (Seigneurie et métairie de la). (M-L) B. 3 à 13, 16 à 23; — (M-L) E. 6, 10, 11, 15, 29, 80.
MOTTE DES VIGIERS (La). B. 74, 122.
MOTTE (Place de la), à Limoges. B. 77, 122, 497, 526; — D. 5.
MOULIN (Le gué au). B. 440.
MOULIN (Pré du). B. 417.
MOULIN-MOREAU, tènement. B. 106, 526, 536; — II B. 10, 11.
MOULIN-A-VENT ou DE LA ROCHETTE (Rue du). B. 112, 113, 498.
MOURAUD, lieu-dit. (M-L) B. 12.
MOURELLE (Lieu de la). I D. 8.
MOURINARIE (Clos de). B. 262; — D. 6.
MOUSNIER (Vigne de). B. 497.
MOUTIER (Le), église. (S-Y) E. 1, 45, 65, 80; — (S-Y)

H. 6.
MURIER (L'arbre du). B. 125.
MURIER ou MOURIER (Rue du). B. 114, 115, 116, 498, 507, 526, 535.

N

NADAILLE (Tènement de la). B. 531.
NANOT (Tènement de). B. 379.
NANTES. (S-Y) E. 38.
NANTIAT, paroisse. B. 398 à 408, 497, 525, 531 ; — E. 20, 88 ; — G. 61, 63, 77 ; — H. 2 ; — I B. 20.
NARBERT (Lo portail) VIII B. 6
NAUGEAT (Tènement de). II B. 11.
NAVARRE (Domaine de). H. 26 ; — I B. 19.
NAVEIX (Chapelle du). B. 192.
NAVEYS ou NAVEIX (Territoire du). B. 166, 192. 495, 497, 498, 526 ; — D. 5, 6 ; — I D. 6 ; — VII B. 1.
NEDDE, paroisse et seigneurie. E. 1 ; — G. 69.
NEUVIC, paroisse. E. 48 ; — G. 69, 74 ; — H. 17.
NEUVIC-MASLÉON. G. 77.
NEXON, paroisse. B. 395, 409 à 417, 497, 498, 524, 531 ; — G. 57 à 60, 63, 66, 71, 77 ; — I B. 20.
NIEUL, paroisse et seigneurie. D. 6 ; — E. 99 ; — G. 59, 77 ; — (M-L) B. 11, 13, — (M-L) H. 4.
NIGOU, moulin. B. 440, 441.
NIORT. (D¹) F. 1 ; — (S-Y) B. 13 ; (S-Y) E. 47.
NIVERNAIS. E. 53.
NOALHAS, NOAILHAS, NOUAILLAS ou NOUALHAS, tènement. B. 390, 411, 412, 497, 498, 531.
NOALHES (Sgrie de). I B. 7.
NOHABLAT (Vigne de). II B. 3.
NORFOLK (Province de). (M-L) F. 1.
NORMANDIE. E. 1, 53 ; — (S-Y) E. 27, 29. 31.
NOTRE-DAME (Chapelle de), à St-Yrieix. (S-Y) B. 12.
NOTRE-DAME (Couvent des filles de), à Limoges. B. 495.
NOUAILLE (Cure de la). B. 534 ; — E. 7 ; — (S-Y) F. 3.
NOUAILLE (Cure de la). (S-Y) E. 31.
NOUGIER (Territoire du). (M-L) B. 3, 8, 9.
NOUIC, paroisse. II B. 7.

O

OLÉRON, île. (S-Y) E. 38.
ORADOUR-ST-GENEST, paroisse. (D¹) B. 5, 9 ; — (M-L) B. 10, 17.
ORADOUR-SUR-GLANE, paroisse. G. 68, 70, 77.
ORADOUR-SUR-VAYRES paroisse. (D¹) B. 5, 11 ; — (S-Y) E. 49.
ORANCE (Ruisseau de l'). B. 337, 497.
ORANCE (Clos au-delà de l'). B. 263, 264.
ORANCES (Les), tènement. I B. 16.
ORATOIRE (Prêtres de l'). B. 498 ; — E. 13, 14 ; — II B. 1.
ORDINANDS (Séminaire des), à Limoges. B. 4.
ORLÉANS. E. 1 ; — VIII B. 9 ; — (S-Y) E. 70.
ORMEAUX alias ULMEUS. (Clos des). B. 265.
ORPHÉROUX (Jardin des). B. 497, 498.
ORSAY (Place d'), à Limoges. D. 5 ; — H. 3.
ORT (Tènement de l'). I D. 3.
ORT DE L'ÉTANG (Tènement de l'). (M-L) B. 5.
ORT-REYNE (Terre de l'). B. 450.
OUEN (St-), bourg. (B°) E. 6.
OUZEILLAC, village. (S-Y) E. 47.

P

PABOT, moulin. E. 88.
PAGEAS, bourg. G. 57, 72, 77.
PAILLES (Vigne des). (M-L) B. 22.
PAINS DE NOEL (Confrérie des). B. 59, 180, 328, 495, 496, 497.
PALAIS (Paroisse et commanderie du). B. 34, 39, 526 ; — C. 8 ; — E. 88, 100 ; — G. 54, 61, 77 ; — III B. 5, 10.
PALISSAS (Clos de las). B. 266, 267, 497, 498, 526, 536 ; — II B. 11 ; — VII D. 1.
PALOUZAT (Tènement de). II B. 11.
PALVÉZY ou DES CHAUCHIÈRES (Rue et étang de). B. 193, 194, 497, 498, 526 ; — D. 5 ; — E. 14 ; — II B. 10 ; — II H. 7, 8.
PANAZOL, paroisse. B. 418, 419 ; — D. 6 ; — E. 1, 94 ; — G. 64, 69, 77.

PANIÈRES en Touraine. B. 2.
PAPAUD (Pré de). V B. 3.
PAPONNERIE. D. 6.
PARDOUX (St-), fief. C. 7; — E. 1; — H. 16.
PARDOUX-RANCON (St-), paroisse. B. 534; — G. 72; —
    II H. 8.
PARINNIAC (Tènement de). I A. 2, 3.
PARIS. A. 2, 3, 16, 496, 538; — D. 1, 5, 9, 20, 30, 31;
    — H. 3 à 7, 19; — I B. 18; — II B. 4; — VIII
    B. 9; — (Dt) B. 9; — (Dt) E. 1; — (M-L) B. 24; —
    (M-L) H. 2; — (S-Y) E. 47, 49, 52; — (S-Y) F. 3;
    — (S-Y) H. 3, 4.
PARIS (Société royale de médecine de). E. 2.
PARPAYAT (Fief et moulin de). C. 14; — E. 88, 100.
PARRELON, lieu-dit. B. 399.
PARVEAU *alias* PARVAUD (Rue du). B. 117, 497, 507,
    526, 535.
PASTOUREAUX (Pré des). B. 268, 269, 496, 497, 525,
    528.
PATRES (Pré des). B. 495.
PAUCHE-BOUCHERIE, rue. B. 118, 119, 497, 526; —
    D. 5.
PAUL (Paroisse de St-). B. 526; — C. 16; — D. 4; —
    E. 20; — G. 58, 65, 66, 77; — I B. 20; — II B. 1;
    — VII E. 1; — VIII B. 9; — VIII E. 1.
PAUL-ST-GENIÈS (Paroisse de St-). B. 497.
PAUL-ST-LAURENT (Paroisse de St-) C. 16; — G. 77.
PAUME (Salle du jeu de). B. 113.
PAUTE (Ruisseau de). B. 497; — D. 5.
PAUVRES DE ST-MARTIAL (Tènement des). B. 270, 271,
    417, 495.
PAVILLON (Confrérie du). B. 54, 55, 56, 136, 137, 194.
PÉLAGIE (Ste-), hôpital. H. 20.
PÈLEGRAULE (Tènement de). B. 423.
PÉLISSIÈRE (Moulin de la). B. 265.
PÉLISSON, rue. B. 120, 498; — I D. 2.
PÉNITENTS (Croix des). (S-Y) F. 3.
PÉNITENTS-BLANCS (Église des). C. 16.
PENSOL, paroisse. G. 66.
PÉRIGORD. E. 2, 7; — I B. 19; — (S-Y) B. 9; — (S-Y)
    H. 6.
PÉRIGUEUX. F. 21; — II C. 1; — (S-Y) B. 9; — (S-Y)
    E. 80.
PERSE. B. 8.
PÉRUSSE *alias* de PENNEVAYRE (Rue de). B. 121, 122,
    123, 497, 498, 526.
PETIT-TREUIL (Terre du). B. 498.
PETITAS-BOURDELLAS (Tènement de las). B. 497.
PETITES-MAISONS (Rue des). B. 497, 526; — D. 5.
PEU-GLASY, tènement. (M-L) B. 8.

PEU-MARCHOUX *ou* MARCHAUT, métairie. (M-L) B. 1,
    9, 11, 12, 23, 24; — (M-L) E. 7, 11, 12.
PEUNÉE (Tènement de). B. 453.
PEU-RAGEOU, seigneurie. (M-L) B. 8.
PEURIE (Tènement de). B. 492, 493, 498, 531.
PEYRADENT (Clos de). B. 181.
PEYRAT, bourg. G. 68; — (S-Y) B. 2.
PEYRAUD (Tènement du). B. 382, 531.
PEYRE-AU-BOIS (Rue de la). B. 124, 526.
PEYREGALIARDE, tènement. B. 408.
PEYBIÈRE (La), seigneurie. (M-L) B. 6, 8, 18.
PEYRILHAC, paroisse. G. 69, 77; — II B. 10; — II H. 8.
PEYRONNAUD, clos. B. 526, 536.
PEYRUSSON, rue. B. 114.
PEYSSAC (Châtellenie de). (S-Y) R. 2.
PEYZAC. G. 81.
PEZEU *alias* PERREU, rue. B. 125.
PHÉLIPOUX (Lieu-dit des). B. 444, 445, 446.
PICARDIE. I E. 7; — (S-Y) E. 31.
PIÉGUT (Châtellenie de). G. 73; — (M-L) B. 7, 17, 20.
PIERRE (St-), église du Dorat. (Dt) B. 5, 7; — (Dt) E. 1;
    — (Dt) H. 2.
PIERRE (St-), église de St-Junien. G. 55.
PIERRE (St-), église de St-Yrieix. (S-Y) B. 8, 21, 23;
    — (S-Y) E. 1, 3, 34, 35, 44, 47, 62, 64, 65, 83, 85,
    88; — (S-Y) H. 1, 6.
PIERRE-CHATEAU (St-), paroisse. G. 58.
PIERRE-DU-QUEYROIX (St-), église de Limoges. B. 57,
    72, 101, 106, 136, 162, 175, 176, 279, 497, 525; —
    C. 5, 6, 7, 14, 16; — D. 4, 5, 6; — E. 1, 2, 7, 20,
    39, 42, 100; — F. 1; — G. 8, 59, 77; — H. 17; —
    I B. 6, 7, 12; — I D. 6; — II B. 1, 4, 13; — II
    H. 6, 8; — III B. 6, 7, 8; — VI B. 1; — VI E. 1;
    — VII E. 1; — VIII B. 1, 9; — VIII D. 1; — VIII
    E. 2.
PIERRE-DU-QUEYROIX (Communauté de St-). B. 41, 89,
    63, 103, 110, 418, 495, 496, 498.
PIERRE-STE-VALÉRIE (Rue de la). B. 142.
PIERREBUFFIÈRE. E. 2, 9; — G. 54, 59, 68, 77.
PIÉROUDAS (Clos de las). B. 349; — D. 6.
PILLAT *alias* MEILHAT, clos. B. 482, 483, 497; — D. 6.
PIN (Sgrie du). (M-L) B. 3.
PISSEVACHE (Porte de). B. 199; — II H. 8; — III C. 3.
PISSEVACHE (Rue de). B. 172, 526; — D. 5.
PISSEVACHE (Ruisseau de). E. 127; — III B. 8.
PISSEVACHE (Tour de). B. 17, 498; — E. 1, 48.
PITIÉ (N.-D. de), église. (M-L) E. 13.
PLAIGNE (Lieu-dit de la). (M-L) B. 16.
PLAINEVAIRE *ou* de PEYRUSSE (Rue de). B. 497, 526.
    Cf. PÉRUSSE, rue.

Planchas (Mas de las). B. 489.

Planche (Pré de la). (M-L) B. 5.

Planis (Mas de). II B. 3.

Plantas (Clos de las). B. 291, 497; — D. 6.

Plassas (Las), lieu-dit. B. 496, 497.

Plasse (N.-D. de la), église. I E. 5.

Poirier (Le), lieu-dit. (M-L) B. 4.

Poissonnerie (La). B. 497.

Poitiers. E. 1, 2; — H. 21; — I B. 16; — III C. 2; — (Dt) E. 1; — (Dt) F. 1; — (M-L) B. 1, 14, 24; — (M-L) E. 11; — (M-L) F. 1.

Poitou. E. 11, 53; — F. 16, 23; — G. 64; — I B. 20; — II B. 5; — (Dt) E. 1; — (M-L) B. 14; — (S-Y) E. 47.

Pompadour. E. 14.

Pompedors (Fontaine de). B. 361.

Pont (Territoire du). B. 272.

Pont-Hérisson (Rue du). B. 126, 507, 526; — D. 5.

Pont-St-Martial (Faubourg du). B. 195 à 198.

Pont-Vielh (Village de). I B. 13.

Pont-Vieux (Terre du). B. 484.

Pontel (Tènement de). B. 423; — II B. 11.

Pontey (Le), lieu-dit. G. 57.

Ponthieux (Tènement de). B. 531.

Ponthinoux (Village de). B. 464.

Pontis (Pré du). B. 450.

Ponts (Tènement des), paroisse de St-Martin du Temple. B. 497.

Porcherie (La). G. 77.

Portes-Ferrées (Les). B. 536; — G. 61.

Poulaillière, porte et rue. B. 129, 130, 497, 498, 507, 526; — D. 5.

Poulenat, tènement. G. 58.

Poulezat, village. E. 88, 94.

Pourrade (N-D. de la), confrérie. VII D. 1; — VII E. 1.

Pouso (Le), pré. B. 497.

Pousse (La) ou Pousses (Les), rue. B. 131 à 135, 497, 498, 526; — D. 5; — II B. 10; — 11 H. 7.

Pouyade (Mas de la). B. 385.

Pouyaud (Village du). (M-L) B. 6.

Pouyoulou (Pré du). (S-Y) B. 4, 12; — (S-Y) E. 26.

Pouzadour (Clos du). B. 273; — D. 6.

Poyet (Mas du). III B. 10.

Pradelas (Las), lieu-dit. B. 406.

Pradoux (Pastural de). (M-L) B. 10.

Prats (Territoire des). B. 274, 275.

Prat-Vieil. B. 328.

Pré-au-Bois (Clos du). B. 276; — D. 6.

Pré-Gras (Tènement du). I A. 2.

Pré-Long (Tènement du). B. 484, 531; — I B. 13; — (M-L) B. 9.

Pré-Vicomtal (Le). B. 279, 280, 497.

Presche (Place du). A. 2; — B. 277, 278, 525.

Priest (St-), paroisse et seigneurie. D. 4; — E. 1, 100; — I B. 20; — VIII A. 1.

Priest-sous-Aixe (St-), paroisse. B. 467, 497, 531; — E. 94; — G. 69, 77.

Priest-le-Bétoux (St-), métairie. (M-L) B. 1 à 9, 12, 23 à 25; — (M-L) E. 2, 7, 11, 12, 21.

Priest-Garat (St-). E. 50.

Priest-Ligoure (St-), paroisse. G. 57 à 62, 77.

Priest-la-Perche (St-). G. 77.

Priest-la-Plaine (St-). B. 523; — (M-L) B. 14, 17; — (M-L) H. 5.

Priest-Thaurion (St-). G. 44, 70, 72, 77, 121.

Prieur (Terre du). B. 498.

Promenade (Rue de la). D. 5.

Purrie (Tènement de). B. 497.

Puy (Mas du). B. 281, 498.

Puy-en-Velay (Le). D. 5; — II H. 4, 8.

Puy (Confrérie de N.-D. du). B. 34, 35, 38, 39, 40, 43, et la plupart des articles suivants jusqu'à B. 500 inclus.; — D. 5, 6; — I B. 7; — II B. 1; — II H. 2 à 10.

Puy-Agut (Tènement du). III B. 11.

Puy-Audreau (Tènement du). B. 374, 375, 531.

Puy-Aubey (Territoire du). B. 282, 283; — D. 6.

Puy-Auroux (Tènement du). B. 365, 366, 497.

Puybareau (Tènement du). B. 449.

Puybaudet (Sgrie du). (M-L) B. 24.

Puybernard (Sgrie du). (M-L) B. 23.

Puy-las-Bordas (Tènement du). D. 6.

Puybrun (Église et prieuré du). B. 6; — E. 20.

Puy des Carmes (Clos du). B. 498.

Puycharnaud (Sgrie du). (M-L) B. 6, 9.

Puy-Chatu, lieu-dit. IV B. 1.

Puy-Dieu (Tènement du). B. 17, 498; — II B. 6, 11; — VIII B. 6.

Puydutour (Sgrie du). G. 82.

Puy d'Eygoulène (Rue du). B. 497; — II H. 6.

Puyfaucon à St-Martinet (Chemin du). B. 409.

Puy-Franc (Territoire du). D. 6.

Puy-Lanaud (Chapelle de N.-D. du). B. 306.

Puy-Lanaud (Territoire du). B. 526; — D. 6; — VII D. 1.

Puy de Lageda (Terre du). B. 450.

Puy-de-la-Latte ou Pey-de-Laliot. B. 526; — D. 6.

Puy de Malhac (Terre du). B. 450.

Puy-Marot (Tènement du). B. 376, 377, 497, 531.

Puy-Moret (Lieu-dit du). B. 195.
Puy-St-Martin (Clos et vignes du). B. 497, 526; —
    D. 6; — I B. 16; — I D. 2; — (M-L) B. 6.
Puy-Mathieu (Village du). G. 54.
Puy-Moulinier (Lieu dit du). C. 11; — E. 100.
Puy de St-Pierre (Rue du). III B. 8.
Puy-Ponchet (Clos du). B. 284, 497, 498, 526; — D. 6;
    — V B. 3.
Puyraveau (Le). B. 411.
Puyréjaux ou Puyréyjaud (Village du). B. 206, 498;
    — D. 6.
Puy-las-Rodas (Clos du). B. 497, 498, 526; — D. 6.
Puy de Royère (Le). (S-Y) B. 12.
Puy de Vaux (Mas du). II H. 1.
Puy de la Vieille-Monnaie (Rue). B. 212, 498.
Puy-Vincent (Le). B. 497, 513, 526, 536; — II B. 6.
Puy-Violet (Terre du). (M-L) B. 4.
Pyramide (La), lieu-dit. C. 4.

Q

Quercy, clos. Voy. Bachellerie (La).
Quercy (Domaine de). B. 497, 526.
Queyroix (Porte du). III B. 9.
Quinsac, paroisse. (S-Y) B. 15, 22; — (S-Y) E. 33, 46.
Quintaine (Terres de la). B. 457, 531.

R

Rabau (Fontaine). B. 306.
Rabaud (Moulin). B. 285, 286, 495; — D. 6; — I B. 16.
Raffilhoux (Rue). B. 136, 137, 236, 497, 498, 526, 535;
    — D. 5.
Rancon, bourg et paroisse. G. 73, 77; — II B. 3; —
    VIII D. 2; — (Bᶜ) E. 7; — (M-L) E. 12.
Rauchez (Tènement de). (M-L) B. 15.
Razeix, paroisse. G. 70, 77.
Rebière (Tènement de la). B. 287, 383, 384, 386, 531;
    — H. 2; — I D. 3.
Recloux (Pré du). (M-L) B. 6, 8.

Recluse (Verger de la). B. 162.
Redon (Clos). B. 288, 399; — I D. 8.
Refuge (Maison du). B. 496, 498, 525, 539, 542; —
    — C. 16, 18; — D. 1; — E. 1, 2, 30, 34, 35, 39,
    41, 90, 100, 112, 113, 129; — F. 26; — G. 119 à
    124; — H. 19, 20; — (S-Y) H. 5.
Règle (La), abbaye. B. 20, 30, 155, 308, 367, 496, 524,
    525, 531, 534, 538; — D. 1, 5, 6; — E. 15, 94,
    113; — H. 25; — III B. 11, 13, 89; — III C. 2; —
    III E. 1; — III F. 1; — VII A. 1; — VII B. 1; —
    VII D. 1; — VII E. 1, 2.
Règle ou des Tailladours (Confrérie de N.-D. de la).
    B. 192, 236, 237, 316, 317, 320, 321, 322, 418, 500,
    522.
Réolle (La). G. 119; — (S-Y) E. 31.
Reymondie (Tènement de). B. 413.
Reynias (Maison de las). B. 423.
Ribiéras (Pré de las). B. 289, 497; — (S-Y) B. 7.
Ribière (Lieu-dit de la). (M-L) B. 3, 8.
Ribière (Moulin de la). E. 100.
Ribières (Territoire des). B. 289, 290.
Ricoux (Sgrie de). (M-L) B. 6, 14; — (M-L) E. 12.
Rilhac-Chadenier, paroisse. B. 347, 348; — I B. 16.
Rilhac-Lastours, paroisse. B. 420 à 427, 431, 495, 497,
    498, 525, 531; — E. 13, 14, 20, 31, 39, 41, 100; —
    G. 58, 60, 69, 73, 74, 77; — H. 4; — I A. 2, 3; —
    I B. 20; — I D. 4. — III B. 11.
Rilhac-Rancon, paroisse. G. 58, 61, 77.
Rilhac-Treignac, paroisse. G. 62.
Rioumaride (Tènement de). B. 385, 386, 531.
Riom. (Dᵗ) E. 1; — (S-Y) H. 5.
Ris (Baronnie de). (M-L) B. 6, 9, 14.
Rivières (Tènement des). (S-Y) B. 13.
Rivo (Vigne de). B. 328.
Robinerie (Village de la). (M-L) B. 6, 8, 11, 15, 16.
Roby, lieu-dit. (M-L) B. 10.
Roca-Auruzone (Châtellenie de). I A. 2.
Rocamadour (Confrérie de N.-D. de). B. 39, 132, 236,
    279, 294; — D. 5; — II B. 1; — II H. 11, 12.
Roche (Mas de la). B. 468, 513; — G. 58; — I A. 2.
Roche (Métairie de la). (M-L) B. 12, 23.
Roche (Sgrie de la). (M-L) B. 8, 24.
Roche-l'Abeille (Paroisse de la). B. 498; — G. 57, 59,
    61, 74, 77; — (S-Y) H. 10.
Roche-Basse (Moulin de la). (M-L) B. 10, 12.
Roche-Félix ou Roche de Villephélix (Tènement
    de). B. 367, 368, 497; — H. 2.
Rochefort. B. 497; — E. 58, 59; — (M-L) B. 22.
Rochefoucauld (La). G. 69; — (S-Y) F. 2.
Roche-Gironde (Pré de la). B. 355.

Roche-au-Gost (La), lieu-dit. B. 497.

Rochechouart, bourg. (D¹) B. 11.

Rochelle (La). B. 2; — E. 2; — (D¹) E. 1; — (M-L) B. 24; — (M-L) E. 10; — (S-Y) E. 38.

Rochépine (Pré de la). (S-Y) B. 3; — (S-Y) E. 10, 12, 64.

Rochette (La), paroisse. G. 77.

Rochette ou Ste-Valérie (Rue de la). B. 497; — D. 5.

Rochier (Le), clos. B. 303.

Rochier (Village de). (M-L) B. 3, 12.

Rochoze (Terre de la). B. 450.

Roderie (Vicairie de la). E. 30.

Rodez. (S-Y) E. 38.

Romanet (Métairie de). B. 287.

Rome. H. 6; — (M-L) C. 1; — (S-Y) E. 31.

Roque (St-), lieu-dit. (S-Y) E. 33.

Rosaire (Confrérie du). C. 7; — (S-Y) E. 1.

Rouen (Toile de). B. 8, 9; — (S-Y) E. 54.

Rouffarie (Tènement de). (M-L) B. 11, 16.

Roulières (Lieu-dit des). (M-L) B. 23.

Roulet alias Rullet (Rue). B. 138, 139, 526; — D. 5.

Roulle (Tènement de). B. 399.

Roure (Tènement du). B. 398, 406, 407; — H. 2.

Roussac (Prévôté et paroisse de). B. 112, 428, 429; — G. 69, 77; — H. 2; — I B. 20; — I D. 1; — VIII B. 9.

Roussillon. E. 9; — (S-Y) E. 31.

Rouvrix (Le), village. B. 195.

Royer, village. G. 77.

Rozier-Masléon. G. 81.

Ruchoux (Lieu-dit des). B. 497.

Ruffacon. (M-L) B. 22.

S

Sablard (Le). B. 526; — VII B. 1.

Sacrement (Confrérie du St-) B. 112, 162, 191, 534; — II B. 13; — (M-L) E. 13.

Sados (Église de St-). VIII B. 9.

Saignas (Tènement de las). B. 282, 526; — D. 6; — II B. 8.

Saintes. B. 497; — G. 64; — (M-L) F. 1; — (M-L) H. 1.

Saintonge. E. 53; — G. 64; — (M-L) H. 4.

Saintonge (Amirauté des îles de). B. 5.

Salon (Juge de). G. 64.

Sannecor près Montjauvy (Clos de). B. 298, 497, 526; — D. 6.

Sanzay (Terre de). B. 523.

Saragosse (Vicairie de). B. 165, 166, 173, 498; — D. 5; — VIII E. 2.

Sarepte (Évêque de). E. 1.

Sarlat. B. 497, 531, 534; — H. 4, 7; — (S-Y) E. 30, 49.

Sarmont (Borderie de). B. 450.

Saturnin de Magnezeix (Paroisse de St-). B. 468. Voy. Sornin (St-).

Sauf-Gouffier (Territoire de). B. 299, 300, 526; — D. 6; — III B. 6.

Saumièras sur l'Orance (Moulin de). B. 301; — D. 6.

Saumur. G. 10.

Sauveur (St-), autel. B. 62.

Sauveur (St-), paroisse. (B°) E. 1.

Savignac, fief. E. 121.

Savin (St-). B. 525; — E. 13, 14; — (M-L) B. 14.

Scapulaire (Chapelle du). (S-Y) E. 65.

Sébastien (Autel de St-). (M-L) B. 3.

Ségur. G. 62; — (S-Y) E. 19, 34, 47, 48.

Srichère (Tènement de la). I A. 2.

Senlis. (S-Y) E. 33.

Sens. B. 8; — E. 2.

Sépulcre (Autel du St-). II B. 1; — H. 18.

Séreilhac, paroisse. B. 472, 473, 525; — G. 8, 57, 64, 77; — I B. 20.

Servière (Fontaine). B. 63.

Servières (Vicairie de). B. 507, 525.

Seruis (Prieuré-cure de). H. 6.

Seychères (Prévôt des). B. 432.

Simonet (Tènement des). B. 442; — II B. 11.

Sol-Vigeraud (Clos de). B. 302.

Solignac ou Solompnhac (Abbaye, bourg et paroisse de). B. 20, 474, 494, 497, 498; — E. 48, 112; — G. 55, 57, 59, 60, 63, 69, 74, 77; — H. 6; — VIII B. 9.

Solignac à Boisseuil (Chemin de). B. 497.

Solignac à la Pelissière (Chemin de). B. 265.

Somport (Ordre de Ste-Christine de). H. 18.

Sorbonne. (M-L) F. 3; — (S-Y) B. 18; — (S-Y) E. 1.

Sornin-Magnazeix (St-), paroisse. (M-L) B. 4, 5, 9, 23.

Soubrevas-Ste-Claire (Paroisse de). B. 270, 475 à 483, 526; — D. 6; — G. 59, 61; — II B. 10.

Souche (Vigne de). B. 495.

Soudanas. G. 58.

Soulx ou du Sol (Tènement des). B. 464, 465, 531.

Sous-l'Age et la Planche (Territoires de). B. 356, 357.
Sous-la-Grange (Tènement de). B. 531.
Sous-las-Combas (Rue de). B. 526.
Souterraine (Borderiè de la). B. 443.
Souterraine (La), ville. G. 63, 68, 70, 72, 73; — (M-L) A. 1; — (M-L) B. 10; — (M-L) E. 10; — (S-Y) E. 68; — (S-Y) H. 5.
Suaire (Confrérie du). VIII B. 9, 10.
Sulpice de Paris (Séminaire de St-). B. 4; — (M-L) H. 2.
Sursac, bourg. G. 77.
Sylvestre (St-), paroisse. G. 77.
Symphorien (St-), paroisse. B. 469, 470, 471, 495, 496, 525, 531; — E. 14, 31, 94; — G. 66, 81.

T

Talabre alias Alabre (Le pré). B. 497.
Tanneries (Rue des). B. 497, 498.
Targarias (Tènement de las). B. 531.
Tarn (Paroisse de). B. 484 à 489, 523, 531; — G. 77; — I B. 16, 20.
Taules (Rue des). B. 24, 144, 497, 498; — D. 5; — II H. 5; — VIII B. 5.
Tauriat (Église de). B. 6.
Teil (Tènement du). B. 337, 338, 339, 385, 415, 416, 496, 497; — H. 2; — I D. 6.
Temple (Rue du). B. 77, 145, 146, 246, 497, 498, 507, 526, 535; — D. 5; — VIII E. 1.
Tenaille (Tènement de la). B. 426.
Tenandelle (Verger de la). (M-L) B. 14.
Terrade (Métairie de la). (M-L) B. 6.
Terrasse (Place de la). D. 5.
Terregrand (Pastural de). (M-L) B. 5.
Terrier (Lieu-dit du). B. 399.
Tersannes (Paroisse de). (M-L) B. 2, 3, 4, 6, 14, 16, 20, 22, 24; — (M-L) E. 10, 11, 12.
Tête-Noire (Auberge de la). (S-Y) E. 54.
Teulières (Tènement des). I D. 1, 6.
Texon. G. 77.
Theils (Tènement des). B. 495, 498, 525.
Thiviers. (S-Y) B. 9.
Thomas (Autel de St-). B. 497.
Thouny, clos. B. 103, 299, 303, 495, 496, 526; — D. 6.

Thouron. G. 72, 74.
Toraterie (Bosc de la). (M-L) B. 3.
Torches (Confrérie des). B. 162.
Torte alias Boussagerie (Rue). B. 138, 147, 148, 149, 497, 526; — D. 5; — II B. 10; — II H. 5.
Touches (Village des). B. 5.
Touches (Prieuré des). B. 5, 7, 497.
Toulouse. A. 3; — B. 497; — C. 10; — (B°) B. 2.
Touradoux alias Tourandaux (Fontaine de). B. 497; — E. 1, 126.
Tourdonnet (Village de). (S-Y) E. 76.
Tourettes (Vigne et pré des). (M-L) B. 7.
Tourelles (Territoire des Basses-). (M-L) B. 2, 4.
Tournay (Diocèse de). (M-L) F. 1.
Tourondeau, clos. II B. 10.
Tourny, clos. E. 11.
Tourny, porte. D. 5.
Tours. G. 120.
Tourteau (Le), pré. (M-L) B. 9.
Touzas ou Tozas (Rue de las). B. 204, 497; — D. 5; — VIII B. 9.
Tranchepic (Lieu-dit de). B. 498.
Traspoureix (Rue de). B. 160.
Trasmont (Mas de). B. 345, 346, 497, 498; — I D. 1.
Traversas (Tènement de las). B. 489, 491, 497, 498, 531.
Treignac. VIII E. 2.
Treize-Chandelles de N.-D. des Arènes (Confrérie des). B. 190, 191.
Treize-Chenauds (Vigne des). B. 218, 497.
Trémoille (La). (M-L) B. 14.
Tremoladas (Clos de las). B. 305.
Treuil (Le Petit). B. 497; — D. 6; — V B. 3.
Treuil-Brulat à Soubrevas (Chemin de). B. 497.
Treuil-Guyernaud (Clos du). B. 306, 307, 526; — D. 6.
Trinité (Chapelle de la). I B. 16; — I E. 5.
Trinité (Autel de la Ste-). B. 72.
Trois-Fonts (Territoire des). B. 304.
Trois-Roys (Chapelle des). B. 497.
Trois-Treuils (Territoire des). B. 308, 309.
Tuillières (Territoire des). B. 310, 311; — D. 8.
Tulle. E. 14, 41; — H. 22; — (M-L) H. 5; — (S-Y) B. 9; — (S-Y) E. 5, 65.
Turenne. E. 1; — (S-Y) H. 5.
Turquie. (S-Y) E. 52.

U

Usson (Terre d'). (M-L) B. 21.
Uzerche. B. 496; — G. 71, 121; — (S-Y) B. 9; — (S-Y) E. 2; — (S-Y) H. 4, 6, 7.

V

Vacqueur (Prieuré de). (Bᶜ) E. 5.
Valade (Tenanciers de la). B. 484, 531; — I D. 4; — (S-Y) E. 49.
Valeix (Tènement de). B. 390, 415, 416, 497, 498, 531; — I D. 6.
Valérie (Ste-), clos. B. 296, 297, 497, 536.
Valérie (Ste-), église. B. 279, 294; — VIII B. 9.
Valérie (Ste-), rue. B. 142, 143, 495, 497, 507, 526; — D. 5; — E. 2; — II H. 6; — V B. 3.
Valette (Tènement de). B. 414, 415, 416; — I A. 2, 3.
Valoyne (Rivière de). B. 216, 312, 536.
Valoys. (S-Y) B. 12.
Vanent (Clos de). B. 313.
Vaneuf (Clos de). B. 526, 536.
Vareilles. G. 71, 74; — (Dᵗ) H. 1.
Vaulry. G. 77; — I B. 20.
Vaury (St-), ténement. I A. 3; — I B. 20; — I D. 1, 4.
Vauselle (Village de). (Dᵗ) B. 6.
Vaux (Moulins de) B. 314, 315, 498; — D. 6.
Vaux (Les), tènement. B. 526; — I B. 20.
Vayres (Paroisse de). F. 16.
Vedrenne *alias* de la Faucherie (Tènement de). B. 347, 348; — H. 2; — I A. 2.
Vendosme. (M-L) H. 4.
Ventoux (Lieu-dit de). B. 496; — II B. 11.
Verdier (Tènement du) B. 282.
Verdurier (Rue du). B. 136, 152, 153, 497, 498, 526; — D. 5.
Verdurier *alias* du Verdier *ou* de las Plantas *ou* du Sablard (Clos du). B. 316, 317; — D. 6; — VII D. 1.
Verdurier de Manigne (Le). III B. 3.
Verdurier de Vieille-Monnaie. III B. 7.

Vergnade (Terre dite de la). (M-L) B. 6.
Vergnas (Terre de las). II H. 7.
Vergnaud (Village du). (Dᵗ) B. 6.
Vergne (Terre de la). (M-L) B. 3.
Vernety (Lieu-dit de). B. 408.
Verneuil (Bourg et paroisse de). B. 318, 489, 490, 491, 524, 525, 531, 534; — E. 14, 100; — G. 59, 65, 69, 74, 77; — I B. 16, 20; — III B. 11; — (M-L) B. 8, 9; — (M-L) E. 12.
Verniaux (Croix de). (S-Y) B. 12.
Vernolhan (Tènement de). B. 379.
Vernys (Les), lieu-dit. B. 399, 408.
Versailles. A. 4; — B. 496. 498; — H. 3, 15.
Veyrac à Limoges (Chemin de). B. 214.
Veyrac (Paroisse de). B. 492, 493, 531; — E. 31, 94; — G. 62, 77.
Veyrinas-Chadenier (Tenanciers de). B. 417, 531.
Veyrioux (Tènement de). B. 448, 497.
Vialle (Terre de). B. 395, 498.
Vic-Brunhau. B. 526.
Vicq, paroisse. G. 38, 57, 60, 77.
Victurnien (St-), paroisse. E. 1; — G. 73, 77.
Vidaud (Métairie des). B. 284.
Vidonenc (Tènement de). I A. 2.
Vieillefond (Village de). B. 340, 498.
Vieille-Monnaie (Ormeau de). B. 154, 155.
Vieille-Monnaie (Porte de). B. 154.
Vieille-Monnaie (Rue de). B. 56. 154, 155, 526; — D. 5; — III B. 9.
Vienne en Autriche. (S-Y) E. 51.
Vienne, département. E. 2.
Vienne (Haute-), département. E. 2.
Vienne (La), rivière. B. 17, 192, 205, 225, 258, 279, 497, 498, 526, 536; — D. 5.
Vieux-Marché (Rue du). B. 96, 148, 156, 157, 497; — II B. 10.
Vigen (Paroisse du). B. 494, 523, 524, 531; — E. 48, 112; — G. 54, 57, 58, 62, 63, 68, 69, 77; — H. 3, 5, 6; — (M-L) E, 11.
Vigenaud, rue. B. 498; — D. 5, 158.
Vigerie (Moulin et tènement de la). B. 358, 359, 360, 497, 498.
Vigiéraud. B. 526.
Vignaud (Tènement du). B. 485, 486, 487.
Vignaux (Tènement des). (Dᵗ) B. 7.
Vigne (Borderie de la). B. 443.
Vigne (Verger de la). (M-L) B. 3, 6.
Villapse (Mas de). B. 369.
Villard *alias* de la Croix, près le chemin de St-Junien (Clos de). B. 318, 319, 526.

VILLAS-REINA *alias* de VILLOURINA (Clos de). B. 320, 321.
VILLAUBRUN (Tènement de la). (D¹) H. 1.
VILLECHENON (?) (Métairie de). (M-L) B. 12.
VILLECHENOUX (Tènement de). B. 408.
VILLECORNE *ou* du VERDURIER (Clos de). B. 322.
VILLEFAVARD, village. (M-L) B. 4, 14; — (M-L) E. 11.
VILLEFÉLIX (Tènement de). I A. 2.
VILLEINE (Tènement de). I D. 3.
VILLEMACHEYS (Lieu-dit de). (M-L) B. 5.
VILLEMENTS (Terre de). B. 443.
VILLEMIGOU (Mas de). B. 385; — I A. 2.
VILLEMOND (Village de). (M-L) B. 4.
VILLEMUR (Village de). (M-L) B. 5.
VILLENEUVE (Clos de). B. 323, 526; — D. 6; — VII D. 1; — (S-Y) B. 12.
VILLENEUVE (Compagnie de). F. 21.
VILLERRMBAUD (Tènement de). I D. 3.
VILLETRAUD (Village de). (M-L) B. 16. 20; — (M-L) E. 12.
VILLEVALEIX (Tènement de). I D. 3.
VILLEVALEIX (Religieuses de). II B. 1.
VILLEYRENT (Clos du Haut-). B. 324, 325; — D. 6.
VILLEYVEN (?), lieu-dit. B. 526.
VINCENNES. (S-Y) H. 2.
VINCENT, clos. B. 325.
VINCOU (Rivière de). B. 497.

VINETA (Tènement de). I A. 2.
VINHAL (Tènement du). B. 328, 329.
VIOULX (Mas de). B. 453.
VIRACLOS, VILLECLAUX, VIELACLOUX, VIEILHAS-CLAUX, rue et place. B. 1, 159, 327, 497; — D. 5, 6; — I B. 16.
VIREGAGNON (Village de). D. 6.
VISIOU (Mas de). B. 447; — I A. 2.
VISITATION (Couvent de la). B. 496; — D. 5; — E. 2; — I B. 6.
VITTE (St-), paroisse. G. 77.
VOULPARIE (Village de). (S-Y) B. 12, 13.
VOUZELLE (Lieu-dit de la). B. 408.
VOYON (Tènement de). I D. 3.

Y

YERMOUTH (Commandant d'). (M-L) F. 1.
YRIEIX-SOUS-AIXE (St-). G. 64, 77.
YRIEIX (St-), ville et sénéchaussée. B. 249; — C. 16; — G. 44, 57; — III B. 10; — (S-Y) A. 1 et les articles suivants; — (S-Y) B. 1 et les articles suivants; — (S-Y) C. 1 et les articles suivants, etc.

TABLE DES NOMS DE PERSONNES

SUPPLÉMENT

A

ALEXIS (Fête de St-). (S-Y) B. 9; — (S-Y) E. 2, 11, 30, 31, 34, 35, 38, 43, 45, 47, 49, 54, 61, 62, 69, 76, 80; — (S-Y) H. 1, 5.

ARDANT, curé. C. 6.

ARDANT, notaire. B. 97.

AUBEROCHE DES PRUGNES. (M-L) R. 2.

AUBUGEOIS DE PONTAILLER. (M-L) B. 2.

AUGE (François d'). (M-L) B. 10.

B

BACHELLERIE (Sieur de la). (S-Y) B. 2.

BEAUGERIE (Sieur de). (S-Y) B. 2.

BÉNÉDICTINS, religieux. B. 359, 498; — G. 121; — H. 4.

BERGERIE (Sieur de la). (M-L) B. 21.

BERNARD (Itier), chevalier. B. 281.

BORDERIE (Sgr de la). G. 83, 86.

BOURDICHON, curé. H. 4.

BOUSQUET (Jean du), sieur de LACHAUD. B. 543.

BOUSSY, prêtre. (M-L) B. 10; — (M-L) E. 10.

BROUSSE, vicaire. G. 74.

C

CATHERINE, sainte. B. 498; — E. 48, 50; — I B. 6; — (S-Y) E. 73.

CHARLES, saint. E. 1.

CHASTAIGNAC DES COMBES, chevalier. B. 59.

CHRISTINE DE SOMPORT (Ordre de Ste-). H. 18.

CIBOT (Martial), marchand. B. 369.

CLAIRE (Mad. de Ste-). III C. 2.

CLAIRE (Religieuses de Ste-). B. 495, 496; — (S-Y) H. 10.

CLAIRES (Grandes), religieuses. E. 1.

CLAIRETTES, religieuses). B. 497, 498; — D. 5; — IV B. 3; — (S-Y) H. 10.

CLAUD (M. de St-). I E. 5.

CONTEST (M. de St-), intendant. (S-Y) B. 9.

CONTI (Prince de). B. 497.

CORDELIERS, religieux. B. 4, 359, 497, 498; — C. 14; — G. 121; — II B. 1; — (M-L) H. 2.

CORPS DE DIEU (Confrérie du). B. 526.

COSNAC, prêtre. G. 60.

CROIX (Barthélemy de la). B. 523.

CROZETIÈRE (Hélie de la). (S-Y) E. 26.

D

Doctrinaires, religieux. (Bᶜ) E. 6; — (Bᵉ) G. 5; — (Dᵗ) B. 5.
Dupeyrat, famille. B. 181, 236, 237.

E

Esprit (Confrérie et ordre du St-). B. 154; — H. 18; — III C. 3.
Esprit (Mad. du St-). (Dᵗ) E. 1; — (S-Y) H. 1.
Estourneau de Tersannes. (M-L) B. 3, 8, 11, 12, 13, 14, 19, 21.

F

Faulconnier (M. du). (Bᶜ) E. 6.
Faute de Poulouzat. E. 1.
Feuillants, religieux. B. 13, 30, 103, 469; — E. 20, 32; — I B. 2.
Fienas (Sieur de). (M-L) B. 10.
Flamanderie (Françoise de la). (M-L) B. 4.
Franciscains, religieux. B. 359.

G

Garsonneta (La filha de la). VIII E. 1.
Geneviève (Chanoines réguliers de Ste-). H. 1.
Georges, saint. II E. 3.
Gertrude, sainte. F. 26.
Glascoulx, prêtre. G. 58.
Grande-Roche (Sieur de la). (M-L) F. 1.

H

Hubert, saint. (S-) E. 49.
Hugues de Tholosa. B. 259.

I

Ignace, saint. F. 26.

J

Jacobins, dominicains ou frères prêcheurs. B. 4, 134, 186, 497, 534; — D. 4, 5; — E. 23, 91; — G. 57, 121; — II B. 1; — III B. 7; — (S-Y) B. 23; — (S-Y) E. 47.
Jacquet (Élie), gardien des Récollets. E. 2.
Jayac, trésorier de France. G. 7, 15.
Jean, saint. E. 20; — F. 26; — II B. 4; — VIII B. 4, 6.
Jean de Dieu, saint. (S-Y) E. 61.
Jésuites, religieux. B. 498; — (S-Y) E. 47; — (M-L) H. 2.
Jonchade, curé. G. 74.
Joseph (Mad. St-). E. 129.
Joseph (Filles de St-), religieuses. G. 121.
Jouvy, apothicaire. (S-Y) E. 35.
Juge St-Martin. C. 7.

L

Lafosse de Champdorat. B. 275.
Lambert (Mathurin). (M-L) B. 9.
Lamy (Vicairie du patriarche). B. 497.
Louis XV. A. 5.
Loup, saint. VII E. 1.

M

Magdeleine, sainte. E. 41.
Magnac (Guillaume), trompette de la ville. B. 228.
Maisonneuve (M. de la). (M-L) B. 9, 17.
Manet, prêtre. B. 529.
Marie, sainte. VIII B. 6, 7, 9.
Martial (St-), confréries de ce nom. B. 41, 62, 79.
Martin (Barbe). B. 525.
Martin (M. de St-). (S-Y) E. 72.
Martin, saint. VIII B. 9.

Mathias, saint. II H. 5; — VIII B. 5.
Meynias (Sieur de las). (S-Y) E. 2.
Morts (Jour des). VIII B. 9.

N

Nativité N.-D. (Confrérie de la). D. 5.
Nauzières (M. de). B. 540.
N.-D. des Mandements (Confrérie de). B. 56.
N.-D. de Mi-Aout (Confrérie de). I B. 7.
N.-D. des Patres *ou* des Pastoureaux (Confrérie de).
 A. 2; — D. 5; — I B. 7.
N.-D. des Tailladours (Confrérie de). B. 323; —
 D. 1, 5.

O

Orléans (Duc d'), régent. B. 497.

P

Pardoux, saint. (M-L) E. 12.
Paris de Buat, médecin. B. 54, 56.
Passot (Ademarus). B. 433.
Patraud, vicaire. G. 70.
Pauvres a vêtir (Confrérie des). B. 19, 20, 32, 33, 34,
 35 et la plupart des articles suivants jusqu'à
 B. 526 inclus.
Peyteu *ou* Peytaux (Vicairie des). B. 92, 495, 507,
 529; — I B. 33; — II B. 8, 10.
Pierre (Chaire de St-). B. 197.
Pierre de St-Paul, prêtre. II B. 1.
Placide, sainte. (M-L) B. 2; — (M-L) C. 1; — (M-L)
 E. 13.
Pont-Jarno (Virgile du). III F. 1.
Pouchat, prieur. H. 6.
Poulard, notaire. B. 498.
Prévotière (Sieur de la). (M-L) B. 23.
Providence (Filles de la), religieuses. G. 121.

R

Récollets, religieux. B. 4, 497; — E. 2, 56, 76, 127;
 — G. 121; — II B. 1; — (D^t) B. 2, 3, 4; — (D^t)
 E. 1.
Rieublanc du Bost, chanoine. E. 2.
Roche, saint. (M-L) E. 12.
Rochebrune (M. de) E. 48.
Roulhac de Thias. E. 1.

S

Sagesse (Filles de la), religieuses. (D^t) E. 1; — (D^t) F. 1.
Saint-Sacrement (Processions du). (S-Y) C. 1; — (S-Y)
 E. 29, 45, 67.
Salhys (Vicairie des). D. 4.
Salignac (Sgr. de). (M-L) B. 14.

T

Taillefeu (Comte de). (S-Y) B. 12.
Teilhet (Sgr du). (M-L) B. 3.
Templiers. B. 433.
Teutonique (Ordre). H. 18.
Tourtel (Sgr. de). (S-Y) B. 13.
Toussaint (Fête de la). VIII B. 9; — (M-L) E. 10.
Trenchardie (Sieur de la). (S-Y) B. 4, 22; — (S-Y) E. 7.
Trépassés (Confrérie des). D. 5.
Trinité (La Sainte-). VIII B. 9.

U

Ursulines, religieuses. B. 308, 497, 498; — D. 4, 5;
 — E. 1; — F. 28.

V

Verdier (Sieur du). (S-Y) B. 1.
Vidaud, receveur. B. 526.
Vigier (Adhémar), chevalier. B. 433.
Viguier (Antoine). (S-Y) E. 35.
Villepréau (M. de). (M-L) B. 9, 19.

ADDITIONS

La liasse B. 18 du fonds de l'hôpital général renferme un « État du montant des droits revenant à l'hôpital général sur les réceptions des artisans, dont le sieur Navières, greffier en chef de la police, a fait la recette depuis le 27 juillet 1753 jusqu'au 9 mars 1758 qu'il a cessé de recevoir les dits droits. » Cette pièce, retrouvée après l'impression de l'Inventaire, n'a pu être mentionnée en son lieu.

La liasse E. 3 du fonds de l'hôpital général renferme le procès-verbal d'une délibération du Bureau de l'hôpital, de laquelle appert qu'un incendie a consumé le dôme de l'établissement, le 6 avril 1725 sur les huit heures du matin. Cette pièce, retrouvée après l'impression de l'Inventaire, n'a pu être mentionnée en son lieu.

La prose latine en l'honneur de Marie, qui figure en tête de la Lième des Pauvres à vêtir cotée VIII B. 9, a été publiée par l'abbé Roy-Pierrefitte dans ses *Notes hist. sur le culte de la Ste-Vierge*... (1858, p. 186 et ss.).

L'enluminure du Terrier des Pauvres à vêtir coté VIII B. 3, a été récemment reproduite par MM. Louis Guibert et Jules Tixier dans *L'Art rétrospectif à l'Exposition de Limoges*, pl. XVIII (1887).

CORRECTIONS

				au lieu de		*corriger*	
Introduction, page	VII,	ligne	10,	—	rénumérateur,	—	rémunérateur.
—	— X	—	31	—	productifs	—	productives.
—	— XXIV	—	19	—	disont	—	disent.
—	— XXVII	—	14	—	oriental	—	orientale.
—	— XXXIV	—	4	—	de titre	—	du titre.
—	— XXXIV	—	26	—	l'une d'eile	—	l'une d'elles.
Hôpital de Limoges, A. 2, p. 4, notes.				—	série H.	—	à la suite de la série H.
—	B. 103,			—	100 livres.	—	10 livres.
—	B. 142			—	la Pierre Ste-Valérie	—	le Perron (montée) Ste-Valérie.
—	B. 433			—	poteriunt.	—	poterunt.
—	E. 1			—	Gourdon de la B.	—	Goudin de la B.
Fonds St-Gérald, page 12,				—	II B. 7.	—	II H. 7.
Fonds de N.-D. la Joyeuse, page 2,				—	1564	—	1481.
Fonds des Pauvres à vêtir, B. 9,				—	meyzo	—	meygo.
—	D. 2,			—	Maliguant	—	Malignaut.
Hôpital du Dorat, C. 1,				—	Borbotier	—	Barbotier.
Hôpital de St-Yrieix, E. p. 5,				—	E. 3.	—	E. 4.
—	E. 36,			—	Ladigne	—	Ladigné.

TABLE SYNOPTIQUE

Introduction : *Les institutions charitables dans l'ancien diocèse de Limoges*

ARCHIVES HOSPITALIÈRES DE LIMOGES

Hôpital général, séries A. à H.

FONDS UNIS

 I Hôpital St-Martial de Limoges.
 II Hôpital St-Gérald de Limoges.
 III Maison-Dieu de Limoges.
 IV Hôpital des Arènes *ou* de St-Jacques, à Limoges.
 V Confrérie de N.-D. de la Conception *ou* de St-Laurent des Trépassés.
 VI Confrérie de N.-D. la Joyeuse *ou* des Pastoureaux.
 VII Confrérie de N.-D. de la Règle *ou* des Tailladours.
 VIII Confrérie des Pauvres à vêtir.

ARCHIVES HOSPITALIÈRES DE BELLAC

Séries B. C. D. E. G.

ARCHIVES HOPITALIÈRES DU DORAT

Séries B. C. D. E. F. H.

ARCHIVES HOSPITALIÈRES DE MAGNAC-LAVAL

Séries A. à H.

ARCHIVES HOSPITALIÈRES DE SAINT-YRIEIX

Séries A. à H.

———

Table des Matières.
Table des Noms de Personnes.
Table des Noms de Lieux.
Supplément a la Table des Noms de Personnes.
Additions.
Corrections.